U0689672

中华经典名著

全本全注全译丛书

陈曦　周旻　等◎注
陈曦　王珏　王晓东　周旻◎译
韩兆琦◎审阅

史　记　五

书　世家

中華書局

历书第四

【释名】

“历”,此指“历法”,即推算年、月、日的历日制度,天体运动位置及日月食等,是我国古代天文学的重要部分,可以说是编算天文年历需要的数理天文学。《历书》是我国第一部记述历法史的专著。全篇分为两部分,第一部分论述历法的起源和演变,并记载了汉武帝制定、改行“太初历”的情况,这是司马迁对于历法的总论。第二部分是《历术甲子篇》的简略内容。

昔自在古,历建正作于孟春①。于时冰泮发蛰②,百草奋兴,秭鴂先滜③。物乃岁具,生于东,次顺四时,卒于冬分④。时鸡三号,卒明。抚十二节,卒于丑⑤。日月成,故明也⑥。明者孟也,幽者幼也,幽明者,雌雄也⑦,雌雄代兴,而顺至正之统也⑧。日归于西,起明于东;月归于东,起明于西⑨。正不率天,又不由人⑩,则凡事易坏而难成矣。

【注释】

①历建正作于孟春:意为历法的正月建置在孟春。古历一年分为四

季，一季分为孟、仲、季三个月，孟春指春季的第一个月。上古时以黄昏时北斗斗柄的指向来定季节，指北为子月，北偏东为丑月，东偏北为寅月，正东为卯月，依次类推。这称为一年十二月建。建正，古历法术语。历法正月建置的季节、月份，亦即指以哪个月份为正月。中国古代历法大致有三种建正：一以含冬至之月为正月，正月建置在今农历之仲冬月，称作“建子”，又称“子正”；二以冬至后一月为正月，正月建置在今农历之季冬月，称作“建丑”，又称“丑正”；三以冬至后二月为正月，正月建置在今农历之孟春月，称作“建寅”，又称“寅正”。此处所谓“历建正作于孟春”，即指采用寅正的历法，也就是以寅月（冬至后第二个月）为正月。历，是为了配合人们日常生活需要，而根据天象来连续计数时间的方式。

②冰泮（pàn）发蛰（zhé）：冰融解了，蛰居的动物开始活动起来。泮，融解。发，奋起。

③秭鸩（zǐ guī）先滜（háo）：子规鸟最先鸣叫起来。秭鸩，即“子规”，今名杜鹃，鸟名。滜，有两说：一说通“嗥”，鸣叫；另一说义同“泽”，《索隐》解释作“子规鸟春气发动，则先出野泽而鸣也”。今取第一种说法。

④“物乃岁具”几句：意为万物生长一年一个循环：从春季开始，依次经过夏季和秋季，结束在冬春之交。具，具备，言一岁万物循环一次。冬分，《索隐》言“建历起孟春，尽季冬，则一岁事具也。冬尽之后，分为来春，古云冬分也”。东，代春季。四时，泛指四季，此代夏秋二季。

⑤抚十二节，卒于丑：《正义》：“抚，犹‘循’也。自平明寅至鸡鸣丑，凡十二辰。辰尽丑又至明朝寅，使一日一夜，故曰‘幽明’。”抚，顺次，循着。今人又有人认为，夏历建正于寅月，一年分十二月，其顺次为正月寅、二月卯、三月辰、四月巳、五月午、六月未、七月

申、八月酉、九月戌、十月亥、十一月子、十二月丑,至丑,一年循环结束。

⑥日月成,故明也:此句怀疑有脱文,应为“日月岁成,故幽明矣”。《大戴礼记·诰志》有“日月成岁,历再闰以顺天道,此谓岁虞汁月”的句子。《易传》云:“日月相推而明生矣。”

⑦幽明者,雌雄也:幽明又为雌雄。幽明,犹“阴阳”。幽,阴。明,阳。

⑧雌雄代兴,而顺至正之统也:白昼曰“雄”,黑夜曰“雌”;春夏曰“雄”,秋冬曰“雌”。雌雄即阴阳。言阴阳循环,形成正常的秩序。

⑨“日归于西”几句:日落在西方,出现于东方。残月逐渐消失在东方,新月初见在西方。地球绕太阳公转视太阳有东升西落,而月亮绕地球运动,故新月现于正西,逐转而东,至望月则现于东。

⑩正不率天,又不由人:出自《大戴礼记·诰志》,是孔子称周太史之词。意为为政不遵循天时,又不顺从人心。正,同“政”。率,遵循。

【译文】

早在上古时,历法规定正月始于孟春。这时冰雪融化,蛰居的动物苏醒,大地上百草萌发,子规鸟最早鸣叫。万物生长随岁时而循环,从春季开始,依次经过夏季和秋季,止于冬春之交。鸡叫三遍,天就亮了。顺着十二个月的节气,最后止于丑月。日月各依轨道运行,所以产生了光明。白昼是崇高的,黑夜卑下的,幽明即阴阳,阴阳交替,孕育生长,四季循环,合乎规律而有秩序。太阳从西方落下,在东方升起;月亮从东方落下,从西方升起发出光明。当政者如果不遵循天时,又不顺应民心,那么任何事情都容易失败而难以成功。

王者易姓受命,必慎始初,改正朔,易服色,推本天元,顺承厥意①。

【注释】

①“改正朔”几句:《索隐》曰:“王者易姓而兴,必当推本天之元气行运所在,以定正朔,以承天意。故云:承顺厥意。”正朔,古历法术语。即正月朔日,一年开始的第一天。我国古代各朝行用不同的历法,并以不同的月份为正月,形成夏正、殷正、周正的三正之论。用不同历法推出的正月及各月合朔的干支、时刻、置闰是不相同的。改“正朔”,即是改革历法,采用新历。易服色,变换车马服饰所崇尚的颜色。服色,车马和祭牲的颜色。历代各有所尚,如夏尚黑,殷尚白,周尚赤之类。推本天元,推算历法的新起点。天元,谓岁时运行之理。

【译文】

君王改朝换代接受天命,一定要在开始时就慎重,通过修改历法,改换车马服饰所崇尚的颜色,推算历法的起始点等,来顺应天时,上承天意。

太史公曰:神农以前尚矣。盖黄帝考定星历①,建立五行②,起消息③,正闰余④,于是有天地神祇物类之官,是谓五官⑤。各司其序,不相乱也。民是以能有信,神是以能有明德。民神异业,敬而不渎,故神降之嘉生,民以物享⑥,灾祸不生,所求不匮。

【注释】

①考定星历:即考察星象,确定历日,也即以星象定时节。

②建立五行:五行,即五时或五节,春木、夏火、季夏土、秋金、冬水,每行七十二日。故曰五行需要以星象来建立。此处的五行,绝非抽象的哲学概念。

③起消息:消息,《正义》引皇侃云:“乾者阳,生为息;坤者阴,死为

消也。”“消息”即阴阳，春夏为阳为息，秋冬为阴为消。“起消息”即以星象来确定阴消阳长的时节。阳气上升起自冬至，阴气上升起自夏至，故“起消息”即是定冬、夏至的时刻。

④正闰余：以星象的出没为标准，用设置闰余的办法来调整季节。《集解》引《汉书音义》曰：“以岁之余为闰，故曰闰余。”按，从“盖黄帝考定星历”至“于是有天地神祇物类之官”，这是讲黄帝时如何制定历法的。

⑤五官：指传说中黄帝时设置的春、夏、秋、冬、中五种官职。《正义》引应劭云：“黄帝受命有云瑞，古以云纪官。春官为青云，夏官为缙云，秋官为白云，冬官为黑云，中官为黄云。”五行建立了，闰余设置了，又设立了专门管理五行的五官，各有各的管理范围，条理分明，各不相乱。

⑥故神降之嘉生，民以物享：意为神给人好收成，人献牺牲给神享用。嘉生，指庄稼的好收成。物，祭品，五谷和牺牲。享，祭享。

【译文】

太史公说：神农以前的事太久远了。从黄帝开始，考察星象，制定历法，建立了五行相生的学说，发现了阴阳消长的道理，确定用余分设置闰月的方法，并依主管事物的不同而命名了五类官员，于是设置了祭祀天地神祇和各种不同职责的官职，叫做五官。他们各自掌管分属自己的事务，并按照时节顺序执行而不会发生混乱。民众因此能够诚实不欺，神明因此能够显示美德。民与神各尽其职，民众虔敬而不亵渎，神赐给民众以好收成，使民众得以安享生活，灾祸不生，所求不缺。

少皞氏之衰也①，九黎乱德②，民神杂扰，不可放物③，祸灾荐至，莫尽其气④。颛顼受之⑤，乃命南正重司天以属神⑥，命火正黎司地以属民⑦，使复旧常，无相侵渎。

【注释】

①少皞（hào）氏：传说中的古代圣王，古代东夷族首领，黄帝之子。已姓，名挚，号金天氏，又号穷桑氏、青阳氏。相传是继太皞而起的东夷部落首领，“能修太皞之法”，故称少皞，亦作“少昊”“帝少昊”。以鸟为图腾。

②九黎乱德：《集解》引《汉书音义》曰：“少皞时诸侯作乱者。”九黎，古代南方部落名，即后之三苗氏，苗黎种族繁多，故曰九黎、三苗。乱德，破坏已有的秩序，即造反。

③放（fǎng）物：民与神失去依托。《索隐》：“放音昉，依也。”

④祸灾荐至，莫尽其气：各种灾祸接踵而来，人们无法享尽天年。荐，连续，屡次。气，时节。

⑤颛顼：传说中远古人物。黄帝之孙，昌意之子。号高阳氏。其部落活动于帝丘（今河南濮阳东南）一带。曾在夺权斗争中击败共工氏。重视人事治理，发展农业。命南正重、火正黎掌管祭祀天神及民事。死后，由帝喾继其位。

⑥南正：官名。传说古代部落首领颛顼时所置，主管天时历象之官。颛顼曾任命重为南正，主管天时，以告民授时，便利农业。

⑦黎：传说中人物。为颛顼时火正，通星历，指导民众进行生产。又称“地正”“北正”。

【译文】

少皞氏的部落衰微之后，九黎作乱，破坏了历法，民与神原有的秩序都被打乱，各种活动失去依据，于是灾祸接踵而至，神明不能按时得到祭祀，民众不能依节气从事耕作。直到颛顼承受天命登临帝位，才任命南正重负责主管天时和祭祀事宜，任命火正黎主管大地的事务，使人们依时节进行农作等生产活动，恢复了旧有的秩序，神民之间没有相互侵扰的情况发生。

其后三苗服九黎之德[①]，故二官咸废所职，而闰余乖次[②]，孟陬殄灭[③]，摄提无纪[④]，历数失序。尧复遂重、黎之后不忘旧者，使复典之，而立羲、和之官[⑤]。明时正度[⑥]，则阴阳调，风雨节，茂气至，民无夭疫。年耆禅舜[⑦]，申戒文祖[⑧]，云"天之历数在尔躬"[⑨]。舜亦以命禹。由是观之，王者所重也。

【注释】

①其后三苗服九黎之德：《正义》引孔安国云："三苗，缙云氏之后，诸侯也。按，服，从也。言九黎之君在少皞之世作乱，今三苗之君从九黎乱德，故南北二官皆废，使历数失序。"三苗，古族名。亦称有苗、苗民等。为炎帝神农氏的后代。服，从，奉行。德，行迹，行径。此指九黎的叛乱行为。

②闰余乖次：《集解》引《汉书音义》曰："次，十二次也。史推历失闰，则斗建与月名错。"乖，背离，错乱。次，星空区域，又名"星次"。古人为了说明日月五星的运行和节气的变换，把黄赤道附近一周天按照由西向东的方向分为十二个等分，叫做星次。十二次的名称为：星纪、玄枵、娵訾、降娄、大梁、实沈、鹑首、鹑火、鹑尾、寿星、大火、析木。十二次用来指示太阳一年之中不同时间在黄道上的位置以及五星的运行，并据此定出闰月和一年四季以及二十四节气的起止日期。如有错乱，要严重影响农牧业生产。

③孟陬（zōu）殄（tiǎn）灭：《集解》引《汉书音义》曰："正月为孟陬。闰余乖错，不与正岁相值，谓之殄灭。"言历法上的正月不能正确地固定在应有的天文月上。孟陬，孟春正月。正月为陬，又为孟春月，故称。

④摄提无纪：《集解》引《汉书音义》曰："摄提，星名。随斗杓所指，建十二月。若历误，春三月当指辰而指巳，是谓失序。"《索隐》：

"摄提失方,按,《天官书》云:'摄提三星,若鼎足句之,直斗杓所指,以建时节,故曰摄提格。'格,至也。言摄提随月建至,故云格。"摄提,星名。属亢宿,共六星。位于大角星两侧,左三星曰左摄提,右三星曰右摄提。摄提与斗杓一起,根据它的指向以建十二月时节。如果历法推算有误,是谓失序或失纪。

⑤而立羲、和之官:指尧立羲氏、和氏为掌管治历之事。羲和,古史传说中掌管天文历法的官员。一说是黄帝时人,受命占日,一说是重黎之后,尧令羲氏、和氏兄弟二人分驻东南西北四方,观察日月星辰,制定历法,颁布农时季节。又一说是夏仲康时天文官员,后因沉湎于酒色,疏于观测,漏报重要天象之出现,引起很大惊慌,而被惩治。

⑥明时正度:阐明天时的变化,符合规律。

⑦年耆(qí):年老。古时年六十称耆。

⑧申戒文祖:《正义》言"于文祖之庙以申戒舜也"。即在祖庙告诫舜说。

⑨天之历数在尔躬:语出《尚书·大禹谟》。意为按天体运行规律制定和颁行历法,是事关大权的事,责任在你身上。《集解》引何晏曰:"历数,谓列次也。"即日月五星之运行规律及历日农时之次序安排。尔躬,你的身上。

【译文】

后来三苗部族效仿九黎的叛乱行径,南正与火正二官无法再尽自己的职守,闰月不合星次,正月无法固定在相应的天文月上,北斗斗杓方向的摄提星的方位与月建也不相符,混乱的历法造成时序失顺。尧又起用重、黎后人中还能推算历法的人,让他们再次主管历法,他们就是羲氏、和氏。此后,阐明天时,匡正历度,又使阴阳调和,风雨适时,兴旺之气降临,人民没有夭亡的疾疫。当尧年事已高禅位给舜的时候,在祖庙告诫舜说"按照天体运行的规律制定和颁行历法,是事关社稷的大事,这责任在你身上啊”。舜也以同样的话告诫禹。由此看来，历法是帝王很注重的。

夏正以正月，殷正以十二月，周正以十一月。盖三王之正若循环[①]，穷则反本[②]。天下有道，则不失纪序[③]；无道，则正朔不行于诸侯。

【注释】

①三王之正若循环：此为三正循环的理论，子、丑、寅三正作循环交替。夏用寅正，殷用丑正，周用子正，秦汉又用寅正。

②穷则反本：到了终点，又回到了起点。反，同“返”。

③纪序：岁时节候的常规。

【译文】

夏历以正月为岁首；殷历以十二月为岁首，周历以十一月为岁首。夏、商、周三代分别使用寅正、丑正和子正的历法，它们各自有规律地循环周而复始。国家清明，历法就不失时序；政治混乱，诸侯各自为政，帝王颁布的历法不能在各诸侯实行。

幽、厉之后[①]，周室微，陪臣执政[②]，史不记时，君不告朔[③]，故畴人子弟分散[④]，或在诸夏，或在夷狄[⑤]，是以其机祥废而不统[⑥]。周襄王二十六年闰三月，而《春秋》非之[⑦]。先王之正时也，履端于始，举正于中，归邪于终[⑧]。履端于始，序则不愆；举正于中，民则不惑；归邪于终，事则不悖。

【注释】

①幽、厉之后：周幽王和周厉王以后。厉，指周厉王姬胡，前878—

前840年在位。幽，指周幽王姬宫涅，前781—前771年在位，厉王之孙。西周最后一个国君。沉溺声色，不理国政。

②陪臣：诸侯的大夫对天子称陪臣，大夫的家臣对诸侯也称陪臣。

③告朔：古代礼仪的一种。亦称“告月”。西周时规定每月朔日，即当时行用的历法之每月初一日，从最高统治者周天子起，至受其分封的各国王侯，都要用羊类的牲畜，至太庙祭祀，行告朔之礼。含有对神明报告，该日是朔日，祈求佑护之意。

④畴（chóu）人：古代天文历算之学，有专人执掌，父子世代相传为业，称为“畴人”。亦指精通天文历算的学者。畴，通“筹”，计算，度量。

⑤或在诸夏，或在夷狄：诸夏，指当时黄河流域华夏族居住的各诸侯国。它们都是经过周王室所分封。夷狄，古称东方部族为夷，北方部族为狄。常用以泛称除华夏族以外的各族。

⑥机祥废而不统：没有统一的占卜吉凶的理论。机祥，古代的星占术语，通过观察天象以见吉凶之兆。

⑦周襄王二十六年闰三月，而《春秋》非之：周襄王二十六年（前626）鲁历将闰月设在三月，而《春秋》以为这不符合礼制。按当时习惯，应是年终置闰，鲁僖公末年当闰，而鲁国打破惯例，没有在年终置闰，改在第二年新君鲁文公即位之元年闰三月，故引起《春秋》的非议。周襄王，东周国王。周惠王之子，姓姬名郑，前651—前619年在位。按，此句出自于《春秋左氏传》，而非《春秋》。

⑧“先王之正时也”几句：这是讲以前历法中月序和闰月的排列方法的。履端于始，谓制订正确的历法，首先要选好历元——历法推算之起点。中国古代历法通常选取适值冬至与合朔两种天象同时在夜半发生的那一天，作为历法之推算起点。这样，历法的年月日都从头开始，无余分，时序不会错乱。举正于中，即将中

间的月份固定放正，其间不插入闰月，所以人们用起来不会感到迷惑。当闰余积满一个月时，就将闰月置于该年年终。“归邪于终”，即将闰月归集于年终。

【译文】

周幽王、周厉王以后，西周王室衰微，诸侯大夫执掌国政，史官记事没有日期，君王不再于每月朔日举行告朔典礼，历算之家的子弟纷纷离开周都分散到各处，有的在中原各国，有的在夷狄地区，没有统一的天文星占理论去占卜吉凶。周襄王二十六年鲁历将闰月设在三月，《春秋》批评了这件事。先王制定历法，首先要确定好历法的起算点；将中间的月份固定放正，将闰月归集于年终。定好历元，历法的计算有序可依不会出错；中间月份固定，百姓好记好用不会糊涂；年终置闰，依历办事就不会悖谬。

其后战国并争，在于强国禽敌，救急解纷而已，岂遑念斯哉①！是时独有邹衍②，明于五德之传③，而散消息之分④，以显诸侯。而亦因秦灭六国，兵戎极烦，又升至尊之日浅，未暇遑也。而亦颇推五胜⑤，而自以为获水德之瑞⑥，更名河曰“德水”，而正以十月⑦，色上黑。然历度闰余，未能睹其真也。

【注释】

①岂遑念斯哉：哪有闲暇考虑这件事。遑，闲暇。斯，指古代治历之事。

②邹衍：一作驺衍。战国时思想家。齐国人。善于雄辩，号“谈天衍”。初事燕惠王，被谮系狱。后游齐，晚年为齐使赵，面折公孙龙。创五德终始之说。著《邹子》等，已佚。

③五德之传：即五德终始学说，战国末期阴阳家邹衍的学说。指水、

木、金、火、土五种物质德性相生相克和终而复始的循环变化，论者并用以推断自然的命运和王朝兴亡的原因。

④消息：即阴阳。司马迁说邹衍是“深观阴阳消息，而作怪迂之变”。

⑤颇推五胜：《邹子》说：“五德从所不胜，虞土、夏木、殷金、周火。”

⑥自以为获水德之瑞：秦也相信五胜之说，认为周火德衰，水胜火，故秦得水的德。

⑦正以十月：指以十月为年始。秦用颛顼历，行夏正，十月为年始，闰在后九月，沿用闰在年终的习惯。

【译文】

这以后，战国诸雄并立，连年争战，他们只关心建立强国，俘虏敌人，或是解救急难，排解纠纷，哪有闲暇考虑天文历法的事情！当时只有邹衍通晓五德循环学说，提出五行相胜、阴阳消长的理论，显扬于诸侯。也因为秦国灭六国，战事十分频繁，而且登上皇位时间短，顾不上制定一部新的历法。但他们也广泛推行邹衍的理论，认为秦国获得了水德的瑞兆，将黄河更名为“德水”，以十月为岁首，崇尚黑色。然而历法推算余分设置闰月，却未能掌握其根本。

汉兴，高祖曰“北畤待我而起”①，亦自以为获水德之瑞。虽明习历及张苍等②，咸以为然。是时天下初定，方纲纪大基，高后女主，皆未遑，故袭秦正朔服色。

【注释】

①北畤（zhì）待我而起：天有五帝，秦立了四帝祠，北祠等着我建立。北畤，祠名。即黑帝祠，汉高祖时置，祀黑帝之处。雍五祠之一，在今陕西宝鸡凤翔区南。详见《封禅书》。

②明习历：通晓历法。张苍：西汉初大臣、历算家。秦时为御史，后

归汉。汉初任代王、赵王相。燕王臧荼反，汉高祖往击之，苍以代相从攻臧荼有功，封北平侯。迁为计相，以列侯居相府，主持郡国上计。精通律历，谙熟图书计籍。文帝时任丞相十余年，曾改定音律历法。《汉书·艺文志》有《张苍》十六篇，今佚。

【译文】

汉朝建立，高祖刘邦说“北畤等待着我兴建”，也自认为获得了水德的瑞应。大臣中虽有像张苍等精通历法的人，也都认为是这样。当时天下初定，当务之急是建立国家的规章制度和法令，随后不久吕后主政，都顾不上历法的事情，所以仍然沿袭秦朝的历法和服色。

至孝文时，鲁人公孙臣以终始五德上书①，言“汉得土德，宜更元，改正朔，易服色。当有瑞，瑞黄龙见”。事下丞相张苍，张苍亦学律历，以为非是，罢之。其后黄龙见成纪②，张苍自黜，所欲论著不成。而新垣平以望气见③，颇言正历服色事，贵幸，后作乱，故孝文帝废不复问。

【注释】

①公孙臣：西汉阴阳家、术数家。鲁人。文帝时，曾以五德终始上书朝廷，言汉得土德，应改元、改正朔、易服色，当有祥瑞出现。后因丞相张苍反对而作罢。

②成纪：县名。西汉置。故治在今甘肃静宁西南。

③新垣平：西汉星占家。善于观望天地的气运。文帝时，请求朝廷更正历法并改换黄色朝衣礼服，得到赏识。后因叛变罪名，他所提议之“正历服色事”未能实行。

【译文】

到孝文帝时，鲁人公孙臣向皇帝上书，他说“汉朝得到的是土德，应该更改纪元，制定新的历法，更换朝服的颜色。应当有瑞应，有一条黄龙出现”。事情交给丞相张苍，张苍也研究律历，他认为汉得的不是土德，没有同意此事。这之后黄龙在成纪出现，张苍上书自请免官，想要著书立论的事也未办成。而新垣平以观望云气的方术晋见文帝，再次提出改历和更换服色的建议，颇受皇上宠幸，后来新垣平作乱，文帝就再也不提改历、更换服色的事情了。

至今上即位[①]，招致方士，唐都分其天部[②]，而巴落下闳运算转历[③]，然后日辰之度与夏正同[④]。乃改元[⑤]，更官号[⑥]，封泰山[⑦]。因诏御史曰：“乃者[⑧]，有司言星度之未定也[⑨]，广延宣问，以理星度，未能詹也[⑩]。盖闻昔者黄帝合而不死，名察度验，定清浊，起五部，建气物分数[⑪]。然盖尚矣。书缺乐弛，朕甚闵焉[⑫]。朕唯未能循明也，紬绩日分[⑬]，率应水德之胜。今日顺夏至，黄钟为宫，林钟为徵，太蔟为商，南吕为羽，姑洗为角。自是以后，气复正，羽声复清，名复正变[⑭]，以至子日当冬至，则阴阳离合之道行焉[⑮]。十一月甲子朔旦冬至已詹，其更以七年为太初元年[⑯]。年名‘焉逢摄提格’[⑰]，月名‘毕聚’[⑱]，日得甲子，夜半朔旦冬至。”

【注释】

①今上：即汉武帝。

②唐都：西汉天文历法家。曾重新划分和测定二十八宿各宿的星距和宿度。武帝元封年间受诏参与制定《太初历》。司马谈曾向他学过天文。分其天部：《集解》引《汉书音义》曰：“谓分部二十八宿为距度。”指西汉元封年间，唐都重新测定二十八宿的距星（二十八宿的代表星）和宿度。天部，即天空区域，指星空十二次，二

十八宿的距星和各宿间的星度。

③落下闳：西汉天文历法家。名闳，字长公，隐居落下，因称“落下闳”。精于天文、历算。武帝时应征为太史待诏，曾与邓平、司马迁等共订《太初历》。并参与制造浑仪，以观测星象。运算转历：谓用浑天仪观测天体的运行，测算、改制历法。

④日辰之度：日月交会的时刻。

⑤乃改元：元封七年（前104）因颁布新历改元太初。

⑥更官号：太初元年汉武帝更改了百官名号和秩禄，表示与改历相应。

⑦封泰山：元封元年（前110）汉武帝封禅泰山。

⑧乃者：以往。

⑨有司：负责专项事物的官吏。星度：指星辰的度分，即日月星辰运行的周期、速度、距离、位置，有时也指交冬至时（太阳黄经为270度）太阳运行入二十八宿中某一宿的宿度。

⑩詹：通“占”，占筮。一说《汉书·律历志上》作“雠”，两两比较而相当。另一说“詹”同“瞻”，引申为省视。

⑪“盖闻昔者黄帝合而不死”几句：传说黄帝造历，由于合于天象的运行，所以能循环使用下去，这种历法能够分清各种天体的名称，测定它们的行度，审定律吕的清浊，建立起五气的运行，节气间相距的日数和天上各星体间的距离。

⑫朕甚闵焉：我感到很难过。朕，古人自称之词，从秦始皇开始，才专用为皇帝的自称。

⑬紬（chōu）绩日分：编排日数。紬绩，缉织，缀集。日分，日子。言造历者编排日数，犹如女工之缉织。

⑭名复正变：“变”字衍（从王元启说）。各种名称重新得到匡正，即二十四节气与实际天象又符合了。

⑮阴阳离合之道：太初历元甲子夜半，七曜皆会斗牵牛分度，是谓合；此后七曜按各自的轨道运行有迟有速，各异其行，是谓离。

⑯更以七年为太初元年:《索隐》:“按:改元封七年为太初元年。然汉始以建亥为年首,今改以建寅,故以七年为元年。”又引韦昭云:“汉兴至此,百二岁。案:《律历志》云:‘乃以前历上元,太初四千六百一十七岁。至元封七年,复得阏逢摄提之岁,中冬十一月甲子朔旦冬至。’”

⑰焉逢摄提格:摄提格,古代纪年名称。古人认为岁星十二年一周天,将黄赤道附近天域均匀划分为十二部分,称做十二星次,岁星每年走一次。古代就根据岁星所在位置来纪年,如岁在鹑火,岁在星纪。摄提格为十二次第三位,与十二地支的“寅”相当。为符合十二辰方向的习惯,古人又假想出一个与岁星运动方向相反的一个点,叫做太岁,或者岁阴、太阴。以岁阴每年所在位置来纪年,就叫做岁阴纪年法或太岁纪年法。《史记》所述纪年法,是由十二岁阴(岁雌)和十岁阳(岁雄)两部分组成,将十个岁阳与十二个岁阴依次配合就得出一组以六十周期的计数序列,与六十干支完全对应,故也看作干支纪年法的一套别名。岁阴与十二支的对应关系如下:

地支	子	丑	寅	卯	辰	巳	午	未	申	酉	戌	亥
岁阴(岁雌)	困敦	赤奋若	摄提格	单阏	执徐	大荒落	敦牂	协洽	涒滩	作噩	阉茂	大渊献

岁阳与十干的关系如下:

十干	甲	乙	丙	丁	戊	己	庚	辛	壬	癸
岁阳(岁雄)	焉逢	端蒙	游兆	强梧	徒维	祝犁	商横	昭阳	横艾	尚章

太初元年(前104)的太岁纪年法换算为干支纪年法就是甲寅年。《历书》所载《历术甲子篇》是从甲寅年开始,第二年为乙卯年即端蒙单阏,以下类推,共载了七十六个年名推历法之闰余。

⑱月名“毕聚”：古代纪月名称由月雄（月阳）、月雌（月阴）的两部分组成，月雌由日月相会位置来决定，商周时期主要用数字顺序纪月，战国、秦、汉逐渐同时采用以干支和数序两种方法纪月，开始只用十二支，以后加进十干组成以六十为周期干支纪月。月雄、月雌实际上是干支纪月的一套别名，是干支纪月的前身。月雄、月雌名称与干支的对应关系如下：

十二支	寅	卯	辰	巳	午	未	申	酉	戌	亥	子	丑
十二月	正	二	三	四	五	六	七	八	九	十	十一	十二
月雌	陬	如	寎	余	皋	且	相	壮	玄	阳	辜	涂
十干	甲	乙	丙	丁	戊	己	庚	辛	壬	癸		
月雄	毕	橘	新	圉	厉	则	室	塞	终	极		

【译文】

当今天子即位后，招聘方士，其中唐都负责天空二十八宿的观测与划分以及日月行星相对于二十八宿的运动，来自巴郡的落下闳计算天体运作，得到的日月运行位置的度数和夏正历法相符，于是改纪元，更改官号，到泰山举行封禅大典。并诏告御史说：“过去主管官吏说星辰的度数还没有测定，也广泛征求询问，以弄清这些，但都没有确切结果。听说以前黄帝所制定的历法，终而复始，循环无穷，弄清了天体的名称，准确验证了它们的位置和运行规律，确定了音律的清浊，创立五行学说，明确节气和物候在时间、空间上的界限。不过这已经很久远了。现在有关天文历数的典籍缺失，乐理废弛，我很感惋惜。这是我执政的过失，所幸现在经过周密测量和推算，制定了新的历法，其年月日的编排犹如织绸那样细密，应验了土德胜过水德。现在正当夏至，以黄钟为宫声，林钟为徵声，太蔟为商声，南吕为羽声，姑洗为角声。从此以后，节气恢复正常，羽声恢复清越的音调，节气名称都与实际相符，以甲子和冬至相合为历法的起算点，则阴阳交替合乎规律。现在十一月甲子恰逢朔旦冬至，正是换元改历的好时机，于是改元封七年为太初元年。年名‘焉逢摄提格’，月名‘毕聚’，日期为甲子，夜半时既是朔日的开始，也是节气交冬至之时。”

历术甲子篇①

太初元年，岁名“焉逢摄提格”，月名“毕聚”，日得甲子，夜半朔旦冬至。

【注释】

①历术甲子：“历术”是历法推步的方法和数据。《历术甲子》是《历书》中记述历术内容的篇名。《史记》所述历法为四分术，以十一月甲子朔旦冬至为历元气朔，它的第一蔀蔀名甲子。《历书》中只列出甲子蔀之历表和数据，故以蔀名甲子作为历术篇之篇名。一说甲子为六十干支表之首位，“历术甲子篇”就是历术首篇之意。又一说谓《史记》所述历法是以甲子朔旦冬至为推算起点，故以甲子命名“历术篇”。

【译文】

太初元年，年名“焉逢摄提格”，月名“毕聚”，这一天是甲子日，夜半是朔日的开始，交冬至。

正北①

十二②

无大余，无小余③；

无大余，无小余④；

焉逢摄提格太初元年。

【注释】

①正北:历法术语。方位。《历书》中用来表示交冬至节之时刻为夜半子时。太阳位于正北方位。

②十二:十二个月。

③无大余,无小余:没有剩余的日数,没有剩余的分数。这是指按照朔法推算的结果。

④无大余,无小余:没有剩余的日数,没有剩余的分数。这是指按照至法推算的结果。

【译文】

太阳位于正北方向

这一年十二个月

合朔大余为零,小余为零;

冬至大余为零,小余为零;

太初元年焉逢摄提格,即甲寅年。

十二

大余五十四,小余三百四十八;

大余五,小余八;

端蒙单阏二年。

【译文】

这一年十二个月

合朔大余五十四日,小余三百四十八分;

冬至大余五日,小余八分;

太初二年端蒙单阏,即己卯年。

闰十三

大余四十八，小余六百九十六；

大余十，小余十六；

游兆执徐三年。

【译文】

这一年闰年十三个月

大余四十八日，小余六百九十六分；

大余十日，小余十六分；

太初三年游兆执徐，即丙辰年。

十二

大余十二，小余六百三；

大余十五，小余二十四；

强梧大荒落四年。

【译文】

这一年十二个月

大余十二日，小余六百零三分；

大余十五日，小余二十四分；

太初四年强梧大荒落，即丁巳年。

十二

大余七，小余十一；

大余二十一，无小余；

徒维敦牂天汉元年。

【译文】

这一年十二个月

大余七日，小余十一分；

大余二十一日，小余为零；

天汉元年徒维敦牂，即戊午年。

闰十三

大余一，小余三百五十九；

大余二十六，小余八；

祝犁协洽二年。

【译文】

这一年闰年十三个月

大余一日，小余三百五十九分；

大余二十六日，小余八分；

天汉二年祝犁协洽，即己未年。

十二

大余二十五，小余二百六十六；

大余三十一，小余十六；

商横涒滩三年。

【译文】

这一年十二个月

大余二十五日，小余二百六十六分；

大余三十一日，小余十六分；

天汉三年商横涒滩，即庚申年。

十二

大余十九，小余六百一十四；

大余三十六，小余二十四；

昭阳作鄂四年。

【译文】

这一年十二个月

大余十九日，小余六百一十四分；

大余三十六日，小余二十四分；

天汉四年昭阳作鄂，即辛酉年。

闰十三

大余十四，小余二十二；

大余四十二，无小余；

横艾淹茂太始元年。

【译文】

这一年闰年十三个月

大余十四日，小余二十二分；

大余四十二日，小余为零；

太始元年横艾淹茂，即壬戌年。

十二

大余三十七，小余八百六十九；

大余四十七，小余八；

尚章大渊献二年。

【译文】

这一年十二个月

大余三十七日，小余八百六十九分；

大余四十七日，小余八分；

太始二年尚章大渊献，即癸亥年。

闰十三

大余三十二，小余二百七十七；

大余五十二，小余一十六；

焉逢困敦三年。

【译文】

这一年闰年十三个月

大余三十二日，小余二百七十七分；

大余五十二日，小余十六分；

太始三年焉逢困敦，即甲子年。

十二

大余五十六，小余一百八十四；

大余五十七，小余二十四；

端蒙赤奋若四年。

【译文】

这一年十二个月

大余五十六日，小余一百八十四分；

大余五十七日，小余二十四分；

太始四年端蒙赤奋若，即乙丑年。

十二

大余五十，小余五百三十二；

大余三，无小余；

游兆摄提格征和元年。

【译文】

这一年十二个月

大余五十日，小余五百三十二分；

大余三日，小余为零；

征和元年游兆摄提格，即丙寅年。

闰十三

大余四十四，小余八百八十；

大余八，小余八；

强梧单阏二年。

【译文】

这一年闰年十三个月

大余四十四日，小余八百八十分；

大余八日，小余八分；

征和二年强梧单阏，即丁卯年。

十二

大余八，小余七百八十七；

大余十三，小余十六；

徒维执徐三年。

【译文】

这一年十二个月

大余八日，小余七百八十七分；

大余十三日，小余十六分；

征和三年徒维执徐，即戊辰年。

十二

大余三，小余一百九十五；

大余十八，小余二十四；

祝犁大荒落四年。

【译文】

这一年十二个月

大余三日，小余一百九十五分；

大余十八日，小余二十四分；

征和四年祝犁大荒落，即己巳年。

闰十三

大余五十七，小余五百四十三；

大余二十四，无小余；

商横敦牂后元元年。

【译文】

这一年闰年十三个月

大余五十七日，小余五百四十三分；

大余二十四日，小余为零；

后元元年商横敦牂，即庚午年。

十二

大余二十一，小余四百五十；

大余二十九，小余八；

昭阳汁洽二年。

【译文】

这一年十二个月

大余二十一日，小余四百五十分；

大余二十九日，小余八分。

后元二年昭阳汁洽，即辛未年。

闰十三

大余十五，小余七百九十八；

大余三十四，小余十六；

横艾涒滩始元元年。

【译文】

这一年闰年十三个月

　　大余十五日，小余七百九十八分；

　　大余三十四日，小余十六分；

始元元年横艾涒滩，即壬申年。

正西

十二

　　大余三十九，小余七百五；

　　大余三十九，小余二十四；

尚章作噩二年。

【译文】

太阳位于正西

这一年十二个月

　　大余三十九日，小余七百零五分；

　　大余三十九日，小余二十四分；

始元二年尚章作噩，即癸酉年。

十二

　　大余三十四，小余一百一十三；

　　大余四十五，无小余；

焉逢淹茂三年。

【译文】

这一年十二个月

大余三十四日，小余一百一十三分；

大余四十五日，小余为零；

始元三年焉逢淹茂，即甲戌年。

闰十三

大余二十八，小余四百六十一；

大余五十，小余八；

端蒙大渊献四年。

【译文】

这一年闰年十三个月

大余二十八日，小余四百六十一分；

大余五十日，小余八分；

始元四年端蒙大渊献，即乙亥年。

十二

大余五十二，小余三百六十八；

大余五十五，小余十六；

游兆困敦五年。

【译文】

这一年十二个月

大余五十二日，小余三百六十八分；

大余五十五日，小余十六分；

始元五年游兆困敦，即丙子年。

十二

大余四十六，小余七百一十六；

无大余，小余二十四；

强梧赤奋若六年。

【译文】

这一年十二个月

大余四十六日，小余七百一十六分；

大余为零，小余二十四分；

始元六年强梧赤奋若，即丁丑年。

闰十三

大余四十一，小余一百二十四；

大余六，无小余；

徒维摄提格元凤元年。

【译文】

这一年闰年十三个月

大余四十一日，小余一百二十四分；

大余六日，小余为零；

元凤元年徒维摄提格，即戊寅年。

十二

大余五，小余三十一；

大余十一，小余八；

祝犁单阏二年。

【译文】

这一年十二个月

大余五日，小余三十一分；

大余十一日，小余八分；

元凤二年祝犁单阏，即己卯年。

十二

大余五十九，小余三百七十九；

大余十六，小余十六；

商横执徐三年。

【译文】

这一年十二个月

大余五十九日，小余三百七十九分；

大余十六日，小余十六分；

元凤三年商横执徐，即庚辰年。

闰十三

大余五十三，小余七百二十七；

大余二十一，小余二十四；

昭阳大荒落四年。

【译文】

这一年闰年十三个月

大余五十三日，小余七百二十七分；

大余二十一日，小余二十四分；

元凤四年昭阳大荒落，即辛巳年。

十二

　大余十七，小余六百三十四；

　大余二十七，无小余；

横艾敦牂五年。

【译文】

这一年十二个月

　大余十七日，小余六百三十四分；

　大余二十七日，小余为零；

元凤五年横艾敦牂，即壬午年。

闰十三

　大余十二，小余四十二；

　大余三十二，小余八；

尚章汁洽六年。

【译文】

这一年闰年十三个月

　大余十二日，小余四十二分；

　大余三十二日，小余八分；

元凤六年尚章汁洽，即癸未年。

十二

　大余三十五，小余八百八十九；

大余三十七，小余十六；

焉逢涒滩元平元年。

【译文】

这一年十二个月

大余三十五日，小余八百八十九分；

大余三十七日，小余十六分；

元平元年焉逢涒滩，即甲申年。

十二

大余三十，小余二百九十七；

大余四十二，小余二十四；

端蒙作噩本始元年。

【译文】

这一年十二个月

大余三十日，小余二百九十七分；

大余四十二日，小余二十四分；

本始元年端蒙作噩，即乙酉年。

闰十三

大余二十四，小余六百四十五；

大余四十八，无小余；

游兆阉茂二年。

【译文】

这一年闰年十三个月

大余二十四日，小余六百四十五分；

大余四十八日，小余为零；

本始二年游兆阉茂，即丙戌年。

十二

大余四十八，小余五百五十二；

大余五十三，小余八；

强梧大渊献三年。

【译文】

这一年十二个月

大余四十八日，小余五百五十二分；

大余五十三日，小余八分；

本始三年强梧大渊献，即丁亥年。

十二

大余四十二，小余九百；

大余五十八，小余十六；

徒维困敦四年。

【译文】

这一年十二个月

大余四十二日，小余九百分；

大余五十八日，小余十六分；

本始四年徒维困敦，即戊子年。

闰十三

大余三十七，小余三百八；

大余三，小余二十四；

祝犁赤奋若地节元年。

【译文】

这一年闰年十三个月

大余三十七日，小余三百零八分；

大余三日，小余二十四分；

地节元年祝犁赤奋若，即己丑年。

十二

大余一，小余二百一十五；

大余九，无小余；

商横摄提格二年。

【译文】

这一年十二个月

大余一日，小余二百一十五分；

大余九日，小余为零；

地节二年商横摄提格，即庚寅年。

闰十三

大余五十五，小余五百六十三；

大余十四，小余八；

昭阳单阏三年。

【译文】

这一年闰年十三个月

大余五十五日，小余五百六十三分；

大余十四日，小余八分；

地节三年昭阳单阏，即辛卯年。

正南

十二

大余十九，小余四百七十；

大余十九，小余十六；

横艾执徐四年。

【译文】

太阳位于正南

这一年十二个月

大余十九日，小余四百七十分；

大余十九日，小余十六分；

地节四年横艾执徐，即壬辰年。

十二

大余十三，小余八百一十八；

大余二十四，小余二十四；

尚章大荒落元康元年。

【译文】

这一年十二个月

大余十三日，小余八百一十八分；

大余二十四日，小余二十四分；

元康元年尚章大荒落，即癸巳年。

闰十三

大余八，小余二百二十六；

大余三十，无小余；

焉逢敦牂二年。

【译文】

这一年闰年十三个月

大余八日，小余二百二十六分；

大余三十日，小余为零；

元康二年焉逢敦牂，即甲午年。

十二

大余三十二，小余一百三十三；

大余三十五，小余八；

端蒙协洽三年。

【译文】

这一年十二个月

大余三十二日，小余一百三十三分；

大余三十五日，小余八分；

元康三年端蒙协洽，即乙未年。

十二

大余二十六，小余四百八十一；

大余四十，小余十六；

游兆涒滩四年。

【译文】

这一年十二个月

大余二十六日，小余四百八十一分；

大余四十日，小余十六分；

元康四年游兆涒滩，即丙申年。

闰十三

大余二十，小余八百二十九；

大余四十五，小余二十四；

强梧作噩神雀元年。

【译文】

这一年闰年十三个月

大余二十日，小余八百二十九分；

大余四十五日，小余二十四分；

神雀元年强梧作噩，即丁酉年。

十二

大余四十四，小余七百三十六；

大余五十一，无小余；

徒维淹茂二年。

【译文】

这一年十二个月

大余四十四日，小余七百三十六分；

大余五十一日，小余为零；

神雀二年徒维淹茂，即戊戌年。

十二

大余三十九，小余一百四十四；

大余五十六，小余八；

祝犁大渊献三年。

【译文】

这一年十二个月

大余三十九日，小余一百四十四分；

大余五十六日，小余八分；

神雀三年祝犁大渊献，即己亥年。

闰十三

大余三十三，小余四百九十二；

大余一，小余十六；

商横困敦四年。

【译文】

这一年闰年十三个月

大余三十三日，小余四百九十二分；

大余一日，小余十六分；

神雀四年商横困敦，即庚子年。

十二

大余五十七，小余三百九十九；

大余六，小余二十四；

昭阳赤奋若五凤元年。

【译文】

这一年十二个月

大余五十七日，小余三百九十九分；

大余六日，小余二十四分；

五凤元年昭阳赤奋若，即辛丑年。

闰十三

大余五十一，小余七百四十七；

大余十二，无小余；

横艾摄提格二年。

【译文】

这一年闰年十三个月

大余五十一日，小余七百四十七分；

大余十二日，小余为零；

五凤二年横艾摄提格，即壬寅年。

十二

大余十五，小余六百五十四；

大余十七，小余八；

尚章单阏三年。

【译文】

这一年十二个月

大余十五日，小余六百五十四分；

大余十七日，小余八分；

五凤三年尚章单阏，即癸卯年。

十二

大余十，小余六十二；

大余二十二，小余十六；

焉逢执徐四年。

【译文】

这一年十二个月

大余十日，小余六十二分；

大余二十二日，小余十六分；

五凤四年焉逢执徐，即甲辰年。

闰十三

大余四，小余四百一十；

大余二十七，小余二十四；

端蒙大荒落甘露元年。

【译文】

这一年闰年十三个月

大余四日，小余四百一十分；

大余二十七日，小余二十四分；

甘露元年端蒙大荒落，即乙巳年。

十二

大余二十八，小余三百一十七；

大余三十三，无小余；

游兆敦牂二年。

【译文】

这一年十二个月

大余二十八日，小余三百一十七分；

大余三十三日，小余为零；

甘露二年游兆敦牂，即丙午年。

十二

大余二十二，小余六百六十五；

大余三十八，小余八；

强梧协洽三年。

【译文】

这一年十二个月

大余二十二日，小余六百六十五分；

大余三十八日，小余八分；

甘露三年强梧协洽，即丁未年。

闰十三

大余十七，小余七十三；

大余四十三，小余十六；

徒维涒滩四年。

【译文】

这一年闰年十三个月

大余十七日，小余七十三分；

大余四十三日，小余十六分；

甘露四年徒维涒滩，即戊申年。

十二

大余四十，小余九百二十；

大余四十八，小余二十四；

祝犁作噩黄龙元年。

【译文】

这一年十二个月

大余四十日，小余九百二十分；

大余四十八日，小余二十四分；

黄龙元年祝犁作噩，即己酉年。

闰十三

大余三十五，小余三百二十八；

大余五十四，无小余；

商横淹茂初元元年。

【译文】

这一年闰年十三个月

大余三十五日，小余三百二十八分；

大余五十四日，小余为零；

初元元年商横淹茂，即庚戌年。

正东

十二

大余五十九，小余二百三十五；

大余五十九，小余八；

昭阳大渊献二年。

【译文】

太阳在正东方位

这一年十二个月

大余五十九日，小余二百三十五分；

大余五十九日，小余八分；

初元二年昭阳大渊献，即辛亥年。

十二

大余五十三，小余五百八十三；

大余四，小余十六；

横艾困敦三年。

【译文】

这一年十二个月

大余五十三日，小余五百八十三分；

大余四日，小余十六分；

初元三年横艾困敦，即壬子年。

闰十三

大余四十七，小余九百三十一；

大余九，小余二十四；

尚章赤奋若四年。

【译文】

这一年闰年十三个月

大余四十七日，小余九百三十一分；

大余九日，小余二十四分；

初元四年尚章赤奋若，即癸丑年。

十二

大余十一，小余八百三十八；

大余十五，无小余；

焉逢摄提格五年。

【译文】

这一年十二个月

大余十一日，小余八百三十八分；

大余十五日，小余为零；

初元五年焉逢摄提格，即甲寅年。

十二

大余六，小余二百四十六；

大余二十，小余八；

端蒙单阏永光元年。

【译文】

这一年十二个月

大余六日，小余二百四十六分；

大余二十日，小余八分；

永光元年端蒙单阏，即乙卯年。

闰十三

无大余，小余五百九十四；

大余二十五，小余十六；

游兆执徐二年。

【译文】

这一年闰年十三个月

大余为零，小余五百九十四分；

大余二十五日，小余十六分；

永光二年游兆执徐，即丙辰年。

十二

大余二十四，小余五百一；

大余三十，小余二十四；

强梧大荒落三年。

【译文】

这一年十二个月

大余二十四日，小余五百零一分；

大余三十日，小余二十四分；

永光三年强梧大荒落，即丁巳年。

十二

大余十八，小余八百四十九；

大余三十六，无小余；

徒维敦牂四年。

【译文】

这一年十二月

大余十八日，小余八百四十九分；

大余三十六日，小余为零；

永光四年徒维敦牂，即戊午年。

闰十三

大余十三，小余二百五十七；

大余四十一，小余八；

祝犁协洽五年。

【译文】

这一年闰年十三月

大余十三日，小余二百五十七分；

大余四十一日，小余八分；

永光五年祝犁协洽，即己未年。

十二

大余三十七，小余一百六十四；

大余四十六，小余十六；

商横涒滩建昭元年。

【译文】

这一年十二个月

大余三十七日，小余一百六十四分；

大余四十六日，小余十六分；

建昭元年商横涒滩，即庚申年。

闰十三

大余三十一，小余五百一十二；

大余五十一，小余二十四；

昭阳作噩二年。

【译文】

这一年闰年十三个月

大余三十一日,小余五百一十二分;

大余五十一日,小余二十四分;

建昭二年昭阳作噩,即辛酉年。

十二

大余五十五,小余四百一十九;

大余五十七,无小余;

横艾阉茂三年。

【译文】

这一年十二个月

大余五十五日,小余四百一十九分;

大余五十七日,小余为零;

建昭三年横艾阉茂,即壬戌年。

十二

大余四十九,小余七百六十七;

大余二,小余八;

尚章大渊献四年。

【译文】

这一年十二个月

大余四十九日,小余七百六十七分;

大余二日,小余八分;

建昭四年尚章大渊献，即癸亥年。

闰十三

大余四十四，小余一百七十五；

大余七，小余十六；

焉逢困敦五年。

【译文】

这一年闰年十三个月

大余四十四日，小余一百七十五分；

大余七日，小余十六分；

建昭五年焉逢困敦，即甲子年。

十二

大余八，小余八十二；

大余十二，小余二十四；

端蒙赤奋若竟宁元年。

【译文】

这一年十二个月

大余八日，小余八十二分；

大余十二日，小余二十四分；

竟宁元年端蒙赤奋若，即乙丑年。

十二

大余二，小余四百三十；

大余十八，无小余；

游兆摄提格建始元年。

【译文】

这一年十二个月

大余二日，小余四百三十分；

大余十八日，小余为零；

建始元年游兆摄提格，即丙寅年。

闰十三

大余五十六，小余七百七十八；

大余二十三，小余八；

强梧单阏二年。

【译文】

这一年闰年十三个月

大余五十六日，小余七百七十八分；

大余二十三日，小余八分；

建始二年强梧单阏，即丁卯年。

十二

大余二十，小余六百八十五；

大余二十八，小余十六；

徒维执徐三年。

【译文】

这一年十二个月

大余二十日，小余六百八十五分；

大余二十八日，小余十六分；

建始三年徒维执徐，即戊辰年。

闰十三

大余十五，小余九十三；

大余三十三，小余二十四；

祝犁大荒落四年。

【译文】

这一年闰年十三个月

大余十五日，小余九十三分；

大余三十三日，小余二十四分；

建始四年祝犁大荒落，即己巳年。

右《历书》[①]：大余者，日也；小余者，月也[②]。端蒙者，年名也。支：丑名赤奋若，寅名摄提格。干：丙名游兆。正北，冬至加子时[③]；正西，加酉时；正南，加午时；正东，加卯时。

【注释】

①右：右边。相当于“以上”。

②小余者，月也：“月”当作“分”。

③加：居，在。

【译文】

以上《历书》:大余,是指剩余的日数;小余,是指剩余的分数。端蒙,是年名。地支:丑叫赤奋若,寅叫摄提格。天干:丙叫游兆。正北指冬至的时候,太阳的方位在正北,时刻在子时;正西表示冬至的时候太阳方位在正西,时刻在酉时;正南表示冬至的时候太阳方位在正南,时刻在午时;正东表示冬至的时候太阳方位在正东,时刻在卯时。

【集评】

黄履翁曰:"其序《历书》也,不言《太初》,而言古历;不言八十一分术,而言九百四十分之法。观其在元封间议造汉历,号为'太初',其术最验,迁书置而不取,盖古历之失以其朔余太强,而至于后天乃改新历。而后天之失尤甚于古历,此迁所以不取《太初》日分之法,其知作历之法矣。(《古今源流至记·别集》)

陈仁锡曰:"《历书》多采《大戴礼》《左传》《国语》之文。历法:七十六年为一蔀,自焉逢摄提格至祝犁大荒落,此七十六年乃历家一蔀之法,太史公旧文也。《史记》成书于天汉四年,自横艾淹茂以下年号,则褚生所增者,当削之。"(《陈评史记》)

梁玉绳曰:"《历术甲子篇》此乃当时历家之书,后人因本书之缺,谬附于《史》,增入太初等年号,年数。其所说历法仍是古四分之术,非邓平、落下闳所更定之《太初历》也。"(《史记志疑》)

又曰:"所载岁名与《尔雅》全别,不止与《天官书》异者有四也。……《史》讫太初,而叙至成帝建始,非妄续之的证耶?其他所算余分或大余小余,并篇末述干支之名,多有差脱,不复详辨。盖太初定历,别有成书,史公作《史》时,未经录入,孟坚作《志》,载《三统》而又不载《太初》,其法遂无传也。"(《史记志疑》)

【评论】

历法在中国古代社会有着重要的实用性和象征性。人们靠着历法安排农业生产和日常生活，历法也是国家政治权力的象征，只有国家统治者才可以颁布历法。李约瑟在《中国科学技术史》中写道："对于农业经济来说，作为历法准则的天文学知识具有首要的意义，谁能把历法授予人民，他便有可能成为人民的领袖。这一点对于在很大程度上依靠人工灌溉的农业经济来说，犹为千真万确。"（《科学技术史》第四卷，45页）所以，在古代中国，历法是关乎国计民生而深受重视的重大问题。《历书》是中国最早记述古代历法史的专著，首次系统阐述了天文学的重要意义，也是最早明确提出把天文学纳入国家政体的历史文献，由此可见《历书》的历史地位。

《历书》的第一部分主要阐述了三个问题：

一、关于历法的发生、发展，以及制定历法的一些原则。司马迁转引《大戴礼记》说"昔自在古，历建正作于孟春"，说明古代正月是在春天的第一个月，人们观察自然界的万物变化，观察日月星辰的运行，于是有了日、月、年的概念，然后努力将这三个概念组织成一个整体，这就产生了"历"。这里最重要的一个概念就是"建正"，即选哪一个月作为一年的第一个月——正月。中国古代历法大致有三种建正方式：夏正，以黄昏时北斗斗柄指子（含冬至之月）为正月，称作"建子"，又称"子正"；殷正，以黄昏时斗柄指丑（冬至后一月）为正月，称作"建丑"，又称"丑正"；周正，以黄昏时斗柄指寅（冬至后二月）为正月，即正月建置在今农历之孟春月，称作"建寅"，又称"寅正"。《历书》指出夏正、殷正和周正之间的关系是：当夏历为正月之时，殷历为二月，周历为三月；或者说殷历正月在夏历的十二月，周历正月在夏历的十一月。而汉代自高祖至武帝太初前，都遵循秦历"建亥"，以夏历的十月为正月。这里对于"建正"的介绍，提供了汉武帝改历的理论依据。还有一个概念"天元"，也叫"上元"，它是中国古历法选取的推算起点。一般历法选取甲子日夜半作为起点，此时正好交冬至节和日月合朔，为使日月五星交会计算方便，往往再上推找出某个甲子日夜半日月合朔，正好交冬至节，又恰逢五星连珠（五大行星聚集在同一经度）的时刻作为起点，这样一个理想的起点称作“上元”。后世关于不设上元不能成为官方历法而只能称作民间小历的思想皆出于此。

二、用历史史实论述了天文历法对社会发展的重大意义。司马迁记述了自黄帝至汉武帝前历法与社会兴衰、朝代更替的关系，总结出历法正则社会兴旺，历数失序则社会混乱。总结出“天之历数在尔躬”的名言，说明按天体运行制订和颁行历法，是事关社稷的大事，这责任就在君主身上。同时，改朝换代，就要修改历法，推算历法的起始点，以便顺应天时，上承天意，“王者易姓受命，必慎始初，改正朔，易服色，推本天元，顺承厥意”。这样天文历法就进入政体，与国家政权联系在一起了。

三、汉武帝时代修“太初历”的大致情形。对汉武帝改历的背景，《历书》做了较详细的说明。首先是从周厉王、周幽王之后，各诸侯国都分别发展了自己的天文历法与星占理论，“废而不统”；直到秦统一六国，根据邹衍的五德终始说，自认得水德，用颛顼历；汉初大臣们附会刘邦得了水德瑞应，沿用秦朝历法，文帝时有人宣称见了土德的瑞应，有了改历之说，但直到武帝时才下决心编制新历，由唐都负责天部，落下闳负责历部而完成了太初历。篇中点明“十一月甲子朔旦冬至已詹，其更以七年为太初元年”，以元封七年为太初元年，但关于太初历的修制过程并没有记载，太初历节气又正确了（“气复正”），各种名称又和实际相符合了（“名复正变”），阴阳交替又有规律了（“阴阳离合之道行焉”），这未免令人遗憾。

司马迁未对太初历给予详细记载，而是附上《历术甲子篇》，这是很让人疑惑的。据学者们研究，《历术甲子篇》是四分历，更接近司马迁的主张，而太初历是落下闳、邓平的八十一分历。据《汉书·律历志》，汉武帝曾让人试制了十八部历法，有人认为《历术甲子篇》就是司马迁与壶遂编制的，属于被否定的十七部历法之一。有人认为《历术甲子篇》曾在太初年间使用过，对此天文史学家尚有争议，但不可否认的是司马迁对武帝的改历做了很多工作。司马迁发起了太初元年（前104）的历法改革，为制定新的历法，司马迁也曾“定东西，立晷仪，下漏刻，以追二十八宿相距于四方”，测定了很多数据，他对太初历的内容有着重大影响。新的历元，测定冬至点的位置，测定有关恒星和行星的基本数据，以及他发现的月食周期和五大行星逆行规律对太初历具有指导意义。太初历的进步之点，都与司马迁有关。对于《历书》中没有提到太初历的修制者邓平，学界也有很多猜想，但多无文献证据。我们只知道在修历遇到困难时，邓平受命重新组织人员开展工作，而司马迁不在名单中；在新历完成后，汉武帝颁诏，命令司马迁采用邓平所修造的新历，同时还提拔邓平做了太史丞，仅次于司马迁的太史令。司马迁在《历书》中不附太初历而附《历术甲子篇》，可能正是表现他与邓平的分歧，他对于自己独有的历法理论的坚持。

天官书第五

【释名】

《天官书》是一部天文学专史。所谓“天官”，司马贞《索隐》曰：“天文有五官。官者，星官也。星座有尊卑，若之官曹列位，故曰天官。”现代天文学认为，古人为了辨认恒星、观测和记录天象的方便，把相邻或相近的一些恒星组合一起，并给予命名，这种恒星组合称为“星官”，也称为“天官”。

全篇分为七部分。第一部分描述全天星官，分别记述中宫、东宫、南宫、西宫、北宫五大星区列星布列、相对的隶属关系及有关兆占。第二部分介绍了五大行星的运动及其有关的作占方法。第三部分记载二十八宿和地理分野的关系。第四部分介绍异常天象的占候。第五部分介绍云气、风、以及其他方面的占候。第六部分回顾过去星占家所取得的成就，并且记述各个时期不寻常的天象以及它们所兆应的大事件。第七部分文字错杂，很难理解，有人认为是后人附记，非《史记》本文，也有人认为是残简，是在长期的传抄、转刻过程中留存下来的。

中宫天极星①，其一明者②，太一常居也③。旁三星三公④，或曰子属。后句四星，末大星正妃⑤，余三星后宫之属也。环之匡卫十二星⑥，藩臣。皆曰紫宫⑦。

【注释】

①中宫:古代星区名。古人将星空划分为五个区域:中宫黄龙,东宫苍龙,南宫朱鸟(亦称朱雀),西宫白虎,北宫玄武。黄龙介于朱鸟与白虎之间的黄道上,即轩辕座、五帝座一带。黄道五方星又与五方神对应。后来黄道五方星才演变为四方星,并把靠近北极附近的天区改为中宫,又称紫宫。天极星:星官名。即北极星官,由五颗星组成。今属小熊座。

②其一明者:其中最亮的那一颗。

③太一常居也:意为太一常居正北不动。太一,星官名,古人认为位于北天极附近,联成如一串明珠的五颗星中最亮的那颗称为帝星的星是太一。由于它处于全天星座中的特殊地位,古人把它比喻为八卦中的太极,或曰太一。今指小熊星座的β星。

④旁三星三公:据陈遵妫先生考,“旁三星三公”是太一“即帝星”旁边的太子、庶子、后,这三颗星都属小熊星座。

⑤后句四星,末大星正妃:天极星后边弯曲排列着四颗星,其末端最大的星代表正妃。陈遵妫先生认为后句四星指勾陈四明星,从帝星算起,最近帝星的是勾陈四,次为勾陈三,再次为勾陈二,最后为最亮的勾陈一,太史公称它为正妃。勾陈,星官名。

⑥匡卫十二星:当指西藩的右枢、少尉、上辅、少辅、少卫、上丞和东藩的左枢、上宰、少宰、上弼、少弼、少卫十二颗星。今属天龙座、大熊座和鹿豹座。匡卫,辅弼,保卫。

⑦紫宫:即中宫。

【译文】

中央天区的正中央是天极星,其中有一颗比较明亮的星,是天帝太一常住的地方。旁边三颗星是三位大臣,也有称它们为太子星和庶子星的。后面四颗星连接成弯曲形状,末尾那颗最大的星代表正宫娘娘,其余三颗星为后宫的妃嫔们。天极星周围环绕的十二颗星,是护卫天帝的藩臣。中央天区总称为紫宫。

前列直斗口三星，随北端兑。若见若不，曰阴德，或曰天一[①]。紫宫左三星曰天枪[②]，右五星曰天棓[③]。后六星绝汉抵营室[④]，曰阁道[⑤]。

【注释】

①“前列直斗口三星”几句：陈久金认为后世的天一星，介于太一和右枢之间。它不可能位于斗口前。又阴德二星较暗，其附近还有一些小星，司马迁把阴德星说成三颗星，也是可能的。直，同“值”，正当。兑，通“锐”。不，同“否”。

②天枪：星官名，今属牧夫座。

③天棓（bàng）：星官名，今属天龙座和武仙座。棓，通“棒”。天棓与天枪均为守卫宫门的两件兵器。

④绝汉：直渡银河。汉，指银河。营室：星官名。原包括室宿和壁宿，后专指室宿，二十八宿之一。今属飞马座。

⑤阁道：星官名，今属仙后座。据陈遵妫先生考证，当帝星过子午圈（过南点、北点和天顶的大圆）时居北极之上，则天枪三星在左，天棓五星在帝星之右，若以天一为紫宫之前，则阁道六星适在其后，阁道北二星在天汉之北，正向紫宫，南二星在天汉之南，斜指室宿。

【译文】

挡在紫宫前门口的左枢星和右枢星与在它们北边的阴德星，组成一个北向尖锐的三角形。若隐若现的，称为阴德星，或称天一星。由宫门二星向南，左前方的三颗星叫天枪，右前方的五颗星叫天棓。后面六颗星横过银河直达营室，称为阁道。

北斗七星，所谓“旋、玑、玉衡以齐七政”[①]。杓携龙角[②]，衡殷南斗[③]，魁枕参首[④]。用昏建者杓[⑤]；杓，自华以西南[⑥]。夜半建者衡[⑦]；衡，殷中州河、济之间[⑧]。平旦建者魁[⑨]；魁，海、岱以东北也[⑩]。斗为帝车[⑪]，运于中央，临制四乡[⑫]。分阴阳，建四时，均五行，移节度，定诸纪，皆系于斗[⑬]。

【注释】

①旋、玑、玉衡以齐七政：古天文术语。出自《尚书》，意为用观测北斗星的旋、玑、玉衡三星来考正日月五星和岁时季节。旋、玑、玉衡，星名。今均属大熊座。旋，北斗第二星。玑，北斗第三星。玉衡，北斗第五星。《索隐》案：“《春秋运斗枢》云：‘斗，第一天枢，第二旋，第三玑，第四权，第五衡，第六开阳，第七摇光。第一至第四为魁，第五至第七为标（当为“杓”），合而为斗。’”

②杓携龙角：斗杓延长线连着东方苍龙龙角的大角星。

③衡殷南斗：玉衡和前后两星的连线连着南斗。衡星与斗宿中的二星正好在一条直线上，故曰“衡殷南斗”。南斗，星官名。即斗宿，二十八宿之一。今属人马座。

④魁枕参首：斗魁四星顺着杓的方向向北延伸是参宿的头。魁四星位于参宿的两肩上，参宿的左右肩分别与魁四星中的左右两星两两相连，成两条平行的直线，故曰“魁枕参首”。参，星官名。二十八宿之一。今属猎户座。

⑤昏建：古天文术语。黄昏太阳落入地平线约六至八度时，观察北斗斗杓所指十二辰方位名作为该月月名的月建方法叫昏建。

⑥杓，自华以西南：斗杓指向华山及其西南地区。华，华山，在今陕西华阴南。古代人们为了星占，需要把地上不同的区域同天上不同的分区相对应，叫作分野。分野有不同的标准，可用二十八宿，

十二次，也可用北斗七星进行地理分野。因此，斗杓、斗魁、斗衡，都指向一定的地理区域。

⑦夜半建：古天文术语。指子夜时观测北斗斗衡所指十二辰方位名为该月月名的月建的方法。夜半，指子时。

⑧衡，殷中州河、济之间：斗衡代表中州黄河、济水之间的区域。中州，古地区名，相当于今河南一带，因地处古九州之中而得名。河，古代对黄河的专称。济，济水，发源于河南济源王屋山。

⑨平旦建：古天文术语。指黎明时观测北斗斗魁所指十二辰方位为该月月名的月建方法。参看“昏建”。

⑩海、岱：指东海和泰山之间地区，就是古代的青州，现在山东一带。岱指泰山。

⑪帝：天帝，也可象征皇帝。

⑫四乡：四至之方向。乡，通“向”。

⑬“分阴阳”几句：陈久金认为，太阳一岁在黄道上运行一周，每月移动一辰，故黄昏时看北斗斗柄的指向，每月移十二方位中的一个方位，正月指寅，二月指卯，三月指辰等等。斗建与月序相差一辰则设置闰月，故说“建四时，均五行，移节度，定诸纪，皆系于斗”。四时指一年各节气；节度指节气和太阳的行度，太阳日行一度，节气和行度是相关联的；诸纪即历法中的纪年、纪月、纪日等周期。天文学上的阴阳五行与哲学上的阴阳五行的概念是不同的，它不是抽象的概念，而是指季节的变化。自冬至到夏至，为阳气上升，为阳；自夏至到冬至，为阴气上升，为阴；故天文上将一岁分为阴阳两个部分。五行在天文上即为五季，每季七十二天。四时五季各为不同的分法。

【译文】

北斗七星，就是《尚书》说的“观测北斗星的璇、玑、玉衡三星来考正日月五星和岁时季节”。斗杓连接东方苍龙龙角的大角星，斗衡向南延伸可见南斗，斗魁四星顺着杓的方向向北延伸是参宿的头。黄昏可用斗杓指向命名该月月名，这种月建方法就叫作昏建；昏建时的斗杓指向对应华山及西南地域。半夜时可用斗衡确定月建；在分野上，斗衡指的是中原黄河、济水之间的地域。如果在平旦时刻看斗魁所指方位定月名的，则叫平旦建；在分野上斗魁所指对应东海至泰山一线及东北地域。北斗的形状就像天帝的车辇，在中央天极附近运转，统制四方。区分阴阳，建立四季，调节五行，改换节气，确定天文历法，都决定于北斗。

斗魁戴匡六星曰文昌宫①：一曰上将，二曰次将，三曰贵相，四曰司命，五曰司中，六曰司禄②。在斗魁中，贵人之牢③。魁下六星，两两相比者，名曰三能④。三能色齐⑤，君臣和；不齐，为乖戾。辅星明近，辅臣亲强⑥；斥小⑦，疏弱。

【注释】

①斗魁戴匡六星曰文昌宫：与斗魁相值的匡扶天帝的六星叫文昌宫。据《尔雅·释地》，戴，作“值”解；匡，作“辅助”解。文昌宫，星官名。今属大熊座。

②“一曰上将”几句：上将、次将、贵相、司命、司中、司禄皆古星名，从司命以下的名称和顺序，从《汉书·天文志》以后的各代史书的说法跟这里有出入。

③在斗魁中，贵人之牢：在斗魁内无亮星，几乎看不见星，像是贵人的牢房。在斗魁中有四颗星叫天理，属大熊座。

④“魁下六星”几句：据陈遵妫先生考证，魁下六星是三台，即原文“三能（tái）”。上台起文昌，中台对轩辕，下台抵太微，三台各二星，相距不及半度，故称两两相比。三能，星官名。今属大熊座。

⑤色齐：颜色相近。三能六星，颜色、亮度基本上差不多，但它们相

对的地平高度相差比较大，由于大气消光对地平高度低的恒星的颜色影响比较大，对地平高度高的影响比较小，因此这六颗星表现为色不齐，但六星随周日视运动到天顶附近时，大气消光对它们的颜色影响比较小，故表现为色齐的现象。

⑥辅星明近，辅臣亲强：北斗第六星开阳和它旁边的辅星相邻，如果辅星明亮并靠近开阳，是辅臣能力强并且尽职的吉兆。辅星，星名，指大熊座的81星。恒星之间的相对位置在短时间内基本不变，但由于恒星在做周日运动中所处地平高度不同，由于人的视觉效应，看起来两颗恒星的相对距离就有远近的区别。

⑦斥小：远离而微小。

【译文】

与斗魁相值的匡扶天帝的六星叫文昌宫：它们分别为上将、次将、贵相、司命、司中和司禄。在斗魁之中，是贵人的牢房。斗魁下方也有六颗星，两两并列，分别叫上能、中能和下能。三能六星的颜色一致时，意味着君臣和睦；三能颜色不一致时，则意味着君臣疏远不合。北斗的第六星开阳旁边有一辅星，辅星若明亮且靠近主星开阳，是辅臣有力且尽职的吉兆；辅星昏暗且与主星相斥，意味着辅臣与皇帝疏远且无能。

杓端有两星：一内为矛，招摇[①]；一外为盾[②]，天锋[③]。有句圜十五星[④]，属杓，曰贱人之牢。其牢中星实则囚多，虚则开出[⑤]。

【注释】

①一内为矛，招摇：内，接近。矛，天矛星，又叫招摇星，指牧夫座的γ星。

②外：远离。

③天锋：星名。一说即元戈。今属牧夫座。据陈遵妫先生考证，招

摇南十度为天锋，即梗河星。

④句圜（yuán）十五星：句指七公星，包括七颗星，圜指贯索星，包括九颗星。但其中正北的一颗星常隐而不见，所以在观测者看来共有十五颗星。七公在今武仙座和牧夫座，贯索在今北冕座。

⑤其牢中星实则囚多，虚则开出：据当代科学家研究，“贱人之牢”主要包括北冕座的半圆形部分，其中有两颗变星北冕座R和北冕座S，变幅分别为5.8—14.8等及6.0—14.0等，它们最大亮度在人眼可见范围之内，而最小亮度又在人眼可见范围之外，故当R.S.可见时，牢中星实，反之可称为虚。

【译文】

斗杓末端有两颗星：接近杓的为天矛星，又叫招摇星；远离的为天盾星，又叫天锋星。有连环形的十五颗星，附属于杓尾，是贱人的牢房。圆圈内看到的星星清晰，表示囚犯多；圆圈内星星模糊不清，是囚犯已释放的兆应。

天一、枪、棓、矛、盾动摇，角大[①]，兵起。

【注释】

①角：芒角。恒星在天空背景上只是一个点，但是由于大气抖动造成星象闪烁，看起来恒星似乎就有了芒角。

【译文】

天一、天枪、天棓、天矛、天盾等星摇动且光芒粗大，将有战争发生。（以上中宫）

东宫苍龙[①]，房、心[②]。心为明堂[③]，大星天王[④]，前后星子属。不欲直[⑤]，直则天王失计。房为府[⑥]，曰天驷[⑦]。其阴[⑧]，右骖[⑨]。旁有两星曰衿[⑩]，北一星曰舝[⑪]。东北曲十二星曰旗[12]。旗中四星曰天市[13]，中六星曰市楼[14]。市中星众者实，其虚则秏。房南众星曰骑官[15]。

【注释】

①东宫：古星区名。包含角、亢、氐、房、心、尾、箕七宿。

②房：房宿，又叫天驷，二十八宿之一。今属天蝎座。心：心宿，又叫商星，二十八宿之一，因相当于东方苍龙心脏而得名。今属天蝎座。

③明堂：古代天子宣明政教的地方，凡朝会、祭祀、庆赏、选士、养老、教学等大典均在此举行。

④天王：指心宿二，又名"大火"，是观象授时的主要星辰，今指天蝎座 α 星。

⑤前后星子属。不欲直：陈遵妫先生认为前星在中央大星西南，后星在其东北，它们不在一条直线上，稍弯曲，故称不欲直。前后星，指心宿一和心宿三，属于天蝎座。直，三星排列直线。

⑥府：《索隐》补作"天府"，天帝的官署。

⑦天驷：即指房宿。《索隐》引《尔雅》云："天驷，房。"又引《诗纪历枢》云："房为天马，主车驾。"

⑧阴：北边。

⑨右骖（cān）：星名。指天龙座 α 星。

⑩衿：星名。指钩衿一和钩衿二，分别对应今天蝎座 Ë ω1、ω2。

⑪舝（xiá）：星名。即牵星，后称键闭，今指天蝎座 γ 星。

⑫东北曲十二星曰旗：据《晋书·天文志》，应为："东北曲二十二星曰旗。"它们指西边的河中、河间、晋、郑、周、秦、蜀、巴、梁、楚、韩。今属武仙座、巨蛇座、蛇夫座。东边的魏、赵、九河、中山、齐、吴越、徐、东海、燕、南海、宋。它们今属武仙座、巨蛇座、蛇夫座、天鹰座。

⑬天市：古代星区名称。在左右旗西，东宫苍龙、房、心东北，共二

十三星。《史记》把左右旗及天市合称旗星，而言“旗中四星曰天市”。是指天市南门口的宋、韩二星及天市北门口的河中、魏二星。《天官书》云：“东北曲十二星曰旗。”可能司马迁时代认为旗星总共只有八星，加上天市两门的四颗，共十二颗星。

⑭市楼：星官名，今属蛇夫座和巨蛇座。

⑮骑官：星官名，今属豺狼座和半人马座。

【译文】

东宫似一条苍龙，它的中央是房宿和心宿。心宿因正在苍龙的心脏部位而得名，这里像是天王行政的殿堂，其中最亮的一颗就是天王，它的前后各有一星是王子。三颗星本不在一条直线上，倘若三颗星在一条直线上，预示着天王政令失误。房宿是天府，叫天驷。它的北边是右骖星。右骖星旁边的两星叫衿星，衿星北边的一颗星叫舝星。房宿东北弯曲的十二颗星是天旗座。天旗座当中有四颗星叫天市，靠南居中的六颗星叫市楼。天市中星星众多，则国库充盈；星星少，则国库空虚。房宿南边众星组成骑官星座。

左角，李；右角，将①。大角者②，天王帝廷。其两旁各有三星，鼎足句之，曰摄提③。摄提者，直斗杓所指，以建时节，故曰“摄提格”④。亢为疏庙⑤，主疾。其南北两大星，曰南门⑥。氐为天根⑦，主疫。

【注释】

①“左角”几句：角宿左边是李星，右边是将星。由于角宿横跨黄道南北，按日自西向东运行，故有左右之分。

②大角：星名。今指牧夫座的 α 星。

③摄提：古星官名。左摄提与右摄提的合称。在今牧夫座。摄提可

与斗杓一起，根据斗杓的指向以建十二时节。

④摄提格：古代纪年名称。古人认为岁星十二年一周天，将黄赤道附近天域均匀划分为十二部分，称作十二星次，岁星每年走一次。古代就根据岁星所在位置来纪年，如岁在鹑火，岁在星纪。摄提格为十二次第三位，与十二地支的“寅”相当。

⑤亢为疏庙：亢宿外形像庙宇。亢，亢宿，二十八宿之一。今属室女座。疏庙，外庙。

⑥南门：星官名。指南门一和南门二。今属半人马座。

⑦氐为天根：氐宿比亢宿更接近地平，就像天的根柢。氐，氐宿，二十八宿之一。今属天秤座。

【译文】

角宿左边的那颗星叫李星，是法官；角宿右边的那颗星叫将星，是将军。大角星是天王的宫廷。它的两边各有三颗星，呈鼎足形排列，叫摄提。摄提座当着斗柄所指的方向，和斗一样有指示时节的作用，所以叫“摄提格”。亢宿外形像庙顶，掌管疾病。亢宿往南有一南一北两颗亮星，称为南门。氐宿，是天的根柢，掌管瘟疫。

尾为九子①，曰君臣；斥绝②，不和。箕为敖客③，曰口舌④。火犯守角⑤，则有战。房、心⑥，王者恶之也。

【注释】

①尾为九子：指尾宿九星，也为古代星占用语。尾，尾宿，二十八宿之一，今属人马座。

②斥绝：疏远。

③箕：箕宿，二十八宿之一，今属人马座。敖客：拨弄是非的人。敖，游玩，戏弄。

④口舌：此处指传播谗言。

⑤火犯守角：火星运行接近或停留在角宿。火，指荧惑，即火星。角，指角宿。犯守，古人观天象之术语。甲星从下往上光芒接触到乙星的光芒，叫作甲星犯乙星；甲星停留在乙星平常所在的位置上，叫作甲星守乙星。“凌、犯、守”均是星占用语，表示两天体接近的程度。

⑥房、心：承前省略了“火犯守”。

【译文】

尾宿有九颗星，象征君臣关系；距离遥远，则君臣不和。箕宿是播弄是非的说客，象征着谗言。

火星运行接近或停留在角宿的位置上，是有战事的征兆。它若接近或停留在房宿、心宿的位置上，这是帝王厌恶的天象。

南宫朱鸟[①]，权、衡[②]。衡，太微，三光之廷[③]。匡卫十二星[④]，藩臣：西，将；东，相；南四星，执法[⑤]；中，端门[⑥]；门左右，掖门[⑦]。门内六星，诸侯[⑧]，其内五星，五帝坐[⑨]。后聚一十五星，蔚然，曰郎位[⑩]；傍一大星，将位也[⑪]。月、五星顺入，轨道[⑫]，司其出，所守，天子所诛也[⑬]。其逆入，若不轨道，以所犯命之；中坐[⑭]，成形[⑮]，皆群下从谋也[⑯]。金、火尤甚[⑰]。廷藩西有隋星五，曰少微，士大夫[⑱]。权，轩辕。轩辕，黄龙体。前大星[⑲]，女主象[⑳]；旁小星[㉑]，御者后宫属。月、五星守犯者，如衡占[㉒]。

【注释】

①南宫：古代星区名，包含有井、鬼、柳、星、张、翼、轸七宿。朱鸟：又名朱雀或鹑。

②权：星官名。即轩辕。今属狮子座和天猫座。衡：据陈遵妫先生

考证，衡是并列于权东的大星座，叫作太微，是天帝的南宫，乃三光入朝之庭，在今后发座、狮子座、室女座。

③三光之廷：三光，古代天文术语，日、月、五大行星的总称。黄道经过太微垣的南部，为三光必经之路，故曰“三光之廷”。

④匡卫十二星：亦即东将、西相、执法，分别指太微西垣的西上将、西次将、西上相、西次相四星和太微东垣的东上相、东次相、东上将、东次将四星，它们均属狮子座。加上左右执法四颗星，共是十二星。

⑤执法：是左执法和右执法的总称，今属室女座和狮子座。在今星图上，左右执法各为一颗星。

⑥端门：古天文术语。“端门”本是皇宫南面的正门，古人把天穹的紫宫和太微也比作天帝的官殿，而把紫宫的左枢、右枢两星，太微的左执法、右执法两星都视作端门。

⑦掖门：陈遵妫先生认为掖门当指《晋书·天文志》所谓左执法之东的左掖门和右执法之西的右掖门。

⑧诸侯：又名五诸侯，今属后发座。据陈遵妫先生考证，五诸侯指太微西北垣内的五颗星。

⑨五帝坐：古星官名。中央黄帝坐、东方苍帝坐、南方赤帝坐、西方白帝坐、北方黑帝坐。今属狮子座。

⑩郎位：古星官名，今属后发座，据考证郎位所在处是一个疏散星团。

⑪傍一大星，将位也：据薄树人先生研究，在《天官书》中大星之谓是一种对恒星亮度的定性式的反映。而陈遵妫先生考证，这颗将星不过是一颗五等星而已。

⑫月、五星顺入，轨道：月亮和五星自西向东运行，循顺行轨道由西进入太微垣。行星的视运动是地球和行星公转运动的合成，行星视运动在恒星背景上由西向东，表现为顺行。若运动方向是自东向西沿赤经减小的方向运行，则表现为逆行。行星与地球公转运

动合成的方向为观测者的视线方向，若行星由于这一原因在天球上的视位置停留不动，这种现象称为留。由于顺行时间长，逆行的时间短，留的时间更短，古人把后两种现象作为变异，是灾祸的预兆。轨道，循道而行。

⑬“司其出”几句：《史记札记》称：“司其出，谓自太微廷过五帝坐而东也。守者，留而不去也；犯者，猎其旁也。”司，通“伺”，等候，观察。所守，指被月或五星占去位置的星辰所象征的官员。命，同“名”，定其罪名。

⑭中（zhòng）坐：侵犯五帝坐。中，冲击。

⑮形：作“刑”字解。

⑯从：相互勾结，共同犯罪。

⑰金：金星。

⑱“廷藩西有隋星五”几句：太微廷外靠西边有从上垂下的五颗星，它们是少微和士大夫。但亦有人认为太微西有少微四星，南北排列，第一星为处士，第二星为议士，第三星为博士，第四星为士大夫。南北为隋，是随下的意思。底本“隋星五”应如《汉书·天文志》作“隋星四”。少微，星官名，今属狮子座和小狮座。

⑲前大星：据陈遵妫先生考证，此星指轩辕十四，它应在五帝坐之旁。

⑳女主：指皇后。

㉑旁小星：指轩辕十四以北众星，因其小，故称后宫之属。

㉒如衡占：即权占与衡占相同。

【译文】

南宫像一只红色凤凰，故称南宫为朱鸟或朱雀，主体星座是权与衡。衡指的就是太微，是日、月、五星运行中要经过的天区。有十二颗星环绕护卫着太微，是保卫帝王的大臣：西边的叫将，东边的叫相，南边的四星叫执法，在中间的叫端门，端门左右的星叫掖门。门内有六颗星，其中一星名诸侯，另五星叫五帝坐。太微北聚集着十五颗星，密密麻麻地，这个星座叫郎位座，其旁有一颗亮星叫将位。如果月亮和五星自西向东运行，循顺行轨道进入太微，需要小心观察它们出太微和停留在那里的时间，因为它是天子诛杀下臣的预兆。如果月亮和五星自东向西循逆行轨道进入太微，它们接近什么星，相应官职的大臣就有危险；如果它们离五帝坐很近，叫凌犯五帝坐，预示着下臣和谋士图谋犯上的灾祸。五星中尤以金星和火星发生以上天象更有危险。太微的西侧有从上垂下的五颗星，它们以少微和士大夫命名。再往西是权，权就是轩辕星座。轩辕星座，它的形态像一条黄龙。黄龙南端那颗很亮的星，是天上皇后的象征；旁边的小星，是嫔妃姬妾们。月亮和五星运行至轩辕附近或者是停留在这里，作占的方法和横占相同。

东井为水事①。其西曲星曰钺②。钺北，北河③；南，南河④；两河、天阙间为关梁⑤。舆鬼⑥，鬼祠事⑦；中白者为质⑧。火守南北河，兵起，谷不登⑨。故德成衡⑩，观成潢⑪，伤成钺⑫，祸成井⑬，诛成质⑭。

【注释】

①东井：井宿，二十八宿之一。今属双子座。为水事：掌管法令制度。水最平，法取之于公平。

②钺：星官名，今属双子座。

③北河：星官名，今属双子座。

④南河：星官名，今属小犬座。

⑤两河、天阙间为关梁：星官名。又名阙丘，占星家把它认为是天府之官，故名之。今属麒麟座。关梁：关卡与桥梁，即交通要道。此处比喻为日月五星之交通要道。

⑥舆鬼：鬼宿，又名舆鬼，二十八宿之一。今属巨蟹座。

⑦鬼祠事:《正义》改“鬼”为“主”,即主持祭祀之事。

⑧质:一名天质,即《观象玩占》所谓积尸气,也即鬼星团M34,在今巨蟹座。

⑨谷不登:谷物不成熟。

⑩德成衡:言帝王施德政,会预先从衡星表现出征兆。衡,太微廷。

⑪观成潢:潢星为天帝车舍,言天帝外出游览,会预先从潢星表现出征兆。

⑫伤成钺:伤败的征兆见于星座钺。《集解》引晋灼曰:“贼伤之占,先成形于钺。”伤,败坏。

⑬祸成井:《集解》引晋灼曰:“东井主水事,火入一星居其旁,天子且以火败,故曰祸也。”

⑭诛成质:《集解》引晋灼曰:“荧惑入舆鬼、天质,占曰大臣有诛。”

【译文】

井宿掌管法令制度。它西面组成弯曲形状的星座叫钺。钺北,有北河星座;钺南,有南河星座;北河、南河和天阙星座之间有黄道通过,所以这里是日月五星运行的要道。鬼宿,掌管祭祀祈祷的事;鬼宿中央有一团白雾状星体叫作质。火星在运行到南、北河附近停留时,可能有战争发生,谷物不成熟。所以,从太微垣可以看出帝王是否行德政的征兆,从天潢星座可以看出帝王外出巡幸的征兆,从星座钺可以看出伤败的征兆,从井宿看出灾祸的征兆,从鬼宿中间的质可以看到诛杀的征兆。

柳为鸟注①,主木草。七星②,颈,为员官③,主急事。张④,素⑤,为厨,主觞客⑥。翼为羽翮⑦,主远客。

【注释】

①柳:柳宿,二十八宿之一。今属长蛇座。注:同“咮(zhòu)”,鸟嘴。

②七星:星宿七星,二十八宿之一。今属长蛇座。

③员官：喉咙。

④张：张宿，二十八宿之一。今属长蛇座。

⑤素：即“嗉”，鸟受食之处。

⑥觞（shāng）：酒器，意指敬酒或饮酒。

⑦翼：翼宿，二十八宿之一。今属巨爵座、长蛇座与六分仪座。羽翮（hé）：指鸟的翅膀。翮，羽茎。

【译文】

柳宿是朱鸟的嘴巴，掌管草木。星宿七星在朱鸟的颈部，是朱鸟的喉咙，掌管紧急事宜。张宿是朱鸟的嗉囊，是天厨，掌管宴请宾客。翼宿是朱鸟的翅膀，掌管接待远方来客。

轸为车[①]，主风。其旁有一小星，曰长沙星[②]，星不欲明；明与四星等。若五星入轸中，兵大起。轸南众星曰天库楼[③]，库有五车[④]。车星角若益众[⑤]，及不具[⑥]，无处车马。

【注释】

①轸（zhěn）：轸宿，二十八宿之一。今属乌鸦座。

②长沙：星名。属轸宿，今属乌鸦座。

③天库楼：星官名。又名库楼。今属半人马座。

④库有五车：据陈遵妫先生考证，五车指天市内外的五柱。《晋书·天文志》：“库楼十星，六大星为库，南四星为楼，……一曰天库，兵车之府也。旁十五星，三三而聚者，柱也。”

⑤角：芒角，即光芒。

⑥不具：隐而不见。

【译文】

轸宿的外形像一辆车，掌管风。它的旁边有一颗小星，名叫长沙星，星光微弱;但明亮的时候亮度与轸宿四星相当。如果五星之中有哪一个进入轸宿,就有可能发生大的战事。轸宿南面的许多星是属于天库楼星座的,该星座中一些星组成五车星。如果车星芒角很多,或者看不清车星,是有动乱发生的征兆,以至于无处安顿车马。

西宫咸池[①],曰天五潢。五潢,五帝车舍。火入,旱;金,兵;水[②],水。中有三柱,柱不具,兵起[②]。

【注释】

①西宫:星区名。它包括奎、娄、胃、昴、毕、觜、参七宿。咸池:古星官名。今属御夫座。陈久金认为此句句读应为“西宫。咸池”。前人常常将西宫咸池与东宫苍龙、南宫朱雀,北宫玄武并称,这实在是误解,在西宫后当缺漏“白虎”二字。咸池仅为与权、衡、房、心等同列的星官,并不能与苍龙、朱雀、玄武同列为四宫。另外,四神都是动物,《天官书》不可能用车舍来代替白虎。

②水:水星,又称辰星。

③“中有三柱”几句:五潢中有三柱,柱星看不清楚,可能有战事发生。三柱,星官名。今属御夫座。

【译文】

西宫有白虎之象,其中心在咸池,叫天五潢。五潢为五方天帝的车舍。火星入五潢,有旱灾;金星入五潢,有兵灾;水星入五潢,有水灾。五潢中,有三柱座,柱星看不清楚,可能有战事发生。

奎曰封豕[①],为沟渎。娄为聚众[②]。胃为天仓[③]。其南众星曰廥积[④]。

【注释】

①奎:奎宿,二十八宿之一,又称封豕、天豕。今属仙女座和双鱼座。

②娄为聚众:《正义》云:“娄三星为苑,牧养牺牲以共祭祀,亦曰聚众。”娄,娄宿,二十八宿之一。今属白羊座。

③胃:胃宿,二十八宿之一。今属白羊座。

④廥(kuài)积:古星名。又名刍藁。今属鲸鱼座。

【译文】

奎宿也叫封豕,掌管沟渠事宜。娄宿掌管聚集民众。胃宿是天帝的粮仓。胃宿南面众多星星名叫廥积。

昴曰髦头[①],胡星也[②],为白衣会[③]。毕曰罕车[④],为边兵,主弋猎[⑤]。其大星旁小星为附耳[⑥]。附耳摇动,有谗乱臣在侧。昴、毕间为天街[⑦]。其阴,阴国;阳,阳国[⑧]。

【注释】

①昴(mǎo):昴宿,二十八宿之一。即著名的昴星团,肉眼可看到七颗星,因而又叫七姐妹星团。在今金牛座。

②胡星:代表胡人的星。

③白衣会:丧事的征兆。白衣,丧服。会,逢,遭遇。

④毕:毕宿,二十八宿之一。今属金牛座。

⑤弋:用绳子系箭发射。

⑥其大星旁小星为附耳:大星为天高星,其旁小星为附耳。今属金牛座。

⑦天街:星官名。今属金牛座。昴在黄道北,毕在黄道南,其间正是日月五星的通道,故称天街。

⑧“其阴”几句:《正义》云:“天街二星,在毕、昴间,主国界也。街南为华夏之国,街北为夷狄之国。”阴国,指野蛮落后的外族。阳

国，华夏族国家。

【译文】

昴宿又叫髦头，是象征胡人的星，掌管丧事。毕宿也叫罕车，象征边防军，掌管狩猎。毕宿大星旁的小星叫附耳星。附耳星摇动，是国君旁有进谗言乱臣的征兆。昴宿和毕宿之间为天街。它的北面的一颗叫阴国星，靠南的一颗叫阳国星。

参为白虎①。三星直者，是为衡石②。下有三星，兑③，曰罚④，为斩艾事。其外四星，左右肩股也。小三星隅置⑤，曰觜觿⑥，为虎首，主葆旅事⑦。其南有四星，曰天厕⑧。厕下一星，曰天矢⑨。矢黄则吉；青、白、黑，凶。其西有句曲九星⑩，三处罗⑪：一曰天旗⑫，二曰天苑⑬，三曰九游⑭。其东有大星曰狼⑮。狼角变色，多盗贼。下有四星曰弧⑯，直狼。狼比地有大星，曰南极老人⑰。老人见，治安；不见，兵起。常以秋分时候之于南郊。

【注释】

①参为白虎：参星是西宫白虎的主体，参四星为左右肩，可见参宿为虎身。觜是虎头，罚为虎尾，其口为毕宿，虎须为昴宿。自昴宿、毕宿至参、罚，均属虎的一部分。

②衡石：参宿中部横列三星像一杆秤，名衡石。今属猎户座。

③兑：通“锐”。

④罚：古星官名。今属猎户座。

⑤隅置：排列于角落。

⑥觜觿（zī xī）：即觜宿，二十八宿之一。今属猎户座。

⑦葆旅：军旅守卫。葆，通“保”，守卫。一说指收集军需。

⑧天厕：古星官。今属天兔座。

⑨天矢：古星名。亦名“天屎”。在天厕之南。今属天鸽座。天矢星是一颗变星，亮度随时间变化，下文黄、青、白、黑不是说明颜色变化，而是反映了这颗星在亮度上的视觉效应。

⑩句曲：弯曲。

⑪罗：排列，分布。

⑫天旗：古星官名。参宿西北参旗九星称为“天旗”。今属猎户座。

⑬天苑：古星官名。今属波江座。天苑星当为十六星。

⑭九游：古星官名。今属波江座和天兔座。

⑮狼：即天狼星。亦称犬星，是全天最亮的一颗星。今指大犬座的α星。

⑯弧：弧矢之简称，又名天弓、狼弧。今属小犬座、船尾座。

⑰南极老人：星名，又叫寿星。今指船底座α星，是南天著名的亮星。但由于老人星近南极，在北纬三十六度观看，仅在地平一度多，又由于近地平，受大气折射的影响，故不多见。只有在秋分前后，其位于正南方时，才能偶见。

【译文】

参宿像一只白虎。参宿中部横列三星像一杆秤，叫衡石。下面有三颗星，上端尖锐，叫罚星，掌管斩杀之事。参宿外边有四颗星，分别是参宿的左、右肩和左、右股。三颗小星排列在角落，它们叫觜觿，是虎头，掌管军需事务。参宿南边的四颗星名叫天厕。天厕南有一星叫天矢。天矢星呈现黄色，是吉兆；如果呈现青、白、黑色，是凶兆。参宿西边弯曲排列着九颗星，可分为三组：第一组叫天旗，第二组叫天苑，第三组叫九游。参宿东边有一颗全天最亮的星叫狼星。狼星芒角变色，多有盗贼。狼星东南的四颗星叫弧，正对着狼星。狼星正南靠近地平线有一颗亮星叫南极老人星。老人星出现，国家平安无事；老人星不出现，国家有战事。通常在秋分时节到城南郊外观测。

附耳入毕中，兵起。

【译文】

附耳星侵入毕宿，就会有战争发生。

北宫玄武[①]，虚、危[②]。危为盖屋[③]，虚为哭泣之事。

【注释】

①北宫：古代星区名。包括斗、牛、女、虚、危、室、壁七宿。玄武：相传是一种灵龟。玄，黑色。北方在五行中属水，故北宫星象多与水生动物有关，如南斗又称玄龟之首，斗、箕二宿南有天鳖、天龟二星，壁宿又称天池。又根据幽玄之意，派生出虚、玄宫（室宿）等星。

②虚：虚宿，二十八宿之一。今属宝瓶座和小马座。危：危宿，二十八宿之一。今属宝瓶座和飞马座。

③危为盖屋：《索隐》引宋均云："危上一星高，旁两星隋下，似乎盖屋也。"《正义》："盖屋二星，在危南，主天子所居宫室之官也。"

【译文】

北宫像龟蛇，所以称玄武，主体是虚宿和危宿。危宿掌管建造宫室，虚宿掌管死丧哭泣之事。

其南有众星，曰羽林天军[①]。军西为垒[②]，或曰钺。旁有一大星为北落[③]。北落若微亡[④]，军星动角益希[⑤]，及五星犯北落，入军[⑥]，军起。火、金、水尤甚：火，军忧；水，水患；木、土[⑦]，军吉。危东六星，两两相比，曰司空[⑧]。

【注释】

①羽林天军:星官名。又名羽林军或天军。今属宝瓶座和南鱼座。

②垒:古星官名。壁垒阵的简称。今属双鱼座。

③北落:古星官名。南鱼座的 α 星。

④北落若微亡:北落近地平时为蒙气所遮蔽,故称“北落若微亡”。又由于北落师门是月道所必经,故五星都可犯它。

⑤希:少。

⑥入军:羽林军占黄道南一度到北十六度,故五星都能入之。

⑦木:木星,又叫岁星。

⑧司空:古星官名。《正义》云:“危东两两相比者,是司命等星也。司空唯一星耳,又不在危东,恐‘命’字误为‘空’也。”

【译文】

北宫的南方有很多星星,名叫羽林天军座。羽林天军座西方的星叫垒星座,或者叫钺星座。旁边有一颗亮星叫北落星。如果北落星昏暗不明,羽林天军座众星摇动而芒角稀少,五星运行凌犯北落星或者侵入羽林天军座,都是要发生战事的预兆。五星中尤以火星、金星、水星发生上述凌犯时尤其严重:火星侵入,预示军队有忧患;水星侵入,可能有水灾;木星或土星侵入,对军事有利。危宿东边六星,两两并列,名叫司空座。

营室为清庙,曰离宫、阁道①。汉中四星,曰天驷②。旁一星,曰王良③。王良策马④,车骑满野。旁有八星,绝汉,曰天潢⑤。天潢旁,江星。江星动,人涉水⑥。

【注释】

①营室为清庙,曰离宫、阁道:“营室”室宿二星与壁宿二星,成一大正四方形,古称为定星。《诗》曰:“定之方中,作于楚宫。”言黄昏

时定星位于南中时，正是建筑宫室的时候。离宫，星官名，今属飞马座。营室为清庙，又称为离宫，可见《天官书》将营室、离宫合为一个星官。后世室宿为二星，壁宿为二星，离宫也独立为六星，三个星官总星数正为十颗，因此《天官书》之营室包括室宿、壁宿、离宫在内。

②天驷：《索隐》案："《元命包》曰：'汉中四星曰骑，一曰天驷也。'"此处不是指房宿的天驷。

③王良：古星名，今属仙后座。自晋以后，天驷与王良合称为王良五星。

④策：驾驭。有人认为策应指王良与阁道间的策星。

⑤天潢：《索隐》引宋均云："天潢，天津也。津，凑也，故主计度也。"天津，古星官名。

⑥江星动，人涉水：观察到江星颤动，就要下大雨了，后世由此衍生出人星。江星，古星名。《天官书》所述天潢即后世天津，天津有九星，"江星"可能是天津四，在今天鹅座。

【译文】

营室是天上的清庙，营室宿中有离宫、阁道等星座。在银河中的四颗星叫天驷座，是天马的意思。天驷旁有一星名叫王良星。王良星策马，天马星看上去闪烁摇动，是人间车骑满野动乱的征兆。王良星旁边有八颗星横跨于银河之上，它们叫作天潢座。天潢八星旁有一星叫江星。江星看上去摇动的时候，人间可能发大水。

杵、臼四星[①]，在危南。匏瓜[②]，有青黑星守之，鱼盐贵。

【注释】

①杵：星官名。当为内杵。今属蝎虎座和飞马座。臼：星官名。今属天鹅座和飞马座。

②匏（páo）瓜：星官名。今属海豚座。

【译文】

杵、臼四星在危宿的南边。如果在天潢南边的匏瓜座,发现星光发青黑色,预示鱼盐价格昂贵。

南斗为庙[①],其北建星[②]。建星者,旗也。牵牛为牺牲[③]。其北河鼓[④]。河鼓大星,上将;左右,左右将[⑤]。婺女[⑥],其北织女[⑦]。织女,天女孙也。

【注释】

①南斗:斗宿的别称,二十八宿之一,与北斗星相对应。今属人马座。

②建星:古星官名。又叫天旗。今属人马座。

③牵牛:即牛宿,二十八宿之一。今属摩羯座。牺牲:指祭祀用的牲畜。

④河鼓:古星官名。又称天鼓。今属天鹰座。

⑤左右,左右将:分指河鼓星官的河鼓一、河鼓三,分别对应今天鹰座的 α、γ 星。

⑥婺(wù)女:古星官名。一作须女,即女宿,二十八宿之一。今属宝瓶座。

⑦织女:即织女星,今指天琴座 α 星。

【译文】

斗宿是天帝的庙堂,它的北边是建星座。建星座也称天旗座。牛宿掌管供祭祀所用的牺牲。牛宿之北有一颗星叫河鼓。河鼓星很亮,是天帝的上将;其左右各有一颗星,分别为左、右将星。其东面为婺女,即女宿,往北越过银河可见织女星。织女是天帝的孙女。

察日、月之行以揆岁星顺逆[①]。曰东方,木[②],主春[③],

日甲、乙[④]。义失者，罚出岁星。岁星赢缩[⑤]，以其舍命国[⑥]。所在国不可伐，可以罚人。其趋舍而前曰赢[⑦]，退舍曰缩[⑧]。赢，其国有兵不复；缩，其国有忧，将亡，国倾败。其所在，五星皆从而聚于一舍[⑨]，其下之国可以义致天下。

【注释】

①察日、月之行以揆（kuí）岁星顺逆：观察日月的运行，就可以揆度岁星运行的顺逆。与日、月同方向，谓之顺行；与日、月反方向，就是逆行。揆，度量，计量。岁星，即木星，因为它一岁行一次，十二年一周天，所以叫作岁星。

②东方，木：五行说中，把五行与五方相配，于是得出东方木，南方火，西方金，北方水，中央土之说。

③主春：五行说中，为了将五行与四季相配，于是从四季中又划出季夏，这样就形成了木主春，火主夏，金主秋，水主冬，土主季夏之说。

④日甲、乙：五行与纪日十干相配，于是出现甲乙木，丙丁火，戊己土，庚辛金，壬癸水之说。

⑤赢缩：古天文术语。行星视运动有快有慢有顺有逆，有时停留不动。行星运行速度较快超过推算位置而到达下一宿是赢，运动较慢未达到推算位置而落后一宿叫作缩。按，所谓岁星应在何舍，只是古人根据行星是均匀运动的观点推算出来的，这种假设并不符合行星的真实运动，因此岁星的视行与所推未必密合，故有赢缩现象。

⑥以其舍命国：以赢缩所出现的星宿为该星宿所对应的分野国作占。舍，就是宿，是对天空区域的划分。

⑦趋舍：岁星快于推算速度而超过应停留的星宿。

⑧退舍：岁星慢于推算速度而落后应停留的星宿。

⑨五星皆从而聚于一舍：指五大行星同时出现于同一星宿内时，古代称为“五星聚”或“五星连珠”。这种现象不常发生，所以古人认为它是祥瑞。

【译文】

观察日月的运行可以判断木星是顺行还是逆行。木星就是岁星，为东方之神，五行中属木，掌管春作，干支日期为甲、乙。如果国家丧失道义，从木星可以看出对它惩罚的征兆。木星运行的实际位置与推算位置不一致，表现为有赢缩，通常用木星所在宿，对相应的分野国作占。木星运行到达哪一宿，该宿相应的分野国国内不可动兵，但它可以去征伐别国。木星运行超过推算位置而到达下一宿叫赢，未达到推算位置而落后一宿叫缩。如果发生赢，木星提前到达那一宿的分野国即使被侵犯也不会灭亡；如果发生缩，木星落在后一宿的分野国就有忧患，可能会有大将阵亡国家覆灭之祸。如果分野国对应的天区发生了五星先后会聚于该宿的天象，这个国家就可以靠道义号召天下。

以摄提格岁：岁阴左行在寅，岁星右转居丑①。正月，与斗、牵牛晨出东方，名曰监德②。色苍苍有光③。其失次，有应见柳④。岁早⑤，水；晚，旱。

【注释】

①“以摄提格岁”几句：摄提格岁就是寅年，岁阴向左运行在寅位，木星向右运行在丑位。摄提格岁，及下单阏岁、执徐岁等，都是岁星纪年法的岁名，相应的岁阴向左运行在卯位和辰位等。古人把天空一周分为十二段，称作十二次，以星纪、玄枵等命名，岁星每年行一次，古人就根据岁星所在十二次的情况来纪年，称为岁星纪年法。为符合十二辰方向的习惯，古人又假想出一个与岁星背

道而驰的一个点，叫作太岁，或者岁阴、太阴。以岁阴每年所在位置来纪年，就叫作岁阴纪年法或太岁纪年法。左行，自东向西运行。右转，自西向东运行。

②监德：古代岁星纪年法的一种别名。是摄提格岁（寅年之岁名）岁星在正月晨见东方之名。采用干支纪年之前，我国曾以岁阴、岁阳配合来纪年。岁阴可由岁星在天空中的位次来决定。另外，古人根据正月晨见东方之时的月份，又专门另外给岁星纪年法起了一套别名，如下边的降入、青章等都是别名。

③色苍苍有光：光色青苍，比较明亮。陈久金认为，这与下文光的颜色的描述，只是古人的一种认识，由于岁星沿椭圆轨道运动，其亮度确实应有周期变化。但岁星的颜色变化与距离关系不大。从各年岁星颜色变化的分析可知它与岁阴晨出的月份有关，寅、卯、辰年（一、二、三月晨出）为青色，巳、午、未年（四、五、六月晨出）为赤色，申、酉、戌年（七、八、九月晨出）为白色，亥、子、丑年（十、十一、十二月晨出）为黑色。由此可以推知，它是由五行的颜色推导出来的，并无实际的观测依据。

④其失次，有应见柳：失次，古天文术语。在春秋战国时期，天文学家已知岁星的周期为十二年，但岁星的实际周期为11.86年。所以每年所行比一个星次多，十二年比一周天多四五度，累积起来，八十多年就要超越一星次，即八十多年后，本来推算木星应到的星次，木星却过了头，到了不应该到的下一个星次，对用岁星纪年法而言，这是超辰，对岁星运动来说，便是失次。斗、牵牛与柳宿之间相距十二宿，约为一百五十余度。当岁星晨见于东方时，一般来说，柳宿已经隐没于西方。但当岁星缩行或逆行时，其间间距就不足十二宿，岁星和柳宿便能分别见于东西方，故曰“有应见柳”。以下同此。次，又称星次。古时为测量日、月、五星的位置和运行，把黄道带分成十二个部分，叫作十二次。

⑤岁早：指一年中的前半年。下面的"晚"指后半年。

【译文】

摄提格岁即寅年：岁阴顺时针运行在寅位，木星逆时针运行在丑位。正月之时，木星和斗宿、牛宿于天亮前在东方升起，这时的岁星叫监德。其光色青苍明亮。如果运行失次，应验于柳宿的分野国。前半年，该国有水灾；后半年，该国有旱灾。

岁星出，东行十二度，百日而止，反逆行[①]；逆行八度，百日，复东行。岁行三十度十六分度之七，率日行十二分度之一[②]，十二岁而周天[③]。出常东方，以晨；入于西方，用昏[④]。

【注释】

①反：同"返"。

②率日：每天。

③周天：绕天一周。

④"出常东方"几句：初见岁星总是在东方，所以叫作晨星；消逝于阳光淹没之中，则在西方，表现为昏星。

【译文】

岁星初见，向东运行十二度，历时一百天后停止，回转来向西运行；向西运行八度，经过一百天，再向东运行。每年运行三十度又十六分之七度，每天运行十二分之一度，经过十二年在星空中运行一整圈。它初见总是先出现于东方，表现为晨星；降落在西方，表现为昏星。

单阏岁[①]：岁阴在卯，星居子。以二月与婺女、虚、危晨出，曰降入。大有光。其失次，有应见张。其岁大水。

执徐岁[②]：岁阴在辰，星居亥。以三月与营室、东壁晨出，曰青章。青青甚章[③]。其失次，有应见轸。岁早，旱；晚，水。

【注释】

①单阏（chán yè）：古代纪年名称。为岁阴之第四位，与十二支中的“卯”相当。

②执徐：古代纪年名称。为岁阴之第五位，与十二支中的“辰”相当。

③青青甚章：光色青青甚为明亮。章，明显，显著。

【译文】

单阏岁即卯年：岁阴从寅位顺时针运行到卯位，木星逆时针从丑位运行到子位。二月木星和女宿、虚宿、危宿一道在早晨出现，这时的木星叫降入。特别明亮。如果岁星失次，应验会在张宿的分野国见到。这一年有大水灾。

执徐岁即辰年：岁阴顺时针运行到辰位，木星逆时针运行到亥位。三月份木星和室宿、壁宿一齐在早晨出现，这时的木星名叫青章。其光色青青而甚为明亮。岁星失次，应验会在轸宿的分野国见到。上半年有旱灾，下半年有水灾。

大荒骆岁[①]：岁阴在巳，星居戌。以四月与奎、娄晨出，曰跰踵。熊熊赤色[②]，有光。其失次，有应见亢。

敦牂岁[③]：岁阴在午，星居酉。以五月与胃、昴、毕晨出，曰开明。炎炎有光[④]。偃兵[⑤]；唯利公王[⑥]，不利治兵。其失次，有应见房。岁早，旱；晚，水。

【注释】

①荒骆：古代纪年名称。为岁阴之第六位，与十二支中的“巳”相当。

②熊熊赤色：光色红而明亮。熊熊，光盛的样子。

③敦牂（zāng）：古代纪年名称。为岁阴之第七位，与十二支中的“午”相当。

④炎炎有光：星光明亮。炎炎，光强的样子。

⑤偃兵：息兵。

⑥公王：指太平盛世的帝王诸侯。

【译文】

大荒骆岁即巳年：岁阴顺时针运行到巳位，木星逆时针运行到戌位。四月份木星和奎、娄两宿在早晨出现，这时的木星名叫跰踵。其光色火红而明亮。岁星失次，应验会在亢宿的分野国看到。

敦牂岁即午年：岁阴顺时针运行到午位，木星逆时针运行到酉位。五月份木星和胃、昴、毕三宿在早晨出现，这时的木星叫开明。有强烈的光辉。这一年没有战事；有利于帝王推行政令，但不利于用兵。岁星失次，应验会在房宿的分野国见到。上半年，有旱宰；下半年，有涝灾。

叶洽岁[①]：岁阴在未，星居申。以六月与觜觿、参晨出，曰长列。昭昭有光[②]。利行兵。其失次，有应见箕。

涒滩岁[③]：岁阴在申，星居未。以七月与东井、舆鬼晨出，曰大音。昭昭白。其失次，有应见牵牛。

【注释】

①叶洽：古代纪年名称。为岁阴第八位，与十二支中的“未”相当。

②昭昭有光：星光灿烂。昭昭，光明貌。

③涒（tūn）滩：古代纪年名称。为岁阴之第九位，与十二支中的“申”相当。

【译文】

叶洽岁即未年：岁阴顺时针运行到未位，木星逆时针运行到申位。

六月份木星和觜觿、参两宿在早晨出现，这时的木星名叫长列。有明亮的光辉。有利于用兵。岁星失次，应验会在箕宿对应的分野国看到。

涒滩岁即申年：岁阴顺时针运行到申位，木星逆时针运行到未位。七月份木星和井宿、鬼宿在早晨出现，名叫大音。星色白而光明。岁星失次，应验可以在牛宿对应的分野国看到。

作鄂岁[①]：岁阴在酉，星居午。以八月与柳、七星、张晨出，曰长王。作作有芒[②]。国其昌，熟谷。其失次，有应见危。有旱而昌[③]，有女丧，民疾。

阉茂岁[④]：岁阴在戌，星居巳。以九月与翼、轸晨出，曰天睢。白色大明。其失次，有应见东壁。岁水，女丧。

【注释】

①作鄂：古代纪年名称。为岁阴之第十位，与十二支中的“酉”相当。

②作作有芒：星很亮，像有芒角。

③有旱而昌：虽则有旱灾，但国运仍昌盛。

④阉茂：古代纪年名称。为岁阴之第十一位，即戌年之岁名。

【译文】

作鄂岁即酉年：岁阴顺时针运行到酉位，木星逆时针运行到午位。八月份木星和柳、七星、张三宿在早晨出现，此时木星名叫长王。星很亮有芒角。这一年国家昌盛，五谷丰登。岁星失次，应验可以在危宿的分野国看到。本年虽则有旱灾，国运仍然昌盛，可能有后妃死亡，民间有疾苦。

阉茂岁即戌年：岁阴顺时针运行到戌位，木星逆时针运行到巳位。九月份木星和翼、轸两宿在早晨出现，这时的木星叫天睢。星光呈现明亮的白色。岁星失次，有应验反映在壁宿的分野国。本年有水灾，有后妃死亡。

大渊献岁[①]：岁阴在亥，星居辰。以十月与角、亢晨出，曰大章。苍苍然[②]，星若跃而阴出旦，是谓“正平”[③]。起师旅，其率必武；其国有德，将有四海。其失次，有应见娄。

困敦岁[④]：岁阴在子，星居卯。以十一月与氐、房、心晨出，曰天泉。玄色甚明[⑤]。江池其昌，不利起兵。其失次，有应见昴。

赤奋若岁[⑥]：岁阴在丑，星居寅。以十二月与尾、箕晨出，曰天晧[⑦]。黫然黑色甚明[⑧]。其失次，有应见参。

【注释】

①大渊献：古代纪年名称。为岁阴第十二位，与十二支中的“亥”相当。

②苍苍然：青黑的样子。

③星若跃而阴出旦，是谓“正平”：岁星像是从黑暗中突然跳出，出现在明亮的晨曦之中似的，叫做“正平”。这是《史记》中的专称。

④困敦：古代纪年名称。为岁阴第一位，与十二支中的“子”相当。

⑤玄色甚明：星的颜色为黑色，但比较明亮。

⑥赤奋若：古代纪年名称。为岁阴第二位，与十二支中的“丑”相当。

⑦晧（hào）：光明。

⑧黫（yān）然：黑色的样子。

【译文】

大渊献岁即亥年：岁阴顺时针运行到亥位，木星逆时针运行到辰位。十月份木星和角、亢二宿在早晨出现，这时的木星叫大章。光色苍青，像是从黑暗中突然跳出在晨曦中闪亮似的，这就叫做“正平”。岁星所在对应的分野国若兴兵伐敌，其将帅必然勇武；该国也因有德而使四海臣服。岁星失次，它的应验反映在娄宿所对应的分野国。

困敦岁即子年：岁阴顺时针运行到子位，木星逆时针运行到卯位。十一月木星和氐、房、心三宿在早晨出现，这时的木星叫天泉。色黑但很明亮。本年江湖的水产丰收，不利于发动战争。岁星失次，应验在昴宿所对应的分野国。

赤奋若岁即丑年：岁阴顺时针运行到丑位，木星逆时针运行到寅位。十二月木星和尾、箕两宿在早晨出现，这时的木星叫天晧。色黑但很明亮。岁星失次，应验反映在参宿所对应的分野国。

当居不居[①]，居之又左右摇，未当去去之，与他星会，其国凶。所居久，国有德厚。其角动，乍小乍大，若色数变[②]，人主有忧。

【注释】

①当居不居：木星按推算它该停留在某一宿而没有停留。因木星由顺行转为逆行，或由逆行转为顺行时要停留，此时木星看起来似乎不动，故为居。

②数（shuò）：屡次。

【译文】

木星按推算该停留在某一宿而没有停留，或停留在那里又左右摇晃，或不该离开却离开那里，运行到其他宿附近，该宿所对应的分野国有灾祸。停留得久，是因为该国德厚。芒角摇动，忽小忽大，或者颜色屡变，该国国君有忧患。

其失次舍以下，进而东北，三月生天棓[①]，长四丈，末兑[②]。进而东南，三月生彗星[③]，长二丈，类彗[④]。退而西北，三月生天欃，长四丈，末兑。退而西南，三月生天枪，长数丈，两头兑。谨视其所见之国，不可举事用兵。其出如浮如沉⑤，其国有土功⑥；如沉如浮，其野亡⑦。色赤而有角，其所居国昌，迎角而战者⑧，不胜。星色赤黄而沉，所居野大穰⑨。色青白而赤灰，所居野有忧。岁星入月⑩，其野有逐相；与太白斗⑪，其野有破军。

【注释】

①天棓：指妖星中的天棓，而不是恒星中的天棓。以下天欃、天枪与此相同，皆属妖星。这些妖星可能是彗星的不同形态。

②兑：同“锐”，尖锐。

③彗星：绕太阳运行的一种星体。后曳长尾，呈云雾状，俗称扫帚星。古人认为它们是出现灾祸的象征。

④类：相似。彗：扫帚。

⑤如浮如沉：木星运行中看上去似要向北上浮，实际却沉向南方。

⑥土功：土木水利等建筑工程。

⑦野：分野。

⑧迎：正对着。

⑨穰（ráng）：禾谷丰收。

⑩岁星入月：当木星运行到跟月亮、地球成为一条直线时，观测者的视线被月亮遮住从而看不见木星，这种现象古人叫月食星。

⑪斗：指两星光芒相接触。

【译文】

木星失次超过一宿，且向东北方向顺行，三个月以后会出现天棓星，长四丈，尾部尖锐。若向东南方向顺行，三个月以后会出现彗星，长两丈，和扫帚类似。若向西北方向逆行，三个月之后出现天欃星，长四丈，尾部尖锐。如果向西南方向逆行，三个月以后将出现天枪星，长数丈，两头尖锐。发生以上这些天象，相应的分野国要十分注意木星的运行并谨慎行事，不可采取军事行动。木星运行中看上去似要向北上浮，实际却沉向南方，分野国将兴修土木工程；似要向南下沉实际却浮向北方，分野国可能会失去边境的土地。木星看上去色红而有芒角，是分野国昌盛的兆应，和这个国家打仗是打不赢的。木星看上去色橙红并向南沉，分野国农业大丰收。木星发出青白而带赤灰的光，是分野国有忧患的兆应。木星经过月球背后，分野国会罢黜宰相；木星与金星光芒接触，分野国的军事行动会以大败告终。

岁星一曰摄提，曰重华，曰应星，曰纪星。营室为清庙，岁星庙也[①]。

【注释】

①庙：朝堂。

【译文】

木星又叫摄提、重华、应星、纪星。前文说营室宿是天上的清庙，指的就是岁星庙。

（以上木星）

察刚气以处荧惑[①]。曰南方，火，主夏，日丙丁。礼失，罚出荧惑，荧惑失行是也。出则有兵，入则兵散。以其舍命国。荧惑为勃乱、残贼、疾、丧、饥、兵[②]。反道二舍以上[③]，居之，三月有殃，五月受兵，七月半亡地，九月太半亡地。因与俱出入，国绝祀[④]。居之，殃还至[⑤]，虽大当小；久而至，当小反大。其南为丈夫丧[⑥]，北为女子丧。若角动绕环之，及乍前乍后，左右[⑦]，殃益大。与他星斗，光相逮[⑧]，为害；不相逮，不害。五星皆从而聚于一舍，其下国可以礼致天下。

【注释】

①刚气：刚毅之气。古人认为火星象征执法者，所以这样说。处：位置，此指判断位置。荧惑：火星古名。由于其呈红色，荧荧似火，亮度常变，在天空运动有时顺行（自西向东），有时逆行（自东向西），情况复杂，令人迷惑，古称。

②勃（bèi）：通“悖”，违反。残贼：凶杀，暴乱。

③反道二舍以上：火星逆行超过两宿以上。反道，逆行。

④绝祀：断绝祭祀，指国家灭亡。

⑤还（xuán）：迅速，立即。

⑥丈夫：指男子。

⑦左右：即乍左乍右。承前省略状语。

⑧逮：及，到。

【译文】

通过观察刚毅之气可以判断火星的位置。火星主管南方，五行中属火，执掌夏季，日期干支为丙、丁。对国君抛弃礼制的国家，对它的惩罚征兆可以从火星不规则的运行看出来。火星出现，就有战争；火星隐没，战事平息。通常以火星所在星宿占其分野国的吉凶。火星掌管惩罚，所以它的出现意味着动乱、流寇、疾病、死丧、饥荒和战祸。火星逆行超过两宿以上，停留在某宿，停留三个月分野国有祸殃，停留五个月受敌国攻击，停留七个月该国可能丧失一半国土，停留九个月会失去大半国土。如果从晨出东方至入西方一直与该宿同升落，所当分野国就要灭亡了。火星停留于某宿，分野国很快就会发生灾殃，本来大的也会变小；如果灾祸过了很久才发生，那么小灾也会变成大灾。若火星运行向南，男子的丧事多；火星运行向北，则女子的丧事多。如果火星芒角闪动，忽前忽后，忽左忽右，灾祸就会更大。火星在运行中与其他星的光芒接近，相触到了，有灾；离得较远，就不会有灾害。其他四大行星随火星相继会聚于一宿，其分野国能够以礼号召天下。

法[①]，出东行十六舍而止[②]；逆行二舍；六旬[③]，复东行，自所止数十舍，十月而入西方；伏行五月[④]，出东方。其出西方曰“反明”[⑤]，主命者恶之。东行急，一日行一度半。

【注释】

①法：法则，常规。此指火星运行的规律。

②出东行十六舍而止：根据《汉书·律历志》出东行二百七十六日，历百九十度。以平均每舍十三度计之，十六舍当二百零八度，误差较大，王元启以为此处每舍合十度。出，日出前，火星晨初出现于东方。

③六旬：六十日。旬，十日。

④伏行：火星在阳光背景下运行，人们看不到，故称伏行。

⑤其出西方曰“反明”：如果火星在西方消逝之后，又出现在西方，叫作“反明”。按，火星轨道在地球轨道外，为地外行星，只能始见于东方，没有出现在西方的可能。

【译文】

火星运行的规律：晨出东方后向东顺行十六宿后停下来；向西逆行两宿；共用时六十天，再向东顺行，中间经过数十宿，历时十个月，之后隐没于西方；火星伏行五个月后将再次晨出东方。如果它消逝以后又在西方出现，叫“反明”，是统治者最忌讳的天象。火星顺行时速度比较快，一天移动一度半。

其行东、西、南、北疾也[①]。兵各聚其下；用战，顺之胜，逆之败。荧惑从太白[②]，军忧；离之，军却。出太白阴，有分军[③]；行其阳，有偏将战[④]。当其行，太白逮之，破军杀将。其入守犯太微、轩辕、营室，主命恶之。心为明堂，荧惑庙也。谨候此。

【注释】

①其行东、西、南、北疾：火星在恒星背景上的轨迹是曲折的，它可以在东、西、南、北任何一个方向上急速运行。疾，迅速。

②从：随从。

③分军：别部，奇兵。

④偏将战：不大的战斗。

【译文】

火星可以在东、西、南、北任何一个方向急速运行。战争往往发生在火星可见的时候；用兵作战，对与火星顺行方向所在宿的分野国作战可以得胜，对与火星逆行方向所在宿的分野国作战会失败。火星追随金星运行，战事不顺利；火星逐渐离开金星运行，部队要撤退。火星位于金星之北，会有奇兵突袭；火星位于金星之南，有小规模战事。火星被从后而来的金星追上，可能军队会被打败，将领被杀。火星在运行中侵入、停留或接近太微、轩辕、营室，这是执政者最忌讳的事。心宿是明堂，是火星执法的庙堂。对火星要谨慎占候。

（以上火星）

历斗之会以定填星之位[①]。曰中央，土，主季夏，日戊己，黄帝[②]，主德，女主象也。岁填一宿[③]，其所居国吉。未当居而居，若已去而复还，还居之，其国得土，不乃得女[④]。若当居而不居，既已居之，又西东去，其国失土，不乃失女，不可举事用兵。其居久，其国福厚；易[⑤]，福薄。

【注释】

①历斗之会以定填（zhèn）星之位：言推算时以填星与斗宿相会为起点，此后填星离斗宿越来越远，故可用斗宿来确定填星的位置。历，推算。会，聚合。填星，即土星。

②黄帝：这里指中央天帝。

③岁填一宿：土星约二十八年运行一周（现代实测，土星公转周期为29.46年），每年行程约相当于一宿的天区。

④不乃：否则。

⑤易：轻易离去，此指停留时间短。

【译文】

追踪观测土星与斗宿的会合来判断土星的位置。土星掌管中央，五行中属土，掌管季夏，日期干支为戊、己，是中央天帝，执掌德行，为女主的象征。土星每年运行一宿，运行到哪一宿，该宿的分野国就吉利。土星没有出现在预推位置而运行到了下一宿，或者已经离开某宿后又返回，并停留在那里，所对应的分野国能获得领土，或者得到女子。按推算位置，该停留在某宿却没有停留，或者刚刚停留在该宿，很快又向东或向西行，所对应的分野国会损失领土，或者损失女子，不能进行军事行动。土星在某一宿停留时间长，所对应的分野国福气就大；停留时间短，分野国福气就薄。

其一名曰地侯[①]，主岁[②]。岁行十三度百十二分度之五[③]，日行二十八分度之一，二十八岁周天。其所居，五星皆从而聚于一舍，其下之国，可以重致天下[④]。礼、德、义、杀、刑尽失，而填星乃为之动摇。

【注释】

①地侯：古代土星的别名。古人认为它的运动与收成丰歉有关，故又称它为地侯。

②岁：年成，一年的收获。

③岁行：每年运行。

④重：庄重敦厚的德行。致天下：此指统一天下。致，招致。

【译文】

土星的另一名叫地侯，主管年成。土星每年在恒星间移动十三又一百一十二分之五度，每天运行二十八分之一度，二十八年在天空运行一周。它停留在某宿后，其他四颗行星都接连会合到该宿，所当分野国可以凭借德行统一天下。如果礼制、德行、道义、武力、刑法都丢失了，土星将会出现动摇。

赢，为王不宁；其缩，有军不复[①]。填星，其色黄，九芒，音曰黄钟宫[②]。其失次上二三宿曰赢，有主命不成[③]，不乃大水。失次下二三宿曰缩，有后戚[④]，其岁不复[⑤]，不乃天裂若地动。

【注释】

①复：返回。

②黄钟宫：黄钟律为十二律的第一律，声调最为宏大响亮。宫声为五声的第一声。土为律声的基调。

③主命不成：国君的命令不能贯彻执行。

④后戚：王后忧患。

⑤不复：阴阳失和。

【译文】

土星到达得早，执政者不得安宁；到达得晚，出征的军队没有返回的希望。土星发黄光，有九道芒角，对应的音律是黄钟律、宫调。土星失次超过两三宿就叫赢，国君的命令不能得到执行，不然就是发大水。失次落后两三宿就叫缩，王后忧戚，这年阴阳失和，不然将会发生天崩地裂的大灾难。

斗为文太室①，填星庙，天子之星也。

【注释】

①文太室：有文采的帝王祖庙的中室。

【译文】

斗宿是有文采的帝王祖庙的中室，也是土星的庙堂，是属于天子的星。

（以上土星）

木星与土合①，为内乱，饥，主勿用战，败；水则变谋而更事②；火为旱；金为白衣会若水③。金在南曰牝牡④，年谷熟；金在北，岁偏无⑤。火与水合为焠⑥，与金合为铄⑦，为丧，皆不可举事，用兵大败。土为忧，主孽卿⑧；大饥，战败，为北军⑨，军困，举事大败。土与水合，穰而拥阏⑩，有覆军，其国不可举事。出，亡地；入，得地。金为疾，为内兵⑪，亡地。三星若合，其宿地国外内有兵与丧，改立公王。四星合，兵丧并起，君子忧，小人流⑫。五星合，是为易行，有德，受庆，改立大人⑬，掩有四方⑭，子孙蕃昌；无德，受殃若亡。五星皆大，其事亦大⑮；皆小，事亦小。

【注释】

①合：会合。

②水则变谋而更（gēng）事：土星与水星会合，就有变乱阴谋并发生内部变更的事。

③若水：以及水涝之灾。

④金在南曰牝（pìn）牡：这里金星的位置以木星作为参照，即金在南、木在北，金星象征阴，木星象征阳，故称为牝牡。牝，雌性，阴。牡，雄性，阳。

⑤偏：意外。

⑥焠：将烧红的金属放入水中以加强其硬度。

⑦铄：熔化，销镕。

⑧孽卿：庶子担任大臣。

⑨北军：军队败北，即战败的军队。

⑩穰而拥阏（è）：农业虽有丰收，但流通受阻。拥阏，阻碍，指有兵灾。

⑪内兵：即受兵，受外来军队的侵略。内，同“纳”。

⑫君子忧，小人流：当权的忧虑，百姓流离失所。君子，古代指统治阶级，后用以称有才德的人。小人，古代指平民百姓，后指无才德的人。

⑬大人：指帝王。

⑭掩有四方：尽有四方。掩，覆盖，囊括。

⑮其事：指吉凶之事。

【译文】

木星与土星会合，将发生内乱、饥荒，国君不宜用兵，否则会失败；水星与土星会合，就会有变乱阴谋并发生内部变更的事；火星与土星会合，有旱灾；金星与土星会合，有丧事及水灾。金星在木星南合，称为“牝牡”，五谷丰登；金星在木星北合，年成很不好。火星和水星合称为“焠”，火星和金星合称为“铄”，都主丧灭，国家不宜兴办大事，出兵则大败。火星和土星合有忧患，庶子担任大臣；有大饥荒，战败，成为败军，部队被围困，其分野国用兵作战将大败。土星与水星会合，丰收却不流通，有覆灭的军队，其分野国不可兴办大事。土星和水星合的时候两星都出现在天空中，其分野国丧失领土；若两星会合后隐没于阳光之中，其分野国可获得土地。土星和金星合，其分野国有疾疫流行，受外来侵略，丧失土地。三颗行星在某宿相合，其分野国外有入侵内有动乱，造成丧亡，改立君主。四颗行星合在一宿，其分野国兵祸、丧乱并起，当权的忧急，百姓则流离失所。五颗行星合于一宿，其分野国形势有变化，有德的国家有喜庆，改立的君主受四方拥戴，子孙昌盛；没有德行的国家，遭受灾祸或灭亡。五星都大，所影响的事大；五星都小，所影响的事也小。

蚤出者为赢[①]，赢者为客。晚出者为缩，缩者为主人。必有天应见于杓。星同舍为合。相陵为斗[②]，七寸以内必之矣[③]。

【注释】

①蚤出：同“早出”。

②陵：冒犯。

③必：决定。

【译文】

行星提早出现为赢，好像来了客人。推后出现为缩，像是主人送客在后。发生赢缩必定能在北斗斗柄上看到征兆。行星同在一宿叫合。处于相邻两宿叫斗，若相互之间近到七寸以内，一定会有灾祸发生。

五星色白圜，为丧旱；赤圜，则中不平[①]，为兵；青圜，为忧水；黑圜，为疾，多死；黄圜，则吉。赤角犯我城[②]，黄角地之争，白角哭泣之声，青角有兵忧，黑角则水。意，行穷兵之所终[③]。五星同色，天下偃兵，百姓宁昌。春风秋雨，冬寒夏暑，动摇常以此[4]。

【注释】

①中不平：内部不平静。

②赤角：红色的光芒。我城：我国。

③意，行穷兵之所终：它们的形状、颜色能应验军事行动的最终结果。按，《史记三书证讹》和《史记志疑》认为此句是衍文。

④动摇常以此：变化常以此应验。按，跟上下文不衔接，似为错简。

【译文】

五星的颜色白而圆，有丧事、旱情；色红而圆，则内部不平静，有战事；色青而圆，有忧患、水灾；色黑而圆，有疾病，人多死亡；色黄而圆，则吉利。出现红色的光芒，有人侵犯我国；出现黄色的光芒，有土地之争；出现白色的光芒，有哭泣的声音；出现青色的光芒，有战争危机；出现黑色的光芒，则有水灾。它们的形状、颜色预示着军事行动的最终结果。当五星出现同一颜色，天下就会停止战争，百姓安宁幸福。春风秋雨，冬冷夏热，变化之兆常见于这些天象。

填星出百二十日而逆西行，西行百二十日反东行。见三百三十日而入，入三十日复出东方。太岁在甲寅，镇星在东壁，故在营室[1]。

【注释】

①“太岁在甲寅”几句：东壁，壁宿的另一种别称。《天官书》以甲寅为历元，历元正月时日月五星皆在营室。此处甲寅年土星在营室，下文太白“以摄提格之岁，与营室晨出东方”，均为明证，此采用颛顼历。唯《天官书》岁星纪年采自他说，岁星甲寅年与斗、牵牛晨出，与次不合。按，此段应在填星条下，这里可能是错简所致。

【译文】

土星晨出东方之后，顺行一百二十日以后开始向西逆行，逆行一百二十日后再回头向东顺行。在天空中出现三百三十日后消逝在阳光之中进入伏行，伏行三十日再次出现于东方天空。太岁在寅位的甲寅年，土星在壁宿，原先是在室宿。

（五星相合）

察日行以处位太白①。曰西方②，秋，日庚辛，主杀③。杀失者，罚出太白。太白失行，以其舍命国。其出行十八舍二百四十日而入。入东方，伏行十一舍百三十日；其入西方，伏行三舍十六日而出。当出不出，当入不入，是谓失舍，不有破军，必有国君之篡④。

【注释】

①察日行以处位太白：金星总出现在太阳的左右，所以确定金星的位置需要观察太阳的运行。太白，即金星。

②西方：脱“金”字，即西方金。

③主杀：意味着将有杀伐之事。

④篡：用强力夺取，这里是被动用法。

【译文】

观察太阳的运行可以判定金星的位置。金星主管西方，五行中属金，它主宰秋季，日期干支为庚、辛，掌管征战。征伐失策，惩罚的征兆可以从金星看到。金星运行失去常规，用它所处星宿可占其分野国的吉凶。金星早晨出现于东方之后，向东运行十八宿，经二百四十日后隐没于东方。在东方伏行十一宿，历经一百三十日；后又隐没于西方，伏行三宿，经十六日后再次出现在西方。按推算该出现而未出现，或者按推算该隐没而没有隐没，就叫失舍，出现失舍，不是打败仗或被击溃，就是国君要被篡位。

其纪上元[①]，以摄提格之岁，与营室晨出东方，至角而入[②]；与营室夕出西方，至角而入；与角晨出，入毕；与角夕出，入毕；与毕晨出，入箕；与毕夕出，入箕；与箕晨出，入柳；与箕夕出，入柳；与柳晨出，入营室；与柳夕出，入营室。凡出入东西各五，为八岁二百二十日，复与营室晨出东方[③]。其大率[④]，岁一周天[⑤]。其始出东方，行迟，率日半度，一百二十日，必逆行一二舍；上极而反[⑥]，东行，行日一度半，一百二十日入。其庳，近日，曰明星[⑦]，柔；高，远日，曰大嚣，刚[⑧]。其始出西方，行疾，率日一度半，百二十日；上极而行迟，日半度，百二十日，旦入，必逆行一二舍而入。其庳，近日，曰大白，柔；高，远日，曰大相，刚。出以辰、戌[⑨]，入以丑、未[⑩]。

【注释】

①上元：古代历法名。中国古历法选取的推算起点，即历元。一般历法选取甲子日夜半作为起点，此时正好交冬至日月合朔。为使日、月、五星交会计算方便，往往再上推找出某一个甲子日、夜半、日月合璧，正好交冬至节，又恰逢五星连珠的时刻作为起算点，这样一个理想的起算点，称作上元。

②至角而入：到角宿天区而隐没。

③"凡出入东西各五"几句：前文已述及上元时太白与营室晨出东方，经一个会合周期后，至角宿晨出东方，第三次与毕、第四次与箕、第五次与柳、第六次又与营室晨出东方，完成一个周期，共需

八年。这就是“凡出入东西各五，为八岁”，“复与营室晨出东方”的意义。二百二十日，按一年三百六十五日算，八年合二千九百二十日，此当脱“千九”二字。

④大率：大约，大概。

⑤岁一周天：一年转一周天。按，根据现在的实测，金星的公转周期为225天。

⑥上极：到达极点。

⑦明星：金星的别名之一。以下的大白、大嚣、大相等都与此相同。

⑧刚：在夜色背景上极亮，而显得刚烈。

⑨辰：辰位，相当于东偏南。戌：戌位，相当于西偏北。

⑩丑：丑位，相当于北偏东。未：未位，相当于南偏西。

【译文】

它根据上元历的体系，将历法的历元定在摄提格岁（即甲寅年），这时金星和室宿早晨出现在东方，运行至角宿隐没；再与室宿傍晚一同出现在西方，运行至角宿隐没；与角宿早晨出现在东方，要运行到毕宿隐没；与角宿傍晚出现在西方，运行至毕宿隐没；再与毕宿早晨出现在东方，运行至箕宿隐没；与毕宿傍晚一同出现在西方，运行至箕宿隐没；与箕宿早晨出现在东方，运行至柳宿隐没；与箕宿傍晚一同出现在西方，运行至柳宿隐没；再与柳宿早晨出现在东方，运行至室宿隐没；最后与柳宿傍晚同出西方，运行中隐没于室宿。金星总共从东方出现五次，从西方隐没五次，用时八年又二百二十日，又与室宿早晨同出东方的状态。大概说来，金星运行一周天需要一年的时间。它开始出现在东方，运行较慢，大约每天运行半度，经过一百二十日，一定要逆行一二宿；运行到极点再转回来，又向东行，每日运行一度半，经一百二十日隐没。当它位置偏低，离太阳近时，叫明星，看上去柔弱；当它的位置高，离太阳远时，叫大嚣，在夜色背景下显得极为明亮刚烈。金星刚从西方出现时，运行较快，大致每日运行一度半，经一百二十日，运行到极点后速度变慢，每日运行半度，经一百二十日，隐没时，必定要逆行一二宿后才隐没。金星地平位置低，且离太阳近时，叫太白，在较亮的背景下光色显得很柔弱；它地平位置高，离太阳远时，叫大相，因背景已经黑暗光色显得十分明亮刚烈。金星出现在辰和戌方位，隐没在丑和未方位。

当出不出，未当入而入，天下偃兵，兵在外，入。未当出而出，当入而不入，天下起兵[①]，有破国。其当期出也，其国昌。其出东为东，入东为北方[②]；出西为西，入西为南方；所居久，其乡利[③]；易[④]，其乡凶。

【注释】

①天下起兵：到处将有战乱发生。

②其出东为东，入东为北方：它该出现在东方就出现在东方，并隐没在东偏北的方向。按，此句与下句皆言金星出没的方位及其占卜与所主方位的国家的关系。

③乡：通“向”，对着。

④易：挪动了位置。

【译文】

如果金星该出现时未出现，或者不该隐没时已经隐没，天下停止纷争，在外的军队会返回。它不该出现的时候出现了，或者该隐没的时候却没有隐没，它所对应的分野国有战事发生，有国家灭亡。它在该出现的时候就出现，所对应的分野国兴盛。它该出现在东方就出现在东方，并隐没在东方偏北的地方；或者该出现在西方就出现在西方，隐没在西方偏南的方位；或者它在某一宿停留的时间久，所对应分野国吉利；随便停留一下就离开，所对应的分野国有凶险。

出西至东，正西国吉。出东至西，正东国吉。其出不经天；经天，天下革政[1]。

【注释】

①“其出不经天”几句：金星和太阳的距离总是保持在一定范围之内，所以它的运行不会经历周天出现在任意天区，如果是周天运行了，就要改朝换代了。另一说昼见为中天。经天，指金星在白天出现。革政，政权改变，改朝换代。

【译文】

金星出现在西方，运行到东方，正西方向的国家吉利。它出现在东方，运行到西方，正东方向的国家吉利。它不应当在白昼当空出现；白昼当空出现，天下政权改变。

小以角动[1]，兵起。始出大，后小，兵弱；出小，后大，兵强。出高，用兵深吉[2]，浅凶[3]；庳[4]，浅吉，深凶。日方南金居其南，日方北金居其北，曰赢，侯王不宁，用兵进吉退凶。日方南金居其北，日方北金居其南，曰缩，侯王有忧，用兵退吉进凶。用兵象太白[5]：太白行疾，疾行；迟，迟行。角，敢战。动摇躁，躁。圜以静，静。顺角所指，吉；反之，皆凶。出则出兵，入则入兵[6]。赤角，有战；白角，有丧；黑圜角，忧，有水事；青圜小角，忧，有木事[7]；黄圜和角，有土事[8]，有年。其已出三日而复有微入[9]，入三日乃复盛出[10]，是谓耎[11]，其下国有军败将北。其已入三日又复微出，出三日而复盛入，其下国有忧；师有粮食兵革[12]，遗人用之[13]；卒虽众，将为人虏[14]。其出西失行，外国败；其出东失行，中国败[15]。

其色大圜黄滜[16]，可为好事[17]；其圜大赤，兵盛不战。

【注释】

①以：而，承接连词。

②深：深入敌国腹地。

③浅：入敌浅。

④庳（bì）：低下。

⑤象太白：观察金星的征象。

⑥入兵：收兵。

⑦木事：斫木之事。

⑧土事：动土之事。

⑨微入：隐没而时间很短。

⑩盛出：隐没后出现时间长。

⑪耎（ruǎn）：同“软”，退缩。

⑫兵革：指武器装备。

⑬遗（wèi）：送给，留给。

⑭将为人虏：将帅要被人家俘虏。

⑮中国：古时“中国”含义不一。或指京师，或指华夏族与汉族地区，以其居四夷之中故名之。又因华夏汉族多建国于黄河流域一带，故初时本指今河南及其附近地区，与“中土”“中原”“中州”“中夏”“中华”含义相同。

⑯滜（zé）：同“泽”，光润。

⑰好事：和好之事，如通使、会盟。

【译文】

金星形体小并有芒角闪动，预示有战事发生。它刚出现时大，以后逐渐变小，预示分野国军力弱小；刚刚出现时小，以后越来越大，预示分野国是军事强国。出现位置高，军队深入敌腹吉利，军队浅进危险；出现位置低，军队浅入就吉利，深入就危险。太阳向南移动，金星又位于太阳南，或者太阳向北移动，金星又位于太阳北，叫赢，国君不安宁，在军事上进攻吉利，退守凶险。太阳向南移动，而金星位于太阳北，或者太阳向北移动，而金星位于太阳南，叫缩，国君有忧患，在军事上宜退守，进攻则有凶险。用兵作战要善观金星的征象：金星运行迅速，须迅速行进；金星运行迟缓，须缓慢行进。金星光芒四射，士兵勇敢战斗；光芒动摇急躁，士兵急进突袭；圆而安静，稳扎稳打。顺着光芒的指向用兵，吉利；反过来，就都凶险。金星出现就出兵，隐没就收兵。光芒呈现红色，有战争；光芒呈现白色，有死丧；黑色芒角环绕，则有忧患，有治水之事；青色小芒角环绕，则有忧患，有斫木之事；黄环上有黄色芒角，则有动土之事，有好年成。金星出现三日而又隐没，隐没的时间很短，隐没三天再出现后的时间长，这叫退缩，其分野国作战失败，将领死亡；它隐没三日又复出了很短的时间，出现三天后再次隐没的时间较长，其分野国有忧患；军队的粮草辎重，会白白送给人家；士兵虽多，将领却会被敌国俘虏。金星出现在西方运行失去常轨，入侵者失败；从东边出现后运行失常，本国军队战败。金星亮圆而大，颜色黄润，将有好事发生；金星圆而大，颜色红，虽有强兵但无战事。

太白白，比狼[①]；赤，比心；黄，比参左肩[②]；苍，比参右肩；黑，比奎大星[③]。五星皆从太白而聚乎一舍，其下之国可以兵从天下[④]。居实[⑤]，有得也；居虚，无得也。行胜色[⑥]，色胜位[⑦]，有位胜无位，有色胜无色，行得尽胜之。出而留桑榆间[⑧]，疾其下国[⑨]。上而疾，未尽其日，过参天[⑩]，疾其对国[⑪]。上复下，下复上，有反将。其入月，将僇[⑫]。金、木星合[⑬]，光，其下战不合[⑭]，兵虽起而不斗；合相毁[⑮]，野有破军。出西方，昏而出阴，阴兵强[⑯]；暮食出[⑰]，小弱；夜半出，中弱；

鸡鸣出[18]，大弱：是谓阴陷于阳[19]。其在东方，乘明而出阳，阳兵之强[20]；鸡鸣出，小弱；夜半出，中弱；昏出，大弱：是谓阳陷于阴。太白伏也，以出兵，兵有殃。其出卯南[21]，南胜北方；出卯北，北胜南方；正在卯，东国利。出酉北，北胜南方；出酉南，南胜北方；正在酉，西国胜。

【注释】

①太白白，比狼：衡量太白的颜色用恒星进行对比，与狼星相似为白色。比，比较，类比。狼，即天狼星，大犬座 α 星。

②黄，比参左肩：太白和参宿左肩的参宿四相似为黄色。根据现代的观测，参宿四即 α，o_{ri}，是一颗红色的超巨星。两千年来迅速地从黄到红，其原因可能是由于恒星的演化过程中出现超额的红外辐射和很大的质量损失。

③黑，比奎大星：太白与奎宿南的西南大星天豕目相比为黑色。

④从天下：使天下归顺。从，服从。

⑤居实：处在正常出现的天区。下文中“居虚”相反。

⑥行：指运行的方向和速度。色：指光色的变化。

⑦位：指所处次舍。

⑧桑榆：这里指代一般的树木。

⑨疾其下国：有害于它下面的国家。

⑩参（sān）天：三分之一的天空。参，通“三”。

⑪对国：正对着的国家。

⑫僇（lù）：通“戮”，杀戮。

⑬金、木星合：据《史记志疑》“木”当改为“水”。

⑭战不合：双方对阵而不交战。

⑮合相毁：金星与木星相合后，光变暗。

⑯阴兵：秘密偷袭的军队。

⑰暮食：古代计时术语。在昏时以后，半夜以前，又称夜食时，约当戌、亥时分。

⑱鸡鸣：古代计时术语。指丑时。

⑲陷：沦陷，陷落。

⑳阳兵：公开作战的军队。

㉑卯：古代用十二地支表示方位：子正北，午正南，卯正东，酉正西，其余类推。

【译文】

金星呈现白色，和天狼星相似；呈现红色，和心宿二星相似；呈现黄色，和参宿左肩的参宿四星相似；呈现苍色，和参宿右肩的参宿五星相似；呈现黑色，和奎宿亮星相似。其他五颗行星都跟随金星聚于一宿，所当分野国可以用武力征服天下。处于正常出现的天区，算作得位；处于非正常出现的天区，不算得位。运行规律胜过颜色变化，颜色变化胜过位置的虚实，得位的胜过不得位的，色正的胜过色不正的，运行规律正常的全胜过它们。金星出现时停留于树梢间不下落，损害它对应的分野国；金星出现后上升很快，没到一天，运行已超过三分之一宿，和该宿对应的分野国有害。向上运行复而向下，或向下运行复而向上，所对应的分野国可能出叛将。月掩金星，大将被杀。金星、水星会合，水星有光辉，所对应的分野国对阵而不交战，即使出兵也不会发生战斗；合后两星的光反而变暗，边境有败军。金星出现在西方，黄昏时位置偏北，奇兵强大；暮食时出现，稍微弱一些；夜半出现，更弱一些；拂晓时出现，最弱：这称为阴性沦陷于阳性。金星出现在东方，黎明时位置偏南，正兵强大；拂晓时出现，稍微弱一些；夜半出现，更弱一些；黄昏出现，最弱：这称为阳性沦陷于阴性。金星潜伏运行的时候，如出兵，军队有灾祸。金星在东南方向升起，南方战胜北方；在东北方向升起，北方战胜南方；恰在正东方向升起，东方国家胜利。金星出现于西北，北方战胜南方；在西南出现，南方战胜北方；恰在正西出现，西方国家胜利。

其与列星相犯[①]，小战；五星，大战。其相犯，太白出其南，南国败；出其北，北国败。行疾，武；不行，文。色白五芒，出蚤为月蚀，晚为天夭及彗星[②]，将发其国[③]。出东为德，举事左之迎之[④]，吉。出西为刑，举事右之背之，吉。反之皆凶。太白光见景[⑤]，战胜。昼见而经天，是谓争明，强国弱，小国强，女主昌。

【注释】

①列星：众星。指恒星。相犯：相遇。

②天夭：古人把不是正常出现的天体如彗星等统称为妖星。夭，通“妖”。

③发：震动。

④迎之：面对着它。下文“背之”则相反。

⑤太白光见景：金星光明亮得能在地上投下影子。景，同“影”。

【译文】

金星与恒星相遇，有小战；和其他四大行星相遇，有大战争。它们互相侵犯时，金星出现在其他星的南边，南边的国家失败；从其他星的北边出现，北边的国家失败。金星运行迅速，动用武力；停止运行，协商就能解决问题。发白色光且有五道芒角，出现得早有月食，出现得晚，有妖星和彗星，将会震动所处星宿对应的分野国。出现在东方主德，行事尚左且面对着它时，吉利。出现于西方主刑，行事尚右且背对着它时，吉利。反之都有凶险。金星发出的光能投下影子，作战能取胜。白昼可见金星东升西落，叫争明，预示强国变弱，小国变强，王后得势。

亢为疏庙，太白庙也。太白，大臣也，其号上公[①]。其他名殷星、太正、营星、观星、宫星、明星、大衰、大泽、终星、大相、天浩、序星、月纬。大司马位谨候此[②]。

【注释】

①上公：古代官制，三公中有特殊功德者，加荣衔称上公。

②大司马：周代官制，由大司马掌管庶政。汉武帝时，大司马为权力最大的将军的加衔。

【译文】

亢宿是天帝的外朝，是金星的宫殿。金星是大臣，它的号为上公。它的其他名称有殷星、太正、营星、观星、宫星、明星、大衰、大泽、终星、大相、天浩、序星、月纬等。大司马运用以上方法谨慎地占候有关金星的情况。

（以上金星）

察日辰之会，以治辰星之位[①]。曰北方，水，太阴之精[②]，主冬，日壬癸。刑失者，罚出辰星，以其宿命国[③]。

【注释】

①察日辰之会，以治辰星之位：水星和太阳的距离不超过一辰，所以叫辰星，观察它和太阳的会合就可以确定水星的位置。治，确定。

②太阴：极盛的阴气。

③宿：指所停留的天区。

【译文】

观察水星和太阳的会合情况，来确定水星的位置。它属北方，五行属水，是太阴之精，掌管冬季，日期干支壬、癸。刑罚失当者，惩罚可以从水星看出征兆，根据水星所在宿确定其分野国的命运。

是正四时[①]：仲春春分，夕出郊奎、娄、胃东五舍[②]，为齐[③]；仲夏夏至，夕出郊东井、舆鬼、柳东七舍，为楚[④]；仲秋秋分，夕出郊角、亢、氐、房东四舍，为汉[⑤]；仲冬冬至，晨出郊东方，与尾、箕、斗、牵牛俱西[⑥]，为中国[⑦]。其出入常以辰、戌、丑、未。

【注释】

①是正四时：水星因其在太阳附近，所以可用它的位置来确定四季。正四时，确定四季。正，确定。四时，四季。

②出郊：出现。清钱大昕《廿二史考异》云："四'郊'字，皆'效'字之讹。"下文三"郊"与此相同。

③齐：指战国时的齐国地区。相当今山东泰山以北及胶东半岛地区。

④楚：指战国时的楚国地区。相当今湖北、湖南、江西、安徽。

⑤汉：指汉朝京都长安附近的三辅地区。约当今陕西。

⑥俱西：偕同西行。

⑦中国：中原地区。

【译文】

可用水星的位置确定四季：仲春春分，黄昏时，辰星和奎、娄、胃等五宿，分野为齐的地域；仲夏夏至，它黄昏出现在太阳东边的井、鬼、柳等七宿，分野为楚的地域；仲秋秋分，它黄昏出现在太阳东边的角、亢、氐、房等四宿，分野为汉的地域；仲冬冬至，它早晨出现于东方，与太阳西边的尾、箕、斗、牛等宿偕同西行，分野为中原。水星出入的方位常在辰、戌、丑、未四个方向。

其蚤，为月蚀；晚，为彗星及天夭。其时宜效，不效为失[①]，追兵在外不战。一时不出[②]，其时不和；四时不出，天下大饥。其当效而出也，色白为旱，黄为五谷熟，赤为兵，黑为水。出东方，大而白，有兵于外，解[③]。常在东方，其赤，中国胜[④]；其西而赤，外国利。无兵于外而赤，兵起。其与太白俱出东方，皆赤而角，外国大败，中国胜；其与太白俱出西方，皆赤而角，外国利。五星分天之中，积于东方，中国利；积于西方，外国用兵者利[⑤]。五星皆从辰星而聚于一舍，其所舍之国可以法致天下[⑥]。辰星不出，太白为客；其出，太白为主。出而与太白不相从，野虽有军，不战。出东方，太白出西方；若出西方，太白出东方，为格[⑦]，野虽有兵，不战。失其时而出，为当寒反温，当温反寒。当出不出，是谓击卒[⑧]，兵大起。其入太白中而上出[⑨]，破军杀将，客军胜；下出，客亡地。辰星来抵太白[⑩]，太白不去，将死。正旗上出，破军杀将，客胜；下出，客亡地[⑪]。视旗所指[⑫]，以命破军。其绕环太白，若与斗，大战，客胜。兔过太白[⑬]，间可械剑[⑭]，小战，客胜。兔居太白前，军罢；出太白左，小战；摩太白[⑮]，有数万人战，主人吏死[⑯]；出太白右，去三尺，军急约战[⑰]。青角，兵忧；黑角，水。赤行穷兵之所终[⑱]。

【注释】

①其时宜效，不效为失：应当出现的时候就该出现，不出现就是失行。效，显现。

②时：指季节。

③解：消弭，罢退。

④中国：这里指华夏各国或它的统一王朝。

⑤外国用兵者利：意即有利于敌对国家。“用”与“者”间疑脱“兵”字。

⑥法：法制。

⑦格：抵触，对抗。《索隐》曰：“谓辰星出西方。辰，水也。太白出东方。太白，金也。水生于金，母子不相从，故主有军不战，今母子各出一方，故为格。格谓不和同，故野虽有兵不战然也。”

⑧击卒：斩杀士兵。

⑨其入太白中：指水星被金星遮掩。

⑩抵：接近，靠近。

⑪“正旗上出”几句：根据《史记志疑》，此句与上句重复，当为衍文。旗，《汉书·天文志》作“其”。

⑫旗：亦应改为“其”字。

⑬兔：兔星，水星又一别名。

⑭间：距离。椷（hán）剑：中间可容一剑。椷，通“函”，容纳。

⑮摩：接近，迫近。

⑯主人吏：指主方的官佐。

⑰约战：预先挑战。

⑱赤行穷兵之所终：颜色赤红而且运行，是败兵末日来临的征兆。《史记志疑》云该句为衍文。

【译文】

水星早于推算时间出现，有月食；晚于推算时间出现，有彗星及妖星。它应当出现而没有按推算时间出现，叫失行，预示有追兵在外也不会发生战事。一季不出现，该季天下不太平；四季一直没出现，天下就要发生大饥荒了。它在应当出现的时候出现，出现时光色发白，有旱情；光色发黄，五谷丰登；光色发红，有战事；光色发黑，有水灾。它出现于东方，大而白，虽然有军队在外，也可以和解。常在东方出现，发出红色光，中原国家可战胜敌国；在西方出现时间长，发红色光，外国用兵有利。即使并未在外出兵，但水星发红光，也会有战事发生。水星与金星同时出现于东方，都发红光且有芒角，敌国败，中原国家获胜；它和金星同时出于西方，都发红光且有芒角，敌国有利。以中天为准看五星的分布，若五星都在东半天球，对中原有利；五星都在西半天球，中原以外的国家用兵有利。如果其他行星随水星出现且五星聚于一宿，该宿所对应的分野国能够以法令号召天下。水星不出现时，金星是客；水星出现后，金星是主。水星出现后它随着金星运行，边境有军队也不发生战争。水星出现在东方，金星出现在西方；或者水星出现在西方，金星出现在东方，叫做格，边境即使有兵，也不会爆发战争。水星该出现时未出现，而在过了该出现的时间才出现，就会出现应当寒冷时却暖和，或该暖和时却寒冷的反常天气。该出现而不出现，叫击卒，战争爆发。水星经过金星背后从金星上方出来，军溃将亡，敌国取胜；从金星下方出来，敌国丧失领土。水星运行与金星相并而金星没有离开，主将死亡。有大的芒角从水星上方出现，军溃将亡，敌军胜利；从水星下方出现，敌国失去领土。率兵的应观察芒角所指方向，以决定如何作战。水星环绕金星，或者跟金星的光芒相接触，有大战，敌国胜。水星也名兔星，其运行经过金星近旁，其间只容一剑，有小战事，敌国胜利。水星停留在金星前面，军队罢战；出现在金星左方，有小战事；迫近金星，有几万人参战，主军将吏会死；出现在金星右方，相距三尺，两军急于约战。水星有青色芒角，有战争危险；有黑色芒角，有水灾。颜色赤红且运行，败军的末日来临。

兔七命①，曰小正、辰星、天欃、安周星、细爽、能星、钩星。其色黄而小，出而易处②，天下之文变而不善矣③。兔五色，青圜忧，白圜丧，赤圜中不平，黑圜吉。赤角犯我城，黄角地之争，白角号泣之声。

【注释】

①命：名称。

②其色黄而小，出而易处：这是讲辰星的特征。

③文：指礼乐制度。

【译文】

水星有七个名称，它们是：小正、辰星、天欃、安周星、细爽、能星、钩星。它色黄而小，出现后移动位置，国家的礼乐制度将变得不纯正。水星可以呈现五种颜色，色青而圆，有忧患；色白而圆，有死丧；色红而圆，政局不稳；色黑而圆，吉利。色红而有芒角，有敌犯我城；色黄而有芒角，有领土争端；色白而有芒角，有哭泣之声。

其出东方，行四舍四十八日[①]，其数二十日[②]，而反入于东方；其出西方，行四舍四十八日，其数二十日，而反入于西方。其一候之营室、角、毕、箕、柳。出房、心间，地动。

【注释】

①行四舍四十八日：应是“四十八度”之误。出东方至入东方，两个基本数据一是度数，一是日数，此处开头载舍数，后面载日数，有了日数以后，中间就不可能再载日数，必是将舍数折合成度数。如取一舍为十二度，四十八正是四舍之度。下文“四十八日”也应是“四十八度”之误。根据《汉志》水星出东方凡见二十八日，行经二十八度。出西方凡见二十六日，行经二十六度。此处所载误差较大。译文仍按原文。

②其数：大约。

【译文】

水星出现于东方，运行四宿经过四十八日，大约二十日又回转隐没于东方；它出现于西方，运行四宿经过四十八日，大约二十日，再回转隐没于西方。可另一种情况是在营室、角、毕、箕、柳等宿观测水星。它若是出现在房宿和心宿的中间，将会发生地震。

辰星之色：春，青黄；夏，赤白；秋，青白，而岁熟；冬，黄而不明。即变其色[①]，其时不昌。春不见，大风，秋则不实[②]。夏不见，有六十日之旱，月蚀。秋不见，有兵，春则不生[③]。冬不见，阴雨六十日，有流邑[④]，夏则不长[⑤]。

【注释】

①即：假如，如果。

②不实：谷物不成熟。

③春：指次年春天。不生：指谷物不生长。

④流邑：指被冲毁的城邑。

⑤夏：指次年夏季。

【译文】

水星的颜色：春天，是青黄色；夏天，是红白色；秋天，是青白色，收成好；冬天，为黄色但不明亮。如果水星的颜色发生变化，相应季节不太平。春天不出现，有大风，秋天谷物不成熟。夏天不出现，有六十天旱灾，出现月食。秋天不出现，有战事发生，来年春天谷物不生长。冬天不出现，阴雨六十天，有被冲毁的城邑，来年夏天谷物不生长。

（以上水星）

角、亢、氐，兖州[①]。房、心，豫州[②]。尾、箕，幽州[③]。斗，江、湖[④]。牵牛、婺女，杨州[⑤]。虚、危，青州[⑥]。营室至东壁，并州[⑦]。奎、娄、胃，徐州[⑧]。昴、毕，冀州[⑨]。觜觿、参，益州[⑩]。东井、舆鬼，雍州[⑪]。柳、七星、张，三河[⑫]。翼、轸，荆州[⑬]。

【注释】

①兖州：古“九州”之一。以沇水得名，约当今山东西北部、河南东

北隅和河南东南部地区。按,该节言二十八星宿分野。

②豫州:古“九州”之一。约当今河南东部和安徽北部。

③幽州:古“九州”之一。约当今河北北部、辽宁大部和朝鲜大同江流域。

④江:指长江下游地区。湖:指太湖流域一带。

⑤杨州:即“扬州”,古“九州”之一。约当今安徽南部、江苏南部和江西、浙江、福建一带。

⑥青州:古“九州”之一。约当今山东中部、北部和东部。

⑦并州:古“九州”之一。约当今山西大部、河北西部和内蒙古东南部。

⑧徐州:古“九州”之一。约当今江苏北部和山东东南部。

⑨冀州:古“九州”之一。约当今河北中部和山东西端与河北北端地区。

⑩益州:汉代州名。约当今四川东部、甘肃南端、陕西南部、湖北西北部和贵州大部。

⑪雍州:古“九州”之一。汉代改为凉州,约当今陕西北部、宁夏、甘肃和青海东部。

⑫三河:指河东、河内、河南三郡,约当今山西西南部和河南大部。

⑬荆州:古“九州”之一。约当今湖北、湖南和广东、广西、贵州一带。

【译文】

角宿、亢宿、氐宿,分野是兖州。房宿、心宿,分野是豫州。尾宿、箕宿,分野是幽州。斗宿,分野是长江下游、太湖流域地区。牛宿、女宿,分野是扬州。虚宿、危宿,分野是青州。室宿至壁宿,分野是并州。奎宿、娄宿、胃宿,分野是徐州。昴宿、毕宿,分野是冀州。觜觿、参宿,分野是益州。井宿、鬼宿,分野是雍州。柳宿、七星、张宿,分野是三河地区。翼宿、轸宿,分野是荆州。

七星为员官，辰星庙，蛮夷星也[①]。

【注释】

①“七星为员官”几句：陈仁锡曰：“七星以下十二字，当在上文‘辰星，出房，心间，地动’之下。”蛮夷，古代华夏族统治者对四方异族的称呼。

【译文】

七星是朱鸟的喉咙，是水星的宫室，是象征蛮夷外族的星。

两军相当，日晕[①]。晕等，力钧[②]；厚长大，有胜；薄短小，无胜。重抱大破无[③]。抱为和，背为不和[④]，为分离相去。直为自立[⑤]，立侯王；破军若曰杀将[⑥]。负且戴[⑦]，有喜。围在中，中胜；在外，外胜[⑧]。青外赤中，以和相去；赤外青中，以恶相去。气晕先至而后去[⑨]，居军胜[⑩]。先至先去，前利后病[⑪]；后至后去，前病后利；后至先去，前后皆病，居军不胜。见而去，其发疾，虽胜无功。见半日以上，功大。白虹屈短[⑫]，上下兑，有者下大流血。日晕制胜[⑬]，近期三十日，远期六十日。

【注释】

①日晕：太阳光线经过云层中冰晶的折射或反射形成的光学现象。

②钧：通“均”。

③重抱大破无：日晕的光气重重环抱向日，军将大破。抱，指日晕的光环环抱向日。

④背：云气向着周围扩散。如淳云：“凡气……向日为抱，向外为背。”

⑤直：光带笔直。自立：指分裂或反对势力宣布独立。

⑥破军若曰杀将：军队被敌所破，将领被敌所杀。

⑦负且戴：指太阳上下方都有光晕。负，有光晕在日下方叫日负。戴，有光晕在日上方为日戴。

⑧“围在中”几句：日晕紧围是被围困者取胜的征兆，日晕在外边很远的地方围着，是围困者取胜的征兆。

⑨气晕：由悬浮在大气中的冰晶对光线的反射而形成的一种光学现象，多发生在日、月周围。看起来似云非云，似气非气，多呈环状，亦有弧状、柱状或亮点状。古人常用来占卜用兵征伐之吉凶。

⑩居军：守军，驻扎的军队。

⑪病：此指困难，不顺利。

⑫白虹：大气现象，一种横亘天际、成带状如虹的淡白云气。古人通过观察以占卜用兵征战之吉凶胜负。

⑬制胜：决断胜败。

【译文】

两军对峙，应看日晕。日晕均匀，敌我势均力敌；日晕厚而长大，可取胜；日晕薄而短小，不可取胜。光晕多重曲抱向日，军将大破。光晕向日为抱，抱晕出现两军修和；光晕背日向外，两军不能修和但会撤军。光晕直立日上，有自立的侯王；军队战败或者将帅被敌所杀。出现光晕在太阳上方的日晕或光晕在太阳下方的日负，有喜庆的事。日晕紧围，被围困的一方得胜；日晕在外边较远的地方围着，围困方得胜。日晕外层色青，里层赤红，双方媾和撤军；外层色红，里层色青，双方怀抱仇恨撤军。气晕先到又慢慢消逝，守军胜。气晕先到又很快消逝，初对守军有利后转为对守军不利；气晕后到又慢慢消逝，初对守军不利后转为对守军有利；气晕后到很快消逝，对守军始终不利，守军不能取胜。日晕从出现到消失，时间很短，即使打了胜仗也没有收获。日晕出现半日以上，战功巨大。晕气带状如虹谓之白虹，白虹弯而短，两端尖锐，是发生大流血事件的征兆。以日晕决断胜负，近的三十日，远至六十日。

其食[①]，食所不利；复生[②]，生所利；而食益尽[③]，为主位。以其直及日所宿[④]，加以日时[⑤]，用命其国也。

【注释】

①食：指日食。

②复生：指日食结束，太阳复生光时。

③而食益尽：指食甚时，日食最深的时候。《史记三书证讹》《史记志疑》认为“而”“益”为衍文，当删。食尽，即食既。

④其直：日食部位所当。日所宿：太阳所在的星宿。

⑤日时：日食所发生的干支日期及时刻。

【译文】

日食，开始亏缺所对的地方不利；日食结束，太阳复生光时，生光所对的地方吉利。日食尽，应验在国君身上。按照日食所当的方位及太阳所在星宿，加上发生的日期与时辰，以占候所当国的吉凶。

月行中道[①]，安宁和平。阴间，多水，阴事[②]。外北三尺，阴星。北三尺，太阴[③]，大水，兵。阳间，骄恣[④]。阳星，多暴狱。太阳，大旱丧也。角、天门[⑤]，十月为四月，十一月为五月[⑥]，十二月为六月，水发，近三尺，远五尺。犯四辅[⑦]，辅臣诛。行南北河，以阴阳言[⑧]，旱水兵丧。

【注释】

①月行中道：指月亮在黄道附近运动。中道，运行路线的名称，指房宿四星的中间。下文的“阴间”“阴星”“太阴”等都是运行路线名称。《索隐》曰：“中道，房星之中间也。房有四星，若人之房三间有四表然，故曰房。南为阳间，北为阴间，则中道房星之中间

也。故房是日、月、五星之行道。”

②阴事：不可告人的丑事。

③“外北三尺”几句：古人称太阳的轨道为中道或黄道，称月亮的轨道为月道或白道。黄白二道相交，故月行出入中道南北。《天官书》将位于中道北的白道称为太阴道，位于中道南的称为太阳道。黄白交角为五度左右，古人对此十分注意观察，故将位于黄道南北五度左右的星定名为阳星、阴星。古人通常以七寸为一度，西汉时黄白交角测量不精确，大致定为三尺，化为度相当于四度多，与实际值相近。《天官书》是将阳星和阴星作为月行轨道偏离南北的太阳道和太阴道的标志点来使用的。要想知道月亮的轨道，只需观看一下阳星和阴星的位置即可。

④骄恣：骄傲，放纵。

⑤天门：古星官名，在角宿南，属角宿，在今之室女座。

⑥十月为四月，十一月为五月：《索隐》：“角间天门，谓月行入角与天门，若十月犯之，当为来年四月成灾；十一月，则主五月也。”

⑦四辅：房宿四星是心宿的四个辅佐。

⑧阴阳：指北河星以北和南河星以南。

【译文】

月亮在黄道附近运行，安宁和平。在黄道北运行，多水，有丑事。黄道北三尺，有阴星。阴星北三尺，为太阴道，月亮运行在这里，有大水灾和战争。运行在黄道南，国君骄傲放纵。月亮运行于黄道南的阳星附近，多有凶暴的案件。月亮运行到太阳道，有大旱和死丧。角宿和角宿南面的天门星区，月亮十月运行到这里，灾害出现在来年四月，十一月运行到这里，灾害出现在来年五月，十二月运行到这里，灾害出现在来年六月，发水灾，近则三尺深，远则五尺深。侵犯房宿四星，辅臣可能被杀。月亮运行到南河和北河星区，在北河星之北或南河星之南的分野，有水旱兵丧的大祸。

月蚀岁星[①]，其宿地，饥若亡。荧惑也乱，填星也，下犯上，太白也，强国以战败，辰星也，女乱。蚀大角[②]，主命者恶之；心，则为内贼乱也[③]；列星，其宿地忧。

【注释】

①月蚀岁星：月掩岁星。《正义》："孟康云：'凡星入月，见月中，为星蚀月；月掩星，星灭，为月蚀星也。'"

②蚀大角：月亮遮住了大角星。

③内贼乱：指统治集团内部的变乱。

【译文】

月亮遮掩木星，它的分野有饥荒和死亡；遮掩火星，有动乱；遮掩土星，有以下犯上之事；遮掩金星，强国战败；遮掩水星，后妃造成祸乱；遮掩大角星，人君厌恶；遮掩心宿，统治集团内部有变乱；遮掩众星，它的分野有忧患。

月食始日，五月者六，六月者五，五月复六，六月者一，而五月者五，凡百一十三月而复始[①]。故月蚀，常也；日蚀，为不臧也[②]。甲、乙，四海之外，日月不占[③]。丙、丁，江、淮、海、岱也。戊、己，中州、河、济也。庚、辛，华山以西。壬、癸，恒山以北[④]。日蚀，国君[⑤]；月蚀，将相当之。

【注释】

①"月食始日"几句：月食的发生是有周期的，从月食开始的那一天起，间隔五个月发生的有六次，再间隔六个月发生的有五次，再间隔五月是六次，再间隔六月为一次，五月为五次，总共是一百一十三月为一周期。按，司马迁根据历代的月食记录，总结出月食发

生存在着周期性的规律，并提出现存历史上第一个交食周期，由此开始，中国历法中逐渐发展起自己的日月食预报工作。

②“故月蚀”几句：此由《诗经》“彼月而食，则维其常；此日而食，于何不臧”变化而来。意为月食比较常见，而日食不常见，见必有灾。因为日食只能在地面上某一地区带才能看见，而发生月食则半个地球都可见，就整个地球而言，日食多于月食，但就一个地区而言，月食多于日食。古人站在中国甚至中原地区观察记录，就觉得月食常见，日食不常见。加上迷信思想作怪，就认为月食是坏事，日食是大坏事。臧（zāng），好，善。

③“甲、乙”几句：发生在甲、乙日的日月食，应验见于四海之外，故一般不用于占候。

④恒山：古称北岳，在今河北曲阳西北，现通称大茂山。

⑤日蚀，国君：意为日蚀应验在国君身上。

【译文】

从月食开始日算起，每五个月出现一次的月食有六次，每六个月出现一次的月食有五次，再间隔五个月出现的月食有六次，然后再过六个月出现一次月食，再间隔五个月出现的月食有五次，共计一百一十三个月一循环。所以月食是常见的，但日食是不好的事。甲、乙日发生交食，应验见于海外，故一般不用于占候。丙、丁日发生交食，应验将出现在江、淮、海、岱等地。戊、己日发生交食，应验见于中原及黄河、济水之间。庚、辛日发生交食，应验见于华山以西。壬、癸日发生交食，应验见于恒山以北。日食，应验于国君；月食，应验于将相。

国皇星[①]，大而赤，状类南极[②]。所出，其下起兵，兵强；其冲不利[③]。

昭明星[④]，大而白，无角，乍上乍下。所出国，起兵，多变。

【注释】

①国皇星：古代奇异天象名称。形体较大，色赤，象南极老人星（今船底座 α 星，负一等），或色黄白，望之似有芒角，去地二三丈。所指可能是彗星或新星、超新星。

②南极：即南极星。

③冲：指相对方向。

④昭明星：古代奇异天象名称。又名“笔星”。在天空突然出现，明亮如太白。形大色白，无芒角。可能是新星或超新星爆发现象。

【译文】

国皇星，大而红，形状类似南极星。它出现的天区，对应的分野有战事，军队强大；与它相对方向的国家不吉利。

昭明星，大而白，没有光芒，忽上忽下。它出现的天区，对应的分野有战事，局势多变化。

五残星[①]，出正东东方之野。其星状类辰星，去地可六丈。

大贼星[②]，出正南南方之野。星去地可六丈，大而赤，数动，有光。

司危星[③]，出正西西方之野。星去地可六丈，大而白，类太白。

狱汉星[④]，出正北北方之野。星去地可六丈，大而赤，数动，察之中青。此四野星所出[⑤]。出非其方，其下有兵，冲不利。

【注释】

①五残星：古代奇异天象名称。又名“五锋”。在正东方天空出现，离地平线高六七丈，约数十度。亮度和水星相近。星的表面有

"如晕之气",形似有毛状,为红色大星。移动频繁,可能是无尾之彗星。

②大贼星:古代奇异天象名称。在正南方天空出现,长九尺,离地高约六丈,大概数十度,为红色大星,有光,随时间而移动。可能是有尾的彗星。

③司危星:古代奇异天象名称。出现于天空正西方,离地约高六丈,数十度。亮度似太白(金星),光呈白色,而且有毛状。但细心观察,实系红色,并有两只角状之尾巴,可能为有双尾之彗星。

④狱汉星:古代奇异天象名称。又名"咸汉"。出现在天空正北方,呈红色,出地平六丈左右,约数十度。常移动,有尾二三条。可能是彗星。

⑤四野星:指上述五残星、大贼星、司危星、狱汉星。

【译文】

五残星,出现于正东东方的分野。这颗星的形状类似水星,离地面大约六丈。

大贼星,出现于正南南方的分野。这颗星离地面约六丈,大而红,频频摇动,有光辉。

司危星,出现于正西西方的分野。这颗星离地面约六丈,大而白,类似金星。

狱汉星,出现于正北北方的分野。这颗星离地面约六丈,大而红,频频摇动,仔细观察它可见中间隐约呈青色。以上是四方分野星出现的天区。如果它出现在不应出现的方位,相应的分野有战争,与它相对方向的国家不利。

四填星[①],所出四隅[②],去地可四丈。

地维咸光[③],亦出四隅,去地可三丈,若月始出。所见,下有乱;乱者亡,有德者昌。

【注释】

①四填星：中国古代奇异天象名称。在天空任何方向都有可能看到。离地平线约二丈至六丈余，大约十度到数十度。有红光的大星，经常在夜半出现，可能是新星爆发。

②四隅（yú）：指宇宙的四角。隅，角，角落。

③地维咸光：古代奇异天象名称。一作"地维藏光"。在天空任一方向都可能出现，为红光大星，离地平约二三丈，相当十多度。可能是彗星、也可能是新星或超新星爆发之现象。

【译文】

四填星，出现于东北、东南、西南、西北四角，离地约四丈。

地维咸光，也出现在四角，但离地约高三丈，像月亮刚出来一样。它出现处，分野有动乱；作乱的国家将灭亡，有德政的国家将昌盛。

烛星[①]，状如太白，其出也不行。见则灭[②]。所烛者[③]，城邑乱。

如星非星，如云非云，命曰归邪[④]。归邪出，必有归国者[⑤]。

【注释】

①烛星：古代奇异天象名称。明亮似金星，有三条彗向上伸出，瞬息即灭。可能是新星、超新星爆发或火流星、彗星。

②见则灭：瞬息即逝。

③所烛者：所照到的地方。烛，照。

④归邪：古代奇异天象名称。似星非星、如云非云，有两赤彗上指，星上有云气覆盖。可能是彗星或新星。

⑤归国者：有两说，一说为回到本国的大臣或国君。一说为归顺本国的人。

【译文】

烛星，形状类似金星，它出现以后不运行。出现之后瞬息即逝。它所照到的地方，城邑有变乱。

像星又不是星，像云又不是云的，称为归邪星。归邪星出现，一定有回归本国者。

星者，金之散气，其本曰火[①]。星众，国吉；少则凶。

汉者[②]，亦金之散气，其本曰水。汉，星多，多水，少则旱，其大经也[③]。

【注释】

①其本曰火：其本质是火。

②汉：河汉，银河。

③大经：大法，常规。

【译文】

星是金属的散气，它的本质是火。星星多，国家吉利；星星少，国家有凶险。

银河，也是金属的散气，它的本质是水。银河里星星多，多雨水；星星少，有旱情，这是它的常规。

天鼓[①]，有音如雷非雷，音在地而下及地[②]。其所往者，兵发其下。

天狗[③]，状如大奔星[④]，有声，其下止地，类狗。所堕及，望之如火光炎炎冲天。其下圜如数顷田处。上兑者则有黄色，千里破军杀将。

格泽星者[⑤]，如炎火之状。黄白，起地而上。下大，上兑。其见也，不种而获；不有土功，必有大害。

【注释】

①天鼓：古代奇异天象名称。有声如雷非雷，从空中直下到地。可能是流星和陨星所致。

②音在地而下及地：它的声音由地表直传到地下。据张文虎《校刊札记》应当为“音在天而下及地”。

③天狗：古代奇异天象名称。形大、行疾，是有声的火流星或陨石。

④大奔星：古代奇异天象名称。奔星，即流星。《汉书·天文志》“奔”作“流”。指形大行疾的流星和火流星。

⑤格泽星：古代奇异天象名称。像火焰，呈黄白色，由地面升起，上锐下大。可能是极光或黄道光。

【译文】

天鼓星，出现时发出如同雷鸣般的响声，但又不是雷声，声音由地表直传到地下。其飞行下落的方向，会有战事。

天狗星，形状像大流星，有声音，它落到地面，形状类似狗。它坠落的地方，远看似火光炎炎直冲天际。它坠落后下端似圆形，有数顷之大。其上端尖锐，呈现黄色光芒，部队可奔袭千里击败敌人杀死敌帅。

格泽星，像燃烧着的火焰状。呈黄白色，从地面向上升起。下部大，上部尖。它出现了，不播种就能收获；不兴办土木工程，就一定有大灾害。

蚩尤之旗[①]，类彗而后曲，象旗。见则王者征伐四方。旬始[②]，出于北斗旁，状如雄鸡。其怒[③]，青黑，象伏鳖。枉矢[④]，类大流星，蛇行而仓黑[⑤]，望之如有毛羽然。长庚[⑥]，如一匹布着天[⑦]。此星见，兵起。

【注释】

①蚩尤之旗:古代奇异天象名称。形态有二,一种象红色的云,另一种上部呈黄色、下段呈白色,可能是彗星或极光。因其尾部弯曲,状如旗,故称。

②旬始:古代奇异天象名称。出于北斗旁,状如雄鸡。张衡《东京赋》中"欃枪旬始"并列,古人视作妖气。可能是彗星,也有人认为是极光。

③怒:此指光芒射出。

④枉矢:古代奇异天象名称。一种是蛇行状、路径弯曲之流星、大流星。另一种与大流星类似,但行速慢,呈兰黑色,状如毛羽,可能是彗星。

⑤蛇行:屈曲而行。

⑥长庚:金星古代别名。金星古称太白。当黄昏在西方天空出现时古人称作"长庚"。此处是古代奇异天象名称。如一匹布挂在天空之天象,可能是彗星或极光。

⑦着天:挂在天空。

【译文】

蚩尤之旗,类似扫帚而后部弯曲,像旗子。它出现就有帝王征伐四方。

旬始星,出现在北斗旁,形状像雄鸡。光芒四射时,呈青黑色,像伏着的甲鱼。

枉矢星,类似大流星,屈曲而行,呈现苍黑色,望去像有羽毛飘落。

长庚星,如同一匹布悬挂在天空中。这颗星出现,就有战事。

星坠至地,则石也。河、济之间,时有坠星。

天精而见景星①。景星者,德星也。其状无常,常出于有道之国。

【注释】

①天精而见景星:《集解》引孟康曰:"精,明也。有赤方气与青方气相连,赤方中有两黄星,青方中一黄星,凡三星合为景星。"精,明亮,清朗。景星,又叫瑞星、德星。空中偶见亮度较强的双星或聚星,被彩色云气衬托着,古人附会为祥瑞。

【译文】

星体坠落到地面,就是石头。黄河、济水之间,时常有坠落的星体。天空明朗时可见景星。景星是德星。它的形状不定,经常出现在有道的国家。

凡望云气[①],仰而望之,三四百里;平望,在桑榆上[②],千余二千里[③];登高而望之,下属地者三千里[④]。云气有兽居上者,胜。

【注释】

①望云气:古代一种迷信的占卜方法。通过观察云气,预测人间的吉凶。

②桑榆:此处泛指树木。

③千余二千里:一千多里,将近二千里。

④属(zhǔ):注视。

【译文】

大凡观察云气,抬头望去,可占三四百里;平望,视线在树顶上,占一两千里;登高望去,俯瞰可占三千里。云气上方似有兽盘踞的,可以取胜。

自华以南[①],气下黑上赤。嵩高、三河之郊[②],气正赤。

恒山之北，气下黑上青。勃、碣、海、岱之间③，气皆黑。江、淮之间，气皆白。

【注释】

①华：华山，在今陕西华阴，古称西岳。

②嵩高：也叫嵩山，在今河南登封北，古称中岳。三河：今河南洛阳地区。

③勃：即渤海。碣：古山名。古代碣石山所指位置并不一致。

【译文】

从华山以南，云气下部黑上部红。嵩山、三河的原野，云气呈正红色。恒山以北，云气下部黑上部青。渤海、碣石、东海、泰山一带，云气都是黑色。长江、淮河流域，云气都是白色。

徒气白①。土功气黄②。车气乍高乍下③，往往而聚。骑气卑而布④。卒气抟⑤。前卑而后高者，疾；前方而后高者⑥，兑；后兑而卑者，却。其气平者其行徐。前高而后卑者，不止而反。气相遇者⑦，卑胜高，兑胜方。气来卑而循车通者⑧，不过三四日，去之五六里见⑨。气来高七八尺者，不过五六日，去之十余里见。气来高丈余二丈者，不过三四十日，去之五六十里见。

【注释】

①徒气：大气现象。一种似云非云，似雾非雾，隐约可见的白气。兵家通过望气用于占卜用兵征战之吉凶胜负。

②土功气：大气现象。相传为一种似云非云，似雾非雾，隐约可见的黄白云气。古人观察用以卜占用兵征战凶吉及胜负的一种云气。

③车气：大气现象。其状似云非云、似雾非雾，隐隐约约，忽升忽降，而往往聚集在一起。古人观察以卜占用兵征战吉凶胜负的一种云气。

④骑气：大气现象。一种似云非云，似雾非雾，隐约可见，常在大气低层的云气，分布很广。古人通过观望用以占卜用兵征战之吉凶。

⑤卒气：天空中一种云气。其状似云非云，似雾非雾，比较集中。其特点有前后两端低而移动迅速者；有前端高、后端低而反复往来不停者；有前后两端高低一致而移动缓慢者；有后端尖锐而低，向后移动者；有前端呈方形而后端高且尖锐者。古人通过观察以占卜军事行动之吉凶。

⑥方：形状平正。

⑦相遇（ǒu）：相互对抗。遇，同“偶”，相对。

⑧车通：“车道”之误。意即车辙。

⑨不过三四日，去之五六里见：不超过三四天可见敌情，这种气五六里外可见。

【译文】

备战之气是白色的。修筑防御工事之气是黄色。车战之气忽高忽下，经常聚拢。骑战之气低矮平铺。步战之气团团聚集。气前部低而后部高的，行军迅速；前部方正而后部高的，兵力精锐；后部尖而低的，军队退却。气平的行军缓慢。前部高而后部低的，军队不停留就回转。两股气相互对抗时，低的战胜高的，尖锐的战胜平正的。气来时低而且沿着车道的，不超过三四天可见敌情，这种气离它五六里外可见。气来时高七八尺的，不超过五六天可见敌情，这种气离它十来里外可见。气来时高一二丈，不超过三四十日可见敌情，这种气离它五六十里外就可望见。

稍云精白者①，其将悍，其士怯。其大根而前绝远者②，当战。青白，其前低者，战胜；其前赤而仰者，战不胜。阵云如立垣[③]。杼云类杼[④]。轴云抟两端兑[⑤]。杓云如绳者[⑥]，居前亘天[⑦]，其半半天。其蛪者类阙旗故[⑧]。钩云句曲[⑨]。诸此云见，以五色合占。而泽抟密[⑩]，其见动人[⑪]，乃有占；兵必起，合斗其直[⑫]。

【注释】

①稍云：大气现象。一种在天空中时时摇动、色白、呈羽毛状的云气。可能是近代气象学上的毛卷云。古代兵家通过观望用以卜占用兵之吉凶胜负。精白：青白。

②大根：云的基部大。

③阵云：气象的云形。很像竖立的城墙，从形状看与近代气象学上所谓的“水积云”相似。古人通过观察用以占卜兵患。

④杼（zhù）云：大气现象。两头尖，形似织机之梭，故名“杼云”。古人观察以占卜用兵征战吉凶胜负的一种云气。

⑤轴云：大气现象。一种如螺旋状，两端尖锐之云气。古代兵家通过观望用以占卜用兵征战之吉凶胜负。

⑥杓（biāo）云：大气现象。其状似一条拉直横亘天空之绳子。古人观察以卜占用兵征战吉凶胜负的一种云气。

⑦亘天：横贯天空。

⑧蛪（ní）：形状像虹的云。蛪，即霓，虹。阙旗：《史记志疑》作“斗旗”，即战斗的旗帜。按，“阙”与“斗（古字作鬪）”形似而误。

⑨钩云：形状像钩一样弯曲的云。

⑩泽：云气润泽。抟（tuán）：聚集。

⑪动人：引人注意。

⑫合斗：交战。

【译文】

稍云呈青白色，它对应的军队将领剽悍而士兵怯懦。云的底部大而前部伸向远方的，有战事。云呈青白色，前部低的，作战能取胜；云的前部呈红色而上仰的，作战不能取胜。阵云像耸立的城墙。杼云类似织梭。轴云团聚且两端尖锐。杓云的形状像一条绳，横亘于天，其一半就绵延半个天空。其中那种状如彩虹的云，类似战旗。钩云弯曲如钩。诸如此类的云出现，根据五色进行占候。光润、聚集、浓密，出现后引人注目的云才值得占候；军事行动肯定会发生，相应双方的云气呈交战情景。

王朔所候[①]，决于日旁。日旁云气，人主象[②]。皆如其形以占。

【注释】

①王朔：汉武帝时术士，占候家。精通观测天空云气，占卜帝王吉凶。

②人主象：帝王的象征。

【译文】

王朔作占的时候，他主要看太阳旁的云气。太阳旁的云气，是帝王的象征。都按照它们的形状来占候。

故北夷之气如群畜穹闾[①]，南夷之气类舟船幡旗[②]。大水处，败军场，破国之虚[③]，下有积钱，金宝之上，皆有气，不可不察。海旁蜃气象楼台[④]，广野气成宫阙。然云气各象其山川人民所聚积[⑤]。

【注释】

①穹闾：穹庐，毡帐。

②幡旗：直着挂的长方形旗子，这里指船帆。

③虚：废墟，荒地。

④蜃（shèn）气：海面上出现像楼台一样的云气。即所谓海市蜃楼。古人误认为是蜃所吐的气，实际上是由于大气折光形成的楼台幻景。蜃，大蛤蜊。

⑤山川人民所聚积：指山川的形势和人民的气质。《正义》引《淮南子》云："土地各以类生人，是故山气多勇，泽气多瘖，风气多聋，林气多躄，木气多伛，石气多力，险阻气多寿，谷气多痹，丘气多狂，庙气多仁，陵气多贪，轻土多利足，重土多迟，清水音小，浊水音大，湍水人重，中土多圣人。皆象其气，皆应其类也。"

【译文】

因此北夷的云气像是畜群和帐篷，南夷的气像是舟船、旗帜和船帆。发大水的地方，败军的战场，亡国的废墟，地下埋有金钱，金银财宝的上方，都有云气，不可不仔细观察。海边的蜃气看上去像楼台，旷野之气形成像宫殿的样子。但是云气一般都像当地山川形势和人民的气质。

故候息秏者[①]，入国邑，视封疆田畴之正治[②]，城郭室屋门户之润泽，次至车服畜产精华。实息者[③]，吉；虚秏者[④]，凶。

【注释】

①息秏（hào）：犹消长。指事物的盛衰、盈亏、吉凶等。秏，同"耗"。

②封疆：指疆界。田畴：耕种的土地。种谷地称田，种麻地称畴。正治：疆界明确，田地耕作得好。

③实息：充实，繁荣。

④虚秏：空虚，消耗。

【译文】

要占一个地方是繁荣还是消亡，作占的人需要进入这个国家的都邑，考察那里的疆域、农田的整治情况，看城墙、居室门户的新旧，其次是看人们的车驾、服饰、农畜产品的精粗。如果充实繁荣的，吉利；如果空虚消耗的，凶险。

若烟非烟，若云非云，郁郁纷纷[①]，萧索轮囷[②]，是谓卿云[③]。卿云，喜气也。若雾非雾，衣冠而不濡[④]，见则其域被甲而趋[⑤]。

【注释】

①郁郁纷纷：盛美的样子。

②萧索：疏散的样子。轮囷（qūn）：弯曲的样子。

③卿云：大气现象。一种似烟非烟，似云非云，望之令人产生美感，并觉心境舒畅的云气。属于高层云的一种。占候家通过观望用以占卜国力之强弱和民生之殷富艰辛。

④濡（rú）：沾湿。

⑤被甲而趋：披挂着铠甲奔走。被，同“披”。

【译文】

似烟非烟，似云非云，盛美纷纭，疏散卷舒，这叫卿云。卿云出现是喜气。似雾非雾，衣冠不会沾湿，这种云气出现，那个地区人就要披上铠甲为战争奔忙。

夫雷电、虾虹、辟历、夜明者[①]，阳气之动者也，春夏则发，秋冬则藏，故候者无不司之。

【注释】

①虾虹：大气现象，是一种在雨幕或雾幕上形成的彩虹。因阳光射入水滴后经反射、折射、衍射，波长较短的光多被滤掉，余下的是波长较长的红光。由于其红如熟虾，故称。占候家通过观望用于

卜占国力之强弱和民生之殷富艰辛。辟历：即“霹雳”。夜明：古人观察用以占卜岁时美恶、国力强弱的一种高空大气现象。可能是多出现于高纬地区的极光或气辉。

【译文】

天上的雷电、虾虹、霹雳、夜明之类现象，都是阳气运动而产生的，春夏时出现，秋冬时闭藏，因此占候者无不等待着观察它们。

天开县物①，地动坼绝②；山崩及徙，川塞溪垘③；水澹地长④，泽竭见象⑤。城郭门闾，润息槁枯⑥；宫庙邸第，人民所次⑦；谣俗车服⑧，观民饮食；五谷草木，观其所属⑨；仓府厩库⑩，四通之路；六畜禽兽，所产去就⑪；鱼鳖鸟鼠，观其所处⑫；鬼哭若呼，其人逢俉⑬。化言⑭，诚然。

【注释】

①天开县物：天空裂开，显现悬空的物象。县，即“悬”。实为一种极光现象。

②坼（chè）绝：裂开，断裂。

③川塞：大多是由构造地震或火山地震而引起的山谷崩裂，土石滑落，使河川塌陷和堵塞的现象。溪垘（fú）：溪谷不流。垘，填塞。

④水澹（dàn）：此指波浪起伏，流水回旋。地长：地面隆起。

⑤泽竭见象：沼泽枯竭是兆应现象。泽竭，湖沼干涸。象，迹象，征象。

⑥城郭门闾，润息槁枯：城郭里巷门户，它门轴的润滑、枯涩、磨毁。城郭，内城墙曰城，外城墙曰郭。闾，里巷的大门。润息，底本作“闰臬”，据《汉书·天文志》改。润息，润泽将息。

⑦次：居住地。

⑧谣俗：习俗，风俗。

⑨属（zhǔ）：聚集，会合。

⑩仓府：古时国家储藏钱粮的处所。厩（jiù）库：古时国家贮存牲畜饲料的场所。

⑪去就：去或留，退或进。

⑫处：居止，栖息。

⑬逢俉（wù）：对面相遇。俉，迎，遇到。

⑭化言：谣言。化，通“讹”。

【译文】

天空裂开，显现悬空的物象，地震断裂分离；山岭崩塌及移徙，河流溪涧堵塞；流水起伏回旋，地面隆起，沼泽干涸，都是兆应的征象。城邑门巷，有时润泽，有时焦枯；还有宫廷府邸，人民住宅也一样；从当地习俗、车马、服饰，观察人民的饮食；五谷草木，观察所汇聚的地方；粮仓、钱府、马厩、武库及交通要道，也要观察；六畜禽兽，观察它们生长繁衍的环境；鱼鳖鸟鼠，观察它们所栖息的地方；鬼哭像在呼叫，人遇到就会被惊吓。谣言流传，会有应验。

凡候岁美恶，谨候岁始[①]。岁始或冬至日，产气始萌[②]。腊明日[③]，人众卒岁[④]，一会饮食，发阳气，故曰初岁。正月旦，王者岁首[⑤]。立春日，四时之始也[⑥]。四始者，候之日[⑦]。

【注释】

①岁始：古天文术语，即一岁的开始。古代星相家占候一年的岁时美恶和农收丰歉，一定要谨慎观察一年的开始。

②产气：生气。萌：开始，发生。

③腊明日：又叫“初岁”，说法不一。一说指腊月的第二天，即十二月初二；一说指“腊日”的第二天。至于什么叫“腊日”，人们的说法也不同。有说指冬至节后的第三个戌日，也有说指十二月的

初八，还有说指腊月的最后一天，即除夕。

④卒岁：过年。卒，终止。

⑤正月旦，王者岁首：正月初一，是君主颁用历法的起点。正月旦，正月初一之早晨。亦称“元旦”。旦，有天明、早晨、明亮、日子之意。

⑥立春日，四时之始也：立春，正月里的节气名，二十四节气之一。在公历每年二月四日前后，太阳走到黄道约35度时称作立春，该日称为立春日。即太阳到达冬至和春分当中位置的那一天。四时，天文气象术语。一年四季春夏秋冬之总称。我国古代以四立（立春、立夏、立秋、立冬）作为四时的开始。

⑦四始者，候之日：四始都是占候的日子。四始，历法术语。一说指冬至日，万物生气始发；腊明日，阳气始发；正月旦，岁之初始；立春日，四季之初始。另一说指正月初一早晨，是岁、月、日、时四种计时单位之起点。

【译文】

大凡占候年成的好坏，必须要谨慎地占候岁始。岁始有四种，一为冬至日，是一年生气萌发之时。二为腊明日，人们过完一年，要在一起聚餐，这是阳气将发之时，所以叫初岁。三为正月初一，是君主颁用年历的起始日。四为立春日，是四季的开始。冬至、腊明、元旦、立春合为四始，都是占候的日子。

而汉魏鲜集腊明正月旦决八风①。风从南方来，大旱；西南，小旱；西方，有兵；西北，戎菽为②，小雨③，趣兵④；北方，为中岁⑤；东北，为上岁；东方，大水；东南，民有疾疫，岁恶。故八风各与其冲对⑥，课多者为胜⑦。多胜少，久胜亟⑧，疾胜徐。旦至食⑨，为麦；食至日昳⑩，为稷；昳至铺⑪，为黍；铺至下铺⑫，为菽；下铺至日入⑬，为麻。欲终日有云，有风，有日。日当其时者，深而多实[14]；无云有风日，当其时，浅而多实[15]；有云风，无日，当其时，深而少实；有日，无云，不风，当其时者稼有败[16]。如食顷[17]，小败；熟五斗米顷[18]，大败。则风复起[19]，有云，其稼复起[20]。各以其时用云色占种所宜[21]。其雨雪若寒[22]，岁恶。

【注释】

①魏鲜：西汉时期天文气象学家，约与天文学家唐都同时代。主"占岁"观察天象并根据节令气候，推测全年现象、疾疫程度以及各种农产品收获情况。他继承了先秦"占岁"诸法后，又首创以每年元旦之风向来预测全年气象变化的方法。八风：古代星卜，占候术语。又称"八方之风"。古人认为风从东、南、西、北、东北、西北、东南、西南八方而来，与立春、立夏、立秋、立冬、春分、夏至、秋分、冬至八个节气对应，用以占卜年内的风雨岁时和收成丰歉。《史记》"八风"之名异于《吕氏春秋》之所记。

②戎菽（shū）：大豆。为：成熟。

③小雨：衍文，《史记三书证讹》《史记志疑》以为当删。译文从之。

④趣（cù）兵：迅速发生战争。趣，迅速。

⑤中岁：中等年成。

⑥故八风各与其冲对：八方来风各有从相对方向来的风和它相对或抵消。对，敌对，抵消。

⑦课：考核，比较差异。

⑧亟（jí）：急速，短暂。

⑨旦至食：指寅时到辰时，约今三时至九时间。

⑩日昳（dié）：古代将白昼（日出到日入）分成日出、食时、隅中、日中、日昳、铺时。日昳，太阳西斜，约当未时。

⑪铺（bū）：也作“晡时”，指申时，临近日落时。相当于现在的十五时至十七时。

⑫下铺：申时过后五刻。相当于现在十八时过后。

⑬日入：古代计时术语。即日没的时刻。在不同地区、不同季节，日没时刻也有一定差异，一般约当酉时左右。

⑭日当其时者，深而多实：这两天正是有风、有云、有太阳的天，那么农作物种植面积大而且结实多。日，衍文，《汉书·天文志》和《史记志疑》以为当删。

⑮“无云有风日”几句：两日里没有云，有风有太阳，那么农作物种植面积小，但结实多。

⑯稼有败：庄稼将要歉收。有，助词。

⑰食顷：吃一顿饭的工夫，形容时间较短。

⑱熟五斗米顷：煮熟五斗米的时间，言时间较长。

⑲则：如果，倘若。

⑳其稼复起：说明形势可转变到对庄稼有利。

㉑种：指五谷中的某一种。

㉒其雨雪若寒：如果下雪而且气候寒冷。雨，名词作动词，降下。

【译文】

汉朝魏鲜总结出一种在腊明、正月旦观风的决八风占候法。风从南方来，大旱；从西南来，小旱；从西方来，有战争；从西北来，大豆成熟，在短时间内将有战事发生；从北方来，中等年成；从东北来，是上等年成；从东方来，有大水灾；从东南来，民间有疾病流行，年成坏。因为八方之风各有从相对方向的来风相抵，所以来风次数多的更好。来风次数多的胜过次数少的，来风时间久的胜过时间短的，风速快的胜过风速慢的。风来在旦时至食时，占麦类收成；食时到日昳，占稷类收成；日昳到铺时，占黍类收成；铺时到下铺，占豆类收成；下铺到日入，占麻类收成。这两日，希望有云、有风，又有太阳。如果是这样，本年农作物种植面积大结实多；如果这两日里没有云但有风有太阳，本年农作物种植面积小但结实多；有云有风而无太阳，本年农作物种植面积虽大但结实少；有太阳而无云无风，本年庄稼歉收。只有一顿饭的时间无风，庄稼损失小；无风的时间能煮熟五斗米，庄稼损失大。这以后又起了风并且有云，形势转变为对庄稼有利。选择种什么作物好，要看风来的时间并参考云的颜色来定。如果是下雨下雪还寒冷，这一年粮食歉收。

是日光明[①]，听都邑人民之声[②]。声宫[③]，则岁善，吉；商，则有兵；徵，旱；羽，水；角，岁恶。

【注释】

①是日：指正月初一。

②都邑：都市，集镇。声：指乐声和歌声。

③宫：古代五声音阶依次为：宫、商、角、徵（zhǐ）、羽。与五行相配：宫为土，商为金，角为木，徵为火，羽为水。该句占候年岁的吉凶于声。

【译文】

岁首这天天气晴朗，就用倾听都邑民众发出的声音来作占。发出宫声，那么年成好，吉利；发出商声，有兵祸；发出徵声，有旱灾；发出羽声，有水灾；发出角声，年成坏。

或从正月旦比数雨[①]。率日食一升，至七升而极[②]；过之，不占。数至十二日，日直其月，占水旱[③]。为其环域千里内占[④]，则为天下候，竟正月[⑤]。月所离列宿[⑥]，日、风、云，占其国。然必察太岁所在。在金[⑦]，穰；水，毁；木，饥；火，旱。此其大经也。

【注释】

①或从正月旦比数雨：还有一种占候方法是从正月初一起计算连续下雨的日数。比，排列，接连。数，计算。

②率日食一升，至七升而极：即正月初一下雨人民会有一升粮食，到初七为止，如天天下雨，会有七升粮食，这就达到了最高限度。

③“数至十二日”几句：数到十二日，日期应在跟它相当的月份，占候水旱。

④环域：底本作“环城”，据《汉书·天文志》改。环域，即环绕国境。

⑤竟正月：在整个正月计数的方法。竟，自始至终。

⑥离：经历。

⑦金：指西方。接下的水指北方，木指东方，火指南方。

【译文】

还有一种从正月初一起计数连续下雨的日数作占的方法。按一日雨相应有一升粮食收成的比例，如果到初七为止，天天有雨，会有七升粮食，这就达到最高限度了；超过七日，不占。数到十二日，日期相当于那个月份，用十二天各天的雨量预测本年各月的水旱。这是对疆域千里范围内作占，对整个天下的占候，就要占候整个正月。若要占各分野国，就要看正月里月亮经过哪一宿，使用前述的太阳、风、云占各分野国本年的农业收成。然而必须要观测太岁所在方位。太岁在西，主丰收；在北，歉收；在东，饥荒；在南，主旱灾。以上是占候的一般原则。

正月上甲[①]，风从东方，宜蚕；风从西方，若旦黄云，恶。

【注释】

①正月上甲：正月上旬的甲日。

【译文】

正月上旬的甲日，风从东方来，适宜养桑；风从西方来，或者早晨有黄云，年成坏。

冬至短极，县土炭①，炭动，鹿解角②，兰根出，泉水跃，略以知日至③，要决晷景④。岁星所在，五谷逢昌⑤。其对为冲⑥，岁乃有殃。

【注释】

①县土炭：县，同“悬”。指在平衡器两端分别悬挂土和木炭，并使之平衡。因木炭对空气湿度感应灵敏，土则不然。冬至后，太阳回归，湿度增大，炭的重量逐渐增加，平衡器向挂炭的一端倾斜；夏至以后则相反。

②鹿解角：雄鹿的角每年初春脱落，到暮春复生。《汉书·天文志》鹿，作“麋”。解，脱落。

③日至：天文术语。为冬至、夏至、日长至、日短至的总称。黄道上距离天赤道最远的两个点，一在南，一在北。每年六月二十二日前后，太阳到达黄道最北那一点，称为夏至点，该日地球上北半球白昼最长，称夏至，又称日长至、日北至。每年十二月二十二日左右，太阳到达黄道上最南那一点，称作冬至点，该日地球北半球白昼最短，称作冬至，又称日短至，日南至。

④晷（guǐ）景：古天文术语。景，同“影”。指圭表的表影。约在殷商时代，我国已找到用圭表测影之方法来确定冬夏二至的时间、日期。即在平坦的地面，垂直竖立一根标竿（木或石质，后世改用金属），称作表。在与表（竿）垂直的地面上，正南北向安放一条刻有尺寸长度量度单位的平面直尺，称作度圭或量天尺。表放在度圭之南端，每天正午，圭面上出现由太阳投射形成的表影，称作晷影。用度圭的尺寸刻度，得出晷影长度。不同季节，太阳的地平高度不同，从而晷影长度不同。夏至晷影最短，冬至晷影

最长。通过长期观测、比较，可得出每年晷影最长时的冬至和最短时的夏至之准确时日。连续两次日影最长（或最短）的时间间隔，就是一个回归年的长度。

⑤逢昌：大丰收。“逢”与“丰”古字通。

⑥其对为冲：跟木星相对的星次就叫冲。

【译文】

冬至日白昼最短，在平衡器两端悬挂土和木炭，炭开始下沉，雄鹿脱角，兰根萌发，泉水迸发，大体可以知道冬至已降临，关键取决于日晷上的日影。木星所在的分野国，五谷大丰收。与它相对的是冲，所对应的分野国庄稼歉收。

太史公曰：自初生民以来，世主曷尝不历日月星辰[①]？及至五家、三代[②]，绍而明之[③]，内冠带[④]，外夷狄[⑤]，分中国为十有二州[⑥]，仰则观象于天，俯则法类于地[⑦]。天则有日月，地则有阴阳。天有五星[⑧]，地有五行。天则有列宿，地则有州域。三光者，阴阳之精，气本在地，而圣人统理之[⑨]。

【注释】

①曷尝：哪得，何曾。星辰：众星的总称。一说，星指五星，辰指二十八宿。

②五家：即黄帝、高阳、高辛、唐尧、虞舜五帝。三代：夏、商、西周三个朝代。

③绍：承继。

④内：亲近。冠带：帽子和腰带，指文明的民族，因冠带是文明民族的特征。

⑤外：疏远。夷狄：古称东方部族为夷，北方部族为狄。常用以泛称

除华夏族以外的各族。

⑥十有二州：此指冀、幽、并、兖、青、营、徐、扬、荆、豫、梁、雍十二州。

⑦法类：效法物类。法，效法。

⑧五星：天文术语。又称“五官”“五佐”。是太阳系里水星、金星、火星、木星、土星的总称。

⑨统理：统辖治理。

【译文】

太史公说：自人类产生以来，历代君王何尝不观测日月星辰制定历法呢？到了五帝三代，承继前人成就并发扬广大，更明白天体运行规律和观测天象的重要性，对内亲和华夏各族，对外抵御夷狄等族，划分中原为十二州，上观天象，低头取法地上各类事物的运行规律。天有日月，地有阴阳。天有五星，地有五行。天上有列宿，地上有州域。日月星三光，是阴阳结合的精气，精气的根源在地上，要靠圣人统领调理它们。

幽厉以往，尚矣①。所见天变②，皆国殊窟穴，家占物怪③，以合时应，其文图籍禨祥不法④。是以孔子论六经，纪异而说不书⑤。至天道命⑥，不传；传其人⑦，不待告；告非其人，虽言不著⑧。

【注释】

①尚矣：久远。

②天变：指天象的变异，如日蚀、星陨等。

③皆国殊窟穴，家占物怪：那时所看见的天象变化，由于各国取的应验有各自的标准，记录下不同的奇异，物怪变化，以符合各自的国情。殊，异，不同。窟穴，指地域，方位。借指灾异现象和其他遗

迹。物怪,怪异事物,怪物。

④其文图籍机祥不法:他们图文典籍中所记占候吉凶的方法不能效法。机祥,指祈祷鬼神降福。法,效法。

⑤纪异而说不书:叙述他们记载的异象而不寻求他们的解释方法。

⑥天道命:指天道、天命。天道,哲学术语,与“人道”并称。春秋时,天道包含有日月星辰等天体运行和用来推测人事之吉凶祸福的双重含义。

⑦其人:此指所谓懂天道、天命的圣哲。

⑧著:明白,通晓。

【译文】

周幽王、周厉王以前,太久远了。对所出现的天象变异,他们各自按照本国国情去占卜,记录下许多奇闻异事和物怪变化,作为天变的兆应,他们的图文典籍中所记载占卜吉凶祸福的方法不能效法。所以孔子编次六经的时候,只记异象而不记录他们的解释。至于天道、天命,不能轻易传授;传授给合适的人,不用讲解;解说对象如不合适,即使说了,他也不能明白其中奥妙。

昔之传天数者①:高辛之前②,重、黎③;于唐、虞④,羲、和⑤;有夏,昆吾⑥;殷商,巫咸⑦;周室,史佚、苌弘⑧;于宋⑨,子韦⑩;郑则裨灶⑪;在齐⑫,甘公⑬;楚⑭,唐昧⑮;赵⑯,尹皋⑰;魏⑱,石申⑲。

【注释】

①天数:天象数术之学,这里指天文历法。

②高辛:传说中人物。即帝喾,五帝之一。为黄帝曾孙,颛顼族子。

③重:人名。传在颛顼时曾任木正,掌管天文和祭祀。黎:人名。传

为颛顼时任火正,掌管地理和民政。

④唐:陶唐氏,帝尧的国号。虞:有虞氏,帝舜的国号。

⑤羲、和:羲氏与和氏的并称。传说尧、舜时掌管天地四时的官。

⑥昆吾:夏的同盟部落。此指它的君长己樊。

⑦巫咸:商王太戊辅佐之臣。一作巫戊,卜辞作咸戊。传说巫咸长于占星术,又发明筮卜。太戊时,国势已衰,巫咸与伊陟协力,整饬政事,治国有绩,使商朝一度中兴。

⑧史佚:亦称“尹佚”。周武王时,任太史。擅长天文、术数。曾辅佐武王伐纣,成王时又主封叔虞于唐。与姜尚及周、召二公并称“四圣”。苌弘:东周大臣。敬王大夫。于天地之气、日月之行、风雨之变、律历之数无所不通。孔子曾向他问乐。晋国范、中行氏之难,苌弘参与其中。迫于晋国压力,敬王杀之。

⑨宋:春秋时十二诸侯国之一。周公平定武庚叛乱后所封,建都商丘(今河南商丘城南),前286年为齐国所灭。

⑩子韦:春秋时宋国天文学家。精通天文。

⑪郑:春秋国名。姬姓,开国君主为周宣王弟郑桓公。周宣王二十二年(前806)封于郑(今陕西渭南华州区),周烈王元年(前375)为韩国所灭。裨灶:春秋时郑国大夫。精天文,通占候之术。

⑫齐:周初封国,都营丘(今山东临淄)。开国君主为吕尚,姜姓。春秋末年君权为大臣田氏所夺,并成为战国七雄之一,长期与秦国相对峙,前221年为秦所灭。

⑬甘公:即甘德,战国时天文学家。齐国人,一说楚国人。相传他精密地测定了约一百二十座恒星的位置。著有《天文星占》八卷,早佚。今传《甘石星经》为与石申《天文》八卷合编而成,是世界上最古的恒星表。但已非他们的原著。

⑭楚:楚民族建立的国家,春秋时曾成为五霸之一,战国中期后逐渐衰落,前223年为秦国所灭。

⑮唐眛：战国时天文、星占家，楚国人，擅长天文、术数。

⑯赵：战国时国名，七雄之一。周威烈王二十三年（前403）被封为诸侯，都邯郸（今河北邯郸），前222年为秦国所灭。

⑰尹皋：战国时天文学家。擅长天文、术数。

⑱魏：战国七雄之一。开国君主魏文侯（名斯）是毕万后代，和赵韩一起瓜分晋国，史称“三家分晋”。建都安邑（今山西夏县西北）。魏惠王迁都大梁，因而魏也被称为梁。前225年为秦所灭。

⑲石申：战国时天文学家。魏国人，与齐国甘德同时。相传他精密地记录了黄道附近恒星位置及其与北极的距离。著有《天文》八卷，早佚。

【译文】

往昔传授天象历法的人：在高辛氏以前，有重、黎；在尧、舜时，有羲氏、和氏；夏代，有昆吾氏；殷代，有巫咸；周王室，有史佚、苌弘；宋国，有子韦；郑国，有裨灶；齐国，有甘公；楚国，有唐眛；赵国，有尹皋；魏国，有石申。

夫天运①，三十岁一小变，百年中变，五百载大变；三大变一纪，三纪而大备②：此其大数也③。为国者必贵三五④。上下各千岁，然后天人之际续备⑤。

【注释】

①天运：指日月星辰之运行以及异常天象的出现变化。“运”为运行，运转之意。又作命运、气数解。

②三纪而大备：经过三纪就完成了整个的变化周期，这是它的大周期。

③大数：自然法则，气数。数，气数，命运。

④为国者必贵三五：主持国政的人一定要知道并重视日、月、五大行星的运行周期。三五，《索隐》以为指三十岁小变，五百岁大变。

⑤天人之际：天道与人事相互之间的关系。续备：上下继承，前后贯通，才能够大备。

【译文】

天道运行，三十年一小变，一百年一中变，五百年一大变；经历三大变为一纪，经过三纪就完成了整个变化周期：这是天道的大规律。治国的人必须重视研究这些变化周期。考察上下各一千年的变化，然后天与人之间的关系才能完备。

太史公推古天变[①]，未有可考于今者。盖略以春秋二百四十二年之间，日蚀三十六，彗星三见[②]，宋襄公时星陨如雨[③]。天子微[④]，诸侯力政[⑤]，五伯代兴[⑥]，更为主命[⑦]。自是之后，众暴寡[⑧]，大并小。秦、楚、吴、越，夷狄也，为强伯。田氏篡齐[⑨]，三家分晋[⑩]，并为战国。争于攻取，兵革更起[⑪]，城邑数屠，因以饥馑疾疫焦苦[⑫]，臣主共忧患，其察禨祥候星气尤急。近世十二诸侯七国相王[⑬]，言从衡者继踵[⑭]，而皋、唐、甘、石因时务论其书传[⑮]，故其占验凌杂米盐[⑯]。

【注释】

①推：推算。

②“盖略以春秋二百四十二年之间”几句：春秋，时代名，根据鲁国编年史《春秋》得名。孔子根据鲁史资料，以编年体形式，编成《春秋》一书。记载从鲁隐公元年（前722）到鲁哀公十四年（前481）共二百四十二年的历史。

③宋襄公时星陨如雨：《春秋》记载陨星事有两次：一是鲁庄公七年（前687）发生在鲁国，这时是宋闵公五年，原文作“夜中星陨如雨”；一次是鲁僖公十六年（前644）发生在宋国，这时是宋襄公

七年，原文作“陨石于宋五”。

④天子微：指中央政权衰微。天子，指周天子。微，衰微，衰弱，衰败。

⑤力政：用武力征伐。政，通“征”。

⑥五伯：即春秋五霸。伯，通“霸”。

⑦更：连续，接续。

⑧暴：欺凌，凌辱。

⑨田氏篡齐：指前386年田和夺得齐国政权，自立为齐君。

⑩三家分晋：“三家”指晋国的韩、赵、魏三个大贵族，他们从春秋中期开始与其他几个大贵族共同把持晋国政权。到战国初期，其他几家大贵族又相继被赵、魏、韩三家所消灭。最后赵、魏、韩三家废掉了早已成为傀儡的晋国的君主，各自宣告独立。周威烈王二十三年（前403）周天子册命三家正式为诸侯。

⑪兵革更起：指战争此起彼伏。兵革，兵器和甲胄的总称。泛指武器军备。

⑫饥馑（jǐn）：灾荒。饥，五谷不成熟。馑，蔬菜不成熟。

⑬近世：指战国时代。十二诸侯：指春秋时鲁、齐、晋、秦、楚、宋、卫、陈、蔡、曹、郑、燕十二诸侯国。当时天子衰微，大国争霸。七国相王：指战国七雄齐、楚、燕、韩、赵、魏、秦七国相继称王。

⑭从衡：同“纵横”，指合纵连横的外交斗争。

⑮因时务论其书传：天文星占家各自根据他们国君的需要而写出不同的占候著述。因，就，针对。书传，书文典籍，此指占候的著作。

⑯凌：同“鳞”，杂乱。米盐：琐碎如米盐之事。

【译文】

太史公推究古代的天象变化，没有可以验证于今天的。大约在春秋时期的二百四十二年之间，日食出现三十六次，彗星出现三次，宋襄公时星体陨落如下雨。当时周天子权威衰微，诸侯用武力征伐，五霸更替兴起，轮流充当发号施令的霸主。从此之后，人多的侵略人少的，大国兼并小国。秦、楚、吴、越，本为夷狄之邦，竟成为强大的霸主。田氏夺得了齐国政权，韩、赵、魏三家瓜分了晋国，并为战国诸侯。各诸侯竞相攻城略地，战争连绵不断，城邑屡遭屠杀，因而引起饥荒、瘟疫、困苦，臣属和君主都很忧虑，他们审察吉凶征兆、占候星象云气尤其急迫。战国时代十二诸侯和七国争相称王，谈论合纵连横的人往来不绝，尹皋、唐眛、甘公、石申等天文星占家针对这种时势写出了不同的星占著作，这就使他们的占验杂乱琐碎得如同米、盐一般。

二十八舍主十二州，斗秉兼之[①]，所从来久矣。秦之疆也，候在太白，占于狼、弧。吴、楚之疆，候在荧惑，占于鸟、衡[②]。燕、齐之疆，候在辰星，占于虚、危。宋、郑之疆，候在岁星，占于房、心。晋之疆，亦候在辰星，占于参、罚。

【注释】

①斗秉：指北斗星斗柄。秉，通“柄”。

②鸟、衡：当指南宫朱鸟和太微庭。

【译文】

用发生在二十八宿中的天象变化主占十二州域，同时参照北斗斗柄的指向，这种做法由来已久了。秦国的疆域，候在金星，占验见于狼星、弧矢。吴国、楚国的疆域，候在火星，占验见于南宫朱雀和太微垣。燕国、齐国的疆域，候在水星，占验见于虚宿、危宿。宋国、郑国的疆域，候在木星，占验见于房宿、心宿。晋国的疆域，也候在水星，占验见于参宿、罚星。

及秦并吞三晋、燕、代[①]，自河、山以南者中国[②]。中国于四海内则在东南，为阳；阳则日、岁星、荧惑、填星；占于街南[③]，毕主之。其西北则胡、貉、月氏诸衣旃裘引弓之民[④]，为阴；阴则月、太白、辰星；占于街北，昴主之。故中国山川东北流，其维[⑤]，首在陇、蜀[⑥]，尾没于勃、碣。是以秦、晋好用兵，复占太白，太白主中国；而胡、貉数侵掠，独占辰星，辰星出入躁疾，常主夷狄：其大经也。此更为客主人[⑦]。荧惑为孛[⑧]，外则理兵，内则理政。故曰“虽有明天子，必视荧惑所在”。诸侯更强，时灾异记[⑨]，无可录者。

【注释】

①代：古国名。在今河北蔚县东北。建于战国以前。前475年为赵襄子所灭。

②河、山：此指黄河、华山。

③街南：天街星官的南边。街，指天街星。

④胡：古代称北方和西方的民族如匈奴等为胡。貉：也作“貊(mò)”，古代北方部族名。月氏：古族名。又称月支。周秦至西汉初游牧于今敦煌、祁连间。衣：用如动词，穿。旃裘：古代北方游牧民族用兽毛等制成的衣服。

⑤维：系统，脉络。

⑥陇：山名。位于六盘山的南段，绵延于陕西、甘肃边境地区。蜀：古国名。在今四川中西部。

⑦此更为客主人：金星和水星交替地处在客位和主位。

⑧孛：指星光四向扫射的现象，又为彗星的别称。一说通“悖”，逆乱。

⑨时灾异记：当时这些灾异占候的记录众说纷纭。

【译文】

等到秦国吞并三晋、燕、代以后，黄河、华山以南是中原。中原地处四海之内的东南，属阳；用属阳的太阳、木星、火星、土星作占；占候在天街之南，以毕宿为主。西北为胡、貉、月氏等穿兽皮弯弓打猎的民族，属阴；用属阴的月亮、金星、水星作占；占候在天街之北，以昴宿为主。所以中原的山川河流东北走向，其脉络，主脉之头在陇、蜀，尾部消失在渤海、碣石山。秦国、晋国喜好征战，也占候于属阴的金星，所以金星占候的也是属于中原国家的事；而胡、貉民族多次入侵，只能用水星作占，水星出没运行躁急快速，一般来说主要用于占候夷狄：这也是作占的通用原则。金星和水星交替地处在主位或客位。火星出现光芒四向扫射的现象，对外要准备打仗，对内要修明政治。所以说“虽然有英明的天子，也一定要观察火星的动态”。诸侯交替称雄，关于当时的灾异各有不同的记录，不值得记录。

秦始皇之时，十五年彗星四见，久者八十日，长或竟天①。其后秦遂以兵灭六王②，并中国，外攘四夷③，死人如乱麻，因以张楚并起④，三十年之间兵相骀藉⑤，不可胜数。自蚩尤以来⑥，未尝若斯也。

【注释】

①“秦始皇之时”几句：秦始皇在位十五年间“彗星四见”以及“久者八十日，长或竟天”云云，皆见《秦始皇本纪》。竟天，纵贯天空，与天齐长。

②六王：指韩王韩安、赵王赵迁、魏王魏假、楚王熊负刍、燕王姬喜、齐王田建。

③外攘四夷：对外排斥四夷。攘，驱逐，排斥，抵御。四夷，古代华夏族对四方少数民族的统称。

④张楚：秦末农民起义领袖陈胜建立的政权，号为张楚，取张大楚国之意。

⑤骀（tái）藉：践踏，蹂躏。

⑥蚩尤：传说中的古代九黎族首领。以金作兵器，与黄帝战于涿鹿，失败被杀。

【译文】

秦始皇的时候，十五年间彗星四次出现，时间最长的达八十天，长长的彗星曾横贯整个天空。后来秦国就用武力消灭了六国，统一中国，对外排除四夷，死人多如乱麻，随后趁着张楚发难而义军纷纷响应，三十年间士兵相互践踏，死伤不可胜数。自蚩尤作乱以来，还没有出现过这样的大乱。

项羽救钜鹿[①]，枉矢西流，山东遂合从诸侯[②]，西坑秦人[③]，诛屠咸阳[④]。

【注释】

①项羽救钜鹿：即指前207年秦楚巨鹿之战。钜鹿，古城名。在今河北平乡（乞村）西南。

②山东：古地区名。战国、秦、汉时通称华山（今陕西境）或崤山（今河南境）以东地区为山东。犹如其时关东之称。一般专指黄河流域。有时也泛指秦以外六国领土，包括长江中、下游地区。

③西坑秦人：项羽在钜鹿之战后，二十万秦军投降项羽。项羽在率军西进咸阳的途中将此二十万秦军坑之于新安城南。坑，活埋。

④诛屠：杀戮。咸阳：秦国的都城，故址在今陕西咸阳东北。项羽在进入咸阳后，屠杀焚烧很厉害。

【译文】

项羽援救钜鹿时，枉矢星从东向西划破长空，崤山以东地区于是联合起来，西进坑杀秦国士卒，诛杀屠掠咸阳。

汉之兴，五星聚于东井。平城之围[①]，月晕参、毕七重[②]。诸吕作乱[③]，日蚀，昼晦[④]。吴、楚七国叛逆[⑤]，彗星数丈，天狗过梁野[⑥]；及兵起，遂伏尸流血其下。元光、元狩[⑦]，蚩尤之旗再见，长则半天。其后京师师四出，诛夷狄者数十年[⑧]，而伐胡尤甚。越之亡[⑨]，荧惑守斗；朝鲜之拔[⑩]，星茀于河戍[⑪]；兵征大宛[⑫]，星茀招摇：此其荦荦大者[⑬]。若至委曲小变[⑭]，不可胜道。由是观之，未有不先形见而应随之者也[⑮]。

【注释】

①平城之围：汉高祖七年（前200），高祖亲率大军击匈奴，至平城（今山西大同东北），被冒顿围于白登山七日。后用陈平计始得出围。

②月晕参、毕七重：有月晕七重出现在参宿与毕宿。月晕，大气现象。月亮光线经云层中冰晶的折射和反射而形成的一种环绕月亮的白色或彩色光环，或通过月亮的白色光带。

③诸吕作乱：前180年，吕后死后，其侄吕产、吕禄等企图夺取政权，被太尉周勃等平定。

④昼晦：白天光线昏暗。古代占卜术认为是凶兆。实是大气层中的气象现象。

⑤吴、楚七国叛逆：指前154年，汉景帝时因采取“削藩”政策，引起的吴、楚、赵、胶西、胶东、济南、菑川七国之乱。

⑥梁：文帝子刘武的封国，国都睢阳，在今河南商丘城南。

⑦元光：汉武帝年号，前134—前129年。元狩：汉武帝年号，前122—前117年。

⑧诛夷狄者数十年：指汉武帝时期对匈奴、西南夷、南越、朝鲜、大宛等的历次战争。

⑨越之亡：指前112年，汉武帝派兵征讨，灭掉了南越国，在越地设

置了南海等九郡。

⑩朝鲜之拔：前109年，朝鲜王攻掠辽东，汉武帝派兵灭掉朝鲜，在其地设置了乐浪等四郡。拔，攻取，攻伐。

⑪星茀于河戍：孛星出现在和它相应的天区北河与南河那里。星茀，茀，同“孛”，指新星出现于某个星宿，或彗星扫某一星官。河戍，古星名。井宿的南河星和北河星之合称，又名“两河”。黄道为日月五星常行之道。它们分居黄道两旁，似为天道戍卫，故名。

⑫兵征大宛：前104—前101年，汉武帝为得汗血马而派兵征伐大宛。大宛，西域国名。国都贵山城（今卡散塞），领地相当于今吉尔吉斯斯坦与乌兹别克斯坦一带。

⑬荦荦（luò）：事理分明貌。

⑭委曲：隐约曲折。委，微末。

⑮形见：指天象变异的出现。见，同“现”。应随：指人世灾祸的发生。

【译文】

汉朝兴起，五大行星会聚于井宿。高祖平城被围，月亮在参宿、毕宿发生月晕，有七重之多。吕氏家族作乱，出现日食，白昼昏暗。吴楚七国叛乱，彗星有几丈长，天狗经过梁国上空；等到战争发生，果然伏尸流血在梁国城下。武帝元光、元狩年间，蚩尤之旗星两次出现，长达半个天空。这以后京师军队四面出征，诛讨夷狄的战争达几十年，而征伐匈奴尤其激烈。南越灭亡时，火星侵占斗宿；攻克朝鲜时，有星光在河戍扫射；出兵征伐大宛，有星光扫射招摇星：这些是显而易见的。至于隐约曲折的小变异，说也说不尽。由此看来，没有一件事不是先有天象变异出现而后有应验随着它的。

夫自汉之为天数者，星则唐都，气则王朔，占岁则魏鲜。故甘、石历五星法[①]，唯独荧惑有反逆行；逆行所守，及他星逆行，日月薄蚀[②]，皆以为占。

【注释】

①历五星法：指观测并推算五大行星之出没、伏隐、迟疾、顺逆和聚冲留合的时间及所在的宿度、位置。五星法，利用五星作占之法。

②薄：此指太阳或月亮被不透明的高空云气遮掩，因而昏暗无光。

【译文】

自汉朝以来研究天文历法的人，占候星象的是唐都，占候云气的是王朔，占候年成的是魏鲜。在此以前的甘德、石申用五星作占，他们认为五星中只有火星才会逆行；所以火星逆行时所在位置，以及其他四颗行星出现逆行，太阳、月亮被遮掩或有亏蚀，都被用来占候吉凶。

余观史记[①]，考行事[②]，百年之中，五星无出而不反逆行，反逆行，尝盛大而变色[③]；日月薄蚀，行南北有时[④]：此其大度也[⑤]。故紫宫、房心、权衡、咸池、虚危列宿部星[⑥]，此天之五官坐位也[⑦]，为经[⑧]，不移徙，大小有差[⑨]，阔狭有常[⑩]。水、火、金、木、填星，此五星者，天之五佐[⑪]，为纬[⑫]，见伏有时[⑬]，所过行赢缩有度[⑭]。

【注释】

①史记：泛指古代的史书。

②行事：事迹，事实。指历史记载。

③盛大：光辉强烈闪耀。

④南北：指天球黄道的南北。

⑤大度：指一般规律。

⑥列宿：分出星空区划。部星：分区管辖众星。

⑦五官：指中官、东官、西官、南官、北官。

⑧为经：五部天官都是恒星，不易观察其移动，故称为经星。

⑨有差（cī）：有差别。差，等次。

⑩阔狭：宽与狭。指距离的远近。

⑪五佐：《集解》引徐广曰："水、火、金、木、土佐天行德也。"

⑫纬：纬星，即行星。

⑬见（xiàn）伏：出现和隐没。见，同"现"。

⑭过行：运行，经过。

【译文】

我阅读史书记载，考察五大行星运行之事，发现百年之中，五颗行星出现后都会有逆行运动，并且当它们逆行的时候，不但比平常亮，还会改变颜色；日月接近的时候是否会发生交食，和月亮运行在黄道南还是黄道北有关：这是一般规律。紫宫、房宿与心宿、权衡、咸池、虚宿与危宿，以上五部星官，对应的是五官的正位，为经，它们的位置是固定不动的，各宿的大小有差异，其宽窄是不变的。水、火、金、木、土，这五颗行星是天帝的五个辅佐，为纬，其出现与隐没都是有规律的，它们运行的赢缩有一定度数。

日变修德，月变省刑，星变结和①。凡天变，过度乃占②。国君强大有德者昌，弱小饰诈者亡③。太上修德④，其次修政，其次修救，其次修禳⑤，正下无之⑥。夫常星之变希见⑦，而三光之占亟用⑧。日月晕适⑨，云风，此天之客气⑩，其发见亦有大运⑪。然其与政事俯仰⑫，最近天人之符⑬。此五者，天之感动⑭。为天数者，必通三五，终始古今，深观时变，察其精粗，则天官备矣⑮。

【注释】

①"日变修德"几句：是《天官书》的结论，最为重要。其目的在于

研究天人之际，教人主敬天变以修人事。如天有日变，则人主应修之以德；天有月变，则人主应省之以刑；天有星变，则人主应结之以和。结和，团结和睦之意。

②过度：指天变程度严重或出现频繁。

③饰诈：虚伪欺诈。

④太上：最上。修德：修明仁德。

⑤修禳（ráng）：出现灾祸后，虔诚祈祷上天结束和减轻灾害。禳，祈求鬼神，消除灾祸。

⑥正下无之：最糟糕的就是不闻不问，无视出现的问题。正下，最下。无，无视。

⑦常星：恒星。

⑧亟（qì）：一再，屡次。

⑨晕适：《集解》引孟康曰："晕，日旁气也。适，日之将食，先有黑气之变。"

⑩客气：暂时停留的云气。客，不久留。

⑪大运：就是天运。

⑫俯仰：上下变化。

⑬天人之符：天道和人事的同一性。

⑭天之感动：天道和人间政治行为反映的表象。

⑮"为天数者"几句：意即攻研天数者，必须了解天运的变化周期，贯通古今，深观时势的变化，察考本质和现象，那么天官的全体大用，就算是完备了。三五，指天运的变化周期。终始古今，要能贯通古今历史。终始，从开头到结尾。这里用如动词。精粗，精髓和皮毛。此指本质和现象。

【译文】

君主在发生日变时要修德政，发生月变时要减省刑罚，发生星变时要团结和睦。凡是发生天变，只有过度才占候。国君强大而有德行，其国家昌盛；国君虚弱且伪诈狡猾，其国家会灭亡。最高明的是修养德行，其次是修明政治，其次是采取补救措施，其次是祈祷鬼神，最下等的是无视它。恒星变化极为罕见，日月五星则常常被用来作占。日、月的晕、食，风与云，是上天偶然出现的气象，它们的出现也关乎天运。它们随着国家的政事好坏而表现出吉凶，是最接近天人关系的同一性。这五气是上天对人间大事的反映。研究天文历法的人，必须通晓天运的变化周期，贯通古今历史，深观时势的变化，察考本质和现象，那么天官的学说就完备了。

苍帝行德，天门为之开[①]。赤帝行德[②]，天牢为之空。黄帝行德[③]，天夭为之起[④]。风从西北来，必以庚、辛。一秋中，五至，大赦；三至，小赦[⑤]。白帝行德[⑥]，以正月二十日、二十一日，月晕围，常大赦载[⑦]，谓有太阳也[⑧]。一曰：白帝行德，毕、昴为之围[⑨]，围三暮，德乃成；不三暮，及围不合，德不成[⑩]。二曰：以辰围，不出其旬[⑪]。黑帝行德，天关为之动。天行德，天子更立年[⑫]；不德，风雨破石。三能、三衡者，天廷也。客星出天廷，有奇令[⑬]。

【注释】

①苍帝行德，天门为之开：该句至篇末的字句是一些残简，由于长期传抄、转刻，字句错杂，事理紊乱，不好理解。也有人认为此段非太史公之文，乃后人之所妄加。苍帝，指东方灵威仰帝。

②赤帝：指南方赤熛怒帝。

③黄帝：指中央含枢纽帝。

④天夭为之起：有战伐之意。

⑤“风从西北来”几句：此几句难解，有人认为应移到上文“候岁”

段中。

⑥白帝：指西方白招拒帝。

⑦常：疑为“当”字之误。

⑧谓有太阳也：衍文。

⑨白帝行德，毕、昴为之围：该句应移到该段前面。

⑩“围三暮”几句：这是别的星占家的异说，系衍文。下句“二曰：以辰围，不出其旬”亦同。

⑪黑帝：指北方汁光纪帝。

⑫天行德，天子更立年：应为“天子行德，天更立年”。

⑬奇令：奇异教令。

【译文】

东方星官苍帝发出明亮的光辉，天门因此开启。南方星官赤帝发出明亮的光辉，天牢因此空虚。中央星官黄帝发出明亮的光辉，天夭因此兴起。风从西北吹来，必定在庚日、辛日。一个秋季里五次出现，会大赦天下；三次出现，会小赦。西方星官白帝发出明亮的光辉，在正月二十日、二十一日，为月晕包围，当大赦天下，称之为有太阳。一说：白帝发出明亮的光辉，毕宿、昴宿被月晕环绕，环绕三夜，德政才成；不到三夜，及环绕而不相会合，德政不成。另一说：以水星环绕，不出现约十日。北方星官黑帝发出明亮的光辉，天关因此开闭。天子行为有德，上天将给以风调雨顺；无德，风雨破石。三能、三衡，是天廷。客星出现于天廷，必有奇异的教令。

【集评】

刘知幾曰：“夫两曜百星，丽于玄象，非如九州万国，废置无恒。故海田可变，而景纬无易，古之天犹今之天，今之天即古之天也，必欲刊之国史，施于何代不可也？但《史记》包括所及，区域绵长，故书有《天官》。读者竟忘其误，榷而为论，未见其宜。”（《史通》）

茅坤曰:"太史公八书中当以《天官书》为最,杨升庵以为甘、石二家之遗。予窃谓古者太史掌天官,而史谈以来,世世其官,故于星术及风云诸占并有经纬。惜也,于汉高、惠、文、景及武帝百余年间灾异处不见点画,岂以下蚕室之后遂鉴祸刑,辄讳忌耶!(《史记钞》)。

黄履翁曰:"书《天官》则初言春秋星陨而五伯代兴,次言汉初日蚀而诸吕作乱,又次言元光、元狩蚩尤旗见而兵师四出,正以警时君修德修政之心。"(《古今源流至记·别集》)。

锺惺曰:"此书以理数为主,文之工拙不必论;然文不能妙将使人苦其艰而弃之。故凡文章叙事理幽赜者,必使读者虽不甚悉其故,而其文一一有针路可寻,诵之了然,乃为妙笔,如《天官书》等作是也。盖由作者能了然于心口手之间,写幽随处与寻常显明者无异,而其古而灵,奥而动,整而变,奇而则,亦不出此而有之。一部《天官》掌故得存于后世,固文笔之妙留之也。(《史怀》)

【评论】

《天官书》是我国最早叙述星官的著作,是现存最早的介绍全天星官的完整文献。《天官书》包含着丰富的天文学内容,也包含着丰富的星占学、哲学内容,它反映了当时皇家天文机构所掌握的天文学知识概貌,也可以将其视为汉代的天文知识全书。

《天官书》建立了一个完整的有中国特色的星座体系,司马迁将当时命名了的五百五十八颗星分别划归到五个星官中去,尤其是他将北极和黄赤道带的中间天区,不属于二十八宿的星官也划归到了五个星官中去,形成了自己独有的特点,这与后代三垣二十八宿的划分法是不同的。中宫也叫紫宫,是天帝太一常居的重地,东宫是天帝行政的明堂,南宫有后妃藩臣,西宫是白虎镇守的供养处和游猎场,北宫是天国的军营,组成一个森严的天上社会。在司马迁之前,中国有多家星座体系,最著名的当属战国时期建立的石申星座体系和甘德星座体系。随着秦汉结束了分裂的局面，建立统一星座的时机已经成熟，司马迁参考了当时还留存的一些古老的星占著作，总结了当时的星官知识，担当了总结、发展的重任，使天官得以完备。经薄树人先生研究，《天官书》的星官体系绝非抄自石氏星官，而是司马氏的体系，也是汉代皇家机构所使用的体系。可以说《天官书》是秦汉封建集权国家建立、发展和强化在宇宙观上的反映。

天官是天文学的基础工作。日月五星都是相对于恒星运动的，天官像在天空中建立了坐标的网络系统，用以测定日月五星的运动规律。我们知道，日月位置和五大行星的运动，都是中国古代历法中必备的内容，所以建立星座体系也是制订历法的基础工作。可见这项工作确实是司马迁对中国古代天文学的巨大贡献。

在建立星座体系以后，《天官书》以更大的篇幅讨论了五星的运动和物理状态。首先，司马迁发现所有五星都有逆行，他写道："余观史记，考行事，百年之中，五行无出而不反逆行。"而在此以前，"甘、石历五星法，唯独荧惑有反逆行"，从而对行星的视运动有了更正确的认识，使中国的天文观测前进了一大步，对天文学的发展有重大意义。他又发现行星"反逆行，尝盛大而变色"，这也是一个重要发现。外行星在经过"冲"以后进入逆行状态，而"冲"是该行星与地球距离最近的时刻，所以此刻的行星格外明亮。司马迁对五大行星的运动做了详细的描述，顺行天数、逆行天数，在阳光中伏行的天数都一一记载，准确地记述了它们在恒星间运行一周的时间和相对于日地运动的会合周期。

《天官书》对恒星的颜色与亮度变化都有记载，确定了观测星体颜色的标准，即和狼星相似为色白；与心宿二相似为色赤；与参宿四相似为色黄；与参宿五相似为色苍；与奎宿亮星相似为色黑。有趣的是司马迁用作黄色星标准的参宿四现在已经成为红色的超巨星，在这颗星变成红巨星之前它的状态被司马迁准确地记录下来。他还描述了日晕的各种状态，对日晕、日抱、日背、日直、日负、日戴给予定义。

《天官书》对行星和太阳系其它天体以及不常见天象的各种表象都

详加记录，对其名称、同物异名一并列出，这对于阅读古籍十分重要。例如岁星、摄提、重华、应星、纪星都指木星；太白、上公、殷星等都指金星等。又例如可根据《天官书》的描述判断出是什么类型的天体，五残星、大贼星、司危星、岳汉星是出现于东、南、西、北四个方向的大流星；天鼓、天狗是火流星；格泽星则很可能是指黄道光。仅从以上介绍的《天官书》中的天文学内容，就可知道它确实是一部重要的中国古代天文科学文献。

星占是古代天文学的重要内容，古代历代帝王都深信王朝的兴衰、世代的更迭，上天都会有所预示，星占学正是研究这些上天的预示，提醒帝王及时应对的学问。它是中国古代"天人感应"观念的产物，出现时间很早，在其最初出现时，并非专为帝王服务，而是与人们的生产生活相关，如预测粮食丰歉等。只不过后来帝王们将星占更多地用在了解上天的旨意为王朝统治服务上，这就使中国古代的天文学具有明显的官办特点。《天官书》以较大的篇幅总结和介绍了汉代以前的星占学，主要内容有天官占、五星占、日占、月占、日食占、月食占，及其他天象占：云气占、风占、雨占及杂占等。作为史学家，司马迁要将那时的一种重要社会活动、社会观念记录下来；作为哲学家，他对星占并不迷信。他希望上天示象能对国君的行为有所制约，所以强调"气本在地，而圣人统理之"，根本的问题是"太上修德，其次修政"。他对历史上各星占家也并不恭维。《天官书》的论赞中，司马迁说以前记录下来的天象变化及其应验，各国有各自的标准，既不统一，也无法效仿，以致孔子编订六经都将这些占说删除；孔子以后的著名星占家尹皋、唐昧、甘德、石申等，也都相互矛盾，杂乱琐碎。所以决不能将《天官书》当成讲星占方法的书。

事实上，《天官书》对古代星占学与董仲舒的"天人感应"进行了某种实际上的否定与批判。宋纹演先生在《〈史记·天官书〉论略》一文中说："可以说：《天官书》的问世，便是星占学破产的开始。自有《天官书》以后，很多天官、天象家便都不敢再大作悖于时务人心之言，而将'天人之道’弄成随机应变、左右逢源的工具。”司马迁生活在汉武帝大搞尊儒，董仲舒大力鼓吹“天人感应”，整个汉代社会充满一派浓重的神学迷雾的状态下，其《史记》中，尤其是《天官书》中也不时地出现一些星占学、“天人感应”的痕迹，这是毫不奇怪的。但总的来说，在那种环境污浊中成长起来的司马迁，可以说是出淤泥而不染。试把《史记》中的《天官书》，与班固《汉书》中的《五行志》与《天文志》翻开，稍稍对比几页就可以一目了然了。更何况《史记》中还有《封禅书》《伯夷列传》等这种专门揭露批判封建迷信、天道鬼神的檄文！司马迁是反对迷信、主张天人相分；对于董仲舒其人与其“天人感应”学说，是尽量躲避，并给予嘲弄与批判的。

史记卷二十八

封禅书第六

【释名】

所谓“封禅”,原是古代两种特殊的祭祀天地的仪式。帝王在泰山上筑土为坛祭天,表示报答上天之功,称为“封”;又在泰山下的小山上拓土祭地,表示报答大地之功,称为“禅”。这是帝王礼神活动的最高形式,也是帝王权力的象征。

《封禅书》记载了从上古直到汉武帝三千年间帝王祭祀天地山川鬼神的传闻和事实,着重写了汉武帝的封禅和崇尚鬼神的种种活动,可以看作一部系统的上古君主礼神活动简史。

全篇分为六部分。第一部分追溯了舜、禹及夏商周三代帝王有关封禅的传说,反映出“封禅”制度起源久远及历代统治者对以封禅为代表的祭祀典礼的重视。第二部分写秦始皇封禅、求仙的情景,对其借封禅以炫耀自己超越前圣的不世功业和祈求长生都表示了讥讽。第三部分缕述秦汉时代统治者所供奉、祭祀的各种神祇。第四部分写西汉初期高祖、文帝等祭祀天地鬼神的情形,其中较为详细地写了文帝对封禅、郊祀的态度。第五部分写武帝前期礼方士、敬鬼神的种种事实,描写了他因此而被李少君、齐人少翁(文成将军)、栾大、公孙卿等骗子愚弄的情景。第六部分写武帝后期泰山封禅、求仙的种种荒唐行为。篇末论赞,作者以一个目击者的身份,表达了对武帝君臣所进行的种种迷信活动的厌恶。

自古受命帝王[①]，曷尝不封禅[②]？盖有无其应而用事者矣[③]，未有睹符瑞见而不臻乎泰山者也[④]。虽受命而功不至，至矣而德不洽[⑤]，洽矣而日有不暇给[⑥]，是以即事用希[⑦]。传曰[⑧]："三年不为礼，礼必废；三年不为乐，乐必坏[⑨]。"每世之隆[⑩]，则封禅答焉[⑪]，及衰而息。厥旷远者千有余载[⑫]，近者数百载，故其仪阙然堙灭[⑬]，其详不可得而记闻云[⑭]。

【注释】

①受命：承受天命。

②曷：同"何"。

③盖：推原之词。无其应：上天没有显示相应的兆应。用事：指行封禅之礼。

④符瑞：祥瑞的征兆。臻（zhēn）：至，及。

⑤至矣而德不洽：底本作"至梁父矣而德不洽"。梁玉绳引方苞曰："'梁父'二字衍。"今据删。不洽，不周全。意指未能让黎民普遍受惠。

⑥日有不暇给：指事务繁多没有空闲时间。暇，空闲。

⑦事用希：举行过封禅活动的帝王不多。希，稀少。

⑧传：古书凡记事、立论及解经者皆谓之传。这里是指《论语·阳货》。

⑨"三年不为礼"几句：见于《论语·阳货》。原文为："三年不为礼，礼必坏；三年不为乐，乐必崩。"

⑩世之隆：国家兴盛。隆，兴盛。

⑪封禅答焉：以封禅之礼报答上天。

⑫厥旷：指封禅典礼的旷废。厥，其。

⑬其仪：指封禅典礼的具体仪式。

⑭其详不可得而记闻云：郭嵩焘曰："《封禅书》发端便说'其仪湮灭，不可得而记闻'，然则所闻亦妄诞而已，是史公大旨归宿处。"

【译文】

自古以来承受天命的帝王，哪有不举行封禅大典的呢？大概只会有即使上天并未显示祥瑞也要封禅的帝王，还没有目睹祥瑞出现却不到泰山封禅的帝王。有的帝王虽然承受了天命，但功业却还没达到，功业达到了，而恩德又不周遍、圆满，恩德周遍、圆满了，但军务、政务繁忙，又没有空闲的时间，所以封禅大典举行得很少。《论语》上说："三年了还不对礼制进行修治，礼制一定会被废弃；三年了还不振兴乐教，乐教一定会被毁坏。"因此，每逢太平盛世，帝王一定会举行封禅大典来报答天地的恩德，等到了衰世就废弃了。封禅典礼的旷废往久算已达一千多年，往近里说也有几百年了，所以封禅大典的礼仪已经湮没泯灭，它的详细情况不能察考，无法记载并流传于后世。

《尚书》曰，舜在璇玑玉衡①，以齐七政②。遂类于上帝③，禋于六宗④，望山川⑤，遍群神⑥。辑五瑞⑦，择吉月日，见四岳诸牧⑧，还瑞⑨。岁二月⑩，东巡狩⑪，至于岱宗⑫。岱宗，泰山也。柴⑬，望秩于山川⑭。遂觐东后⑮。东后者，诸侯也。合时月正日⑯，同律度量衡⑰，修五礼⑱，五玉三帛二生一死贽⑲。五月，巡狩至南岳。南岳，衡山也⑳。八月，巡狩至西岳。西岳，华山也㉑。十一月，巡狩至北岳。北岳，恒山也㉒。皆如岱宗之礼。中岳，嵩高也㉓。五载一巡狩㉔。

【注释】

①璇玑玉衡：一种观测天体的仪器，璇、玉都是美玉，作为装饰。玑为圆环，衡为横标，配合以观测天体运行速度、路线和位置。

②以齐七政:以观测日月星辰的运行是否正常。七政,指日、月与金、木、水、火、土五星。孔颖达曰:“天垂象,见吉凶,圣人象之,此日月五星有吉凶之象,因其变动为占,七者各自异政,故为七政。”

③类:祭祀,祭天而以事告之。《尚书》云:“非时祭天谓之类,言以事类告也。”

④禋(yīn):烟。此指升烟祭祀,使气上达神灵,为古代祭神之礼。六宗:诸说不一,《索隐》引郑玄说以为指星、辰、司中、司命、风师、雨师。

⑤望山川:遥祭九州名山大川。望,古祭祀名。山川,孔安国谓“九州名山大川,五岳四渎之属”。

⑥遍群神:孔颖达曰:“又遍祭于山川、丘陵、坟衍、古之圣贤之群神。”

⑦辑五瑞:将各地诸侯所执的瑞玉收集起来。辑,敛。五瑞,《集解》引马融曰:“公、侯、伯、子、男所执,以为瑞信也。”

⑧四岳诸牧:分掌四方的诸侯之长与各地区的地方官。四岳,此指分掌四岳之诸侯。诸牧,九州的官长。

⑨还瑞:指舜验视诸侯所奉之圭璧后,又赐还之。孔颖达曰:“此瑞本受于尧,敛而又还之,若言舜新付之,改为舜臣与之,正新君之始也。”

⑩岁二月:这一年的二月。孔安国曰:“既班瑞之明月。”马融以为“舜受终后五年之二月”。

⑪巡狩:天子视察境内,或视察诸侯。亦作“巡守”。狩,同“守”。

⑫岱宗:泰山的别名。在今山东泰安北。

⑬柴:祭祀的一种。聚集木材,加牲畜于其上,焚之以祭山川。

⑭望秩于山川:对东方的山川按等级进行望祭。孔安国曰:“东岳诸侯境内名山大川,如其秩次望祭之。谓五岳视三公,四渎视诸侯,

其余视伯子男。”望秩，按次序而祭。

⑮觐东后：接受东方诸侯的朝见。觐，朝见，接受朝见。后，君长。

⑯合时月正日：即统一各地区的历法。孔安国曰：“合四时之气节，月之大小，日之甲乙，使齐一也。”合、正，协调、调整。时，四时，即春、夏、秋、冬。

⑰同律度量衡：《正义》曰：“律之十二律，度之丈尺，量之斗斛，衡之斤两，皆使天下相同，无制度、长短、轻重异也。”

⑱五礼：《集解》引马融曰：“吉、凶、宾、军、嘉也。”《正义》曰：“《周礼》‘以吉礼事邦国之鬼神祇，以凶礼哀邦国之忧，以宾礼亲邦国，以军礼同邦国，以嘉礼亲万民’也。”

⑲五玉：即前文所说之“五瑞”。《集解》引郑玄曰：“即‘五瑞’也，执之曰‘瑞’，陈列曰‘玉’。”三帛：包裹瑞玉的红、黑、白三种颜色的丝帛。诸侯世子为红色，公之孤为黑色，附庸之君为黄色。二生：指活的羔（小羊）和雁。规定为卿大夫朝见时的贡献。孔安国曰：“谓卿执羔，大夫执雁。”一死：指死雉。孔安国曰：“士执雉。”贽：礼品，这里指不同等级的人拜见天子时所持的不同礼品。孔安国曰：“玉、帛、生、死，所以为贽以见之。”

⑳衡山：在今湖南衡山县西北。

㉑华山：在今陕西华阴南。

㉒恒山：在今河北曲阳西北，后来才改说在山西浑源境内。

㉓嵩高：即今嵩山，在今河南登封西北。泷川曰：“《尚书》《五帝本纪》并无中岳事，中井积德曰：‘中岳句以上列四岳附记耳，非巡狩所至，《索隐》非也。’”

㉔五载一巡狩：以上文字见于《尚书·尧典》。

【译文】

《尚书》上说，舜用美玉制成的天文仪器来观测日、月、五星的运行规律。然后又类祭上帝，禋祭六宗，遥祭山川，遍祭群神。然后收集并检验五等诸侯们的瑞玉，再选择良辰吉日，会见掌管四方的方伯以及各州的州牧，把瑞玉再赐还给他们。在当年的二月间，向东巡视，到达岱宗。岱宗，就是泰山。舜在这里烧柴祭上天，按顺序遥祭各地山川。接下来会见了东后。东后，就是东方诸侯。舜又统一各地历法，统一音律和度量衡，修定了祭祀、丧葬、宾客、军旅、婚姻五种礼仪制度，规定诸侯用五种瑞玉、诸侯世子等用三种帛、卿大夫用羊羔及雁、士用一只死雉作为朝见君王的献礼。五月，舜又巡视到达南岳。南岳，就是衡山。八月，舜又巡视到达西岳。西岳，就是华山。十一月，舜又巡视北方到达北岳。北岳，就是恒山。舜到这些地方祭祀的礼仪，都同祭祀泰山之礼。中岳，就是嵩山。舜每隔五年就巡视一次天下。

禹遵之。后十四世，至帝孔甲[①]，淫德好神[②]，神渎[③]，二龙去之[④]。其后三世，汤伐桀，欲迁夏社，不可[⑤]，作《夏社》[⑥]。后八世，至帝太戊，有桑穀生于廷[⑦]，一暮大拱[⑧]，惧。伊陟曰[⑨]："妖不胜德。"太戊修德，桑穀死。伊陟赞巫咸[⑩]，巫咸之兴自此始[⑪]。后十四世，帝武丁得傅说为相[⑫]，殷复兴焉，称高宗[⑬]。有雉登鼎耳雊[⑭]，武丁惧。祖己曰[⑮]："修德。"武丁从之，位以永宁[⑯]。后五世，帝武乙慢神而震死[⑰]。后三世，帝纣淫乱，武王伐之。由此观之，始未尝不肃祗[⑱]，后稍怠慢也。

【注释】

①孔甲：夏朝第十四代国王。在位专事淫乱，诸侯多叛，夏朝渐衰。

②淫德好神：《夏本纪》作"好方鬼神，事淫乱"，即自比为鬼神，自己装扮鬼神。

③神渎：神被太甲的行为所亵渎。

④二龙去之：传说孔甲在位时，天赐二龙与之骑乘，后因孔甲对神怠慢不敬，二龙乃离夏庭而去。

⑤欲迁夏社，不可：想改变夏朝祭祀土神所供的勾龙，但找不到更合适的对象，只好作罢。师古引应劭曰："遭大旱七年，明德以荐，而旱不止，故迁社，以弃代为稷。欲迁句龙，德莫能继，故作《夏社》，说不可迁之义也。"

⑥《夏社》：《尚书》篇名，原文已佚。以上数句亦见于《殷本纪》。

⑦桑穀生于廷：谓桑、穀二木合而生于廷。穀，树名，也称楮。

⑧一暮大拱：一夜之间就长了两手相围那么粗。

⑨伊陟：商朝大臣。亦作伊敖。帝太戊时为相，曾谏"妖不胜德"，劝太戊修德不信妖孽。与臣扈共称贤臣。

⑩赞：告。巫咸：巫者名咸，当时的神职人员。

⑪巫咸之兴：指朝廷上设立巫觋这种神职官员。

⑫武丁得傅说为相：武丁梦傅说，访得之于傅险胥靡事，详见《殷本纪》。

⑬称高宗：古代凡谥为"高宗"的帝王，通常都是"中兴"之主。

⑭雉登鼎耳雊（gòu）：野鸡立在鼎耳上叫。雊，野鸡的鸣叫。

⑮祖己：殷商大臣。高宗武丁时，陈以政事，殷道再兴，是殷高宗的贤臣。武丁崩，他作《高宗肜日》。

⑯武丁从之，位以永宁：武丁修德以胜妖祥事，亦见于《殷本纪》。

⑰帝武乙慢神而震死：据传武乙侮辱天神，以革囊盛血，仰而射之，名曰射天，后猎于河渭，被暴雷震死。详见《殷本纪》。

⑱肃祗（zhī）：犹恭敬。

【译文】

禹也遵从了舜的巡视、祭祀制度。后经十四代，到了帝孔甲，由于孔甲德政败坏，又喜欢自己装扮鬼神，神灵受到亵渎，所以上天赐给他的两条龙也飞走了。后经三代，王位传给夏桀，成汤讨伐夏桀，他想改变夏朝祭祀的土神，没能成功，就写了《夏社》。以后历经八代，王位传到帝太戊，这时有桑树和楮树在朝堂上一起生长，一夜之间就长到了两手合围那么粗，太戊非常恐惧。伊陟说："妖邪不能胜过道德。"太戊于是就修身立德，不久那桑树和楮树枯死了。伊陟向巫咸陈说了这件事，于是开始在朝廷上设立巫觋这种神职官员。从这以后又经历了十四代，王位传到帝武丁，武丁得到傅说让他做宰相，殷朝的国势又重新振兴起来，武丁就号称高宗。一次，一只野鸡飞到鼎耳上鸣叫，武丁很害怕。祖己对他说："要修养自己的德行。"武丁听从了他的话，帝位得以长久安宁。以后又经历了五代，王位传到帝武乙，武乙由于侮慢神灵被雷电震死了。以后又经历了三代，王位传给帝纣，纣荒淫无道，废乱政务，周武王就讨伐他。从这些事可以看出，创业的君王们无不恭敬谨慎，但帝位传到末代就逐渐懈怠傲慢起来了。

《周官》曰①，冬日至②，祀天于南郊，迎长日之至③；夏日至④，祭地祇⑤。皆用乐舞，而神乃可得而礼也⑥。天子祭天下名山大川，五岳视三公⑦，四渎视诸侯⑧，诸侯祭其疆内名山大川。四渎者，江、河、淮、济也。天子曰明堂、辟雍⑨，诸侯曰泮宫⑩。

【注释】

①《周官》：书名。即《周礼》。此书于西汉时初传世，时人称其为此名。后因与《尚书·周官》篇同称，遂改称《周礼》。

②冬日至："冬至"那一天。

③长日：从冬至开始，白天一天比一天长，故称长日。

④夏日至："夏至"那一天。

⑤地祇（qí）：地神。

⑥可得而礼：可以真正对神灵表示敬意。

⑦五岳视三公：祭祀五岳之神的规格相当于对国家“三公”的礼遇。视，取齐，相当。三公，周朝指司徒、司马、司空；秦汉时指丞相、太尉、御史大夫。

⑧四渎视诸侯：祭祀四条大河之神的规格相当于对各国诸侯的礼遇。四渎，此指江、河、淮、济四条大河。

⑨明堂、辟雍：皆为古代帝王宣明政教的地方。大凡朝令、庆赏、选士、养老、教学等大典均在此进行。

⑩泮（pàn）宫：原指西周诸侯所设的大学，后泛指学官。

【译文】

《周礼》上说，冬至这天，天子来到南郊祭天，迎接渐长的白天的到来；夏至这天，天子又祭祀地神。在这些祭祀活动中，都要采用音乐舞蹈，这样神灵们才能接受祭祀者的敬意。天子又祭祀天下的名山大川，以对待三公的礼节祭祀五岳，以对待诸侯的礼节祭祀四渎，诸侯们祭祀他们自己疆域内的名山大川。四渎，指长江、黄河、淮河和济水。天子举行祭祀处叫明堂和辟雍，诸侯举行祭祀处叫泮宫。

周公既相成王，郊祀后稷以配天①，宗祀文王于明堂以配上帝。自禹兴而修社祀②，后稷稼穑③，故有稷祠④，郊社所从来尚矣⑤。

【注释】

①后稷：古周族始祖。姓姬。相传为帝喾之子，后世奉为农神。

②社祀：对土神的祭祀。

③后稷稼穑：谓自周朝祖先后稷发展农业以来。

④稷祠：此指对农神的祭祀。

⑤郊：兼指南郊祭天与北郊祭地。社：指祭祀土神，也兼指谷神。

【译文】

周公辅佐周成王，让周朝的祖先后稷陪同天神一同受祭，在明堂中祭祀天帝的时候让周朝开国的文王陪同天帝一同受祭。自夏禹开始祭祀土地神，后稷种植庄稼有功，就开始供奉五谷之神，祭祀天地是由来已久了。

自周克殷后十四世[①]，世益衰，礼乐废，诸侯恣行，而幽王为犬戎所败[②]，周东徙雒邑。秦襄公攻戎救周，始列为诸侯[③]。秦襄公既侯，居西垂[④]，自以为主少皞之神[⑤]，作西畤[⑥]，祠白帝[⑦]，其牲用骝驹、黄牛、羝羊各一云[⑧]。其后十六年[⑨]，秦文公东猎汧渭之间[⑩]，卜居之而吉[⑪]。文公梦黄蛇自天下属地，其口止于鄜衍[⑫]。文公问史敦[⑬]，敦曰："此上帝之征，君其祠之。"于是作鄜畤，用三牲郊祭白帝焉。

【注释】

①自周克殷后十四世：梁玉绳曰："自武王至幽王凡十一纪，此言'十四'，《汉志》作'十三'，并误。"张文虎曰："《三代世表》武王至幽王十二世。"

②幽王为犬戎所败：事在幽王十一年（前771）。犬戎，部族名。先秦西北地区少数民族中戎族的一支。

③秦襄公攻戎救周，始列为诸侯：事在平王即位而尚未改元时，即前771年，这是秦国成为诸侯国的开始。秦襄公，前777—前766年在位。

④西垂：也称"西犬丘"，秦国最早的都城，在今甘肃天水西南。

⑤少皞（hào）：传说中人物。也作"少昊"，号"金天氏"，后来被供奉为"西帝"。

⑥西畤（zhì）：在西垂附近修建的祭天坛台。畤，古时帝王祭祀天地

五帝的场所。

⑦白帝:西方的上帝,其神相传即少昊。

⑧牲:牺牲,祭祀用的新宰杀的供品,如牛、羊等。骝驹:《索隐》曰:"赤马黑鬣曰骝。"骝,通"骝",红身黑鬃尾的马。羝(dī)羊:公羊。

⑨其后十六年:梁玉绳曰:"当依《郊祀志》作'十四年'。"即秦文公十年,前756年。

⑩秦文公:襄公之子,前765—前715年在位。汧(qiān)渭之间:即今陕西宝鸡市、宝鸡陈仓区一带,因其地处渭水与汧水相汇合的夹角地带,故云。

⑪卜居:谓以占卜择定建都之地。

⑫其口止于鄜(fū)衍:蛇的嘴落在鄜衍(今陕西宝鸡凤翔区东南)。《秦本纪》之《正义》引《括地志》云:"三畤原在岐州雍县南二十里,《封禅书》云秦文公作鄜畤,襄公作西畤,灵公作吴阳上畤,并此原上,因名也。"

⑬史敦:春秋时秦国太史。秦文公欲徙都汧,曾向他征求意见,得到他的支持。

【译文】

自从周朝战胜殷朝以后又经历了十四代,国势逐渐衰落,礼乐废弛,诸侯们更是肆意横行,周幽王被犬戎打败,周王室向东迁到雒邑。而秦襄公因攻打犬戎、救援周朝有功,才开始被封为诸侯。秦襄公被封为诸侯后,居住在西垂,自认为应该主持祭祀西方之神少皞,建西畤,祭祀白帝,并用红身黑鬃的马驹、黄牛、公羊各一头作为祭品。这以后十六年,秦文王去东方打猎,到了汧水与渭水汇合处,于是占卜询问可否在这里定居,结果获得了吉兆。秦文公梦见有黄蛇从天上垂到地面,嘴就停在鄜地的山坡上。秦文公就问太史官史敦,史敦说:"这是天帝赐福的征兆,大王您应当立祠祭祀它。"秦文公于是就建立了鄜畤,并用牛、羊、猪三种牺牲来祭祀白帝。

自未作鄜畤也，而雍旁故有吴阳武畤[①]，雍东有好畤，皆废无祠。或曰："自古以雍州积高[②]，神明之隩[③]，故立畤郊上帝，诸神祠皆聚云。盖黄帝时尝用事，虽晚周亦郊焉。"其语不经见，缙绅者不道。

【注释】

①吴阳武畤：修筑在吴山之南的武畤，也是用作祭天的坛台。

②雍州：古九州之一。约指今天陕西北部、甘肃东北部及青海东北部一带。积高：至高，最高。

③隩：师古曰："土之可居者曰隩。"

【译文】

在没建立鄜畤之前，雍邑旁边的吴山之南原来有武畤，在雍邑的东边也有好畤，但都已荒废没有人来祭祀了。有人说："自古以来，雍州地势高峻，是神明居住的宅舍，所以才在这里建立坛址祭祀上帝，并且其他众位神灵的庙也聚集在这里。黄帝在的时候也曾在这里举行祭祀，即使周朝末年也举行过祭祀。"但并没有见到过有关这些话的记载，士大夫们也不加讲述。

作鄜畤后九年，文公获若石云，于陈仓北阪城祠之[①]。其神或岁不至，或岁数来，来也常以夜，光辉若流星，从东南来，集于祠城[②]，则若雄鸡，其声殷云，野鸡夜雊[③]。以一牢祠，命曰陈宝[④]。

【注释】

①陈仓：地名。故城在今陕西宝鸡陈仓区。北阪：地名。在今宝鸡南，当时的陈仓西南。城祠之：修城建庙将其供奉起来。

②集：降临。

③其声殷云，野鸡夜雊（gòu）：《集解》如淳曰："野鸡，雉也。吕后名雉，故曰野鸡。"瓒曰："殷，声也。云，足句之词。"

④命：命名，称呼。

【译文】

在建立鄜畤九年后，秦文公获得了一块像是石头的东西，于是就在陈仓的北阪建筑城坛来祭祀它。神有时终年不来，有时一年中来好几次，常常在夜里降临，并发出像流星一样的光辉，从东南方向飞来落在祠城中，形状像一只雄鸡，发出响亮的声音，四方的野鸡也在夜里对答鸣叫。祭祀这位神灵的供品，是用牛、羊、猪各一头，称之为陈宝。

作鄜畤后七十八年，秦德公既立，卜居雍，"后子孙饮马于河"[①]，遂都雍。雍之诸祠自此兴。用三百牢于鄜畤。作伏祠[②]。磔狗邑四门[③]，以御蛊灾[④]。

【注释】

①后子孙饮马于河：意指后代子孙将秦国势力向东扩展到黄河边。这是占卜得到的占辞。

②作伏祠：首次进行夏天入"伏"的祭祀。伏，即今之所谓"三伏"。自夏至后第三个庚日起的十天为初伏，第四个庚日起的十天为中伏，第五个庚日起的十天为终伏。

③磔（zhé）：撕裂牲畜肢体来祭神。

④蛊（gǔ）：伤害人的热毒恶气。

【译文】

鄜畤建立以后过了七十八年，秦德公继位，为定都雍地占卜，卜辞上说"后代的子孙可以让马匹到黄河边去饮水"，于是秦德公就定都雍地。雍地的众多祠庙自此兴盛起来。开始用牛、羊、猪各三百头在鄜畤祭天。

又开始在夏天入伏时进行祭祀。在雍邑的四面城门口把狗剁成碎块来祭神，来防御热毒恶气。

德公立二年卒[①]。其后四年，秦宣公作密畤于渭南，祭青帝[②]。其后十四年，秦缪公立[③]，病卧五日不寤[④]；寤，乃言梦见上帝，上帝命缪公平晋乱。史书而记藏之府[⑤]。而后世皆曰秦缪公上天[⑥]。

【注释】

①德公立二年卒：事在前676年。

②"其后四年"几句：事在秦宣公四年，前672年。秦宣公，德公之子，前675—前664年在位。青帝，神话中的东方天神，名灵威仰。一说即指太昊氏。

③秦缪公：名任好，春秋时期秦国最有作为的国君，也曾被称为"五霸"之一，前659—前621年在位。

④不寤：不醒。寤，醒，苏醒。

⑤史：谓史官。府：府库，档案馆。

⑥后世皆曰秦缪公上天：上述秦缪公梦见上帝的故事，《秦本纪》不载，而见于《赵世家》《扁鹊仓公列传》与本篇。

【译文】

秦德公执政两年后去世了。这以后四年，秦宣公在渭水南岸建立了密畤，用以祭祀青帝。又过了十四年，秦缪公继位，他曾生病沉睡了五天没有醒来；醒来后，他就说梦见了上帝，并说上帝命令他平定晋国的内乱。太史记载了他的言论，并把书藏在秘府中。后世的人都说秦缪公曾登上过天庭。

秦缪公即位九年，齐桓公既霸，会诸侯于葵丘[①]，而欲封禅。管仲曰："古者封泰山禅梁父者七十二家，而夷吾所记者十有二焉。昔无怀氏封泰山[②]，禅云云[③]；虙羲封泰山[④]，禅云云；神农封泰山，禅云云；炎帝封泰山，禅云云；黄帝封泰山，禅亭亭[⑤]；颛顼封泰山，禅云云；帝俈封泰山[⑥]，禅云云；尧封泰山，禅云云；舜封泰山，禅云云；禹封泰山，禅会稽[⑦]；汤封泰山，禅云云；周成王封泰山，禅社首[⑧]。皆受命然后得封禅。"桓公曰："寡人北伐山戎[⑨]，过孤竹[⑩]；西伐大夏[⑪]，涉流沙[⑫]，束马悬车[⑬]，上卑耳之山[⑭]；南伐至召陵[⑮]，登熊耳山以望江汉[⑯]。兵车之会三[⑰]，而乘车之会六[⑱]，九合诸侯[⑲]，一匡天下[⑳]，诸侯莫违我。昔三代受命，亦何以异乎？"于是管仲睹桓公不可穷以辞[㉑]，因设之以事[㉒]，曰："古之封禅，鄗上之黍，北里之禾[㉓]，所以为盛[㉔]；江淮之间，一茅三脊[㉕]，所以为藉也[㉖]。东海致比目之鱼[㉗]，西海致比翼之鸟[㉘]，然后物有不召而自至者十有五焉。今凤皇麒麟不来，嘉谷不生，而蓬蒿藜莠茂[㉙]，鸱枭数至[㉚]，而欲封禅，毋乃不可乎？"于是桓公乃止。

【注释】

①葵丘：地名。在今河南民权东北。按，齐桓公会诸侯于葵丘事，详见《左传·僖公九年》与《齐太公世家》。

②无怀氏：传说中远古部落首领。相传无怀氏时，其民安居乐业，鸡犬之声相闻，老死不相往来。

③云云：山名。在今山东泰安东南，是泰山的支脉。

④虙（fú）羲：即伏羲。

⑤亭亭：泰山下的小山名，距上所谓"云云"不远。

⑥帝俈：也作"帝喾（kù）"，黄帝的曾孙，"五帝"之一，事见《五帝本纪》。

⑦禅会稽：徐孚远曰："以上帝王封泰山，禅不过其域，今禹乃禅会稽，其地远不相应也，盖以禹朝诸侯于此山，故假其说以实之。"

⑧社首：山名。在今山东泰安南。

⑨山戎：古代北方民族名。又称北戎，匈奴的一支。活动地区在今河北北部。

⑩孤竹：古国名。故城在今河北卢龙以南一带。

⑪大夏：《正义》曰："大夏，并州晋阳是也。"即今山西太原以南地区。

⑫流沙：钱穆以为指今山西平陆东之沙涧水。

⑬束马悬车：《集解》引韦昭曰："将上山，缠束其马，悬钩其车也。"

⑭卑耳：山名。在今山西平陆西。

⑮召陵：故城在今河南郾城东。按，齐桓公伐蔡后，进兵伐楚，与楚使者相会于召陵事，见《左传·僖公四年》与《齐太公世家》。

⑯熊耳山：在今河南卢氏东。江汉：长江、汉水。

⑰兵车之会：师古曰："兵车之会三，谓庄十三年会于北杏以平宋乱；僖四年侵蔡，蔡溃，遂伐楚，次于陉；六年伐郑，围新城也。"

⑱乘车之会：乘车，用于文事之车，与"兵车"相对而言。师古曰："乘车之会六，谓庄十四年会于鄄；十五年又会于鄄；十六年同盟于幽；僖五年会于首止；八年盟于洮；九年会于葵丘也。"

⑲九合诸侯：多次召集诸侯会盟。

⑳一匡天下：师古曰："谓定襄王为天子之位也。一说谓阳谷之会令诸侯云'无障谷，无贮粟，无以妾为妻'，天下皆从，故云'一匡'者也。"

㉑不可穷以辞：不能以言语说服。

㉒设之以事：又拿其他的一些事情做推托。

㉓鄗上之黍，北里之禾：鄗上、北里，有人说是地名，有人说是山名，定为难以企及之所在。

㉔所以为盛（chéng）：以上述两地所产的‘黍’与‘禾’作为供品。盛，装满供器。

㉕一茅三脊：服虔曰："茅草有三脊也。"张晏曰："谓灵茅也。"《正义》引《武陵记》云："山际出苞茅，有刺而三脊，因名茅山。"

㉖所以为藉：祭祀时以上述"灵茅"垫地。

㉗比目之鱼：师古引《尔雅》曰："东方有比目鱼焉，不比不行，其名谓之鲽。"

㉘西海：传说中的西方大海，旧说中国四周都有大海围绕。比翼之鸟：师古曰："《山海经》云：‘崇吾之山有鸟状如凫，而一翼一目，相得乃飞，其名曰蛮蛮。’《尔雅》曰：‘南方有比翼鸟焉，不比不飞，其名谓之鹣鹣。’而管仲乃云‘西海’，其说异也。"

㉙蓬蒿藜莠（yǒu）：师古曰："皆秽恶之草。"

㉚鸱枭（chī xiāo）：猫头鹰，过去被说成是一种不吉祥的鸟。

【译文】

秦缪公即位后第九年，齐桓公已称霸，在葵丘大会诸侯，便想到泰山去举行封禅大典。管仲说："古代在泰山上祭天神，在梁父山祭祀地神的帝王有七十二家，而我记得的共有十二家。从前无怀氏在泰山上祭祀天神，在云云山上祭祀地神；伏羲氏在泰山上祭祀天神，在云云山上祭祀地神；神农氏在泰山上祭祀天神，在云云山上祭祀地神；炎帝在泰山上祭祀天神，在云云山上祭祀地神；黄帝在泰山上祭祀天神，在亭亭山上祭祀地神；颛顼在泰山上祭祀天神，在云云山上祭祀地神；帝喾在泰山上祭祀天神，在云云山上祭祀地神；唐尧在泰山上祭祀天神，在云云山上祭祀地神；虞舜在泰山上祭祀天神，在云云山上祭祀地神；夏禹在泰山上祭祀天神，在会稽山上祭祀地神；商汤在泰山上祭祀天神，在云云山上祭祀地神；周成王在泰山上祭祀天神，在社首山上祭祀地神。他们都是先承受天命，然后才举行封禅大典。”齐桓公说：“我向北讨伐过山戎，经过孤竹；向西讨伐过大夏，渡过流沙河，扣紧马缰，挂牢车辆，攀登上了卑耳山；向南曾讨伐楚国，到达召陵，登上熊耳山，远眺长江、汉水。我曾举行了三次兵戎集会，六次和平集会，共九次与诸侯会合，稳定了周天子王位的危机，各国诸侯没有敢违抗我的命令的。这与过去夏、商、周三代的帝王们相比，还有什么不同的地方吗？”这时管仲看到齐桓公没法用语言来说服，于是便想用具体事例来劝阻他，说：“古代封禅时，一定要用鄗上出产的黍米，北里出产的谷物，作为祭品；江淮出产的三脊灵茅，作为祭祀神灵所用的垫席。还从东海打捞到比目鱼，从西海捕捉到比翼鸟，还有其他不召而来的祭品十五种。如今凤凰、麒麟没有出现，嘉谷没有生长，而那些蓬蒿藜莠等野草却生长得很茂盛，猫头鹰这种凶恶的鸟也飞来过多次，在这种情况下想要举行封禅大典，恐怕不可以吧？”于是齐桓公才打消了封禅的想法。

是岁，秦缪公内晋君夷吾[①]。其后三置晋国之君[②]，平其乱。缪公立三十九年而卒[③]。

【注释】

①秦缪公内晋君夷吾：晋献公死后，里克连续杀了新君奚齐、悼子，晋国国内无君，夷吾请求秦缪公送其回国即位，秦缪公用军队护送回国得以即位，是为晋惠公。

②三置晋国之君：这种描述不准确，秦缪公所置只有晋惠公和晋文公。过程详见《秦本纪》与《晋世家》。

③缪公立三十九年而卒：秦缪公卒于鲁文公六年，前621年。

【译文】

这一年，秦缪公把公子夷吾送回晋国立为晋君。以后又三次安置晋国君主，平定了晋国的内乱。缪公执政三十九年后去世。

其后百有余年，而孔子论述六艺[①]，传略言易姓而王[②]，封泰山禅乎梁父者七十余王矣，其俎豆之礼不章[③]，盖难言之[④]。或问禘之说[⑤]，孔子曰："不知。知禘之说，其于天下也视其掌[⑥]。"诗云纣在位，文王受命[⑦]，政不及泰山[⑧]。武王克殷二年，天下未宁而崩[⑨]。爰周德之洽维成王[⑩]，成王之封禅则近之矣[⑪]。及后陪臣执政[⑫]，季氏旅于泰山[⑬]，仲尼讥之[⑭]。

【注释】

①六艺：书名。指《诗》《书》《易》《礼》《乐》《春秋》六部儒家经典，也称为"六艺"。相传曾经孔子删定，作为教育学生的课本，汉以后始有《六经》之名。

②传略言：有的书上简略地记载着孔子说过。易姓而王：指改朝换代后的新君。

③俎（zǔ）豆之礼：祭祀的礼节、仪式。俎豆，俎是摆祭品的案子。豆是盛祭品的木制罐子。不章：不分明，不清楚。

④盖难言之：梁玉绳曰："秦缪卒后至孔子论述六艺，几百四十年，而孔子又安得有易姓封禅之言哉？托诸孔子犹之嫁名管仲也。"

⑤禘（dì）：古代一种极为隆重的大祭之礼，只有天子才能举行。

⑥知禘之说，其于天下也视其掌：按，孔子此语见《论语・八佾》，原文作"或问禘之说，孔子曰：'不知也，知其说者之于天下也，其如示诸斯乎？'指其掌"。

⑦《诗》云纣在位，文王受命：在殷纣王还没有被推翻以前，周文王就已经接受天命了。梁玉绳引卢文弨曰："说《诗》者以虞、芮质成为文王受命之年，史公所引即此。"

⑧政不及泰山：意谓周文王虽已受命为王了，但并没有去封禅泰山。

⑨武王克殷二年，天下未宁而崩：其意谓武王也没有封禅泰山。

⑩爰：于是，因此。洽：渥，周遍。

⑪成王之封禅则近之矣：言外之意是周成王竟然也没有去。

⑫及后：指春秋后期。陪臣执政：指诸侯的权力下移，诸侯国由大夫执政，如鲁之三桓、晋之六卿等。春秋时代各诸侯国的大夫对周天子自称“陪臣”。

⑬季氏：也称“季孙氏”，春秋后期鲁国掌权的贵族，“三桓”之一。鲁桓公少子季友的后裔。旅于泰山：即祭祀泰山。旅，祭祀名，师古曰：“旅，陈也，陈礼物而祭之也。”

⑭仲尼讥之：《论语·八佾》：“季氏旅于泰山，子谓冉有曰：‘女弗能救与？’对曰：‘不能。’子曰：‘呜乎，曾谓泰山不如林放乎？’”根据古礼，泰山在鲁国境内，鲁国诸侯是可以祭祀泰山的，但季氏只是一个大夫，他没有祭祀泰山的资格。他这样做是越礼，故孔子讥之。

【译文】

这以后一百多年，孔子论述六经，在传文中大略提到历代改朝换姓的帝王，到泰山祭祀天神、到梁父山祭祀地神的有七十多位，关于他们的祭器、祭品的礼数并没有清楚地论述，大概也是很难说清吧。有人问孔子关于禘祭的道理，孔子回答说：“不知道。如果有人懂得禘祭的道理，那他在治理天下这方面，就会像察看掌中之物那样容易了。”古诗说当殷朝纣王在位的时候，周文王虽然已经承受了天命，但他的功业还不足以去封泰山。周武王灭殷纣两年之后，天下还没安定就逝世了。因此周朝德政遍布全国始于周成王，周成王时期举行封禅大典就近于合情合理了。到后来王室衰弱，诸侯国中大臣执政，像鲁国季孙氏竟然僭越了自己的职权范围到泰山去祭祀，孔子就讥讽了这件事。

是时苌弘以方事周灵王①，诸侯莫朝周，周力少②，苌弘乃明鬼神事，设射貍首[3]。貍首者，诸侯之不来者。依物怪欲以致诸侯[4]。诸侯不从，而晋人执杀苌弘[5]。周人之言方怪者自苌弘。

【注释】

①苌弘：周灵王（前571—前545年在位）手下的大夫。春秋时人。籍洛阳东北山区。周景王、敬王时大臣刘文公所属大夫。于天地之气，日月之行，风雨之变，律历之数，无所不通。为孔子所赞赏。后因统治集团内部斗争，于敬王二十八年被处死。方：方术，指装神弄鬼的一套把戏。

②周力少：春秋后期，周国的地盘已经非常狭小，周天子也几乎成了徒有虚名的傀儡。

③射貍（mái）首：古代的一种巫术，在箭靶上写上某个人的名字，用箭射之，以诅咒其人因此而死。凌稚隆曰："大射仪，奏《貍首》。郑玄曰：'貍之言不来也，诗有射诸侯首不朝者之言，因以名篇。'故苌弘因诸侯不朝，设射貍首。"钱大昕曰："苌弘所行乃是古礼，战国后礼废，乃疑其神怪尔。"

④依物怪欲以致诸侯：想通过这种鬼神的手段让诸侯前来朝周。物，古人用以称常理以外的精灵。钱锺书曰："盖指妖魅精怪，虽能通神，而与鬼神异类。"

⑤晋人执杀苌弘：苌弘为维护周室而死事，不见于《周本纪》。关于苌弘的生年与其死法，诸处说法不一。具体参看《左传》《淮南子》《庄子》等书。

【译文】

这时，苌弘凭自己的方术来服事周灵王，诸侯不来朝见周灵王，周朝的国势衰弱了，苌弘于是大肆宣扬鬼神一类的事，设置了"箭射貍首"的仪式。"貍首"，象征着那些不来朝见的诸侯。苌弘想凭借神鬼怪异的手段让诸侯前来朝周。诸侯不服从，后来晋国人捕杀了苌弘。周朝人谈论方术鬼怪就是从苌弘这里开始的。

其后百余年，秦灵公作吴阳上畤[①]，祭黄帝；作下畤[②]，祭炎帝。后四十八年[③]，周太史儋见秦献公曰[④]："秦始与周合，合而离，五百岁当复合，合十七年而霸王出焉[⑤]。"栎阳雨金[⑥]，秦献公自以为得金瑞[⑦]，故作畦畤栎阳而祀白帝[⑧]。其后百二十岁而秦灭周[⑨]，周之九鼎入于秦。或曰宋太丘社亡[⑩]，而鼎没于泗水彭城下[⑪]。其后百一十五年而秦并天下[⑫]。

【注释】

①秦灵公：战国初秦国国君，前424—前415年在位。吴阳上畤：祭天的坛台名，在当时秦都雍县（今陕西宝鸡凤翔区）南的三畤原上。

②下畤：即吴阳下畤。按，据《六国年表》秦灵公三年（前422）作上下畤，上距周灵王一百多年。又，据此处文意，似自秦灵公起即将人间之"黄帝"供为上天中央之"黄帝"，将炎帝供为上天南方之"赤帝"。

③后四十八年：即周烈王二年，秦献公十一年，前374年。

④周太史儋：周国的太史名儋。太史，官名，主管记录史事，保管图籍，亦管占卜、祭祀等。秦献公：名师隰，前384—前362年在位。

⑤"秦始与周合"几句：类似文字又见于《周本纪》《秦本纪》《老子列传》。

⑥栎（yuè）阳雨金：栎阳城里天空降金屑。据《秦本纪》，事在献公十八年，前367年。栎阳，县名。秦置，治所在今陕西临潼北。

⑦金瑞：此指"雨金"带来的好征兆。瑞，好征兆。

⑧畦畤：畤名。秦献公祭白帝之所。在今陕西西安临潼东北秦栎阳。

⑨其后百二十岁而秦灭周：梁玉绳曰："秦献十八年作畦畤，为显王二年（前367），至赧王五十九年（前255）灭，凡百十一年，若数至灭东周（前249），则百十八岁。"

⑩宋太丘社亡：宋国太丘邑的社树忽然失踪。太丘，在今河南永城西北。泷川引吕祖谦《大事记》云："古者立社，植木以表之，因谓其木为社。所谓'亡'者，震风凌雨，此社之树摧损散落，不见踪迹也。"杨宽曰："宋设太丘社于国都彭城之泗水旁，故太丘社沦亡，鼎没于泗水彭城下，此与沛郡之太丘县无涉。"可供参考。

⑪鼎没于泗水彭城下：周国的九鼎也同时飞走，落入彭城下的泗水中去了。彭城，即今江苏徐州。当时的泗水自山东流来，经彭城东，东南流，汇入淮水。泷川曰："曰'或曰'者，史公记异闻，以为下文'汾阴出鼎'之地，又与《始皇纪》'泗水求鼎'之事相应。宋、殷之后，其社主亦殷之物，与周鼎并重，同年同亡，所以为异。"

⑫其后百一十五年而秦并天下：梁玉绳曰："鼎没泗水，据《汉志》《竹书》在显王四十二年（前327），至秦并天下（前221），首尾一百七年。"

【译文】

这以后一百多年，秦灵公在吴山南面建立上畤，祭祀黄帝；又建立下畤，祭祀炎帝。又过了四十八年，周朝的太史儋会见秦献公时说："秦国和周朝原本是合在一起的，合着又分开了，五百年以后还应当复合，复合十七年后秦国将会有霸主出现。"栎阳城里天空降金屑，秦献公认为得到金屑是祥瑞的征兆，所以就在栎阳建立了畦畤，来祭祀白帝。这以后又过了一百二十年，秦朝灭亡了周朝，周朝的九鼎也归秦朝所有。有人说宋国的太丘社树忽然失踪，而宝鼎也同时飞走，落入彭城下边的泗水中了。这以后又过了一百一十五年，秦朝统一了天下。

秦始皇既并天下而帝，或曰："黄帝得土德[1]，黄龙地螾见[2]。夏得木德[3]，青龙止于郊[4]，草木畅茂。殷得金德[5]，银自山溢[6]。周得火德[7]，有赤乌之符[8]。今秦变周，水德之时[9]。昔秦文公出猎，获黑龙，此其水德之瑞[10]。"于是秦更命河曰德水，以冬十月为年首[11]，色上黑，度以六为名[12]，音上大吕[13]，事统上法[14]。

【注释】

①黄帝得土德：战国的阴阳五行家认为黄帝与"土"相应，故谓其"得土德"。

②地螾（yǐn）：即蚯蚓。螾，同"蚓"。

③夏得木德：夏朝与五行中的"木"相应。

④青龙：代表东方的神灵。五行家认为"木"相应于东方，又相应于一年四季里的春天，所以有"青龙"出现，以及"草木畅茂"之说。

⑤殷得金德：金德与西方，又与四季的秋天相应。

⑥银自山溢：山上往下流银子。银子白色，是"金"性帝王的瑞应。

⑦周得火德：火德与南方、与四季的夏天相应。

⑧赤乌：传说周武王时有火从天而降，形如赤乌。符：符命，指天以瑞祥之兆，为王者受命之征。

⑨今秦变周，水德之时：周为"火"德，秦能灭"火"，故是"水"德。按，秦代的祖先都是祭白帝，以为自己与"西方"之神相应，现在又开始改为说自己是"水德"，与"北方"之神相应了，都是五行家的欺人之谈。

⑩获黑龙，此其水德之瑞：五行家又以金、木、水、火、土与白、蓝、黑、红、黄五种颜色相配，"水"与黑色相应，故称黑龙出现是秦国兴旺之兆。

⑪以冬十月为年首：秦朝以自己为“水德”，“水”与“冬天”相应，故改用阴历十月作为每年的开头。

⑫度以六为名：《秦始皇本纪》云：“数以六为纪，符、法冠皆六寸，而舆六尺，六尺为步，乘六马。”

⑬大吕：古代音乐的十二律名之一。三代十二律的阳律是黄钟、大簇、姑洗、蕤宾、夷则、无射；阴律是林钟、南吕、应钟、大吕、夹钟、中吕。秦代以大吕为阴律之首。

⑭事统上法：办任何事情都以法律为准则。服虔曰：“政尚法令也。”臣瓒曰：“水阴，阴主刑杀，故上法。”

【译文】

秦始皇统一天下后称帝，有人说：“黄帝获得了土德，就有黄龙、蚯蚓出现。夏朝获得了木德，青龙停在郊外，草木苍翠茂盛。殷朝获得金德，白银从山中流出。周朝获得火德，就有了天降赤乌的符瑞。现在的秦朝取代周朝，正是处于水德兴盛时期。从前秦文公出外打猎，捕获了黑龙，这是秦水德的祥瑞呀。”于是秦始皇就把黄河改称“德水”，把冬季的十月作为一年的开始，颜色崇尚黑色，度量衡以六为单位，音乐方面崇尚大吕律，政治方面崇尚法律。

即帝位三年[①]，东巡郡县，祠驺峄山[②]，颂秦功业。于是征从齐鲁之儒生博士七十人[③]，至乎泰山下。诸儒生或议曰：“古者封禅为蒲车[④]，恶伤山之土石草木；埽地而祭[⑤]，席用菹秸[⑥]，言其易遵也。”始皇闻此议各乖异，难施用，由此绌儒生[⑦]。而遂除车道[⑧]，上自泰山阳至巅，立石颂秦始皇帝德，明其得封也[⑨]。从阴道下[⑩]，禅于梁父。其礼颇采太祝之祀雍上帝所用[⑪]，而封藏皆秘之[⑫]，世不得而记也。

【注释】

①即帝位三年：即皇帝位的第三年，前219年。

②驺峄山：也称邹峄山、邾峄山。在山东邹城东南。

③征从：征召。博士：官名。秦设博士，侍从皇帝，以备顾问。汉初沿之，武帝以博士讲授经学，为学官。

④蒲车：用蒲草裹着车轮的车子。古代用于封禅或征聘隐士。

⑤埽：同“扫”。用扫帚除去尘土、垃圾等物。

⑥菹秸（zū jiē）：用农作物的茎秆编成的铺垫物，草席。菹，可用为铺垫的草。秸，禾秆，有的可以编席子。

⑦绌：通“黜”，退，罢斥。

⑧除：开拓，开通。

⑨明其得封：说明了他所以封泰山的理由。按，秦始皇封泰山的刻石铭文见《秦始皇本纪》二十八年。

⑩阴道：从北面上山的路。阴，山北水南为阴。

⑪祀雍上帝：在雍县诸畤祭祀上帝。

⑫封藏：封闭收藏。此指祭祀时埋藏在山上的礼品与告天的文字等。

【译文】

秦始皇登上帝位三年，到东方的郡县视察，祭祀了驺峄山，立碑颂扬秦朝的功业。于是又征召齐、鲁两地的儒生、博士七十人，跟随他来到泰山脚下。众儒生中有人建议说：“古代帝王在封禅时都用蒲草包裹车轮，不让车伤害山上的土石、草木；打扫干净地面来祭祀，用草席做垫席，这是说古礼容易遵行。”秦始皇听了这些议论后，认为这些都离奇古怪，难以施行开来，从此罢黜了这些儒生。接着，他下令修建车道，从泰山的南面登上了山顶，立石碑刻字颂扬自己的功德，说明他所以封泰山的理由。接着，秦始皇在北边山道下山，在梁父山祭祀了地神。秦始皇封禅的礼仪大多采用太祝在雍县祭祀天帝时所使用的礼仪，有关礼仪的记载都密封珍藏，后世无从记载。

始皇之上泰山，中阪遇暴风雨[①]，休于大树下[②]。诸儒生既绌，不得与用于封事之礼[③]，闻始皇遇风雨，则讥之[④]。

【注释】

①中阪：亦作“中坂”。半山坡。

②休于大树下：《秦始皇本纪》云：“风雨暴至，休于树下，因封其树为‘五大夫’。”今泰山南路的半山腰尚有所谓“五大夫松”，乃后人指点以充之。

③与用：参与，参加。

④闻始皇遇风雨，则讥之：造说天以此表现不喜欢始皇之所为。亦有造说始皇根本没能上得山去，事见后文“齐人丁公”之所言。

【译文】

秦始皇登泰山时，在半山遇到了暴风雨，只得在大树下休息。那些被斥退的儒生，不能参加封禅典礼，当听说秦始皇遇到了暴风雨时，就都讥笑他。

于是始皇遂东游海上，行礼祠名山大川及八神，求仙人羡门之属[①]。八神将自古而有之，或曰太公以来作之。齐所以为齐，以天齐也[②]。其祀绝，莫知起时。八神：一曰天主[③]，祠天齐[④]。天齐渊水，居临菑南郊山下者[⑤]。二曰地主，祠泰山梁父。盖天好阴，祠之必于高山之下，小山之上，命曰“畤”[⑥]；地贵阳，祭之必于泽中圜丘云[⑦]。三曰兵主，祠蚩尤。蚩尤在东平陆监乡[⑧]，齐之西境也。四曰阴主，祠三山[⑨]。五曰阳主，祠之罘[⑩]。六曰月主，祠之莱山[⑪]。皆在齐北，并勃海[⑫]。七曰日主，祠成山[⑬]。成山斗入海[⑭]，最居齐东北隅，以迎日出云。八曰四时主，祠琅邪[⑮]。琅邪在齐东方，盖岁之所始[16]。皆各用一牢具祠[17]，而巫祝所损益[18]，珪币杂异焉[19]。

【注释】

①羡门：人名。名子高，古代的仙人。

②天齐：齐，此处通“脐”。师古曰：“谓其众神异，如天之腹齐也。”

③天主：犹言“天神”，下同。程一枝曰：“天、地、兵、日、月、阴、阳、四时者，八神名也。”

④祠天齐：祭祀天的肚脐。

⑤临菑南郊山下：《索隐》引《齐记》云：“临菑城南有天齐泉，五泉并出，有异于常，言如天之腹齐也。”

⑥畤：在小山上修的祭台，所以称为“畤”者，谓神灵之所栖止。

⑦泽中圜丘：在低湿的水草地上修的圆台。郭嵩焘曰：“‘八神’之祀起于齐，而祀天于‘天齐渊水’，则仍泽中也；祀地于太山、梁父，则山也。史公以‘好阴而祠之山地，贵阳而祭之泽’，与齐天主、地主之祠正相反，疑此处必有阙文。”

⑧东平陆：即古平陆县，在今山东东平东南。《索隐》引《皇览》云：“蚩尤冢在东平郡寿张县阚乡城中。”

⑨三山：师古以为即后文之所谓蓬莱、方丈、瀛洲三神山。

⑩之罘（fú）：山名。也作芝罘，在今山东烟台北。

⑪祠莱山：底本作“祠之莱山”。郭嵩焘认为“之”字缘上文而衍。莱山，古山名。一名莱阴山。在今山东龙口东南。

⑫并勃海：沿着渤海。并，傍，沿着。

⑬成山：即今所谓成山角，在山东荣成东北，是一个伸入大海中的小半岛。

⑭斗：通“陡”，突出。

⑮琅邪：即所谓琅邪台，在今山东胶南东南的大海边，其山如台状。

⑯岁之所始：是一年开头最早的地方，因其居于东海之滨，筑有“四时祠”。

⑰皆各用一牢具祠：都各用一头牲畜来祭祀。具，犹今所谓“一套”“一桌”，指招待人的筵席或祭神的供品。

⑱巫祝：主管祭祀的神职人员。

⑲珪币：祭祀用的璧玉、丝帛等。珪，长方形而上尖的玉板。币，礼品。

【译文】

这以后，秦始皇又到东边海上巡游，并举行仪式祭祀名山大川和八神，寻访羡门子高之类的仙人。八位神将自古就存在，也有人说是姜太公以来才有的。齐国之所以叫作“齐”，是因为它对着天的肚脐眼上。这些祭祀典礼早已经绝迹了，不知道是从什么时候兴起的。八神：第一位是天主，在天齐泉来祭祀它。天齐，是泉水名，位于临淄城南郊的山下。第二位是地主，在泰山下的梁父山祭祀它。这是因为天神喜欢阴气，在祭祀天神的时候一定要在高山之下，小山之上，所筑造的祭坛取名叫“畤”；而地神崇尚阳气，祭祀地神一定要在水泽中露出水面的圆丘上。第三位是兵主，在蚩尤冢来祭祀它。蚩尤冢在东平陆的监乡，位于齐国的西部地境。第四位是阴主，在三山祭祀它。第五位是阳主，在之罘山祭祀它。第六位是月主，在莱山祭祀它。这些地方都在齐国北部，紧靠着渤海。第七位是日主，在成山祭祀它。成山角突出伸入海中，位于齐国的最东北角，可以在这里迎接日出。第八位是四时主，在琅邪山祭祀它。琅邪山在齐国的东部，可在这里迎接一年的开始。对这八位神，都各用一头牲畜来祭祀，掌管祭祀的人员对玉帛等祭品可以有所增减。

自齐威、宣之时①，驺子之徒论著终始五德之运②，及秦帝而齐人奏之③，故始皇采用之。而宋毋忌、正伯侨、充尚、羡门高④，最后皆燕人⑤，为方仙道⑥，形解销化，依于鬼神之事[7]。驺衍以阴阳《主运》显于诸侯[8]，而燕齐海上之方士传其术不能通，然则怪迂阿谀苟合之徒自此兴[9]，不可胜数也。

【注释】

①威：指齐威王，前356—前320年在位。宣：指齐宣王，前319—前301年在位。

②驺子：即驺衍。战国时的阴阳五行家，齐国临淄人。终始五德之运：论述水、火、木、金、土五种物质的德性相生相克和周而复始的循环运行，用以说明王朝兴废的原因。

③齐人：谓邹衍的徒子徒孙。奏：进献，谓进献《五德终始》之书。

④宋毋忌：传说中的火仙。正伯侨：也作"征伯侨"，古仙人之名。充尚：仙人名。

⑤最后皆燕人："最后"二字不可通，《集解》以为应作"其后"，王念孙以为应作"聚谷"，即宋玉《高唐赋》中之"乐聚谷"。按，《高唐赋》将乐聚谷与羡门高、溪上成、郁林公并称为"有方之士"，盖亦仙人。

⑥为方仙道：讲究修道成仙的方法。

⑦形解销化，依于鬼神之事：即神仙家的所谓"尸解"，谓修道成功后，抛下肉身，真人"飞升"而去。这是一种骗人说法。

⑧阴阳《主运》：指邹衍学说的基本内容。《主运》，驺衍书中的篇名。显于诸侯：《孟子荀卿列传》说"驺子重于齐，适梁，惠王郊迎，执宾主之礼；适赵，平原君侧行撇席；如燕，昭王拥彗先驱，请列弟子之座而受业，筑碣石宫，身亲往师之"。

⑨怪迂阿谀苟合之徒自此兴：武帝时之栾大、文成、五利皆此类，史公感慨殊深。

【译文】

从齐威王、齐宣王时起，驺衍等一班人著书立说，论述水、火、木、金、土五种物质的德性相生相克和周而复始的循环运行，用以说明王朝兴废的原因，到秦始皇称帝后，齐国人把这种学说献上来，因此秦始皇采用了这一学说。而宋毋忌、正伯侨、充尚以及羡门子高，都是燕国人，他们创建神仙道术，编造肉体消解，灵魂飞升，依托鬼神一类的说辞。驺衍凭借着他的阴阳《主运》学说显名于诸侯，而燕国、齐国沿海一带的方士们，传播他的学说却弄不懂这个学说的实质，于是怪诞无聊、阿谀奉承、溜须拍马的一帮人从这里兴起，多得数不过来。

自威、宣、燕昭使人入海求蓬莱、方丈、瀛洲[①]。此三神山者，其传在勃海中[②]，去人不远；患且至[③]，则船风引而去。盖尝有至者，诸仙人及不死之药皆在焉。其物禽兽尽白，而黄金银为宫阙。未至，望之如云[④]；及到，三神山反居水下。临之，风辄引去，终莫能至云。世主莫不甘心焉[⑤]。及至秦始皇并天下，至海上，则方士言之不可胜数。始皇自以为至海上而恐不及矣，使人乃赍童男女入海求之[⑥]。船交海中[⑦]，皆以风为解，曰未能至，望见之焉。其明年[⑧]，始皇复游海上，至琅邪，过恒山[⑨]，从上党归[⑩]。后三年[⑪]，游碣石[⑫]，考入海方士[⑬]，从上郡归[⑭]。后五年[⑮]，始皇南至湘山[⑯]，遂登会稽，并海上[⑰]，冀遇海中三神山之奇药。不得，还至沙丘崩[⑱]。

【注释】

①燕昭：战国中期的燕国国君，前311—前279年在位。事迹见《燕召公世家》。

②其传在勃海中：底本“传”字作“傅”，不通。依《汉书》改为“传”。

③患：担心，忧虑。

④未至，望之如云：实即所谓“海市蜃楼”，沿海常有见之者。

⑤世主：世间的帝王。甘心：《索隐》曰："谓心甘羡也。"师古曰："甘心，言贪嗜之心不能已也。"

⑥使人乃赍童男女入海求之：《秦始皇本纪》二十八年云："于是遣徐市发童男女数千人，入海求仙人。"徐市，也写作"徐福"。

⑦船交海中：言船到海中以后。交，达。

⑧其明年：始皇二十九年，前218年。

⑨恒山：山名，在今河北曲阳西北；也是郡名，郡治东垣，在今石家庄东北。

⑩上党：郡名。战国韩置，秦汉因之。治所在长子县（今山西长子西南）。

⑪后三年：始皇三十二年，前215年。

⑫碣石：山名，在今河北昌黎北。

⑬考：考问，核查。

⑭上郡：郡名。当在今陕西北部及内蒙古鄂尔多斯的左侧一带。秦时治所在肤施（今陕西榆林东南）。

⑮后五年：此指始皇三十七年，前210年。

⑯湘山：山名。即君山。在湖南岳阳西南洞庭湖中。

⑰并海上：沿海边北行。并，傍，沿着。

⑱还至沙丘崩：关于秦始皇死于沙丘的经过，详见《秦始皇本纪》与《李斯列传》。

【译文】

从齐威王、齐宣王、燕昭王起，他们就派人到海中去寻找蓬莱、方丈、瀛洲。这三座神山，传说坐落在渤海中，离人间不远；麻烦的是船将要到达时，便会被大风刮走。相传曾经有人到过那里，仙人们以及长生不老的药都在那里。那里的飞禽走兽都是白色的，宫阙皆为黄金白银建造。还没到达时，远远望去，三座神山像天上的云彩一般；等到达那里，却看到三座神山反而隐没于水中。当船再接近时，风就把船刮走了，始终不能到达。世间的帝王无不向往那里。到秦始皇统一天下后，他巡游至海边，方士们谈论海上仙山之事多得数不过来。秦始皇认为自己到海上恐怕不可能了，就派人携带童男童女到海上去寻找这些神山。这些人都以船到了海上被风阻挡为借口，说不能到达那里，只是望见了神山。第二年，秦始皇再次巡游海上，到达了琅邪山，经过恒山，从上党返回咸阳。三年后，秦始皇巡游到碣石，查问去海上寻求神仙的方士们后，从上郡返回咸阳。五年后，秦始皇南巡到达湘山，于是登上会稽山，沿海路北上，希望能找到海中三神山上长生不老的灵丹妙药。无果，回咸阳的路上在沙丘死了。

二世元年①，东巡碣石，并海南②，历泰山，至会稽，皆礼祠之，而刻勒始皇所立石书旁③，以章始皇之功德。其秋，诸侯畔秦④。三年而二世弑死⑤。

【注释】

①二世元年：前209年。

②并海南：沿海边南行。

③刻勒始皇所立石书旁：在始皇帝当年所刻的铭文旁边再补刻上一些字。勒，也是“刻”的意思。

④其秋，诸侯畔秦：二世元年（前209）七月，陈胜首先举事反秦，其后项羽、刘邦等相继皆起。畔，通“叛”。

⑤三年而二世弑死：二世三年（前207）胡亥被赵高所弑，事见《秦始皇本纪》《李斯列传》。

【译文】

秦二世元年，二世向东巡游到达碣石山，沿海南下，经过泰山，到达会稽山，一路都按礼祭祀，他还在秦始皇所立的石碑旁边刻石，以表彰始皇帝的功德。这年秋天，各路诸侯起兵反秦。三年之后，秦二世被杀死。

始皇封禅之后十二岁，秦亡[①]。诸儒生疾秦焚《诗》《书》，诛僇文学[②]，百姓怨其法，天下畔之，皆讹曰[③]："始皇上泰山，为暴风雨所击，不得封禅。"此岂所谓无其德而用事者邪？

【注释】

①始皇封禅之后十二岁，秦亡：从始皇二十八年（前219）封泰山，到二世三年（前207）秦朝灭亡，前后共十二年。

②诛僇文学：事在始皇三十五年（前212），事见《秦始皇本纪》。诛僇，杀戮。僇，通"戮"。文学，谓"文学方术之士"，也称"术士"。

③讹（é）曰：编造谣言说。

【译文】

秦始皇封禅之后十二年，秦朝灭亡了。当时儒生们痛恨秦始皇焚烧《诗》《书》，杀害读书人，老百姓也怨恨秦朝的严刑峻法，这样天下的人一齐背叛了他，都造谣说："秦始皇上泰山，被暴风雨袭击，并没有完成封禅典礼。"这莫非就是那些所谓不具备德行却强行封禅的人吗？

昔三代之居皆在河洛之间[①]，故嵩高为中岳[②]，而四岳各如其方[③]，四渎咸在山东[④]。至秦称帝，都咸阳，则五岳、四渎皆并在东方。自五帝以至秦，轶兴轶衰[⑤]，名山大川或在诸侯，或在天子，其礼损益世殊，不可胜记。及秦并天下，令祠官所常奉天地名山大川鬼神可得而序也。

【注释】

①河洛之间：指今河南境内的黄河、洛水流域。

②嵩高：即今嵩山，在河南登封西北。

③四岳各如其方：谓东岳在嵩山东方，西岳在嵩山西方，南岳在南，北岳在北。

④四渎：即江、淮、河、济四条江河。山东：此指崤山（今河南灵宝东南）以东。

⑤轶兴轶衰：《汉书·郊祀志》作“迭兴迭衰”，即此起彼伏之意。轶，通“迭”，更替，轮流。

【译文】

从前，夏、商、周三代君主的都城都在黄河和洛水之间，因此嵩高山算是中岳，并且其他四岳都按照各自所在的方位命名，四渎也都在崤山以东。到秦始皇称帝，把咸阳作为都城，因而五岳、四渎都在东方。从五帝时期直到秦朝，各个朝代的兴亡依次更替，这些名山大川就有时在诸侯国，有时在天子的管辖区，它们的祭祀礼仪也随朝代的变更有增益有损减，各有不同，无法完整地记载。等到秦朝统一天下，令祠官经常祭祀天地以及名山大川的鬼神，从此才可以依次记载了。

于是自殽以东[①]，名山五，大川祠二。曰太室（太室，嵩高也）、恒山、泰山、会稽、湘山。水曰济，曰淮[②]。春以脯酒为岁祠[③]，因泮冻[④]，秋涸冻[⑤]，冬塞祷祠[⑥]。其牲用牛犊各一，牢具珪币各异[⑦]。

【注释】

①殽：即崤山，在今河南洛宁西北，东接渑池界，西接陕州界。

②水曰济，曰淮：此指要祭祀的是济水和淮水。

③脯酒：干肉与酒。为岁祠：为祈求农业丰收而祭祀。

④因泮（pàn）冻：趁河冰刚解冻的时候。泮冻，解冻。

⑤秋涸（hé）冻：秋天的祭祀是在水渐干涸，开始结冰的时候。涸冻，水凝结成冰。涸，通“沍”，冻结。

⑥冬塞祷祠：冬天进行感谢河神一年赐福的祭祀。塞，也作“赛”，酬报。旧时祭祀酬神之称。

⑦牢具：指祭祀用的食器。

【译文】

当时从崤山以东，所祭祀的大山有五座，大河有两条。五座大山分别为太室山（太室山，又叫嵩山）、恒山、泰山、会稽山、湘山。两条大河，一叫济水，一叫淮河。在这些地方，春天用干肉和酒为每年的丰收进行祈祷，春天趁河水解冻的时候祭祀，秋天的祭祀是在水渐干涸，开始结冰的时候，冬天要举行酬谢神功和祈祷求福的祭祀。祭牲用牛犊各一头，祭祀用的牲畜、祭器、玉帛等祭品各自不同。

自华以西，名山七，名川四。曰华山、薄山（薄山者，衰山也）、岳山、岐山、吴岳、鸿冢、渎山（渎山，蜀之汶山）①。水曰河，祠临晋②；沔，祠汉中③；湫渊，祠朝那④；江水，祠蜀⑤。亦春秋泮涸祷塞，如东方名山川，而牲牛犊牢具珪币各异⑥。而四大冢鸿、岐、吴、岳⑦，皆有尝禾⑧。

【注释】

①薄山者，衰山也：衰山，《汉书·郊祀志》作“襄山”，旧注皆以为即今山西境内的中条山，但此与史文所谓“自华以西”不合。岳山：即吴岳，也叫岍山，在今陕西陇县西南。岐山：在今陕西岐山县东北一带。鸿冢：在今陕西宝鸡凤翔区。汶山：岷山南下的正支脉，所以岷山也叫汶山，有二十一个峰，位于今四川茂县的东南。

②水曰河，祠临晋：祭祀黄河的地点是在临晋。临晋，古邑名。故城

在今陕西大荔境内。

③沔（miǎn），祠汉中：在汉中（今陕西汉中）立庙祭祀汉水。沔，汉水的上游，这里即指汉水。

④湫（jiǎo）渊，祠朝㴲：湫渊，湖泊名，在今宁夏固原境。朝㴲，秦县名，在今宁夏固原东南。

⑤江水，祠蜀：在蜀郡祭祀长江。蜀，秦郡名，这里指蜀郡的郡治，即今成都。

⑥牲牛犊：以牛犊作为供品。"牲"字用如动词。

⑦四大冢：自华以西七座名山里的四座大山。冢，山顶。

⑧尝禾：尝新祭祀，让鬼神品尝新的禾谷。尝，祭祀名，在秋天举行。

【译文】

从华山以西，大山有七座，大河有四条。这七座大山分别为华山、薄山（薄山，就是衰山）、岳山、岐山、吴岳、鸿冢、渎山（渎山，就是蜀郡的汶山）。四条大河：一条叫黄河，在临晋祭祀；一条叫沔河，在汉中祭祀；一条叫湫渊，在朝㴲祭祀；一条叫长江，在蜀郡祭祀。在这些山河中，也是在春天和秋天两季，在河水解冻和冻结以及冬季举行祈祷福祉和酬谢神功的祭祀，如同祭祀东方的名山大川，而祭祀所用的牛犊、盛用的祭器、玉璧、丝帛等祭品却各不相同。四座大山：鸿冢、岐山、吴岳、岳山，都还有贡献新谷的祭祀。

陈宝节来祠[①]，其河加有尝醪[②]。此皆在雍州之域，近天子之都，故加车一乘，骍驹四[③]。霸、产、长水、沣、涝、泾、渭皆非大川[④]，以近咸阳，尽得比山川祠，而无诸加[⑤]。汧、洛二渊[⑥]，鸣泽、蒲山、岳婿山之属[⑦]，为小山川，亦皆岁祷塞泮涸祠[⑧]，礼不必同。

【注释】

①陈宝节来祠:《集解》引服虔曰:“陈宝神应节来也。”李笠曰:“案上文云‘其神或岁不至,或岁数来’,不当云‘应节来’甚明,此‘节来’盖谓祠官来祠耳。”

②其河加有尝醪(láo):祭祀华山以西的河流时要加有新酿制的米酒。醪,米酒。

③骊:通“骝”,红毛黑鬃的马。

④霸:灞水,自蓝田东南流来,流经当时的长安东,汇入渭水。产:产水,自蓝田县流来,在长安城东南汇入灞水。长水:产水的一条支流,在蓝田境内。沣:沣水,自今陕西西安鄠邑区南流来,经当时的长安城西汇入渭水。涝:涝水,自西安鄠邑区西南流来,经今西安鄠邑区西,汇入渭水。泾:泾水,自甘肃流来,经陕西彬州、泾阳,汇入渭水。渭:渭水,自甘肃流来,经宝鸡、咸阳,东流入黄河。

⑤无诸加:不像前述自华以西的七山四河等还要增加一些东方山川所享受不到的东西,如所谓“车一乘、骝驹四”云云。

⑥汧、洛二渊:即汧水、洛水。汧水源于甘肃六盘山,经今陇县、千阳,在宝鸡东汇入渭水。洛水源于吴旗西北,经今甘泉、洛川,至大荔南入渭水。

⑦鸣泽:山名。在今河北涿州北。蒲山:即薄山,在今山西永济南。岳婿山:山名。在华山西。

⑧岁祷塞泮涸祠:与前文“亦春秋泮涸祷塞”意同,即在年冬时举行报谢神赐的祭祀,春天解冰、秋天结冰的时候照例举行祭祀。

【译文】

陈宝神应节来享受祭祀,祭祀华山以西的河流时还要增献新酒酿。这些山河都在雍州这个地方,靠近天子的都城,所以在祭祀时还要增加一辆车和四匹红毛黑鬃的马驹。灞水、产水、长水、沣水、涝水、泾水、渭水都不算大河,由于离咸阳很近,祭品也都按照祭祀名山大川的仪式进献，但不再增加祭品。汧水、洛水两条河，还有鸣泽、蒲山及岳嶓山一类山河，都算是小山小河，每年也都在冬季举行报谢神赐的祭祀，在春天解冰、秋天结冰时举行祭祀，但礼仪方面不一定与别处相同。

而雍有日、月、参、辰、南北斗、荧惑、太白、岁星、填星、辰星、二十八宿①，风伯、雨师、四海②，九臣、十四臣③，诸布、诸严、诸逑之属④，百有余庙。西亦有数十祠⑤。于湖有周天子祠⑥。于下邽有天神⑦。沣、滈有昭明、天子辟池⑧。于杜亳有三杜主之祠、寿星祠⑨，而雍菅庙亦有杜主⑩。杜主，故周之右将军⑪，其在秦中⑫，最小鬼之神者⑬。各以岁时奉祠。

【注释】

①雍：此指雍县，秦灵公后置，治今陕西宝鸡凤翔南。参（shēn）、辰：二十八宿中的两个星座名。辰，也称“心宿”。南北斗：南斗也称“斗宿”，二十八宿之一；北斗即今北斗七星，属大熊星座。荧惑：即火星。太白：即金星。岁星：即木星。填星：即土星。辰星：即水星。二十八宿：黄道沿途的二十八个星宿名。详见《天官书》。

②风伯：即俗所谓风神。雨师：即俗所谓雨神。四海：四海的海神。

③九臣、十四臣：泷川引皮锡瑞语以为应作“九臣六十四臣”。并曰：“《汉旧仪》‘祭九皇、六十四民，皆古帝王’，是在汉时尝列祀典。九臣，当是九皇之臣；六十四民，当是六十四民之臣。”郭嵩焘曰：“九臣、十四臣祀之雍，盖皆周臣之有功者也。马融《论语注》‘乱臣十人’，谓周公、召公、太公、毕公、荣公、太颠、闳夭、散宜生、南宫适，其一人谓文母，则九臣当是周初功臣，《祭法》所谓‘有功德于民者也’。”

④诸布、诸严、诸逑：郭嵩焘曰：“案《尔雅》：‘祭星曰布。’天垂象，

故曰‘布’。‘诸布、诸严、诸逑’，盖天神、地祇、人鬼之分。丘陵、林谷皆属之地，而义取深严，故曰‘严’。《说文》：‘逑，敛聚也。’谓合祀之，九臣、十四臣皆合祀之。逑，亦匹也。人神皆有配，《楚辞》湘君、湘夫人亦配也，故‘诸逑’宜以当人神也。”

⑤西：《索隐》以为即西县，亦即“西垂”，在今甘肃天水西南，秦国最早的都城。

⑥湖：秦邑名，在今河南灵宝西，汉代立以为县。周天子祠：《索隐》引《地理志》：“湖县属京兆，有周天子祠二所。”

⑦下邽（guī）：古县名。故治在今陕西渭南北下邽镇东南渭河北岸。秦置。

⑧沣、滈：即“丰、镐”，周朝的都城名。昭明：此指火星庙。

⑨杜亳：梁玉绳以为应即杜县（今西安东南）境内的亳亭。因西周末时曾有戎族的亳王居此，故称为亳，后被秦宁公所灭。杜主：底本作“社主”，此处据《汉书·地理志》改。杜主，即杜陵之神杜伯。寿星：《索隐》曰：“盖南极老人星也，见则天下理安，故祠之以祈福寿。”

⑩菅（jiān）庙：草庵小庙。菅，野草。

⑪故周之右将军：《索隐》引《墨子》曰：“周宣王杀杜伯不以罪，后宣王田于圃，见杜伯执弓矢射，宣王伏弢而死也。”杜伯是周宣王时大夫，封于杜，故名杜伯。无辜被周宣王杀。故此处“故周之右将军”取其英武状，而非其官职。

⑫秦中：意同“关中”，略当于今陕西渭水流域一带地区。

⑬最小鬼之神者：师古曰：“其鬼虽小，而有神灵也。”

【译文】

雍县有日神、月神、参宿、辰宿、南北斗、火星、金星、木星、土星、水星、二十八宿，风伯、雨师、四海，九臣、十四臣，诸布、诸严、诸逑这些神灵，共有一百多座祠庙。秦国的旧都西县也有几十座祠庙。在湖县有周天子祠。在下邽有天神祠。丰、镐有火星庙和天子辟池。在杜县的亳亭有三所杜主祠和寿星祠，并且雍县的茅草小庙也有杜主祠。杜主，原本是周朝的右将军，他在秦中地区是最小的鬼神中很灵验的一个。对这些星宿、神灵，每年都按时节分别进行祭祀。

唯雍四畤上帝为尊①，其光景动人民唯陈宝②。故雍四畤，春以为岁祷③，因泮冻，秋涸冻，冬塞祠，五月尝驹④，及四仲之月，祠若月祠陈宝节来一祠⑤。春夏用骍⑥，秋冬用骝。畤驹四匹，木禺龙栾车一驷⑦，木禺车马一驷，各如其帝色。黄犊羔各四，珪币各有数，皆生瘗埋⑧，无俎豆之具⑨。三年一郊。秦以冬十月为岁首，故常以十月上宿郊见⑩，通权火⑪，拜于咸阳之旁，而衣上白，其用如经祠云⑫。西畤、畦畤⑬，祠如其故，上不亲往。

【注释】

①雍四畤：雍县附近的鄜畤、密畤、吴阳上、下畤四畤，分别祭祀白帝、青帝、黄帝、炎帝。

②光景动人民：谓“神灵”降临时的景象激动人心，如前所谓“其来也常以夜，光辉若流星，从东南来集于祠城，则若雄鸡，其声殷云，野鸡夜雊”。

③岁祷：祈求丰收。

④五月尝驹：除春、秋、冬三次正规的祭祀外，还要在五月用一车四驹作为加祭。

⑤及四仲之月，祠若月祠陈宝节来一祠：每个季度的第二个月都要祭祀四畤，至于陈宝祠则只有在陈宝节时举行祭祀。仲月，每季度的第二个月，如二月为仲春，五月为仲夏，八月为仲秋，十一月

为仲冬。按,上下文都是讲祭祀四畤,而中间插入一句祭祀陈宝,文字颇觉混乱。

⑥骍(xīng):红马。

⑦木禺龙栾车一驷:木龙拉的车子一辆。木禺,同"木偶"。栾车,同"銮车",有铃的帝王之车。《索隐》曰:"谓车有铃,铃乃有栾和之节,故取名也。"

⑧生瘗(yì)埋:活埋。瘗,埋。

⑨俎(zǔ)豆:古代祭祀、宴飨时盛食物用的两种礼器。亦泛指各种礼器。俎,用以陈置牲体或其他食物,青铜制,也有木制漆饰的。豆,用木头做成,容量四升,高一尺二寸,里面用漆漆饰。

⑩上宿郊见:帝王亲自斋戒在南郊拜见上帝。宿,斋戒。

⑪权火:烽火。一说"权火"即"举火"。师古曰:"凡祭祀通举火者,或以天子不亲至祀所而望拜,或以众祠各处,欲其一时荐飨,宜知早晏,故以火为之节度也。"

⑫其用如经祠:使用的祭品和经常的祭祀一样,不因帝王亲祭而加多。经,常。

⑬西畤、畦畤:泷川曰:"'畦祠'当作'鄜畤'。"盖西畤在西垂,鄜畤在雍县,皆秦国远祖所建,且距咸阳遥远;至于畦畤,乃战国时献公所建,且近在栎阳,故不可与西畤并称。

【译文】

雍县四畤,所祭祀的四位天帝是最尊贵的,但要说景象最激动人心的则数祭祀陈宝了。所以雍县四畤的祭祀,春天祈祷丰收,因为大地解冻,秋天在封冻时祭祀,冬天举行酬报神灵的祭祀,五月进献小马驹,四季的中间月份举行月祭,陈宝神在节日享受一次祭祀。春夏季节用红色马,秋冬季节用红毛黑鬃马。每畤使用小马驹四匹,木偶龙驾的有铃的车一套,木偶马驾的车一套,祭品的颜色也都按照各方的天帝的颜色来装饰。还用小黄牛和小羊各四头,玉璧、丝帛各用一定数量,都把牲口活埋地下，不用俎、豆等祭器。这样每三年在郊外祭祀一次。秦朝把冬季十月作为一年的开始，因此皇帝常常在十月进行斋戒，来到郊外，点燃全路烽火到达四畤，在咸阳附近进行礼拜、祈祷的祭祀，衣服崇尚白色，所用的祭品就像通常祭祀一样。西畤、畦畤，仍像过去一样祭祀，皇帝都不亲自去。

诸此祠皆太祝常主，以岁时奉祠之。至如他名山川诸鬼及八神之属，上过则祠，去则已。郡县远方神祠者，民各自奉祠，不领于天子之祝官①。祝官有秘祝②，即有灾祥，辄祝祠移过于下。

【注释】

①领：管辖。天子之祝官：朝廷主管祭祀的官员。

②秘祝：官名。祝官的一种。秘密祈祷神灵，将帝王灾祸移于下民。其事秘不为人知，故称。

【译文】

所有这些祭祀，都经常由太祝来主持，每年按时进行祭祀。至于其他名山大川诸鬼及八神之类，皇帝经过那里就祭祀，离开了就作罢。远方郡县祭祀的众神，由当地百姓们各自去祭祀，不归皇帝的祝官管理。祝官中有秘祝，一旦有了灾祸，就进行祈祷祭祀，把灾祸转移到众位官员和百姓身上。

汉兴，高祖之微时①，尝杀大蛇。有物曰②：“蛇，白帝子也，而杀者赤帝子③。”高祖初起④，祷丰枌榆社⑤。徇沛⑥，为沛公，则祠蚩尤，衅鼓旗⑦。遂以十月至灞上⑧，与诸侯平咸阳，立为汉王。因以十月为年首⑨，而色上赤⑩。

【注释】

①微时：贫贱而尚未发迹之时。

②物：当时人们称那种具有特异功能的人或物，此处即指哭蛇的老妇。

③而杀者赤帝子：刘邦为亭长时酒醉斩蛇，有老妇夜哭，谓其子白帝子被赤帝子所杀事，详见《高祖本纪》。

④高祖初起：事在秦二世元年（前209）九月。

⑤祷丰枌榆社：在丰邑的枌榆社前祈祷。丰邑，刘邦的故里，上属沛县。枌榆社，枌榆乡的土神庙。

⑥徇：攻取，掠取。沛：古县名。故治在今江苏沛县。秦置。

⑦则祠蚩尤，衅鼓旗：按，刘邦攻取沛县为沛公，与祭蚩尤、衅鼓旗事，均见《高祖本纪》。蚩尤，相传蚩尤好五兵，因而被供为战争之神。衅鼓旗，杀牲以其血抹在旗、鼓上，以表示对旗、鼓的祭祀。此语首见于《吕氏春秋·慎大篇》。

⑧十月：前206年的阴历十月。按，后来的历史遂称此年为“高祖元年”。灞上：地名，在今西安东，当时咸阳城东南的灞水西岸。

⑨因以十月为年首：汉初继续使用秦朝历法，故仍以阴历十月为该年的第一个月。

⑩色上赤：刘邦当时认为自己是“赤帝子”，在五德循环中属于“火德”，故在颜色上以“赤”为上。

【译文】

汉朝兴起，汉高祖还是平民之时，曾经斩杀过一条大蛇。有神物说：“这条蛇是白帝的儿子，而杀死它的是赤帝的儿子。”高祖刚起兵时，在丰邑枌榆社进行过祈祷。后来，他占领沛县，做了沛公，于是祭祀蚩尤，用牲口的血来涂染鼓旗。两年后他在十月到了灞上，与诸侯一起平定了咸阳，立为汉王。就把十月当作一年的开端，崇尚红色。

二年[①]，东击项籍而还入关[②]，问：“故秦时上帝祠何帝也？”对曰：“四帝，有白、青、黄、赤帝之祠。”高祖曰：“吾闻天有五帝，而有四，何也？”莫知其说。于是高祖曰：“吾知之矣，乃待我而具五也③。”乃立黑帝祠④，命曰北畤。有司进祠⑤，上不亲往。悉召故秦祝官，复置太祝、太宰⑥，如其故仪礼。因令县为公社⑦。下诏曰：“吾甚重祠而敬祭。今上帝之祭及山川诸神当祠者，各以其时礼祠之如故。”

【注释】

①二年：刘邦为汉王的第二年，前205年。

②东击项籍而还入关：元年四月，刘邦自咸阳去汉中，赴汉王任；同年八月，用韩信之计从汉中杀回，夺得关中；二年四月，刘邦东伐项羽，攻入彭城；同月，刘邦被项羽击败，溃退荥阳，形成两军对峙；六月，刘邦回到关中，以稳定后方。

③待我而具五：等着我来给凑满“五个”的数。何焯曰：“无黑帝者，秦自以水德当其一也。”

④乃立黑帝祠：立黑帝祠于雍。

⑤有司进祠：让主管该项事务的官员前往祭祀。

⑥太祝、太宰：都是主管祭祀的官员，上属太常。

⑦令县为公社：让每一个县里都修建一座祭祀天地的庙宇。公社，古代祭祀天地鬼神的地方。此指供全县官民共同祭祀的庙宇。

【译文】

高祖二年，他向东攻打项羽后回到关中，问道：“过去秦朝所祭祀的天帝是什么呢？”群臣回答他说：“是四位天帝，有白帝、青帝、黄帝、赤帝的祠庙。”高祖说：“我听说天有五位天帝，而现在只有四位天帝，这是为什么呢？”没有人知道这是为什么。于是高祖说道：“我知道这个道理了，就是要等待我来建立第五个祠庙呀。”于是高祖便修建了黑帝祠，给它命名叫北畤。由主管官员前去进行祭祀,皇帝并不亲自前去祭祀。高祖把秦朝的全部祝官们召来,又设置了太祝、太宰,礼仪同过去的礼仪一样。又命令各县设立官社。高祖下诏书说:“我很重视并崇敬祭祀。现在对天帝的祭祀和凡是应当祭祀的山河神灵,各自按规定的时节进行祭祀,同过去一样。”

后四岁[①],天下已定,诏御史令丰谨治枌榆社[②],常以四时,春以羊彘祠之[③]。令祝官立蚩尤之祠于长安。长安置祠祝官、女巫。其梁巫祠天、地、天社、天水、房中、堂上之属[④],晋巫祠五帝、东君、云中、司命、巫社、巫祠、族人、先炊之属[⑤],秦巫祠杜主、巫保、族累之属[⑥],荆巫祠堂下、巫先、司命、施糜之属[⑦],九天巫祠九天[⑧]:皆以岁时祠宫中。其河巫祠河于临晋[⑨],而南山巫祠南山秦中[⑩]。秦中者,二世皇帝[⑪]。各有时月。

【注释】

①后四岁:高祖六年,前201年。

②丰:秦时为沛县里的一个乡邑,刘邦建汉后,将丰邑升为县。

③羊彘(zhì):羊和猪。

④梁巫:从大梁(今河南开封)一带选调来的女巫。天社、天水、房中、堂上:《索隐》以为是祭祀的地点,也就是祠庙名。此处当为神名。

⑤晋巫:从山西选来的女巫。五帝:指黄、白、赤、青、黑五方之帝。东君:据《楚辞·九歌》应是太阳神。云中:即《九歌》中的云神。司命:据《九歌》应是司人寿命的神。巫社、巫祠:师古曰:“皆古巫之神也。”族人、先炊:《正义》曰:“先炊,古炊母神也。”按《汉

书·郊祀志》作"族人炊",师古注:"古主炊母之神也。"

⑥秦巫:从陕西选来的女巫。杜主:底本作"社主",据《汉书·郊祀志》改。杜主,即杜伯之神。巫保、族累:师古曰:"二神名。"钱大昕曰:"族累盖疾疫之神。《说文》:'瘗,小肿也,一曰族累。'"

⑦荆巫:从湖北一带选来的女巫。堂下、巫先、司命、施糜:皆神名。师古曰:"堂下,在堂之下;巫先,巫之最先者也;司命,《说文》云文昌第四星也;施糜,其先常施设糜粥者也。"

⑧九天巫:主管祭祀九天的女巫。九天,九方之天,师古曰:"中央钧天,东方苍天,东北旻天,北方玄天,西北幽天,西方浩天,西南朱天,南方炎天,东南阳天也。"

⑨河巫:主管祭祀黄河的女巫。临晋:汉县名,在今陕西大荔东。

⑩南山巫:主管祭祀南山的女巫。南山,也称"终南山",在今西安南,为秦岭的一段。

⑪秦中者,二世皇帝:张晏曰:"以其强死,魂魄为厉,故祠之。成帝时匡衡奏罢之。"

【译文】

以后四年,天下已经安定,高祖命令御史传命丰县要慎重地修治枌榆社,一年四季要按时祭祀,春季用羊和猪来祭祀。又命令祝官在长安设立蚩尤祠。在长安设置祠祝官和女巫。其中梁巫掌管祭祀天、地、天社、天水、房中、堂上等神灵,晋巫掌管祭祀五帝、东君、云中君、司命、巫社、巫祠、族人、先炊等神灵,秦巫掌管祭祀杜主、巫保、族累等神灵,荆巫掌管祭祀堂下、巫先、司命、施糜等神灵,九天巫掌管祭祀九天:这些每年都按时在宫中祭祀。其中河巫在临晋祭祀河神,南山巫在南山祭祀秦中。秦中指秦二世皇帝。以上各项祭祀,都各有规定的时月。

其后二岁[①],或曰周兴而邑部[②],立后稷之祠[③],至今血食天下[④]。于是高祖制诏御史:"其令郡国县立灵星祠[⑤],常以岁时祠以牛。"高祖十年春[6],有司请令县常以春三月及时腊祠社稷以羊豕,民里社各自财以祠[7]。制曰[8]:"可。"

【注释】

①其后二岁:高祖八年,前199年。

②周兴而邑邰:邰,在今陕西武功西,周朝的祖先后稷被舜封于此,是周王朝的发祥地。

③立后稷之祠:在邰邑建立后稷之祠。师古曰:"以其有播种之功,故令天下诸邑皆祠之。"

④血食:谓受享祭品。古代杀牲取血以祭,故称。

⑤郡国县:各郡、各诸侯国的所属各县。汉制,各郡与各诸侯国为同一级,皆下属若干县。灵星祠:祭祀龙星的庙宇。《正义》引《汉旧仪》云:"五年,修复周家旧祠,祠后稷于东南,为民祈农报厥功。夏则龙星见而始雩……灵者,神也。辰之神为灵星,故以壬辰日祠灵星于东南。"

⑥高祖十年:前197年。

⑦民里社各自财以祠:民间里巷的土神庙,让百姓们根据自己的能力采取祭祀的方法。里,村镇居民的基层编制名,有时二十五户为一里,有时百户为一里。自财,同"自裁",自己决定。陈直曰:"'自财'谓里社中人各自敛财以祀神也。《汉书·食货志》记魏李悝时农民每年收支数目,春秋两次祭社费须要三百钱,是其明证。"

⑧制:皇帝的命令。

【译文】

这以后两年,有人说,周朝兴盛了,在邰地建立城邑,设立后稷的祠庙,一直到现在还享受天下人的牺牲。于是,汉高祖命令御史说:"应该命令各郡、各国、各县设立灵星祠,每年按时用牛来祭祀。"高祖十年春,主管的官员请求皇帝，命令各县按时在春季三月和十二月用羊和猪来祭祀土地神和谷神，民间的土地神可命里社中的人分别征收财物来进行祭祀。皇帝批复说："可以。"

其后十八年，孝文帝即位[①]。即位十三年[②]，下诏曰："今秘祝移过于下[③]，朕甚不取。自今除之。"

【注释】

①其后十八年，孝文帝即位：其后十八年，指吕后八年，前180年。是年八月吕后死，大臣乘机诛诸吕，九月，群臣迎文帝入京即位。文帝，高祖之子，名恒，入京前为代王。

②即位十三年：前167年。

③今秘祝移过于下：凌稚隆曰："应前'祝官有秘祝'。"

【译文】

以后十八年，汉孝文帝继承帝位。文帝继位后十三年，下诏书说："现在祝官秘祝时把灾祸转移给大臣和百姓们，我很不赞成这种做法。从现在起废除这项制度。"

始名山大川在诸侯[①]，诸侯祝各自奉祠，天子官不领。及齐、淮南国废[②]，令太祝尽以岁时致礼如故[③]。

【注释】

①名山大川在诸侯：谓在诸侯国境内者。

②齐、淮南国废：据《齐悼惠王世家》："齐文王立十四年卒，无子，国除，地入于汉。"按，齐文王是刘襄之子，刘肥之孙，刘邦的曾孙。又据《汉兴以来诸侯王年表》，文帝六年，"（淮南）王无道，迁蜀，

死雍，（国入于汉）为郡”。按，此淮南王名长，刘邦的少子，文帝刘恒的异母弟。为淮南王二十三年，因谋反被发配，自杀于途中。

③令太祝尽以岁时致礼如故：齐国境内有泰山，淮南境内有天柱山，过去分别由齐国、淮南国祭祀，如今两个国家被废，于是让朝廷主管祭祀的官员接过来按时照常祭祀。

【译文】

当初，有些名山大川坐落在诸侯国内，由诸侯国的祝官各自供奉祭祀，并不由皇帝的祝官统管负责。等到齐国和淮南国被废除后，就命令太祝每年都按时致以像过去秦朝的礼仪一样的祭祀。

是岁，制曰：“朕即位十三年于今[①]，赖宗庙之灵，社稷之福，方内艾安[②]，民人靡疾[③]。间者比年登[④]，朕之不德，何以飨此？皆上帝诸神之赐也。盖闻古者飨其德必报其功，欲有增诸神祠。有司议增雍五畤路车各一乘[⑤]，驾被具[⑥]；西畤畦畤禺车各一乘[⑦]，禺马四匹，驾被具；其河、湫、汉水加玉各二[⑧]；及诸祠各增广坛场，珪币俎豆以差加之[⑨]。而祝釐者归福于朕[⑩]，百姓不与焉。自今祝致敬，毋有所祈。”

【注释】

①“是岁”几句：按《文帝本纪》，此诏载于文帝十四年，诏文亦作“以事上帝宗庙十四年于今”。据此，则“是岁”应作“明岁”，“十三年”应作“十四年”。

②方内艾安：意即国家太平。方内，犹言“海内”，四方、四海之内。艾安，太平无事。艾，通“乂（yì）”，治也。

③靡疾：没有灾害。

④间者：前者，这些年来。比年登：连年丰收。

⑤雍五畤：此指密畤、鄜畤、吴阳上畤、吴阳下畤、北畤。路车：同"辂车"，帝王所乘之车。

⑥驾被具：师古曰："驾车被马之饰皆具也。"

⑦禺车：用木制或用纸糊的车子。禺，通"偶"。

⑧河：黄河。湫：湫渊，与下文"汉水"皆在华山以西的"名川"之数，注已见前。加玉各二：《正义》曰："言二水祭时各加玉璧二枚。"

⑨以差加之：按不同等级予以追加。

⑩祝釐：祭祀祝祷祈求福。釐，福。

【译文】

这一年，孝文帝颁布诏令说："我即位到现在已经十三年了，仰赖祖先的神灵、社稷的福荫，国内太平无事，人民没有疾苦。近年来连年获得丰收，我没什么德行，凭什么来享受这些呢？这些都是天帝和各位神灵的恩赐。我听说古代的帝王享受了神灵的恩德就一定要报答神灵的功劳，因此我想增加对各位神灵的祭祀。主管官员建议给雍县五畤祠增加路车各一辆，附带全套的车马用具；给西畤畦畤增加木偶车各一辆，木偶马各四匹，以及全套的车马用具；给黄河、湫渊、汉水各增加玉璧两枚；另外还有许多祠庙都扩大祭祀场地，祭祀用的玉、帛、俎豆都按等级增加。那祝福的人都把福气归献给我，百姓们却不在其中。从现在起祝福致敬，不要只为我祈祷。"

鲁人公孙臣上书曰[①]："始秦得水德，今汉受之，推终始传，则汉当土德[②]，土德之应黄龙见。宜改正朔[③]，易服色，色上黄[④]。"是时丞相张苍好律历[⑤]，以为汉乃水德之始[⑥]，故河决金堤，其符也[⑦]。年始冬十月，色外黑内赤[⑧]，与德相应。如公孙臣言，非也[⑨]。罢之。后三岁，黄龙见成纪[⑩]。文帝乃召公孙臣，拜为博士，与诸生草改历服色事。其夏，下诏曰："异物之神见于成纪，无害于民，岁以有年。朕祈郊上帝诸神，礼官议，无讳以劳朕。"有司皆曰"古者天子夏亲郊，祀上帝于郊[11]，故曰郊"。于是夏四月，文帝始郊见雍五畤，祠衣皆上赤。

【注释】

①公孙臣：鲁地的阴阳五行家，姓公孙，名臣。

②汉当土德：秦是"水"德，能胜"水"的是"土"，故曰"汉当土德"。

③改正朔：采用新历法，即不再用"十月"，而改用另一个月为一年的开头之月。

④易服色，色上黄：即不应该再像秦朝一样的"色上黑"，或是像刘邦所讲的"色上赤"，而应该"色上黄"。

⑤张苍：刘邦的开国功臣，文帝时继周勃为丞相。事迹见《张丞相列传》。好律历：精通律度、历法。

⑥以为汉乃水德之始：梁玉绳曰："'始'乃'时'字之误。"按，《汉书·郊祀志》作"时"。

⑦故河决金堤，其符也：黄河在金堤决口，这就兆示了汉朝是"水"德。符，征兆。据《汉兴以来将相名臣年表》，文帝十二年（前168）"河决东郡金堤"。东郡金堤，指今河南濮阳（当时的东郡郡治）一带的黄河大堤。按，西汉初年张苍等坚持汉为"水"德，这与他们不承认秦是一个正当朝代的政治偏见有关。他们认为汉是上继周朝，周朝"火"德，代"火"而兴的自然是"水"了。司马迁在《六国年表序》中曾斥张苍等之见乃"与耳食何以异"。吴见思曰："五德之运，公孙臣以秦为正，故土；张苍以秦为闰，故水。"

⑧色外黑内赤：既坚持其继续秦朝的"色上黑"之论，又不排斥刘邦

所倡的“上赤”之说，“外黑内赤”足见张苍等人的既“顽固”，又“圆滑”。《集解》引服虔曰：“十月阴气在外，故外黑；阳气尚伏在地，故内赤。”

⑨如公孙臣言，非也：以上张苍罢斥公孙臣上书事，又见于《文帝本纪》《张丞相列传》。

⑩后三岁，黄龙见成纪：据《文帝本纪》，“黄龙见成纪”在文帝十五年，即张苍罢公孙臣说之第二年，《汉书·郊祀志》同。此作“后三岁”误。成纪，汉县名，在今甘肃秦安西北。按，所谓“黄龙见成纪”自然是公孙臣等一伙骗子的捏造。

⑪古者天子夏亲郊，祀上帝于郊：即夏至日在南郊祭天。

【译文】

鲁地人公孙臣向文帝报告说：“当初秦朝获得水德，现在汉朝继承了它，按照五德终始的规律来推算，那么汉朝应当轮到土德了，土德的祥瑞征兆应该是有黄龙出现。所以应该更改历法，改换服饰的颜色，应当崇尚黄色。”这时候，丞相张苍精通律历，认为汉朝正当是水德的开始，所以黄河才冲决了大堤，这就是水德的征兆。一年以冬天的十月作为开端，十月颜色外黑内红，与水德相应。像公孙臣所说的那些，是不正确的。于是否决了公孙臣的意见。以后三年，黄龙在成纪出现了。孝文帝就召来公孙臣，任命他为博士，要他和一些儒生一起草拟修改历法、服饰颜色的事。这年夏天，文帝下诏书说：“异物的神灵在成纪出现，它对人民没有侵害，今年的年景因而很好，获得丰收。我想要祈祷祭祀天帝和众位神灵，命礼官来商讨这项方案，不要怕烦劳我而不告诉我。”主管官员们都说“古时天子在夏至亲自举行郊祀，在南郊祭祀天帝，所以称为郊祀”。于是在这年夏季四月里，文帝开始在雍县五畤举行郊祀，所穿的衣服都崇尚红色。

其明年[①]，赵人新垣平以望气见上[②]，言“长安东北有神气，成五采，若人冠絻焉[③]。或曰东北神明之舍，西方神明之墓也。天瑞下，宜立祠上帝[④]，以合符应"。于是作渭阳五帝庙[⑤]，同宇，帝一殿，面各五门[⑥]，各如其帝色。祠所用及仪亦如雍五畤。

【注释】

①其明年：文帝十六年（前164）。梁玉绳曰："'其明年'三字当依《汉志》移于下文'夏四月，文帝亲拜霸渭'之上。"

②新垣平：西汉星占家。善于观望天地的气运。望气：看云气。古人迷信，以此判断世间的吉凶祸福。

③若人冠絻：好像是人的帽子。絻，通"冕"，古礼冠。

④立祠上帝：中井曰："'立'下疑脱'庙'字。"

⑤渭阳五帝庙：《正义》引《括地志》云："在雍州咸阳县东三十里。"渭阳，渭水北岸。

⑥"同宇"几句：师古曰："宇谓屋之覆也，言同一屋之下，而别为五庙，各立门室也。"意即同一个大屋下设有五个神殿，每一个神殿的前面都开有一扇大门。

【译文】

第二年，赵地人新垣平因擅长观察云气来晋见皇上，他对文帝说"长安东北方向有神异的云气，呈现出五彩颜色，像官吏们头上戴着的礼帽一样。有人说，东北方向是神明的宅舍，西方是神明的墓冢。上天的祥瑞降临，应当设立祠庙来祭祀天帝，用这个来应答吉祥的征兆"。于是，文帝修建了渭阳五帝庙，在同一个屋宇里，给每位天帝分别设立一个神殿，分别面对着五扇大门，按照各方天帝的颜色涂上色。并且祭祀时的祭品和礼仪，也像雍县五畤祠的一样。

夏四月，文帝亲拜霸渭之会[①]，以郊见渭阳五帝[②]。五帝庙南临渭，北穿蒲池沟水[③]，权火举而祠，若光辉然属天焉[④]。于是贵平上大夫[⑤]，赐累千金。而使博士诸生刺“六经”中作《王制》[⑥]，谋议巡狩封禅事。

【注释】

①霸渭之会：霸水与渭水的交汇口，在今西安东北，高陵西南。《正义》曰：“渭阳五庙在二水之合北岸。”霸水，也作“灞水”。

②郊见：在城外祭拜。

③北穿蒲池沟水：师古曰：“蒲池，为池而种蒲也。”梁玉绳曰：“恐颜说非。按：《括地志》云：‘渭北咸阳县有兰池，始皇逢盗兰池者也’。言穿沟引渭水入兰池也。疑‘兰’字误作‘蒲’，重更错失。”按，梁说意思可以，文字仍是不顺。

④若光辉然属天焉：大意是说火光照耀，好像烧至天上。然，同“燃”。属，连。

⑤贵平上大夫：尊宠新垣平，任以为上大夫。上大夫，官阶名。为大夫中最高的官阶。

⑥刺“六经”中作《王制》：意即搜罗、摘取“六经”中的句子，拼成一篇文献，名叫《王制》。

【译文】

夏季四月里，文帝亲自去朝拜霸水、渭水的汇合地，郊祭渭阳五帝庙。五帝庙南面临近渭水，北面又穿沟引水进入蒲池，在这里点燃烽火进行祭祀，就如同满天光辉照耀一般。于是，文帝任命新垣平担任上大夫的官职，赏赐给他的金银累加在一起有千金。文帝还让博士和许多读书人采取“六经”中的内容，编写了《王制》，谋议巡视郡国和封禅的大事。

文帝出长门[①]，若见五人于道北，遂因其直北立五帝坛[②]，祠以五牢具。

【注释】

①长门：如淳曰："亭名也。"在产水西岸，距产水与霸水的汇口不远。《正义》引《括地志》谓："后馆陶公主'长门园'，武帝以'长门'名宫，即此。"

②因其直北：在五个人所站立的正北方。

【译文】

文帝出了长门亭，仿佛看见有五个人站在道路边上，于是就在他们所站之处的正北方修建五帝坛，用牛、羊、猪各五头来祭祀。

其明年[①]，新垣平使人持玉杯，上书阙下献之[②]。平言上曰："阙下有宝玉气来者。"已视之[③]，果有献玉杯者，刻曰"人主延寿"。平又言"臣候日再中"[④]。居顷之，日却复中[⑤]。于是始更以十七年为元年，令天下大酺[⑥]。平言曰："周鼎亡在泗水中[⑦]，今河溢通泗[⑧]，臣望东北汾阴直有金宝气[⑨]，意周鼎其出乎[⑩]？兆见不迎则不至。"于是上使使治庙汾阴南，临河，欲祠出周鼎[⑪]。人有上书告新垣平所言气神事皆诈也。下平吏治，诛夷新垣平[⑫]。自是之后，文帝怠于改正朔、服色、神明之事，而渭阳、长门五帝使祠官领，以时致礼，不往焉[⑬]。

【注释】

①其明年：文帝后元元年，前163年。

②阙下：宫阙之下。借指帝王所居的宫廷。

③已视之：进前仔细一看。已，已而，接着。

④候日再中：占测太阳的运行，将连续出现两次居于中天。即中午过后，太阳又一次回到中午。

⑤日却复中：果然出现了过午之后太阳又退回到正午的现象。按，此为骗子的把戏。

⑥令天下大酺（pú）：让全国的人都可以相聚畅饮。秦汉时期有酒禁，非有命令，不得聚众饮酒。酺，聚饮。

⑦周鼎亡在泗水中：本文前已叙于周末，又见于《秦始皇本纪》。

⑧河溢通泗：黄河决口，河水与泗水通连。

⑨汾阴直：师古曰："谓正当汾阴也。"即汾阴的上空。汾阴，汉县名，在今山西万荣西南，汾水之入黄河口南。直，正对着。

⑩意周鼎其出乎：黄河已通泗水，汾水又黄河支流，故新垣平可造说周鼎上至汾阴。中井曰："无端言有金气，可知平既做鼎而埋焉。"

⑪欲祠出周鼎：想通过祭祀，祈求周鼎出现。李光缙引卢舜治曰："后来得宝鼎之端，微见于此。"

⑫诛夷：诛其本人，夷其三族。夷，平，灭。按，汉文帝诛夷新垣平事，亦见于《文帝本纪》。

⑬不往焉：谓文帝本人便不再亲往祭祀了。徐孚远曰："新垣平，即文成、五利属也，然文帝本不求方，故平败而祷祀衰矣。"

【译文】

第二年，新垣平派人拿着玉杯，到宫门前报告要进献给文帝。新垣平对皇上说道："宫门前有宝玉瑞气来临。"过了一会儿仔细去看，果然有人来进献玉杯，上面刻着"人主延寿"字样。新垣平又说："我观测太阳将要再次当顶。"过了不久，太阳果然由偏西后退到当顶位置。文帝于是把第十七年改为后元元年，让天下人举行盛大聚饮。新垣平说："周朝的宝鼎沉没在泗水中，现在黄河水满往外流进泗水，我望见东北方向汾阴上空有金宝之气，估计周鼎将要出现吧？征兆出现了不去迎接，它就不会到来。”于是，文帝派遣使臣在汾阴南部修建了祠庙，临近黄河，希望通过祭祀使周鼎出现。有人向文帝上书告发新垣平所说的云气和神灵的事全是骗局。文帝把新垣平交给法吏处治，杀了新垣平的全族。从这以后，文帝对更改历法、服饰颜色和祭祀神灵的事不太热衷了，派祠官去管理渭阳五帝庙和长门五帝坛，让他们按时致以祭礼，自己不再亲自前往了。

明年[①]，匈奴数入边，兴兵守御。后岁少不登[②]。

【注释】

①明年：文帝后元二年，前162年。

②后岁：文帝后元三年，前161年。少不登：粮食欠收。少，稍。登，成熟。

【译文】

第二年，匈奴几次侵入边境，文帝兴兵防御。接着，地里的收成也减少了。

数年而孝景即位[①]。十六年[②]，祠官各以岁时祠如故，无有所兴，至今天子[③]。

【注释】

①孝景即位：事在文帝后元七年，前157年。孝景元年为前156年。孝景，名启，前156—前141年在位。

②十六年：谓景帝在位共十六年，计前元七年、中元六年、后元三年。

③今天子：即汉武帝。

【译文】

过了几年，汉景帝即位。十六年间，祠官每年按时像过去那样举行祭祀，没有兴建新的祠庙，一直到当今的皇帝。

今天子初即位，尤敬鬼神之祀。

【译文】

当今皇帝刚登上皇位，对敬拜鬼神的祭祀尤其热衷。

元年[①]，汉兴已六十余岁矣[②]，天下艾安[③]，搢绅之属皆望天子封禅改正度也[④]。而上乡儒术[⑤]，招贤良[⑥]，赵绾、王臧等以文学为公卿[⑦]，欲议古立明堂城南[⑧]，以朝诸侯。草巡狩、封禅、改历服色事未就[⑨]。会窦太后治黄老言，不好儒术[⑩]，使人微伺得赵绾等奸利事[⑪]，召案绾、臧[⑫]，绾、臧自杀，诸所兴为皆废[⑬]。后六年[⑭]，窦太后崩。其明年[⑮]，征文学之士公孙弘等[⑯]。

【注释】

①元年：即建元元年，前140年。按，中国皇帝之有年号，乃从汉武帝开始，但武帝初期的几个年号如“建元”“元光”“元狩”等，实为后来所追改。

②汉兴已六十余岁：《集解》引徐广曰：“六十七年，岁在辛丑。”

③艾安：即平安。艾，通“乂”。

④改正度：师古曰：“正，亦正朔；度，度量也。服色度量，互言之耳。”

⑤乡儒术：喜欢儒家学说。乡，通“向”，向往，景仰。

⑥招贤良：通过察举“贤良”选拔官吏。贤良，汉代察举制之科目名称。全称贤良方正。意在挑选品行端正而又敢于直言极谏的人材。一般由郡国各推举一人，然后经过中央复试，方除授官职。

属特科，即并非每年定期举行，而是按照皇帝诏令随时举行的选官科目。

⑦赵绾（wǎn）、王臧：皆当时著名的儒生。武帝即位时，赵绾为御史大夫，王臧为郎中令，都职位通显，且握有实权。文学：在当时的本义即指儒术。公卿：三公九卿，御史大夫与丞相、太尉合称“三公”；郎中令与太常、廷尉、卫尉等都属于“九卿”。

⑧明堂：古代帝王宣明政教的地方。凡朝会、祭祀、庆赏、选士、养老、教学等大典，都在此举行。其体制形式后人已说不清楚。

⑨巡狩：天子出行，视察邦国州郡。改历服色：即“改正朔，易服色”，谓颁布新的历法，车马和祭牲的颜色换用与本朝“德性”颜色相配的颜色，以示与前一王朝相区别。

⑩会窦太后治黄老言，不好儒术：汉朝初建时推崇黄老“清静无为”学说，以配合休养生息的施政方针，以便社会经济得以恢复发展。窦太后，文帝皇后，景帝之母，武帝之祖母。自景帝在位时，窦太后就干预朝政；武帝即位后，窦太后仍欲继续干政，遂用“黄老言”对于想通过推尊儒术从自己手里夺权的王太后、田蚡、武帝等予以打压。

⑪微伺得：暗中查到。奸利事：贪赃枉法的事情。梁玉绳曰：“‘奸利’二字，史之曲笔也。”徐孚远曰：“盖有司以太后指坐之耳。”

⑫召案绾、臧：将赵绾、王臧召来，下狱查办。案，通“按”，查办，审理。

⑬诸所兴为皆废：按，这是汉武帝的第一次“尊儒”，真正目的是将窦太后手中权力夺回来，但由于实力不足而失败。过程详见《魏其武安侯列传》。

⑭后六年：武帝建元六年，前135年。

⑮其明年：武帝元光元年，前134年。

⑯公孙弘：姓公孙，名弘，字季。齐地的儒生。学《春秋》杂说，熟悉文法吏事，用儒家学说来解释法令，以通晓《公羊春秋》而跻身丞

相，封平津侯。事详《平津侯主父列传》。

【译文】

武帝元年，汉朝开国已经六十多年了，天下太平，官员们都希望皇帝举行封禅大典，改变历法和服色制度。而武帝喜爱儒家学说，通过察举“贤良”选拔官吏，赵绾、王臧等人都凭儒学被任命为公卿，他们讨论请武帝效法古代在城南建立明堂，用来朝会诸侯。他们草拟了巡狩、封禅、更改历法服色的计划，但还没有最后完成。正赶上窦太后喜好黄老学说，不喜欢儒家学说，她暗中派人收集赵绾等人非法谋利的事，召来赵绾、王臧进行审查，赵绾、王臧自杀，他们所兴办的事也都废止了。六年后，窦太后去世。第二年，皇帝就征召来公孙弘等儒生。

明年①，今上初至雍，郊见五畤②。后常三岁一郊③。是时上求神君，舍之上林中蹏氏观④。神君者，长陵女子⑤，以子死⑥，见神于先后宛若⑦。宛若祠之其室，民多往祠。平原君往祠⑧，其后子孙以尊显⑨。及今上即位，则厚礼置祠之内中⑩。闻其言，不见其人云⑪。

【注释】

①明年：元光二年，前133年。

②今上初至雍，郊见五畤（zhì）：雍，汉县名。在今陕西宝鸡凤翔南，有秦汉帝王祭天的场所。郊，古帝王祭祀天地。冬至祭天于南郊，夏至瘗地于北郊。五畤，五处祭天的场所，《正义》曰：“先是（秦）文公作鄜畤，祭白帝；秦宣公作密畤，祭青帝；秦灵公作吴阳上畤、下畤，祭赤帝、黄帝；汉高祖作北畤，祭黑帝：是五畤也。”

③三岁一郊：三年中第一年祭天，第二年祭地，第三年祭五畤。每三年轮流一遍。

④舍：设其神位，即供奉。上林：苑名。在今陕西西安西南周至、鄠邑区交界处。蹏（tí）氏观：上林苑中的台观名。

⑤长陵：古县名。故治在今陕西咸阳东北。汉高祖十二年（前195）置，以高祖长陵为名。

⑥以子死：即难产而死。泷川曰："'子死'当作'字死'。"字，生产。

⑦见神于先后宛若：向他的妯娌宛若显灵。见，同"现"。先后，妯娌。兄、弟之妻的合称。宛若，人名。

⑧平原君：名臧儿。王太后的母亲，武帝外祖母，汉初燕王臧荼孙女。武帝即位后尊之为"平原君"。事迹见《外戚世家》。

⑨其后子孙以尊显：臧儿先嫁王姓，生长女为景帝后，次女为景帝妃，生男王信，封盖侯；后来改嫁田氏，所生即田蚡、田胜，武帝初期皆封侯，田蚡更先后任太尉、丞相。

⑩内中：指皇家的宫苑之内，此指"上林中蹏氏观"。

⑪闻其言，不见其人云：《正义》引《汉武故事》："太后延于宫中祭之，闻其言，不见其人。至是神君求出居，营柏梁台舍之。初，霍去病微时，自祷神君，及见其形，自修饰，欲与去病交接。去病不肯，谓神君曰：'吾以神君精洁，故斋戒祈福，今欲淫，此非也。'自绝不复往。神君惭之，乃去也。"

【译文】

下一年，皇帝初次来到雍县，郊祭时在五畤祭坛举行了祭祀。以后通常是三年祭祀一次。这时皇帝寻求到一位神君，把她安置在上林苑蹏氏观里。神君原本是长陵女子，因为难产而死，就依附在她的妯娌宛若身上显灵。宛若把她供奉在自己屋内，很多老百姓都来祭拜。平原君曾前往祭祀，她的子孙们也因此尊贵显赫。到武帝继位，用厚礼延请至宫中立祠供奉。可是只能听到她说话，却见不到她的身影。

是时李少君亦以祠灶、谷道、却老方见上①，上尊之。

少君者，故深泽侯舍人[②]，主方[③]。匿其年及其生长[④]，常自谓七十，能使物[⑤]，却老。其游以方遍诸侯。无妻子。人闻其能使物及不死，更馈遗之，常余金钱衣食。人皆以为不治生业而饶给，又不知其何所人，愈信，争事之。少君资好方，善为巧发奇中[⑥]。尝从武安侯饮[⑦]，坐中有九十余老人，少君乃言与其大父游射处，老人为儿时从其大父，识其处，一坐尽惊。少君见上，上有故铜器，问少君。少君曰："此器齐桓公十年陈于柏寝[⑧]。"已而案其刻，果齐桓公器。一宫尽骇，以为少君神，数百岁人也。

【注释】

①祠灶：祭祀灶神。谷道：即辟谷不食之道。却老：避免衰老。

②深泽侯：始封者为刘邦的开国功臣赵将夜，景帝三年赵循为侯时有罪国除。

③主方：主管方药。

④生长：此指籍贯。颜师古曰："生长，谓其郡县所属及居止处。"

⑤使物：指使精灵魔怪。物，汉时指鬼神以外的精灵妖怪。

⑥善为巧发奇中：善于巧妙地预言事物，并每每应验。发，发覆，猜度隐密的事物。

⑦武安侯：田蚡，王太后的同母异父弟，至景帝晚年为太中大夫。武帝初立，以国舅身份得封武安侯，拜太尉，后为丞相。事迹见《魏其武安侯列传》。

⑧齐桓公十年陈于柏寝：柏寝，春秋时齐国的台观名。故址在今山东广饶东北。按，《晏子春秋》卷六有"景公为柏寝之台成"云云，则柏寝乃筑于齐景公（前574—前490年在位）之时，齐桓公（前685—前642年在位）时不可能有"柏寝"。可见李少君之胡说八

道，也可见武帝与其大臣之容易上当受骗。

【译文】

这时李少君也凭借着祭祀灶神、辟谷不食、长生不老等方术来拜见皇上，皇上很敬重他。李少君，是已故深泽侯的舍人，主管方药。他隐瞒了自己的年龄和籍贯，常常自称说自己七十岁了，能够驱使鬼神，长生不老。他靠着方术在诸侯各国云游。没有妻子儿女。人们听说他能够驱使鬼神办事以及长生不老，就纷纷赠送财物给他，使他的金钱和衣服、食物常有富余。人们都认为他不经营产业而生活富裕，又不知道他是什么地方的人，就更信他，争着去侍奉他。李少君天生喜欢方术，又善于巧妙地预言事物，每每都应验了。他曾经陪同武安侯宴饮，席间有一位九十多岁的老人，李少君说起曾经同他的祖父一道游玩打猎的地方，那老人小时经常跟随他的祖父，还记得那个地方，因此满座的客人都非常吃惊。李少君拜见皇上，皇上有一件旧铜器，就问少君是否认得它。少君说："这件铜器是齐桓公十年时陈放在柏寝台上的。"即刻查看上面的铭文，果然是齐桓公的铜器。整个宫廷的人都惊骇不已，认为李少君是神仙，是活了几百岁的人。

少君言上曰："祠灶则致物，致物而丹沙可化为黄金①，黄金成以为饮食器则益寿，益寿而海中蓬莱仙者乃可见，见之以封禅则不死，黄帝是也②。臣尝游海上，见安期生③，安期生食巨枣，大如瓜。安期生仙者，通蓬莱中，合则见人，不合则隐。"于是天子始亲祠灶，遣方士入海求蓬莱安期生之属，而事化丹沙诸药齐为黄金矣④。居久之，李少君病死。天子以为化去不死，而使黄锤史宽舒受其方⑤。求蓬莱安期生莫能得，而海上燕齐怪迂之方士多更来言神事矣⑥。

【注释】

①丹沙：即朱砂。矿物名。色深红，方士用以化汞炼丹。

②见之以封禅则不死，黄帝是也：茅坤曰："至是始以封禅为不死之术。"

③安期生：秦时方士。或谓古之仙人。

④而事化丹沙诸药齐为黄金矣：诸药齐，各种药材。齐，同"剂"。郭嵩焘曰："此著武帝信用方士之始。"

⑤黄锤史宽舒：黄锤县人姓史名宽舒。也有人认为是黄锤史官宽舒。郭嵩焘曰："即后之'祠官宽舒'。"黄锤，黄县和锤县，黄县即今山东龙口；锤，也作"腄"，即今山东福山。都在今山东烟台。但一人不能分属两县，其说可疑。郭嵩焘曰："《始皇本纪》'过黄锤'，疑初为一县，后乃分治也。"受其方，徐孚远曰："少君已死，何所从受？当是修其遗方。"

⑥更来言神事矣：郭嵩焘曰："此著方士言神鬼之始，皆李少君倡之。"

【译文】

李少君对皇上说："祭祀灶神可以招致神异之物，有了神异之物丹沙就可以炼成黄金，黄金炼成了再制成饮食器皿就可以使人延年益寿，人的寿命延长了就可以见到蓬莱岛上的仙人，见到了仙人后再举行封禅大礼就可以长生不死，黄帝就是这样的。我曾在海上云游，见到过安期生，他给我吃一种枣，有瓜那么大。安期生是位仙人，他能在蓬莱岛上往来，他如果认为你是同道就与你相见，认为不是同道就隐而不见。"于是皇上就开始亲自祭祀灶神，派方士们到海上去寻找在蓬莱岛上的安期生这一类仙人，并开始进行将丹沙等各种药炼成黄金的工作。过了好久，李少君病死了。皇上认为他是尸解升天了，并没有死，就让黄锤县史宽舒继承李少君的方术。寻求蓬莱岛上的仙人安期生，但是没能找到，从此，沿海一带燕、齐两地那些行为离奇荒唐的方士们争相仿效李少君，前来谈论神仙一类事情的人更多了。

亳人谬忌奏祠太一方[①]，曰："天神贵者太一，太一佐曰五帝[②]。古者天子以春秋祭太一东南郊，用太牢，七日[③]，为坛开八通之鬼道[④]。"于是天子令太祝立其祠长安东南郊[⑤]，常奉祠如忌方。其后人有上书，言"古者天子三年壹用太牢祠神三一：天一、地一、太一"。天子许之，令太祝领祠之于忌太一坛上[⑥]，如其方。后人复有上书，言"古者天子常以春解祠[⑦]，祠黄帝用一枭破镜[⑧]，冥羊用羊[⑨]；祠马行用一青牡马[⑩]，太一、泽山君、地长用牛[⑪]，武夷君用干鱼[⑫]，阴阳使者以一牛[⑬]"。令祠官领之如其方，而祠于忌太一坛旁。

【注释】

①亳人谬忌：亳，也作"薄"，在今山东曹县东南。谬忌，姓谬，名忌，居亳，故也称之为"薄忌"。太一：也作"泰一"，最高的天神。

②五帝：五方之帝，即前所谓青帝、白帝、赤帝、黑帝、黄帝。

③用太牢，七日：《汉书·郊祀志》作"日一太牢，七日"，颜师古曰："每日以一太牢，凡七日祭也。"太牢具，牛、羊、猪三牲叫太牢，也有说牛为太牢，羊为少牢的。

④八通之鬼道：坛八面有阶，作为神鬼来往的通道。《索隐》引《续汉书·郊祀志》云："坛有八陛，通道以为门。"又引《三辅黄图》云："上帝坛八觚，神道八通，广三十步。"八觚，八角。

⑤太祝：祝官之长，掌祭祀祈祷之事。

⑥领祠：主管并祭祀。

⑦解祠：祭祀以求解祸。《索隐》曰："谓祠祭以解殃咎，求福祥也。"沈钦韩曰："'解祠'者祓除之祭也。"

⑧枭：猫头鹰。破镜：又名獍，传说中的恶兽名。《述异记》卷上："獍之为兽，状如虎豹而小，始生，还食其母。"孟康曰："枭，鸟名，食母；破镜，兽名，食父。黄帝欲绝其类，使百吏祠皆用之。"

⑨冥羊：神名。

⑩马行：神名。

⑪太一、泽山君、地长：三者皆神名。

⑫武夷君：《索隐》以为指武夷山的山神。

⑬阴阳使者：《集解》引孟康曰："阴阳之神也。"

【译文】

亳县人谬忌向武帝上奏祭祀太一神的方法，说："天神中最尊贵的是太一神，太一神的辅佐者是五帝。古代的天子们在东南郊分春、秋两季来祭祀太一神，献用牛、羊、猪三牲，一共要祭祀七天，再为祭坛设八面台阶作为神鬼们经过的通道。"于是天子命令太祝在长安东南郊建筑祭祀太一神的祠坛，经常按照谬忌所说的做法供奉祭祀。这以后有人上书奏道："古代的天子们每三年一次使用牛、羊、猪三牲来祭祀三位神：即天一神、地一神、太一神。"汉武帝答应了这项奏请，命令太祝在谬忌的泰一坛上管领这项祭祀，按照这人所奏请的做法举行。后来又有人上书，说："古代的天子经常在春秋两季举行消灾祈福的祭祀，祭祀黄帝使用枭鸟、獍兽各一只；祭祀冥羊神使用羊；祭祀马行神使用一匹青牡马；祭祀太一神、泽山君、地长使用牛；祭祀武夷君使用干鱼；祭祀阴阳使者使用牛一头。"于是，汉武帝命令祠官按照这个人奏请的方式来举行祭祀，并在谬忌的太一坛旁边进行。

其后，天子苑有白鹿，以其皮为币[①]，以发瑞应[②]，造白金焉[③]。其明年[④]，郊雍，获一角兽，若麃然[⑤]。有司曰："陛下肃祗郊祀[⑥]，上帝报享[⑦]，锡一角兽，盖麟云。"于是以荐五畤[⑧],畤加一牛以燎[⑨]。锡诸侯白金,风符应合于天也[⑩]。

【注释】

①天子苑有白鹿,以其皮为币:《索隐》曰:"案:《食货志》,皮币以白鹿皮方尺,缘以缋,以荐璧,得以黄金一斤代之。又汉律皮币率鹿皮方尺,直黄金一斤。"天子苑,即上林苑。

②瑞应:天降祥瑞。下文有"获一角兽,若麃然",即对此而言。

③白金:一种银与锡的化合物。按,据《汉书·武帝纪》,武帝造白金、皮币在元狩四年(前119),此乃叙于元狩元年之"获麟"前,误。

④其明年:据《汉书·武帝纪》,下述事情发生在元狩元年,前122年。

⑤麃(páo):麇鹿。

⑥肃祇:恭敬。

⑦报享:上帝酬答祭享。

⑧以荐五畤:谓将此一角兽进献给上帝。荐,进献。

⑨畤加一牛以燎:每个畤所用的祭品中再外加一头牛,架在火上烧。

⑩风符应合于天也:向诸侯们示意,由于出现了"麒麟"的"符应",表明朝廷铸造"白金"合乎天意,今后要用"白金"为货币。风,示意。

【译文】

后来,天子的上林苑中有白鹿,就用它的皮制造成皮币,来引发上帝显示瑞应,并铸造了银锡合金"白金"币。下一年,天子到雍县去祭祀天地,捕捉到了长着一只角的野兽,形状像麃子一样。主管官员说:"陛下虔诚恭敬地祭祀天地,上帝为了报答歆享,降赐了这头长有一只角的野兽,这大概就是麒麟吧!"于是就在五畤把它进献给了上帝,并下令给每个畤的祭祀增加一头牛,用火焚烧。同时还把白金赐给诸侯,示意他们朝廷铸造白金是合乎天意的。

于是济北王以为天子且封禅[①]，乃上书献太山及其旁邑[②]，天子以他县偿之。常山王有罪[③]，迁，天子封其弟于真定[④]，以续先王祀，而以常山为郡[⑤]，然后五岳皆在天子之邦[⑥]。

【注释】

①济北王：当时的济北王为刘胡，淮南王刘长之孙。济北国的国都卢县，在今山东长清西南。

②献太山及其旁邑：当时泰山在济北国境内，故刘胡将泰山与其周围之地奉还朝廷。

③常山王：刘勃，景帝之孙。常山国的国都为真定，在今河北石家庄东北。

④封其弟于真定：武帝划出原常山国真定附近一块地方立刘勃之弟刘平为王，命名为“真定国”，国都仍在真定。

⑤以常山为郡：将原来常山国的大片地区建立为常山郡，郡治元氏，在今河北元氏西北。按，以上诸事在元鼎四年，前113年。

⑥五岳皆在天子之邦：在此以前，泰山在济北国，恒山在常山国，今则皆归入了朝廷直属的郡县。

【译文】

于是济北王想到天子将要举行封禅大典了，于是上书把泰山及旁边的县邑献给皇上，皇上用其他县邑补偿给他。常山王犯了罪，被贬谪到其他地方，天子就封他的弟弟为真定王，继续先王的祭祀，并把常山改设为郡，这样，五岳就都处在皇上直辖的郡里了。

其明年，齐人少翁以鬼神方见上[①]。上有所幸王夫人[②]，夫人卒，少翁以方盖夜致王夫人及灶鬼之貌云[③]，天子自帷中望见焉。于是乃拜少翁为文成将军，赏赐甚多，以客礼礼之。文成言曰:“上即欲与神通,宫室被服非象神,神物不至。”乃作画云气车[④],及各以胜日驾车辟恶鬼[⑤]。又作甘泉宫[⑥],中为台室,画天、地、太一诸鬼神,而置祭具以致天神。居岁余,其方益衰,神不至。乃为帛书以饭牛,详不知,言曰此牛腹中有奇。杀视得书,书言甚怪。天子识其手书[⑦],问其人,果是伪书,于是诛文成将军,隐之[⑧]。其后则又作柏梁、铜柱、承露仙人掌之属矣[⑨]。

【注释】

①其明年,齐人少翁以鬼神方见上:按,元狩三年为前120年。少翁,姓李,史不著其姓。

②王夫人:此指齐王刘闳之母。

③夜致:夜间招来。灶鬼:即上文所说“祠灶”之“灶神”。

④云气车:画有五色云气的神车。

⑤各以胜日驾车辟恶鬼:每天改乘不同颜色的车子以驱避恶鬼。五行相克相胜,如火胜金,金胜木,木胜土,在某日使用可以克胜此日干支的另一类车马,如甲日与乙日五行属木,在这样的日子就要乘坐属金的白色车子,就叫以胜日驾车。一说指选择一个驾车驱除恶鬼的日子,要取克胜之义,图个吉利。

⑥甘泉宫:秦汉时代的离宫名。在今陕西淳化西北的甘泉山上。也称云阳宫。

⑦手书:笔迹。

⑧于是诛文成将军,隐之:屠隆曰:“‘隐之’二字甚有着落,为下文‘食马肝死耳’张本。”按,武帝诛少翁事,《资治通鉴》系于元狩四年,前119年。

⑨柏梁:台名。在今陕西西安西北汉长安城未央宫北门外桂宫内。

高数十丈，相传是用“香柏”为之；也有说其台用梁百根。铜柱、承露仙人掌：颜师古引《三辅故事》云：“建章宫承露盘高二十丈，大七围，以铜为之，上有仙人掌承露，和玉屑饮之。”按，据《汉书·武帝纪》，作柏梁台在元鼎二年，前115年。

【译文】

第二年，齐地人少翁用进献祭祀鬼神的方术晋见皇上。皇上有个宠妃王夫人，王夫人去世了，据说少翁用他的方术在夜间招来了王夫人和灶神的形貌，天子从帐幕中远远地看见了。于是就封少翁为文成将军，赏赐的财物很多，并用对待宾客的礼节来对待他。文成将军说：“皇上如果想要与神仙交往，倘若宫室、被服等物不像神仙用的，神仙就不会来。”于是就制造画有五色云气的神车，各选择五行相克的制胜日期，驾着各色神车来驱除恶鬼。同时，又修筑甘泉宫，里面设有台室，室内画有天、地、太一等众鬼神，并设置了祭祀器具来招致天神。过了一年多，他的方术渐渐败落，天神并没有来。于是，他就用帛绸写了一些字给牛吃下，自己假装不知道，说这牛肚子里有神奇之物。杀了牛一看，拿到了写着字的帛绸，上面写的话很怪异。天子认出帛书上的笔迹，就讯问那个人，果然这是伪造的，于是就杀了文成将军，并将这件事隐瞒下来。在这以后，天子又让人建造了柏梁台、铜柱、承露仙人掌等一类东西。

文成死明年[①]，天子病鼎湖甚[②]，巫医无所不致，不愈。游水发根言上郡有巫[③]，病而鬼神下之[④]。上召置祠之甘泉。及病，使人问神君。神君言曰：“天子无忧病。病少愈，强与我会甘泉。”于是病愈，遂起，幸甘泉，病良已。大赦，置寿宫神君[⑤]。寿宫神君最贵者大夫[⑥]，其佐曰大禁、司命之属，皆从之。非可得见，闻其言，言与人音等。时去时来，来则风肃然。居室帷中。时昼言，然常以夜。天子祓[⑦]，然后人。因巫为主人，关饮食[⑧]。所欲者言行下[⑨]。又置寿宫、北宫，张羽旗，设供具[⑩]，以礼神君。神君所言，上使人受书其言，命之曰“画法”[⑪]。其所语，世俗之所知也，无绝殊者[⑫]，而天子心独喜。其事秘，世莫知也。

【注释】

①文成死明年：王先谦曰：“《通鉴》在元狩五年。”前118年。

②鼎湖：宫名。即鼎湖延寿宫，和宜春宫相距不远，在今陕西蓝田西南。湖，也作“胡”，两字通用。

③游水发根：服虔曰：“游水，县名；发根，人姓名。”颜师古曰：“游水，姓也；发根，名也。”

④病而鬼神下之：在他患病的时候有鬼附了他的体。

⑤置寿宫神君：张文虎曰：“疑此文当作‘置神君寿宫’。”

⑥神君最贵者大夫：底本作“泰一”，黄善夫本作“大夫”，意即在巫祝这些神职人员中，地位最高的叫“大夫”，其下有“大禁”“司命”等等。

⑦祓（fú）：洁，除灾祈福的仪式。

⑧关饮食：安排饮食。关，处置，安排。

⑨所欲者言行下：底本作“所以言，行下”，《汉书·郊祀志》作“所欲言，行下”，即晋灼所说“神君所言行，下于巫”。间谓神君通过巫传达自己的意愿。

⑩供具：指供神的饮食、器皿等物。这里实指有关生活起居的一切用品。

⑪画法：孟康曰：“策画之法也。”王骏图以为应作“书法”，“谓神君之秘书妙法也”。

⑫无绝殊者：没有什么特别不同的东西。锺惺曰：“说‘神君’一段，

鄙亵之极，正以笑人主之呆也。”

【译文】

文成将军死后第二年，天子在鼎湖宫病得很厉害，巫医们使用了各种各样的办法，但病仍不见好。游水发根就说上郡那里有一名巫师，在他生病期间鬼神附了体。皇上就把他召来供奉在甘泉宫。等到皇上生病时，派人去问神君。神君说道：“天子不要为病忧虑。待身体稍微好些，可勉强支撑着到甘泉宫同我相会。”于是皇上病稍好一点儿，就驾临甘泉宫，病体果然完全康复了。因此大赦天下，建造了寿宫安置神君。寿宫神君中最尊贵的是大夫，他的辅助者叫大禁、司命等等，都跟从大夫。众神是看不见的，只能听到他们的声音，同普通人的一样。他们有时来，有时去，来的时候有飒飒的风声。他们都住在室内的帷帐里。他们有时白天也说话，但经常是在夜里。天子举行了消灾求福的仪式，然后才进入寿宫。依靠巫师做这里的主人，安排饮食。众神所说的话，也要由巫师传达下来。又设置寿宫和北宫，竖起带有羽毛的旗帜，供设盛有祭品的器具，用这来礼祀神君。神君所说的话，皇上派人把它们记录下来，给它命名为“画法”。神君们所说的话，世上的凡夫俗子们也能明白，并没有什么特殊奇奥的地方，然而天子心里暗自欢喜。这些事情都保密，世人都不能知晓。

其后三年①，有司言元宜以天瑞命②，不宜以一二数。一元曰“建”，二元以长星曰“光”，三元以郊得一角兽曰“狩”云。

【注释】

①其后三年：即元鼎三年，前114年。

②天瑞：上天显示的吉祥征兆。

【译文】

三年后，主管官员奏议说确定年号应该根据上天降赐的祥瑞来命名，不应当用一二记数。第一个年号叫“建元”，第二个年号是因为长星出现叫“元光”，第三个年号因为在祭祀天地时捕获一只独角兽，就叫“元狩”。

其明年冬①，天子郊雍，议曰：“今上帝朕亲郊，而后土无祀②，则礼不答也③。”有司与太史公、祠官宽舒议④：“天地牲角茧栗⑤。今陛下亲祠后土，后土宜于泽中圜丘为五坛，坛一黄犊太牢具，已祠尽瘗⑥，而从祠衣上黄。”于是天子遂东，始立后土祠汾阴脽丘⑦，如宽舒等议。上亲望拜，如上帝礼。礼毕，天子遂至荥阳而还。过雒阳，下诏曰：“三代邈绝⑧，远矣难存。其以三十里地封周后为周子南君⑨，以奉其先祀焉。”是岁，天子始巡郡县，侵寻于泰山矣⑩。

【注释】

①其明年：元鼎四年，前113年。

②后土：指土神或地神。

③礼不答：礼节不相称。答，杨树达曰：“合也。”

④太史公：此指司马谈，司马迁之父，时正为太史令。

⑤角茧栗：刚开始长角的牛犊。颜师古曰：“牛角之形或如茧，或如栗，言其小。”

⑥已祠尽瘗（yì）：祭祀过后将牺牲全都埋在土里。瘗，埋。

⑦汾阴脽（shuí）丘：在今山西万荣西南。脽，丘阜。据《汉书》如淳注，黄河东岸有长四五里，广二里余，高十余丈的大土丘，汾阴县的县城在这个土丘上，后土祠在县城之西。

⑧三代：本指夏、商、周，这里实际即指周朝。邈绝：久远。

⑨封周后为周子南君：《汉书·武帝纪》诏云："巡省豫州，观于周室，邈而无祀。询问耆老，乃得孽子嘉。其封嘉为周子南君，以奉周祀。"周后，周王后裔，名嘉。

⑩天子始巡郡县，侵寻于泰山矣：天子先巡视其他郡县，逐渐靠近泰山。侵寻，渐进，逐渐蔓延、扩展。

【译文】

第二年冬天，天子到雍县祭祀天地，同大家商议，说："现在上帝由我亲自祭祀，但后土还没有祭祀，那么礼节就不相称。"主管官员和太史公、祠官宽舒等议论道："祭祀天地要用角刚长到蚕茧栗仁那么大的小牛。现在陛下要亲自祭祀后土，就应当在水泽中的圜丘上设立五个祭坛，每个祭坛上供奉一头黄牛犊和一猪一羊作为祭品举行祭祀，祭祀完毕后要把它们全部埋入地下，陪从祭祀的人穿黄色衣服。"于是皇上就东行，开始在汾阴的脽丘上建筑后土祠，按照宽舒等人所议奏的实行。皇上亲自望祭跪拜，如同祭祀上帝时的礼仪。礼仪结束，天子就去至荥阳，然后返回京城。天子在经过雒阳时，下诏说："夏、商、周三代已经灭亡很久了，它们的祭祀难以保存下来。以方圆三十里的地方赐封周朝的后代为周子南君，来供奉其祖先。"这一年，天子开始巡视郡县，渐渐接近泰山了。

其春，乐成侯上书言栾大[①]。栾大，胶东宫人[②]，故尝与文成将军同师，已而为胶东王尚方[③]。而乐成侯姊为康王后，无子。康王死[④]，他姬子立为王。而康后有淫行，与王不相中[⑤]，相危以法。康后闻文成已死，而欲自媚于上，乃遣栾大因乐成侯求见言方[⑥]。天子既诛文成，后悔其蚤死，惜其方不尽，及见栾大，大说。大为人长美，言多方略[⑦]，而敢为大言，处之不疑[⑧]。大言曰："臣常往来海中，见安期、羡门之属。顾以臣为贱，不信臣。又以为康王诸侯耳，不足与方。臣数言康王，康王又不用臣。臣之师曰：‘黄金可成，而河决可塞，不死之药可得，仙人可致也。’然臣恐效文成，则方士皆奄口[⑨]，恶敢言方哉[⑩]！”上曰：“文成食马肝死耳[⑪]。子诚能修其方，我何爱乎！”大曰：“臣师非有求人，人者求之。陛下必欲致之，则贵其使者，令有亲属[⑫]，以客礼待之，勿卑，使各佩其信印，乃可使通言于神人。神人尚肯邪不邪。致尊其使，然后可致也[⑬]。”于是上使验小方，斗棋，棋自相触击[⑭]。

【注释】

①乐成侯：此时的乐成侯为丁义。乐成侯国，在今河南邓州西南。

②胶东宫人：胶东王宫里负责国君的日常生活事务的侍从杂役。胶东，诸侯国名。元鼎年间的胶东王为哀王刘贤，景帝之孙。事见《五宗世家》。

③尚方：主管方药。

④康王死：即刘贤之父刘寄，景帝之子，前148—前121年在位。

⑤不相中：不相能，不能共处。

⑥方：指长生不死之方。

⑦言多方略：说话时擅于揣摩对方心思，有谋略。

⑧处之不疑：指说谎话时神态自若。

⑨奄：通“掩”。

⑩恶：何，怎么。

⑪食马肝死：相传马肝有毒，人吃了会死。《索隐》曰：“《论衡》云：‘气热而毒盛，故食走马肝杀人。’《儒林传》云‘食肉无食马肝’是也。”

⑫令有亲属：让他有达官贵人为亲戚。意即娶贵族女子为妻。

⑬致尊其使，然后可致也：董份曰："君讳言臣死，而托之'马肝'；臣欲要君，而妄希'亲属'，武帝非不英明，而一为方溺，则暗愚如此，其得不亡，幸也。"

⑭斗棋，棋自相触击：《索隐》引《万毕术》云："取鸡血杂磨针铁杵，和磁石棋头，置局上，即自相抵击也。"实际皆利用磁力作用设计的戏法。

【译文】

这年春天，乐成侯上书介绍栾大。栾大是胶东王的宫人，过去曾和文成将军在同一位老师门下求学，以后就做了为胶东王掌管方药的尚方。乐成侯的姐姐是胶东康王的王后，没有儿子。康王死后，别的姬妾的儿子被立为王。康王后有淫秽行为，与新王合不来，他们彼此间罗织罪名互相攻击、伤害。康王后听说文成将军已死，她自己想要讨好皇上，就派栾大通过乐成侯求见皇上谈论方术。皇上杀死文成将军后，又后悔过早杀了他，惋惜他的方术没有完全施展出来，等到他见到栾大，非常高兴。栾大人长得高大俊美，很会说话，而且敢说大话，神情自然，毫不迟疑。栾大夸口说："我常在海上来往，见到过安期生、羡门高他们。但他们认为我身份低微，并不相信我。他们又认为康王只不过是诸侯罢了，不值得传授方术给他。我多次对康王报告，康王又不肯信任并重用我。我的老师说：'黄金可以炼成，黄河决口可以堵住，长生不死的药可以求得，仙人可以招致而来。'但我怕会成为文成将军那样，那么方士们就都要掩口不说话了，还怎么敢谈论方术呢！"皇上说："文成将军是误吃了马肝死去的。您果真能修治研习他的方术，我有什么好吝惜呢！"栾大说："我的老师并不是有求于人，而是别人有求于他。陛下一定要召他来相见，那么就要尊重他的使者，让使者有尊贵的亲戚，要用宾客礼仪接待他，不可贱视他，让他佩带各种印信，这样才可以让他向神仙传话。即使这样神仙肯不肯来还不一定。只有尊重他的使者，然后才能迎来神仙。"

于是皇上让他用一个小方术实验一下，栾大便摆弄棋子，让棋子在棋盘上自动互相撞击。

是时上方忧河决[①]，而黄金不就，乃拜大为五利将军[②]。居月余，得四印，佩天士将军、地士将军、大通将军印。制诏御史："昔禹疏九江[③]，决四渎[④]。间者河溢皋陆[⑤]，堤繇不息[⑥]。朕临天下二十有八年[⑦]，天若遗朕士而大通焉[⑧]。《乾》称'蜚龙''鸿渐于般'[⑨]，朕意庶几与焉。其以二千户封地士将军大为乐通侯。"赐列侯甲第[⑩]，僮千人，乘舆斥车马帷幄器物以充其家[⑪]。又以卫长公主妻之[⑫]，赍金万斤[⑬]，更命其邑曰当利公主[⑭]。天子亲如五利之第。使者存问，供给相属于道。自大主将相以下[⑮]，皆置酒其家，献遗之。于是天子又刻玉印曰"天道将军"，使使衣羽衣[⑯]，夜立白茅上[⑰]，五利将军亦衣羽衣，夜立白茅上受印，以示不臣也。而佩"天道"者，且为天子道天神也[⑱]。于是五利常夜祠其家，欲以下神。神未至而百鬼集矣，然颇能使之。其后装治行，东入海，求其师云。大见数月，佩六印[⑲]，贵震天下，而海上燕齐之间，莫不搤捥而自言有禁方[⑳]，能神仙矣。

【注释】

①方忧河决：自元光三年（前132）黄河在瓠子决口，至此时已二十年还没有堵上，汉武帝为此忧心，故栾大言亦及之。

②五利将军：底本作"天道将军"。中井曰："盖'天士''地士''大通'并上'五利'为四也。'天道'则下别有玉印。"今改"天道将军"为"五利将军"。

③九江:长江中下游的九条支流。

④决四渎:开通四渎。决,也是"疏通"的意思。四渎,谓黄河、长江、淮水、济水。

⑤河溢皋陆:此即指黄河决口。皋陆,水边平地。皋,岸,水旁地。

⑥堤繇不息:颜师古曰:"筑作堤防,徭役甚多,不暇休息。"繇,通"徭"。

⑦二十有八年:自建元元年(前140)至此元鼎四年(前113),共历二十八年。有,通"又"。

⑧天若遗(wèi)朕士而大通焉:《集解》引韦昭曰:"言栾大能通天意,故封'乐通'。"遗,给。

⑨《乾》称"蜚龙""鸿渐于般":"飞龙在天"是《周易·乾卦》九五爻辞,"鸿渐于般"是《周易·渐卦》六二爻辞。方苞曰:"'蜚龙在天,利见大人',言君之得臣也;'鸿渐于磐,饮食衎衎',言臣之遇君也。武帝以栾大为'天所遗士',故引此注。"蜚,同"飞"。般,通"磐",大石。一说借为"泮"。

⑩甲第:第一等的府第。

⑪乘舆斥车马帷幄器物:此指皇帝自己不用的车马、帷帐以及各种器物。乘舆,指称皇帝。斥,不用。指室内悬挂的帐幕,帷幔。

⑫卫长(zhǎng)公主:皇后卫子夫生的大女儿。

⑬赍(jī)金万斤:以黄金万斤为陪嫁。赍,携带。

⑭更名其邑曰当利公主:意谓将其汤沐邑改名为"当利县",其称号也改为"当利公主"。《索隐》引《地理志》曰:"东莱有当利县。"

⑮大主:大长公主,刘嫖,窦太后之女,武帝之姑。事迹见《外戚世家》。

⑯羽衣:颜师古曰:"以鸟羽为衣,取其神仙飞翔之意也。"

⑰立白茅上:《正义佚存》:"喻有洁白之德。"

⑱且为天子道天神也:颜师古曰:"道,读为'导'。"中井曰:"当初立'天道将军'之号,未必'导天神'之意,后乃附会作此说耳。"

⑲佩六印：即“五利”“天士”“地士”“大通”“天道”五将军及“乐通侯”之印。

⑳扼腕：通“扼腕”。用一只手握住另一只手腕，表示激动、振奋等情绪。禁方：秘方。

【译文】

这时皇上正苦恼黄河决口，黄金还没有炼成，就封拜栾大为五利将军。在一个多月的时间里，栾大就得到四颗金印，佩戴上了天士将军、地士将军、大通将军印。皇上下诏书给御史说：“从前夏禹疏通九江，开通四渎。近年来河水泛滥，淹没了高地，为筑堤征发的徭役无休无止。朕君临天下已有二十八年，上天好像是送来了栾大，让他为我沟通天意。《易经·乾卦》说‘飞龙升天’，《易经·渐卦》说‘大雁渐近涯岸’，我看与这差不多吧。应当以二千户赐封地士将军栾大为乐通侯。”赏赐给他列侯级的上等府第和一千个奴仆，而天子不用的车马、帷帐、器物等各种东西，把他家都装满了。皇上又把卫皇后所生的长公主嫁给他，赠送一万斤黄金，把她的封号改为当利公主。天子亲自驾临五利将军的府第。使者前去慰问供应事宜，赏赐的东西在路上连绵不断。从大长公主到朝廷将相以下，都备置了酒席送到他家，赠给他贵重的礼物。这时天子又刻制了“天道将军”的玉印，派遣使臣们穿着羽衣，夜里站在白茅上授给他大印，五利将军也穿着羽衣，站在白茅上接受大印，用这种仪式来表示不把他当作臣子看待。他的佩印称作“天道”，就是将要替天子引导天神降临的意思。从这时起，五利将军常常在夜晚在家中祭祀，想要请求神仙下凡。但神仙没有来而众鬼却都聚来了，不过他很能驱使他们。这以后他就整装准备出行，说要往东去海上，求见他的仙师等等。栾大晋见皇上几个月，就佩戴上了六颗大印，贵宠一时，天下震动，因而沿海的燕、齐两地的方士们，没有不激动振奋的，都说自己有秘方，能够招来神仙了。

其夏六月中，汾阴巫锦为民祠魏脽后土营旁①，见地如钩状，掊视得鼎②。鼎大异于众鼎，文镂无款识③，怪之，言吏。吏告河东太守胜，胜以闻。天子使使验问巫得鼎无奸诈，乃以礼祠，迎鼎至甘泉，从行，上荐之④。至中山⑤，曣温⑥，有黄云盖焉。有麃过，上自射之，因以祭云。至长安，公卿大夫皆议请尊宝鼎。天子曰："间者河溢，岁数不登，故巡祭后土，祈为百姓育谷。今岁丰庑未报⑦，鼎曷为出哉？"有司皆曰："闻昔泰帝兴神鼎一，一者壹统，天地万物所系终也。黄帝作宝鼎三，象天地人。禹收九牧之金，铸九鼎。皆尝亨鬺上帝鬼神⑧。遭圣则兴，鼎迁于夏商。周德衰，宋之社亡，鼎乃沦没，伏而不见⑨。《颂》云：'自堂徂基，自羊徂牛；鼐鼎及鼒，不吴不骜，胡考之休。'⑩今鼎至甘泉，光润龙变⑪，承休无疆⑫。合兹中山，有黄白云降盖，若兽为符，路弓乘矢⑬，集获坛下，报祠大享。唯受命而帝者心知其意而合德焉⑭。鼎宜见于祖祢⑮，藏于帝廷，以合明应。"制曰："可。"

【注释】

①魏脽（shuí）后土：即前文武帝在汾阴所修的后土祠，因其地战国时属魏，故称"魏脽后土"。营旁：后土祠的区域旁。营，区域，边界。

②掊（póu）视：用手扒开来看。

③文镂：雕刻有花纹。款识：钟鼎彝器上铸刻的文字。

④从行，上荐之：《集解》引徐广曰："上言'从行，上荐之'，或者祭鼎也。"

⑤中山：在云阳县。汉云阳县在今陕西淳化西北。中山在云阳城东

南，也在今之淳化东南。

⑥曣𬀪（yàn wēn）：如淳曰："三辅谓日出清济为晏。晏而温，乃有黄云，故为异也。"中井以为"晏温"乃指鼎之"微暖发光彩"，与下文之"光润龙变"相应。

⑦丰庑（wú）未报：意即今年的丰歉尚无定准。庑，草木茂盛。

⑧亨鬺（shāng）：烹煮，特指烹煮牲畜以祭祀。亨，通"烹"。鬺，通"觞"。

⑨"宋之社亡"几句：《汉书·郊祀志》云："周显王之四十二年，宋大丘社亡，而鼎沦没于泗水彭城下。"

⑩"自堂徂基"几句：语见《诗·周颂·丝衣》，这是一首写祭祀的诗。鼐（nài）鼎，鼎中之绝大的。鼒（zī），上端收敛、小口的鼎。敖，通"傲"，傲慢。胡考，长寿。有司引之以赞美武帝祭祀虔诚。

⑪光润龙变：指鼎光彩变化万千。即前文所谓鼎之"晏温"。

⑫承休无疆：谓武帝承上天无边之福。休，美，福祥。

⑬路：大。乘矢：四矢曰"乘"。

⑭受命而帝者：泷川曰："此谓武帝，非谓高祖。"

⑮祖祢（nǐ）：祖庙。祢，亲庙，父庙。

【译文】

这年的夏季六月中，汾阴一个名叫锦的巫师在魏脽后土祠旁边替百姓祭祠神灵，看到地面隆起，形状像弯钩一样，扒开土一看，见到了一只鼎。这只鼎和其他的鼎大不相同，刻着花纹却无文字，巫师对这感到奇怪，就告诉了当地官吏。当地官吏又转告河东郡太守胜，胜就把这件事上奏了。天子派使者盘问巫师获得这只鼎的情况，知道这并没有弄虚作假，就按礼节进行祭祀，迎接这只鼎到甘泉宫，皇上亲自跟随使者前去迎接，准备将此鼎进献于上帝。迎鼎队伍到中山时，天气晴朗，天空中有一片黄云覆盖。有一只麃子跑过，皇上自己射中它，因而用它来祭祀。到达长安，公卿大夫们都议论奏请尊奉宝鼎事宜。天子说："近年黄河泛滥，连年收成不好，所以我巡行祭祀了后土神，为百姓们培育谷苗祈祷。今年丰歉还未可知，这只鼎为什么会出现呢？”主管官员都说：“听说从前泰帝制作了一只神鼎，表示天下一统的意思，是天地万物统一的象征。黄帝制作过三只宝鼎，‘三’，就象征着天、地、人。夏禹征收了九州的金属，铸造了九只鼎。这些鼎都曾烹煮牺牲，来祭祀上帝、鬼神。鼎遇到圣明君主，就会出现，就这样它传到夏朝、商朝。周朝的德政衰败，宋国的社坛失踪，鼎就沉没，潜伏起来不再出现了。《诗经·周颂》中说：‘从堂到门查祭器，从羊到牛查祭牲；大鼎、小鼎都干净，既不喧哗又不傲慢，极为肃穆，求得长寿和福祉。’现在宝鼎到了甘泉宫，光彩焕发，如龙变化无穷，意味着大汉将承受无穷无尽的吉祥。这正符合在中山遇有黄白云覆盖的征兆，还有麃子是相应的符瑞，陛下用一只大弓、四支利箭射中了它，把它奉献在祭坛下面，酬谢天地众神歆享。只有承受天命称帝的人，才能心知天意，并按天意行事，符合天帝的美德。所以，宝鼎应该奉献在祖庙中，在天帝的殿堂中珍藏，来使神明的祥瑞合应一致。”天子下诏书说：“可以！”

入海求蓬莱者，言蓬莱不远，而不能至者，殆不见其气①。上乃遣望气佐候其气云②。

【注释】

①殆：大概，可能，推测之词。

②望气：望气者，以观察云气以预测吉凶的方术之士。佐候：协助观测。候，观测。

【译文】

到海上寻求蓬莱仙山的人说，蓬莱仙境并不遥远，而不能到达的原因，大概是因为没见到那里上空的瑞气。皇上就派遣望云气的官吏去观察云气。

其秋，上幸雍，且郊。或曰“五帝，太一之佐也，宜立太一而上亲郊之”[①]。上疑未定。齐人公孙卿曰[②]：“今年得宝鼎，其冬辛巳朔旦冬至[③]，与黄帝时等。”卿有札书曰[④]：“黄帝得宝鼎宛朐[⑤]，问于鬼臾区[⑥]。鬼臾区对曰：‘黄帝得宝鼎神策[⑦]，是岁己酉朔旦冬至，得天之纪[⑧]，终而复始。’于是黄帝迎日推策[⑨]，后率二十岁复朔旦冬至[⑩]，凡二十推，三百八十年，黄帝仙登于天[⑪]。”卿因所忠欲奏之[⑫]。所忠视其书不经[⑬]，疑其妄书，谢曰：“宝鼎事已决矣，尚何以为[⑭]！”

【注释】

①宜立太一而上亲郊之：前文谬忌已经说青、红、黄、白、黑五帝为太一之佐，所以有人认为武帝不应再像过去那样亲祭五帝，只应亲祭太一。

②公孙卿：姓公孙，名卿，齐地的方士。

③辛巳朔旦冬至：十一月初一的早晨为冬至。古人治历，以夜半为一日的开始，朔旦（初一）为一月的开始，冬至为一年的开始。

④札书：写在木简上的书。札，书写用的木简。

⑤宛朐：也作“冤句”，汉县名。在今山东菏泽西南。

⑥鬼臾区：传说中黄帝的大臣。

⑦神策：神异的算筹。策，指推算历数用的算筹。

⑧得天之纪：得日月星辰的天象作为纪年起算的日子。纪，纪元，纪年的起算年代。

⑨迎日推策：用算策推算未来的日子。臣瓒曰：“日月朔望未来而推之，故曰‘迎日’。”

⑩率二十岁复朔旦冬至：大概是二十年后，朔旦与冬至又在同一天。按，我国古代没有这样一种历法，此公孙卿所妄言。

⑪三百八十年，黄帝仙登于天：徐中行曰："观公孙卿所言，则知汾阴鼎必其所为以欺武帝者。"

⑫所忠：武帝身边的侍臣，官至谏议大夫。

⑬不经：近乎荒诞，不合常理。

⑭宝鼎事已决矣，尚何以为：此处表达了所忠对栾大、公孙卿之流所言所行之不屑与厌恶。

【译文】

这年秋天，皇上临幸雍县，并举行郊祀。有人说："五帝，是太一神的辅佐之神。应当设立太一神位，并且皇上亲自去祭祀它。"天子迟疑未定。齐人公孙卿说："今年得到宝鼎，仲冬月辛巳朔日是冬至，正好与黄帝制造宝鼎的时令相同。"公孙卿有一块木简，上面写道："黄帝在宛朐得到宝鼎，向鬼臾区问起这件事。鬼臾区回答说：'黄帝得到宝鼎和神策，今年是己酉朔日早晨交冬至，掌握了天道运行的规律，循环运动，周而复始。'于是黄帝按照日月朔望进行推算，以后都每隔二十年朔日早晨交冬至，共推算了二十次，总计三百八十年，黄帝成仙登天了。"公孙卿想要通过所忠上奏此事。所忠看到他的简书荒诞不经，怀疑那是胡言乱语，就推辞说："宝鼎的事已经决定了，还说它干什么！"

卿因嬖人奏之[①]。上大说，乃召问卿。对曰："受此书申公，申公已死。"上曰："申公何人也？"卿曰："申公，齐人。与安期生通，受黄帝言，无书，独有此鼎书。曰'汉兴复当黄帝之时'。曰'汉之圣者在高祖之孙且曾孙也[②]。宝鼎出而与神通，封禅。封禅七十二王，唯黄帝得上泰山封'。申公曰：'汉主亦当上封，上封则能仙登天矣。黄帝时万诸侯，而神灵之封居七千[③]。天下名山八，而三在蛮夷，五在中国。中国华山、首山、太室、泰山、东莱[④]，此五山黄帝之所常游，与神会。黄帝且战且学仙。患百姓非其道者，乃断斩非鬼神者[⑤]。百余岁然后得与神通[⑥]。黄帝郊雍上帝，宿三月。鬼臾区号大鸿，死葬雍，故鸿冢是也[⑦]。其后黄帝接万灵明廷[⑧]。明廷者，甘泉也。所谓寒门者，谷口也[⑨]。黄帝采首山铜，铸鼎于荆山下[⑩]。鼎既成，有龙垂胡髯下迎黄帝[⑪]。黄帝上骑，群臣后宫从上者七十余人，龙乃上去。余小臣不得上，乃悉持龙髯，龙髯拔，堕，堕黄帝之弓。百姓仰望黄帝既上天，乃抱其弓与胡髯号，故后世因名其处曰鼎湖，其弓曰乌号[⑫]。'"于是天子曰："嗟乎！吾诚得如黄帝，吾视去妻子如脱躧耳[⑬]。"乃拜卿为郎，东使候神于太室。

【注释】

①嬖（bì）人：武帝的男宠。嬖，亲昵，宠幸。

②在高祖之孙且曾孙也：意谓应该是高祖之孙，或者是曾孙。且，或。按，说得不确定，反而更让人感觉札书是真的，更具有迷惑性。

③神灵之封居七千：应劭曰："黄帝时，诸侯会封禅者七千人也。"李奇曰："说仙道得封者七千国也。"张晏曰："神灵之封，谓山川之守也。"颜师古曰："张说是也。山川之守谓尊山川之神令主祭祀也。"意即祭祀山川神灵的诸侯有七千个。

④华山、首山、太室、泰山、东莱：即所谓"五在中国"者。首山，一说指今山西永济西南的首阳山，又名雷首山；一说指今河南襄城的首山。太室，即今嵩山，在今河南登封北。东莱，也称"莱山"，在今山东龙口东南。

⑤断斩非鬼神者：断，断然，坚决。凌稚隆曰："卿见武帝好征伐、好神仙，则曰'黄帝且战且学仙'；惧人攻其邪妄，则曰'断斩非鬼神者'，此小人极意逢迎之态，专权固宠之术也。"

⑥百余岁然后得与神通：何焯曰："恐其言不验被诛，故远其期于百余岁，即后言'非少宽假，神不来'之意。"钱锺书曰："夫学仙所以求长寿，今乃谓长寿然后得学仙。汉武若非妄想颠倒，必能'遁辞知其所穷'。"

⑦鸿冢：在今陕西宝鸡凤翔区东。

⑧接万灵明廷：在"明廷"迎接万方鬼神。

⑨所谓寒门者，谷口也：以地当泾水出仲山（即前文中山）山谷处得名，在今陕西醴泉东北。仲山之北寒冷，故又名寒门。颜师古曰："谷口，仲山之谷口也。……以仲山之北寒凉，故谓此谷为'寒门'也。"

⑩荆山：也称"覆釜山"，在今河南灵宝西南，与今山西永济西南的"首山"隔黄河相望。

⑪胡髯（rán）：颊旁及下巴上的胡须。

⑫其弓曰乌号：邓以瓒曰："语大鄙俚，史公特以诞妄述之，不知乃遂开青云不朽。"

⑬躧（xǐ）：通"屣"，鞋。

【译文】

公孙卿又通过皇上宠爱的人上奏，皇上非常高兴，召来公孙卿询问。公孙卿回答说："我从申公那里接受了这简书，申公已经死了。"皇上问："申公是什么人？"公孙卿说："申公是齐地人。他与安期生有交往，承受了黄帝的言教，并没有书，只有这鼎上写的字。上面写道：'汉朝的兴盛应当与黄帝得鼎的周期相同。汉朝的圣主应当在高祖的孙子或曾孙一代人。宝鼎出现是与神意相通的，应举行封禅大典。自古举行过封禅大典的有七十二个帝王，只有黄帝登上泰山祭天。'申公说：'汉朝君主也应当登泰山封禅，能上泰山封禅就能成仙升天了。黄帝时有上万的诸侯国，而举行过名山大川祭祀的封国占了七千。天下的名山有八座，三座在蛮夷地区，五座在中原地区。中原地区有华山、首山、太室山、泰山、东莱山,这五座山是黄帝经常游览和与神仙相会的地方。黄帝一面打仗一面学仙。他担心百姓诽谤他的仙道,就处决了那些诋毁鬼神的人。过了一百多年,他才与神仙相通。黄帝在雍郊祀上帝,居住了三个月。鬼臾区号大鸿,死后葬在雍地,就是原来的鸿冢。此后黄帝在明廷迎接了千万的神灵。明廷,就是甘泉。所谓寒门,就是谷口。黄帝开采首山的铜,在荆山下铸鼎。鼎铸成后,天上有一条龙垂着胡须下来迎接黄帝。黄帝骑了上去,群臣、姬妾跟着骑上去的有七十多人,龙才飞上天了。余下的小臣不能上去,就都抓住龙须,龙须被拔掉了,黄帝的弓掉了下来。百姓们抬头望着黄帝飞上了天,就抱着他的弓和龙须号哭,所以后世的人就据这件事称那个地方为鼎湖,称那把弓为乌号。'”于是天子说:“啊!我如果真能像黄帝那样飞上天,我将把离开妻子儿女们看得像脱掉鞋子一样容易!”于是,就任命公孙卿为郎官,派他向东去太室山迎候神仙。

上遂郊雍,至陇西①,西登崆峒②,幸甘泉。令祠官宽舒等具太一祠坛,祠坛放薄忌太一坛③,坛三垓④。五帝坛环居其下,各如其方,黄帝西南⑤,除八通鬼道⑥。太一,其所用如雍一畤物,而加醴枣脯之属,杀一狸牛以为俎豆牢具⑦。而五帝独有俎豆醴进⑧。其下四方地,为醊食群神从者及北斗云⑨。已祠,胙余皆燎之⑩。其牛色白,鹿居其中,彘在鹿中,水而洎之⑪。祭日以牛,祭月以羊彘特⑫。太一祝宰则衣紫及绣。五帝各如其色,日赤,月白。

【注释】

①陇西:汉郡名。郡治狄道,即今甘肃临洮。

②崆峒:山名。在今甘肃平凉西北。按,武帝西幸雍、过陇西、登崆峒诸事,在元鼎五年,前112年。

③放：仿效。薄忌：亳人谬忌。

④垓（gāi）：层，台阶的级次。

⑤黄帝西南：青、红、白、黑四帝分居东、南、西、北四方，黄帝理应居中，但当中是太一坛，故只好将黄帝坛置于西南侧。服虔曰："坤位在未，黄帝从土位。"

⑥除八通鬼道：谓太一坛的四面、四角，共有八条上下的通道。参见前文之叙述薄忌太一坛。除，修治。

⑦杀一狸牛以为俎豆牢具：再杀一头牦牛装入祭器，做为补充祭品。狸牛，应同《孝武本纪》作"犛牛"，犛牛即牦牛。

⑧俎豆醴进：师古曰："具俎豆酒醴而进之。"中井曰："进，羞也，唯有庶羞，无牢具。"

⑨醊（zhuì）食：谓同时连续祭诸神。醊，连续祭祀。

⑩胙（zuò）：祭肉。

⑪"其牛色白"几句：晋灼曰："此言合牲物而燎之也。"洎（jì），《集解》引徐广曰："洎，一作'酒'。灌水于釜中曰洎。"颜师古曰："言以白鹿内牛中，以彘内鹿中，又以水及酒合内鹿中。"

⑫特：只用一种牲。

【译文】

皇上于是到雍县举行祭祀，到达了陇西郡，又往西登上崆峒山，驾幸甘泉宫。皇上命令祠官宽舒等人筹建太一神的祠坛，祠坛仿照亳人谬忌所奏过的太一坛的形式，分为三层。五帝的祠坛环绕在它的下面，各自占有自己的方位，黄帝坛在西南方，修建了通向八个方向的鬼道。太一神所用的祭礼像雍县每畤的祭礼一样，另外增加甜酒、枣子、干肉等物品，还杀了一头牦牛作为祭牲供奉。祭五帝只供奉甜酒和祭肉。在祭坛下面的四方场地，用酒沃地以祭祀各位神灵的随从和北斗。祭祠完毕，将祭肉以及各种剩余的供品都焚烧掉。祭祀用的牛是白色的，鹿放在牛肚子里，猪又放进鹿肚子里，浸泡在水里。祭祀日神用牛，祭祀月神单用一只羊或一头猪。太一神的主祭官员穿紫色绣衣。五帝的主祭官员所穿衣服的颜色和该帝代表的颜色一样，日神的主祭官员穿红衣，月神的主祭官员穿白衣。

十一月辛巳朔旦冬至[①]，昧爽[②]，天子始郊拜太一。朝朝日，夕夕月，则揖[③]；而见太一如雍郊礼。其赞飨曰[④]："天始以宝鼎神策授皇帝[⑤]，朔而又朔[⑥]，终而复始，皇帝敬拜见焉。"而衣上黄。其祠列火满坛，坛旁亨炊具。有司云"祠上有光焉"。公卿言"皇帝始郊见太一云阳，有司奉瑄玉嘉牲荐飨[⑦]。是夜有美光，及昼，黄气上属天[⑧]"。太史公、祠官宽舒等曰："神灵之休[⑨]，祐福兆祥，宜因此地光域立太畤坛以明应[⑩]。令太祝领，秋及腊间祠。三岁天子一郊见。"

【注释】

①十一月辛巳朔旦冬至：十一月初一早晨冬至。

②昧爽：拂晓，黎明。

③"朝朝日"几句：天子朝拜日神、月神，只用揖礼。按，拜日神曰"朝"，拜月神曰"夕"。

④赞飨（xiǎng）：主管祭神祝颂的官名。

⑤天始以宝鼎神策授皇帝：中井曰："'神策'是公孙卿所上，武帝乃以为'天授'，妄哉！"

⑥朔而又朔：意即月复一月。朔，初一。

⑦瑄（xuān）玉、嘉牲：都指祭品。瑄玉，古代祭天用的大璧。嘉牲，祭祀用的牺牲。荐飨：进献，供神享用。

⑧上属天：从地面一直上抵高空。属，连。

⑨神灵之休：指上述"美光""黄气"等现象。休，美。

⑩此地光域：意即在出现“美光”的地方。以明应：颜师古曰：“明著美光及黄气之祥应。”

【译文】

十一月辛巳初一早晨交冬至，天刚亮，天子就到郊外祭拜太一神。太阳初升时祭拜日神，晚上月出时祭拜月神，只用揖礼；而朝见太一神按照雍县郊祀的礼仪。赞飨祝辞说：“上天当初把宝鼎和神策授予皇帝，过了一个朔日，又迎来一个朔日，周而复始，皇帝恭敬地拜见您。”祭服规定使用黄色。那祭坛上布满火炬，坛旁放着烹煮用的器具。主管官员说：“祭坛上空有光彩呈现。”公卿大臣说：“皇帝在云阳宫首次郊祀太一神时，主管官员捧着美玉、嘉牲祭献。当天夜空出现了美光，一直到第二天早上，黄气与天顶相连。”太史公与祠官宽舒等人说：“神灵显现出美好景象，是保佑福祉、预兆吉祥的象征，应在那出现光彩的地方建立太畤坛以显示上天的瑞应。由太祝管理，在秋冬两季间祭祀。每三年天子亲自郊祀一次。”

其秋[①]，为伐南越[②]，告祷太一。以牡荆画幡日月北斗登龙[③]，以象太一三星，为太一锋[④]，命曰“灵旗”。为兵祷[⑤]，则太史奉以指所伐国。而五利将军使不敢入海，之泰山祠。上使人随验，实毋所见。五利妄言见其师，其方尽，多不雠[⑥]。上乃诛五利[⑦]。

【注释】

①其秋：元鼎五年（前112）之秋。

②南越：楚汉战争期间赵佗建立的国家，都番禺（今广东广州）。元鼎四年（前113）赵兴上书汉朝，请求内属，丞相吕嘉举兵反叛。元鼎六年（前111）汉武帝平定吕嘉反叛，废南越国王。

③牡荆：植物名。韦昭曰："以牡荆为柄者也。"幡：长条形旗帜。登龙：飞龙。

④以象太一三星，为太一锋：晋灼曰："画一星在后，三星在前，为泰一锋也。"锋，竖在最前面的旗子。

⑤兵祷：战前的祈祷。

⑥不雠：事实与其所言不符。雠，相当，相对。

⑦上乃诛五利：《正义》引《汉武故事》云："东方朔言栾大无状，上发怒，乃斩之。"

【译文】

这年秋天，为讨伐南越，祷告太一神。用牡荆做旗柄，在长条形旗幡上画着日、月、北斗和飞龙，用它来象征太一三星，作为祭祀太一神时放在最前面的旗子，称之为"灵旗"。为战争祈祷时，就由太史举着灵旗指着所要攻伐的国家的方向。而五利将军被派去求寻神仙，不敢下海，却到泰山去祭祀。皇上派人暗中跟着验证，实际上没看到什么神仙。五利将军谎称见到了他的仙师，他的方术已用尽，说的话也大多不能应验。皇上于是杀了五利将军。

其冬①，公孙卿候神河南②，言见仙人迹缑氏城上③，有物如雉，往来城上。天子亲幸缑氏城视迹。问卿："得毋效文成、五利乎？"卿曰："仙者非有求人主，人主者求之。其道非少宽假④，神不来。言神事，事如迂诞⑤，积以岁乃可致也⑥。"于是郡国各除道⑦，缮治宫观名山神祠所⑧，以望幸矣。

【注释】

①其冬：元鼎六年（前111）的冬天。王先谦曰："当云'明年冬'。"按，王说是，是时以"十月"为岁首。

②候神河南：接前“乃拜卿为郎，东使候神于太室”。河南，汉郡名。郡治雒阳（今洛阳东北）。太室（即嵩山）在河南郡境内。

③缑（gōu）氏：汉县名。在今河南偃师东南，嵩山的西北。

④少宽假：稍加放宽。少，稍微。

⑤迂诞：不切实际。

⑥积以岁：积年累月。与前文说黄帝“百余岁，然后得与神通”语相应。

⑦除道：开辟、修整道路。

⑧缮治：修理。

【译文】

这年冬天，公孙卿在河南等候神仙到来，说在缑氏城上看见了仙人的脚印，有个东西像雉一样，在城上往来。天子亲自到缑氏城上视察那脚印。问公孙卿：“你不会是在仿效文成将军和五利将军吧？”公孙卿说：“仙人并不有求于人主，是人主有求于仙人。求仙的方法，如果不能稍微给予宽裕的时间，神仙是不会来的。谈论神仙的事情，就如谈论遥远离奇的事情一样，要经过长年累月才可能迎来神仙。”于是，各郡国都修整道路，修缮、整治宫室、楼观和名山上的神祠，希望天子能驾临。

其春[①]，既灭南越[②]，上有嬖臣李延年以好音见[③]。上善之，下公卿议，曰：“民间祠尚有鼓舞乐，今郊祀而无乐，岂称乎？”公卿曰：“古者祠天地皆有乐，而神祇可得而礼[④]。”或曰：“太帝使素女鼓五十弦瑟[⑤]，悲，帝禁不止[⑥]，故破其瑟为二十五弦。”于是塞南越[⑦]，祷祠太一、后土，始用乐舞，益召歌儿[⑧]，作二十五弦及空侯琴瑟自此起[⑨]。

【注释】

①其春：元鼎六年（前111）春天。

②既灭南越：汉与南越的战争自元鼎五年夏天开始，至此遂灭之，于其地设南海、郁林、苍梧、交趾、九真、日南、合浦、儋耳、珠崖九郡。

③李延年：武帝宠妃李夫人之兄，贰师将军李广利之弟。善歌，又善创造新声，武帝时在乐府中任协律中尉。事迹见《佞幸列传》。好音：精通音律。

④神祇（qí）：指天神和地神。神，指天神。祇，指地神。

⑤太帝：《正义》曰："谓太昊伏羲氏。"素女：传说中古代神女。与黄帝同时。或言其善于弦歌，或言其知天道阴阳之事，甚或言其善房中术或养生术。

⑥帝禁不止：泷川曰："谓鼓瑟不止也。"或曰即"太帝都经受不住"，可参考。

⑦塞南越：祭神以感谢其在伐南越战争中对汉军的福佑。塞，回报，酬报。旧时祭祀酬神之称。

⑧歌儿：歌童。

⑨二十五弦：《集解》引徐广曰："瑟。"空侯：即箜篌，古代拨弦乐器名。有竖式和卧式两种。《集解》引徐广曰："应劭云武帝令乐人侯调始造此器。"

【译文】

这一年，在灭亡了南越后，皇上有个宠臣李延年凭着擅长音乐来拜见皇上。皇上很欣赏他的音乐，下诏让公卿们商议，说："民间祭祀还有鼓舞音乐，现在郊祀却没有音乐，怎么相称呢？"公卿们说："古代祭祀天地都有音乐，通过音乐神灵们可以得到礼敬。"有人说："太帝让素女弹奏五十弦的瑟，音调悲戚，太帝忍受不了，所以就把她的瑟由五十弦改成二十五弦。"当时，为了庆祝、酬报攻打南越的胜利，就祭祀祈祷太一神和后土神，开始采用乐舞，增招歌手，制作二十五弦瑟和箜篌、琴瑟就是从这时开始兴起了。

其来年冬[①]，上议曰："古者先振兵泽旅[②]，然后封禅。"乃遂北巡朔方[③]，勒兵十余万[④]，还祭黄帝冢桥山[⑤]，释兵须如[⑥]。上曰："吾闻黄帝不死，今有冢，何也？"或对曰[⑦]："黄帝已仙上天，群臣葬其衣冠[⑧]。"既至甘泉，为且用事泰山[⑨]，先类祠太一[⑩]。

【注释】

①其来年冬：元封元年（前110）岁首。

②振兵泽旅：指一场军事行动的完整过程。振兵，整顿部队，进行军事动员，做好战斗准备。泽旅，即"释旅"，解除军事行动。泽，《集解》引徐广曰："古'释'字作'泽'。"

③朔方：汉郡名。郡治在今内蒙古杭锦旗西北黄河南岸。

④勒兵十余万：《汉书·武帝纪》："勒兵十八万骑，旌旗径千余里，威震匈奴。遣使者告单于曰：'南越王头已县于汉北阙矣。单于能战，天子自将待边；不能，亟来臣服。何但亡匿幕北寒苦之地为！'"

⑤桥山：在今陕西黄陵北，山上有黄帝陵，称桥陵，亦称黄陵。

⑥须如：《汉书·郊祀志》作"凉如"，地名。方位不详。其地当与黄帝冢桥山相近。一说须如即番须口，在今陕西陇县西北，但距桥山太远，与上下文意不合。

⑦或对曰：《通鉴》谓此对者为公孙卿，盖依据《汉武故事》。

⑧黄帝已仙上天，群臣葬其衣冠：黄震曰："方士之说，惟以黄帝乘龙上天为夸，武帝巡行，亲至黄帝冢而祭之，方士尚何辞？而从者复遁其说，为葬衣冠。主暗臣谀，一至此甚。悲夫！"

⑨且用事泰山：将去泰山封禅。且，将。

⑩类：祭祀名。以特别事故祭告天神。

【译文】

第二年冬，皇上议道："古代先要整顿部队展示武力再解散军队，然后才举行封禅大典。"于是，皇上就北上巡视朔方，率领十多万的官兵，回来时在桥山祭祀黄帝陵，在须如把军队遣散了。皇上说："我听说黄帝没有死，现在却有他的陵墓，这是为什么呢？"有人回答说："黄帝已经成仙升天，群臣安葬了他的衣帽。"皇上到达甘泉后，因为将要在泰山上举行封禅大典，先祭祀了太一神。

自得宝鼎，上与公卿诸生议封禅。封禅用希，旷绝莫知其仪礼①，而群儒采封禅《尚书》《周官》《王制》之望祀射牛事②。齐人丁公年九十余，曰："封禅者，合不死之名也③。秦皇帝不得上封④。陛下必欲上，稍上即无风雨，遂上封矣。"上于是乃令诸儒习射牛，草封禅仪。数年，至且行。天子既闻公孙卿及方士之言，黄帝以上封禅，皆致怪物与神通，欲放黄帝以上接神仙人蓬莱士，高世比德于九皇⑤，而颇采儒术以文之⑥。群儒既已不能辨明封禅事，又牵拘于《诗》《书》古文而不能骋⑦。上为封禅祠器示群儒，群儒或曰"不与古同"，徐偃又曰"太常诸生行礼不如鲁善"⑧，周霸属图封禅事⑨，于是上绌偃、霸⑩，而尽罢诸儒不用。

【注释】

①旷绝：空缺，断绝。

②《周官》：即今之《周礼》。《王制》：《礼记》中的篇名。望祀：古代祭名。遥祭山川地祇之礼。射牛：颜师古曰："天子有事宗庙，必自射牲，盖示亲杀也。事见《国语》也。"

③合不死之名也：相当于"不死"的另一种说法。合，应该，相当。

按，《汉书·郊祀志》作“古不死之名也”。

④秦皇帝不得上封：徐孚远曰：“始皇遇风雨不得上者，非是时所传语也，盖因武帝上封之后，方士夸大之词耳。”

⑤高世：高于世俗帝王。比德于九皇：与五帝以前的“九皇”相媲美。九皇，诸说不一，盖方士妄言，无须考据。

⑥颇采儒术以文之：意谓用儒家学说文饰方士们关于黄帝封禅成仙之类的荒诞说法。颇，略微，稍微。

⑦不能骋：此指不能发散思维大胆想象。

⑧徐偃：鲁大儒申培的弟子，曾袭爵松兹侯，武帝建元六年（前135）以罪废，国除。此时为博士。太常诸生：太常属下的儒生。太常，也称“奉常”，官名。为九卿之一。掌宗庙礼仪，兼掌选试博士。

⑨周霸：著名儒者。曾从申培学《诗》。治《易》《尚书》。武帝时曾任议郎、博士、胶西国内史等职。属图封禅事：正在思考有关封禅的事情。属，值，正在。图，谋画。

⑩绌（chù）：通“黜”。

【译文】

自从得到宝鼎后，皇上就与公卿大臣和儒生们商议有关举行封禅大典的事。封禅大典自古以来很少举行，没有人能知道它的礼仪是什么样的，儒生们建议采用《尚书》《周官》《王制》中记载的望祭以及天子亲自射牛的礼仪来举行封禅大典。齐地人丁公已有九十多岁了，他说：“封禅大典，是长生不死的别称。秦始皇没能够登上泰山祭天。陛下真想上泰山去祭天，稍微登一点儿山，如果没有风雨，就可以上去封禅了。”皇上于是就命令儒生们演习射牛，草拟封禅的礼仪。几年后，将要举行封禅大典了。皇上又听了公孙卿和方士们的议论，黄帝以前的封禅，都引来了异物与神仙相通，想仿效黄帝以前接待神仙使者蓬莱方士，表明自己的德行已经高出世俗可与上古的九皇相比，并尽其可能采用儒家学说加以文饰。儒生们本已不能阐明封禅事宜，又拘泥于《诗经》和《尚书》等古代文典而不能自由发挥。皇上把准备用来封禅的礼器给儒生们看，儒生们有的说“与古代的不同”，徐偃又说“太常众儒生在行礼方面不如鲁国的完善”，周霸又在策划封禅事宜，于是皇上把徐偃、周霸废黜赶走，并把这些儒生们全部罢免不用。

三月，遂东幸缑氏，礼登中岳太室①。从官在山下闻若有言“万岁”云②。问上，上不言；问下，下不言③。于是以三百户封太室奉祠，命曰崇高邑④。东上泰山，泰山之草木叶未生，乃令人上石立之泰山巅⑤。

【注释】

①礼登中岳太室：谓先在太室山下行礼，而后登山。后文又有“登礼”，谓登山而后祭。

②从官在山下闻若有言“万岁”云：《汉书·武帝纪》载诏曰：“翌日亲登嵩高，御史乘属、在庙旁吏卒咸闻呼‘万岁’者三。”

③“问上”几句：王先谦曰：“山上下人皆未言，是以神之。”按，这是暗示从官所闻“万岁”是神的声音，是为投合武帝心意编造出来的阿谀奉承之辞。

④崇高邑：按，崇高邑即今河南登封城址，现只剩一些残存城墙。原城垣外立巨石一方，篆刻“崇高”二字，已佚。

⑤上石：从山下将刻石运上去。

【译文】

三月，皇上向东驾临缑氏县，在山下祭祀后登上中岳太室山。跟从的官员们在山下听到了好像是呼喊“万岁”的声音。问山上，山上的人说没喊；问山下，山下的人也说没喊。于是，皇上把三百户民户划作太室山的封邑，让他们供奉祭祀，称之为崇高邑。接着，皇上东行登上泰山，泰山上的草木还没长出新叶，皇上命人把石碑运上山，竖在泰山顶上。

上遂东巡海上，行礼祠八神[①]。齐人之上疏言神怪奇方者以万数，然无验者。乃益发船，令言海中神山者数千人求蓬莱神人。公孙卿持节常先行候名山[②]，至东莱[③]，言夜见大人，长数丈，就之则不见，见其迹甚大，类禽兽云。群臣有言见一老父牵狗，言“吾欲见巨公”[④]，已忽不见。上即见大迹，未信，及群臣有言老父[⑤]，则大以为仙人也。宿留海上，予方士传车及间使求仙人以千数[⑥]。

【注释】

①行礼祠八神：《索隐》引韦昭曰：“八神谓天、地、阴、阳、日、月、星辰主、四时主之属。”又引《汉书·郊祀志》云：“一曰天主，祠天齐；二曰地主，祠太山、梁父；三曰兵主，祠蚩尤；四曰阴主，祠三山；五曰阳主，祠之罘；六曰月主，祠东莱山；七曰日主，祠盛山；八曰四时主，祠琅邪也。”

②节：符节，古代使者所持作为凭证，且表明其身份特殊。候：伺望。

③东莱：指今山东龙口（城关）东南莱山。即前公孙卿所言黄帝常游的华山、首山、太室、泰山、东莱之一。

④巨公：《汉书·郊祀志》作“钜公”，隐指皇帝。张晏曰：“天子曰天下父，故曰‘钜公’也。”

⑤有言：又言。有，通“又”。

⑥间使：密使。

【译文】

皇上接着沿着海边向东巡游，一路上边走边祭祀八位神仙。齐地上疏讲光怪神奇的方术的有几万人，但并没有应验的。皇上就增派船只，命令几千个说海中神山的人去寻找蓬莱神仙。公孙卿拿着符节经常先到名山之上等候神仙，到达东莱山，他说在夜里见到过一个巨人，有几丈高，等接近他时，就看不见了，只是看到他的脚印很大，就像禽兽的一样。群臣当中有人说见到一个老头牵着狗，他说“我想见巨公”，说完忽然又不见了。皇上刚见到大脚印时，并未相信，等到群臣当中有人谈到老头的事时，就非常相信那是仙人。皇上于是在海边停下来居住，同时又让方士们有的乘坐驿车，有的秘密出行，派出了几千人去寻访仙人。

四月，还至奉高[①]。上念诸儒及方士言封禅人人殊，不经，难施行。天子至梁父[②]，礼祠地主[③]。乙卯[④]，令侍中儒者皮弁荐绅[⑤]，射牛行事[⑥]。封泰山下东方，如郊祠太一之礼。封广丈二尺[⑦]，高九尺，其下则有玉牒书[⑧]，书秘[⑨]。礼毕，天子独与侍中奉车子侯上泰山[⑩]，亦有封[⑪]。其事皆禁。明日，下阴道[⑫]。丙辰[⑬]，禅泰山下阯东北肃然山[⑭]，如祭后土礼。天子皆亲拜见，衣上黄而尽用乐焉。江淮间一茅三脊为神藉。五色土益杂封[⑮]。纵远方奇兽蜚禽及白雉诸物，颇以加礼[⑯]。兕牛犀象之属不用。皆至泰山祭后土。封禅祠，其夜若有光，昼有白云起封中。

【注释】

①奉高：汉县名。在今山东泰安东，当时为泰山郡郡治。

②梁父：泰山东南侧的小山。

③礼祠地主：恭敬地祭祀地神，即所谓“禅”。

④乙卯：元封元年（前110）的四月十九。

⑤侍中儒者：担任侍中的儒生。皮弁（biàn）荐绅：是参加朝会和典礼的礼服。皮弁，古冠名。用白鹿皮制成。荐绅，将笏板插在腰

间绅带中。

⑥射牛行事:据前注,帝王应亲自“射牲”,这里是武帝让“侍中儒者”代替行事。

⑦封广丈二尺:祭台为一丈二尺见方。封,这里指祭台。

⑧玉牒书:用玉片联缀的书册,上刻皇帝的祈祷之辞。

⑨书秘:方苞曰:“太乙、明堂赞飨,具载其文,而此书独秘,盖以登仙祷也。”

⑩奉车子侯:奉车都尉霍子侯。奉车,奉车都尉的简称。子侯,霍去病之子。名嬗,字子侯。

⑪亦有封:意即也有祭台、玉牒书之类。

⑫下阴道:从泰山的北路下山。

⑬丙辰:即上述活动的第二天,四月二十。

⑭下阯:山脚下。阯,同“址”。颜师古曰:“山之基足。”肃然山:泰山东麓,在今山东莱芜西北。

⑮杂封:用各色土混杂筑成的祭坛。

⑯纵远方奇兽蜚禽及白雉诸物,颇以加礼:王先谦曰:“诸兽本以加祠,今并纵去之。”加礼,谓附加供品。

【译文】

四月,返回奉高。皇上认为儒生和方士们提出的封禅礼仪各不相同,又荒诞不经,难以施行。天子来到梁父山,祭拜地神。乙卯日,命担任侍中的儒生戴上皮弁,穿上插笏的官服,射牛祭祀地神。又在泰山下的东方,设置祭坛祭祀天神,使用如郊祀太一神的礼仪。封坛一丈二尺见方,高九尺,坛下摆放着祭祀天神的玉饰文书,文书的内容是保密的。祭祀完毕,天子单独和侍中奉车都尉霍子侯登上泰山,又设祭坛祭了天。这些事情都禁止外传。第二天,从北山下山。丙辰日,又在泰山脚下东北方向的肃然山祭祀地神,礼仪同祭祀后土的一样。天子都亲自朝拜,身穿黄衣,全都配有音乐。采用江淮一带出产的三脊灵茅作为祭祀神灵时用的垫席。用五色泥土加盖在祭坛上。放出远方的奇兽飞鸟和白色野鸡等异物，从而增加礼仪的隆重。不使用兕牛犀象一类的牲畜。天子一行都到泰山祭祀后土。在天子举行封禅大典的这段时间，夜间似乎有光彩闪耀，白天还有白云从祭天的高坛上升起。

天子从禅还，坐明堂①，群臣更上寿。于是制诏御史："朕以眇眇之身承至尊②，兢兢焉惧不任。维德菲薄，不明于礼乐。修祠太一，若有象景光③，屑如有望④，震于怪物，欲止不敢，遂登封太山，至于梁父，而后禅肃然。自新，嘉与士大夫更始⑤，赐民百户牛一、酒十石，加年八十孤寡布帛二匹。复博、奉高、蛇丘、历城⑥，无出今年租税。其大赦天下，如乙卯赦令⑦。行所过毋有复作⑧。事在二年前，皆勿听治⑨。"又下诏曰："古者天子五载一巡狩，用事泰山，诸侯有朝宿地⑩。其令诸侯各治邸泰山下。"

【注释】

①坐明堂：此指泰山下东北侧的旧明堂。《集解》引《汉书音义》曰："天子初封泰山，山东北阯古时有明堂处，则此所坐者。"

②眇眇（miǎo）：微小。

③修祀太一，若有象景光：指元鼎四年在甘泉祭祀太一的情景。景光，祥光。

④屑如有望：《汉书·武帝纪》作"屑然如有闻"。臣瓒曰："'闻呼万岁三'是也。"屑，倏忽。

⑤自新，嘉与士大夫更始：修身自新，希望与士大夫们一起作为新的起点。意即更改年号。

⑥博：汉县名。在泰山南。蛇丘：汉县名。在泰山西南。历城：汉县

名。即今济南，在泰山北。

⑦乙卯赦令：即元朔三年的赦令。据《汉书·武帝纪》，是年三月诏曰："以百姓之未洽于教化，朕嘉与士大夫日新厥业，祗而不解，其赦天下。"

⑧毋有：《正义》曰："毋有，弛刑徒也。"复作：汉刑律名。犯者不戴刑具，不穿罪犯衣服，在监外服徒役。服徒役的时间，一般要满其本罪。一说，犯有轻罪者，男子为罚作，守边一年；女子为复作，为官府服役一年。

⑨皆勿听治：一律不再追究。听，盘查。治，审理。

⑩朝宿地：为来朝见天子而临时住宿的地方，据说古代天子要给每个诸侯在泰山附近划出一小块地盘，即所谓"汤沐邑"。

【译文】

天子从祭天、祭地的场所回来，坐在明堂之上，众臣轮流上前祝贺。天子于是下诏书给御史说："我以渺小的身份承受最尊贵的称号，小心谨慎，唯恐不能胜任。我的德行浅薄，对礼乐制度并不明白。祭祀太一神时，似乎有吉祥的光彩闪耀，仿佛看见了什么，因受到这些神奇景象的震动，不敢把祭祀活动中止，终于登上了泰山祭祀天神，又到达梁父山，然后到肃然山开辟祭场祭祀地神。我将修身自新，希望与士大夫们一起作为新的起点。赏赐百姓，每百户给一头牛，十石酒，对八十岁以上的老人和孤儿寡母再赏布帛二匹。并免除博县、奉高、蛇丘、历城四县的徭役，也不用缴纳今年的租税。大赦天下，如同乙卯年所颁布的赦令一样。我巡行所到之处所有苦役犯通通赦免。所犯罪行在两年前的，都不再追究处理。"又下诏书说："古代天子每五年进行一次视察，到泰山祭祀天地，诸侯都有朝见时的住所。命令诸侯分别在泰山下建造府第。"

天子既已封泰山，无风雨灾，而方士更言蓬莱诸神若将可得，于是上欣然庶几遇之[①]，乃复东至海上望，冀遇蓬莱焉。奉车子侯暴病，一日死[②]。上乃遂去，并海上[③]，北至碣石[④]，巡自辽西[⑤]，历北边至九原[⑥]。五月，反至甘泉[⑦]。有司言宝鼎出为元鼎，以今年为元封元年[⑧]。

【注释】

①庶几：也许，表希望。

②一日死：渲染出一种怪异的气氛。

③并海上：沿海边北行。并，通“傍”，沿着。

④碣石：山名。在今河北昌黎西北。

⑤辽西：汉郡名。郡治阳乐（今辽宁锦州义县西。一说汉时治且虑，在今河北滦州西南）。

⑥九原：县名。在今内蒙古包头西，当时为五原郡郡治。

⑦五月，反至甘泉：《正义》引姚察曰：“三月幸缑氏，五月乃至甘泉，则八旬中周万八千里，其不然乎？”按，《汉书·武帝纪》未言月日。

⑧有司言宝鼎出为元鼎，以今年为元封元年：梁玉绳曰：“此文当在前‘群臣更上寿’句下，错简也。”按，梁说是。

【译文】

天子已在泰山举行了封禅，没有遇到风雨灾害，并且方士们又说蓬莱神山看来可以寻访到，于是皇上非常高兴，希望能见到神山，就又向东来到海上瞭望，希望能遇到蓬莱神山。奉车都尉霍子侯忽然患急病，当天死了。皇上这才离去，沿海北上，到达碣石山，再从辽西开始巡视，沿着北方边境到达九原。五月，皇上返回甘泉宫。主管官员说，宝鼎出现的那年年号为元鼎，因今年举行了封禅大典，就应把今年改为元封元年。

其秋，有星茀于东井[①]。后十余日，有星茀于三能[②]。望气王朔言[③]：“候独见填星出如瓜[④]，食顷复入焉。”有司皆曰："陛下建汉家封禅，天其报德星云[5]。"其来年冬[6]，郊雍五帝。还，拜祝祠太一[7]。赞飨曰："德星昭衍[8]，厥维休祥[9]。寿星仍出[10]，渊耀光明[11]。信星昭见[12]，皇帝敬拜太祝之享。"

【注释】

①有星茀于东井：彗星出现在井宿的位置。茀，也作"孛"，彗星，这里用作动词，谓彗星出现时光芒四射的现象。东井，星宿名。即井宿，二十八宿之一。

②三能（tái）：也作三台。古星名。在北斗星下，共六星，分上台、中台、下台，两两相对。属于现代天文学的大熊星座。古人认为彗星出现为不祥之兆，预示有兵灾悖乱发生。

③望气王朔：望气者名王朔。望气，以觇测天文、气象为职业的方术之士。按，王朔其人又见于《李将军列传》。

④候：谓占测天文。见填星出如瓜：《孝武本纪》作"独见其星出如瓠"，梁玉绳以为此处当依《补纪》作"'其星出如瓠'为是，盖即指上文'茀于东井、三能'之星也。"

⑤德星：景星，岁星，其出现的地方有福，故称德星。王朔之言为含糊其词，主管官员就说是德星。

⑥其来年冬：元封二年（前109）岁首。

⑦还，拜祝祠太一：谓还至长安，拜祭长安东南郊之薄忌太一神坛。

⑧昭衍：光明广布。

⑨休祥：吉祥。休，美。

⑩寿星：《索隐》曰："盖南极老人星也，见则天下理安。"仍出：频频出现。仍，频繁。

⑪渊耀：即炫耀，光亮耀眼。

⑫信星：传达信息之星，即前文称之为“德星”的彗星。一说信星指土星。信星出现是国家得土的预兆。

【译文】

这年秋天，光芒四射的彗星出现在井宿。十多天后，彗星又出现在三能。观测云气的王朔说：“我测视天象时，独自看到其星出现时大如瓠瓜，一顿饭的工夫又隐没了。”主管官员说：“陛下创建了汉朝封禅的制度，上天就出现了德星来报答陛下的功绩。”第二年冬天，皇上到雍县郊祀五帝。回来时，又拜祝祭祀太一神。赞飨祝辞说：“德星耀亮远照，是吉祥的象征。南极老人星频频出现，光明远射。传达符信之星应时明显出现，皇帝为此敬拜太祝所祭的神灵。”

其春，公孙卿言见神人东莱山①，若云“欲见天子”。天子于是幸缑氏城，拜卿为中大夫②。遂至东莱，宿留之数日，无所见，见大人迹云。复遣方士求神怪采芝药以千数。是岁旱。于是天子既出无名，乃祷万里沙③，过祠泰山。还至瓠子④，自临塞决河，留二日，沉祠而去⑤。使二卿将卒塞决河⑥，徙二渠⑦，复禹之故迹焉⑧。

【注释】

①东莱山：即前文所谓“莱山”，在今山东黄县东南。

②中大夫：为光禄勋属官。掌议论。秩比二千石。

③万里沙：古地名。在今山东莱州东北。这里有神祠，也名万里沙，滨临渤海，海边有参山，祭祀“八神”之中第四神阴主。

④瓠子：亦称“瓠子口”，地名。在今河南濮阳城西南，处于当时黄河的南侧。

⑤沉祠：沉祭具于水中。按，《河渠书》云“天子已用事万里沙，则还

自临决河，沉白马玉璧于河，令群臣从官自将军已下皆负薪窴决河"，并自作《瓠子歌》二首，辞甚壮观，应参看。

⑥二卿：指汲仁、郭昌。

⑦徙二渠：将黄河改为两条水道。一条为故黄河水道，自今河南滑县东北引河水北行，到今河北沧州东北入海，此为黄河之主干道；一条即漯水，自今滑县东北引河水东行，到今山东高青东北入海。

⑧复禹之故迹：此说不确。春秋末期，黄河已改道从邺都故大河和漯川入海，此次武帝堵塞决口后，只是恢复了决口之前的黄河水道，并非恢复成大禹疏导的样子。

【译文】

这年春天，公孙卿说在东莱山见到了神仙，好像听它说"想要见天子"。天子于是驾临缑氏城，任命公孙卿为中大夫。接着，天子来到东莱山，停留了几天，并没看到什么，只见到了巨人的脚印。又派遣数以千计的方士们去寻访神奇事物，采集灵芝仙药。这年天气干旱。天子因这次出外巡视没有正当名义，就到万里沙去求雨，并顺路去祭祀泰山。回程时到了瓠子口，就亲自到现场部署堵塞黄河决口的大事，停留了两天，沉下白马玉璧祭祀了河神以后才离开。天子派两名大臣统率兵卒堵塞黄河决口，使黄河改从两条河道入海，恢复了夏禹治水时的原来水道。

是时既灭两越，越人勇之乃言："越人俗鬼，而其祠皆见鬼，数有效。昔东瓯王敬鬼，寿百六十岁①。后世怠慢，故衰耗②。"乃令越巫立越祝祠，安台无坛③，亦祠天神上帝百鬼，而以鸡卜④。上信之，越祠鸡卜始用。

【注释】

①昔东瓯王敬鬼，寿百六十岁：按，《东越列传》未言此事。东瓯王，

也称“东越王”，名摇，句践的后裔。曾率众从诸侯灭秦，后又助汉灭项羽。汉惠帝三年（前192）受封为东海王，都东瓯（今浙江温州），俗称东瓯王。

②衰秏：同“衰耗”，衰弱亏损。

③安台无坛：意谓只有平台，而无高坛。

④以鸡卜：以鸡骨占卜吉凶。

【译文】

这时已经灭掉了南越，越地人勇之说：“越地人的习俗是信鬼的，他们祭祀时都能见到鬼，时常能有效。从前东瓯王敬鬼，活到了一百六十岁。他的后代怠慢了鬼神，所以衰败了。”皇上就命令越地的巫师建立越式的祠庙，只有平台，而无高坛，也祭祀天神、上帝和百鬼，并采用鸡骨占卜。皇上相信这种方式，于是，越式的祠庙和用鸡骨占卜的方法被朝廷采用。

公孙卿曰：“仙人可见，而上往常遽①，以故不见。今陛下可为观，如缑城，置脯枣，神人宜可致也。且仙人好楼居。”于是上令长安则作蜚廉、桂观②，甘泉则作益延寿观③，使卿持节设具而候神人。乃作通天茎台④，置祠具其下，将招来仙神人之属⑤。于是甘泉更置前殿，始广诸宫室。夏，有芝生殿房内中⑥。天子为塞河，兴通天台⑦，若见有光云，乃下诏：“甘泉房中生芝九茎，赦天下，毋有复作⑧。”

【注释】

①遽：骤，突然。

②令长安则作蜚廉、桂观：《集解》引应劭曰：“飞廉神禽，能致风气者也。”晋灼曰：“身似鹿，头如雀，有角而蛇尾，文如豹文。”西安

出土的飞廉画瓦即为此形像。

③益延寿观：旧说益寿、延寿为二观，《汉武故事》云延寿观高三十丈。而近人发现有“益延寿宫”瓦及“益延寿”大方砖，则益延寿观也可能是一处宫观。

④通天茎台：颜师古引《汉旧仪》云：“台高三十丈，去长安二百里，望见长安城。”

⑤招来：招致。

⑥殿防内中：据《汉书·礼乐志》，指甘泉斋房。

⑦天子为塞河，兴通天台：中井曰：“兴通天台是塞河之报赛矣，故曰‘为’也。”

⑧复作：汉代刑律名。也指根据这种刑律在官府服役的囚徒。

【译文】

公孙卿说：“仙人是可以见到的，但皇上去求仙时往往很匆忙，因此没有见到。现在陛下可建造高大的观台，就像缑氏城里的样式，里面供设上干肉、枣子，神仙应该可以招来了。况且神仙也喜欢住在高楼上面。”于是皇上下令在长安建造蜚廉观和桂观，在甘泉建造益延寿观，派公孙卿手持符节，摆设祭祀用品，等候神仙到来。另外还修建了通天台，在台下摆放供品，用这种办法招请神仙们。于是在甘泉宫又建造了前殿，还扩建了各宫室。夏天，有灵芝草在甘泉宫内的斋房中生出。天子为了能把黄河决口堵塞住，兴建了通天台，看到天空中有光彩出现，天子就下诏书说：“甘泉宫内生长出了九茎灵芝，大赦天下，免除苦役犯的刑罚。”

其明年[①]，伐朝鲜[②]。夏，旱。公孙卿曰：“黄帝时封则天旱，干封三年[③]。”上乃下诏曰：“天旱，意干封乎？其令天下尊祠灵星焉[④]。”其明年[⑤]，上郊雍，通回中道[⑥]，巡之[⑦]。

春，至鸣泽[8]，从西河归[9]。其明年冬[10]，上巡南郡[11]，至江陵而东。登礼灊之天柱山[12]，号曰南岳。浮江，自寻阳出枞阳[13]，过彭蠡[14]，礼其名山川。北至琅邪[15]，并海上。四月中，至奉高修封焉[16]。

【注释】

①其明年：元封三年，前108年。

②伐朝鲜：相传周封箕子于朝鲜，传四十余世，至战国时侯准始称王。汉初燕人卫满击破准而自王之，都王险城（今朝鲜平壤）。其孙右渠不朝汉，武帝于元封二年（前109）派涉何往谕之，不听。涉何回国途中杀死护送他的朝鲜裨王，归报武帝曰“杀朝鲜将”，武帝“为其名美，即不诘”，任他为辽东东部都尉，朝鲜愤而攻杀涉何，于是两国起衅，汉派兵攻入朝鲜。元封三年，汉灭朝鲜，设其地为四郡。详见《朝鲜列传》。

③干封三年：颜师古曰：“三岁不雨，暴所封之土令干。”意即大旱是上天为了晒干祭坛的封土。

④灵星：星名。又称天田星、龙星。主农事。

⑤其明年：元封四年，前107年。

⑥回中道：南起汧水（今陕西西部千水）河谷，北出萧关（今宁夏固原东南），抵清水河谷，为古代关中平原与陇东高原间交通要道。因道经回中宫而得名。

⑦巡之：谓由回中道西出巡行西北沿边诸郡。

⑧鸣泽：沼泽名。方位不详，沈钦韩说此“鸣泽”近咸阳；钱穆《史记地名考》说当为今甘肃平凉西弹筝峡。

⑨西河：汉郡名。郡治平定，在今内蒙古东胜境内。辖境相当今山西芦芽山、吕梁山以西，石楼以北，陕西宜川以北黄河沿岸地带及

内蒙古鄂尔多斯东部地区。

⑩其明年冬：元封五年（前106）岁首。

⑪南郡：汉郡名。郡治江陵，今湖北江陵一带。

⑫灊（qián）之天柱山：灊，汉县名。在今安徽霍山县东北。天柱山在今霍山县西南。

⑬寻阳：汉县名。在今湖北黄梅西南。枞（zōng）阳：汉县名。即今安徽枞阳。

⑭彭蠡：古泽薮名。指今湖北黄梅、安徽宿州以南、望江西境长江北岸尤感湖、大官湖、泊湖一带。

⑮琅邪：此指琅邪台。在今山东胶南西南夏河城东南，现台已废圮，遗址状如小山丘，地临黄海。

⑯奉高：故治在今山东泰安东。汉武帝元封元年（前110）置以奉泰山之祀，故名。

【译文】

第二年，讨伐朝鲜。夏天，大旱。公孙卿说："黄帝封禅时就天旱，祭天的祠坛上的土在三年中就干燥了。"皇上就下诏书道："天气干旱，那将是为晒干封土吗？特命令天下人祭祀灵星。"第二年，皇上又到雍县举行郊祀，又通过回中谷道，巡视地方。春天，到达了鸣泽，并从西河返回京城。第二年冬天，皇上巡视南郡，到达江陵后，转向东行。登上灊县的天柱山举行祭祀，称它为南岳。又坐船沿长江而下，从寻阳前往枞阳，经过彭蠡湖，祭祀了沿路的名山大河。又向北巡行到达了琅邪，沿海路北上。四月中，到达了奉高，在那里举行了祭天仪式。

初，天子封泰山，泰山东北阯古时有明堂处，处险不敞。上欲治明堂奉高旁，未晓其制度。济南人公王带上黄帝时明堂图①。明堂图中有一殿，四面无壁，以茅盖，通水，圜宫垣[2],为复道,上有楼,从西南入,命曰昆仑,天子从之入,以拜祠上帝焉。于是上令奉高作明堂汶上[3],如带图。及五年修封,则祠太一、五帝于明堂上坐[4],令高皇帝祠坐对之[5]。祠后土于下房[6],以二十太牢。天子从昆仑道入,始拜明堂如郊礼。礼毕,燎堂下[7]。而上又上泰山,自有秘祠其巅。而泰山下祠五帝,各如其方,黄帝并赤帝[8],而有司侍祠焉[9]。山上举火,下悉应之。

【注释】

①公玊(sù)带:姓公玊,名带。

②圜(huán)宫垣(yuán):环绕宫墙。圜,环绕。垣,指墙,城墙。

③作明堂汶上:汶,即今大汶河,在今山东莱芜至梁山一带。当时的汶水流经奉高县城的西北侧。以上乃追述元封二年(前109)事。

④明堂上坐:明堂里最尊贵的座位。

⑤令高皇帝祠坐对之:谓以高祖刘邦配享。高皇帝祠坐,指刘邦灵位。

⑥下房:明堂下面的其他房舍。

⑦燎堂下:在堂下举行燎祭。燎,古祭名。烧柴祭天。

⑧黄帝并赤帝:黄帝理应居中,但中间是泰一神,就将黄帝和赤帝排在一起。

⑨侍祠:意同"奉祠",即祭祀。

【译文】

当初,天子在泰山举行封禅大典时,泰山的东北脚下在古代就建有明堂,地势险恶而且不宽敞。天子想在奉高附近修建明堂,但不了解它的建造规格形制。济南郡人公玊带进献了黄帝时明堂的设计图样。图上画有一座殿堂,四面没有墙壁,顶上用茅草覆盖,四周通水,环绕着宫墙,上面还画有夹层通道,上有楼,从西南方向伸入殿堂的通道名叫昆仑道，天子可以从这条通道走进明堂内，来拜祭上帝。于是皇上命令奉高县的官员在汶水旁边修建明堂，就按照公王带的图样进行施工。等到五年后再举行封禅时，就在明堂上座祭祀太一神和五帝，将高皇帝的灵位设在他们的对面。在下房祭祀后土，使用二十太牢祭祀。天子从昆仑道进去，开始按照郊祀的礼仪在明堂祭拜。祭祀完，再在堂下举行燎祭。天子又登上泰山，在山顶秘密地举行祭祀。而在泰山下按五帝各自的方位同时祭祀五帝，黄帝和赤帝的祭祀在一起，由主管官员进行祭奠。祭祀开始时，山上燃起火，山下也燃起火响应。

其后二岁①，十一月甲子朔旦冬至②，推历者以本统③。天子亲至泰山，以十一月甲子朔旦冬至日祠上帝明堂，毋修封禅④。其赞飨曰："天增授皇帝太元神策⑤，周而复始。皇帝敬拜太一。"东至海上，考入海及方士求神者，莫验，然益遣，冀遇之。

【注释】

①其后二岁：元封七年，后来改称"太初元年"，前104年。

②十一月甲子朔旦冬至：十一月的初一是"甲子"日，也是冬至。

③本统：即"元统"，以甲子那天恰好是朔旦冬至，作为新周期起算的开始。汉武帝这年夏要改元，并用"太初"为年号，也是由"本统"而来。

④毋修封禅：意即这次只是为了纪念"本统"的开始而来明堂祭祀上帝，并不是来泰山封禅的。今据改。

⑤太元神策：实际即指"太初历"，因前文公孙卿有所谓"黄帝得宝鼎神策"，"黄帝迎日推策"，以及"终而复始"云云，故此当时人们遂称"太初历"为"神策"。太元，意同"太初"。

【译文】

这以后两年，十一月甲子朔日早晨交冬至，作为推算历法的起点。天子亲自到泰山，以十一月甲子朔日早晨交冬至这天在明堂祭祀上帝，不举行封禅大典。赞飨祝辞说："上天把神奇的太元神策加授给天子，循环往复不停运行。天子特敬拜太一神。"天子接着向东来到大海，查问那些到海上去求神仙的方士，没有人能验证有神仙出现，然而天子还是派了更多的人前去寻访，希望能遇到仙境。

十一月乙酉①，柏梁灾。十二月甲午朔②，上亲禅高里③，祠后土。临勃海，将以望祀蓬莱之属④，冀至殊廷焉⑤。上还，以柏梁灾故，朝受计甘泉⑥。公孙卿曰："黄帝就青灵台，十二日烧，黄帝乃治明廷。明廷，甘泉也⑦。"方士多言古帝王有都甘泉者。其后天子又朝诸侯甘泉，甘泉作诸侯邸。勇之乃曰："越俗有火灾，复起屋必以大，用胜服之⑧。"于是作建章宫⑨，度为千门万户。前殿度高未央⑩。其东则凤阙⑪，高二十余丈。其西则唐中⑫，数十里虎圈。其北治大池，渐台高二十余丈⑬，命曰太液池⑭，中有蓬莱、方丈、瀛洲、壶梁⑮，象海中神山龟鱼之属。其南有玉堂、璧门、大鸟之属⑯。乃立神明台、井幹楼⑰，度五十丈，辇道相属焉⑱。

【注释】

①十一月乙酉：阴历十一月二十二。

②十二月甲午朔：十二月初一，即"甲午"日。

③高里：泰山下的小山，又名"亭禅山"，在今泰安西南。

④望祀蓬莱之属：指望祀海中的三神山。

⑤殊廷：异域。此指神仙居住的地方。

⑥受计：皇帝接受郡国所上的计簿。汉制，岁终郡国守相派官吏到京城向中央呈交计簿，内容为一年中的租赋、刑狱、选举等情况，中央根据计簿对郡国守相的政绩进行考核。

⑦明廷，甘泉也：黄帝的“明廷”，就建造在甘泉这个地方。

⑧用胜服之：以此来压制火神。胜，也称“压胜”，古代一种巫术，能压服人或物。

⑨建章宫：位于当时的长安城西城墙外，城墙内即未央宫。考古勘探发现，宫城平面呈东西宽、南北窄的长方形，东西约2130米，南北约1240米。正式起用于太始四年（前93），至昭帝元凤二年（前79），一直作为皇宫使用。

⑩度高未央：格局比未央宫还要高大。度，格局，尺度。未央，未央宫，汉初萧何为刘邦建造的第一座宫殿，后为西汉历代皇帝之所居。

⑪凤阙：在东宫门外。因上有铜凤凰，故名。

⑫唐中：池名。班固《西都赋》有“前唐中而后太液”；张衡《西京赋》有“前开唐中，弥望广象”之句。

⑬渐台：因台在池中，为水所浸，故曰渐台。

⑭太液池：池名。

⑮壶梁：与蓬莱、方丈等同为传说中的海中仙山名。此处几山皆为模拟海中仙山的人造山。

⑯玉堂：即建章宫前殿。为三层台，高三十丈，殿内有十二座门。璧门：建章宫南宫门，也称阊阖门。大鸟：当指玉堂屋顶装饰的高大的鎏金铜凤。

⑰神明台：台名。台上有铜铸仙人，手托承露盘，盘内有巨型玉杯。井幹楼：也叫凉风台，在璧门附近。

⑱辇道：可乘辇往来的宫中道路。相属：相接连，相继。

【译文】

十一月乙酉日，柏梁台发生火灾。十二月甲午朔日，天子亲自到高里祭地，祭祠后土神。到渤海边，准备望祀蓬莱等海中三神山，期望到达那奇特的地方。天子回京以后，因为柏梁台遭火灾的缘故，就在甘泉宫听取接受各郡国上计官员的朝见，并听取报告。公孙卿说："黄帝建成青灵台，十二天后被火烧了，黄帝就修建明廷。明廷，就是甘泉宫。"方士们中好多人说古代帝王有建都甘泉的。这以后天子又在甘泉宫会见诸侯，并在甘泉山修建供诸侯使用的官邸。勇之就说："越人的习俗，房屋遭火烧毁，再盖屋时一定要比原先的大，以此来压制邪气。"于是，又建造建章宫，千门万户，规模很大。前殿的规模比未央宫还高大。它的东面是凤阙，高二十多丈。它的西面为唐中宫，旁边是几十里的虎圈。它的北面建造了一个大池，池中的楼台，即渐台，高有二十多丈，名叫太液池，池中建造了名叫蓬莱、方丈、瀛洲、壶梁的假山，建造得就像海中的神山，还有石海龟和石鱼等。它的南面建有玉堂、璧门和大鸟之类。宫内还建有神明台和井幹楼，高有五十多丈，楼台之间供天子专车使用的御道互相连接。

夏，汉改历[①]，以正月为岁首[②]，而色上黄，官名更印章以五字[③]，为太初元年。是岁，西伐大宛[④]。蝗大起。丁夫人、雒阳虞初等以方祠诅匈奴、大宛焉[⑤]。

【注释】

①夏，汉改历：此年五月改用太初历。

②以正月为岁首：此前汉朝一直使用秦历，以十月为岁首，改为以"正月"为岁首后，太初元年从正月算起，原属此年的十月、十一月、十二月都算进前一年即元封六年，所以元封六年就有了十五个月。

③官名更印章以五字：《汉书·郊祀志》作"官更印章以五字"，"名"字似应削。

④大宛：古西域国名。王治贵山城（今乌兹别克斯坦卡散赛。一说在今塔吉克斯坦苦盏）。领地在今中亚费尔干纳盆地，以产汗血马著名。汉武帝为得汗血马使李广利西伐大宛事，详见《大宛列传》。

⑤丁夫人、虞初：皆方士、巫祝之流。丁夫人，姓丁，史失其名。虞初，以方士为侍郎，号黄车使者。以方祠诅：钱锺书曰："马迁载此事于《封禅书》，亦见祝此之寿考者即可诅彼之死亡，如反覆手之为云雨。堂皇施之郊祀，则为封禅；密勿行于宫闱，则成巫蛊，要皆出于崇信方术之士。巫蛊之兴起与封禅之提倡，同归而殊途者欤？"

【译文】

夏天，汉朝更改历法，把正月作为一年的开始，车马和服饰的颜色都崇尚黄色，官印都改为五个字，年号改为太初元年。这一年，向西讨伐大宛。出现了很大的蝗灾。丁夫人和雒阳虞初等人用方术祈求鬼神向匈奴和大宛降祸。

其明年①，有司上言雍五畤无牢熟具，芬芳不备。乃令祠官进畤犊牢具，色食所胜②，而以木禺马代驹焉③。独五月尝驹，行亲郊用驹。及诸名山川用驹者，悉以木禺马代。行过，乃用驹④。他礼如故。

【注释】

①其明年：太初二年，前103年。

②色食所胜：让该帝享用它所能"胜"之的颜色的牲牢，如祭赤帝则用白色牛犊，祭黑帝则用赤色牛犊等等。

③以木禺马代驹：泷川曰："伐宛马少，故用木偶焉。"木禺，同"木

偶”。

④“行亲郊用驹”几句:《汉书·郊祀志》将其并为:“及诸名山川用驹者,悉以木寓马代,独行过亲祠,乃用驹。”较此顺畅。

【译文】

第二年,主管官员报告说祭祀雍县五畤时,没有使用熟的祭牲,祭品不够芳香。天子便下令祠官用熟牛犊祭牲供献各畤,并按五行相克的原理选用各方天帝所能制胜毛色的牛犊,用木偶马代替马驹作为祭祀用的牺牲。只有祭祀五帝时使用马驹,天子亲自祭祀天地时也使用马驹。祭祀名山大川时要使用马驹的,也都用木偶马来代替。天子巡行经过的地方祭祀神灵使用马驹。其他的祭礼照旧。

其明年①,东巡海上,考神仙之属,未有验者。方士有言:“黄帝时为五城十二楼,以候神人于执期②,命曰迎年③。”上许作之如方,命曰明年④。上亲礼祠上帝焉。

【注释】

①其明年:指太初三年,前102年。

②执期:方士所言地名。无可查证。

③迎年:意为祈求延长年寿。

④明年:颜师古曰:“言明其得延年也。”

【译文】

第二年,天子向东巡游海上,查问去海上寻访神仙的方士们,没有应验的。方士中有人说:“黄帝时修建五城十二楼,在执期迎候神人,给它命名为迎年。”天子就同意按他的方案修建楼台,命名为明年。天子亲自到那里祭祀上帝。

公王带曰:“黄帝时虽封泰山,然风后、封巨、岐伯令黄帝封东泰山[①],禅凡山[②],合符,然后不死焉。”天子既令设祠具,至东泰山。东泰山卑小,不称其声,乃令祠官礼之,而不封禅焉。其后令带奉祠候神物。夏,遂还泰山,修五年之礼如前,而加以禅祠石闾[③]。石闾者,在泰山下阯南方,方士多言此仙人之闾也[④],故上亲禅焉。其后五年,复至泰山修封。还过祭恒山[⑤]。

【注释】

①风后、封钜、岐伯:皆传说中黄帝的大臣。风后,姓风,名后,伏羲之后。助黄帝大败蚩尤。封钜,姜姓,炎帝之后。为黄帝师。岐伯,又作“歧伯”,黄帝的太医。黄帝使他尝草木,典主医病。东泰山:即今之沂山,在山东临朐南。其主峰高一千余米,而泰山主峰高一千五百多米,故下文武帝认为它“卑小,不称其声”。

②凡山:王先谦引钱大昕说以为应作“丸山”,在今山东临朐东北。

③石闾:山名。在今山东泰安南。

④闾:里巷的门。通常也用以指里巷。

⑤“其后五年”几句:其后五年,指天汉三年,前98年。梁玉绳以为此三句乃“后人妄增”:“史讫‘太初’,安得叙至‘天汉’已下乎?”

【译文】

公王带说:“黄帝时虽然在泰山祭天,但风后、封巨、岐伯要黄帝到东泰山祭天,到凡山祭地,与上帝显示的征兆相符,然后就可以长生不死了。”天子就下令准备好祭品,来到东泰山。东泰山矮小,与它的名称不相称,就让祠官祭祀它,不在这里举行封禅大典。之后命公王带留下来供奉祭祀,迎候神仙到来。夏天,天子又回到泰山,按旧例举行五年一次的封禅,又在石闾山加祭地神。石闾山就在泰山南面山脚下,方士们中好多人说这里是仙人居住的地方,所以天子亲自来祭祀地神。又过了五年，天子又到泰山举行封禅。回京城时顺路祭祀了恒山。

今天子所兴祠，太一、后土，三年亲郊祠，建汉家封禅，五年一修封。薄忌太一及三一、冥羊、马行、赤星①，五②，宽舒之祠官以岁时致礼③。凡六祠④，皆太祝领之。至如八神诸神，明年、凡山他名祠，行过则祠，行去则已。方士所兴祠，各自主，其人终则已，祠官不主。他祠皆如其故。今上封禅，其后十二岁而还⑤，遍于五岳、四渎矣。而方士之候祠神人，入海求蓬莱，终无有验。而公孙卿之候神者，犹以大人之迹为解，无有效。天子益怠厌方士之怪迂语矣⑥，然羁縻不绝⑦，冀遇其真。自此之后，方士言神祠者弥众，然其效可睹矣。

【注释】

①薄忌太一：神祠、神坛。薄忌，人名，亳人。一作谬忌。赤星：即灵星祠。

②五：《索隐》曰："太一也、三一也、冥羊也、马行也、赤星也，凡五，并祠官宽舒领之。"而梁玉绳则根据《汉书·郊祀志》以为"五"下应有"床"字，并引《汉书·地理志》云："谷口县有'五床山祠'。"

③宽舒：西汉方士。一说姓史，名宽舒。武帝时任祠官，常从帝行郊祭、封禅等礼。

④凡六祠：《索隐》以为除上述之泰（太）一、三一、冥羊、马行、赤星外，再加上"正泰一后土祠"。按，史文未说明加上哪一祠，终不可知"凡六祠"究竟是哪六祠。

⑤其后十二岁而还：意即自开始封禅的近十二年来。

⑥怪迂：怪异诡讹，荒诞无稽。

⑦羁縻：笼络。

【译文】

当今天子所兴建的祠庙有：太一祠、后土祠，每三年亲自郊祀一次，创建了汉朝的封禅制度，每五年举行一次。薄忌太一坛和三一祠、冥羊祠、马行祠、赤星祠共五座，由宽舒建议兴建的后土祠，祠官每年按时致以祭祀。这六座祠庙，都由太祝管理。至于像八神的各祠庙，明年、凡山等著名祠庙，天子在巡行经过时，就举行祭祀；巡行时远离这里，就作罢。方士们所兴建的祠庙，由他们自己分别主持，本人死了就作罢，祠官不负责这些。其他祠、庙都照旧。当今天子从初次举行封禅大典时起，十二年来，对五岳、四渎之神都祭遍了。而方士们祭祀迎候神仙，到海上去寻找蓬莱仙境，终究没有应验。而公孙卿迎候神仙，尽管还拿巨人的脚印作为解说，也没有什么效验。天子渐渐开始嫌弃方士们的奇谈怪论了，但对他们仍进行笼络，没有断绝来往，总希望能遇到神仙。从这以后，方士中谈论神仙的更多，但那效果也是有目共睹的。

太史公曰：余从巡祭天地诸神名山川而封禅焉。入寿宫侍祠神语，究观方士祠官之意[①]，于是退而论次自古以来用事于鬼神者[②]，具见其表里[③]。后有君子，得以览焉。若至俎豆珪币之详[④]，献酬之礼[⑤]，则有司存[⑥]。

【注释】

①究观：深入观察。

②论次：论定编次。次，编次，编纂。

③具见其表里：方苞曰："言推究其意，专为道谀，逢君之恶，而不主于敬鬼神之祀。"又曰："自古帝王典祀，乃致敬于鬼神；其余淫

祀，则妄意福祥。至汉武封禅，则以为招来神仙人，致不死之术，而假儒术以文之，故曰‘具见其表里’。”

④俎豆：俎和豆。古代祭祀时盛食物用的两种礼器。珪币：祭祀用的玉帛。

⑤献酬：献祭酬神。

⑥有司存：语出《论语·泰伯》：“笾豆之事，则有司存。”意谓由主管官员掌管负责。

【译文】

太史公说：我跟随着皇上巡行，祭祀天地众神和各名山大川，参加了封禅大典。进入寿宫旁听了祭神的祝辞，推究体察了方士、祠官的意图，然后退下来依次论述自古以来祭祀鬼神的史实，把它们的形式和内中情理全都披露在这里。后世的君子们，可以从这里观看到封禅的情景。至于祭品、玉帛的详细情况，以及供献祭祀、酬报神灵的礼仪，则由有关官员掌管负责。

【集评】

茅坤曰：“封禅之文不经见，特昉于齐桓，再见于秦始，又再侈于汉武。齐公、秦皇特侈心生欲，因之以告神明，颂功德，本非以求神仙不死之术也。及秦始皇东游海上，接燕、齐迂怪之士，然亦未尝设祠祀，秦虽遍祠名山川，亦非尽为封禅也。汉武初立，辄好祷祀，李少君辈倡之，而少翁、栾大、公孙卿、勇之之属互为其说，而汉武至死且不悟矣。”又曰：“甚矣，人主之心不可以有欲也。一有欲，则天下技幻之士日夜巧伺，以至其为术愈眇而不可信，而其所贪以冀遇者愈支而不可穷。两者相为主客，以终其身死且不寤，悲哉。自古来，以雄才大略称者唯秦皇、汉武，而秦皇、汉武为诸燕、齐迂怪之士舞弄之若偶然，以困于欲也。语曰：‘东海之鳌惑于饵，则渔人狎之若羊豕’，信也。”（《史记钞》）

锺惺曰：“盖武帝雄主，甘心求神，必有一段微言妙理，足以深入而先夺之。太史公舍其微妙者不言,而娓娓谈方术,皆不出虚秽之语,如梦,如呓,如谑,如儿戏,如街谈,写人主迂呆惑溺,全在事理明白易晓处见之。所谓'欣然''庶几遇之''羁縻不绝''冀遇其真'数语,是其胎骨中贪痴种子,疑城欲海,累劫难断,怪迂阿谀苟合之徒接踵而中之,往无不获,其原在此。篇末一语曰'然其效可睹矣',意兴飒然,断案悚然,此一篇长文字最恰好结语,却妙在含蓄泠泠,无极力收括之迹。"(《史怀》)

牛运震曰:"《封禅书》本以武帝为主,而叙虞、夏以来祷祠、巡狩、机祥、符命之事,有得有失,或经或不经,皆为武帝做影照也。纪武帝事本以封禅为主,而叙祠神、求仙、匈奴、河决、黄金、宝鼎、改正朔、建宫室等事,支离曼衍,纽合牵附,则皆为封禅作衬染也。盖武帝封禅本为长生不死之道,原与古帝王升中告成之旨殊别,故求仙者封禅之根,而祠神者求仙之阶,三事本属一事,是以屡屡伴叙不嫌纠牵,而每借方士口中点明其旨。……设词于疑信之际,用笔在离合之间,摹拟处无一实境,论断处无一直笔,可谓殚讥讽之微文,极纪载之能事矣。……封禅求仙,秦皇、汉武事迹略同,太史公叙二君事多作遥对暗照之笔,盖武帝失德处,不便明加贬语,而借始皇特特相形,正以见汉武无殊于秦皇也。"(《史记评注》)

【评论】

《封禅书》记载了从上古到汉武帝时期三千年间帝王祭祀天地山川鬼神的活动,是我们了解司马迁的天道观与历史观的重要文献。司马迁在论赞中说:"余从巡祭天地诸神名山川而封禅焉,入寿宫侍祠神语,究观方士祠官之意,于是退而论次自古以来用事于鬼神者,具见其表里。"也就是说,他要透过历史的表象以发露其本质。徐复观因此称《封禅书》为太史公"作史精神最突出之表现"(《两汉思想史》),这种精神在文章中就是司马迁"究天人之际,通古今之变"时所体现出的朴素的唯物思想,强烈的怀疑意识,东汉王充所标举的"疾虚妄"可说是与它一脉相承的。

在《封禅书》中，司马迁勾勒出了封禅制度的源流嬗变。上古三代帝王主要是巡视祭祀“五岳四渎”，除致敬求福外，也是一种宣示领土主权的意味。秦的统治者主要祭祀“雍四畤”和“八主祠”，而秦始皇统一全国后才开始谋划泰山封禅，至此封禅就有了宣示王权、炫耀功业、祈求长生的意义。至于汉武帝的“封禅”，在司马迁看来则纯粹是迷信的杂烩。李少君对汉武帝说：“益寿而海中蓬莱仙者乃可见，见之以封禅则不死，黄帝是也。”明人茅坤指出：“至是始以封禅为不死之术。”（《史记钞》它一股脑儿接收了秦代巫术因素浓重的“淫祀”，又糅合了燕、齐一带的“为方仙道，形解销化”神话。司马迁并不反对上古三代以来为寻求天地上苍的福佑和表达对天地上苍慷慨赐予的感谢的祭祀传统，他引用《尚书》《周官》说虞舜“遂类于上帝，禋于六宗，望山川，遍群神”，“五年一巡狩”。“周公既相成王，郊祀后稷以配天，宗祀文王于明堂以配上帝。自禹兴而修社祀，后稷稼穑，故有稷祠，郊社所从来尚矣”。他所反对的是秦始皇与汉武帝所特别加进去的炫耀“成功”和祈求个人的长生不死。

《封禅书》的主题则是批评汉武帝的愚妄。汉武帝听了术士关于“黄帝上天”的鬼话后心往神驰地说：“吾诚得如黄帝，吾视去妻子如脱蹝耳。”但司马迁在《五帝本纪》里却认为黄帝是位历史人物，明确指出：“黄帝崩，葬桥山。”高塘说：“此章将武帝当日希冀神仙长生一种迷惑不解情事，倾写殆尽。”（《史记钞》）另外，文章还揭穿了李少君、神君、文成、栾大、公孙卿、越人勇之这群方士骗子的真面目。由于汉武帝的“尤敬鬼神”，社会上出现大批怪迂阿谀苟合之徒，阴阳五行之学流行一时，搞得乌烟瘴气，奇闻迭出。栾大“见数月，佩六印，贵振天下，而海上燕齐之间，莫不扼捥而自言有禁方，能神仙矣”。公孙卿则更为诡谲，说什么“黄帝且战且学仙。患百姓非其道者，乃断斩非鬼神者。百余岁然后得与神通”，其实质正如何焯所指出的：“恐其言不验被诛，故远其期于百余岁。”（《义门读书记》）学仙的目的是求长寿，公孙卿却说长寿然后方可学仙，而汉武帝居然被骗，也确实愚蠢。汉武帝的封禅在司马迁笔下就像一出骗子与傻子合演的闹剧，他将他们的这些荒唐行径像写小说一样地载之入史，其批判性是不言而喻的。

《封禅书》的艺术成就很高，文章的笔力雄健，但所体现的不是情感的奔腾，而是理性的明晰与浑厚，作者用封禅制度的性质及其功能的演变贯通了庞杂的材料。清人李晚芳赞叹说："论其事，则千头万绪，无一同科，格格若不相入。读其文则横冲直撞，无不凑合，节节而若相粘，一气呵成，痕迹俱化。"(《读史管见》）文章的讽刺艺术尤为精彩，一是连用了"盖""若""焉""云"这种虚词，如此复出迭见，语气皆含姑妄言而姑妄听之意，使通篇有惚恍迷茫之致。二是影射法，牛运震说："封禅求仙，秦皇汉武事迹略同，太史公叙二君事多作遥对暗照之笔。盖武帝失德处，不便明加贬语，而借秦皇特特相形，正以见汉武无殊于秦皇也。"(《史记评注》）三是对比法，例如通过简述从虞舜至周的祭祀情况以见汉武帝的"封禅"荒诞不经；而方士的每一次失败都使先前叙述的庄重换成辛辣的讥刺，具有强烈的戏剧性效果。

史记卷二十九

河渠书第七

【释名】

“河渠”，“河”是指黄河，“渠”指人工开挖的水渠，两者合观，可知《河渠书》的主题是“水利”。它记述了上起大禹治水，下迄西汉元封二年之间的重要水利事件，可以视为中国第一部系统的水利通史，开历代官修正史撰述河渠水利专篇的先河。

全篇分为两部分。第一部分写秦代以前的水患、水利史，主要讲了大禹治水，概括介绍了春秋战国时期的鸿沟、邗沟、都江堰，以及西门豹引漳水溉邺、郑国修郑国渠等重要水利工程。第二部分写西汉前期水利、水害的历史，主要讲武帝时期兴修水利的得失成败，以及武帝亲临指挥堵塞瓠子决口之事。篇末论赞通过叙述自己对国内江河湖泊的实地考察，表达了对水利、水患问题的深切关注。

《夏书》曰[①]：禹抑洪水十三年[②]，过家不入门[③]。陆行载车，水行载舟，泥行蹈毳[④]，山行即桥[⑤]。以别九州[⑥]，随山浚川[⑦]，任土作贡[⑧]。通九道[⑨]，陂九泽[⑩]，度九山[⑪]。然河灾衍溢[⑫]，害中国也尤甚。唯是为务[⑬]。故道河自积石历龙门[⑭]，南到华阴[⑮]，东下砥柱[⑯]，及孟津、雒汭[⑰]，至于大邳[⑱]。于是禹以为河所从来者高，水湍悍[19]，难以行平地，数为败[20]，乃厮二渠以引其河[21]。北载之高地[22]，过降水[23]，至于大陆[24]，播为九河[25]，同为逆河[26]，入于勃海[27]。九川既疏[28]，九泽既陂[29]，诸夏艾安[30]，功施于三代[31]。

【注释】

①《夏书》:《尚书》中叙述夏朝事迹的部分，这里即指其中的《禹贡》，大约为战国时人所作。

②抑洪水：即治理洪水。抑，遏制。

③过家不入门：《夏本纪》云："居外十三年，过家门不敢入。"与此同。《孟子·滕文公》则谓"禹八年于外，三过其门而不入"。

④泥行蹈毳（cuì）:《夏本纪》作"泥行乘橇（qiāo）"。毳，通"橇"。古代在泥路上行走所乘之具，形如船而短小，两头翘起。

⑤山行即桥：桥，也作"檋"，直辕车。一说即轿。

⑥别九州：《夏本纪》作"开九州"。师古曰："开其界。"即划分九州的疆界。九州，据《夏本纪》，即冀州、兖州、青州、徐州、扬州、荆州、豫州、梁州、雍州。

⑦随山浚川：师古曰："顺山之高下而深其流。"即顺着山形以疏导河水。浚，疏浚，深挖。

⑧任土作贡：依据土地的具体情况，制定贡赋的品种和数量。

⑨通九道：此指通九州之道。

⑩陂（bēi）九泽：围着各个湖泊修筑堤防。陂，指筑堤防。

⑪度九山：方苞曰："相度山势所趋，以知水之所会也。"也有说指估测诸山的物产。

⑫河灾衍溢：此指黄河水泛滥成灾。衍溢，水满向外流。犹泛滥。

⑬唯是为务：所以大禹要对此专门治理。

⑭道河：引导河水。道，先导，引导。积石：山名，在今青海东南部，黄河自其南侧、东侧流过。龙门：古山名。在今山西河津西北及陕西韩城东北。山跨黄河东西，两岸对峙，形势如门阙，因名。相传为禹所凿，故亦称禹门。又因地当古时秦晋交通渡口，又称禹门口。

⑮华阴：县名。西汉置，属弘农郡。故治在今陕西华阴东北。黄河自北方流来，至华阴东北折而东下。

⑯砥柱：山名。一作底柱山。又名三门山。在今河南三门峡东北黄河中。历来为行船的危险之地，现已炸毁。

⑰孟津：古黄河津渡名。一作盟津。在今河南孟津东北、孟州西南。雒汭（ruì）：指雒水入古黄河处，在今河南巩义境。一作洛汭。雒，同“洛”。

⑱大邳：山名。《水经注》等认为山在今河南荥阳汜水镇西北黄河南岸，有大涧九曲，故又名九曲山，山之东即汜水入黄河处。胡渭、杨守敬等皆以为在今河南浚县西南，也称黎阳山，今之古地理学家多从后者。又，“道河”以下数句见《尚书·禹贡》。

⑲湍悍：谓水势急猛。

⑳数为败：指所修的堤防屡屡被河水冲毁。

㉑厮二渠以引其河：意即自大邳山开始将黄河分成两条水道。厮，分。

㉒北载之高地：意即引黄河的主干道向北流。载，行。

㉓降水：也作“绛水”，即漳水。胡渭《禹贡锥指》认为降水即浊漳水上游，东流入漳水，汇入古黄河。

㉔大陆：古泽薮名。又称大陆泽、广阿泽。在今河北隆尧、巨鹿、任县三县之间，汇聚西部太行山区之水，下泄入漳水。

㉕播为九河：此指古黄河在今河北境内分成许多河道，分别入海；而不是说河北境内有九条河汇入黄河。播，散。

㉖逆河：《汉书·沟洫志》作“迎河”。因其入海口处常有潮水倒灌

现象，故曰“迎”、曰“逆”。

㉗入于勃海：谓黄河与其所播之九河，皆入于渤海。按，以上是大禹治水后所疏导的黄河的大致流向。

㉘九川：九州的大川。一说指弱、黑、河、漾、江、沅、淮、渭、洛九水。

㉙九泽既陂：底本作“九泽既洒”。《汉书·沟洫志》作“九泽既陂”，与上文“陂九泽”相应，意即给湖泊修好堤防。据改。

㉚诸夏：中原各地。艾安：平安。艾，通“乂（yì）”，治，安定。

㉛功施于三代：其功勋一直泽被夏、商、周三代。施，延续。

【译文】

《夏书》上说：大禹治洪水十三年，经过家门也不进去。他在陆地上行走靠坐车，在水上行走靠乘船，在泥地上行走靠踏橇，在山里行走靠木屐。他划分出九州的疆域，顺着山形以疏导河水，依据土地的具体情况确定贡赋的品种和数量。他通九州之道，围湖修筑堤岸，估测诸山的物产。可是黄河泛滥成灾，对中原地区的祸害尤其严重。于是他把主要精力投入到治理黄河中。为此引导黄河之水从积石山经龙门，向南到达华阴，折而东下到砥柱，之后到孟津、雒汭，直至大邳山。大禹认为黄河之水来自高处，水流迅疾，难于在平原河道里流淌，多次把河堤冲坏，于是将黄河水道分为两条来引其入海。其一将黄河主干道引向北，流经高地，漳水汇入后，继续北流，入钜鹿泽，再北流遂分成多条河道，这些河的入海口都有海水倒灌现象，故被称为“逆河”，这些“逆河”都流入渤海。河道既已疏通，堤岸也都修筑，中原各地获得安宁，大禹的功绩由是惠及夏、商、周三朝。

自是之后，荥阳下引河东南为鸿沟[①]，以通宋、郑、陈、蔡、曹、卫[②]，与济、汝、淮、泗会[③]。于楚[④]，西方则通渠汉水、云梦之野[⑤]，东方则通鸿沟江淮之间[⑥]。于吴[⑦]，则通渠三江、五湖[8]。于齐[9],则通菑、济之间[10]。于蜀[11],蜀守冰凿离碓[12],辟沫水之害[13],穿二江成都之中[14]。此渠皆可行舟[15],有余则用溉浸[16],百姓飨其利。至于所过,往往引其水益用溉田畴之渠,以万亿计,然莫足数也。

【注释】

①荥阳:古县名。故治在今河南荥阳东北。秦置。鸿沟:古运河名。在今河南。楚汉相争时曾划鸿沟为界。

②宋:西周初期微子启受封建立的诸侯国,国都睢阳(今河南商丘南关外)。郑:西周后期宣王之弟姬友受封建立的诸侯国名,开始都于今陕西渭南华州区,后来东迁于今河南新郑。陈:西周初期舜的后代胡公满受封建立的诸侯国名,国都即今河南淮阳。蔡:西周初期武王之侄蔡仲受封建立的诸侯国名,国都在今河南上蔡西南,后来又迁至今河南新蔡。曹:西周初期武王弟振铎受封建立的诸侯国名,国都在今山东定陶城西北。卫:西周初期武王弟姬封受封建立的诸侯国名,开始时国都在今河南淇县,后来东迁至今河南濮阳西南。

③与济、汝、淮、泗会:意谓使黄河与此四水通连起来。济,济水,其西段源于河南济源西北之王屋山,东南流入黄河;其东段于荥阳北自黄河分出,东行经封丘入山东,复东北行经定陶、济南,至博兴入海。济水于荥阳北初从黄河分出时,有一段与鸿沟重合。汝,汝水,源于河南西南部之伏牛山,东流经临汝、襄城、漯河,至淮滨东入淮水。淮,淮水,源于今河南西南部之桐柏山,东行经河南之淮滨东,受汝水;复东行至安徽寿县西南,受颍水;复东行经蚌埠,至江苏之清江市东北入海。泗,泗水,源于今山东泗水县东之蒙山,西行经曲阜、兖州,南行经江苏之沛县、徐州,至泗洪东南

入淮水。

④楚:相传为西周初期熊绎受封所建的诸侯国名,春秋时期开始强大,国都郢,即今湖北荆州之纪南城;战国后期受秦国攻击,国都先迁至陈(今河南淮阳),最后迁至今安徽寿县。后世常以“楚”指称今湖北与今河南东南部,以及安徽、江苏北部一带地区。

⑤西方则通渠汉水、云梦之野:此句意谓在楚国西部的汉水与云梦一带有人工开凿的沟渠。梁玉绳曰:“此通渠事,诸书无考。”汉水,源于陕西西南部,东行流入湖北,至襄樊东南折,至武汉汇入长江。云梦,古代沼泽名,约当于今湖北西起荆州,东至武汉的长江以北的大片地区。

⑥江淮之间:即指今安徽、江苏的中部地区,其连通长江与淮河的最著名的古代运河为邗沟,乃吴王夫差所开凿。

⑦吴:春秋后期的诸侯国名,国都即今苏州。后代通常即以“吴”指称今江苏南部一带地区。

⑧通渠三江、五湖:即指在三江、五湖一带又人工开凿了许多沟渠。三江,具体所指说法不一,有说指松江、东江、娄江,有说指北江、中江、南江等。五湖,《集解》以为“实一湖,即今太湖是也”。也有说指太湖与其周围的一些小湖。

⑨齐:西周初期以来直至战国时代的诸侯国名,国都临淄(今山东淄博之临淄西北),后世通常即用“齐”指称今山东中部与东部地区。

⑩通菑、济之间:在菑水与济水之间又修了许多渠道。菑水源于今山东莱芜北,北流经临淄东,再北流汇入时水入海。

⑪蜀:古国名,秦汉以来为郡名,首府即今四川成都。

⑫蜀守冰:李冰,秦昭王时的蜀郡郡守,战国时代的地方官与水利专家,最杰出的事迹即修筑都江堰,此外还在今乐山、宜宾开过溷崖、雷垣、盐溉、兵阑等山崖河滩,改善航道;并修建文井江(今崇庆西河)、白水江(今邛崃南河)、洛水(今石亭江)、绵水(今绵远

河）等灌溉与航运工程，详见《华阳国志》。今都江堰东侧立有“二王庙”，即祭祀李冰与其子者。离碓（duī）：河床上的小山名，具体所指说法不一，一说在今四川乐山境；一说在今四川汉源境，以上二地均为古沫水所流经处，与本文意思相合。

⑬辟：排除，分解。沫水：也称“溦水”，即今之大渡河，在乐山与岷江相汇，东南至宜宾汇入长江。

⑭二江：指郫江（又名北江）与检江（又名南江、流江），二水皆自都江堰分岷江水而来，分别流经今成都之南北两方，至城东南又合而南流。

⑮此渠：指上述鸿沟与楚地、吴地、齐地、蜀地所开凿的各主干沟渠。

⑯溉浸（jìn）：灌溉。浸，同“浸”。

【译文】

从此以后，人们从荥阳附近引黄河水东南流，修成鸿沟，流经宋、郑、陈、蔡、曹、卫等地，沟通济水、汝水、淮水、泗水四条河流。在楚地，西边有渠把汉水与云梦泽连接起来，东边则开挖了邗沟沟通了长江与淮河。在吴地，三江、五湖有渠相通。在齐地，菑水、济水之间有渠相通。在蜀地，蜀郡郡守李冰凿通离碓，以避免沫水的危害，又开通郫、检二江直达成都。这些渠道都可以通船，多余的水则用于灌溉，百姓们享受到了渠水灌溉带来的好处。在这些主干渠道流经的地方，常常又开凿出许多用以浇灌田地的小沟渠，数以万计，但不值得细讲了。

西门豹引漳水溉邺[①]，以富魏之河内[②]。而韩闻秦之好兴事[③]，欲罢之[④]，毋令东伐，乃使水工郑国间说秦[⑤]，令凿泾水自中山西邸瓠口为渠[⑥]，并北山东注洛三百余里[⑦]，欲以溉田。中作而觉[⑧]，秦欲杀郑国。郑国曰：“始臣为间，然渠成亦秦之利也[⑨]。”秦以为然，卒使就渠。渠就，用注填阏之水[10]，溉泽卤之地四万余顷[11]，收皆亩一钟[12]。于是关中为沃野[13]，无凶年，秦以富强，卒并诸侯[14]，因命曰“郑国渠”。

【注释】

①西门豹：战国初期的著名人物，曾为魏文侯（前445—前396年在位）任邺县（今河北临漳西南）县令，对破除迷信、兴修水利有重要贡献。引漳水溉邺：褚少孙补《滑稽列传》谓西门豹处置“河伯娶妇”事后，“发民凿十二渠，引河水灌民田，田缘溉”。漳水，上游为清漳、浊漳二水，皆由山西流来，汇合后，流经邺县城西、城北，东行，下游称“绛水”，经今河北之新河、枣强、景县，至东光入黄河。

②魏之河内：魏国的河内地区，约当今河南之黄河以北及与之邻近的河北南部地区。当时称今河南黄河以北地区为“河内”，称黄河以南为“河外”。按，西门豹在邺城兴修水利事，详见褚少孙所续《滑稽列传》。而《汉书·沟洫志》乃谓引漳溉邺，以富魏之河内者为“史起”，而“史起”尚有讥西门豹，谓其不知利用漳水之条件云。梁玉绳曰：“盖二人皆为邺令，皆引漳水，左太冲《魏都赋》所谓‘西门溉其前，史起灌其后’是也。”

③韩：战国时的诸侯国名，国都即今河南新郑，详情见《韩世家》。

④欲罢之：欲耗费其人力物力，使之疲敝。罢，通“疲”，这里用如动词。

⑤郑国：战国末水利家，韩国人。韩为延缓秦国进攻，命郑国赴秦兴修水利，以消耗秦国人力物力。秦王政果真大发民工，开凿水渠。工程进行中，秦王发觉韩国阴谋，欲杀之。郑国向秦王陈说渠成之利，秦王乃命他主持完成。渠西起中山、瓠口（今陕西泾县西北），东至高平（今陕西渭河平原北部）、蒲城（今陕西渭河平原东北部），全长三百余里，灌溉农田四万余顷。命名为郑国渠。间说秦：为进行间谍活动而劝说秦王（即日后之秦始皇）。

⑥泾水:源于今宁夏六盘山,东南流经甘肃泾川、陕西彬州,至咸阳东入渭水。自中山西邸瓠口:自中山西行抵达瓠口。邸,通"抵"。中山,也称"仲山",山名,在今陕西淳化东南。瓠口,也称"谷口",师古曰:"中山之谷口也。"亦即《封禅书》之所谓"寒门"。据谭其骧《历史地图集》所标,"瓠口"乃在"中山"之南,且皆为泾水之所流经,因而使本文所谓"凿泾水自中山西邸瓠口为渠"乃不知何意。

⑦并北山:沿着北部的山势东行。东注洛:东行连通洛水。洛水自陕西西北部的吴旗流来,东南经甘泉、洛川,至大荔东南汇入渭水,郑国渠的东端在今陕西大荔西北。

⑧中作而觉:正在开凿的过程中,郑国的间谍活动被发觉。按,郑国入秦为间谍,开始为秦国修渠,在秦王政元年(前246);郑国的间谍活动被发觉,并引起秦王政欲一概驱逐东方来客,在秦王政十年(前237)。

⑨然渠成亦秦之利也:《汉书·沟洫志》载郑国尚云:"臣为韩延数岁之命,为秦建万世之功。"

⑩用注填阏之水:引用这种饱含泥沙的黄水。师古曰:"注,引也。'阏'读与'淤'同。'填阏'即'淤泥'也。"

⑪泽卤:盐碱地。

⑫钟:古代的量器名,一钟等于六石四斗,在当时为少有的好收成。

⑬关中:指函谷关以西,今陕西渭河流域。

⑭卒并诸侯:秦王政十七年(前229)灭韩;二十二年(前225)灭魏;二十四年(前223)灭楚;二十五年(前222)灭燕、灭赵;二十六年(前221)灭齐,统一天下。按,秦之能吞并六国,原因众多,今史公单凭一条郑国渠,就说"于是关中为沃野,无凶年",并进而推衍为"秦以富强,卒并诸侯",殊觉以点概面,但由此可见史公对水利、对经济问题的重视。

【译文】

西门豹引漳水灌溉邺县的田地，使魏国的河内地区富足起来。韩国听说秦国喜好兴建工程，就想借此使秦国疲累，使它不要向东方侵略，于是派水工郑国做间谍劝说秦王，让秦凿渠引泾水自中山西行到瓠口，依傍北山东流注入洛水，全程三百多里，用于灌溉农田。工程还在进行中，韩国的阴谋被发觉，秦王想杀掉郑国。郑国说："开始我是作为间谍来修渠的，但渠道修成后对秦国也是真的有利。"秦王认为这是对的，便让他把渠修成了。渠修成之后，引来带有泥沙的水，浇灌了四万多顷盐碱地，每亩收成都可达一钟。于是关中地区成为沃野，没有荒年，秦国因而富强，最终吞并了诸侯，于是命名此渠为"郑国渠"。

汉兴三十九年①，孝文时河决酸枣②，东溃金堤③，于是东郡大兴卒塞之④。

【注释】

①汉兴三十九年：即文帝十二年（前168）。自刘邦建国（前206）至文帝十二年首尾三十九年。

②酸枣：县名。秦置。故治在今河南延津西南。两汉至东魏因之。

③金堤：西汉时指称今河南延津东北行经滑县、濮阳，直至山东德州一线的黄河大堤。此堤用石筑成，取名"金堤"，以言其固。

④东郡：汉郡名，郡治濮阳（今濮阳县城西南），当时的酸枣县即属东郡。

【译文】

汉朝建国三十九年，孝文帝时黄河在酸枣县决口，向东冲垮了黄河大堤，于是东郡派出大量的士卒去堵塞决口。

其后四十有余年①，今天子元光之中②，而河决于瓠子[3]，东南注钜野[4]，通于淮、泗[5]。于是天子使汲黯、郑当时兴人徒塞之[6]，辄复坏。是时武安侯田蚡为丞相[7]，其奉邑食鄃[8]。鄃居河北，河决而南则鄃无水灾，邑收多。蚡言于上曰："江河之决皆天事，未易以人力为强塞，塞之未必应天。"而望气用数者亦以为然[9]。于是天子久之不事复塞也。

【注释】

①其后四十有余年：《汉书·沟洫志》作"其后三十六年"，自文帝十二年至武帝元光三年，相隔正好三十六年，此言"四十有余年"，误。

②元光：汉武帝的第二个年号，前134—前129年。

③河决于瓠子：瓠子，古河堤名。在今河南濮阳西南。汉武帝元光三年（前132），黄河于此决入瓠子河。

④钜野：当时的湖泽名，在今山东郓城、巨野一带。古济水的一支在此通过，向东又有水道和古泗水相接。五代后南部干涸，北部成为梁山泊的一部分。

⑤通于淮、泗：意谓黄水泛滥，一直和东南方的泗水、淮水连成一片。当时的泗水自今山东曲阜一带流来，南经江苏之沛县、徐州，再东南入淮水。淮水西自河南桐柏、息县流来，东经安徽之淮南、蚌埠，东流入江苏，经盱眙、清江、涟水，东流入海。

⑥汲黯、郑当时：都是武帝时的名臣，汲黯曾为主爵都尉、淮阳太守等职，以直言敢谏著称；郑当时曾为詹事、大农令、淮阳太守，以好交游著称，二人的事迹详见《汲郑列传》。此时汲黯任主爵都尉，郑当时任詹事。

⑦武安侯田蚡（fén）：汉景帝王皇后同母弟。武帝初年，封武安侯，为太尉。后任丞相，骄横专断。元光三年（前132），黄河改道南

流，他因封邑鄃（今山东平原）在旧河道以北，不受水灾，力阻治理，以致治河工作长期停顿。

⑧奉邑：收其地之赋税以为俸禄。鄃（shū）：古县名。故治在今山东平原县西南。汉置。

⑨望气：以占测云气比附人世吉凶的迷信职业者，《天官书》中有占测云气一节。用数者：讲究各种迷信的技术、法术的人。数，数术，此指那些杂有大量荒诞、迷信的技术行当。

【译文】

在这之后四十多年，当今天子元光年间，黄河在瓠子决口，河水向东南注入钜野泽，与淮水、泗水相通。于是天子派汲黯、郑当时征发民夫去堵塞决口，但往往刚堵上又被冲坏。这时武安侯田蚡任丞相，他的封邑在鄃县。鄃县在黄河以北，黄河决口向南泛滥，鄃县没有水灾，他的封地收成很好。于是田蚡对皇上说："江河决口都是上天的意旨，不是人力所能强行堵塞的，人为的堵塞不一定符合天意。"那些望气算卦占卜的也都这么说。于是皇帝长时间不再安排堵塞黄河决口了。

是时郑当时为大农[①]，言曰："异时关东漕粟从渭中上[②]，度六月而罢，而漕水道九百余里[③]，时有难处。引渭穿渠起长安，并南山下，至河三百余里[④]，径，易漕，度可令三月罢；而渠下民田万余顷[⑤]，又可得以溉田：此损漕省卒[⑥]，而益肥关中之地，得谷。"天子以为然，令齐人水工徐伯表[⑦]，悉发卒数万人穿漕渠[⑧]，三岁而通。通，以漕，大便利。其后漕稍多，而渠下之民颇得以溉田矣。

【注释】

①大农：即大农令，后改称"大司农"，九卿之一，主管粮食、货币以

及盐铁方面的事务。郑当时自元光五年(前130)任大农令,历时十一年。

②关东漕粟:指东部地区向首都长安水运粮食。关东,函谷关(今河南灵宝东北)以东,泛称今河南及河南以东的大片地区。从渭中上:从黄河西上进入渭水,再逆渭水上抵长安。

③漕水道:运粮所经由的水路。漕,水路运粮。九百余里:但言"九百余里"而未言起始处,意思不明。《汉书·沟洫志》作"渭水道九百余里",王先谦引刘奉世曰:"今渭汭至长安仅三百里,固无九百余里。"沈钦韩曰:"计汉时当由陕起程也。"按,由陕(今三门峡附近)起程也只有五百里。

④并南山下,至河三百余里:刘奉世曰:"中间隔灞、浐数大川,固又无缘山成渠之理,此说可疑,今亦无其迹。"王先谦引《水经注》曰:"漕渠,郑当时所开也,其渠自昆明池,南傍山原,东至于河,且田且漕,大以为便,今无水。"南山,南侧之山,即今之终南山、华山。

⑤渠下:指渠道两侧。

⑥损漕省卒:缩短时间,节省劳力。

⑦水工徐伯表:徐伯,水工之名。表,竖立标志。师古曰:"巡行穿渠之处而表记之,若今竖标。"按,有以"徐伯表"为水工之名者,然令一水工"悉发卒数万人",于理不合。今依颜氏说,但用字似觉生硬。

⑧漕渠:漕运水道名。创始于西汉元光六年(前129)。由水工徐伯设计,大司农郑当时主持开凿。元光八年凿成,全长三百余里。

【译文】

这时候郑当时任大农令,他对天子说:"以往关东地区向长安运粮沿渭水而上,大约需要六个月才能运完,而运粮所经的水路有九百多里,经常有难行之处。如果从长安开渠引渭水傍着南山而下,到黄河只有三百多里,路直,容易漕运,估计一趟只需要三个月;而渠道两侧的万顷农田,还可以得到灌溉；这节省了漕运时间和人力，而且能使关中土地肥沃，谷物增收。”天子认为有理，便让齐地的水工徐伯进行勘察，设标记，征发士卒数万人开凿漕渠，三年完成。完成后，用以运粮，非常便利。此后运粮逐渐增多，而沿渠两侧的百姓也得以引渠水灌溉农田。

其后河东守番係言①：“漕从山东西②，岁百余万石，更砥柱之限③，败亡甚多，而亦烦费。穿渠引汾溉皮氏、汾阴下④，引河溉汾阴、蒲坂下⑤，度可得五千顷。五千顷故尽河壖弃地⑥，民茭牧其中耳⑦，今溉田之，度可得谷二百万石以上。谷从渭上，与关中无异⑧，而砥柱之东可无复漕。”天子以为然，发卒数万人作渠田⑨。数岁，河移徙⑩，渠不利，则田者不能偿种。久之，河东渠田废，予越人，令少府以为稍入⑪。

【注释】

①河东守番係：河东郡的太守姓番名係。河东，郡名。秦置。治所安邑县（今山西夏县西北禹王城）。北魏移治蒲坂县（今山西永济西南）。

②漕从山东西：《索隐》曰：“谓从山东运漕而西入关也。”山东，崤山（今河南灵宝东南）以东，义同上文之“关东”。

③更：经，经历，经过。砥柱之限：犹言“砥柱之险”。限，阻隔，障碍。

④汾：汾水，古水名。即今山西境内汾河。源出山西宁武西南管涔山，西南流经静乐，折而东南流，经太原，又折而西南流，经霍州、新绛，再折向西，至河津西入黄。皮氏：古县名。故治即今山西河津西。汾阴：古邑名。在今山西万荣西南庙前村北古城。因在汾水之南，故名。战国魏邑。《秦本纪》：惠文王九年“渡河，取汾阴、皮氏”，汉于此置汾阴县。

⑤蒲坂:古县名。故治在今山西永济西南蒲州镇。秦置。汉因之。

⑥河壖(ruán)弃地:河道东侧的废弃土地。壖,缘某建筑之边的空地,汉武帝为打击诸侯王所加之的"罪名"常有"侵庙壖"一项,即此"壖"字。

⑦茭牧:刈草放牧。

⑧谷从渭上,与关中无异:意谓将这些河东地区收获的粮食,经由渭水运到长安,其近便的程度几乎与在关中当地的生产运输没有差别。

⑨渠田:水渠灌溉之田。

⑩数岁,河移徙:几年之后,河道有所变化。住在河边的人都知道"十年河东,十年河西"这句话,即使黄河中游不像下游那样大规模地改道,但河水这几年靠近这一侧,过几年靠近那一侧,这种左右摆动的程度也是很大的。

⑪予越人,令少府以为稍入:《集解》引如淳曰:"时越人有徙者,以田与之,其租税入少府。"《索隐》曰:"其田既薄,越人徙居者习水利,故与之,而稍少其税,入之于少府。"越人,此处似指温州一带的"东越"人,"东越"为避"闽越"的攻击,于建元三年北迁于"江淮之间",或亦有更北迁于河东者。少府,官名。始置于战国。秦汉沿置,为九卿之一,掌管山海池泽收入和皇室手工业制造,为皇帝的私府长官。秩中二千石。

【译文】

这以后河东太守番係上言说:"过去从山东向西由水道运的漕粮,每年有一百多万石,中途要经过砥柱险地,触石翻船造成的损失很多,且耗费巨大。不如修凿渠道,引汾水灌溉皮氏、汾阴以下的土地,引黄河水灌溉汾阴、蒲坂以下的土地,估计总共可得五千顷地。这五千顷地过去都是河边荒地,百姓在那里刈草放牧,如今经过灌溉成良田,预计可得谷物二百万石以上。这些粮食经由渭水运到长安,其近便程度和从关中当地生产运输的没有什么差别，这样就不需要再从东方经由砥柱往长安运送粮食了。”天子认为他说得对，于是派士卒数万人修渠垦田。几年后，黄河改道，所开之渠不再有用，种田的人连种子都收不回来。久而久之，黄河以东的水渠、农田荒废，就把它分给了从越地迁来的百姓耕种，让少府征收少量租税作为收入。

其后人有上书欲通褒斜道及漕①，事下御史大夫张汤②。汤问其事，因言：“抵蜀从故道③，故道多阪④，回远⑤。今穿褒斜道，少阪⑥，近四百里；而褒水通沔，斜水通渭，皆可以行船漕。漕从南阳上沔入褒⑦，褒之绝水至斜，间百余里⑧，以车转，从斜下渭⑨。如此，汉中之谷可致，山东从沔无限⑩，便于砥柱之漕。且褒斜材木竹箭之饶，拟于巴蜀⑪。”天子以为然，拜汤子卬为汉中守⑫，发数万人作褒斜道五百余里。道果便近⑬，而水湍石⑭，不可漕⑮。

【注释】

①欲通褒斜道及漕：想修治褒斜道的交通，并开渠将褒、斜二水连通起来以利运输。褒斜道，又称斜谷道。秦、汉以来往来秦岭南北的交通要道。因取褒水、斜水（今名石头河）两河谷而得名。自今陕西眉县沿斜水及其上源石头河，经今太白，循褒水及其上源白云河至汉中。褒、斜，二水名（亦山谷名），皆源于秦岭上之太白附近，斜水北流，至眉县入渭水；褒水南流，至汉中入沔水（汉水的上游）。

②事下御史大夫张汤：问题交由御史大夫张汤裁定。御史大夫，三公之一，职同副丞相，主管监察。汉代朝廷决定事务，往往先是由皇帝批转御史大夫，御史大夫形成文件转发给丞相，丞相同意后

公布施行,其程序参见《三王世家》。张汤,西汉著名酷吏。曾建议武帝铸造白金及五铢钱,并支持盐铁专卖,制定“告缗令”以打击富商大贾及豪强。后自杀。事见《酷吏列传》。

③抵蜀从故道:意谓从关中入蜀(这里实指从关中入汉中),过去总是经由故道。故道,古道路名。又称陈仓道。起自陈仓(今陕西宝鸡陈仓区东),西南出散关,沿故道水谷道至今凤县折东南入褒谷,出抵汉中。西汉高祖元年(前206)刘邦自汉中由故道出陈仓平定三秦。为往来秦岭南北的主要通道。自斜谷道废,公私行旅,遂出此道,成为北栈道的一部分。

④多阪:多行山坡之路。阪,山坡。

⑤回远:迂回而遥远。回,迂迴,曲折。从长安到汉中,方向是正西南。如果走故道,则须先西行至宝鸡,而后西南折至凤县,再由凤县东南折至汉中,正好走一个弓背,故曰“回远”。

⑥少阪:少走山路,盖由斜谷而进入褒谷也。

⑦南阳:郡名。战国秦置。治所宛县(今河南南阳)。汉因之。上沔(miǎn)入褒:由沔水进入褒水。沔水,汉水的上游,今湖北均县以西的汉水,即称沔水。

⑧褒之绝水至斜,间百余里:意即褒水的源头距斜水间隔百余里。

⑨以车转,从斜下渭:把从褒水运上来的东西,用车运到斜水岸边,经斜水进入渭水。从斜下渭,底本作“从斜下下渭”,句子不顺。《汉书·沟洫志》“下”字不重出,今据削其一。

⑩山东从沔无限:意谓关东地区的货物,通过沔水运入长安,可以不受任何阻碍。无限,没有阻隔。

⑪且褒斜材木竹箭之饶,拟于巴蜀:此句意谓通褒斜道不仅运粮便利,而且当地的“材木竹箭”也可以得到开发利用。拟,比,相当。

⑫汤子卬:张汤的儿子张卬。武帝时官汉中郡守。汉中守:汉中郡的太守。西汉时的汉中郡治为西城(今陕西安康西北)。

⑬道果便近：意即可以通行人，可以行军。

⑭水湍石：《汉书·沟洫志》作“水多湍石”，意即水流急，且又河道多石。湍，水急。

⑮不可漕：无法运粮。漕，水道运输。

【译文】

后来有人上书给皇帝，提出打通褒斜道，并整治褒、斜二水用以运送粮食，皇上把这件事交给御史大夫张汤去处理。张汤向上书者询问了有关情况，回奏皇帝说：“从关中入蜀，过去总是经由故道，故道多是山路，迂回而遥远。现在修通‘褒斜道’，坡少，比经由故道的路程近四百里；而且褒水与沔水相通，斜水与渭水相通，都可以行船漕运。粮船从南阳上溯到沔水，进入褒水，从褒水之源头到达斜水，其间一百多里，用车转运，再由斜水下到渭水。这样，不仅汉中的粮食可以运到关中，山东从沔水漕运畅通无阻，这比经由砥柱漕运方便。而且褒斜道一带盛产木材竹箭，可与巴蜀地区相当。”天子认为张汤说得对，便任命张汤的儿子张卬为汉中郡守，征发几万人开通褒斜道五百多里。道路果然又方便又近，但水急多石，不能漕运。

其后庄熊罴言[①]：“临晋民愿穿洛以溉重泉以东万余顷故卤地[②]。诚得水，可令亩十石。”于是为发卒万余人穿渠，自徵引洛水至商颜下[③]。岸善崩[④]，乃凿井，深者四十余丈。往往为井，井下相通行水。水颓以绝商颜[⑤]，东至山岭十余里间[⑥]。井渠之生自此始。穿渠得龙骨，故名曰龙首渠。作之十余岁，渠颇通[⑦]，犹未得其饶。

【注释】

①庄熊罴：西汉武帝时人。《汉书》避汉明帝刘庄讳，称“严熊”。曾

建议穿洛水溉重泉（今陕西蒲城、大荔之间）以东地区。于是武帝发卒万余人穿渠，自徵（在今陕西澄城）引洛水至商颜山（在今陕西大荔北）下，十余岁乃通，是谓龙首渠。

②临晋：古县名。故治在今陕西大荔朝邑西南。秦置。汉因之。穿洛：即引出洛水。陕西的洛水也称“漆沮水”，由宁夏、甘肃流来，经甘泉、富县、黄陵，东南流至当时的临晋南入渭水。重泉：古县名。故治在今陕西蒲城南重泉村。战国秦邑。汉置县。卤地：盐碱地。

③徵：汉县名，县治在今陕西澄城西南。商颜：古山名。在今陕西大荔北，今称商原。位于当时徵县西南的洛水边上。

④岸善崩：指所穿渠之岸也，常崩塌。

⑤水颓以绝商颜：水从地下流过商颜山。《集解》引臣瓒曰：“下流曰颓。”绝，穿过，越过。以地面“岸善崩”，故使水行地下。

⑥东至山岭：即商颜山。

⑦渠颇通：渠水是流通了。颇，稍，有点。

【译文】

后来庄熊罴又向皇帝上书说：“临晋的百姓希望引洛水来浇灌重泉县以东的一万多顷盐碱地。如果真能引来水，这些地的亩产可以到十石。”于是皇帝便动用了上万名士卒去开凿河渠，从徵县引洛水到商颜山下。但开凿的渠岸常常崩塌，只好改为挖井，深的有四十多丈。沿线依次挖井，井下水流相通。就这样水从地下流过商颜山，一直流至商颜山东边十多里的地方。所谓井渠就是从这时开始出现的。由于在开凿井渠的时候发现了龙骨，因而给此渠取名为“龙首渠”。工程进行了十多年，渠道总算是打通了，但却没得到什么实惠。

自河决瓠子后二十余岁，岁因以数不登[①]，而梁楚之地尤甚[②]。天子既封禅巡祭山川[③]，其明年[④]，旱，干封少雨[⑤]。

天子乃使汲仁、郭昌发卒数万人塞瓠子决[⑥]。于是天子已用事万里沙[⑦]，则还自临决河，沉白马玉璧于河，令群臣从官自将军已下皆负薪窴决河[⑧]。是时东郡烧草[⑨]，以故薪柴少，而下淇园之竹以为楗[⑩]。

【注释】

①数不登：连续得不到收成。登，成熟，丰收。

②梁楚之地：指今河南东部和与之邻近的安徽、江苏北部地区。因为今开封一带战国时期属梁，徐州、寿县一带战国时期属楚，故云。

③天子既封禅巡祭山川：指武帝封泰山后，"并海上，北至碣石，巡自辽西，历北边至九原。五月，返至甘泉"而言。以上活动皆在武帝元封元年（前110），事见《封禅书》。

④其明年：元封二年，前109年。

⑤干封：晒干新筑的祭坛。封，封禅时所建的祭坛。后泛指天旱。

⑥汲仁：西汉大臣。汲黯之弟。黯死后，被武帝起用为官，位至九卿。郭昌：武帝时名将，事迹参见《卫将军骠骑列传》《西南夷列传》《朝鲜列传》。塞瓠子决：堵塞地处于瓠子（今河南濮阳西南）的黄河决口。

⑦已用事万里沙：指在万里沙祭祀过神灵。万里沙，地名，也是这里的祠庙名，在今山东莱州东北。

⑧将军已下：指"大将军"以下的所有文武百官。"大将军"以上只有"丞相"一人。负薪窴（tián）决河：背柴草以填于决口。窴，同"填"，填塞，堵塞。

⑨东郡烧草：东郡的百姓们以草为煮饭取暖之烧柴。

⑩淇园：古代卫国园林名。产竹。在今河南淇县西北。楗（jiàn）：《索隐》曰："楗者，树于水中，稍下竹及土石也。"亦塞决口所常用之法。

【译文】

自黄河在瓠子决口以来的二十多年，年年农业歉收，而梁、楚一带尤为严重。天子自元封元年在泰山封禅以及巡行祭祀其他山川后，第二年，天旱少雨。皇上于是派汲仁、郭昌调用士卒数万去堵塞瓠子决口。这时皇帝刚在万里沙祭祀过神灵，返回时亲自到黄河决口处，把白马玉璧沉入河中以祭祀河神，让随行大臣自将军以下都去背柴草以填于决口。当时东郡的百姓以柴草为烧柴，所以柴草少，于是天子便下令砍伐淇园的竹子用以编制堵塞决口的竹笼。

天子既临河决，悼功之不成[①]，乃作歌曰："瓠子决兮将奈何？晧晧旰旰兮闾殚为河[②]！殚为河兮地不得宁，功无已时兮吾山平[③]。吾山平兮钜野溢[④]，鱼沸郁兮柏冬日[⑤]。正道弛兮离常流[⑥]，蛟龙骋兮方远游[⑦]。归旧川兮神哉沛[⑧]，不封禅兮安知外[⑨]！为我谓河伯兮何不仁[⑩]，泛滥不止兮愁吾人[⑪]！啮桑浮兮淮、泗满[⑫]，久不反兮水维缓[⑬]。"一曰："河汤汤兮激潺湲[⑭]，北渡迂兮浚流难[⑮]。搴长茭兮沉美玉[⑯]，河伯许兮薪不属[⑰]。薪不属兮卫人罪[⑱]，烧萧条兮噫乎何以御水[⑲]！颓林竹兮楗石菑[⑳]，宣房塞兮万福来[㉑]。"于是卒塞瓠子[㉒]，筑宫其上，名曰宣房宫。而道河北行二渠[㉓]，复禹旧迹[㉔]，而梁楚之地复宁，无水灾。

【注释】

①悼功之不成：伤悼以往二十多年的塞河无成。

②晧晧（hào）旰旰（hàn）：《汉书》作"浩浩洋洋"，意思相同，都是形容水势浩大的样子。闾殚（dān）为河：大体上都成了一片泽国。闾，通"率"，大率，大抵。殚，尽，全部。按，《集解》以"闾"

为“州间”，谓“州间尽为河”，意即村落、街巷全部淹没在大水中，亦通。

③功无已时：塞河的辛劳无止无休。吾山：也作“鱼山”，在今山东东阿西南，正当黄水的冲击之下。“吾”“鱼”当地人读音相同。也有人解“吾山”为“我的山”，说是山都被水荡平了，极言其破坏力之大；也有说是为了凿石堵决口，山都快被凿平了，极言其花费力气之大，都可以说通。

④钜野溢：由于黄水的灌注，使钜野泽的水漾了出来。

⑤沸郁：众多貌。柏冬日：逼近冬日，以言灾民的日子将更加困难。柏，通“薄”“迫”，逼近。

⑥正道：底本作“延道”。《汉书》作“正道”，即正常的河道。今据改。弛：毁坏。离常流：离开了正常的流通之道。

⑦方远游：正在远处游荡。

⑧归旧川兮神哉沛：还是让河水回到原来的河道上去吧，你看神的力量有多么伟大啊！沛，指神力伟大。

⑨不封禅兮安知外：此语强词夺理，为其求长生的“封禅”活动作借口。前注所引《封禅书》所谓“是岁旱，于是天子既出无名，乃祷万里沙，过祠泰山。还至瓠子，自临塞决河”。史公义正词严，指出武帝的一片“恤民之意”都是装出来的，他是为掩盖其寻鬼神、求长生的师出无名，故而才到此决口看了看。

⑩河伯：黄河之神。

⑪愁吾人：给我的黎民百姓造成苦痛。

⑫啮桑：古邑名。在今江苏沛县西南。浮：漂浮，被淹。

⑬久不反：指河水二十多年未归固有的河道。水维：控制河水的缰绳，这里即指堤岸。

⑭汤汤（shāng）：水大而流急的样子。激潺湲（chán yuán）：水势汹涌的样子。潺湲，水缓慢流淌貌。

⑮北渡迂（yū）兮：迂，凌稚隆本、泷川本皆作“迂”，《汉书·沟洫志》作“回”，意同。即水面辽远，难以北渡。浚流：疏通河道。浚，治理。

⑯搴长茭：扯起竹索。用竹篾和芦苇编成的长绳索。

⑰河伯许兮薪不属：师古曰：“沉玉礼神，见许福佑，但以薪不属逮，故无功也。”薪不属，塞河的用草供应不上。属，连续。吴见思曰：“前云‘河伯不仁’，此言‘河伯许’，何所见之，大约接沉玉祠河，盖巫者之传言也。”

⑱卫人罪：即上文所说当地人都把草做了烧柴。师古曰：“东郡本卫地，故言此卫人之罪也。”按，春秋时代的卫国都城即汉代东郡之郡治濮阳（今濮阳之西南）。

⑲烧萧条：师古曰：“烧草皆尽，故野萧条然也。”噫乎：叹息声。

⑳颓林竹：即砍伐淇园的竹林。楗（jiàn）石菑：三字含意不清，有曰以竹笼装石投入决口做桩用。菑，树立，插入。

㉑宣房塞兮万福来：宣房，也作“宣防”，祭宫名，旧址在今河南濮阳西南的瓠子堤上。宣房塞，意即堵住了瓠子决口，并在其堤上建筑了宣房宫。

㉒卒塞瓠子：终于堵住了瓠子决口。卒，终于。

㉓道河北行二渠：道，同“导”。意即重新让黄河还向北流，还像当初大禹的“厮二渠以引其河”。二渠，一指东行的漯水；一指北行的黄河干道，亦即后来所说的“大河故渎”。

㉔复禹旧迹：恢复当年大禹所疏导的黄河的老样子。按，禹时的古黄河已如前文所述，但古黄河至周定王五年（前602）曾有一次改道，而后一直至汉。故武帝堵住决口，仍使黄河北流，只是恢复了决口前的黄河故道，并非“复禹旧迹”。

【译文】

天子亲临黄河决口后，痛惜二十多年堵决之事都未成功，于是作歌唱道:"瓠子决口啊,该怎么办?浩浩荡荡的大水啊,州闾都成了河!都成了河啊,大地不得安宁;塞河堵水永无休止啊,鱼山的山冈快要挖平。山冈要被挖平啊,钜野泽洪水四溢;鱼虾到处游荡啊,已近冬日。堤岸被毁河水横流,蛟龙驰骋肆意横行。伟大的神啊,让河水回到旧道上去吧,若非不是去封禅,怎能知道外边河水泛滥!你们替我告诉黄河水神,他为何如此不仁?河水泛滥不止啊,愁坏百姓!啮桑整个被淹,淮水、泗水被灌满;河水长期不归旧道啊,堤岸崩溃。"另一首歌唱道:"河水浩浩荡荡啊,横渡难疏通也难。持长茭来堵河口,沉美玉以祭河神;河伯已经应允,但又缺堵塞决口的柴薪。缺柴薪啊,这都是卫人的过错,草被烧光一片萧条,用什么来御水?砍掉淇园的竹子编成竹笼去堵水吧,堵住决口众福都会降临。"终于堵住了瓠子决口,在上面建造了一座"宣房宫"。又引导黄河向北流经二渠,恢复成大禹时代的样子,梁、楚地区又得安宁,再无水患。

自是之后,用事者争言水利。朔方、西河、河西、酒泉皆引河及川谷以溉田①;而关中辅渠、灵轵引堵水②;汝南、九江引淮③;东海引钜定④;泰山下引汶水⑤。皆穿渠为溉田,各万余顷。佗小渠披山通道者⑥,不可胜言。然其著者在宣房⑦。

【注释】

①朔方:郡名。西汉元朔二年(前127)置,治朔方县(今内蒙古杭锦旗西北)。西河:郡名。汉武帝元朔四年(前125)置。故治平定,即今内蒙古东胜县境。河西:地区名,约指今宁夏、甘肃的黄河以西地区。酒泉:郡名。西汉置,治所在福禄县(今甘肃酒泉)。

②辅渠:亦称"六辅渠",在今陕西泾阳西北,郑国渠的南侧。灵轵:灵轵渠,古渠名。汉武帝时开凿。其地望说法不一:一说在今陕

西周至县东灵轵原下，东北流入渭水（《地理志》）；一说在今陕西兴平县境渭水以北（《水经·渭水注》）。堵水：《汉书》作“诸川”，梁玉绳以为“堵”乃“诸”之误。“诸水”即当地的各条河流。

③汝南：郡名。西汉高帝四年（前203）置郡，治上蔡县（今河南上蔡西南）。汉郡名，郡治平舆，在今河南平舆北，地处淮水支流汝水流域。九江：汉郡名，郡治寿春，即今安徽寿县，地处淮水流域。

④东海：梁玉绳认为“东海”疑为“北海”之误。北海，汉郡名，郡治营陵（今山东安丘西北）。钜定：汉县名，在今山东广饶东北；也是当时的湖泊名，在今广饶东。钜定当时属齐郡（郡治临淄），与北海郡相邻。

⑤汶水：源于今山东莱芜北，西南流经奉高（泰山郡治）、博县（今泰安东南）、东平，西南入巨野泽；而奉高、博县皆泰山下之县也。

⑥披山：即“辟山”，打通山岩。中井曰：“《汉志》‘披’作‘陂’，谓随山势造陂堤以导水也。”

⑦然其著者在宣房：但最大的水利工程还是堵塞瓠子的黄河决口。

【译文】

自此之后，主管官员都争相进言兴修水利。朔方、西河、河西、酒泉诸郡都引黄河水或其他河谷的水来灌溉农田；而关中的辅渠、灵轵渠则引来几条当地的河水；汝南、九江引淮水；东海郡引钜定泽的水；泰山脚下引汶水。各地纷纷开渠灌溉农田，各有上万顷。其他辟山开道修凿的小渠，说也说不尽了。但最引人注目的还是在宣房堵塞瓠子的黄河决口。

太史公曰：余南登庐山[①]，观禹疏九江[②]，遂至于会稽太湟[③]，上姑苏[④]，望五湖；东窥洛汭、大邳，迎河[⑤]，行淮、泗、济、漯、洛渠[⑥]；西瞻蜀之岷山及离碓[⑦]；北自龙门至于朔方。曰：甚哉，水之为利害也[⑧]！余从负薪塞宣房，悲《瓠子》之诗而作《河渠书》[⑨]。

【注释】

①庐山：山名。又名匡山、匡庐山、南障山。在今江西九江南。

②禹疏九江：大禹疏通过的诸条长江支流，有人认为是当时寻阳县内（今湖北广济、黄梅与安徽之宿松、望江一带）诸水者，也有人认为是今鄱阳湖所受之赣江、修水等水。

③会稽：汉郡名，郡治吴县（即今苏州）。太湟：所指不详。

④姑苏：山名。即今苏州南之灵岩山，其上有吴王夫差的宫殿遗址。

⑤洛汭：同前文之“雒汭”，洛水汇入黄河的河口，在今河南巩义东北。迎河：指今河北境内流入渤海的各条河流。因其入海口有潮水倒灌现象，故称“迎河”或“逆河”。

⑥行：巡视。淮、泗、济、漯、洛渠：引淮、泗、济、漯、洛诸水的各条渠道。

⑦岷山及离碓：岷山在今四川北部与甘肃东南部的交界处，岷江即由此山发源，李冰父子的水利工程离碓就在成都西北的岷江上，所以史公说“西瞻岷山及离碓”也。

⑧水之为利害：姚苎田曰：“足遍天下，详观水势，而一语断之曰‘甚哉，水之为利害也’，善于笼括，笔力最大。”利，指运输、灌溉、转动机械等；害，此指河流决口。

⑨悲《瓠子》之诗而作《河渠书》：这句话对汉武帝是褒是贬，自古理解不一。姚苎田曰：“《封禅书》极写武帝荒侈，《河渠书》极写武帝励精，然其雄才大略，正复彼此可以参看，非彼绌而此伸也。特采《瓠子》两歌，缠绵掩抑，格自沉雄，先辈谓子长所以能成《史记》者，亦以当时文章足供摭拾，谅哉言也。”

【译文】

太史公说：我南行登过庐山，看过大禹疏导的九江，向东南到过会稽郡的太湟，登上姑苏山，在山上眺望五湖；向东考察了洛汭、大邳，逆着黄河巡视了引淮、泗、济、漯、洛诸水的渠道；向西看了蜀地的岷山与离碓的水利工程；向北从龙门一路上行至朔方。要说的是：水给人类带来的利与害实在太大了！我曾跟随皇帝背着柴草去堵塞宣房宫所在的黄河决口，有感于皇上所作的《瓠子》诗而写成了这篇《河渠书》。

【集评】

牛运震曰："《河渠书》直书事情，无一贬词，盖汉自河决瓠子，屡塞辄坏，梁楚之地屡受其害，武帝自临决河，率从官负薪填石，卒成宣房之绩，复禹旧迹，殆有不得已者。读《瓠子》二歌，犹恻然有忧世救民之思焉。太史公备著之，以为较贤于开边、封禅、求仙等事也，故曰'余从负薪塞宣房，悲《瓠子》之诗而作《河渠书》'，即所以予之也。"(《史记评注》)

王世贞曰："汉武诛匈奴，平荡滇、越、辽、蜀，固不爱通侯之赏，而亦重修其罚，大者抵罪，小者夺爵。而所任汲仁辈，不以河故而少贬其职，乃至亲临祭，令群臣皆负薪置决河，功成而歌咏之，盖真见夫治河之艰于治边也。"(《史记评林》引)

锺惺曰："武帝塞宣房，实有一段畏天悯人之意，所谓以秦皇之力行尧、汤之心，功成而利亦普，未可概以'好''大'二字抹杀之。所以武帝纷纷制作，太史公皆有贬词，而此书独无讥刺也。"(《史怀》)

郭嵩焘曰："《河渠》一书，叙武帝通渭，引汾，通褒斜之道，穿洛，而终之以塞决河，复禹旧迹，其勤民至矣，而言水利者遂遍于天下，此两汉富强之业所由开也。儒者徒知《史记》为'谤书'，而瑕瑜固不相掩，在善读者究观而知其故耳。武帝雄才大略，秦、汉以来所未有也。"(《史记札记》)

姚苎田曰："《封禅书》极写武帝荒侈，《河渠书》极写武帝励精，然其雄才大略，正复彼此可以参看，非彼绌而此伸也。特采《瓠子》两歌，缠绵掩抑，格自沉雄，先辈谓子长所以能成《史记》者，亦以当时文章足供摭拾，谅哉言也。"(《史记菁华录》)

【评论】

《河渠书》是关于水利问题的专史。“水利”一词，在《史记》之前多解释为水产鱼虾之利，只有到了《河渠书》，才赋予了“水利”一词以治河防洪、灌溉、航运等明确的专业概念，现代意义的“水利”即源出于此。

《河渠书》的主要内容围绕治理黄河与修渠漕运两条线索展开，其实际落脚点在汉代。按本篇所记，汉代第一次大水灾发生在文帝十二年（前168），黄河从东郡酸枣决口，冲垮了号称金堤的千里堤。而武帝元光三年（前132）发生的瓠子决口，则是西汉前期最严重的水灾。瓠子决口使得黄河洪水从今河南濮阳南部瓠子河与黄河交汇处，沿着瓠子河向南冲破当时的巨野泽，一直漫到了淮河、泗水流域，而且这次水灾经二十余年都没有解决。造成这个局面的主要原因或者说罪魁祸首是田蚡，由于他的食邑在黄河北岸的鄃地，他为了保住此地不受水灾，自己可以从中获得更多收益，竟说什么“江河之决皆天事，未易以人力为强塞，塞之未必应天”，加上一群望气用数的家伙也随声附和，武帝竟真的就不再理会这件事了。从这可以看出，瓠子决口造成的汉朝多年粮食歉收，以致出现《平准书》讲到的“人或相食，方一二千里”，朝廷不得不允许饥民逃荒到江淮间，是天灾还是人祸了。田蚡凭这一条就该被视为千古罪人永远被人唾骂。其实武帝的“塞瓠子”也不是幡然醒悟专事专办，而是在封禅后出现大旱，在万里沙祈祷之后不得已顺便去看了看。但他到了瓠子决口时，沉白马玉璧，亲自指挥，又命“群臣从官自将军已下皆负薪窴决河”，表现出的决心、气魄，以及在他的影响下形成的那种上下一致、团结奋战的场面，令司马迁激动不已。他对这一场景进行了着意描绘，如实又生动地记录下这感人而不朽的一幕。正如李景星所说：“详叙塞瓠子用玉、沉马等事，并载诗歌，赞亦以‘从塞宣房，悲《瓠子》之诗’作结，正见武帝之尽心民事，非其他行事所得比也。虽无颂美之辞，其推服之意深矣。”《河渠书》是《史记》中少有的正面歌颂武帝的篇章。

《河渠书》记载了汉代几项大的水利工程。一是郑当时建议修建的从长安沿着南山向东至黄河的漕渠，将漕运时间从原来六个月减少到三个月，渠旁的一万多顷民田也得到了灌溉。第二项是河东太守番係提出的从华山北面的汾河开渠引水来灌溉皮氏和汾阴，同时在黄河开渠引水灌溉汾阴和蒲坂，这样三地的五千余顷荒地可以成为良田，粮食从这里通过渭水运到长安，和关中自产差不多，可以不再从黄河砥柱以东的中原地区运粮。想法很好，但渠修好后黄河改道，渠也就废了。这项工程虽然失败了，但它背后的逻辑其实是立足关中，寻求从根本上解决首都地区对关东经济依赖的大问题，其意义是深远的。第三项工程是修建褒水和斜水之间的褒斜道，通过褒水、斜水，连接沔水、渭水，粮食可以从河南南阳经育水、沔水、褒水，再换陆路走褒斜道至斜水，沿渭河到长安，"如此，汉中之谷可致"，山东地区的粮食也可以不必走惊险的黄河砥柱运进长安。褒斜道的修成确实便利了关中与巴蜀的联系，但褒水、斜水多激流乱石，无法实现漕运。第四项工程是庄熊罴建议修建的龙首渠。它的特点是水工们发明了"井渠"：沿线挖掘众多深井，井下相通，水从井里流过，这里可以看到"坎儿井"的原型。只是多费人工，但收效不大。最后，司马迁在"塞瓠子"成功后又概括写了汉代修渠灌溉的情况。

《河渠书》反映了中国古代人民利用自然、征服自然的努力与艰辛，写了大禹治水、武帝塞瓠子的成功，也写了治水和修渠漕运、灌溉工程的失败，可见人们想要驾驭自然还需要一个漫长的过程。司马迁实地考察过国内众多江河湖泊，也亲身参加了塞瓠子的行动，从历史到现实，使得他对"水之为利害"与政治、政权的关联有着更为深切的体悟。

治水、漕运在古代中国一直是个重要问题，它关系到国计民生，王朝稳定。同时治水、漕运大范围、远距离的工程，需要全局性的统筹安排，考验着一个政权的组织、动员、协调、行动等各方面的能力，它需要在完整统一的国家形态下才能达到最好效果。可以说在一定意义上，治水、漕运促进了中国大一统王朝的形成，也维护了中国的统一。

史记卷三十

平准书第八

【释名】

“平准”是汉代出现的新名词,是桑弘羊的一项经济措施,主要是指大农所属各级机构掌控全国货物,价低时买进,价高时卖出,以此平抑物价,使物价不会暴涨暴跌。它是一种政府的宏观经济调控政策。

《平准书》是汉代财经专史。它记载了从汉高祖刘邦元年(前206)至汉武帝刘彻元封元年(前110)一百多年间西汉财政经济的发展变化及重要的财政经济政策。全篇分为五部分。第一部分写刘邦建国以来至武帝时期的社会经济发展,和与此相应的国家制度、社会风气的变更。这一部分讲到汉初的穷困状况及实行贱商政策,经过惠帝、高后、文帝、景帝时期的积累,到武帝继位时呈现出社会安定、国家富裕、百姓家给人足的繁荣景象。第二部分写武帝发动战争给国家造成经济凋敝,与此相应的官吏选拔制度遭到败坏。第三部分写武帝为解决经济困难而实行铸钱、盐铁官营,以及实行算缗、告缗的情况。第四部分写武帝尊卜式、任酷吏、行告缗,进一步加紧搜刮,致使吏治益坏,民不聊生的严重情景。第五部分写汉代统治者的骄奢淫逸,兴功生事,为进一步搜刮聚敛而实行“平准法”。篇末论赞论证了经济发展与政治的关系,指出了经济法则对社会生活的决定作用。

汉兴，接秦之弊[①]，丈夫从军旅[②]，老弱转粮饷[③]，作业剧而财匮[④]，自天子不能具钧驷[⑤]，而将相或乘牛车，齐民无藏盖[⑥]。于是为秦钱重难用[⑦]，更令民铸钱[⑧]，一黄金一斤[⑨]，约法省禁[⑩]。而不轨逐利之民[⑪]，蓄积余业以稽市物[⑫]，物踊腾粜[⑬]，米至石万钱，马一匹则百金[⑭]。

【注释】

①弊：指社会经济的凋零衰败。

②丈夫：指男性青壮年。从：参加。

③转粮饷：运送粮食。转，运输。

④作业：从事的事业、工作。这里指劳役。剧：极，甚。匮：空乏。

⑤自：即使。钧驷（sì）：古代一套车由四匹相同颜色的马拉称钧驷。钧，通“均”，相同。驷，一车四马。

⑥齐民：平民百姓。藏盖：积蓄。

⑦于是：当此时。秦钱重难用：《索隐》引《古今注》：“秦钱半两，径一寸二分，重十二铢。”

⑧更令民铸钱：允许百姓改铸小钱。陈直曰：“西汉产铜之地，首在丹阳，次在蜀郡严道。高、惠时丹阳铜矿掌在吴王濞之手中，因铜量不丰，不得不改铸荚钱，乃诡云‘秦钱重难用’也。”

⑨一黄金一斤：一锭黄金的标准重量改定为一斤。秦时以一镒（二十两）为一金，汉初以一斤（十六两）为一金。汉代的一斤相当于今之0.5165市斤。黄金，也称“金”。

⑩约法省禁：意即放松限制。约，简化。

⑪不轨：不守法度。逐利之民：指经商者。

⑫蓄积余业：筹集资金进行商业活动。余业，犹言“末业”，指商业。稽市物：指囤积居奇。稽，囤积。

⑬物踊腾粜（tiào）：物价猛涨的时候卖出。踊腾，指物价猛涨。粜，卖粮食。这里即指卖出东西。

⑭百金：汉之一金约折合万钱。

【译文】

汉朝兴起，接续了秦朝衰败的状况，青壮年男子参军去打仗，年老体弱的人为军队运输粮饷，劳役繁重而资财匮乏，即使天子自己坐的车也没有四匹同样毛色的马来拉，将相中有人则只能乘坐牛车了，普通百姓没有一点点积蓄。那个时候，由于秦代的钱币太重而难以使用，改令百姓铸造新的重量轻的钱，规定一锭黄金重为一斤，简约法令，减少禁例。但是那些不遵守法令而一味追逐利润的人，通过商业积聚了丰厚的钱财，并囤积大量市场上的货物，在物价飞涨时卖出，导致米每石一万钱，一匹马则卖一百万钱。

天下已平①，高祖乃令贾人不得衣丝乘车，重租税以困辱之。孝惠、高后时②，为天下初定，复弛商贾之律③，然市井之子孙亦不得仕宦为吏④。量吏禄⑤，度官用⑥，以赋于民⑦。而山川园池市井租税之入⑧，自天子以至于封君汤沐邑⑨，皆各为私奉养焉⑩，不领于天下之经费⑪。漕转山东粟⑫，以给中都官⑬，岁不过数十万石⑭。

【注释】

①天下已平：高祖五年（前202）十二月，刘邦破杀项羽；二月，刘邦即位于定陶（当时以十月为岁首）。

②孝惠：名盈，刘邦之子，吕后所生，前194—前188年在位。高后：即吕后，名雉，汉高祖刘邦的皇后。吕后在惠帝死后称制，直至前180年去世。

③弛商贾之律：放松法律对商贾的种种限制，盖汉初仍行秦法。

④市井之子孙：工商业者的子弟。市井，即市场。这里特指商人。

⑤吏禄：官吏的俸禄。

⑥官用：官府的费用。

⑦以赋于民：向人民征收捐税。

⑧山川园池市井租税之入：指从山川园林的开发者与市井工商业者所征收来的钱财。汉代对于山林川泽的开发，或由官营，或承包于私商。

⑨封君：指分封的诸王及公主、列侯。汤沐邑：分封之地，古时受封王侯在晋见天子时要沐浴。汤沐邑在这里特指封地。

⑩私奉养：私人生活的费用，如同后世所说的俸禄、薪金。

⑪不领于天下之经费：不向主管国家经费的大司农要钱。经，常。

⑫漕转：统称运输。船运曰漕，车运曰转。山东：战国及以后的秦汉时，称崤山以东的广大地区为山东。泛指东方各郡国。

⑬以给中都官：以供应首都长安各官府的需要。中都官，指京师的各官府、衙门。

⑭岁不过数十万石：极言汉初国家的各种机构之简，首都吃公粮的人员之少。

【译文】

天下已经太平，高祖于是命令商人不能穿丝制衣服，不许乘车，征收很重的租税使他们困窘羞辱。孝惠帝、高后时期，由于天下刚刚安定，又放松了对商人限制的法令，然而工商业者的子孙们仍然不许做官。政府根据官吏的俸禄及办公费用的数量向百姓征税。各地山、川、园、池的开发所得以及市场上工商业者的税务收入，再加上天子和各诸侯封君的汤沐邑的收入，这些都分别作为供应天子和诸侯封君们的生活费用，都不再从国库支取经费。从山东用水路输运到京师供给各官府的粮食，每年不过数十万石。

至孝文时[①]，荚钱益多[②]，轻，乃更铸四铢钱，其文为“半两”[③]，令民纵得自铸钱[④]。故吴[⑤]，诸侯也，以即山铸钱，富埒天子[⑥]，其后卒以叛逆[⑦]。邓通[⑧]，大夫也，以铸钱财过王者[⑨]。故吴、邓氏钱布天下[⑩]，而铸钱之禁生焉[⑪]。

【注释】

①孝文：刘邦的儿子，汉文帝刘恒，前179—前157年在位。

②荚钱：汉高祖准许百姓自铸钱，钱愈铸愈薄，小如榆荚，故曰“荚钱”。

③乃更铸四铢钱，其文为“半两”：实际只重四铢，而钱面写半两，遂当半两使用，因而铸钱有利，私铸者遂多。铢，一两的二十四分之一。

④令民纵得自铸钱：文略不顺。应曰“纵民令得自铸钱”。纵，放任。按，文帝造四铢钱在其前元五年四月。贾谊对令民自由铸钱事，当时就提出反对，见《汉书·食货志下》。

⑤吴：指刘濞（bì），高祖刘邦的侄子，前195年受封为吴王。

⑥埒（liè）：等于，相等。

⑦卒以叛逆：刘濞于景帝三年（前154）举兵叛乱，后被讨平。卒，终于。事见《吴王濞列传》。

⑧邓通：汉文帝的男宠，曾官至上大夫。文帝先后赏赐其数十万钱，又赐与蜀郡严道铜矿，许其自铸铜钱，遍流全国，号称“邓氏钱”。

⑨以铸钱财过王者：因有人给邓通相面，说他日后当饿死，汉文帝偏使其富，故赐之蜀之铜山，令其铸钱，事见《佞幸列传》。

⑩布：流传，流通。

⑪铸钱之禁生焉：此指武帝建元四年（前137）国家造三铢钱，并下令“盗铸诸金钱罪皆死”事，详见后文。

【译文】

到了孝文帝时，荚钱增多，且越来越轻了，于是改铸四铢钱，钱上标志为“半两”，允许百姓按标准自己铸造。所以吴王刘濞不过是个诸侯，就凭借自己封地内的铜山铸造钱币，富贵可以与天子平起平坐，到后来他终于成了反叛之徒。邓通，也不过是大夫而已，因为铸钱而拥有的财富超过诸侯王。因此吴王、邓氏的铸钱遍布天下，于是朝廷禁止私人铸钱的法令就产生了。

匈奴数侵盗北边①，屯戍者多②，边粟不足给食当食者③。于是募民能输及转粟于边者拜爵④，爵得至大庶长⑤。

【注释】

①匈奴数侵盗北边：据《匈奴列传》，文帝三年（前177）、十四年（前166）、后元六年（前158），匈奴曾入侵北边。

②屯戍：驻扎边境。

③边粟：此指国家供应守边者的粮食。给食（sì）：给养。

④募民能输及转粟于边者拜爵：即汉文帝采纳晁错的意见，号召农民向国家交纳粮食，并把粮食运送到边防前线上去，而国家则按照他们所交粮食的数目，赐给相应的爵位。输，向国家捐纳粮食。拜爵，封赏爵位。汉朝的爵位共二十级，第九级的“五大夫”以上，就可以免除徭役，等于有了特权。而且这种“爵”也可以用来赎罪、减刑，还可以转卖以获得钱财。但“爵”不等于“官”，级位再高也不能居官治民。详情见晁错的《论贵粟疏》。

⑤爵得至大庶长：交粟买爵，最高可以买到大庶长。大庶长，汉之爵位的第十八级，再往上就是侯爵了。

【译文】

匈奴多次侵掠北部边境，国家派驻了很多军队防备匈奴，边境的粮食不足以供给士卒。于是号召百姓能捐献粮食给国家以及运粮到边境去的可以封爵，爵位最高可以到大庶长的级别。

孝景时[①]，上郡以西旱[②]，亦复修卖爵令，而贱其价以招民[③]；及徒复作得输粟县官以除罪[④]。益造苑马以广用[⑤]，而宫室列观舆马益增修矣[⑥]。

【注释】

①孝景：汉景帝刘启，汉文帝的儿子。前156—前141年在位。

②上郡：西汉时郡名。治所在今陕西榆林东南。

③贱其价以招民：降低买爵的价格以吸引人买。招，募，鼓励。

④徒复作得输粟县官以除罪：方苞曰："既曰'徒复作'，又曰'得输粟县官以除罪'者，明景帝时独'徒作'者许除罪，至武帝则一切当刑者皆可赎也。"徒，被判徒刑的人。复作，已弛其刑，但尚未服满劳役的犯人。复，除，除刑。县官，朝廷，此指官府。除罪，免罪。

⑤造苑马：谓造苑养马，以供军国之需。苑，牧场。

⑥宫室列观：指皇帝的离宫别殿。舆马：皇帝的车驾与马匹。

【译文】

孝景帝在位期间，上郡以西发生了旱灾，又重新修订了卖爵令，并降低所卖爵位的价格以招徕百姓；被判徒刑及服刑未满的苦役犯也可以通过向官府交纳粮食而免罪。牧苑的建造增加了用来养马的地方以满足军用，宫室楼台车马也随之更多更华美了。

至今上即位数岁[①]，汉兴七十余年之间[②]，国家无事，非遇水旱之灾，民则人给家足，都鄙廪庾皆满[③]，而府库余货财[④]。京师之钱累巨万[⑤]，贯朽而不可校[⑥]。太仓之粟陈陈相因[7]，充溢露积于外[8]，至腐败不可食。众庶街巷有马，阡陌之间成群[9]，而乘字牝者傧而不得聚会[10]。守闾阎者食粱肉[11]，为吏者长子孙[12]，居官者以为姓号[13]。故人人自爱而重犯法，先行义而后绌耻辱焉[14]。当此之时，网疏而民富，役财骄溢[15]，或至兼并豪党之徒，以武断于乡曲[16]。宗室有土公卿大夫以下[17]，争于奢侈，室庐舆服僭于上[18]，无限度。物盛而衰，固其变也。

【注释】

①今上：指汉武帝刘彻。

②汉兴七十余年：刘邦于前206年为汉王，至武帝建元六年（前135），共七十一年。

③都鄙：郡县治所所在的城邑。廪庾：有屋之仓曰廪，露积之仓曰庾，这里泛指仓库。

④府库：仓库。府，亦库也。

⑤累巨万：有好几个“巨万”。累，重也。巨万，极言数目之多。

⑥贯朽而不可校（jiào）：极言其多，而又长年不动，故至于贯朽不可数。贯，穿铜钱的绳索。校，计算，核对。

⑦太仓：都城的大仓库。陈陈相因：一批陈的接着一批陈的。因，续。

⑧露积：堆放在露天里。

⑨阡陌：田间的小路，此指田野。

⑩乘字牝（pìn）者傧而不得聚会：师古曰：“言时富饶，故耻乘牸牝。”字牝，同“牸牝”，有孕的母畜，此处指有孕的母马。傧，通“摈”，排斥，弃绝。

⑪守闾阎者：看守里巷大门的人，指最低级的吏役。闾阎，乡党里巷的大门。闾，里门。阎，里中之门。粱肉：指精致的食品。

⑫为吏者长子孙:《集解》引如淳曰:“时无事,吏不数转,至于子孙长大而不转职任。”

⑬居官者以为姓号:居官年久,遂以其职称为其姓氏,如仓氏、庾氏等等。

⑭先行义而后绌(chù)耻辱:意谓人人讲礼义,而不屑干那些不光彩的事。先,看重,讲究。后绌,放弃不取。绌,除去,废退。此处指避免。

⑮役财骄溢:占有财产的人骄奢放纵。役,支配,占有。

⑯以武断于乡曲:靠着势力横行于乡里。武断,以权势独断独行。乡曲,犹言“乡里”。古代居民的编制单位,二十五家为一里,十里为一乡。

⑰宗室:皇帝的同族。有土:有封邑的王侯。

⑱僭(jiàn)于上:超越本分,冒用在上者的职权、名义行事。僭,越分。

【译文】

当今皇上即位已经多年,汉朝兴起则已有七十余年,国家在这段时期内平安无事,如果不是遇到水旱灾害,百姓就能做到人能自给、家能富足,郡县粮仓丰盈,府库储财很多。京师的钱积累数亿,穿钱的绳子朽断了,钱多得不能数清。太仓所存的粮食陈粮压着陈粮,满得溢出仓外,以至于腐败而不能食用。普通百姓居住的街巷有马,田野上马匹成群,乘有孕母马的人就要受到排斥,不许参加聚会。里巷门口的看守吃的是精美的米面肉食,做官者在任上把子孙养大成人,时间一长他们使用官职作为姓氏。所以人人自爱不轻易去触犯法律,很看重端正的品行而避免能招致耻辱的行为。那时候,法纪宽松百姓富足,有的人就依恃富足而骄奢放纵,有人甚至兼并土地,豪强霸道的人在乡里凭权势独断横行。宗室贵族、有封地的王侯、公卿大夫以下,追逐奢侈,住宅、车辆、衣服都超越了名分,没有限度。事物发展到鼎盛时期也就到了转衰的时候,这是必然的变化规律。

自是之后，严助、朱买臣等招来东瓯[①]，事两越[②]，江淮之间萧然烦费矣[③]。唐蒙、司马相如开路西南夷[④]，凿山通道千余里，以广巴蜀[⑤]，巴、蜀之民罢焉。彭吴贾灭朝鲜，置沧海之郡[⑥]，则燕齐之间靡然发动[⑦]。及王恢设谋马邑[⑧]，匈奴绝和亲，侵扰北边，兵连而不解，天下苦其劳，而干戈日滋。行者赍[⑨]，居者送，中外骚扰而相奉[⑩]，百姓抏弊以巧法[⑪]，财赂衰耗而不赡[⑫]。入物者补官，出货者除罪，选举陵迟[⑬]，廉耻相冒[⑭]，武力进用，法严令具。兴利之臣自此始也[⑮]。

【注释】

①严助：原名庄助，因避汉明帝刘庄之讳，东汉人称之曰严助。严助曾劝导汉武帝用事于东越。朱买臣：武帝时先为中大夫，后又为会稽太守，劝导并实际参加了对东越用兵。招来：招纳。东瓯（ǒu）：汉初瓯越人建立的小国。其都城在今浙江温州。

②两越：指南越和闽越两小国。南越国都城在今广州。闽越是汉初东越人建立的小国，都城旧说在今福州，今多认为在福建武夷山。

③萧然：骚动不安的样子。烦费：耗费。

④唐蒙：先曾为番禺（今广州）令，前135年上书皇帝，要开通夜郎（在今贵州西北部及云南、四川二省部分地区）的道路，因之受封为中郎将，带领千余人赴夜郎。司马相如：字长卿，西汉著名的大辞赋家，又曾以中郎将身份为通西南夷事宣慰巴蜀。西南夷：指汉时对分布在今甘肃南部、四川西部、南部和云南、贵州一带的少数民族的总称。

⑤巴、蜀：皆郡名。巴郡治所在江州（今重庆嘉陵江北岸），蜀郡治所在今成都。

⑥彭吴贾灭朝鲜，置沧海之郡：按，汉武帝灭朝鲜事在元封三年（前

108)，见《朝鲜列传》。唯于生事诸臣中，无“彭吴贾”其人。彭吴，汉武帝官吏，奉命开通秽貊（mò）到朝鲜道路。贾，当依《汉书·食货志》作“穿”，意为凿通。置沧海之郡，沧海郡，即古秽貊国，在今朝鲜中部。梁玉绳曰：“沧海郡，武帝元朔元年置，三年罢。因秽貊内属置为郡，非以兵灭之。而灭朝鲜在元封三年，置真番、临屯、乐浪、玄菟四郡。……则‘灭朝鲜’‘置沧海’判然两事，安得合而言之，《史》《汉》皆有误。”

⑦靡然：犹言“纷然”，劳扰的样子。

⑧王恢设谋马邑：武帝元光二年（前133），王恢设谋伏兵马邑欲袭匈奴，未成。王恢，武帝时将领，武帝建元中，匈奴来请和亲，他多次上书反对和亲，力主兴兵击之。元光元年（前134），武帝命他为将屯将军，出兵击匈奴，设谋马邑未成。武帝怒其不出击单于辎重，擅自引兵罢归，下令诛之，他闻知后，乃自杀。马邑，在今山西朔州一带。

⑨赍（jī）：携带。

⑩中外：“中”指居者，“外”指行者。相奉：指供应前方战争需要。奉，供。

⑪抏（wán）弊以巧法：不顾廉耻，行巧诈以避法令。抏弊，棱角磨灭，这里指没有廉耻。

⑫不赡（shàn）：不能满足需要。

⑬选举陵迟：用人制度愈来愈坏。选举，选贤举能，选拔有才能的人才。陵迟，衰落败坏。

⑭廉耻相冒：廉洁者、无耻者相混杂。冒，蒙混。

⑮兴利之臣：指以东郭咸阳、桑弘羊为首的大商人式的谋臣。

【译文】

此后，严助、朱买臣等人招徕东瓯，平定两越，使江淮之间骚动不安且资财耗费巨大。唐蒙、司马相如开辟了通向西南夷的道路，凿山开通道路千余里，用以开拓巴蜀之地，巴蜀的百姓疲惫不堪。彭吴开通了从秽貊到朝鲜的道路，设置了沧海郡，燕齐地区的百姓劳扰不堪。到王恢设马邑伏兵之计，匈奴与汉断绝和亲之好，侵扰北部边境，战争持续不断，百姓承受了繁重劳役之苦，战事与日俱增。出征者随身带着衣食，后方的人向前线运送军需，中央与地方都受到骚扰，共同供应战争需要，百姓穷困而行巧诈之法以逃避朝廷政令，政府财货耗尽而无以自足。向官府交纳财物就能做官，捐出财物就可以免罪，官吏的选拔制度到此时受到破坏，人们都顾不得廉耻之心，勇武有力者得到任用，法令也越来越严厉苛细。这时候，以开发财源为能事的大臣开始出现了。

其后，汉将岁以数万骑出击胡，及车骑将军卫青取匈奴河南地[①]，筑朔方[②]。当是时，汉通西南夷道，作者数万人，千里负担馈粮[③]，率十余钟致一石[④]，散币于邛僰以集之[⑤]。数岁道不通，蛮夷因以数攻，吏发兵诛之。悉巴蜀租赋不足以更之[⑥]，乃募豪民田南夷[⑦]，入粟县官[⑧]，而内受钱于都内[⑨]。

【注释】

①车骑将军卫青：武帝时名将，字仲卿，武帝皇后卫子夫之弟。数败匈奴，后官至大将军，封长平侯。车骑将军，西汉武官名。地位仅次于大将军、骠骑将军。河南地：今内蒙古河套地区。其地秦时已置郡，后中原大乱，其地为匈奴所取。至元朔二年（前127），卫青击退匈奴，将其夺回。

②筑朔方：意即修筑朔方城，设立朔方郡。朔方，指朔方郡。郡治朔方，在今内蒙古杭锦旗西北。

③负担馈粮：意即靠人力肩挑背负运送粮食。馈，运送。

④率：大致。钟：计量单位，六石四斗为一钟。

⑤散币于邛僰（qióng bó）以集之：谓散币于邛、僰一带的边民，以稳定其心，令其支援汉人。币，财物。邛，古民族名。在今四川西昌地区。僰，古民族名。散居于四川宜宾地区。集，安定，抚慰。

⑥不足以更之：不够充当开发西南夷的需要。更，抵偿，偿还。

⑦田南夷：在南夷地区种植庄稼。南夷在今贵州境内，即所谓夜郎，其地先已归汉。

⑧入粟县官：把收获的粮食交给国家供开发西南夷之用。县官，指国家，政府。

⑨都内：指都内令丞，大司农的属官。

【译文】

此后汉将每年带数万骑兵出击匈奴，直到车骑将军卫青夺取了匈奴的河南地区，建筑了朔方城。正当这时候，汉朝修筑通往西南夷的道路，修路的有好几万人，往千里之外运送粮食，大概十多钟才能送到一石，又给邛人、僰人发放钱财使他们安定。道路多年未开通，西南夷于是多次攻击筑路的汉人，汉朝官吏派兵讨伐。全部巴蜀地区的租赋也不能满足军需，于是招募富豪之民到南夷耕种，向地方官府交纳粮食，在京城大司农下属都内令丞那里领取款额。

东至沧海之郡，人徒之费拟于南夷[①]。又兴十万余人筑卫朔方，转漕甚辽远，自山东咸被其劳[②]，费数十百巨万，府库益虚。乃募民能入奴婢得以终身复[③]，为郎增秩[④]，及入羊为郎[⑤]，始于此。

【注释】

①拟：等于。

②被：遭受。

③复：免除徭役。

④为郎增秩：本身为郎者，倘向国家献纳奴婢，则为其提高官级。郎，皇帝的侍从官员。增秩，提升官职。犹言“升级”。

⑤入羊为郎：指当时大畜牧主卜式屡屡向朝廷捐献财物，被武帝任命为中郎之事。按，从以上这些规定可以看出当时国家事功的繁剧和劳力、财力的缺乏，这时已由原来的只是卖爵变为卖官。

【译文】

东面设置沧海郡，役使民众的费用与在南夷地区的花费相等。又动用十多万人建筑、守卫朔方城，输运粮食路途遥远，从崤山往东都受到了这种牵累之苦，费用达到数十、上百亿，国家府库更加空虚了。于是招募百姓，那些能向官府献奴婢的可以终身免除徭役，做郎官者得到提升，献纳羊而做郎官的事情，也从此时开始。

其后四年[①]，而汉遣大将将六将军、军十余万击右贤王[②]，获首虏万五千级[③]。明年[④]，大将军将六将军仍再出击胡[⑤]，得首虏万九千级。捕斩首虏之士受赐黄金二十余万斤[⑥]，虏数万人皆得厚赏[⑦]，衣食仰给县官；而汉军之士马死者十余万，兵甲之财、转漕之费不与焉。于是大农陈藏钱经秏[⑧]，赋税既竭，犹不足以奉战士。有司言：“天子曰：‘朕闻五帝之教不相复而治，禹、汤之法不同道而王，所由殊路，而建德一也[⑨]。北边未安，朕甚悼之。日者，大将军攻匈奴，斩首虏万九千级，留蹛无所食[⑩]。议令民得买爵及赎禁锢免减罪[⑪]。’请置赏官[⑫]，命曰武功爵[⑬]。级十七万，凡直三十余万金[⑭]。诸买武功爵官首者试补吏[⑮]，先除[⑯]；千夫如五大夫[⑰]；其有罪又减二等[⑱]；爵得至乐卿，以显军功[⑲]。”军功多用越等[⑳]，大者封侯卿大夫，小者郎吏。吏道杂而多端，则官职秏废㉑。

【注释】

①其后四年：此指汉武帝元朔五年（前124）。

②汉遣大将将六将军：当作“大将军将六将军”。大将军指卫青。六将军，据《卫将军骠骑列传》，此六人是卫尉苏建、左内史李沮、太仆公孙贺、代相李蔡、大行李息、岸头侯张次公。右贤王：匈奴西部地区的最高君长，地位仅次于单于。他与东部地区的君长左贤王同为匈奴单于的两大膀臂。

③首虏：被斩来的敌人首级与生获的俘虏。

④明年：指元朔六年（前123）。

⑤大将军：此指卫青。卫青因去年伐匈奴有功，被封为“大将军”，位居武臣之首。将六将军：此次所将六人为合骑侯公孙敖、太仆公孙贺、翕侯赵信、卫尉苏建、郎中令李广、右内史李沮。

⑥二十余万斤：汉代的一斤，略当今之0.5165市斤。

⑦虏：指被俘获来的匈奴人。

⑧大农陈藏钱经秏：此句疑有讹误，意思是大司农掌管的国库中的钱财都已用尽。大农，官名。即大司农，九卿之一，掌管财政。陈藏，犹言旧有。经秏，疑意为尽耗，全部用尽。

⑨建德：创建了辉煌的道德、功业。

⑩留蹛（dài）无所食：姚鼐曰：“‘捕斩首虏之士受赐黄金二十余万斤’，此言应赐者有是数，然大农实无以与之，故曰‘留蹛无食’。”留蹛，屯积东西，积聚。

⑪赎禁锢：因犯罪而被禁锢者，今可花钱赎免。禁锢，因犯罪而禁止做官或参与政治活动。免减罪：即交钱可以减刑或全部免罪。按，以上数句是有司转引武帝交由下面讨论的原话。

⑫赏官：赏功的官爵，其实也是准备用以卖钱的官爵。

⑬武功爵：西汉设立的因武功而封的爵位，共十一级。

⑭级十七万，凡直三十余万金：对此二句，各家的解释纷纭。胡三省认为："级十七万者，卖爵一级，为钱十七万；至二级，则三十四万矣，自此以上，每级加增。王莽时，黄金一斤直钱万，以此推之，则三十万金，为钱三十余万万矣，此当时鬻武功爵所直之数也。"

⑮官首：武功爵第五级。

⑯先除：优先任命。除，任命官职。

⑰千夫如五大夫：武功爵第七级的"千夫"，和秦时二十级爵第九级的"五大夫"享受同等待遇。泷川引李慈铭曰："'五大夫'得复卒一人，'千夫'如'五大夫'，亦得免徭役。"

⑱其有罪又减二等：意谓有"千夫"之爵的人如果犯了罪，可以减轻二等处置。

⑲爵得至乐卿，以显军功：花钱买的武功爵最高到乐卿，更高的爵位必须靠实际军功获得。乐卿，武功爵第八级。

⑳军功多用越等：意谓真正立有军功的人受爵往往超越等级。用，因。

㉑秏废：荒废。

【译文】

之后四年，汉朝派了大将军卫青率领六位将军、十多万军队攻击匈奴的右贤王，共杀死和俘虏匈奴一万五千人。第二年，卫青率六位将军再次出击匈奴，共斩杀和俘获匈奴一万九千人。那些杀死、俘虏匈奴士兵的人得到的赏赐总共有二十余万斤黄金，上万的匈奴人也得到丰厚的奖赏，吃饭穿衣都依靠汉朝官府；但汉军的士兵及战马死在战场上的也达十余万，兵器铠甲、水陆运输所需物品钱财还不包括在内。那时候大司农掌管的国库中的钱财耗费殆尽，赋税也已枯竭，还不够战士的供给。有关官员说："天子说：'我听说五帝的教化互不相同，却都能使国家安定太平；禹和汤的法令不同但都当了王，他们采用的途径不同，而建立的功业是一样的。现在北部边塞不安，我很忧虑。前些日子，大将军北击匈奴，斩杀、俘虏了一万九千余人，到现在还未加赏赐。可以商议一个办法，让百姓可以买爵，交钱解除禁锢或赎免减罪，从而筹到所需款项。'请设置奖赏官职，名叫武功爵。十七万一级，一共可以得到三十多万金。所有捐钱买武功爵'官首'一级的试用为吏员，优先任用；'千夫'一级的和五大夫待遇相同；有罪者可以减少二等罪过；买爵的级别最高到乐卿为止，更高的则留给有实际军功的人来彰显他们的功绩。"有军功的人大多是越级提拔，功劳大的封侯做卿大夫，功劳小的可做郎吏。官吏来源复杂又多端管理，以致有些官职接近于无用。

自公孙弘以《春秋》之义绳臣下取汉相①，张汤用峻文决理为廷尉②，于是见知之法生③，而废格沮诽穷治之狱用矣④。其明年⑤，淮南、衡山、江都王谋反迹见⑥，而公卿寻端治之⑦，竟其党与⑧，而坐死者数万人⑨，长吏益惨急而法令明察⑩。

【注释】

①公孙弘：武帝丞相，封平津侯，尤其擅长附会《春秋》"义理"达到自己的目的。以《春秋》之义绳臣下：公孙弘为相后，曾规定各级官府都必须选配儒生为属吏；官吏的升迁，要看他们对儒家典章礼法的掌握程度；做事要以儒家经典为根据。绳，约束，以为准则。

②张汤：武帝时任廷尉、御史大夫，严刑峻法，打击豪强，是当时著名的"酷吏"。峻文：意同"酷法"。文，法律条文。廷尉：西汉官名，九卿之一，掌刑狱。

③见知之法：官吏见到违法之事不加纠劾即为有罪。

④废格：废除不行。沮诽：对抗皇帝的诏令。穷治之狱：追根究底地

办理案件。

⑤其明年：武帝元狩元年（前122）。

⑥淮南、衡山、江都王谋反迹见：淮南，指淮南王刘安。衡山，指衡山王刘赐。江都王，指刘建。有关淮南、衡山二王谋反的情况见《淮南衡山列传》。

⑦寻端：寻根究底，找碴。

⑧竟其党与：指将其党羽查得净尽。

⑨坐：因，因此遭罪。

⑩惨急：残忍，苛暴。明察：这里指严苛，类似鸡蛋里挑骨头。

【译文】

从公孙弘用《春秋》义理约束臣下做了汉相，张汤用严酷法令做了廷尉，于是产生了见知之法，追根究底地查办以废除天子的命令不加执行、诽谤天子一类为罪名的案子也出现了。之后第二年，淮南王、衡山王、江都王阴谋造反的事败露，公卿们寻根究底地来审理，追查他们的党羽，牵连此案而被判死罪的人数达到数万，官吏们的执法更加严峻，且法令条文愈来愈苛细。

当是之时，招尊方正贤良文学之士[①]，或至公卿大夫。公孙弘以汉相[②]，布被，食不重味[③]，为天下先[④]。然无益于俗，稍骛于功利矣[⑤]。

【注释】

①方正贤良文学：贤良方正，或贤良文学，或贤良与文学并立，均为汉代选拔官吏的科目，凡选中者，皆授官职。

②汉相：朝廷的宰相，以与当时诸侯国的“丞相”相区分。

③食不重（chóng）味：吃饭时只吃一个菜。

④为天下先：给全国起带头作用。

⑤稍骛于功利矣:渐渐地愈来愈追求功利了。稍,渐。骛,追求,追逐。

【译文】

这时候,朝廷招徕尊重方正贤良文学这类读书人,有人做到了公卿大夫。公孙弘做汉丞相,盖布被子,吃得很俭朴,为的是给天下的人树立一个榜样。但是这对改变当时的社会风气并没有太多益处,因为人们已经逐渐去追求功利了。

其明年[①],骠骑仍再出击胡[②],获首四万。其秋,浑邪王率数万之众来降[③],于是汉发车二万乘迎之。既至,受赏[④],赐及有功之士[⑤]。是岁费凡百余巨万。

【注释】

①其明年:武帝元狩二年(前121)。

②骠骑:指骠骑将军霍去病。骠骑将军,高级武官名,仅次于大将军。

③浑邪王率数万之众来降:据《匈奴列传》云:"单于怒浑邪王、休屠王居西方,为汉所杀虏数万人,欲召诛之。浑邪王与休屠王恐,谋降汉。汉使骠骑将军往迎之。浑邪王杀休屠王,并将其众降汉,凡四万余人,号十万。"浑邪是匈奴的一个部落,浑邪王指浑邪部落的首领。

④既至,受赏:《卫将军骠骑列传》云:"降者数万,号称十万,既至长安,天子所以赏赐者数十巨万。封浑邪王万户,为漯阴侯。"

⑤赐及有功之士:"赐及"疑应作"及赐",与上句连读。《卫将军骠骑列传》云:"以千七百户益封骠骑将军。"

【译文】

过了一年,汉朝骠骑将军两次北击匈奴,杀死匈奴兵达四万人。那年秋天,匈奴的浑邪王率领部众数万前来归降,因此汉朝发动两万辆车前往迎接。等他们到达长安,受到汉朝赏赐,霍去病及手下立下军功者也都受到朝廷赏赐。这一年总共花费达到了一百多亿。

初，先是往十余岁河决观[①]，梁楚之地固已数困[②]，而缘河之郡堤塞河[③]，辄决坏，费不可胜计。其后番係欲省厎柱之漕[④]，穿汾、河渠以为溉田[⑤]，作者数万人；郑当时为渭漕渠回远[⑥]，凿直渠自长安至华阴[⑦]，作者数万人；朔方亦穿渠，作者数万人：各历二三期[⑧]，功未就，费亦各巨万十数。

【注释】

①初，先是往十余岁河决观：意谓早在十多年前，黄河在观县决口。观，观县，在今河南清丰西南。

②梁楚：都是西汉时分封的诸侯国。梁国治所在睢阳（今河南商丘南），楚国治所在彭城（今江苏徐州）。数困：多次困乏，连年困乏。

③缘河之郡：指东郡、魏郡、平原、清河等郡。

④番係：人名。武帝时任河东太守，建议以汾水灌田以节漕运。厎柱：即厎柱山，位于今河南三门峡市。为有名的险厄之地，极易触礁翻船。今已炸掉。

⑤穿汾、河渠以为溉田：番係为避免厎柱漕运的艰难，故倡议在河东地区开渠引黄河水、汾水，经黄河、渭水，直接向长安供应粮食。汾、河，汾水、黄河。详情见《河渠书》。

⑥郑当时：人名，武帝时任大司农，事迹见《汲黯郑当时列传》。渭漕渠：通过渭水向长安运送粮食的渠道。回远：曲折绕远。

⑦华阴：县名，因地处华山之北而得名，县治在今陕西华阴城东。

⑧各历二三期（jī）：都开挖了两三年。期，周年。

【译文】

当初，十多年前黄河在观县决口，梁、楚一带本来就已遭受数年灾荒，沿河的郡筑堤以堵塞黄河决口，又经常被黄河冲坏，损失无法算清。之后番係为了避开砥柱山一段艰难的水运，开渠引汾水和黄河用以灌溉农田，修挖渠道的人达到数万；郑当时因为渭水漕运曲折路远，开凿了从长安到华阴的直渠，修渠者也达数万；朔方郡也在开渠，劳力也达数万：这些工程都经历了两三年，却没有完成，各处费用也都各以十亿计了。

天子为伐胡，盛养马，马之来食长安者数万匹，卒牵掌者关中不足①，乃调旁近郡。而胡降者皆衣食县官，县官不给，天子乃损膳②，解乘舆驷③，出御府禁藏以赡之④。

【注释】

①卒牵掌者：犹言“牵掌之卒”，管马的士兵。

②损膳：降低伙食标准。

③解乘舆驷：卸掉皇帝车上的马。乘舆，皇帝的车驾。驷，原指一车四马，这里即指拉车的马。

④出御府禁藏（zàng）：拿出皇帝私人府库中贮存的东西。“御府”与“禁藏”同义，皆谓皇家府库，上属少府。

【译文】

天子为了讨伐匈奴，大量喂养马匹，长安城内饲养了数万匹马，征调马夫时，关中地区不能满足，就征调附近郡的。而匈奴归降的人衣食都是官府供给，官府供给匮乏了，天子就降低伙食标准，减少自己御用的车马，拿出内廷府库贮藏的财物供养这些人。

其明年①，山东被水灾，民多饥乏，于是天子遣使者虚郡国仓庾以振贫民②。犹不足，又募豪富人相贷假③。尚不能相救，乃徙贫民于关以西④，及充朔方以南新秦中⑤，七十余万口，衣食皆仰给县官。数岁，假予产业，使者分部护之⑥，冠盖相望⑦。其费以亿计，不可胜数。

【注释】

①其明年：元狩三年（前120）。

②虚郡国仓廥（kuài）：全部调出各郡与各诸侯国仓库的粮食。廥，原指堆放柴草的房舍，这里即指粮仓。振：救济。

③募豪富人相贷假：号召富人借粮给国家以救济灾民。贷假，借贷。假，借。

④关以西：指今陕西、甘肃、四川一带。关，指函谷关，在今河南灵宝东北。

⑤新秦中：古地区名，在今内蒙古河套一带。前214年，秦始皇派蒙恬打退匈奴，取得其地。因其地近“秦中”（今陕西中部地区），故称之为“新秦中”，属朔方郡。

⑥使者分部护之：国家派专人分区监督管理。分部，按区，按片。护，监护，管理。

⑦冠盖相望：极言所派的使者之多，道上络绎不断，前后都可以互相望见。冠盖，衣冠、车盖。

【译文】

第二年，崤山以东地区遭受水灾，百姓大多饥寒交迫，于是天子派使者把郡国粮仓的粮食都拿出来以赈济灾民。这样还是不够用，又招募富豪之家把粮食借给灾区贫民。还是不能救济所有贫民，于是将贫民迁徙到函谷关以西地区，充实朔方以南新秦中地区，迁徙的达七十多万口，吃穿都依靠官府供给。几年之中，政府供给他们生活、生产所需，派使者把这些迁徙之民分部管理，使者的车辆在长安到新秦中的路上络绎不绝。花费以亿计算，没法数清。

于是县官大空，而富商大贾或蹛财役贫[①]，转毂百数[②]，废居居邑[③]，封君皆低首仰给[④]。冶铸煮盐，财或累万金，而不佐国家之急，黎民重困。于是天子与公卿议，更钱造币以赡用[⑤]，而摧浮淫并兼之徒[⑥]。是时禁苑有白鹿而少府多银锡[⑦]。自孝文更造四铢钱，至是岁四十余年[⑧]，从建元以来[⑨]，用少[⑩]，县官往往即多铜山而铸钱[⑪]，民亦间盗铸钱[⑫]，不可胜数。钱益多而轻，物益少而贵[⑬]。有司言曰："古者皮币，诸侯以聘享[⑭]。金有三等，黄金为上，白金为中[⑮]，赤金为下[⑯]。今半两钱法重四铢[⑰]，而奸或盗摩钱里取鋊[⑱]，钱益轻薄而物贵，则远方用币烦费不省[⑲]。"乃以白鹿皮方尺，缘以藻缋[⑳]，为皮币，直四十万[㉑]。王侯宗室朝觐聘享[㉒]，必以皮币荐璧[㉓]，然后得行。

【注释】

①蹛财役贫：积聚财货，役使百姓。蹛，同"滞"，停滞，屯积。

②转毂（gǔ）百数：用上百辆的车做生意。转毂，转运财货的车子。毂，车轮中央穿插车轴的部位，这里即指车。

③废居居邑：废居，贮存，囤积。也有曰"废"犹言"发"，意即卖出；"居"指买入，囤积。居邑，有谓居贱物或居粮食于邑中，以待时牟利。泷川曰："'废居居邑'，四字一事，上'居'如'奇物可居'之'居'；……下'居'，置也。"

④封君：指列侯、关内侯等有封地的贵族。低首仰给：意即低声下气地向人借钱。师古曰："时公主、列侯虽有国邑，而无余财，其朝夕所须皆俯首而取给于富商大贾。"

⑤更钱造币：改铸新的货币。更，改。赡用：满足需要。

⑥摧：打击。浮淫并兼之徒：指奢华贪婪的工商业者。

⑦禁苑：皇家苑囿。少府：官名，九卿之一，负责为皇帝私家理财，掌管山川池泽的收入和供皇室使用的手工制造等。

⑧自孝文更造四铢钱，至是岁四十余年：文帝前元五年（前175）造四铢钱，至武帝元狩四年（前119）改用白金皮币，其间相隔五十五年。梁玉绳曰："文帝铸四铢钱后，建元元年坏四铢，行三铢；建元五年罢三铢，行半两钱；至元狩四年始改用白金皮币，何尝五十余年皆用孝文四铢钱哉？《汉志》亦仍此误。"

⑨建元：汉武帝的第一个年号，前140—前135年。

⑩用少：指经济困难，政府可用之钱少。

⑪即多铜山而铸钱：即，就。师古曰："就多铜之山而铸钱也。"

⑫间盗：乘隙，偷着。

⑬钱益多而轻，物益少而贵：指通货膨胀，货币贬值，物价昂贵。泷川曰："'多而轻'与'少而贵'对言，以价言，不以质言。"按，泷川说是。

⑭聘享：聘问献纳。指诸侯间的礼节性往来。

⑮白金：白银。

⑯赤金：黄铜。

⑰半两钱法重四铢：《集解》引韦昭曰："文为半两，实重四铢。"（汉代之一两为二十四铢。）按，盖武帝建元五年所铸者也。

⑱奸或盗摩钱里取镕（yù）：意谓有的坏人偷着磨取铜钱背面的碎屑重新铸钱。摩，通"磨"，磨错。钱里，没有文字的钱面。镕，铜屑。

⑲用币烦费不省：指携带量大，不便使用。

⑳缘以藻缋（huì）：加上彩色的花边。缋，指彩色的花纹图案。

㉑直：价值，代价。

㉒朝觐：王侯见天子称朝觐。春曰朝，秋曰觐。

㉓皮币荐璧：用皮币衬托着璧玉，作为礼品。荐，衬垫。按，朝廷此举，乃对诸侯、宗室的一种赤裸裸的掠夺。

【译文】

这时国库空虚了，而富商大贾却有人囤积财物奴役贫民，运货车辆数以百计，舍弃乡村旧居而居住在城市中贱买贵卖，即使有封邑的列侯、关内侯都要俯首依靠他们供给。这些人冶铁煮盐，有的积累钱财达万金，却不愿帮助国家度过危难，使普通百姓变得更加贫困。天子于是同公卿们商议，通过改铸新钱、制造新币来满足财政之用，并打击那些不法的兼并土地的富商大贾。这时天子苑囿中有白鹿，少府也存有很多银锡。自从孝文帝改铸四铢钱，到此时已是四十多年了，从建元以来，钱财少，官府于是在多铜之山边铸钱，民间也偷偷铸钱，多不可数。钱越来越多，却越来越不值钱，货物越来越少，价格变得更昂贵。有关官员就说："古时候的皮币，诸侯用它聘问献纳。金分上、中、下三等，依次为黄金、白银、黄铜。现在用的半两钱标准重量为四铢，奸邪之人偷偷地磨损钱币的里面从而获得铜屑镕铸成钱，钱币越来越轻而物价愈加昂贵，因而边塞之地用钱烦费不省。"于是用白鹿皮一尺见方，边缘加上彩线刺绣，制成皮币，一张值四十万。王侯宗室朝觐聘享，必须要以皮币垫璧，这以后才能行礼。

又造银锡为白金。以为天用莫如龙①，地用莫如马，人用莫如龟②，故白金三品：其一曰重八两，圜之③，其文龙④，名曰"白选"，直三千；二曰以重差小，方之⑤，其文马⑥，直五百；三曰复小，撱之⑦，其文龟⑧，直三百。令县官销半两钱⑨，更铸三铢钱，文如其重⑩。盗铸诸金钱罪皆死，而吏民之盗铸白金者不可胜数⑪。

【注释】

①天用：用天，行于天上。

②人用莫如龟:《索隐》曰:“《礼》云:‘诸侯以龟为宝’也。”人用,用于人事交往。

③圜之:钱体为圆形。圜,通“圆”。

④其文龙:《索隐》引《钱谱》曰:“其文为龙,隐起,肉好皆圜,文又作云霞之象。”

⑤方之:钱体为方形。

⑥其文马:《索隐》引《钱谱》曰:“肉好皆方,隐起马形。肉好之下又是连珠文也。”

⑦撱之:钱体为椭圆形。撱,同“椭”。

⑧其文龟:《索隐》引《钱谱》曰:“肉圆好方,为隐起龟甲文。”

⑨销半两钱:盖武帝建元五年所铸者,文曰半两,实重四铢者也,今皆销毁之。

⑩更铸三铢钱,文如其重:此书“文如其重”,见前此之钱皆文不如其重也。又,此乃武帝之第二次铸“三铢钱”,第一次在建元元年(前140)。

⑪而吏民之盗铸白金者不可胜数:徐孚远曰:“白金本轻而值重,故盗铸者愈多,严刑而不能禁也。”以上武帝造皮币、白金事,在元狩四年(前119)。

【译文】

又把银锡制造成白金。官员认为在天空飞行的东西没有什么能比得上龙,陆地上跑的东西没有什么能比得上马,人们使用的物件中,没有什么能比得上龟,所以白金又分三类:第一种重八两,圆形,上面花纹呈龙状,名为“白选”,每个价值三千;第二种重量稍轻些,方形,马形花纹,每个价值五百;第三种更轻,椭圆形状,花纹为龟,每个价值三百。命令地方官府把半两钱加以销毁,改铸三铢钱,钱上的标志文字与实际重量一致。偷铸各种金属钱的人都要处死,但官吏与百姓私自铸造白金钱的仍不可胜数。

于是以东郭咸阳、孔仅为大农丞[①]，领盐铁事[②]；桑弘羊以计算用事[③]，侍中[④]。咸阳，齐之大煮盐[⑤]，孔仅，南阳大冶[⑥]，皆致生累千金[⑦]，故郑当时进言之[⑧]。弘羊，雒阳贾人子[⑨]，以心计[⑩]，年十三侍中[⑪]。故三人言利事析秋豪矣[⑫]。

【注释】

①东郭咸阳：西汉官吏。姓东郭，名咸阳。大盐商出身。武帝时与孔仅同任大农丞，领盐铁事，主管盐铁专卖。并到全国各地设立盐铁官府，以盐铁家富者为吏。大农丞：大农令（后称“大司农”）的副职。

②领盐铁事：兼行主管盐铁方面的事务。

③桑弘羊：武帝时任治粟都尉，领大司农。昭帝时为御史大夫。计算：核算数目，会计。用事：主事，掌权。

④侍中：在宫中侍奉皇帝。后成为官名。

⑤大煮盐：大盐商。

⑥大冶：冶炼行业的大工商业主。

⑦致生：获利。生，利息，利润。

⑧郑当时：字庄，武帝时为大农令，事见《汲郑列传》。进言之：指推荐二人为吏。

⑨雒阳贾人子：雒阳，同“洛阳”。洛阳人以经商闻名，盖自苏秦时已如此。

⑩心计：思维敏捷，工于计算。

⑪年十三侍中：王先谦引沈钦韩曰：“《盐铁论》大夫曰：‘余结发束脩，年十三，幸得宿卫，给事辇毂。’按，其进盖亦‘入羊为郎’之类。”

⑫言利事析秋豪：言为统治者谋利，秋毫不遗。利事，赢利之事。析

秋豪，极言其计算之精，毫厘不差。秋豪，即秋毫，秋天新长出的兽毛，以喻事物之细小。

【译文】

当时任用东郭咸阳、孔仅做大农丞，掌管盐铁事宜；桑弘羊凭借计算才能而主事，在皇帝身边侍奉。东郭咸阳是齐地大盐商，孔仅是南阳大铁商，都置有产业积累千金财富，所以郑当时推荐他们。桑弘羊，是洛阳一个商人的儿子，因工于心算，十三岁就到宫中侍奉皇帝。因此这三人谈赢利之事可以说是算计到了最细微的程度。

法既益严，吏多废免。兵革数动，民多买复及五大夫①，征发之士益鲜②。于是除千夫、五大夫为吏③，不欲者出马④；故吏皆適令伐棘上林⑤，作昆明池⑥。

【注释】

①买复：百姓缴纳一定的财物以免徭役。复，免除徭役。五大夫：汉之爵位第九级。文帝时规定百姓可以捐粮买爵，到五大夫一级就可以免徭役。

②征发之士益鲜：可征调从军服役的人越来越少。鲜，少。

③除千夫、五大夫为吏：除，任命。按，当时法令严酷，为吏者极易得罪，有爵者常不想为吏，这是强制他们为吏。

④不欲者出马：汉代马少且贵，据晁错《论贵粟疏》“有车骑马一匹者，复卒三人”，则一匹马的价钱可以买三个“五大夫”。

⑤故吏：指因罪被免的官吏。適：通“谪”，责罚。上林：上林苑，汉代皇家猎场。故址在今西安西。

⑥昆明池：武帝为练水军而修造。故址在今西安西南一带。

【译文】

法令更加严峻，官吏多被罢黜。因为战争频发，百姓很多为免除徭役买爵至五大夫级别，能够征调来的士兵日益减少。所以任命有武功爵千夫和民爵五大夫的人为吏，不愿为吏者要交纳一匹马；原来因罪被免的官吏都被罚到上林苑去打柴，或去修昆明池。

其明年[①]，大将军、骠骑大出击胡[②]，得首虏八九万级，赏赐五十万金，汉军马死者十余万匹，转漕、车甲之费不与焉。是时财匮，战士颇不得禄矣[③]。

【注释】

①其明年：武帝元狩四年，前119年。

②大出击胡：卫青之漠北大战，几乎捉获单于；霍去病破左贤王，封狼居胥山，皆此年事也，见《卫将军骠骑列传》。

③不得禄：谓升官获爵而得不到钱。禄，俸钱。

【译文】

第二年，卫青、霍去病率兵大举北击匈奴，共斩首及俘虏八九万人之多，获赏赐五十万金，汉朝军队战马死亡达十万多匹，这还不包括水陆运输、车甲费用。这时候财用匮乏，战士有时即使升了官也领不到俸禄。

有司言三铢钱轻，易奸诈，乃更请诸郡国铸五铢钱，周郭其下[①]，令不可磨取鋊焉。

【注释】

①周郭：铜钱的周围轮廓。郭，物体的外框、周边。

【译文】

有关官员说三铢钱轻，容易为奸诈之徒造假，于是又请各郡国改铸五铢钱，钱币外沿铸成厚边，使私人无法从中磨得铜屑盗铸成钱。

大农上盐铁丞孔仅、咸阳言[①]:“山海,天地之藏也[②],皆宜属少府[③],陛下不私,以属大农佐赋[④]。愿募民自给费[⑤],因官器作煮盐,官与牢盆[⑥]。浮食奇民欲擅管山海之货[⑦],以致富羡[⑧],役利细民[⑨]。其沮事之议[⑩],不可胜听。敢私铸铁器煮盐者,钛左趾[⑪],没入其器物[⑫]。郡不出铁者,置小铁官[⑬],便属在所县。”使孔仅、东郭咸阳乘传举行天下盐铁[⑭],作官府[⑮],除故盐铁家富者为吏。吏道益杂,不选[⑯],而多贾人矣[⑰]。

【注释】

①盐铁丞:大司农的属官,分管盐铁事务。

②天地之藏(zàng):大自然的宝库。藏,府库。

③皆宜属少府:原应属于少府管辖,意即应归天子所有。少府,西汉官名。九卿之一。掌山海池泽的收入及皇室用品制作。

④以属大农佐赋:意即将其归为国用,令其补充赋税之不足。山海之利原属少府,后因对外用兵,财力不足,而转归大农,故此处有“不私”“佐赋”之说。

⑤自给费:自己准备费用。

⑥牢盆:煮盐用的铁盆。

⑦浮食奇民:指从事商业的商人和豪强。擅管:独占,垄断。

⑧富羡:富裕,富有。羡,丰饶,多。

⑨役利细民:奴役小民以牟暴利。细民,小民。

⑩沮(jǔ)事:破坏确定的事,这里指反对盐铁官营。

⑪钛(dì)左趾:一种刑罚,用六斤重的铁钳箍住左脚。《索隐》引《三苍》曰:“钛,踏脚钳也。”又引《汉晋律序》云:“状如跟衣,著左足下,重六斤,以代膑。”

⑫器物：指冶铁、煮盐的工具与其产品。

⑬小铁官：《集解》引邓展曰："铸故铁。"意即主管熔化废铁以铸造日常用具。因为当时禁民私铸，故这等事也须设官主之。

⑭乘传（zhuàn）举行：乘驿车全面检查。传，传车，驿站为公家需要而准备的马车。举行，全面地巡行视察。举，全部。天下盐铁：全国所有的盐铁事业。

⑮作官府：在兴办盐铁事业的地区建立相应的主管部门。作，建立。

⑯不选：不再经过各郡、国的荐举与朝廷的选拔。

⑰而多贾人矣：汉初将工商业者视同罪犯，后来稍宽时"子孙亦不得仕宦为吏"。至此则大量起用工商业者为国家经营官办企业，并大量叙用工商业者为官，此用人制度上的一大变化。

【译文】

大农奏上盐铁丞孔仅、东郭咸阳的意见说："山海，是天地间物产的储藏之所，都应归少府，但陛下不私占，把它们划归大农以补充国家赋税的不足。希望朝廷招募百姓自己拿经费，用公家的器具来煮盐，官府给他们牢盆。从事工商业的商人和豪强想独占山海间的财货，大发其财，役使贫民以牟暴利。他们发出对盐铁官营的抗议，多得听不过来。请求今后胆敢私自铸造铁器和煮盐的人，以用铁钳箍住左脚的刑罚制裁他们，并没收他们的器物。不产铁的郡，设小铁官，就便管辖所在郡县熔废铁铸铁器的事。"天子派孔仅、东郭咸阳乘传车巡行视察全国各地盐铁官营事务，设立主管此事的官府，任用以前那些富有的盐铁商人为吏。为官之途更加杂乱，不通过正常选拔，当官的商人就多起来了。

商贾以币之变，多积货逐利。于是公卿言："郡国颇被灾害，贫民无产业者，募徙广饶之地[①]。陛下损膳省用，出禁钱以振元元[②]，宽贷赋[③]，而民不齐出于南亩[④]，商贾滋众。贫者畜积无有，皆仰县官。异时算轺车[5]，贾人缗钱皆有差[6]，请算如故。诸贾人末作贳贷卖买[7]，居邑稽诸物[8]，及商以取利者，虽无市籍[9]，各以其物自占[10]，率缗钱二千而一算[11]。诸作有租及铸[12]，率缗钱四千一算。非吏比者、三老、北边骑士[13]，轺车以一算；商贾人轺车二算；船五丈以上一算[14]。匿不自占[15]，占不悉[16]，戍边一岁，没入缗钱[17]。有能告者，以其半畀之[18]。贾人有市籍者，及其家属，皆无得籍名田[19]，以便农。敢犯令，没入田僮。”

【注释】

①募徙广饶之地：如前文之徙贫民于新秦中之类。

②禁钱：犹前文所说的“禁藏”，指少府所管的供皇帝宫廷使用的钱财。元元：犹言“黎元”，黎民百姓。

③宽贷赋：宽减农民的赋税与政府给农民的贷款。

④民不齐出于南亩：南亩，《诗经·七月》：“同我妇子，馌彼南亩。”后世遂常以“南亩”泛指农田。齐，皆，尽。

⑤异时：昔日，前些时候。算轺（yáo）车：让有轺车的人纳税。算，汉代一种赋税的名称。轺车，轻型马车。

⑥贾人缗（mín）钱：让商人按资金的数目纳税。缗钱，此指商人的资本。实际要将家中的牛马、奴婢等全部折价估算在内。缗，穿铜钱的丝绳。差：等级，规定。按，当时铜钱一千文为一贯，每贯纳税二十文。

⑦贾人末作：泛指工商业者。贳（shì）贷卖买：即指交易活动。贳贷，借贷。

⑧居邑稽诸物：即前文之“废居居邑”。稽，储存，囤积。

⑨无市籍：即不在册。市籍，官府掌管的商人名册。

⑩各以其物自占：意即估算自己家产的价值而上报官府。占，估算。

⑪率（lǜ）缗钱二千而一算：大体规定为有二千文的资金就要纳“一算”的税。率，一律，一概规定。算，税款单位，合一百二十文。

⑫诸作：各种手工业。有租及铸：租用官府器具煮盐、冶铁者。

⑬吏比者：和官吏相等的人。特指有勋爵的人。三老：指掌管教化的乡官。

⑭船五丈：汉时之一丈约当今之八尺三。

⑮匿不自占：即隐瞒不报。

⑯占不悉：自报的资本不实，不够数。悉，全，全数上报。

⑰没入缗钱：将家资全部充公。没，没收归公。

⑱畀（bì）：给予。

⑲籍名田：使土地归其名下，即购买、占有土地。籍，登记，上簿。

【译文】

商人因为币制多变，大量存贮货物以牟取利润。于是公卿建议说：“郡国受灾很严重，那些没有产业的贫困之人，可以招募他们迁徙到宽广富饶的地方。陛下省吃俭用，用宫廷的钱赈济百姓，并减缓赋税，但百姓却未完全回归田地从事农耕，商人反而日益增多了。贫困者没有任何积蓄，全靠官府供养。从前征收车马税，向商人征收的税金都各有规定，最好还征收如旧。所有的商人和从事末业者，放高利贷的，贱买贵卖投机的，城里囤积居奇的，及其余的以商业牟取利益的，即使没有商人户籍，也需让他们自己估算财产数量，全部按每二千钱交一百二十钱纳税。手工业者、租用官府器具煮盐冶铁的，都按每四千钱交一百二十钱纳税。除了与吏同等的人及三老、北部边塞骑士以外，其余轺车每辆征收一百二十钱；商人拥有轺车每辆二百四十钱；船五丈以上的征收一百二十钱。隐瞒不报或所报不全的，要戍边一年，没收家产。若有举报之人，没收的财产奖励一半给他。有市籍的商人，同他们的家属，都无权占有土地，以使农民受益。胆敢触犯诏令的人，将其田产及仆人没收。”

天子乃思卜式之言，召拜式为中郎[①]，爵左庶长[②]，赐田十顷，布告天下，使明知之。

【注释】

①中郎：官名。本为郎官之一。掌宫廷侍从护卫、顾问应对，汉属郎中令（光禄勋），长官称中郎将。

②左庶长：爵位名。秦武功爵分二十级，此为第十级。汉沿置。

【译文】

天子于是想起了卜式的话，就把他召来，拜他为中郎，授爵为左庶长，并赏赐给他十顷田产，还把此事公告天下黎民，使人们清楚地知道。

初，卜式者，河南人也[①]，以田畜为事[②]。亲死，式有少弟，弟壮，式脱身出分[③]，独取畜羊百余[④]，田宅财物尽予弟。式入山牧十余岁，羊致千余头，买田宅。而其弟尽破其业，式辄复分予弟者数矣。是时汉方数使将击匈奴，卜式上书[⑤]，愿输家之半县官助边[⑥]。天子使使问式："欲官乎？"式曰："臣少牧，不习仕宦，不愿也。"使问曰："家岂有冤，欲言事乎？"式曰："臣生与人无分争。式邑人贫者贷之[⑦]，不善者教顺之[⑧]，所居人皆从式，式何故见冤于人！无所欲言也。"使者曰："苟如此，子何欲而然[⑨]？"式曰："天子诛匈奴，愚以为贤者宜死节于边[⑩]，有财者宜输委[⑪]，如此而匈奴可灭也。"使者具其言入以闻。天子以语丞相弘。弘曰："此非人情。不轨之臣[⑫]，不可以为化而乱法[⑬]，愿陛下勿许。"于是上久不报式[⑭]，数岁，乃罢式。式归，复田牧。岁余，会军数出，浑邪王等降[⑮]，县官费众，仓府空。其明年，贫民大徙[16]，皆仰给县官，无以尽赡。卜式持钱二十万予河南守，以给徙民[17]。河南上富人助贫人者籍[18]，天子见卜式名，识之，曰："是固前而欲输其家半助边。"乃赐式外繇四百人[19]。式又尽复予县官。是时富豪皆争匿财，唯式尤欲输之助费。天子于是以式终长者[20]，故尊显以风百姓[21]。

【注释】

①河南：指河南郡，治所在今洛阳东北。

②田畜：耕田，放牧。

③脱身出分：单人由家中分出。出分，分家。

④畜羊：犹言"种羊"，宜于繁殖者。

⑤卜式上书：谓卜式到京城给武帝上书。

⑥输家之半县官：将自己家财的一半交给国家。输，送，献出。助边：佐助边疆战事之用。

⑦邑人：乡里人。

⑧教顺之：教导之，使之温顺。

⑨何欲而然：有什么要求而这样做。

⑩死节：为表现忠于国家的气节而战死。

⑪输委：委输，献出财物给国家。

⑫不轨：这里指不合常情。

⑬不可以为化：意谓不能树之为榜样以教化世人。

⑭久不报式：长时间没有回答卜式的请求。报，回答，批复。

⑮"岁余"几句：事在元狩二年，前121年。

⑯贫民大徙：元狩三年（前120）曾移关东贫民七十二万口至陇西、北地、西河、上郡、会稽等郡。

⑰以给徙民：赞助给国家充当安置移民之用。徙民，安置移民。

⑱上：上报皇帝。籍：名册。

⑲外繇四百人：四百人的欲免除戍边之役所纳的钱数。外繇，免除徭役。繇，通“徭”，徭役。

⑳长者：厚道人。

㉑尊显以风百姓：谓尊显卜式以为整个社会做榜样。风，诱导，教化。

【译文】

起初，有个叫卜式的河南人，以种田放牧为生。父母亲死后，卜式有个幼弟，他的弟弟长大后，卜式和他分了家，只要了家中养的一百余只羊，田宅财物都给了他的弟弟。卜式到山里去牧羊，十多年后，他的羊繁殖到了一千多只，置买了田宅。但他的弟弟完全破产，卜式就又多次将田产分给他的弟弟。当时，汉朝屡次派将军攻打匈奴，卜式上书，表示愿意将一半家产捐献给国家以帮助边关战事。天子派使臣问卜式：“你想做官吗？”卜式说：“我从小放牧，不熟悉做官为宦的事，不愿意。”使臣又问道：“难道是家中有冤屈，想要上诉吗？”卜式说：“我生来与别人没有争斗。我对于同邑乡亲，贫穷的救济他们，不务正业的教化他们走正道，乡亲们都听我的，我有什么理由会被别人冤枉呢！没有什么要上诉的。”使者问：“果真如此的话，你为什么要这么做呢？”卜式说：“天子攻伐匈奴，我认为有能力的人应该到边关效命，有财物的人应该捐献财物，这样匈奴就可以被消灭了。”使者把卜式的话原原本本报与天子知。天子把这些话都告诉了丞相公孙弘。公孙弘说：“这不是人之常情。不守本分的人，不能够作为教化人的榜样而扰乱法度，请陛下不要答应他！”于是天子很久没有答复卜式，几年后，才让他回归故里。卜式回去后，仍然从事耕种与放牧。又经过一年多，赶上朝廷又几次发兵，浑邪王所部前来归降，官府的开支极大，仓库空虚。第二年，贫民大量迁徙，又全依靠官府，而官府无法完全满足他们的需要。卜式又带了二十万钱给了河南太守，用以供迁徙贫民之用。河南地方政府将救助贫民的富人名单上报，天子看见了卜式的名字，对他还有印象，说：“这个人就是以前想捐一半家业帮助边关战事那位。”于是赏赐卜式相当于四百人免除徭役应纳钱数的钱财。卜式又把这些钱全部捐给了官府。这时候富豪人家无不争相隐瞒财产，只有卜式还想捐献财物以助国家。天子于是认为卜式是德行高尚的人，所以给了他尊贵的地位来教化百姓。

初，式不愿为郎。上曰：“吾有羊上林中，欲令子牧之。”式乃拜为郎，布衣屩而牧羊①。岁余，羊肥息②。上过，见其羊，善之。式曰：“非独羊也，治民亦犹是也。以时起居；恶者辄斥去③，毋令败群。”上以式为奇，拜为缑氏令试之④，缑氏便之⑤。迁为成皋令⑥，将漕最⑦。上以为式朴忠，拜为齐王太傅⑧。

【注释】

①屩（juē）：草鞋。

②肥息：肥壮而且繁殖得多。息，繁殖。

③恶者辄斥去：发现有害群者，立即将其挑出。

④缑（gōu）氏：县名。县治在今河南偃师东南。

⑤缑氏便之：缑氏县人很适应卜式的治民方式。

⑥成皋：县名。县治即今河南荥阳之汜水镇。

⑦将漕最：管理漕运工作做得最好。将，统领，管理。

⑧齐王太傅：西汉时，为诸侯王设太傅，职在辅王，薪二千石。齐王，此指汉武帝的儿子刘闳。

【译文】

最初，卜式不愿做郎官。天子说：“我的上林苑中养着羊，想让你为我放牧。”卜式于是做了郎官，穿布衣草鞋牧羊。一年多后，羊长肥了，也繁殖了很多。天子过来看他的羊，称赞卜式。卜式说：“不光对羊，治理百姓也是如此。按时作息;不好的羊就马上赶出去,不能让它们害了一群羊。”天子认为卜式是奇才,于是任命他做缑氏县令来测试他的才干,缑氏人很满意卜式的治理。他又出任成皋县令,结果成皋的漕运管理得最好。天子认为卜式朴实忠厚,让他做了齐王太傅。

而孔仅之使天下铸作器①,三年中拜为大农②,列于九卿③。而桑弘羊为大农丞,管诸会计事④,稍稍置均输以通货物矣⑤。

【注释】

①使天下铸作器:意即令各郡国皆制造冶铁、煮盐的工具,以开展官办盐铁事业。

②大农:即“大农令”,后改称“大司农”。

③九卿:汉时九种官职,指太常、光禄勋、卫尉、太仆、廷尉、大鸿胪、宗正、大司农、少府。

④管诸会计事:掌管国家的各项财政收入。会计,为朝廷掌管财物赋税,进行汇统的工作。

⑤稍稍:渐渐。均输:均输是汉武帝实行的一项经济措施。在大司农属下置均输令、丞,统一征收、买卖和运输货物。目的是稳定物价,不使商人操纵市场。此指均输令。

【译文】

而孔仅因督办全国的冶铸铁器工作,三年之内被拜为大农令,位列九卿。而桑弘羊做大农丞,管理所有的会计事项,逐渐设置均输官使天下货物畅通。

始令吏得入谷补官,郎至六百石①。

【注释】

①始令吏得入谷补官,郎至六百石:师古曰:"吏更迁补高官,郎又就增其秩,得至六百石也。"王先谦引沈钦韩曰:"前此鬻爵,高者复除而已,此乃直任职也。……然言吏,则庶民商贾不得也。"

【译文】

开始让小吏交粮食补为官员,郎官交粮可以升至六百石官员。

自造白金、五铢钱后五岁[①],赦吏民之坐盗铸金钱死者数十万人[②]。其不发觉相杀者,不可胜计[③]。赦自出者百余万人[④],然不能半自出。天下大抵无虑皆铸金钱矣[⑤]。犯者众,吏不能尽诛取,于是遣博士褚大、徐偃等分曹循行郡国[⑥],举兼并之徒守相为利者[⑦]。而御史大夫张汤方隆贵用事[⑧],减宣、杜周等为中丞[⑨],义纵、尹齐、王温舒等用惨急刻深为九卿[⑩],而直指夏兰之属始出矣[⑪]。

【注释】

①造白金、五铢钱后五岁:梁玉绳曰:"元狩四年造白金,五年行五铢钱,元鼎元年赦天下,首尾才四年耳,'五'当作'三'。"梁说是。

②赦吏民之坐盗铸金钱死者数十万人:语意不清。泷川曰:"'死'字上添'当'字看。"

③其不发觉相杀者,不可胜计:疑"相杀"二字为衍文。大意是那些未被发现,其实也是犯有死罪该杀的就无法计算了。《资治通鉴》删去"相杀"二字,似更妥。

④自出:自首。

⑤大抵无虑:二语义同叠用,皆"大概""差不多"的意思。皆铸金钱:谓皆盗铸金钱。

⑥博士:有两种,一种是帝王的侍从官名,在帝王身边以备顾问;一种是太学里的教官,讲授儒家经典,其学员则称“博士弟子”。下面所说的褚大、徐偃,应属前一类。分曹:分批。循行郡国:到各郡、各诸侯国巡行检查。循,通“巡”,巡行,巡视。

⑦举:揭发。为利者:贪污受贿的。

⑧御史大夫:西汉时仅次于丞相的最高长官,司掌监察、执法等。张汤:时任御史大夫,建议铸白金、五铢钱,支持盐铁官营,打击富商豪杰。也是当时著名酷吏。

⑨减宣、杜周:亦为著名酷吏,皆见《酷吏列传》。中丞:官名。即御史中丞,御史大夫副职。

⑩义纵、尹齐、王温舒:都是武帝时的酷吏。义纵以捕案王太后外孙,武帝以为能。在定襄太守任上,以“为死罪解脱”的罪名,一日杀重罪犯及其亲属宾客四百余人。尹齐做中尉时,“吏民益凋敝”。王温舒,曾任河内太守,捕杀河内豪强,流血十余里。惨急刻深:残忍苛暴。

⑪直指:即“绣衣直指”。官名。汉武帝时朝廷设置的专管巡视、处理各地政事的官员,也称直指使者,因出巡时穿着绣衣,故又称绣衣直指,或称直指绣衣使者。秩六百石,虽品级不高但权力甚大。夏兰:西汉官吏,武帝时任直指绣衣御史。

【译文】

自铸造白金、五铢钱以后五年,赦免的官吏及百姓私铸金钱者有几十万人。那些应判死罪而没有明确罪证的,无法计算。赦免了自首的一百多万人。然而自首的人仍不到一半,天下的人差不多都在私铸金钱。触犯国法的很多,官吏也不能将这些人全都抓出来,于是汉朝派遣博士褚大、徐偃等分批下到各郡国巡察,检举那些兼并土地的人和在下面营私舞弊的郡守、国相。御史大夫张汤正值权势尊贵,减宣、杜周等任中丞,义纵、尹齐、王温舒等人以执行严刑峻法位列九卿,而直指使者夏兰这些人也开始出现了。

而大农颜异诛[①]。初,异为济南亭长,以廉直稍迁至九卿。上与张汤既造白鹿皮币[②],问异。异曰:"今王侯朝贺以苍璧,直数千,而其皮荐反四十万[③],本末不相称[④]。"天子不说。张汤又与异有郤,及有人告异以它议,事下张汤治异[⑤]。异与客语,客语初令下有不便者[⑥],异不应,微反唇[⑦]。汤奏当异九卿见令不便[⑧],不入言而腹诽[⑨],论死。自是之后,有腹诽之法比[⑩],而公卿大夫多谄谀取容矣[⑪]。

【注释】

①大农颜异诛:事在元狩六年,前117年。

②上与张汤既造白鹿皮币:前文叙造白鹿皮币事只曰"有司"云云,至此始点出张汤,则史公之憎恶张汤不止因"酷吏"一项矣。

③皮荐:指白鹿皮币。诸侯朝觐需以之为珪璧的垫子。

④本末不相称:盖即俗之所谓"买椟还珠"者也。

⑤事下张汤治异:将颜异交由张汤审理。治,审理定罪。

⑥初令:新令。指颁行白鹿皮币事。

⑦微反唇:稍稍撇了下嘴。

⑧奏当:将审判定罪的结果上奏皇帝。当,判处。

⑨不入言:不到朝廷讲出自己的观点。腹诽:内心里诽谤朝政。

⑩法比:法例,先例。比,例。

⑪谄谀取容:谄媚讨好,以求保官保命。取容,讨好别人以求自己安身。茅坤曰:"此一段摹写酷吏、兴利转辗相成处,曲尽变化。"

【译文】

这时大农令颜异被诛杀了。起初,颜异为济南亭长,因为廉洁清正而渐渐升职做了九卿。天子与张汤已制造了白鹿皮币，问颜异的看法。颜异说："现在王侯朝贺都用苍璧，价值数千，而它的皮垫反而值四十万，本末不相称。"天子听后很不高兴。张汤又与颜异私下有些过节，这时有人因其他问题告发颜异，案件交由张汤审理。颜异同客人谈话，客人提到造白鹿皮币的诏令引起很多不便，颜异没有做出明确反应，只是稍稍撇了一下嘴唇。张汤上奏颜异身为九卿要职，听到新令颁行有所不便，没有上书直言却在心里藏有诽谤之意，定为死罪。从此以后，有了这类腹诽之法的先例，公卿大夫就极尽谄媚阿谀之能事以求保官保命了。

天子既下缗钱令而尊卜式[①]，百姓终莫分财佐县官，于是杨可告缗钱纵矣[②]。

【注释】

①缗钱令：汉武帝元狩四年（前119）颁布算缗钱的法令。

②杨可告缗：算缗令颁布后，为了防杜隐匿或虚报，元鼎三年（前114）又发布"告缗令"，并任命杨可主持告缗工作。告缗，奖励告发隐匿缗钱逃避税款。纵：放开，放手实行。

【译文】

天子已经颁布了缗钱令并且推尊卜式，百姓却终究没有分出私家财产来帮助官府的，于是杨可主持的让百姓举报隐匿缗钱的"告缗"就放开实行了。

郡国多奸铸钱[①]，钱多轻，而公卿请令京师铸钟官赤侧[②]，一当五，赋官用非赤侧不得行[③]。白金稍贱[④]，民不宝用[⑤]，县官以令禁之，无益。岁余，白金终废不行。是岁也，张汤死而民不思[⑥]。

【注释】

①奸铸钱：指违法铸钱，如分量不足、杂以铅锡等。

②令京师铸钟官赤侧：令京师仿照钟官所造的赤侧钱来铸钱。钟官，西汉官名。水衡都尉属官，司掌铸钱。赤侧，货币名。其钱外廓用赤铜铸造，故曰赤侧。

③赋官用：交赋税和给官府使用的钱。

④稍贱：渐贱，越来越不值钱。

⑤不宝用：不看重，不爱使用。宝，爱，喜欢。

⑥张汤死而民不思：张汤死于元鼎二年（前115），乃为丞相庄青翟的三个长史朱买臣、王朝、边通三人所害，事见《酷吏列传》。《索隐》引乐产云："诸所废兴，附上困下皆自汤，故人不思之也。"杨慎曰："张汤死而民不思，所以断制酷吏之罪。"按，于此可见史公对酷吏的嫉恶之情。

【译文】

由于郡国里很多人违法私自铸钱，很多钱重量轻，公卿奏请命令京师钟官铸造赤侧钱，一钱当作五钱，交赋税和给官府使用的，不是赤侧钱就不能用。白金逐渐也变贱了，人民不愿用，官府用法令禁止这种情况发生，然而无济于事。一年多后，白金终于废除不用了。这一年张汤死了，百姓并不怀念他。

其后二岁[①]，赤侧钱贱，民巧法用之[②]，不便，又废。于是悉禁郡国无铸钱，专令上林三官铸[③]。钱既多，而令天下非三官钱不得行，诸郡国所前铸钱皆废销之，输其铜三官。而民之铸钱益少，计其费不能相当[④]，唯真工大奸乃盗为之[⑤]。

【注释】

①其后二岁：元鼎四年，前113年。

②巧法用之：以巧诈办法不按政府规定使用它。

③上林三官：水衡都尉的三个属官，指钟官、辨铜、技巧三令丞。因水衡都尉设在上林苑，所以称上林三官。

④计其费不能相当：指奸铸钱所花的成本，比铸成的钱还要多，即得不偿失。

⑤真工大奸：具有高超技术的豪民巨富。

【译文】

之后两年，赤侧钱贬值，百姓以巧诈之法不按政府规定使用它，对国家不利，又废止了。到这时完全禁止郡国自行铸钱，专门命令上林三官负责铸钱。等到这种钱多起来后，于是命令天下非三官钱不得流通使用，各郡国从前铸的钱都禁止流通并加以销毁，将铜上交三官。于是百姓私铸钱的也就渐渐少了，因为计算后发现盗铸成本高过了所得，只有那些有高超盗铸技术的大奸商还在做这种事。

卜式相齐，而杨可告缗遍天下[①]，中家以上大抵皆遇告[②]。杜周治之，狱少反者[③]。乃分遣御史廷尉正监分曹往[④]，即治郡国缗钱[⑤]，得民财物以亿计，奴婢以千万数，田大县数百顷，小县百余顷，宅亦如之[⑥]。于是商贾中家以上大率破[⑦]，民偷甘食好衣，不事畜藏之产业[⑧]，而县官有盐铁缗钱之故，用益饶矣[⑨]。益广关[⑩]，置左右辅[⑪]。

【注释】

①卜式相齐，而杨可告缗遍天下：杨可是首先接受告缗的一个政府官吏的名字，盖从杨可开始，后遂泛滥至全国。冈白驹曰："'卜式相齐'一语，于文前后不相蒙，而大意自联贯。"张大可曰："卜式屡言兴利聚敛之害，故汉武帝外放为齐相，于是杨可之流得以

重用。”

②中家：中等财产的人家。西汉时以十万资产为中家。

③狱少反者：一经被告，就难得再澄清、平反。

④御史：御史大夫的属官，主管检举、纠弹。廷尉正监：廷尉正和廷尉监，都是廷尉的属官，主管司法刑狱。

⑤即治郡国缗钱：到各郡国去就地审理告缗案件。即，就，就近。

⑥宅亦如之：所得屋舍的数量，也与所得土地、奴婢、财物的数量比例相当。

⑦大率：大体，大都。

⑧民偷甘食好衣，不事畜藏之产业：意即有多少花多少，过一天算一天。偷，苟且。甘食好衣，吃好的，穿好的。

⑨用：用度，这里指国家的可用之钱。饶：丰富，富裕。

⑩益广关：把原在今河南灵宝东北的函谷关向东移，迁到今新安东，离旧关三百里。事在元鼎三年（前114）。《汉书·武帝纪》应劭曰：“时楼船将军杨仆数有大功，耻为关外民，上书乞徙东关，以家财给其用度。武帝意亦好广阔，于是徙关于新安，去弘农三百里。”

⑪置左右辅：设左辅都尉，治高陵（今陕西高陵）。设右辅都尉，治畤郿（今陕西眉县）。事在元鼎四年（前113）。

【译文】

卜式做了齐相，杨可主持告缗之事，于是举报隐匿缗钱的案件遍布天下，中产以上的人家大都受到告发。杜周负责审理，案子很少有能翻案的。于是分派御史、廷尉正、廷尉监前往审理郡国内告缗案件，没收百姓的钱财多得以亿计算，奴婢以千万计算，田地大县有数百顷，小县有百余顷，住宅也如此。因此中产以上的商贾大多破产，人们只贪图目前的衣食舒适，而不愿再积蓄财产，而官府由于有了盐铁官营及告缗所得，费用更加充足了。又向东移置了函谷关，并设置了左、右辅。

初，大农筦盐铁官布多[①]，置水衡[②]，欲以主盐铁；及杨可告缗钱，上林财物众，乃令水衡主上林。上林既充满，益广[③]。是时越欲与汉用船战逐[④]，乃大修昆明池[⑤]，列观环之。治楼船，高十余丈，旗帜加其上，甚壮。于是天子感之，乃作柏梁台[⑥]，高数十丈。宫室之修，由此日丽。

【注释】

①大农筦盐铁官布多：意谓大农令因管理盐铁、铸钱而事务繁多。官布，官钱。布，泉布，即指钱，这里指铸钱事业。或曰，大农令因管盐铁而获得的钱币众多。陈直曰："武帝时有'钱'之称，无'布'之称，旧注皆非也。盖谓大农所管盐铁官分布甚多。"

②水衡：水衡都尉，掌上林苑，并兼管税收、铸钱。

③益广：有谓指上林苑的范围愈加扩大，窃以似谓汉武帝的侈心越发膨胀。

④越：此指南越。欲与汉用船战逐：汉朝建立后，曾派陆贾两次出使，说服了南越王臣附于汉。武帝即位后，欲使南越进一步臣服如内诸侯，故引发了南越与汉的战争。战逐，战斗驰逐。

⑤大修昆明池：指汉武帝元狩三年（前120）、元鼎二年（前115）两次修昆明池，前一次是准备与滇作战，后一次准备与南越作战。

⑥柏梁台：台名。汉武帝元鼎二年（前115）用香柏板建造。

【译文】

起初，大农令因主管盐铁、铸钱而事务繁多，于是设置了水衡都尉，想用他来主持盐铁；到了杨可主持告缗，上林苑存的财物很多了，于是命令水衡都尉主管上林苑。上林苑装满财物后，只好再扩建。这时，南越打算靠着战船与汉朝一争高低，于是武帝大修昆明池，修建楼观环绕在池的周围。又修造楼船，有十多丈高，上面插有旗帜，很是壮观。当时天子对此颇有感触，于是命令修筑柏梁台，高有几十丈。宫室的修建，从此日益宏伟壮丽。

乃分缗钱诸官，而水衡、少府、大农、太仆各置农官[①]，往往即郡县比没入田田之[②]。其没入奴婢，分诸苑养狗马禽兽[③]，及与诸官[④]。诸官益杂置多[⑤]，徒奴婢众，而下河漕度四百万石[⑥]，及官自籴乃足[⑦]。

【注释】

①太仆：官名。汉代九卿之一，掌管皇帝的舆马和马政。

②往往：到处。比没入田：不久前没收来的土地。比，刚刚，不久前。田之：在其中耕种。田，耕种。

③诸苑：指汉武帝时的上林苑、博望苑、六牧师苑（设于边郡，负责养马）。

④与诸官：将一部分没入的奴婢分配到各官府充当劳役。

⑤诸官益杂置多：各官府下设的部门越来越杂，越来越多。

⑥下河：潼关以东的黄河。度：运送，运。

⑦籴（dí）：买米。

【译文】

于是向各官府分了缗钱，水衡、少府、大农、太仆都各自设置农官，让他们组织人去郡县近来没收的土地上耕种。没收来的奴婢，分别派到各苑去饲养狗马禽兽，也有一部分分给各官府以供役使。官员设置更加繁多，被役使的奴婢很多，从下河水运到京师的粮食有四百万石，再加上官府自己买入的，才能满足需要。

所忠言[①]：“世家子弟富人或斗鸡走狗马[②]，弋猎博戏[③]，乱齐民④。”乃征诸犯令，相引数千人⑤，命曰“株送徒”⑥。入财者得补郎，郎选衰矣⑦。

【注释】

①所忠：汉武帝的近臣。

②世家子弟：即通常所谓“贵族子弟”。世家，指世代为官的人家。斗鸡走狗马：指游手好闲的嬉戏。

③弋（yì）猎：泛称打猎。弋，泛指射猎。博戏：棋弈之类游戏。此指以这类游戏聚赌。

④乱：这里指诱使别人做坏事。

⑤相引：相互牵引，牵连。

⑥株送徒：犹言“株连犯”。

⑦郎选：选人为郎的制度。泷川曰：“‘入财者’以下，别是一事。”

【译文】

所忠建议说：“世家子弟及富人，有的斗鸡走马，有的弋猎博戏，败坏民风。”于是抓捕那些触犯法令的人，受牵连的共达几千人，这些人称为“株送徒”。交纳财物的可以补做郎官，于是郎官选拔的制度衰败了。

是时山东被河灾①，及岁不登数年②，人或相食，方一二千里。天子怜之，诏曰：“江南火耕水耨③，令饥民得流就食江淮间④，欲留，留处⑤。”遣使冠盖相属于道，护之⑥，下巴蜀粟以振之⑦。

【注释】

①被河灾：因黄河发水而受灾。

②岁：年成，年景，收成。不登：庄稼没有收成。登，庄稼成熟。

③江南：当时指湖北的长江以南部分和湖南、江西一带。火耕水耨（nòu）：古代的一种粗放耕作方法。这里指江南地区的生产落后。火耕，一种原始的耕作方法。烧去草木，就地种植作物。水耨，灌水除草。古代的一种耕作法。

④得流就食江淮间：可以自行流动，到长江、淮河一带去找饭吃。就食，出外谋生。

⑤欲留，留处：愿意留居该地者，则准许留居。

⑥护：统辖。

⑦下：当时从巴蜀运粮食到江南赈济灾民，是沿长江顺流而“下”。

【译文】

这时崤山以东地区遭受黄河水灾，连着几年没有收成，人吃人现象发生了，蔓延了方圆一两千里。天子很怜悯他们，便下诏说：“江南利用火耕水耨之法从事农业生产，让饥馑百姓可以迁徙到江淮之间谋生，愿意留居此地的，则准许留居。”派去的使臣在路上络绎不绝，以便统辖管理这些饥民，并调拨巴蜀之地的粮食赈济他们。

其明年[①]，天子始巡郡国[②]。东度河，河东守不意行至[③]，不辨，自杀[④]。行西逾陇[⑤]，陇西守以行往卒[⑥]，天子从官不得食，陇西守自杀[⑦]。于是上北出萧关[⑧]，从数万骑，猎新秦中[⑨]，以勒边兵而归[⑩]。新秦中或千里无亭徼[⑪]，于是诛北地太守以下[⑫]。而令民得畜牧边县，官假马母，三岁而归，及息什一[⑬]，以除告缗，用充仞新秦中[⑭]。

【注释】

①其明年：史公此段所叙诸事，前后次序多颠倒参差，难以“是时”“明年”相排列。

②始巡郡国：开始到各郡、各诸侯国视察。巡，巡察，视察。

③河东守：指河东郡太守。河东郡，治安邑，在今山西夏县东北。不意行至：没有想到皇帝能来。

④不辨，自杀：没做好迎驾的准备工作。辨，备办。不办，指为皇帝一行准备食宿的事情没有办理妥善。

⑤逾陇：越过陇山西下。陇山在今陕西、甘肃交界处。

⑥陇西：汉郡名。郡治狄道，今甘肃临洮。卒（cù）：同"猝"，突然。

⑦陇西守自杀：王先谦曰："西逾陇，在元朔五年。"按，《汉书·武帝纪》不载，《通鉴》系此事于元鼎五年，前112年。

⑧萧关：在今宁夏固原东南。

⑨猎新秦中：指在新秦中地区进行军事训练。

⑩勒边兵：检阅边防部队。

⑪亭徼（jiào）：边境上的防御工事。亭，古代边境岗亭。徼，边境亭障。

⑫北地：郡名。郡治马岭，在今甘肃庆阳西北。

⑬"官假马母"几句：政府先借给愿意放牧的边民以母马，三年后将母马归还政府，收十分之一的利息。息，利息。假，借。

⑭以除告缗，用充仞新秦中：用废除"告缗令"为条件，来招募充实新秦中的居民。仞，通"牣"，满。

【译文】

第二年，天子开始巡视郡国。向东渡过黄河，河东太守没想到天子驾临，没有准备好衣食住行所需，自杀了。天子向西越过陇西上，陇西太守因为天子来得太突然，没法供应天子随从人员的饮食，也自杀了。于是天子向北行进出了萧关，带领数万骑兵，在新秦中地区围猎，为的是检阅边地军兵，之后回归京师。在新秦中地区，有些地方隔千里不设哨所，于是就诛杀了北地太守以下的官员。让百姓到边地畜牧，官府先借给他们母马，三年后送还，收十分之一的利息，用废除"告缗"令为条件，招募民众来充实新秦中地区。

既得宝鼎[①],立后土、太一祠[②],公卿议封禅事。而天下郡国皆豫治道桥[③],缮故宫[④],及当驰道县[⑤],县治官储[⑥],设供具[⑦],而望以待幸。

【注释】

①既得宝鼎:元狩七年(前116)六月,有人从汾水边上挖出一只鼎,于是武帝将此鼎迎至甘泉宫,加以祭祀,并将元狩七年改称为"元鼎元年"。

②立后土:武帝于元鼎四年(前113)在汾阴(今山西万荣西南之庙前村北)立后土祠以祭地神。后土,这里指地神。太一祠:武帝听信方士之言先在长安城的东南郊建了一个太一坛;元鼎五年(前112)又在甘泉宫附近建了一个太一祠。太一,天神,又作泰一。诸事皆见《封禅书》。

③豫治:提前修筑。豫,预先,事先。

④故宫:旧有的宫殿。

⑤当驰道县:驰道所经由的各县。驰道,专供皇帝行驶马车的道路。

⑥官储:指官府准备的迎接天子用的各种物资。

⑦设:储备。供具:天子及其从官用的酒食、器皿等物。

【译文】

获得了宝鼎后,天子修建了后土祠与太一祠,公卿建议举行封禅大典。天下所有郡国都提前修治了道路桥梁,修缮旧有宫殿,有驰道经过的各县,每个县都准备好了各种物资,储备天子一行所需的酒食、器物,盼望并等待天子到此巡视。

其明年,南越反[①],西羌侵边为桀[②]。于是天子为山东不赡[③],赦天下,因南方楼船卒二十余万人击南越[④],数万人发三河以西骑击西羌[⑤]，又数万人度河筑令居[⑥]。初置张掖、酒泉郡[⑦]，而上郡、朔方、西河、河西开田官[⑧]，斥塞卒六十万人戍田之[⑨]。中国缮道馈粮[⑩]，远者三千，近者千余里，皆仰给大农。边兵不足[⑪]，乃发武库工官兵器以赡之[⑫]。车骑马乏绝[⑬]，县官钱少，买马难得，乃著令[⑭]，令封君以下至三百石以上吏，以差出牝马[⑮]；天下亭[⑯]，亭有畜牸马，岁课息[⑰]。

【注释】

①南越反：《汉书·武帝纪》载，元鼎五年（前112），南越相吕嘉反，杀其王、太后及汉使者。事见《南越列传》。

②西羌侵边：《汉书·武帝纪》载，元鼎五年（前112），西羌与匈奴勾结，十余万人攻故安（今甘肃兰州南）、枹罕（今甘肃临夏东北）。为桀：逞暴，行凶。桀，凶暴。

③不赡：指衣食不足，因多年闹灾。赡，足。

④因：凭藉。楼船卒：指楼船将军杨仆率领的军队。梁玉绳曰："《南越传》及《汉书·武帝纪》，击南越楼船十万人，此非也。"

⑤发三河以西骑：征发河东、河内、河南三郡以西的骑兵。河东郡，治安邑，在今山西夏县西北。河内郡，治怀县，在今河南武陟西南。河南郡，治洛阳，在今河南洛阳东北。按，三河都在被灾的山东范围内，所以不在征发之列。

⑥筑令居：在令居筑城而守之。令居，地名。在今甘肃永登西北。是关中通往河西走廊的要冲。

⑦张掖、酒泉郡：皆汉郡名。前者治觻得，在今甘肃张掖西北；后者治敦煌，在今甘肃敦煌西。

⑧上郡：汉郡名。郡治肤施，在今陕西榆林东南。朔方：汉郡名。治朔方，在今内蒙古杭锦旗北。西河：汉郡名。治平定，在今内蒙古

伊金霍洛旗东南。河西：古地区名。指今甘肃、青海两省的黄河以西地区，即河西走廊与湟水流域。开田官：指当时上述四地区普遍设立的主持屯田的田官。

⑨斥塞卒：开拓边塞的士卒。

⑩中国：国中，中原地区。缮道：修筑道路。馈粮：向边防前线运送粮食。

⑪边兵：边塞上需用的兵器。

⑫武库工官：指当时各郡国设置的储存武器的武库与制造武器的工官。工官，主管铸造兵器的官署。赡：供养，供给。

⑬车骑马：供战车和骑兵使用的军马。

⑭著令：犹今之所谓“立下章程”。

⑮以差：按等级。差，等级。牝（pìn）马：和下句的牸（zì）马，同为母马。

⑯亭：政府治民的基层单位，县下设乡，乡下设亭，亭有亭长，亭长的属下有“亭父”“求盗”二人，职责为维持地方治安，接待过往的公职人员等。

⑰岁课息：国家每年向这些集体合办的马场征收一定数量的小马，作为税收。息，利息，赢余。按，昭帝始元五年，有所谓“罢天下亭母马”，盖即谓此。

【译文】

第二年，南越造反，西羌也侵扰边关作恶。此时因为崤山以东地区收成不好而食物不足，天子大赦天下，让被赦的罪犯跟着南方楼船兵士，共二十多万人进击南越，征召了三河地区以西几万骑兵攻打西羌，又派数万人渡黄河修筑令居城。始设张掖、酒泉二郡，上郡、朔方、西河、河西有开田官，征召拓边的军队六十万人一边戍守这些地方一边屯田。国内修缮道路运送粮食，路途远的达三千里，近的也有一千多里，都依靠大农供给。边塞上兵器不足，于是把京城武库、工官的武器拿来作补充。军马缺少，官府缺钱，很难买到马匹，于是制定了法令，命令封君以下到俸禄三百石以上的官吏，按官阶高低交纳母马；全国各亭都养母马，国家每年征收一定数量的小马作为利息。

齐相卜式上书曰："臣闻主忧臣辱。南越反，臣愿父子与齐习船者往死之[①]。"天子下诏曰："卜式虽躬耕牧，不以为利，有余辄助县官之用。今天下不幸有急，而式奋愿父子死之，虽未战，可谓义形于内[②]。赐爵关内侯[③]，金六十斤，田十顷。"布告天下，天下莫应。列侯以百数[④]，皆莫求从军击羌、越。至酎[⑤]，少府省金[⑥]，而列侯坐酎金失侯者百余人。乃拜式为御史大夫[⑦]。式既在位，见郡国多不便县官作盐铁[⑧]，铁器苦恶[⑨]，贾贵，或强令民卖买之。而船有算，商者少，物贵，乃因孔仅言船算事[⑩]。上由是不悦卜式。

【注释】

①习：擅于，擅长。往死之：意即前往参加战斗。

②义形于内：犹言"忠义发自内心"。形，表现。

③关内侯：二十等爵的第十九级，一般没有封邑，只在关中地区有一定采邑。

④列侯：本为彻侯。因避汉武帝刘彻之讳而改为通侯，又改列侯，是二十等爵的最高级，均有封邑。

⑤至酎（zhòu）：到祭宗庙交纳酎金的时候。酎，反复多次酿成的醇酒。汉律，每年八月，天子以酎酒祭宗庙，诸侯王、列侯都按规定献金助祭，称为酎金。

⑥省（xǐng）金：检查诸侯们所交酎金的分量和成色。

⑦乃拜式为御史大夫：事在元鼎六年，前111年。

⑧县官作盐铁：指盐铁官营。

⑨苦恶：粗劣。

⑩船算：指前文所言船五丈以上的征收一百二十钱。

【译文】

齐相卜式上书说："我听说君主有忧愁是大臣的耻辱。南越造反，我们父子情愿和齐国善划船的人一同去与南越作战直至效死疆场。"天子发诏书说："卜式虽然亲自从事农耕和畜牧，但不是以此获利，只要有富余就贡献给国家用。现在天下不幸有紧急战事，卜式激于义愤愿意父子一同效死前线，即使没有加入战斗，也可以说是忠义存于内心了。现在赐卜式关内侯爵位，黄金六十斤，田十顷。"把此事诏告全国，但没人响应。列侯数以百计，但没有要求参军攻打西羌、南越的。到天子祭祀宗庙交纳酎金时，少府检查酎金的分量和成色，因为酎金不合格而被罢黜的列侯有百余人。于是天子任卜式为御史大夫。卜式上任后，见各郡国大都感到盐铁官营有不便之处，铁器质量很差，价格很高，有的还强令百姓买这种铁器。船收算缗，故而经商的人少，物价昂贵，于是请孔仅上言，请求免除船算事。天子由此不再喜欢卜式。

汉连兵三岁，诛羌，灭南越①，番禺以西至蜀南者置初郡十七②，且以其故俗治，毋赋税。南阳、汉中以往郡③，各以地比给初郡吏卒奉食币物、传车马被具④。而初郡时时小反，杀吏，汉发南方吏卒往诛之，间岁万余人⑤，费皆仰给大农。大农以均输调盐铁助赋，故能赡之。然兵所过县，为以訾给毋乏而已⑥，不敢言擅赋法矣⑦。

【注释】

①"汉连兵三岁"几句：单计平定南越、西羌及在西南夷设郡，则始

于元鼎五年(前112),完成于元鼎六年(前111),历时二年。诛羌,平定西羌在元鼎六年十月(当时以“十月”为岁首),同年内“分武威、酒泉置张掖、酒泉郡”。灭越,汉兵讨越在元鼎五年秋,元鼎六年春获南越丞相吕嘉首,并在南越设郡。

②番(pān)禺:秦代所置县,在今广州南。置初郡十七:初郡,新设郡。汉武帝平定南越后,在今广东、广西、海南与越南设立了南海、苍梧、郁林、合浦、交趾、九真、日南、珠崖、儋耳九郡;平定西南夷后在今贵州、云南、今四川南部与北部、甘肃之东南部设立了武都、牂柯、越嶲、沉黎、汶山、犍为、零陵、益州八郡,共十七郡。

③南阳、汉中:均为郡名。南阳治宛县,在今河南南阳。汉中治南郑,在今陕西汉中东。以往:指南阳、汉中两郡以南。

④各以地比:各就邻近的地方。比,近。奉:俸禄,薪俸。传(zhuàn)车马:古代驿站上的车称为传车,马称传马。

⑤间岁:隔岁,隔一年。

⑥訾(zī)给:供应。訾,通“资”,资财,钱财。

⑦擅赋法:正常赋税外,擅取于民供给来往军队的赋税。

【译文】

汉朝连续三年用兵,讨伐西羌,攻灭南越,番禺以西直至蜀南地区新设置了十七个郡,暂且以该地区的旧习俗加以治理,不征收赋税。南阳、汉中以南的郡,各就其地所近,来供给新置郡的官吏及士兵所需的俸食财物、传车马及其用具。新郡经常发生小规模反叛事件,汉朝官吏遭到杀害,汉朝发动南方官吏与士卒前往诛杀反叛者,动用人数隔一年就达万余人,经费都依赖大农供给。大农采用统一运销调剂盐铁来增加收入,所以才能满足费用所需。然而军兵经过的地区,只能勉强提供军需而使部队不缺所用,不敢巧立名目滥征赋税供给来往军队。

其明年,元封元年①,卜式贬秩为太子太傅②。而桑弘羊为治粟都尉[3]，领大农[4]，尽代仅管天下盐铁。弘羊以诸官各自市[5]，相与争[6]，物故腾跃，而天下赋输或不偿其僦费[7]，乃请置大农部丞数十人[8]，分部主郡国[9]，各往往县置均输盐铁官，令远方各以其物贱时商贾所转贩者为赋[10]，而相灌输[11]。置平准于京师[12]，都受天下委输[13]。召工官治车诸器[14]，皆仰给大农。大农之诸官尽笼天下之货物[15]，贵即卖之，贱则买之[16]。如此，富商大贾无所牟大利[17]，则反本[18]，而万物不得腾踊[19]。故抑天下物[20]，名曰“平准”[21]。天子以为然，许之。

【注释】

①元封元年：前110年。因此年武帝登封泰山，故改年号曰“元封”。

②贬秩：降级。太子太傅：皇太子的辅导官，官秩二千石。卜式由“三公”跌到“九卿”以下，“贬秩”不小。

③治粟都尉：汉初官名。武帝时已无此官，而设搜粟都尉，掌太常三辅司马之粟。

④领大农：代行大司农的职权。领，兼管。以低级职位代行高级职权曰“领”，以高级职位兼理低级职权曰“摄”。

⑤诸官各自市：分别掌管各种方物的各个官府，自己负责买卖。

⑥相与争：彼此争相收购。

⑦赋输：指各地作为赋税缴纳的各种物品。僦（jiù）费：指雇人运输的费用。僦，租赁，雇佣。

⑧大农部丞：大农令的属官。因为它是分部主管各郡国均输、盐铁，故名部丞。

⑨分部主郡国：分别管起在各郡国采买物资的责任。分部，分片，分地区。

⑩各以其物贱时商贾所转贩者为赋：意思是让各县之均输官要趁本地之某物丰产价贱时，令百姓即以此价贱之物充当赋税，犹如商贾之遇贱则囤积之。底本作“各以其物贵时商贾所转贩者为赋”，意思不通，故改“贵”字作“贱”。

⑪相灌输：均输官用征收到的赋税购得各地物产，运销外地；又把外地物产运销本地，即互相灌输。

⑫平准：指平准令。为大农的属官，掌管调节物价。

⑬都：总，总汇。委输：运送，运输。

⑭工官治车诸器：国家的制造部门大量制造车船与诸种保管、运输工具，以供各地之盐铁均输官所使用。

⑮尽笼：全部掌握，全部控制。

⑯贵即卖之，贱则买之：国家根据市场行情以吞吐货物，维持物价平衡。

⑰无所牟大利：谋取不到太大的利润。《集解》引如淳曰：“牟，取也。”

⑱则反本：就不再经商而回去务农了。本，此指从事农业。

⑲腾踊：物价飞涨。与上文“腾跃”同义。

⑳抑天下物：此指抑制天下物价的大起大落。

㉑平准：使水之平如准。准，水平仪。

【译文】

第二年，即元封元年，卜式被贬为太子太傅。而桑弘羊做了治粟都尉，兼领大农，完全取代了孔仅来主管天下盐铁。桑弘羊因为各官府均经营商业，互相竞争，物价飞涨，各地作为赋税的物品有一些运抵京师还不能抵偿运输的费用，就请求设置大农部丞几十人，分管各郡国物资采买；郡县往往设置运输官、盐官、铁官，令远方地区各按应缴货物最贵时候商人所卖价格来收缴赋税，均输官统一收购销售，使货尽其流。在京师设置平准官，总管各地运来的物品。命令工官制造车辆及车上器具，又都是仰赖大农供给所需。大农属下的各部官员收拢了天下所有的货物，物价昂贵时卖出，物价低廉时买回。像这样，富商大贾不能够再牟取暴利，就返回本业务农去了，各种商品不得涨价。因而能使物价平稳，称之为“平准”。天子以为这很正确，就允许了。

于是天子北至朔方[①]，东到太山[②]，巡海上[③]，并北边以归[④]。所过赏赐，用帛百余万匹，钱金以巨万计，皆取足大农。

【注释】

①天子北至朔方：事在元封元年十月，武帝带兵十八万，到朔方郡的黄河河套一带向匈奴人示威，派使者郭吉向单于下书，有所谓：“单于能战，天子自将待边；不能，亟来臣服。何但亡匿幕北寒苦之地为？”单于畏惧不出。

②东到太山：即所谓“封禅”，在元封元年四月。

③巡海上：沿着海边北上，直至辽西。

④并北边以归：沿着北部的国境线西行，盖谓由今之辽西沿古长城一线西行，至河套一带始南归甘泉也。

【译文】

这时，天子向北到了朔方，向东到了泰山，又巡行海上，沿北部地区返回。所经过的地方都得了天子的赏赐，用了百余万匹帛，用的钱要以亿计算，都是从大农那里取得的。

弘羊又请令吏得入粟补官，及罪人赎罪。令民能入粟甘泉各有差[①]，以复终身，不告缗。他郡各输急处，而诸农各致粟[②]，山东漕益岁六百万石[③]。一岁之中，太仓、甘泉仓满，边余谷，诸物均输帛五百万匹[④]。民不益赋而天下用饶。于是弘羊赐爵左庶长，黄金再百斤焉[⑤]。

【注释】

①甘泉：粮仓名。有差：有差别之意。这里粟是粮食的通称，因为品种有别，所以规定应交的粮食数量“有差”。

②诸农：指大司农、太仆、少府、水衡都尉所属的各主管经济、财物的官府。各致粟：都向首都长安运送粮食。

③益：增加。

④均输帛：各地均输官所贮存的布帛。

⑤再百斤：二百斤。

【译文】

于是桑弘羊又奏请允许吏役可以通过交纳粮食来获得官职，罪犯可以用同样的方法来赎罪。让百姓凡是能按照规定的数量运送粮食到甘泉仓的，免除终身徭役，不对他们实行告缗制度。其他郡国的粮食要运到急需之处，大司农所属的各官府也要从崤山以东地区向京城运粮，漕运粮食每年增加六百万石。一年之中，京城的太仓、甘泉仓装满了粮食，边境地区有了余粮，各均输官储存的绢帛有五百万匹。百姓赋税没有增加而天下物资丰饶。于是赐予了桑弘羊左庶长爵位，黄金二百斤。

是岁小旱，上令官求雨。卜式言曰：“县官当食租衣税而已，今弘羊令吏坐市列①，贩物求利。亨弘羊②，天乃雨。”

【注释】

①坐市列：底本为“坐市列肆”。王念孙以为“肆”字衍文。“坐市列”即“坐于市肆行列之中”。《汉书·食货志》亦为“坐市列”，今据削。

②亨：同“烹”。古代一种酷刑，用鼎来煮杀人。

【译文】

这一年天气稍旱，天子命令官员们求雨。卜式进言说：“官府费用只应靠正常租赋而已，现在桑弘羊却命令所有官吏都坐到了店铺之内，以贩卖货物获得利润。只有烹杀了桑弘羊，老天才会下雨。”

太史公曰：农工商交易之路通，而龟贝金钱刀布之币兴焉[①]。所从来久远，自高辛氏之前尚矣[②]，靡得而记云[③]。故《书》道唐、虞之际[④]，《诗》述殷、周之世[⑤]，安宁则长庠序[⑥]，先本绌末[⑦]，以礼义防于利，事变多故而亦反是[⑧]。是以物盛则衰，时极而转，一质一文[⑨]，终始之变也。

【注释】

①龟贝：龟甲贝壳，用作货币。刀：似刀形的货币。布：布币，又名铲币，因形似铲，故名。

②高辛氏：即帝喾，传说中的上古帝王。为五帝之一，黄帝曾孙。事见《五帝本纪》。

③靡：无，没有，不。

④《书》道唐、虞之际：《尚书》中有《尧典》，以叙唐尧、虞舜之事。

⑤《诗》述殷、周之世：《诗经》中的《商颂》叙述了殷朝兴国的一些事情；《诗经》中的《周颂》《大雅》等，叙述了周朝兴国的事情。

⑥安宁：指太平时代。长庠（xiáng）序：把发展教育摆在前头。长，崇尚。庠序，古代地方学校。

⑦先本绌末：优先发展农业，对工商业加以控制。绌，通“黜”，抑制，排斥。

⑧事变多故：指乱世。反是：指采取大力发展工商业的做法。

⑨质：质朴。文：文采。二者均指一个时代的风尚。

【译文】

太史公说：农、工、商交易的道路畅通，就产生了龟、贝、金、钱、刀、布等货币形式。这事由来已久，高辛氏以前的事过于遥远，已经无法描述了。所以《尚书》说唐尧、虞舜的时代，《诗经》说殷、周时代，天下太平了就重视学校教育事业，重农抑商，用礼义教化人们防止专图利益，世道动乱不安的时候则与此相反。因此事物发展到鼎盛时就会转而衰败，时代发展到极限也将发生转变，时而崇尚质朴，时而崇尚文采，是事物周而复始的变化。

《禹贡》九州[①]，各因其土地所宜，人民所多少而纳职焉[②]。汤、武承弊易变[③]，使民不倦，各兢兢所以为治[④]，而稍陵迟衰微[⑤]。齐桓公用管仲之谋，通轻重之权[⑥]，徼山海之业[⑦]，以朝诸侯，用区区之齐显成霸名[⑧]。魏用李克[⑨]，尽地力[⑩]，为强君。自是之后，天下争于战国，贵诈力而贱仁义，先富有而后推让。故庶人之富者或累巨万，而贫者或不厌糟糠[⑪]；有国强者或并群小以臣诸侯，而弱国或绝祀而灭世[⑫]。以至于秦，卒并海内。

【注释】

①《禹贡》九州：《尚书》中有《禹贡》篇，篇中分全国为九州，即冀州、兖州、青州、徐州、扬州、荆州、豫州、梁州、雍州。

②纳职：交纳贡赋。

③承弊易变：根据前一个王朝末世的衰败情况，而采取拨乱反正的措施。易变，改变。易，也是“变”的意思。

④兢兢：奋力向上的样子。此谓商、周建国之初。

⑤稍陵迟衰微：后来就渐渐地衰败了。稍，渐渐。陵迟，衰颓，衰微。

⑥通轻重之权：掌握住物价高低的变化法则，官办平准、均输之事，不让商人操纵市场。轻重，指物价的低高。《管子》有《轻重篇》

《国蓄篇》言及此类事。

⑦徼山海之业：获得了山海的利益，如鱼、盐等大量收入。徼，求取。山海之业，指盐铁业。

⑧区区：不起眼，不成气候。显成霸名：成就了显赫的霸主之名。

⑨李克：战国初年政治家，子夏弟子。魏文侯攻灭中山，封太子击（魏武侯）为中山君，李克为中山相，建议魏文侯"食有劳而禄有功，使有能而赏必行、罚必当"，"夺淫民之禄，以来四方之士"，并提出选拔相国的标准。一说李克与李悝为一人。李悝，战国初任魏文侯相。主张教民尽地力，创平粜法，视收成丰歉增减赋税，不伤民害农。

⑩尽地力：大意为发展农业生产，国家平抑粮价，从而使民不困。

⑪厌：吃饱，饱足。

⑫绝祀：断绝祭祀，指国家灭亡。

【译文】

《禹贡》里的九州，各按土地适宜的作物、人民的多少交纳贡物。商汤、周武王承接前世社会重重弊端而加以变革，百姓安居乐业而不觉疲倦，各自兢兢业业治理国家，后来也还是渐渐走向了衰败。齐桓公采用了管仲的方案，平衡稳定物价，国家经营盐铁之业，使诸侯来朝，以小小的齐国却成就了显赫的霸主之名。魏文侯任用李克，充分利用地力，成为强国之君。从此以后，天下争斗交战不止，重视欺诈与武力却轻视仁义，重视财富而轻视谦让。所以平民百姓中富有者积累亿万资产，但贫困者连糟糠还吃不饱；有的国家强大了，就兼并小国并让诸侯向自己称臣，但弱小国家却有的断了祖庙香火而走向灭亡。一直发展到秦朝，终于兼并了天下。

虞夏之币，金为三品①，或黄，或白，或赤②；或钱，或布，或刀，或龟贝③。及至秦，中一国之币为二等④，黄金以溢名[5]，为上币；铜钱识曰“半两”[6]，重如其文，为下币。而珠玉、龟贝、银锡之属为器饰宝藏，不为币。然各随时而轻重无常[7]。于是外攘夷狄[8]，内兴功业[9]，海内之士力耕不足粮饷，女子纺绩不足衣服。古者尝竭天下之资财以奉其上，犹自以为不足也[10]。无异故云，事势之流[11]，相激使然[12]，曷足怪焉！

【注释】

①三品：三等，三种。品，等级。

②或黄，或白，或赤：即黄金、白银、红铜。

③或钱，或布，或刀，或龟贝：古代的货币，有人称之曰“钱”；有人称之曰“布”；有人称之曰“刀”，并制成刀形；也有人用龟甲、贝壳充当货币。

④中一国之币为二等：把全国的货币分为二种。中，均分。

⑤黄金以溢名：计算黄金数目，以镒为单位，一溢称为“一金”。溢，通“镒”。古代的重量单位，二十两为一镒，一说二十四两为一镒。名，计量单位之名。

⑥识（zhì）：标志，指铜钱上的文字。

⑦轻重：此指贱贵。

⑧于是：这时候，当此时。外攘夷狄：指秦始皇北击匈奴、南伐百越。攘，驱逐，排斥，抵御。

⑨内兴功业：指秦始皇统一六国后筑长城、修直道、修驰道、建阿房、修陵墓等事。

⑩古者尝竭天下之资财以奉其上，犹自以为不足：冈白驹曰：“此引始皇事也，婉言曰‘古者’。”按，此处一语双关，分明指斥汉武帝。

⑪事势：事物发展的趋势。

⑫激：阻遏水势。

【译文】

虞夏时代的货币，钱币分为三个等级：即黄金、白银、红铜；此外还有圆钱、布币、刀币、龟、贝等形式。到秦朝时，把国家货币分成两等：黄金用“溢”命名，是上币；铜钱上的文字标志为“半两”，重量和它上面文字所标相同，是下币。而珠玉、龟贝、银锡之类，可以作为饰物和收藏品，不能作为货币流通。然而各种货币都随时代不同而贵贱有别。当时外攘夷狄，内兴功业，天下男子尽力从事农耕，粮饷仍然不够，女子纺线织布，衣物仍然不够。古代曾有竭尽全国资财奉送给君主，但君主仍感觉不满足的事情。这其实也没有别的原因，事物发展的趋势，就像水流受到阻碍必然会激荡一样，有什么奇怪的呢！

【集评】

黄震曰：“‘平准’者，桑弘羊笼天下货，官自为商贾，买卖于京师之名也。盖汉更文、景恭俭，至武帝初，公私之富极矣。自开西南夷，灭朝鲜，至置初郡；自设谋马邑，挑匈奴，至大将军、骠骑将军连年出塞，大农耗竭，犹不足以奉战士。乃卖爵，乃更钱币，乃算舟车，而事益烦，财益屈，宜天下无可枝梧之术矣。未几，孔仅、东郭咸阳乘传行天下盐铁，杨可告缗遍天下，得民财物以亿计，而县官之用反以饶，而宫室之修于是日丽。凿无为有，逢君之恶，小人之术何怪也！然汉自是连兵三岁，费皆仰给大农，宜无复可继之术矣。又未几，桑弘羊领大农、置平准，于是天子北至朔方，东至太山，巡海上，并北边以归。用帛百余万匹，钱金以巨万计，皆取足大农。又一岁之中，太仓、甘泉仓皆满，而边余谷。其始愈取而愈不足于用，今愈用而反有余。小人之术，辗转无穷，又何怪之甚也！呜呼，汉武帝五十年间，因兵革而财耗，因财用而刑法酷；沸四海而为鼎，生民无所措手足。迨至末年，平准之置，则海内萧然，户口减半，阴夺于民之祸，于斯为极。迁备著始终相应之变，特以‘平准’为名书，而终之

曰‘烹弘羊,天乃雨’。呜呼,旨哉!”(《黄氏日钞》)

茅坤曰:“《平准》一书,太史公只叙武帝兴利,而其精神融会处,真见穷兵黩武,酷吏兴作,败俗偾事,坏法乱纪,俱与兴利相为参伍,相为根柢,故错综纵横,摹写曲尽。篇首自‘军旅粮饷’起论,正此义也;而结案以‘诛弘羊,天乃雨’终之,其意尤可见。”(《史记钞》)

李贽曰:“史迁传《货殖》则羞贱贫,书《平准》则厌功利。利固有国者之所讳与,然则太公之《九府》、管子之《轻重》非欤?夫有国之用与士庶之用孰大?有国者之贫与士庶之贫孰急?汉自高帝围于冒顿,高后辱于嫚书,文、景困于中行说,堂堂天朝,犬戎侮之,至妻以公主而纳之财,犹且不得免也。烽火通甘泉,边城昼警,入粟塞下,募民徙边,积穀屯田,殆无虚岁矣。武帝固大有为不世出之主也,于此肯但已乎?……富商大贾羡天子山海陂泽之利,以自比于列侯封君,而不以佐国家之急……此桑弘羊均输之法,所以为国家大业,制四海安边足用之本,不可废也。……又于京师置平准以平物价,使之不至腾跃,而后买贱卖贵者无所售其赢利,其势自止,不待刑驱而势禁之也。弘羊既有心计,又能用人。其所用者,前有爵赏之劝,后有诛罚之威,是以铢两之利,尽入朝廷,奸吏无所措其手足,不待加赋而国用自足。……武帝之雄才如何哉?甚矣。孝武之未可以轻议也……呜呼,桑弘羊者,不可少也。”(《藏书》)

王夫之曰:“武帝之劳民甚矣,而其救饥民也为得。虚仓廥以振之,宠富民之假贷者以救之。不给则通其变,而徙荒民于朔方、新秦者七十余万口,仰给县官,给予产业,民喜于得生而轻去其乡以安新邑,边因以实。此策,晁错尝言之矣,错非其时而为民扰,武帝乘其时而为民利,故善于因天而转祸为福。国虽虚,民以生,边害以纾,可不谓术之两利而无伤者乎!史讥其‘费以亿计,不可胜数’,然则疾视民之死亡而坐拥府库者为贤哉?司马迁之史,谤史也,无所不谤也。”(《读通鉴论》卷三)

【评论】

《平准书》所涉及的汉代经济领域的问题很多，主要有以下几项：（一）货币制度的变革。变革的主要内容除前119年造皮币和白金三品外，主要是铜钱品种、规格和铸币权的变革。前113年汉武帝销废各种铜钱令京师造五铢钱通行全国，不准郡国和私人铸钱，将铸币权集中于中央。（二）实行平准均输政策。大司农属官有平准令、丞，各县设均输官。平准令掌管调剂物资和平衡物价。均输官掌管货物的购销和运输。（三）实行盐铁官营。（四）卖官爵和赎罪。西汉朝廷为了刺激农业生产的发展、筹集军粮和增加财政收入，规定凡向朝廷交纳一定数量的粮食、现钱以及羊等实物，就可以获得相应级别的爵位、官职（包括提升官职），有罪的可以免、减罪。（五）实行算缗、告缗。即征收轺车税和缗钱税，并严惩偷税者，重奖告发者。

司马迁是非常重视经济的，他认为经济发展是国家强弱盛衰的基础，经济发展也影响着国家政策的制定。篇中叙述了汉兴七十年以来的经济发展状况，指出随着经济形势的变化，汉朝统治集团的思想也发生了变化，汉武帝之所以要改变以往的措施，对外兴兵，对内搞封禅，大肆兴作，就是受当时经济富足形势的影响。应该说司马迁的这种观念是非常正确的，在当时具有超前的进步性。这说明司马迁并不反对“言利”，甚至是热心于“言利”的。然而在《平准书》中，他却对汉王朝的兴利之举大加批评，这又是怎么回事呢？仔细分析一下，就可知司马迁反对的是由于汉武帝的“多欲”政治而劳民伤财，由此引发了政府的财政危机，为了解决这一危机，官府就对劳动人民加紧掠夺，因此盐铁官营、平准均输、算缗告缗，以及入粟补官、悬价卖爵等各种新的政策也就相继而来了。它们又带来了一些新的问题，如吏制破坏，酷吏横行，民怨沸腾，甚至于铤而走险。由此可知，司马迁反对的是武帝及桑弘羊等人为了支持“多欲”政治而不惜一切代价地与民争利，甚至是损害、打击正常的工商业以求获取厚利。整个《平准书》就是讲汉武帝这种“多欲”政治所由产生的经济基础，以及由于实行这种政治从而在全国各个领域、各个方面所引起的一系列连锁变化，恶性循环，日甚一日，直至把国家推到了崩溃的边缘。这种从经济的角度出发来分析认识国家上层建筑领域里的一切问题的方法，其思想的先进是令人惊异的。

司马迁是主张私人工商业自由发展，反对官工官商的。司马迁曾在《货殖列传》中论述了追求财富是人类的本性之后说："故善者因之，其次利道之，其次教诲之，其次整齐之，最下者与之争。"这是司马迁对发展工商业问题的总的看法。他认为统治者对于私人工商业只能因势利导，而不能严加限制，更不能与民争利。他写由于汉武帝残酷打击私人工商业，因而使私人工商业急剧减少，流通阻塞，而那些官办的工商业，性质又非常坏，因而写广大劳动人民深受其苦的情景说："郡国多不便，县官作盐铁，铁器苦恶，价贵，或强令买卖之。而船有算，商者少，物贵。"可见官府垄断对于经济发展和人民生产生活的危害。司马迁反对官工官商既是站在人民的角度为人民发声，也是对工商业政府垄断这一政策弊病的揭露和抨击。对于桑弘羊提出的"平准""均输"的国家宏观调控政策，司马迁也并不满意。桑弘羊提出这些政策的本意是使"平准"与"均输"相互结合，以国家的力量在全国各地之间进行统一调配，既使百姓减轻丰年时的"谷贱伤农"之害；又使百姓免除旱涝年头的"物价飞腾"之苦，出发点是很好的。如果真能如此实行，确实是利国利民的好事。但如果各级官府都借着这种"平准""均输"之便以搜刮民财呢？那当然全国的百姓也就更加无所逃死了。但是，从今天的观点看来，对于一些关系国计民生的重要部门由国家控制和进行宏观调控是非常必要的，司马迁以后的各个朝代以及其他国家，也都有类似的举措。司马迁的看法难免主观、片面。但是不可否认，历代的官工官商和与政府掌管的平准、均输也的确问题很多，因此司马迁对其提出严重批评又的确有其非常突出的现实性。

其实司马迁在叙述这些问题时自己也是充满矛盾的，他也看到当时地方豪强、富商大贾的种种不法行为，以及桑弘羊采取这些国家宏观调控政策后的成效。即如铸钱一项，就是到了桑弘羊采取将铸币权收归“上林三官”后，问题才彻底解决。他所厌恶的是桑弘羊一味地迎合武帝不计后果地搞钱，以至于在价值观层面引起了巨大混乱，在社会生活层面造成了恶性循环。

在武帝实行的所有经济政策中，司马迁最反感的是“算缗”“告缗”。所谓“算缗”，就是对商人、手工业者、高利贷者和车船征税。课税对象为商品或资产，“缗钱”为计税单位，一千文铜钱串成一串为一缗。“告缗”指告发富户隐匿财产，逃漏税款。如经查属实，罚没资产一半给告发者，一半收归官府。这项措施实施后，“中家以上，大抵皆遇告”，政府“得民财物以亿计，奴婢以千万数，田大县数百顷，小县百余顷，宅亦如之”，而“商贾中家以上大率破，民偷甘食好衣，不事畜藏之产业”。政府在短期内的确得了不少钱，但全国中产以上的私人工商业者，都被搞垮了。这对工商业是多么大的打击和摧残，说它是我国工商业发展史上的一场灾难一点也不为过。如果说盐铁专营、平准、均输对社会经济发展还有一些好处，“算缗”“告缗”则是纯粹为打击盘剥工商业者而制定的政策，毫无道理可言。

桑弘羊于武帝经济政策的制定与推行关系极大。他的经济措施可概括如下：第一，盐、铁、酒官营专卖；第二，统一铸币权和统一币制；第三，创办均输、平准等国营商业；第四，经营公田，组织屯垦。他的理论与实践都是为汉武帝的既定政策服务，也确实解决了一些问题。就如《盐铁论》中所记载，不论贤良文学们有多么高的理论和道德，一涉及实际的经济问题，在桑弘羊面前都只能哑口无言。他的理论实际上是宏观经济政策上的国家干涉主义，这一理论事实上后来也成为中国封建社会占据主导地位的既定国策，他是事实上的成功者，是杰出的政治家与经济学家。

司马迁的经济观点主要体现在《平准书》和《货殖列传》中，他强调了经济在富民强国中的基础作用；强调了工、农、商、虞四者在人类社会发展当中的缺一不可的作用，与“重本抑末”的传统国策严格区分；提出“善因论”，提倡工商业自由发展，国家不要干预；高度评价了工商业者对国计民生的重要贡献，为他们当中的杰出人物树碑立传，并总结了许多生意经等等。这些都是他对于经济思想的贡献。但也由于他的个人经历与认识局限，或多或少地妨碍了他正视汉武帝时代社会政治、经济形势的新变化，未能正视前期“无为”政策积极效果掩盖下的消极作用，产生了一些片面、偏激的看法。但是瑕不掩瑜，正如现代经济学家韦苇先生在《司马迁经济思想研究》中说：“作为对自由放任主义的宏观管理思想体系和中国古代治生之学的理论总结，司马迁在中国经济管理史上的贡献和地位不但是可以肯定的，而且是崇高的。”

世　家

《史记》中共有“世家”三十篇。《太史公自序》说：“二十八宿环北辰，三十辐共一毂，运行无穷，辅拂股肱之臣配焉，忠信行道，以奉主上，作三十世家。”所谓“世家”，是指有爵位俸禄世代相传的家族，其首封者则是帝王的重要辅弼之臣。“世家”所记载的包括自西周以来分封的诸侯、西汉建立后历代皇帝分封的刘氏诸侯，以及辅佐刘邦开国的元勋功臣。但是如吴王刘濞、淮南王刘长，虽然也是刘氏宗室受封开国，因为他们后来叛乱而被消灭，所以不入“世家”。再如韩信、黥布、彭越等也是西汉开国元勋，但因为他们都因“谋反”被诛，所以也不能入“世家”。

“世家”中比较特殊的是《外戚世家》《孔子世家》和《陈涉世家》。“外戚”通常指后妃所出的家族，但这里是指后妃本人。司马迁认为后妃的品行对帝王的影响很大，也有“辅拂股肱”的作用，故立《外戚世家》。司马迁认为孔子“追修经术，以达王道，匡乱世反之于正，见其文辞，为天下制仪法，垂六艺之统纪于后世”（《太史公自序》），他的学说是天下“仪法”，而且当时武帝“独尊儒术”，孔子被公羊学派尊为“素王”，说成是为汉王朝预先立法的先知，地位极高，故为之作“世家”。对于陈涉，后来不少人认为应该降为“列传”，但在汉初人们看来，他的首倡反秦意义非凡，刘邦甚至称其为“圣人”，司马迁也认为他可与商汤、周武王并列，所以为他作“世家”。将孔子、陈涉列入“世家”更多是因为他们影响深远，也反映了司马迁的远见卓识。

史记卷三十一

吴太伯世家第一

【释名】

《吴太伯世家》是《史记》的第一篇“世家”，记述了吴国的建立、兴起、强盛直至灭亡的历史。因吴国建立者为吴太伯，所以叫《吴太伯世家》。全文除篇末论赞，大致可以分为四部分。第一部分记述吴太伯至吴王寿梦前的吴国早期历史，主要事件是吴太伯作为周太王长子，决意将继承权让给三弟季历，以便传给季历之子姬昌，与二弟仲雍避居吴地，成为吴国始祖；五传至周章，被周武王正式封为吴国国君。第二部分记述寿梦、诸樊、馀祭、馀昧四位吴王当政时期的吴国历史，主要事件有申公巫臣来吴，吴“始通于中国”，联合对付楚国；季札出使中原各诸侯国，至鲁观周乐，预知各国前景；季札让国，公子僚被立为吴王。第三部分主要记述吴王阖庐时期的吴国历史，主要事件有公子光弑吴王僚自立，即吴王阖庐；阖庐任用伍子胥、孙武等破楚攻入郢都；槜李之战，越败吴，阖庐被杀。第四部分记述吴王夫差时的吴国历史，主要事件有夫椒之战吴败越复仇，越王句践举国降服；夫差不听伍子胥劝谏，北伐与齐、晋争霸；吴国数次被逐渐恢复并积聚力量的越国打败，最终吴王夫差自杀，吴国灭亡。

本篇可与《越王句践世家》《伍子胥列传》《刺客列传》等参照阅读。

吴太伯[①]，太伯弟仲雍[②]，皆周太王之子[③]，而王季历之兄也[④]。季历贤，而有圣子昌[⑤]，太王欲立季历以及昌，于是太伯、仲雍二人乃奔荆蛮[⑥]，文身断发[⑦]，示不可用[⑧]，以避季历。季历果立，是为王季，而昌为文王[⑨]。太伯之奔荆蛮，自号句吴[⑩]。荆蛮义之[⑪]，从而归之千余家，立为吴太伯[⑫]。

【注释】

①太伯：《索隐》引《论语》范宁注曰："太者，善大之称；伯者，长也，周太王之元子，故曰太伯。"吴太伯，为古公亶父的长子，王季历之兄，史失其名，兄弟排行中居大者称"伯"，故称其为"太伯"，也作"泰伯"。伯，与仲、叔、季，为古代兄弟排行次序的称呼。

②仲雍：古公亶父的次子，王季历之兄，"雍"为其名。

③周太王：即古公亶父。太王，是周武王灭商即天子位后对他的尊称。其世系、事迹详见《周本纪》。

④王季历：周文王之父，"历"为其名，"季"为古代兄弟排行中最小者。王季，是周武王灭商即天子位后对他的尊称。其事详见《周本纪》。

⑤圣子昌：即周文王，名昌。其事详见《周本纪》。

⑥荆蛮：周人对南部土著地区的称呼，后泛指南方未开化的蛮夷之地。

⑦文身断发：在身体皮肤上刺图案，剪断长发不束冠，为当时南方地区的生活习俗。《汉书》注引应劭曰："常在水中，故断其发，文其身以象龙子，故不见伤害。"文，谓刺画文字或花纹。

⑧示不可用：文身断发，表示已经完全改变了华夏民族的传统，意谓不能奉祀宗庙，故不能再继承王位。

⑨昌为文王：姬昌为商朝西方的诸侯之长（伯），当时并未称王，"文

王”之称，是周武王灭商即天子位后对他的尊称。

⑩句（gōu）吴：亦作“攻吴”“工吴”，即吴国。句，《索隐》引颜师古注曰：“吴言‘句’者，夷语之发声，犹言‘於越’耳。”为当时荆蛮之地的发语词，无实在义。

⑪义之：认为吴太伯有节义。

⑫立为吴太伯：《正义》曰：“吴，国号也。太伯居梅里，在常州无锡县东南六十里，至十九世孙寿梦居之，号‘句吴’。寿梦卒，诸樊南徙吴；至二十一代孙光，使子胥筑阖闾城都之，今苏州也。”司马迁认为太伯、仲雍逃到今江苏苏州一带，始立国号为吴，即后来的吴王寿梦、吴王阖庐之“吴”。今江苏无锡东南三十里之梅村，其地有太伯墓、太伯祠，当地皆尊以为太伯所奔之地。可为佐证。

【译文】

吴太伯和他的弟弟仲雍，都是周太王古公亶父的儿子，王季历的哥哥。季历很贤明，还有一个具备圣德的儿子姬昌，太王想让季历继位，以便传位给姬昌，于是太伯和仲雍二人就一起逃往荆蛮，像当地蛮人一样身刺图案，剪断长发，明示不能奉祀宗庙，借以避让季历。后来季历果然继位，这就是王季，而姬昌就是周文王。太伯逃到荆蛮以后，自号为“句吴”。荆蛮人都称赞他的节义，有上千家前来追随归附，拥立他为吴太伯。

太伯卒，无子，弟仲雍立，是为吴仲雍。仲雍卒，子季简立。季简卒，子叔达立。叔达卒，子周章立。是时周武王克殷[①]，求太伯、仲雍之后，得周章。周章已君吴，因而封之。乃封周章弟虞仲于周之北故夏虚[②]，是为虞仲，列为诸侯。

【注释】

①周武王克殷：事在前1046年。其事详见《周本纪》《殷本纪》。

克,战胜。

②虞仲:《索隐》曰:"仲雍称'虞仲',今周章之弟亦称'虞仲'者,盖周章之弟字仲,始封于虞,故曰'虞仲'。则仲雍本字'仲',而为虞之始祖,故后代亦称'虞仲',所以祖与孙同号也。""虞仲"历史上有二,一是周太王的次子仲雍,一是仲雍的第四代孙,祖孙同号。"虞"为国名,"仲"是人名。夏虚:一作"夏墟",为夏朝都城旧址。其地望说法不一,一说在今山西太原,一说在今山西翼城东南,一说在今山西夏县东北。虚,同"墟"。

【译文】

太伯死后,没有儿子,弟弟仲雍继位,这就是吴仲雍。仲雍死后,儿子季简继位。季简死后,儿子叔达继位。叔达死后,儿子周章继位。这时周武王推翻了殷朝,寻找太伯、仲雍的后人,找到了周章。周章已经做了吴的君长,周武王就封他做了吴国国君。又把周章的弟弟虞仲封在成周北边的夏墟一带,这就是虞仲,位列诸侯之中。

周章卒,子熊遂立。熊遂卒,子柯相立。柯相卒,子彊鸠夷立。彊鸠夷卒,子馀桥疑吾立。馀桥疑吾卒,子柯卢立。柯卢卒,子周繇立。周繇卒,子屈羽立。屈羽卒,子夷吾立。夷吾卒,子禽处立。禽处卒,子转立。转卒,子颇高立[①]。颇高卒,子句卑立。是时晋献公灭周北虞公,以开晋伐虢也[②]。句卑卒,子去齐立。去齐卒,子寿梦立[③]。寿梦立而吴始益大,称王[④]。

【注释】

①颇高:泷川曰:"《古史考》作'颇梦'。"陈直曰:"《小校经阁金文》卷一、三十一页有'工𫊸王皮难之子者灭'钟,郭沫若氏谓'皮

难’当即‘颇高’之转音，谯周《古史考》作‘颇梦’，声谊均不同，恐未必然。”

②是时晋献公灭周北虞公，以开晋伐虢（guó）也：即前655年，晋献公向虞国假道讨伐虢国事，见《左传·僖公五年》及《晋世家》。周北虞公，指虞国诸侯，因虞国都城在当时周国都城洛阳的北方，故称。开，让开道路。虢，诸侯国名。时都上阳，在今河南三门峡东，位于当时的虞国之南。

③寿梦立：寿梦，去齐之子，仲雍十八世孙，吴之十四世，吴国从他开始称王。寿梦即位之年相当于齐顷公十四年、晋景公十五年，前585年。

④寿梦立而吴始益大，称王：寿梦即位前后，曾伐楚、伐巢（今安徽巢湖东北）、伐徐（今江苏泗洪），“蛮夷属于楚者，吴尽取之”（《左传·成公七年》），逐渐强大，开始自称为王。见下文。

【译文】

周章死后，儿子熊遂继位。熊遂死后，儿子柯相继位。柯相死后，儿子彊鸠夷继位。彊鸠夷死后，儿子馀桥疑吾继位。馀桥疑吾死后，儿子柯卢继位。柯卢死后，儿子周繇继位。周繇死后，儿子屈羽继位。屈羽死后，儿子夷吾继位。夷吾死后，儿子禽处继位。禽处死后，儿子转继位。转死后，儿子颇高继位。颇高死后，儿子句卑继位。这时候，晋献公灭掉了成周北面的虞公，为的是打开晋国，征伐虢国之路。句卑死后，儿子去齐继位。去齐死后，儿子寿梦继位。寿梦即位后，吴国逐渐强大，开始自称为王。

自太伯作吴[①]，五世而武王克殷[②]，封其后为二：其一虞，在中国；其一吴，在夷蛮。十二世而晋灭中国之虞[③]。中国之虞灭二世，而夷蛮之吴兴[④]。大凡从太伯至寿梦十九世。

【注释】

①作吴：兴建吴国。作，兴起，创立。

②五世：指太伯、仲雍、季简、叔达、周章五代。

③十二世：吴之十二世，即“句卑”时代。他当位时，晋献公灭了虢国、虞国。

④中国之虞灭二世，而夷蛮之吴兴：中原地区的虞国灭亡后，又经历两代，蛮夷地区的吴国兴起。自晋献公二十二年（前655）灭虞至吴寿梦元年（前585），其间相隔七十年。中国，指中原地区。世，代。

【译文】

从太伯兴建吴国，经历五代而周武王灭掉殷朝，封其后代为二国：一是虞国，在中原地区；一是吴国，在蛮夷地区。又经历十二代而晋国灭了中原地区的虞国。中原地区的虞国灭亡后，又经历两代而蛮夷地区的吴国兴起。从太伯到寿梦共十九代。

王寿梦二年①，楚之亡大夫申公巫臣怨楚将子反而奔晋②，自晋使吴，教吴用兵乘车③，令其子为吴行人，吴于是始通于中国④。吴伐楚⑤。

十六年⑥，楚共王伐吴⑦，至衡山⑧。

二十五年⑨，王寿梦卒。寿梦有子四人，长曰诸樊，次曰馀祭，次曰馀昧，次曰季札⑩。季札贤，而寿梦欲立之，季札让不可，于是乃立长子诸樊，摄行事当国⑪。

【注释】

①寿梦二年：为晋景公十六年、楚共王七年，前584年。

②楚之亡大夫申公巫臣怨楚将子反而奔晋：申公巫臣，即屈巫，屈

氏，名巫或巫臣，字子灵，因任申县之尹而称“申公巫臣”。《左传》又称“屈臣”。因夏姬的缘故与楚将子反生嫌隙而奔晋。其事见《左传·成公二年》及《晋世家》。按，楚人对县令称“公”，其风至秦末犹然，如“沛公”“滕公”等。亡大夫，获罪逃亡的大夫。

③自晋使吴，教吴用兵乘车：申公巫臣自请从晋国出使吴国，教给吴国用兵之术和车战之法，吴国自此逐渐强大起来。

④令其子为吴行人，吴于是始通于中国：申公巫臣让他的儿子狐庸当了吴国联络中原诸国的行人，吴国从此开始与中原各国往来。其事见《左传·成公七年》。吴通中国，为下文楚越联兵、黄池争长张本。行人，官名。掌朝觐聘问等事务。

⑤吴伐楚：吴国开始侵犯楚国。按，寿梦二年之“吴伐楚”，《楚世家》《十二诸侯年表》皆不载。

⑥十六年：当楚共王二十一年、晋悼公三年，前570年。

⑦楚共王：名审，楚庄王之子，前590—前560年在位。

⑧衡山：《十二诸侯年表》曰：“使子重伐吴，至衡山。”钱大昕曰：“今当涂县北有横山，即春秋之横山也。”即横山，吴地名。在今安徽当涂东北。

⑨二十五年：前561年。

⑩“长曰诸樊”四句：诸樊，《索隐》曰：“《春秋经》书‘吴子遏’，《左传》称‘诸樊’。盖‘遏’是其名，‘诸樊’是其号。《公羊传》‘遏’作‘谒’。”馀祭，《左传》称之曰“戴吴”。馀眛，《刺客列传》作“夷昧”。季札，也称“季子札”“季子”“延陵季子”“延州来季子”。《左传》作“公子札”。

⑪摄（shè）行事当国：代理行使国君的职权，执掌国事。摄行，代理行使。

【译文】

吴王寿梦二年，楚出亡大夫申公巫臣，因为仇怨楚将子反，逃奔至晋国，从晋国出使吴国，教给吴国用兵之术和车战之法，让他儿子做了吴国的行人之官，吴国从此开始与中原各国往来。这一年，吴兴兵攻楚。

吴王寿梦十六年，楚共王出兵伐吴，一直打到衡山。

吴王寿梦二十五年，去世。寿梦有四个儿子，长子诸樊，次子馀祭，三子馀眜，四子季札。季札的才德最高，寿梦想要立他为后，但季札推辞不受，于是就立长子诸樊做了继承人，开始摄行国家大事。

王诸樊元年①，诸樊已除丧②，让位季札。季札谢曰："曹宣公之卒也，诸侯与曹人不义曹君，将立子臧，子臧去之，以成曹君③，君子曰'能守节矣'。君义嗣④，谁敢干君⑤！有国，非吾节也。札虽不材，愿附于子臧之义。"吴人固立季札，季札弃其室而耕⑥，乃舍之。秋，吴伐楚，楚败我师⑦。

四年⑧，晋平公初立⑨。

十三年⑩，王诸樊卒⑪。有命授弟馀祭，欲传以次，必致国于季札而止，以称先王寿梦之意，且嘉季札之义，兄弟皆欲致国，令以渐至焉。季札封于延陵⑫，故号曰延陵季子。

【注释】

①王诸樊元年：当晋悼公十三年、楚共王三十一年，前560年。

②除丧：除去丧服，结束丧事。意即服丧期满。

③"曹宣公之卒也"五句：曹宣公死后，其弟（一说为宣公庶子）负刍杀太子而自立，国人不平，欲改立曹宣公庶子子臧，子臧推辞不就。其事见《左传·成公十三年》。曹宣公，名庐，一作"彊"，前594—前578年在位。曹成公，即负刍，前577—前565年在位。

④义嗣：从礼义上讲是合适的继承人。

⑤干：违逆，反对。

⑥弃其室：当时诸侯的领地、封爵与其人众称“国”，大夫的领地、封爵与其人众称“室”或“家”，故“弃其室”可理解为季札放弃了他的封地。

⑦吴伐楚，楚败我师：《十二诸侯年表》有载，《楚世家》无。

⑧四年：前557年。

⑨晋平公：名彪，晋悼公之子，前557—前532年在位。

⑩十三年：时当晋平公十年、楚康王十二年，前548年。

⑪诸樊卒：《十二诸侯年表》云：“诸樊伐楚，迫巢门，伤射以薨。”《左传·襄公二十五年》曰：“吴子诸樊伐楚，以报舟师之役，门于巢。巢牛臣曰：‘吴王勇而轻，若启之，将亲门，我获射之，必殪。是君也死，强其少安。’从之，吴子门焉，牛臣隐于短墙以射之，卒。”

⑫延陵：吴邑名。即今江苏常州。

【译文】

吴王诸樊元年，诸樊服丧期满，要把王位让给季札。季札辞让说：“曹宣公死后，各国诸侯和曹国人都认为新立的曹成公不守道义，将立子臧为君，子臧离开了曹国，来成全曹成公，君子称赞子臧‘能恪守节操’。你是理所当然的继承人，谁敢违逆你呢！让我享有国家，那不是我应有的节操呀。我虽然无能，但愿意附骥子臧的义举。”吴人坚持要立季札，季札就抛开领地，去隐居耕作，吴人只好作罢。秋天，吴国出兵讨伐楚国，楚国击败了吴军。

吴王诸樊四年，晋平公方始继位。

吴王诸樊十三年，去世。留下遗命传位给弟弟馀祭，是想按次序以兄传弟，一定要把王位传给季札才罢休，来满足先王寿梦的心愿，而且他们兄弟都赞赏季札让国的义举，都想把君位让出，这样就能渐渐传到季札身上了。季札被封在延陵，所以号为延陵季子。

王馀祭三年[①]，齐相庆封有罪，自齐来奔吴[②]。吴予庆封朱方之县[③],以为奉邑[④],以女妻之,富于在齐。

【注释】

①馀祭三年:当齐景公三年,前545年。

②齐相庆封有罪,自齐来奔吴:庆封,齐国大夫。与崔杼合谋杀齐庄公,立齐景公;后又杀崔杼,专国政。齐景公欲除之,他惧而逃奔鲁,又逃到吴。其事见《左传·襄公二十八年》与《齐太公世家》。

③朱方:吴邑名。在今江苏丹徒东南。

④奉邑:食邑,领地。奉,通"俸",俸禄。

【译文】

吴王馀祭三年,齐国的宰相庆封因罪过,从齐国逃到了吴国。吴王馀祭把朱方县赐予庆封做食邑,还把女儿嫁给了他,使他比原先在齐国时还要富有。

四年[①],吴使季札聘于鲁[②],请观周乐[③]。为歌《周南》《召南》[④]。曰:"美哉,始基之矣,犹未也。然勤而不怨[⑤]。"歌《邶》《鄘》《卫》[⑥]。曰:"美哉,渊乎[⑦],忧而不困者也[⑧]。吾闻卫康叔、武公之德如是[⑨],是其《卫风》乎[⑩]?"歌《王》[⑪]。曰:"美哉,思而不惧[⑫],其周之东乎?"歌《郑》[⑬]。曰:"其细已甚[⑭]!民不堪也,是其先亡乎?"歌《齐》[⑮]。曰:"美哉,泱泱乎[⑯],大风也哉[⑰]!表东海者,其太公乎?国未可量也。"歌《豳》[⑱]。曰:"美哉,荡荡乎[⑲],乐而不淫[⑳],其周公之东乎[㉑]?"歌《秦》[㉒]。曰:"此之谓夏声[㉓]。夫能夏则大[㉔],大之至也,其周之旧乎[㉕]?"歌《魏》[㉖]。曰:"美哉,沨沨乎[㉗],大而宽,俭而易行[㉘],以德辅此,则盟主也[㉙]。"歌

《唐》[30]。曰:"思深哉,其有陶唐氏之遗风乎[31]? 不然,何忧之远也[32]? 非令德之后[33],谁能若是!"歌《陈》[34]。曰:"国无主[35],其能久乎?"自《郐》以下[36],无讥焉[37]。

【注释】

①四年:相当于鲁襄公二十九年、齐景公四年、晋平公十四年,前544年。

②聘于鲁:聘问鲁国。聘,聘问,国与国之间的遣使访问。凌稚隆曰:"以下季札使鲁、使齐、使郑、使卫、使晋,凡五使,而太史公详附于此者,以季札贤公子也。"季札聘鲁事,详见《左传·襄公二十九年》。

③请观周乐:鲁国为周公姬旦的后代,周成王为表示对鲁国的特殊尊崇,曾赐给鲁国周天子之乐。季札请求观看聆听周天子之乐。

④《周南》《召南》:《诗·国风》的前两篇。周公、召公辅佐天子,分陕而治,陕以东周公治之,陕以西召公治之,《诗经》中的《周南》《召南》即采自周公、召公所治地区的民间歌谣。南,或谓周公、召公的风化自北而南,延伸到南部的江、汉一带。

⑤"美哉"四句:杨伯峻《春秋左传注》曰:"季札论诗论舞,既论其音乐,亦论其歌词与舞象。此'美哉',善其音乐也;'始基之'以下,则论其歌词。"又曰:"基之,为王业奠定基础;犹未成功,而民虽劳而不怨。勤,劳也。"

⑥《邶》《鄘》《卫》:《诗经》中的《邶风》《鄘风》《卫风》,采自邶、鄘、卫三地的歌谣。邶、鄘、卫,是周武王灭殷后建立的三个小国名。邶,在今河南淇县东北到河北南部一带。鄘,即今河南新乡。卫,即今河南淇县。

⑦渊乎:深远的样子。

⑧忧而不困:开始虽然忧思,但不致困顿。杜预曰:"卫康叔、武公德

化深远，虽遭宣公淫乱，懿公灭亡，民犹秉义，不至于困。”

⑨卫康叔：名封，周武王之弟，卫国的始封君。武公：卫康叔的九世孙，名和，前812—前758年在位。二者皆为卫国的贤君。

⑩是其《卫风》乎：周武王灭殷后，让殷纣王的儿子武庚在殷都管理殷朝遗民，使管叔居卫、蔡叔居鄘、霍叔居邶，为“三监”，共同监视殷朝遗民。周成王时，管、蔡、霍联合武庚共同叛乱，周公平定后，在这里重建卫国，使周武王的少弟康叔居之。三国皆并入卫国，所以《邶》《鄘》《卫》三部分实际上都是后来卫国地区的诗歌，故季札听罢说“是其《卫风》乎”。

⑪《王》：即《诗经》中的《王风》，采自东周时期都城洛阳（即今河南洛阳）一带的歌谣。

⑫思而不惧：杜预曰：“宗周陨灭，故忧思；犹有先王之遗风，故不惧。”

⑬《郑》：即《诗经》中的《郑风》，采自春秋时期郑国封地的歌谣。郑国的首封之君为周宣王之弟，早期的都城在今陕西渭南华州区东北。犬戎灭西周的前二年（前773），郑国东迁到了今河南的新郑。其事见《郑世家》。

⑭其细已甚：《郑风》多言男女间琐屑之事，意指其国政令苛细，故季札以为“其细已甚”。细，琐碎，纤细。已，太过。

⑮《齐》：即《诗经》中的《齐风》，齐国封地的歌谣。齐国是周武王的开国功臣姜太公的封地，国都临淄（今山东淄博临淄区北）。其事见《齐太公世家》。

⑯泱泱乎：深广宏大的样子。此处用以形容齐国音乐雄浑。

⑰大风：指宏伟的乐章。

⑱《豳（bīn）》：即《诗经》中的《豳风》，采自《豳》地的歌谣。豳，西周祖先故地，在今陕西彬州、旬邑一带。周文王的曾祖公刘曾迁都于此。

⑲荡荡乎：博大的样子。

⑳淫：过度。

㉑周公之东：周公遭管蔡之乱，东征三年。

㉒《秦》：即《诗经》中的《秦风》，采自秦国的歌谣。秦国当时都雍，在今陕西宝鸡凤翔区南，见《秦本纪》。

㉓夏声：中井积德曰："秦国即周之旧都，故其声'夏'也。'夏声'犹言'京音'也。故曰'周之旧乎'，非'去戎狄之音'之谓。即以为'诸夏之声'，则十五国皆'夏声'矣，何特秦！"

㉔能夏则大：云夏声宏大。

㉕周之旧：言秦国处在西周王朝旧地。

㉖《魏》：即《诗经》中的《魏风》，采自魏国的歌谣。魏为姬姓小国，都于今山西芮城北。前661年，晋献公灭了魏国，故《魏风》亦是晋国的歌谣。

㉗沨沨（fēng）乎：水声舒缓平和的样子。此处形容曲调婉转。

㉘大而宽，俭而易行：意即粗犷而宽厚，俭朴而平易。俭而易行，《左传》作"险而易行"，"险""俭"二字通用。

㉙以德辅此，则盟主也：晋文公败楚于城濮，《左传》称"晋于是役也，能以德攻"。

㉚《唐》：即《诗经》中的《唐风》，采自唐地的歌谣，实即晋国之风诗。唐，唐叔叔虞始封之地，在今山西曲沃、翼城之间。见《晋世家》。

㉛陶唐氏：相传帝尧本封于陶，后迁至唐，故有此称。

㉜忧之远：陈子龙曰："《豳》之与《唐》，皆为忧勤之作，然《豳》曰'乐而不淫'，《唐》曰'何忧之远'，《豳》其为王道之启，《唐》其为霸业之基乎？"

㉝令德：美德。

㉞《陈》：即《诗经》中的《陈风》，采自陈国的歌谣。周武王灭殷后，封舜的后代于陈国，国都宛丘，即今河南淮阳。

㉟国无主：陈国的君主如陈厉公、陈灵公等，俱以荒淫闻名，故曰“无主”。

㊱《郐（kuài）》：即《诗经》中的《郐风》，采自郐地的歌谣。郐，诸侯国名。相传为祝融之后，国都在今河南郑州南。春秋初期被郑武公所灭。

㊲讥：评论。

【译文】

吴王馀祭四年，吴国派季札前往鲁国访问，季札到鲁国后，请求观赏鲁国保存的周天子之乐。鲁国乐工为他歌咏《周南》《召南》。季札听后说：“美妙啊，这是王业开始的基础，但是还没完成。百姓已能辛劳王事而不抱怨了。”歌咏《邶风》《鄘风》《卫风》。季札说：“美妙啊，德化深远，人们虽有忧思，却不困顿啊。我听说卫康叔、卫武公有如此的德泽，这大概就是《卫风》吧？”歌咏《王风》。季札说：“美妙啊，虽有忧患之思，却无畏惧之感，这大概是周王室东迁以后的乐章吧？”歌咏《郑风》。季札说：“郑国的政令太过苛细了！民众不能忍受，恐怕它得首先亡国吧？”歌咏《齐风》。季札说：“美妙啊，曲调宏大而深远，这是宏伟的乐歌！可以成为东海诸国的表率，大概就是太公的国家吧？国运真是不可限量。”歌咏《豳风》。季札说：“美妙啊，曲调宽宏博大，欢乐而能有所节制，这大概是周公东征的乐章吧？”歌咏《秦风》。季札说：“这就是所说的夏声。夏声宏大，就能处在周朝的故地吧？”歌咏《魏风》。季札说：“美妙啊，曲调舒缓悠扬，可见粗犷而宽厚，俭朴而平易，要是魏君能够实施德政，就有望成为天下的盟主。”歌咏《唐风》。季札说：“思虑得真是深远啊，这大概是陶唐氏的遗风吧？要不然怎么会忧虑得那么深远呢？要不是圣人的后人，谁能够做到这样！”歌咏《陈风》。季札说：“国家没有像样的君主，能够长久得了吗？”乐工们再歌咏《郐风》以下的作品，季札就不再加以评论了。

歌《小雅》[①]。曰："美哉，思而不贰[②]，怨而不言[③]，其周德之衰乎？犹有先王之遗民也。"歌《大雅》[④]。曰："广哉，熙熙乎[⑤]，曲而有直体[⑥]，其文王之德乎？"歌《颂》[⑦]。曰："至矣哉，直而不倨[⑧]，曲而不诎[⑨]，近而不逼[⑩]，远而不携[⑪]，迁而不淫[⑫]，复而不厌[⑬]，哀而不愁，乐而不荒[⑭]，用而不匮[⑮]，广而不宣[⑯]，施而不费[⑰]，取而不贪[⑱]，处而不底[⑲]，行而不流[⑳]。五声和[㉑]，八风平[㉒]，节有度，守有序[㉓]，盛德之所同也[㉔]。"

【注释】

①《小雅》：即《诗·小雅》，朝廷、贵族之乐，有些用于宴会，有些是政治讽刺诗，共一百零五篇，多创作于西周晚期。雅，正。

②贰：背叛，有二心。

③怨而不言：凌稚隆引董份曰："怨则见周之衰，然怨而不言，故为'先王之遗民'也。盖忠厚恻怛，所以悯宗国之乱，故怨耳；而不至于谤斥其君，故不言。"

④《大雅》：即《诗·大雅》，西周初期的诗歌，共四十篇，内容多为歌颂周朝的祖先和周文王、周武王之德。

⑤广哉，熙熙乎：宽厚和美的样子。

⑥曲而有直体：竹添光鸿《左传会笺》则认为是指周文王之德，谓"《明夷象传》称文王之德曰'内文明而外柔顺'"。

⑦《颂》：即《诗经》中的《周颂》《鲁颂》《商颂》，皆周天子以及鲁、宋两国诸侯宗庙祭祀所用的乐歌。

⑧倨（jù）：傲慢。

⑨诎（qū）：卑屈，折服。

⑩近：指与君王接近。逼：逼迫，威胁。指不侵犯君王。

⑪携：离心，有二心。

⑫迁：富有变化。淫：乱，动摇。

⑬复：反复往来。厌：厌倦，倦怠。

⑭乐：指内心喜悦。荒：纵欲迷乱，逸乐过度。

⑮匮（kuì）：穷竭，缺乏。

⑯宣：显露，张扬。

⑰施而不费：《论语·尧曰》："因民之所利而利之，斯不亦惠而不费乎？"费，减少，耗损。

⑱取而不贪：《论语·宪问》："义然后取，人不厌其取。"意即易于满足。

⑲处而不底（dǐ）：停于某处时，能动则动。意即不画地为牢。底，止，到。

⑳不流：不随波逐流，该止则止。

㉑五声：宫、商、角、徵、羽五声音阶。这里泛指一切音乐。

㉒八风：杜预以为指"八方之气"；竹添光鸿以为应指"八音"，即匏、土、革、木、石、金、丝、竹八种乐器；杨伯峻认为应指各地的乐调。

㉓节有度，守有序：意指乐曲之节拍得其正，音阶之调和得其体。

㉔盛德之所同也：杨伯峻曰："季札只论《颂》之乐曲，不论三《颂》所颂之人德之高下、功之大小，故曰'盛德之所同'。"

【译文】

等到歌咏《小雅》。季札说："美妙啊，虽有哀思却无二心，虽有怨怒却不言说，这大概是周德衰微时的乐歌吧？还是有先王的遗民在。"歌咏《大雅》。季札说："曲调宽缓啊，多么温婉和美，旋律曲折婉转而基调仍刚直有力，这大概就是周文王的品格吧？"歌咏《颂》。季札说："完美到极点了，刚直而不显高傲，柔婉而不显卑微，亲近而不紧迫，悠远而没二心，富于变化而节奏不乱，循环往复而使人不厌，虽有哀伤而不愁苦，虽有欢乐而不放纵，不断运用而不会匮乏，广博宏阔而又不直露，虽施予而不耗费，虽汲取而不贪婪，虽静止而不黏滞，虽运转而不漫流。五声和谐，八音协调，节拍合乎章法，演奏先后有序，具备盛德的人都是这个样子的。"

见舞《象箾》《南籥》者[①]，曰："美哉，犹有感[②]。"见舞《大武》[③]，曰："美哉，周之盛也，其若此乎？"见舞《韶濩》者[④]，曰："圣人之弘也，犹有惭德[⑤]，圣人之难也！"见舞《大夏》[⑥]，曰："美哉，勤而不德！非禹，其谁能及之？"见舞《招箾》[⑦]，曰："德至矣哉，大矣，如天之无不焘也[⑧]，如地之无不载也，虽甚盛德[⑨]，无以加矣。观止矣[⑩]，若有他乐，吾不敢观[⑪]。"

【注释】

①《象箾（xiāo）》《南籥（yuè）》：二者皆为歌颂周文王的乐舞名。杨伯峻曰："'箾'同'箫'。'舞《象箾》'，盖奏箫而为象舞。……'籥'音'乐'，形似笛之乐器。……'舞《南籥》'，盖奏南乐以配籥舞。"

②美哉，犹有感：杜预曰："美哉，美其容也。文王恨不及己致太平。"感，通"憾"，缺憾。

③《大武》：歌颂周武王功业的乐舞名。

④《韶濩（hù）》：歌颂商汤的乐舞名。濩，通"頀"。

⑤犹有惭德：说法不一，杨伯峻以为"季札或以商汤伐桀为以下犯上，故云'犹有惭德'而表不满"；竹添光鸿以为是商汤自己深感不如尧、舜。

⑥《大夏》：歌颂大禹的乐舞名。

⑦《招箾》：又作《韶箾》《箫韶》，歌颂虞舜的乐舞名。

⑧焘（dào）：覆盖。

⑨虽：即使。

⑩观止：意即欣赏的音乐已经达到顶点了，一切最好的东西都已包罗在此。

⑪若有他乐，吾不敢观：姜宸英《湛园札记》云：“季札观乐，使工歌之，初不知其所以歌者何国之诗也，闻声而后别之，故皆为想象之辞，曰‘此其为卫风乎’，‘其周之东乎’，‘其太公乎’。……至于见舞，则便知其何代之乐，直据所见以赞之而已，不复有所拟议也。”杜预曰：“季札贤明才博，在吴虽已涉见此乐歌之文，然未闻中国雅声，故请作周乐，欲听其声，然后依声以参时政，知其兴衰也。闻秦诗谓之夏声，闻《颂》曰‘五声和、八风平’，皆论声以参政也。舞毕知其乐终，是素知其篇数。”

【译文】

季札看过《象箾》和《南籥》两种乐舞的表演，说：“好美啊，但多少还有缺憾。”看过《大武》表演，说：“好美啊，周朝的强盛大概就是这个样子吧？”看过《韶頀》表演，说：“圣人的道德大概就这么恢宏吧，还总感到还有点儿不足，做圣人真是太难啊！”当他看了《大夏》的表演，说：“好美啊，勤于民事而不居功！如果不是大禹还有谁能做到呢？”最后观看了《招箾》的表演，季札说：“功德达到极点了，太伟大啦，像天一样无所不包，像地一样无所不载，即使再盛大的德行，也不可能超越。观赏就到这里吧，即使还有其他的乐舞，我也不敢再看了。”

去鲁，遂使齐。说晏平仲曰[①]：“子速纳邑与政[②]。无邑无政，乃免于难。齐国之政将有所归；未得所归，难未息也。”故晏子因陈桓子以纳政与邑[③]，是以免于栾、高之难[④]。

【注释】

①晏平仲：即晏婴，字平仲，齐国大夫。历任齐灵公、庄公、景公三朝。其事详见《管晏列传》及《晏子春秋》。

②纳：交纳。邑：指封邑。

③因：借，通过。陈桓子：也称“田桓子”，名无宇，有宠于齐庄公。

④栾、高之难：指齐国贵族栾施、高彊忌恨陈无宇与鲍、国两家，于是陈、鲍两家首先发难赶走栾施、高彊，瓜分了他们的领地事，见《左传·昭公十年》。

【译文】

季札离开鲁国，便出使到了齐国。他劝告晏婴说："您应该赶紧把封邑和职权都交还国君。没了封地和职权，您才能免遭灾难。齐国的政权将要另有归属；没有归属之前，齐国的祸乱不会停息。"于是晏婴通过陈桓子把自己的职权和封地都交了出来，因此在栾、高二氏相攻杀的祸难中得以身免。

去齐，使于郑。见子产①，如旧交。谓子产曰："郑之执政侈②，难将至矣③，政必及子④。子为政，慎以礼⑤。不然，郑国将败。"去郑，适卫⑥。说蘧瑗、史狗、史鳝、公子荆、公叔发、公子朝曰⑦："卫多君子，未有患也。"

【注释】

①子产：名侨，字子产，又字子美，谥成子，郑穆公之孙，郑成公少子，又称"公孙侨"。因居车里，又称"车里子产"。博识多闻，为政贤明。其事见《循吏列传》及《郑世家》。

②郑之执政：此指郑大夫伯有。侈：骄横放纵。

③难将至：季札说此话后的第二年，郑国即发生内乱，伯有被杀。其事见《左传·襄公三十年》。

④政必及子：政权一定会落到您手中。郑国内乱后，子产为相，从此执政四十余年。

⑤子为政，慎以礼：您当权后，应该谨慎地以礼乐治国。

⑥适：去，往。

⑦蘧（qú）瑗：字伯玉，卫国贤大夫。被孔子称赞为“君子”。见《论语·卫灵公》。史狗：史朝之子，事迹不详。史鳍（qiū）：又称“史鱼”，卫国大夫。以正直闻名。见《论语·卫灵公》。公子荆：被孔子称为“善居室”。见《论语·子路》。公叔发：即公叔文子，曾荐举其家臣与己同列。见《论语·宪问》。公子朝：卫国公子。梁玉绳《史记志疑》以为应作“公孙朝”。

【译文】

季札离开齐国，出使到了郑国。见到子产，就像见到故交一般。季札对子产说：“郑国的当权者太骄横了，祸难即将临头，到那时政权一定会落到您手中。您当权后，要谨慎地以礼乐治国。不然，郑国就要败亡。”季札离开郑国，又到了卫国。他很欣赏卫国的蘧瑗、史狗、史鳍、公子荆、公叔发、公子朝等人，说：“卫国多君子，不会有祸患。”

自卫如晋，将舍于戚①，闻钟声，曰：“异哉！吾闻之，辩而不德②，必加于戮。夫子获罪于君以在此，惧犹不足，而又可以畔乎③？夫子之在此，犹燕之巢于幕也。君在殡而可以乐乎④？”遂去之。文子闻之⑤，终身不听琴瑟。

【注释】

①舍：住。戚：城邑名。春秋时先为卫邑，后归属晋国，在今河南濮阳东北。为卫国贵族孙林父旧时的封地。

②辩而不德：梁履绳《左传补释》认为“辩”应读作“变”，意即“既为变乱，而又不德”。指孙林父曾与甯喜一起作乱驱逐卫献公，改立卫殇公。后来孙林父遭卫殇公驱逐，逃到晋国，引晋兵伐卫，杀掉了卫殇公与甯喜，重新迎回卫献公之事。

③“夫子获罪于君以在此”三句：孙林父是因为驱逐了卫献公，卫殇

公才送给他“戚”这块封地。现在卫献公回来了，孙林父理应对此感到不安，结果他还击钟享乐，故季札对此发出反问。夫子，此指孙林父。畔，洪颐煊《筠轩读书丛录》曰：“‘畔’即‘般’字，古字通用。”般，《尔雅·释诂》：“般，乐也。”快乐的意思。

④君在殡：卫献公死于复辟后的第三年，季札到卫国的时候，卫献公尚未安葬。殡，停灵祭祀。

⑤文子：为孙林父的谥号。

【译文】

季札从卫国到了晋国，准备在戚地住宿，听到了撞钟作乐的声音，他说：“奇怪啊！我听说，无德之人发动政变，一定遭受杀戮。孙文子得罪国君逃到了这里，恐怕还不够，还有什么心思寻欢作乐呢？孙文子住在这里，就好像燕子把鸟窝搭在帐幕上。而且先君还没有安葬，他难道就乐得起来吗？”于是离开了戚地。孙文子听到季札的议论后，终身再也不听音乐了。

适晋，说赵文子、韩宣子、魏献子曰①：“晋国其萃于三家乎②！”将去，谓叔向曰③：“吾子勉之！君侈而多良④，大夫皆富，政将在三家。吾子直⑤，必思自免于难。”

【注释】

①赵文子：赵武，晋国赵氏家族的宗主，死后谥为“文”。韩宣子：韩起，晋国韩氏家族的宗主，死后谥为“宣”。魏献子：名舒，亦作“荼”，晋国魏氏家族的宗主，死后谥为“献”。

②萃（cuì）：聚，集中。家：私家，指大夫家。

③叔向：即羊舌肸，羊舌氏，名肸，因食邑在杨（在今山西洪洞东南），又称“杨肸”。晋国大夫。

④良：杨伯峻曰：“谓良臣。”

⑤吾子：对人的敬称。

【译文】

季札到了晋国后，对赵文子、韩宣子、魏献子很欣赏，他说："晋国的权力大概要集中到这三家了！"将要离开时，季札对叔向说："您要多加保重！晋君奢侈而良臣又多，大夫们个个富有，政权将会落到那三家的手上。您为人正直，一定要想着自己免遭祸患。"

季札之初使，北过徐君[①]。徐君好季札剑，口弗敢言。季札心知之，为使上国[②]，未献。还至徐，徐君已死，于是乃解其宝剑，系之徐君冢树而去[③]。从者曰："徐君已死，尚谁予乎？"季子曰："不然。始吾心已许之，岂以死倍吾心哉[④]！"

【注释】

①徐君：徐邑的封君。徐，周初所建小国，故城在今江苏泗洪。后为吴国所灭，成为吴国属下之封郡。

②上国：当时吴、楚称中原国家为上国。

③冢（zhǒng）树：坟墓上的树。冢，坟墓。

④倍：通"背"，违背。

【译文】

季札刚出使时，北经徐邑造访徐君。徐君喜欢季札的佩剑，嘴里没敢说出来。季札明白徐君的心思，但因为他要出访中原诸国，就没有把佩剑送给他。归途中再到徐邑时，徐君已经去世，季札于是就解下佩剑，将它挂在徐君坟前的树上而离去。随行人员说："徐君已经去世了，还留下佩剑给谁呢？"季札说："不能这样讲。当初我心里已经答应把佩剑送给他了，岂能因为徐君死了，我就违背本意呢！"

七年[①]，楚公子围弑其王夹敖而代立，是为灵王[②]。

十年[③]，楚灵王会诸侯而以伐吴之朱方，以诛齐庆封[④]。吴亦攻楚，取三邑而去[⑤]。

十一年[⑥]，楚伐吴，至雩娄[⑦]。

十二年[⑧]，楚复来伐，次于乾谿[⑨]，楚师败走[⑩]。

十七年[⑪]，王馀祭卒，弟馀眛立。

【注释】

①七年：应作“馀眛三年”，相当于楚夹敖四年，前541年。

②楚公子围弑其王夹敖而代立，是为灵王：公子围，楚共王之子，楚康王之弟，时为楚国令尹。夹敖，亦作“郏敖”，楚康王之子，名员。夹敖继父位四年，叔父公子围杀之而自立。夹敖因葬于夹，故称“夹敖”。敖，春秋时楚国对未成君、无谥号者之称。

③十年：应作“馀眛六年”，相当于楚灵王三年，前538年。

④楚灵王会诸侯而以伐吴之朱方，以诛齐庆封：齐国庆封谋叛失败后，先奔鲁，后奔吴，聚族居住在吴之朱方。楚灵王以讨伐庆封为借口、会合诸侯攻打吴国的朱方。其事见《左传·昭公四年》，亦见于《楚世家》。

⑤取三邑：《左传·昭公四年》曰：“吴伐楚，入棘、栎、麻，以报朱方之役。”

⑥十一年：应作“馀眛七年”，楚灵王四年，前537年。

⑦雩（yú）娄：吴邑名。在今河南商城东北。

⑧十二年：应作“馀眛八年”，楚灵王五年，前536年。

⑨次：驻扎。乾谿：吴邑名。在今安徽亳州东南。

⑩楚师败走：《左传·昭公六年》曰：“令尹子荡帅师伐吴，师于豫章，而次于乾谿，吴人败其师于房锺，获宫厩尹弃疾。”

⑪十七年：应作“馀眜十三年”，前531年。

【译文】

吴王馀祭七年，楚国的公子围杀了楚王夹敖而自立，这就是楚灵王。

吴王馀祭十年，楚灵王会盟诸侯，借口讨伐齐国的乱臣庆封，攻打吴国的朱方。这一年，吴国也出兵攻楚，获取楚国的三个城邑而去。

吴王馀祭十一年，楚伐吴，打到了雩娄。

吴王馀祭十二年，楚国再次出兵攻打吴国，驻扎在乾谿，结果被吴军打败。

吴王馀祭十七年，去世，其弟馀眜继立。

王馀眜二年[①]，楚公子弃疾弑其君灵王代立焉[②]。

四年[③]，王馀眜卒，欲授弟季札。季札让，逃去[④]。于是吴人曰：“先王有命，兄卒弟代立，必致季子。季子今逃位，则王馀眜后立。今卒，其子当代。”乃立王馀眜之子僚为王。

【注释】

①馀眜二年：应作“馀眜十五年”，楚灵王十二年，前529年。

②楚公子弃疾：楚共王之子，楚灵王之弟，后弑其兄而自立，是为楚平王。其事见《楚世家》。

③四年：应作“十七年”，前527年。

④季札让，逃去：凌稚隆引金履祥曰：“季子此时义可以立矣，而不立，则当告之国人，命诸樊之子光而立之，庶无异日之乱矣。然观《史记》所言，则僚亦为国人所属，当时事势虽欲立光亦恐未可也。不然，则季子之义为未尽矣。”

【译文】

吴王馀眜二年，楚国的公子弃疾杀掉了他的国君楚灵王，自立为楚王。

吴王馀眛四年，去世，他死前想把王位传给弟弟季札。季札辞让，又逃走了。于是吴人说："先王曾有遗命，哥哥死后由弟弟代立，一定要把王位传给季札。季札现在逃走了，那么最后即位的是馀眛。现在馀眛死了，应该立他的儿子。"于是立吴王馀眛之子僚为吴王。

王僚二年[①]，公子光伐楚，败而亡王舟[②]。光惧，袭楚，复得王舟而还[③]。

五年[④]，楚之亡臣伍子胥来奔[⑤]，公子光客之[⑥]。公子光者，王诸樊之子也[⑦]。常以为"吾父兄弟四人，当传至季子。季子即不受国[⑧]，光父先立；即不传季子，光当立"。阴纳贤士[⑨]，欲以袭王僚。

【注释】

①王僚二年：当楚平王四年，前525年。

②公子光伐楚，败而亡王舟：据《左传·昭公十七年》，吴伐楚，楚大败吴师，获其王舟馀皇。王舟，吴国先王所乘的舟，名曰"馀皇"。

③"光惧"三句：公子光害怕丢失王舟受惩处，先派人潜伏到馀皇侧，后率众攻击，大败楚人，夺馀皇而归。

④五年：当楚平王七年，前522年。

⑤亡臣伍子胥来奔：伍子胥，名员，楚臣伍奢之子，伍尚之弟。为报父兄之仇逃亡到吴国。其事见《伍子胥列传》。亡臣，逃亡之臣。

⑥公子光客之：据《刺客列传》，伍子胥到达吴国后，知道公子光预谋夺取君权，为他推荐了刺客专诸，自己遂退耕于野。而无"公子光客之"之事。

⑦公子光者，王诸樊之子也：《史记》诸篇皆谓王僚是馀眛之子，谓公子光是诸樊之子；而《公羊传》则谓馀眛是诸樊之子，公子光是

馀眜之子。

⑧即：假若，如果。

⑨阴：暗中。

【译文】

吴王僚二年，吴国的公子光率领军队征伐楚国，被楚人打败，而且将吴国的王舟馀皇丢了。公子光害怕无法交代，就袭击楚军，重新夺回王舟而还。

吴王僚五年，楚国的流亡之臣伍子胥前来投奔，公子光待以客礼。公子光是吴王诸樊的儿子。他常认为“我父亲兄弟四人，应该传国传到季札。季札若不愿为王，我父亲是最先被立为王的；若不传国于季子，我应当继位”。就暗中招贤纳士，准备刺杀吴王僚。

八年[①]，吴使公子光伐楚，败楚师，迎楚故太子建母于居巢以归[②]。因北伐，败陈、蔡之师[③]。

九年[④]，公子光伐楚，拔居巢、锺离[⑤]。初，楚边邑卑梁氏之处女与吴边邑之女争桑[⑥]，二女家怒相灭，两国边邑长闻之，怒而相攻，灭吴之边邑。吴王怒，故遂伐楚，取两都而去[⑦]。

【注释】

①八年：当楚平王十年，前519年。

②太子建母：楚平王的前太子建因费无极的谮毁而被废，逃到郑国。在郑国为乱，为郑国人所杀。其母遭楚平王废弃，仍待在楚国。居巢：楚邑名。在今安徽巢湖东北。为吴、楚交争之地。

③因北伐，败陈、蔡之师：据《左传·昭公二十三年》，吴王与公子光等率军征伐楚之州来（今安徽凤台），楚国令尹率楚军与陈、蔡、许、胡、沈等小国往援。吴军进击，大破楚与诸小国。又乘胜北进，

击败了陈、蔡两国的军队。因，趁机。陈、蔡，皆为西周以来的诸侯国。当时陈国的都城在今河南淮阳，蔡国的都城在今河南上蔡。

④九年：当楚平王十一年，前518年。

⑤锺离：楚邑名。在今安徽凤阳东。春秋时为锺离子国都。

⑥卑梁：吴邑名。在今安徽天长西北。为吴、楚两国的交界处。

⑦取两都：指拔取了居巢、锺离二城。

【译文】

吴王僚八年，吴国派公子光讨伐楚国，打败了楚军，从居巢接来了楚国前太子建的母亲，凯旋而归。接着乘胜北进，击败了陈、蔡两国的军队。

吴王僚九年，公子光又率兵伐楚，夺取了居巢、锺离二邑。起初，楚国边城卑梁邑有少女同吴国边城女子因为争采桑叶，二女的家族气愤之下互相攻杀，两国边邑的官长听说后，怒而相攻，吴国的边邑被灭。吴王大怒，因而出兵伐楚，夺取居巢、锺离二邑而还。

伍子胥之初奔吴，说吴王僚以伐楚之利。公子光曰："胥之父兄为僇于楚①，欲自报其仇耳。未见其利。"于是伍员知光有他志②，乃求勇士专诸，见之光③。光喜，乃客伍子胥。子胥退而耕于野，以待专诸之事。

【注释】

①僇（lù）：通"戮"，杀。

②他志：指想夺取国君之位。

③乃求勇士专诸，见之光：凌稚隆曰："子胥欲报父之仇，乃从人弑君，所以止于权谋之士。"专诸，棠邑（今江苏南京六合区）人。其事见《刺客列传》。按，《左传》作"鱄设诸"。陈直曰："因专诸有炙鱼事，故'专'字加'鱼'旁，以字从义也。"

【译文】

伍子胥刚逃到吴国的时候，就用伐楚的好处来游说吴王僚。公子光说："伍子胥的父兄是被楚国杀害的，他是想报自己的仇。对吴国不见得有好处。"伍子胥于是就明白了公子光别有所图，于是找来勇士专诸，将他推荐给公子光。公子光很高兴，就把伍子胥奉为座上宾。伍子胥则退居郊野耕作度日，来等待专诸大事成功。

十二年冬，楚平王卒[①]。

十三年春[②]，吴欲因楚丧而伐之，使公子盖馀、烛庸以兵围楚之六、灊[③]。使季札于晋，以观诸侯之变。楚发兵绝吴兵后，吴兵不得还。于是吴公子光曰："此时不可失也。"告专诸曰："不索何获！我真王嗣，当立，吾欲求之。季子虽至，不吾废也。"专诸曰："王僚可杀也。母老子弱[④]，而两公子将兵攻楚，楚绝其路。方今吴外困于楚，而内空无骨鲠之臣[⑤]，是无奈我何。"光曰："我身，子之身也。"四月丙子[⑥]，光伏甲士于窟室[⑦]，而谒王僚饮[⑧]。王僚使兵陈于道，自王宫至光之家，门阶户席[⑨]，皆王僚之亲也，人夹持铍[⑩]。公子光详为足疾[⑪]，入于窟室，使专诸置匕首于炙鱼之中以进食[⑫]。手匕首刺王僚，铍交于匈[⑬]，遂弑王僚。公子光竟代立为王，是为吴王阖庐。阖庐乃以专诸子为卿[⑭]。

【注释】

①十二年冬，楚平王卒：据《左传》及《十二诸侯年表》，楚平王死于王僚十一年（前516），当为"十一年秋"。

②十三年：据《左传》及《十二诸侯年表》，王僚于其十二年被弑，没

有十三年，此应作“十二年”，前515年。

③公子盖馀、烛庸：皆王僚同胞弟弟。六：楚邑名。在今安徽六安北。灊（qián）：楚邑名。在今安徽潜山西北。

④母老子弱：王肃曰：“专诸言王母老子弱也。”《索隐》曰：“依王肃解，与《史记》同，于理无失。”当指王僚而言。

⑤内空无骨鲠之臣：徐孚远曰：“言季子已使上国，无立异之人也。”骨鲠之臣，起主心骨作用的大臣。或谓刚正之臣。

⑥四月丙子：当为“三月丙子”，四月没有“丙子日”，“三月丙子”为三月二十九。

⑦窟室：地下室。

⑧谒（yè）：请。

⑨门、户：一扇曰户，两扇曰门。

⑩人夹持铍（pī）：卫士手持长剑夹立两侧。铍，形如刀而两边有刃的剑。

⑪详（yáng）：通“佯”，假装。

⑫炙鱼：烤鱼。

⑬铍交于匈：左右卫士的长铍刺入专诸的胸膛。专诸刺王僚事，详见《左传·昭公二十七年》与《刺客列传》。匈，同“胸”。

⑭卿：官名。商周时天子、诸侯所属的高级官员。诸侯国中，因功勋而经周天子策命者，亦称为“卿”。可世袭。

【译文】

吴王僚十二年冬，楚平王去世。

吴王僚十三年春，吴国想趁着楚国的丧事发兵攻打楚国，派公子盖馀和烛庸率军包围了楚国的六邑和灊邑。并派季札出使晋国，以观察中原各国的动向。楚国出兵切断了吴军的后路，吴军被阻不能回国。这时公子光说：“这个时机不能失去。”他告诉专诸说：“不去寻找怎么能找到东西！我是真正的王位继承人，我应当为王，现在我要得到王位。季札即使回来,也不会废掉我。”专诸说:“王僚是可以杀掉的。他母亲年迈,儿子还小,而两个弟弟领兵伐楚,被楚兵断了后路。目前吴国外被楚军所围,内无骨鲠之臣,他拿我们毫无办法。”公子光说:“我的身体,就是您的身体。”四月丙子日,公子光预先把全副武装的勇士埋伏在地下室里,而后请王僚前来宴饮。王僚派兵列于道旁,从王宫一直到公子光家,门前阶下,以至于酒席筵前,都是王僚的亲信,人人手执利铍。公子光假装脚疼,走进地下室,让专诸把匕首放进了烤鱼的腹中,假装上菜。当专诸抓出匕首刺杀王僚时,王僚武士的利铍也同时刺进了专诸的胸膛,但王僚还是被刺杀了。公子光终于当上了吴王,这就是吴王阖庐。阖庐任命专诸的儿子为卿。

季子至,曰:“苟先君无废祀,民人无废主,社稷有奉,乃吾君也。吾敢谁怨乎?哀死事生①,以待天命②。非我生乱,立者从之,先人之道也③。”复命,哭僚墓,复位而待④。吴公子烛庸、盖馀二人将兵遇围于楚者,闻公子光弑王僚自立,乃以其兵降楚,楚封之于舒⑤。

【注释】

①哀死事生:对死去的君主尽哀,指王僚;对活着的君主尽职,指对篡取了政权的公子光。

②以待天命:《集解》引服虔曰:“待其天命之终也。”竹添光鸿《左氏会笺》曰:“以待天命之自定。”二说皆可。

③先人之道:竹添光鸿曰:“自诸樊以下,兄死弟及,唯立者之从,故云‘先人之道’也。”

④复位而待:回到自己的职位,等待新的安排。

⑤舒:楚邑名。在今安徽庐江西南。

【译文】

季札回国后，说："只要先王的祭祀不断绝，人们不至于没有君主，社稷有人奉祀，那就是我的君主。我能去责怨谁呢？我只能对死去的君主尽哀，对活着的君主尽职，以等待天命。变乱不是我发动的，我拥护立为国君的人，先人们就是这么做的。"于是就到王僚的墓前报告了出使的经过，而后痛哭一番，回到自己的职位等待新的安排。吴国公子烛庸、盖馀带兵遭遇楚军围困，听到公子光杀死王僚做了国王的消息后，便率军投降了楚国，楚国把他们封在舒邑。

王阖庐元年[①]，举伍子胥为行人而与谋国事[②]。楚诛伯州犁，其孙伯嚭亡奔吴，吴以为大夫[③]。

三年[④]，吴王阖庐与子胥、伯嚭将兵伐楚，拔舒，杀吴亡将二公子[⑤]。光谋欲入郢[⑥]，将军孙武曰[⑦]："民劳，未可，待之。"

四年，伐楚，取六与灊[⑧]。

五年，伐越，败之[⑨]。

六年[⑩]，楚使子常囊瓦伐吴[⑪]。迎而击之，大败楚军于豫章[⑫]，取楚之居巢而还。

【注释】

①王阖庐（hé lú）元年：当楚昭王二年，前514年。

②与谋国事：参与谋议国事。与，参与。

③"楚诛伯州犁"三句：伯州犁逃到楚国，其子郤宛为费无极忌恨遭灭族事，见《左传·昭公二十七年》。伯嚭（pǐ），郤宛的儿子，即伯州犁之孙，逃到吴国。

④三年：当楚昭王四年，前512年。

⑤吴亡将二公子：即王僚之弟烛庸、盖馀。

⑥郢（yǐng）：楚国的国都，即今湖北荆州之纪南城。

⑦将军：梁玉绳曰："考《春秋传》，晋使卿为军将，谓之'将中军''将上军''将下军'，虽有'将军'之文，未定'将军'之官，而其名实起于此。自是之后，遂以为官名。"孙武：齐人。奉事于吴王阖庐，作《兵法》十三篇。按，《左传》《国语》中言吴、楚交兵，无孙武其人；《史记》于《吴太伯世家》《孙子吴起列传》《伍子胥列传》中却多次提及。

⑧四年，伐楚，取六与灊：吴之前曾围攻楚的六、灊二邑，吴王阖庐四年，夺取了此二邑。四年，当楚昭王五年，前511年。

⑨五年，伐越，败之：《越王句践世家》云："允常之时，与吴王阖庐战而相怨伐。"则此次所败者是允常。五年，当楚昭王六年，前510年。越，东南地区的小国，都于会稽，即今浙江绍兴。

⑩六年：《索隐》曰："《左传》定二年，当为七年。"即前509年。

⑪子常囊瓦：姓囊名瓦，字子常。时为楚国令尹。

⑫豫章：此豫章非江西南昌的豫章，地址不详。

【译文】

吴王阖庐元年，起用伍子胥为行人之官，并参与谋议国事。楚国诛杀了伯州犁，其孙伯嚭逃到吴国，吴国封他为大夫。

吴王阖庐三年，与伍子胥、伯嚭领兵伐楚，攻取了舒邑，杀掉了吴国逃亡的将领公子烛庸和公子盖馀。阖庐意欲顺势攻取楚国郢都，将军孙武说："现在军民疲惫，还不能攻打，等待时机成熟吧。"

四年，吴军伐楚，夺取了六、灊二邑。

五年，吴军伐越，打败了越国。

六年，楚国派子常囊瓦率军伐吴。吴国派兵迎击，在豫章把楚军打得大败，夺取了楚国的居巢而还。

九年[①]，吴王阖庐谓伍子胥、孙武曰："始子之言郢未可入，今果如何？”二子对曰：“楚将子常贪，而唐、蔡皆怨之[②]。王必欲大伐，必得唐、蔡乃可。”阖庐从之，悉兴师[③]，与唐、蔡西伐楚，至于汉水。楚亦发兵拒吴，夹水陈[④]。吴王阖庐弟夫槩欲战[⑤]，阖庐弗许。夫槩曰：“王已属臣兵，兵以利为上，尚何待焉？”遂以其部五千人袭冒楚[⑥]，楚兵大败，走。于是吴王遂纵兵追之。比至郢，五战，楚五败[⑦]。楚昭王亡出郢[⑧]，奔郧[⑨]。郧公弟欲弑昭王[⑩]，昭王与郧公奔随[⑪]。而吴兵遂入郢[⑫]。子胥、伯嚭鞭平王之尸以报父仇[⑬]。

【注释】

①九年：当楚昭王十年，前506年。

②楚将子常贪，而唐、蔡皆怨之：指唐、蔡二君朝楚时因不贿赂楚令尹子常被拘留而怨恨子常事，见《左传·定公三年》。唐、蔡，为楚国北境的两个姬姓小国名。唐，其国都在今湖北随县西北的唐城镇。蔡，其国都在今河南上蔡。

③悉兴师：意即发动了全国的军队。悉，全，尽。

④夹水陈（zhèn）：在汉水两岸列阵，吴居汉水东，楚居汉水西。陈，同“阵”，列阵，排兵布阵。

⑤夫槩（gài）：夫槩王，吴王阖庐的弟弟。其事见下文。

⑥袭冒：从正面突然袭击。

⑦“比至郢”五句：追至郢都，交战五次，楚军五次全败，其事见《左传·定公四年》。比，等到。

⑧楚昭王：名珍，楚平王之子，前515—前489年在位。

⑨郧（yún）：楚邑名。即今湖北十堰郧阳区。一说即今湖北安陆。

⑩郧公弟：郧县尹之弟。据《伍子胥列传》，郧公之弟名怀。欲弑昭王：因为楚平王当年杀了他们的父亲，故郧公之弟说：“平王杀吾

父，我杀其子，不亦可乎？”

⑪昭王与郧公奔随：郧公阻止其弟，保护楚昭王逃到了随国。其事见《伍子胥列传》与《左传·定公四年》。随，楚国邻境的姬姓小国名。其国都即今湖北随州。

⑫吴兵遂入郢：其事在阖庐九年（前506）之十一月二十八。

⑬子胥、伯嚭鞭平王之尸：中井积德曰：“‘伯嚭’二字衍，楚杀伯州犁在昭王之世，伯嚭何怨于平王哉？”

【译文】

吴王阖庐九年，对伍子胥、孙武说：“当初你们说郢都还不能攻打，现在情况如何？”二人回答说：“楚将子常贪得无厌，唐国、蔡国都怨恨他。大王您若一定要大举伐楚，就必须联合唐、蔡二国才能成功。”阖庐听从了他们的建议，于是发动了全国的军队，与唐国、蔡国联合西行伐楚，一直打到汉水边上。楚国也发兵抵抗，双方隔水列阵。吴王阖庐的弟弟夫槩请战，阖庐不许。夫槩说：“王已把军队委托于我，作战要抓住有利时机才是上策，还等什么呢？”于是就带领着他的五千人马突袭楚军，楚军大败而逃。于是吴王阖庐就纵兵追击。追至郢都，一共交战五次，楚军五次全败。楚昭王逃出郢都，跑到郧邑。郧公之弟想杀死楚昭王，楚昭王和郧公逃到了随国。吴军于是攻进了郢都。伍子胥、伯嚭为报杀父之仇，就从坟墓里挖出楚平王的尸体，加以鞭子抽打。

十年春[①]，越闻吴王之在郢，国空，乃伐吴。吴使别兵击越[②]。楚告急秦，秦遣兵救楚击吴[③]，吴师败[④]。阖庐弟夫槩见秦越交败吴，吴王留楚不去，夫槩亡归吴而自立为吴王。阖庐闻之，乃引兵归，攻夫槩。夫槩败，奔楚。楚昭王乃得以九月复入郢[⑤]，而封夫槩于堂谿[⑥]，为堂谿氏。

十一年[⑦]，吴王使太子夫差伐楚，取番[⑧]。楚恐而去郢徙鄀⑨。

【注释】

①十年：当楚昭王十一年、秦哀公三十二年，前505年。

②别兵：别的部队，另外一支部队。

③楚告急秦，秦遣兵救楚击吴：指楚国申包胥赴秦庭求救，秦国发兵援楚事，见《伍子胥列传》。

④吴师败：据《左传·定公五年》，秦发战车五百乘以救楚，先败夫槩王于沂（在今河南正阳境），又败吴师于军祥（在今湖北随州西南）。

⑤楚昭王乃得以九月复入郢：楚昭王于其十年（前506）之十一月二十七日逃出郢都，于其十一年之九月回到郢都，在外游荡九个多月。

⑥堂谿：又作"棠谿"，楚邑名。在今河南遂平西北。

⑦十一年：当楚昭王十二年，前504年。

⑧吴王使太子夫差伐楚，取番：《左传·定公六年》于此作："吴太子终累败楚舟师，获潘子臣、小惟子及大夫七人。"梁玉绳以为是司马迁误以潘姓为地名。至于此伐楚之"吴太子"，司马迁以为是"夫差"；《左传》则称是"终累"。杜预以为"终累"是夫差之兄；《索隐》以为是"名异而一人"，亦是非难定。疑"终累"是阖庐之故太子，后来被伍子胥所佐助之夫差所篡夺，此处之"夫差"乃司马迁误书耳。番，《索隐》曰："音潘，楚邑名。"

⑨去郢徙鄀（ruò）：离开郢，迁于鄀。鄀，楚邑名。在今湖北宜城东南。

【译文】

吴王阖庐十年春，越国听说吴王远在郢都，吴国国内空虚，于是起兵伐吴。吴国派出另外一支部队迎击越军。楚国向秦国告急，秦国派兵救楚击吴，吴军战败。阖庐之弟夫槩看到吴国连续被秦国、越国打败，而吴王还留在楚国不回，就偷偷地回到吴国而自立为王。阖庐听说后，于是率兵回国，讨伐夫槩。夫槩兵败，投降了楚国。楚昭王才得以在九月重新回到郢都，而把夫槩封在堂谿，成为堂谿氏。

吴王阖庐十一年，吴王派太子夫差率兵伐楚，夺取了番县。楚国感到恐惧，把都城从郢迁到了鄀。

十五年[①]，孔子相鲁[②]。

十九年夏[③]，吴伐越，越王句践迎击之槜李[④]。越使死士挑战[⑤]，三行造吴师[⑥]，呼[⑦]，自刭。吴师观之，越因伐吴，败之姑苏[⑧]，伤吴王阖庐指[⑨]，军却七里。吴王病伤而死。阖庐使立太子夫差，谓曰："尔而忘句践杀汝父乎[⑩]？"对曰："不敢！"三年，乃报越[⑪]。

【注释】

①十五年：当周敬王十六年，前500年。

②孔子相鲁：即指孔子佐鲁定公会齐景公于夹谷事，见《左传·定公十年》与《孔子世家》。相，傧相。

③十九年：当越王句践元年，前496年。

④越王句践：前497—前465年在位。槜（zuì）李：又称"醉李"，越邑名。在今浙江嘉兴西南。

⑤死士：敢死之人。

⑥三行造吴师：排成三行冲到吴军阵前。造，至。

⑦呼：《左传·定公十四年》叙死士呼曰："二君有治，臣奸旗鼓，不敏于君之行前，不敢逃刑，敢归死。"

⑧姑苏：山名。在今江苏苏州西。陈仁锡曰："此衍'姑苏'二字。"

⑨伤吴王阖庐指：《左传·定公十四年》云："灵姑浮（越人）以戈击

阖庐，阖庐伤将指（大脚），取其一屦。”

⑩尔：你。而：通“能”。

⑪报越：向越国讨还血债。

【译文】

吴王阖庐十五年，孔子摄行鲁国傧相事。

吴王阖庐十九年夏，吴国举兵伐越，越王句践率军在槜李迎击。越军派出敢死队挑战，敢死队排成三行，冲到吴军阵前，高呼口号，自刭而亡。吴军只顾观看，越军趁势发起攻击，大败吴军于姑苏，吴王阖庐的脚趾也被砍伤，吴军退却七里。阖庐伤势转重而死。阖庐生前派使者回国立太子夫差为君，对夫差留下遗言说：“你能忘记句践杀了你的父亲吗？”夫差说：“不敢忘！”仅仅过了三年，夫差就报复了越国。

王夫差元年，以大夫伯嚭为太宰①。习战射，常以报越为志。

二年，吴王悉精兵以伐越，败之夫椒②，报槜李也③。越王句践乃以甲兵五千人栖于会稽④，使大夫种因吴太宰嚭而行成⑤，请委国为臣妾⑥。吴王将许之，伍子胥谏曰：“昔有过氏杀斟灌以伐斟寻，灭夏后帝相⑦。帝相之妃后缗方娠⑧，逃于有仍而生少康⑨。少康为有仍牧正⑩。有过又欲杀少康，少康奔有虞⑪。有虞思夏德，于是妻之以二女而邑之于纶⑫，有田一成⑬，有众一旅⑭。后遂收夏众，抚其官职⑮。使人诱之，遂灭有过氏⑯，复禹之绩，祀夏配天⑰，不失旧物⑱。今吴不如有过之强，而句践大于少康。今不因此而灭之，又将宽之，不亦难乎！且句践为人能辛苦，今不灭，后必悔之。”吴王不听，听太宰嚭，卒许越平⑲，与盟而罢兵去。

【注释】

①王夫差元年,以大夫伯嚭为太宰:王夫差元年,前495年。夫差,吴王阖庐之子,前495—前473年在位。以大夫伯嚭为太宰,据《左传》,伯嚭为太宰在阖庐九年,非此时始任此职。太宰,官名。职同丞相。

②二年:当越王句践三年,前494年。吴王悉精兵以伐越,败之夫椒:《索隐》于此有所谓"杜预以为太湖中椒山,非战所,夫椒与椒山不得为一。且夫差以报越为志,又伐越,当至越地何乃不离吴境,近在太湖中"。蒙文通曰:"吴居苏南,越居浙北,并在长江三角洲,向为河道纵横,湖泽众多之水乡泽国。国既水乡,舟楫又众,故其军队亦多舟师。此役为越人先发,越入吴境而吴人应战,其事宜在太湖中。战斗之所乃夫椒山麓之湖上,而非夫椒之山上也。"夫椒,山名。在今江苏苏州西南的太湖中。有人说即今之洞庭西山。

③报槜李也:底本原文作"报之姑苏",视前后文,知此"姑苏"应以"槜李"为宜。今改为"槜李"。

④会稽:会稽山。在今浙江绍兴东南。

⑤大夫种:即文种,字禽,越国大夫。因:通过,借助。行成:求和。

⑥委国:把一个国家的政权交给别人。臣妾:古代男仆称"臣",女奴称"妾"。此指句践以自己为吴王做奴仆,以其妻为吴王做婢妾。

⑦有过氏杀斟灌以伐斟寻,灭夏后帝相:传说有过氏寒浇先杀了斟灌、斟寻,而后又灭了夏王帝相。有过氏,古部落名。在今山东莱州西北。斟灌、斟寻,是忠于帝相的两个部落酋长。后,君。帝相,夏启之孙,仲康之子。帝相失国,依赖斟灌、斟寻复国,后又被寒浇所灭。

⑧后缗(mín):后相的妻子,有仍氏的女儿。娠:怀孕。

⑨有仍:古部族名。在今山东济宁东南。少康:帝相、后缗之子。寒

泥杀帝相，相妃后缗逃归有仍氏所生。曾为有仍氏牧正，又逃至有虞氏为庖正。后与同族攻灭寒浞，恢复夏朝统治，史称“少康中兴”。

⑩牧正：掌管畜牧的官。

⑪有虞：古部族名。传说为舜的后代。约在今河南商丘地区虞城县西南三里。

⑫于是妻之以二女而邑之于纶：于是把两个女儿嫁给了少康，并把纶这块土地封给了少康做采邑。纶，在今河南虞城东南三十里。

⑬成：杜预曰：“方十里为成。”

⑭旅：杜预注：“五百人为旅。”

⑮抚其官职：《集解》引服虔曰：“抚修夏之故官宪典。”意即把夏朝的国家、制度再重建起来。

⑯使人诱之，遂灭有过氏：据《左传·哀公元年》说，少康“使女艾谍浇，使季杼诱豷（浇之弟），遂灭过、戈”。“过”即寒浇部落，“戈”即豷的部落。

⑰祀夏配天：祭天的时候以禹配享。历代帝王祭天，遵例让自己王朝的开国者配享。

⑱不失旧物：意即恢复当年的业绩。旧物，犹言“旧业”。按，关于帝相亡国、少康中兴的故事，见于《左传》之襄公四年、哀公元年，屈原《离骚》，以及《史记》此文。却不见于《夏本纪》。

⑲平：讲和，媾和。

【译文】

吴王夫差元年，任用大夫伯嚭为太宰。夫差演习攻战射击，常以向越国复仇为念。

吴王夫差二年，出动全部的精兵伐越，大破越军于夫椒，报了檇李大败的耻辱。越王句践只得带着甲兵五千人躲进会稽山，派大夫文种通过吴国太宰伯嚭请求讲和，愿以越国作为奴仆之国交付吴国管辖。夫差将要答应，伍子胥谏阻说："往昔有过氏杀斟灌、伐斟寻，灭了夏后帝相。帝相的妻子后缗正身怀有孕，逃到有仍国生下少康。少康长大后给有仍国做牧正。有过氏又要去杀少康，少康逃奔有虞国。有虞氏怀念夏禹的美德，就把两个女儿嫁给了少康，并把纶封给少康做采邑，当时少康只有领地十里，人口五百。后来，他逐渐聚拢夏朝遗民，修复官职制度。他派人去诱惑有过氏，终于把有过氏灭掉，恢复了夏禹的业绩，祭天时以禹配享，回到了夏朝原有的样子。现在吴国不如有过氏强大，而句践的实力大于少康。现在不趁机把他灭掉，反而还想宽赦他，这不是为以后找麻烦吗！而且句践为人，能吃苦耐劳，现在不消灭他，以后一定会后悔。"夫差不听子胥之计，而是听从伯嚭之言，最终同意了越国的求和，和越国订立盟约，而后撤兵回国。

七年[①]，吴王夫差闻齐景公死而大臣争宠[②]，新君弱[③]，乃兴师北伐齐。子胥谏曰："越王句践食不重味，衣不重采[④]，吊死问疾[⑤]，且欲有所用其众。此人不死，必为吴患。今越犹腹心疾[⑥]，而王不先，而务齐，不亦谬乎！"吴王不听，遂北伐齐，败齐师于艾陵[⑦]。至缯[⑧]，召鲁哀公而征百牢[⑨]。季康子使子贡以周礼说太宰嚭，乃得止[⑩]。因留略地于齐鲁之南。

九年[⑪]，为驺伐鲁[⑫]，至，与鲁盟乃去。

十年，因伐齐而归[⑬]。

十一年，复北伐齐[⑭]。

【注释】

①七年：当越王句践八年、齐晏孺子元年，前489年。

②齐景公：名杵臼，前547—490年在位。大臣争宠：指当时齐国的权臣田乞（也称“陈乞”）、鲍牧、高昭子、国惠子等，在齐景公死后互相争夺权力事，见《齐太公世家》。

③新君弱：新君，指晏孺子，名荼。齐景公死后，他继承父位，当时权臣林立，他既无权，年纪又小，故曰“新君弱”。

④食不重味：饭桌上没有两种以上的菜肴。衣不重采：衣服上不见两种以上的颜色。皆说明生活简朴。

⑤吊死问疾：吊祭死者，慰问病人。意即关心人们的生活疾苦。

⑥犹：底本原作“在”，枫山、三条本作“犹”，与《吴语》合，今据改。

⑦败齐师于艾陵：此即“艾陵之战”。此役杀死国书、公孙夏等五位卿大夫、缴获革车八百辆、士兵首级三千颗，获胜而归。据《左传·鲁哀公十一年》，此役在吴王夫差十三年（前484），今乃系之于七年下，误。艾陵，齐邑名。在今山东莱芜东北。一说，在今山东泰安东南。

⑧缯（zēng）：《左传》作“鄫”，鲁邑名。在今山东峄县东。

⑨鲁哀公：名将，前494—前466年在位。征百牢：《集解》引贾逵曰：“周礼，王合诸侯，享礼十有二牢。上公九牢，侯伯七牢，子男五牢。”今吴国以子爵之国要求鲁国用百牢之礼招待，显然无理。征，索要。牢，做祭品用的牛羊猪。

⑩季康子使子贡以周礼说太宰嚭，乃得止：梁玉绳曰：“《左传》会缯在鲁哀七年，当夫差八年；艾陵之师在哀十一年，当夫差十二年，此倒叙会缯于艾陵之后，而并书于夫差之七年，误一，《子胥传》同误。吴之会缯，欲以求霸，非因伐齐而至缯也，误二，《鲁世家》同误。缯之会，吴征百牢，子服景伯对曰：‘先王未之有也。’吴人不听，乃与之。……而此与年表、《鲁世家》竟合与牢、辞召为一，以征牢之对出于子贡，若鲁未尝与吴百牢者，误三。”季康子，名肥，季桓子之子，鲁国的执政。子贡，也作“子赣”，孔子弟子。以

擅辞令与经商闻名。其事见《仲尼弟子列传》。止，据《鲁周公世家》，季康子使子贡以周礼说太宰嚭，吴王曰："我文身，不足责礼。"乃止。

⑪九年：当鲁哀公八年，前487年。

⑫驺（zōu）：此处同"邾"，鲁国临境的一个小国名，即今山东邹县。

⑬十年，因伐齐而归：梁玉绳曰："'十'下脱'一'字，'因''而归'三字衍。"按，梁说是。夫差十一年，即鲁哀公十年（前485）。据《左传》，此年吴与鲁国、邾国、郯国"伐齐南鄙，师于鄎"，而齐之权臣（有说是鲍牧、有说是田常）弑其君齐悼公，吴王为之哭于军门之外三日。吴之水军自海上伐齐，齐人败之，吴王乃还。

⑭十一年，复北伐齐：此即上文所说的"艾陵之役"，在吴、齐两国之间爆发，一方面是出于争夺霸业的需要，一方面是受国内统治集团矛盾斗争的驱使，具有相当典型的军事斗争为政治斗争服务的色彩。见《左传·哀公十一年年》。司马迁将次序误倒。十一年，应作"十二年"，当齐简公元年、越王句践十三年，前484年。

【译文】

吴王夫差七年，听说齐景公死后，齐国的大臣相互争权，新立的国君幼弱无势，于是兴兵北伐齐国。伍子胥劝谏说："越王句践吃饭不设两样以上的菜肴，穿衣不用两种以上的颜色，吊唁死者，慰问病者，这是想利用民众伐吴报仇啊。句践不死，必为吴国大患。现在越国是我国的心腹大患，您却不注重，反而把力量用于齐国，岂非大错特错！"夫差不听，于是北伐齐国，在艾陵大败齐军。兵至缯县，召见鲁哀公，并索取百牢。季康子派子贡用周礼说服了太宰伯嚭，吴王才作罢。于是吴王留下来略取齐、鲁两国的南疆土地。

吴王夫差九年，吴国借口援助邾国而讨伐鲁国，至鲁，与鲁订盟后才离开。

吴王夫差十年，趁势伐齐而归。

吴王夫差十一年，又出兵伐齐。

越王句践率其众以朝吴，厚献遗之[①]，吴王喜。唯子胥惧，曰："是弃吴也[②]。"谏曰："越在腹心，今得志于齐[③]，犹石田[④]，无所用。且《盘庚之诰》有颠越勿遗，商之以兴[⑤]。"吴王不听，使子胥于齐，子胥属其子于齐鲍氏[⑥]，还报吴王。吴王闻之[⑦]，大怒，赐子胥属镂之剑以死[⑧]。将死，曰："树吾墓上以梓[⑨]，令可为器[⑩]。抉吾眼置之吴东门[⑪]，以观越之灭吴也[⑫]。"

【注释】

①厚献遗（wèi）之：《左传》于此曰："吴将伐齐，越子率其众以朝焉，王及列士皆有馈赂。"遗，赠给，赏赐。

②是弃吴也：泷川曰："枫山、三条本'是'下有'天'字，义长。"《左传》于此作"是豢吴也"，杜预注："豢，养也。若人养牺牲，非爱之，将杀之。"

③得志于齐：意即打败齐国。

④石田：指不能耕种的土地。

⑤《盘庚之诰》有颠越勿遗，商之以兴：《盘庚之诰》，即《尚书》中的《盘庚》，是商朝帝王盘庚迁都时告诫其部众的训辞，分上、中、下三篇。颠越勿遗，商之以兴，意谓对于乱妄之人只有消灭干净，商王朝才能兴旺。颠越，指狂妄不听命的人。按，《盘庚》的原文为："乃有不吉不迪，颠越不恭，暂遇奸宄，我乃劓殄灭之，无遗育，无俾易种于兹新邑。"这里只用两句概括了上引一段原文的意思。子胥谏吴王之语较长，见《左传》与《伍子胥列传》，两处略同，此约举其意。《国语》述此最详，然与《左传》出入较大。

⑥属（zhǔ）其子于齐鲍氏：凌稚隆引穆文熙曰："子胥属子于齐，盖誓以死谏，且不欲绝先人之后也。或谓属镂之剑乃所自招，不知其心矣。"属，托付。鲍氏，齐国大族，鲍叔牙的后代。

⑦吴王闻之：据《伍子胥列传》，此是伯嚭向吴王透露了伍子胥属其子于齐之事，并趁机进谗说其有异志。

⑧属（zhǔ）镂之剑：属镂剑。"属镂"为剑名。

⑨梓（zǐ）：一种乔木，树干端直，耐湿。古人常用以做棺木。

⑩令可为器：泷川引秦鼎曰："暗致备王棺材之意。"器，棺材。

⑪抉（jué）：挖。

⑫以观越之灭吴也：《正义》于此句下引《吴俗传》称日后有子胥鬼魂化波涛以助越军攻破吴城事。按，《左传》以倒叙笔法系子胥之谏吴王于艾陵之役前，系吴王杀子胥在艾陵之役后，前后顺理成章。据《国语・吴语》，子胥也是被杀于艾陵之役后。但《伍子胥列传》所载伯嚭之谗言，又似乎子胥之谏吴王乃在前次（十一年）的伐齐之前，而吴王之杀子胥乃在艾陵之役前。或者司马迁正是欲调停伯嚭谗言中的此项矛盾，故将子胥谏词分作两段，载于两处。其实伯嚭的这段谗言，颇可怀疑，其毁谤子胥可也；所述史实之次序则似不足为据。

【译文】

越王句践率领部众来向夫差朝贺，进献了许多厚礼，夫差很高兴。只有伍子胥感到忧惧，说："这是要毁弃吴国啊。"于是劝谏夫差说："越国近在腹心之地，即使我们战胜齐国，那也好比获得石头田地，没有用处。况且《盘庚之诰》里说，乱妄之人只有消灭干净，商王朝才能兴旺。"夫差不听，派伍子胥出使齐国，伍子胥把儿子托付给齐国的鲍氏，而后回国复命。夫差听说后大怒，把属镂剑赐给伍子胥，令他自杀。伍子胥临死时说："在我的坟上种上几棵梓树，将来可以用它来做棺材。把我的眼睛挖出来放在国都的东门上，让我看着越国灭掉吴国。"

齐鲍氏弑齐悼公[①]。吴王闻之，哭于军门外三日，乃从海上攻齐。齐人败吴，吴王乃引兵归。

【注释】

①齐鲍氏弑齐悼公：《史记》言杀齐悼公者为鲍牧，而据《左传》，鲍牧已在齐悼公二年被杀。梁玉绳曰“田氏杀阳生”，认为杀齐悼公者为田常。鲍子，此指鲍牧。齐悼公，名阳生，前488—前485年在位。

【译文】

齐国的鲍氏杀掉了齐悼公。夫差听说后，在军门外面哭了三天，于是从海上出兵伐齐。结果吴国被齐国打败，夫差只得率兵回国。

十三年[①]，吴召鲁、卫之君会于橐皋[②]。

十四年春，吴王北会诸侯于黄池[③]，欲霸中国以全周室[④]。六月丙子[⑤]，越王句践伐吴。乙酉[⑥]，越五千人与吴战。丙戌，虏吴太子友[⑦]。丁亥[⑧]，入吴。吴人告败于王夫差，夫差恶其闻也[⑨]。或泄其语，吴王怒，斩七人于幕下[⑩]。七月辛丑[⑪]，吴王与晋定公争长[⑫]。吴王曰：“于周室我为长[⑬]。”晋定公曰：“于姬姓我为伯[⑭]。”赵鞅怒，将伐吴[⑮]，乃长晋定公[⑯]。吴王已盟，与晋别，欲伐宋[⑰]。太宰嚭曰：“可胜而不能居也。”乃引兵归国。国亡太子，内空，王居外久，士皆罢敝[⑱]，于是乃使厚币以与越平。

【注释】

①十三年：当鲁哀公十二年、卫出公十年，前483年。

②吴召鲁、卫之君会于槖(tuó)皋:据《左传·哀公十二年》,吴、鲁会盟于槖皋,吴、卫会盟于郧。梁玉绳曰:“鲁于夏会吴于槖皋;卫于秋会吴于郧,此与《表》言卫亦会槖皋,非。”鲁、卫之君,鲁君为鲁哀公,卫君为卫出公,名辄。槖皋,吴邑名。即今安徽巢湖西北之柘皋镇。

③十四年春,吴王北会诸侯于黄池:十四年春,吴王与晋定公、鲁哀公在黄池会盟,周天子派单平公前往。十四年,当晋定公三十年,前482年。黄池,宋邑名。在今河南封丘西南。“黄池会盟”故址在今河南封丘之坝台村东,现存清代康熙十二年知县岳峰秀所立的“古黄池”碑一通,上书“春秋哀公会晋侯、吴子于此”,遗址经黄河泛滥淤埋。

④欲霸中国以全周室:想称霸中原,以保全周室。泷川曰:“枫山、三条本‘全’作‘令’。”“令周室”即假借周室的名义以号令诸侯,疑作“令”者是。

⑤六月丙子:夏历六月十一。

⑥乙酉:六月二十。

⑦丙戌,虏吴太子友:《左传·哀公十三年》曰:“大败吴师,获太子友、王孙弥庸、寿于姚。”《越世家》作“杀吴太子”,《伍子胥列传》作“袭杀”,《吴越春秋》作“虏杀”,《吴世家》作“虏”,足见司马迁见歧异而并存。丙戌,六月二十一。

⑧丁亥:六月二十二。

⑨恶其闻:《集解》引贾逵曰:“恶其闻诸侯。”即害怕其他国家得知这个消息。

⑩斩七人于幕下:在帐幕里将七个知情者灭口。杨伯峻曰:“幕,诸侯会盟时于野,各国自立帐幕。”

⑪七月辛丑:七月初七。

⑫晋定公:名午,前511—前475年在位。争长:争当盟主。

⑬于周室我为长：杜预曰："吴太伯后，故为长。"吴太伯是古公亶父的长子，季历的长兄，文王的大伯父，故在姬姓诸侯中吴国的辈分最长。

⑭于姬姓我为伯：在姬姓诸侯中，晋国自晋文公以来长期居于霸主地位。伯，通"霸"。

⑮赵鞅怒，将伐吴：据《左传·哀公十三年》，赵鞅呼晋大夫司马寅曰："日旰矣，大事未成，二臣之罪也。建鼓整列，二臣死之，长幼必可知也。"赵鞅，即赵简子，当时执掌晋政。

⑯乃长晋定公：此说《左传》作"乃先晋人"，二者相同；但《国语》《公羊传》与《史记》之《秦本纪》《晋世家》《赵世家》则皆云"长吴"，《史记》自我矛盾。

⑰宋：西周初期以来的诸侯国，始封之君为纣王之兄微子启，国都在今河南商丘城南。

⑱罢（pí）敝：即疲敝。罢，疲惫。

【译文】

吴王夫差十三年，吴国召集鲁、卫两国国君在橐皋会盟。

吴王夫差十四年春，夫差北上与诸侯们会盟于黄池，想称霸中原，以保全周室。六月丙子日，越王句践起兵伐吴。乙酉日，越兵五千人与吴兵交战。丙戌日，俘获吴国太子友。丁亥日，越军进入吴国。吴人把战败的消息报告给了吴王夫差，夫差不愿让诸侯们知道这个事。可是有人走漏了风声，夫差大怒，在帐下斩杀了七个知情者。七月辛丑日，夫差与晋定公争当盟主。夫差说："在周室宗族中，我的祖先排行最大。"晋定公说："在姬姓的诸国中，只有晋国当过霸主。"晋国大夫赵鞅很生气，想要攻击夫差，于是夫差只好尊晋定公当了盟主。夫差同诸侯订盟后，辞别了晋定公，想移兵伐宋。太宰伯嚭说："现在即使战胜了宋国，也不可能居住在那里。"于是夫差领兵回国。这时吴国没有了太子，内部空虚，夫差长久在外，士卒疲乏，于是夫差派使者带着厚礼，去与越国讲和。

十五年[①]，齐田常杀简公[②]。

十八年[③]，越益强[④]。越王句践率兵复伐败吴师于笠泽[⑤]。楚灭陈[⑥]。

二十年[⑦]，越王句践复伐吴。

二十一年[⑧]，遂围吴。

二十三年十一月丁卯[⑨]，越败吴[⑩]。越王句践欲迁吴王夫差于甬东[⑪]，予百家居之。吴王曰："孤老矣[⑫]，不能事君王也。吾悔不用子胥之言，自令陷此。"遂自刭死[⑬]。越王灭吴，诛太宰嚭，以为不忠[⑭]，而归。

【注释】

①十五年：当齐简公四年，前481年。

②齐田常杀简公：有关田常弑其君齐简公事，见《左传·哀公十四年》。田常，本名田恒，即"陈恒""陈成子"，汉人避文帝刘恒讳，称之"田常""陈常"，当时为齐国权臣。简公，齐简公，名壬，前484—前481年在位。

③十八年：当越王句践十九年，前478年。

④益：更加。

⑤笠泽：即今江苏苏州南之吴淞江。杨伯峻曰："旧以笠泽为太湖，然太湖周六百八十余里，跨浙江、江苏两省，不得'夹水而陈'也。"

⑥楚灭陈：据《左传·哀公十七年》，楚白公之乱时，陈人趁势侵楚，楚惠王十一年，即前478年，楚惠王复国，派公孙朝帅师灭陈。陈，西周初年建立的诸侯国，陈满为始封之君，相传为舜的后代，见《陈杞世家》。

⑦二十年：当越王句践二十一年、鲁哀公十九年，前476年。

⑧二十一年：当越王句践二十二年，前475年。

⑨二十三年：当越王句践二十四年，前473年。十一月丁卯：十一月二十七。

⑩越败吴：《左传》作“越灭吴”。据《国语·越语》与《越王句践世家》，越军围困吴都三年，“吴师自溃”，越遂灭吴。徐孚远曰：“与越平后，又九年而灭，此九年中犹尚可图存也，将志衰势失，坐以须弊耶？”是败、是灭，持两说。

⑪甬东：即今浙江之舟山群岛，当时属越。

⑫孤：古代诸侯君王的自称。

⑬自刭（jǐng）：用刀割颈自杀。

⑭“越王灭吴”三句：梁玉绳曰：“《左传》哀二十二年越灭吴，二十四年有太宰嚭，则未尝诛也。故《通鉴外纪》云：‘嚭入越亦用事，安得吴亡即诛哉？而《史记》世家、列传及《越绝》《吴越春秋》皆言诛嚭；《吕氏春秋·顺民》篇言‘戮吴相’，似不足为信。余仲弟履绳著《左通》，有说曰：‘越之灭吴，嚭与有功，越王不杀，所以报之。然西施沉江，伯嚭不诛何也？岂灭吴之时，特从宽宥以赏功；久方孥戮以正罪耶？”

【译文】

吴王夫差十五年，齐国的田常杀死了国君齐简公。

吴王夫差十八年，越国更加强大。越王句践再次率兵伐吴，大破吴军于笠泽。楚国灭掉了陈国。

吴王夫差二十年，越王句践又起兵征伐吴国。

吴王夫差二十一年，越军包围了吴国首都。

吴王夫差二十三年十一月丁卯日，越国打败了吴国。越王句践想把吴王夫差迁徙到甬东，给他百户人家让他住在那里。吴王说：“我老了，不能再奉事您了。我后悔没听伍子胥的话，让自己落到这种地步。”于是自刭而死。越王句践灭掉吴国后，诛杀了太宰伯嚭，认为他不是忠臣，于是胜利而归。

太史公曰：孔子言“太伯可谓至德矣，三以天下让，民无得而称焉”[①]。余读《春秋》古文[②]，乃知中国之虞与荆蛮句吴兄弟也。延陵季子之仁心，慕义无穷[③]，见微而知清浊[④]。呜呼，又何其闳览博物君子也[⑤]！

【注释】

①“孔子言”句：所引见《论语·泰伯》。三以天下让，《正义》引江熙曰：“太伯少弟季历生文王昌，有圣德，太伯知其必有天下，故欲传国于季历。以太王病，托采药于吴越，不反。太王薨而季历立，一让也；季历薨而文王立，二让也；文王薨而武王立，遂有天下，三让也。又释云：太王病，托采药，生不事之以礼，一让也；太王薨而不反，使季历主丧，不葬之以礼，二让也；断发文身，示不可用，使历主祭祀，不祭之以礼，三让也。”民无得而称：没有办法称说，极言其道德之高远无边。

②《春秋》古文：泷川曰：“即《左氏春秋传》，刘歆《与太常博士书》、许慎《说文》序可证。”

③慕义：追慕正义。

④见微而知清浊：通过微小的事物辨别是非善恶。李光缙引赵恒曰：“论泰（太）伯之德，而继以‘季子之心慕义无穷’，言不愧乃祖也。‘见微知清浊’以所使诸国事言，‘见微’一事，知兴衰也；‘知清浊’一事，观于周乐也。末句缴束‘见微知清浊’句。”清浊，犹言是非善恶。

⑤闳（hóng）览：眼界开阔，见识深广。

【译文】

太史公说：孔子曾说“吴太伯的德行可以说是至高无上了，他多次辞让天下，人们不知道该如何去称赞他才好”。我读过《春秋》古文，才知道中原地区的虞国跟荆蛮一带的吴国原来是兄弟之国。延陵季子有一种仁爱之心，能永无止境地仰慕德义，能从细微的苗头辨别日后的善恶。啊，又是一个多么见多识广、博学多闻的君子啊！

【吴国诸侯世系表】

寿梦（前585—前561）——诸樊（寿梦子，前560—前548）——馀祭（诸樊弟，前547—前544）——馀眛（馀祭弟，前543—前527）——王僚（馀眛子，前526—前515）——阖庐（诸樊子，前514—前496）——夫差（阖庐子，前495—前473）被越所灭。

【集评】

杨慎曰：“《尚书》首《尧典》《舜典》，《春秋》首隐公，世家首太伯，列传首伯夷，贵让也。”（《史记题评》）

董份曰：“季子历之列国，决其兴亡如蓍兆响应，而不能知公子光之将弑僚何也？其知而不言以滋乱贼之祸则不可晓，岂以为光真当立耶？吴国兄弟皆相祝早亡以传次于札，弟受位而不敢私，子失位而不敢言，其信札专矣。诚以光为当立，则以大义责其国人而立之，僚必不敢不听，何至滋乱也？盖札自洁之士，而于身任社稷或非其才所能耶？岂止洁其身而不顾社稷哉？”（《史记评林》引）

独孤及曰：“废先君之命，非孝也；附子臧之义，非公也；执礼全节，使国篡君弑，非仁也；出能观变，入不讨贼，非智也。……彼诸樊无季历之贤，王僚无武王之圣，而季子为太伯之让，是徇名也，岂曰至德？且使争端兴于上替，祸机作于内室，遂错命于子光，覆师于夫差，陵夷不反，二代而吴灭。……呜呼，全身不顾其业，专让不夺其志，所去者忠，所存者节，善自牧矣，谓先君何？与其观变周乐，虑危戚钟，曷若以萧墙为心，社稷是恤？复命哭墓，哀死事生，孰与先衅而动，治其未乱？弃室以表义，挂剑以明信，孰与奉君父之命，慰神祇之心？则独守纯白，不义于嗣，是洁己而遗国也。吴之覆亡，君实阶祸，且曰‘非我生乱’，其孰生之哉？其孰生之哉？”（《吴季札论》）

苏轼曰：“季子观乐于鲁，知列国废兴于百年之前。方其救陈也，去吴之亡十三年耳，而谓季子不知可乎？季子知国之必亡，而终无一言于夫差，知言之无益也。夫子胥以阖庐伯，而夫差杀之如皂隶，岂独难于季子乎？呜呼，悲夫！吾以是知夫差之不道，致使季子不敢言也。”（《史记评林》引）

【评论】

吴国在西周至东周前期默默无闻，但到春秋后期在晋国的帮助下迅速发展强大，其巅峰时期竟至于打败强楚，攻破了楚国的都城，又打败越国，使其俯首称臣，然而不过二十余年便彻底灭亡。相比较发展轨迹，司马迁则更注意其历史的传奇性，与其中所具有的深刻的历史教训。

司马迁之所以把此篇作为“世家”部分的第一篇，其着眼点在于他歌颂吴太伯的“让国”，以借此表达他“天下为公”的政治理想，这与“本纪”的第一篇歌颂尧舜禅让、“列传”的第一篇歌颂伯夷是彼此呼应的。凌稚隆曰：“吴之让国，于商得太伯、仲雍焉；又百年，而得伯夷、叔齐焉；又五百年，而后季札者出，其所从来远矣。彼春秋之世，臣弑君，子弑父，以力而相角者，踵相接也，其视让国之义何如？太史公特表而出之，有深意在。”（《史记评林》）吴太伯的“让国”不是单纯地让国，他奔吴之举，是积极的进取与开拓，去吴国开辟自己的事业，所以吴太伯不仅是道德高尚，也是才能超群的强者，所以后世学者评价其精神实质是：让贤、开拓、尚德。

与吴太伯的“让国”相似，季札也有“让国”之举，司马迁对此事的态度也是高度赞扬的，他在篇末“太史公曰”中说，“延陵季子之仁心，慕义无穷”，就是这个意思。但是后代学者对季札的行为却有着不一样的认识。有人认为季札让国是情非得已,"见夫吴之俗狠戾而好战,日寻楚之干戈,而僚以贪愎躁勇之性,光以狡悍忍诟之资左右焉,其人目睨而齿击,盖未尝一日而忘乎王位也。札欲以礼息斗而不能,以义割恩而不忍,其身之不恤,而何有于国?故熟计而舍之,非得已也"(王世贞《读史论辨》),但后果是使吴国实际出现了权位之争,公子光最后弑吴王僚而自立。季札虽以"苟先君无废祀,民人无废主,社稷有奉,乃吾君也"为辞服从阖庐,使动乱就此平息,但谁能说乱不由他而起呢?锺惺说他"当阖庐弑立之际,趋避圆捷,与晏子处崔杼之乱同一机权,是古今一大乡愿也"(《史怀》),评价非常恰当。综观季札的"让国",其本质与吴太伯的"让国"完全不同。吴太伯是为了利国利民,是为了"让贤"而让国;季札则更多是出于自洁利己,为了明哲保身,境界差得很远。

"让国"只有在以利国利民的"让贤"为精神内核时才值得赞美,为让国而让国,不顾国家人民,是一种不负责任的表现,不仅不应赞美,还是必须批判的。司马迁一律加以赞美,是针对着统治集团的争权夺利、道德败坏而言,我们则需要加以辨别。

对于这个长江中下游的吴国是不是就是吴太伯建立的吴国,吴国诸侯是否为吴太伯后裔,司马迁言之凿凿,但后代学者却很有争议。"太伯"的名字最早见于《诗·皇矣》,其中有所谓:"帝作邦作对,自太伯、王季。维此王季,因心则友。则友其兄,则笃其庆。载锡之光,受禄无丧,奄有四方。"从这几句诗里,可以引申出是由于太伯"让"出继承权,才使王季享有了周国。至于"作邦作对"是什么意思,大概杨宽先生所说的太王派太伯、仲雍到山西建立虞国,给日后周国的向东发展做桥头堡,就是从这几句话中悟出来的。《皇矣》是西周时期的作品,提供的信息十分珍贵。此外明确说到太伯"三以天下让"的是孔子,见《论语·泰伯》,但没有说到"奔吴"。说太伯"奔吴",并说他在长江下游创建吴国的是《左传》与《国语》,司马迁的《吴太伯世家》主要就是依据《左传》与《国语》的说法写成的。但是现在发现的这一地区的西周时期墓葬,其文化内涵并不是周文化，根本不符合周人贵族的身份与习俗，致力于周文化考古研究数十年的张长寿先生也说湖熟文化的器物，与周文化完全是两回事，无论是质地、造型、纹饰、工艺等都不一样。所以很多学者认为春秋时期南方的吴国的始祖，并不是太伯、仲雍。太伯的吴，实为北方的虞（国都在今山西平陆北）。南方的吴国说自己是太伯的后裔，最早是在申公巫臣到吴国之后，这应该是为了与中原诸国建立联系，“攀龙附凤”的结果，吴王的“认祖归宗”也是吴王寿梦时期的事，这在《左传》中记载是很清楚的。至于司马迁认定吴国诸侯的族属是姬姓周人，应该与他说秦、楚甚至匈奴、百越之君都是黄帝之后一样，出于同一种民族思想，其形成是与汉武帝时期西汉帝国的空前统一、空前强大的客观形势密不可分的。

吴太伯奔入荆蛮后，“断发文身”，入乡随俗的表现，与赵佗之在南越、卫满之入朝鲜的表现完全相同，也正是由于他们能首先将自己融于兄弟民族，所以他们才能在这些兄弟民族中站住脚跟，受到拥护，并逐渐在那里发展成为一个具有相当实力的地方政权，这里也清晰的表露着司马迁的一种先进的民族思想。

吴国的强大始于吴王寿梦，其中申公巫臣是最关键的人物。他教吴人用兵车，为吴引进中原的车战技术，使吴国的军事力量明显加强。这是最为表象的方面。而为了支持车战，吴国的社会组织与运行方式也必须进行相应的改革，为适应车战的编组形式，吴国也需要建立相应的卒伍制度，将百姓按卒伍制编制起来，对于底层社会组织进行整顿；而春秋诸国的战车数量与国家的赋税紧密相关，吴国要组织车战，其赋税制度也需进行相应的变革。可以说经过引进车战这一战争技术，吴国最基础也是最根本的国家组织制度得到了变革与提升，其国内生产能力也随之提升，吴国也就在这时强大起来。车战还是中原“礼制”的重要象征之一。车战的进行有一定的“礼”的要求，虽然春秋时期“军礼”已经没有西周时期那样受到重视并严格执行，但车战代表着有“礼”的战争，是符合礼制的战争样式，学会车战也就是学会了中原的“礼”，吴国也就可以凭此与中原诸国交往，一步步被中原诸国接纳，“始通于中国”了。

阖庐与夫差都是发展吴国、发展长江下游地区的杰出人物，也是春秋末期最引人注意的悲剧英雄。夫差的悲剧在于轻敌、在于方针路线的错误，而绝不是小说戏剧所演绎的“荒淫残暴”。与晋国为了反楚而支持吴国一样，楚国为了反吴而支持越国。夫差不彻底安顿后方，而一味北上与齐国争锋，从而使句践的阴谋得逞，明白这一点也就知道后来诸葛亮为什么要花那么多力气“五月渡泸，深入不毛”地去“七擒孟获”了。但夫差的确不愧是一位令人抱憾的悲剧英雄。

吴以周人后裔的身份继楚之后公开称王，这对中原各国的震动更大于楚国。楚国自认蛮夷，其称王被中原诸国看作本族之外的事，是“外人”对本族的挑战；吴自称周人之后而称王则是本族内“小宗”对“大宗”的僭越，使以周王为共主的天下秩序进一步崩坏，对宗法制形成强烈冲击，对进入战国后华夏列国相继称王无疑产生了深刻影响。

吴国任用“外人”参与国家决策，这在春秋时期极其与众不同。如申公巫臣及其子狐庸由楚奔晋，当算晋国人，他们帮助吴国完成了“蛮夷”向“诸侯”的转变；伍子胥是流亡到吴国的楚国人，在他“三师以肄”的策略指导下，消耗了楚国国力，并且和齐国来的军事家孙武一起指挥吴军攻入楚都，震动诸侯，完成了从一般国家到国际强国的转变；而致使吴国灭亡的另一个楚国人伯嚭也难逃责任。实际上正是这些人导演了吴、楚、越三国之间悲壮的活剧。吴国这种冲破宗法制度藩篱，大胆起用外来人才的举动，对于战国时期士阶层的兴起以及客卿制度的形成都产生了极大的推动作用。

需要注意的是，本篇写吴师入郢之战时，提到统帅有孙武，在《孙子吴起列传》《伍子胥列传》中也说孙武指挥了这一战役，而《左传》等先秦文献中则完全没有孙武这个人；此战本篇也只提到了夹汉水阵一场战斗，《伍子胥列传》也是这样说，而《左传》还记载了柏举一战。具体分析可以参看相关篇目的注释与评论，此处不再赘述。

齐太公世家第二

【释名】

《齐太公世家》取材《国语》《左传》《公羊传》，又参考了《管子》《晏子春秋》《韩非子》《吕氏春秋》等书，记述了从齐太公始封到田和代齐的姜齐六百余年、共二十八世的历史。本篇以齐桓公之死为界分为前后两个阶段。第一阶段是姜齐的兴盛期，司马迁对这个阶段着重叙述的史实有：姜齐始祖吕尚辅佐文、武二王开创周朝基业，封于齐后为建设齐国立下丰功伟绩；齐桓公在管仲等贤臣辅佐下称霸诸侯。第二阶段是姜齐的衰落期，司马迁着重叙述了崔、庆之乱与陈氏代齐。在篇末的“太史公曰”中，司马迁赞美了齐国的河山与人民，并对“太公之圣”与“桓公之盛”给予了热情揄扬。

太公望吕尚者①，东海上人②。其先祖尝为四岳③，佐禹平水土甚有功。虞夏之际封于吕④，或封于申⑤，姓姜氏。夏商之时，申、吕或封枝庶子孙⑥，或为庶人⑦，尚其后苗裔也⑧。本姓姜氏，从其封姓，故曰吕尚。

【注释】

①太公望吕尚：姓姜，名尚，又名牙；因其祖先曾封于吕，以地为氏，

故氏吕；周文王时号“太公望”，周武王尊称他“师尚父”，齐人追称他为“太公”，俗称“姜子牙”。辅佐西周文、武二王推翻商纣统治，封于齐。先秦不少典籍记有姜尚事迹，然出入较大；有关其称谓的说法也相当混乱。《索隐》曰：“谯周曰：‘姓姜，名牙。炎帝之裔，伯夷之后，掌四岳有功，封之于吕，子孙从其封姓，尚其后也。’案，后文王得之渭滨，云：‘吾先君太公望子久矣。’故号‘太公望’。盖‘牙’是字，‘尚’是其名，后武王号为‘师尚父’也。”崔述曰：“盖‘望’其名也，‘尚父’其字也，‘吕’其氏也，‘姜’其姓也，‘师’其官也，‘公’其爵也；太公，齐人之追号之也。……‘师尚父’者，连官与字而称之者也，犹所谓保奭、史佚也；太公望者，连号与名称之者也，犹所谓周公旦、召公奭也。‘吕尚’者，连氏与字称之而省文者也。”

②东海上人：《吕氏春秋·首时》曰：“东夷之士也。”梁玉绳曰：“《吕氏春秋·当染》《首时》注，《淮南·氾论》注，《水经注》九并言太公是河内汲人，此云‘东海’，《路史》注谓因《孟子》失之，盖误以避居为其乡也。刘向《列仙传》曰冀州人，《吕氏·首时》曰‘东夷之士’。高诱云‘河内于丰、镐为东’。”东海，指今山东之东南部、江苏之东北部一带。上，岸边。此指滨海一带、滨海地区。

③四岳：章炳麟曰：“《尚书》载唐虞之世，与天子议大事者为四岳。”关于四岳，历来有几种说法，一是尧、舜时官名，掌管四时、方岳巡守之职；一是共工的后裔，因帮助大禹治水有功，被封于吕，并做了诸侯之长；一是尧臣羲和四子，分掌四方诸侯。

④吕：一作“甫”，古国名。在今河南南阳西。

⑤申：古国名。在今陕西、山西之间。周宣王时一部分南迁于谢（故城在今河南南阳）。

⑥枝庶：即支庶，嫡长子以外旁出的支系。

⑦庶人：平民。

⑧苗裔（yì）：后裔，后代子孙。

【译文】

太公望吕尚，是东海边上的人。他的先祖曾经担任过四岳一职，辅佐大禹治理水土，很有功劳。虞舜、夏禹的时候被封在吕地，有的被封在申地，姓姜。夏、商时期，申、吕两地的宗族有的旁系子孙继续受封，有的沦为平民，姜尚是他们的后代。本姓姜，后来用他的封地为姓，所以叫吕尚。

吕尚盖尝穷困，年老矣[①]，以渔钓奸周西伯[②]。西伯将出猎，卜之[③]，曰："所获非龙非彨[④]，非虎非罴[⑤]；所获霸王之辅。"于是周西伯猎，果遇太公于渭之阳[⑥]，与语，大说[⑦]，曰："自吾先君太公曰'当有圣人适周，周以兴'[⑧]。子真是邪？吾太公望子久矣。"故号之曰"太公望"，载与俱归[⑨]，立为师[⑩]。

【注释】

①吕尚盖尝穷困，年老矣：《索隐》引谯周曰："吕望尝屠牛于朝歌，卖饮于孟津。"《荀子·君道》云："（周文王）倜然乃举太公于州人而用之，……则夫人行年七十有二，齫然而齿堕矣。"盖，表推测的语气词，大概，或许。尝，曾经。

②以渔钓奸（gān）周西伯：《正义》引《括地志》曰："兹泉水源出岐州岐山县西南凡谷。《吕氏春秋》云：'太公钓于兹泉，遇文王。'郦元云：'磻溪中有泉，谓之兹泉。泉水潭积，自成渊渚，即太公钓处，今人谓之凡谷。石壁深高，幽篁邃密，林泽秀阻，人迹罕及。东南隅又石室，盖太公所居也。水次有磻石可钓处，即太公垂钓之所。其投竿跪饵，两膝遗迹犹存，是有磻溪之称也。其水清泠神异，北流十二里注于渭。'《说苑》云：'吕望年七十钓于渭渚，

三日三夜鱼无食者。望即忿,脱其衣冠。上有农人者,古之异人,谓望曰:'子姑复钓,必细其纶,芳其饵,徐徐而投,无令鱼骇。'望如其言,初下得鲋,次得鲤。刺鱼腹得书,书文曰'吕望封于齐'。望知其异。"梁玉绳曰:"太公就养西归,天下仰为大老,何云'奸'也?猎渭载归之说,余犹疑之,此皆战国好事者伪造,不足依信。《吕览·首时》篇谓太公闻文王贤,故钓于渭以观之,言尚近理;然圣如文王,太公应久见知,何烦'观'乎?盖太公未遇时,若渔钓,若屠牛,若卖食,或曾为之,总非归西伯时事。诸子纷驰,千言成实,甚且衍为鱼腹得书之异,见《正义》。其妄与《搜神记》海神托梦同。"奸,求取。此处可理解为求见、结识。周西伯,即周文王姬昌,殷末时为西方的诸侯之长,故称"西伯"。

③卜:占卜。

④彨(chī):即"螭",传说中一种像龙、无角的动物。

⑤羆(pí):兽名。郭璞曰:"似熊而黄白色,猛憨,能拔树。"

⑥渭之阳:即渭水的北岸。水之北或山之南曰"阳"。

⑦说:同"悦"。

⑧先君太公:周文王称其父季历曰"先君太公"。

⑨载与俱归:坐车和他一起返回。俱,偕同,一起。

⑩师:周代官名。又称"太师",辅佐天子处理国家一切事务。

【译文】

吕尚曾经生活穷困,岁数大了,用钓鱼的办法求遇周西伯。周西伯将要出外打猎,占卜说:"所获不是龙不是螭,不是虎也不是羆;获得的是霸王之业的辅佐之臣。"周西伯于是出外打猎,果然在渭水的北岸遇见太公,与他交谈,非常高兴,说:"听我的先君太公说'当有圣人到周,周因此会兴盛起来'。您果真就是这个人吧?我先君太公盼望您已有很长时间了。"所以称他为"太公望",和他同乘一辆车子一起回去,立刻任他为军师。

或曰，太公博闻，尝事纣①。纣无道②，去之。游说诸侯，无所遇，而卒西归周西伯③。或曰，吕尚处士④，隐海滨。周西伯拘羑里⑤，散宜生、闳夭素知而招吕尚⑥。吕尚亦曰："吾闻西伯贤，又善养老，盍往焉⑦？"三人者为西伯求美女奇物，献之于纣，以赎西伯。西伯得以出，反国⑧。言吕尚所以事周虽异，然要之为文武师⑨。

【注释】

①纣：即商纣王。姓子，名受，一作"辛"，故称"帝辛"。暴虐无道，被周武王打败，自焚而死。前1075—前1046年在位。

②纣无道：意即商纣王不行正道，暴虐无德。

③"游说（shuì）诸侯"三句：崔述曰："《孟子》云：'太公辟纣居东海之滨。'则是太公不仕纣也。太公方辟纣之不暇，而宁肯自投于朝歌、孟津纣之国中哉？"梁玉绳曰："周初无游说之风，而太公又岂游说之士？明是战国好事者为之。《孙子·用间》云：'周之兴也，吕牙在殷。'《鬼谷子·午合》云：'吕尚三入殷朝，三就文王，然后合于文王。'或之说本此。太公避纣海滨，安得入殷之事，必因伊尹而影撰也。"无所遇，没有遇到重用自己的君王。遇，遇合。卒，最终，最后。

④处士：有才德而隐居不仕的人。

⑤羑（yǒu）里：又作"牖里"，古邑名。在今河南汤阴北四公里，其地今存有一土台，为殷朝的监狱遗址。

⑥散宜生、闳（hóng）夭：均为周初开国重臣，一起辅助周文王、周武王灭商。素：平素，向来。

⑦盍（hé）：何不。

⑧反：同"返"。

⑨要：首要的，关键的。

【译文】

有人说，太公博见多闻，曾经奉事殷纣王。殷纣王残暴无道，太公便离开了他。游说诸侯，没有遇见重用他的君主，最终西归周西伯。有人说，吕尚是个有才德而隐居不仕的人，隐居在海滨。周西伯被囚禁在羑里，散宜生、闳夭素知吕尚贤能而招请他。吕尚也说："我听说西伯贤明，又善待奉养老人，为什么不到他那里去？"他们三人就去替周西伯寻找美女与珍奇物品，献给殷纣王，来赎回周西伯。周西伯因此得以放还。传说吕尚何以归周的原因虽有不同的说法，但关键的是人们都说他是周文王、周武王的太师。

周西伯昌之脱羑里归，与吕尚阴谋修德以倾商政[1]，其事多兵权与奇计[2]，故后世之言兵及周之阴权皆宗太公为本谋[3]。周西伯政平[4]，及断虞、芮之讼[5]，而诗人称西伯受命曰文王[6]。伐崇、密须、犬夷[7]，大作丰邑[8]。天下三分，其二归周者，太公之谋计居多。

【注释】

①阴谋：暗中谋划，秘密计谋。阴，暗中。倾商政：颠覆商朝统治，推翻商朝。

②其事多兵权与奇计：《正义》引《六韬》曰："武王问太公曰：'律之音声，可以知三军之消息乎？'太公曰：'深哉，王之问也！夫律管十二，其要有五：宫、商、角、徵、羽，此其正声也，万代不易。五行之神，道之常也，可以知敌。金、木、水、火、土，各以其胜攻之。其法，以天清静无阴云风雨，夜半遣轻骑往，至敌人之垒九百步，偏持律管横耳大呼惊之。有声应管，其来甚微。角管声应，当以

白虎；徵管声应，当以玄武；商管声应，当以句阵；五管尽不应，无有商声，当以青龙。此五行之府，佐胜之征，成败之机也。'"兵权，用兵的权谋。

③后世之言兵及周之阴权皆宗太公为本谋：梁玉绳曰："阴谋倾商之谬说，已辩在《殷纪》中。《困学纪闻》十一引叶石林谓此说出《六韬》。夫太公贤者，其所用王术，其所事圣人，则出处必有义，而致君必有道。自墨翟以太公于文王为忤合，《孙子》谓之用间，且以尝为文、武将兵，故尚权诈者多并缘自见。'又引说斋唐氏谓：'三分有二犹事商，在众人必以为失时。圣人至诚恻怛出于自然，太史公曾不知此，乃曰阴谋倾商；特战国变诈之谋，殆非文王之事，迁不能辩其是非，又从而笔之，使后人怀欲得之心者藉为口实，其害岂小哉！'《路史·发挥·论太公》篇可参看。"宗，尊法。本谋，最早的谋划者。本，原本，最先。

④政平：政治清平。

⑤断虞、芮（ruì）之讼：据《周本纪》，周文王时，虞、芮两国发生边界纠纷，两国诸侯到周国欲请文王裁决。二侯入周境后，为周国之民的谦恭礼让所感动，于是未见文王就自行解决了问题。虞，古国名。在今山西平陆北。芮，古国名。在今陕西大荔东南。

⑥诗人称西伯受命曰文王：《诗·大明》中有所谓"有命自天，命此文王"，于是有人将其与文王解决虞、芮争端的事联系起来，表明是上帝受命让文王称王的，而周文王也正是从这一年开始称王。受命，上承天命。

⑦崇：在今陕西西安沣水西。密须：也单称"密"，在今甘肃灵台西南。犬夷：也作"犬戎"，古部族名。周初活动于今陕西彬州、岐山一带。

⑧大作：大力兴建。丰邑：本为崇国都邑，周文王灭崇后建都于此，故址在今陕西长安西北之沣河西岸。

【译文】

周西伯姬昌能从羑里脱身归国,和吕尚暗中谋划修治德政以推翻商朝统治,这些事情大多涉及用兵的谋略与奇计,所以后世谈论用兵与周朝的密谋权术都推崇太公是最早的谋划者。周西伯为政清平,等他裁决虞、芮两国的争端时,诗人称道西伯是接受了天命,号为文王。讨伐崇、密须、犬夷,大力兴建丰邑。天下三分,其中二分归属了周,大多是出于太公的计策。

文王崩,武王即位①。九年②,欲修文王业③,东伐以观诸侯集否④。师行,师尚父左杖黄钺、右把白旄以誓⑤,曰:"苍兕苍兕,总尔众庶,与尔舟楫⑥,后至者斩!"遂至盟津⑦。诸侯不期而会者八百诸侯⑧。诸侯皆曰:"纣可伐也。"武王曰:"未可。"还师,与太公作此《太誓》⑨。

【注释】

①文王崩,武王即位:其事约在前1049年。

②九年:通周文王接受天命为王的七年,实即周武王继承父位为周王的第二年,约为前1048年。

③修文王业:继续奉行文王的政策、事业。

④集:齐一,一致。意指人心向背。

⑤师尚父:周武王对姜太公的尊称。《集解》引刘向《别录》曰:"师之,尚之,父之,故曰'师尚父'。父亦男子之美号也。"左杖黄钺(yuè),右把白旄(máo):左手拿着黄铜制作的长柄斧子,右手举着饰有旄牛尾的白色军旗。黄钺,黄铜制作的长柄大斧。白旄,饰有旄牛尾的白色军旗。

⑥"苍兕(sì)苍兕"三句:苍兕官们,集合起所有的民众和船只。苍

兕，西周官名。掌管舟船。《索隐》曰："亦有本作'苍雉'。按，马融曰：'苍兕，主舟楫官名。'"泷川引臧琳曰："郭氏《山海经》序曰：'钧天之庭，岂伶人之所蹑？无航之津，岂苍兕之所设？'苍氏与伶人相对，是郭氏亦同马说。谓无涯之水，非世间主舟楫官所能涉也。盖苍兕本水兽，善覆舟，故以此名官。"张文虎曰："苍兕本水兽，又善奔突，故以名水军，犹秦官名犀首、犀兕，同类。"总，聚合，集合。尔，你们。

⑦盟津：又称"孟津"，黄河渡口名。在今河南孟津东北。

⑧诸侯不期而会者八百诸侯：梁玉绳曰："下'诸侯'二字衍。"期，事先约定。

⑨《太誓》：也作《泰誓》，《尚书》篇名。是周武王伐纣前大会诸侯的誓师词。梁玉绳曰："所谓'作此《太誓》'者，即上文'苍兕'诸语也。然《太誓》王言也，而以为与太公作，何耶？"

【译文】

周文王去世，周武王即位。九年，周武王打算继续奉行周文王的事业，向东进行一次讨伐纣王的演习，来观察诸侯之心是否齐一。军队出发时，被尊称为师尚父的姜尚左手拿着黄铜制作的钺，右手举着饰有旄牛尾的白色军旗，宣誓说："苍兕啊苍兕，集合起所有的部队，给予你们船和桨，迟到者斩首！"于是大军来到盟津。诸侯不经约定就来参加盟会的有八百个。诸侯都说："纣王可以讨伐了。"周武王说："还不行。"率军返回，与太公一起写下了《太誓》。

居二年，纣杀王子比干①，囚箕子②。武王将伐纣，卜，龟兆不吉③，风雨暴至。群公尽惧，唯太公强之劝武王④，武王于是遂行。十一年正月甲子⑤，誓于牧野⑥，伐商纣。纣师败绩⑦。纣反走，登鹿台⑧，遂追斩纣⑨。明日，武王立于社[10]，群公奉明水，卫康叔封布采席，师尚父牵牲[11]，史佚策祝[12]，以告神讨纣之罪。散鹿台之钱，发钜桥之粟[13]，以振贫民[14]。封比干墓[15]，释箕子囚。迁九鼎[16]，修周政，与天下更始[17]。师尚父谋居多[18]。

【注释】

①杀王子比干：比干，为商纣王的叔父，官任少师。曾力谏商纣王，被商纣王剖腹挖心。

②囚箕子：箕子为商纣王的叔父，一说商纣王的庶兄，官任太师。纣王杀比干后，他佯狂为奴，被纣王囚禁。

③卜，龟兆不吉：周武王进行占卜，龟甲呈现的兆文不吉利。梁玉绳曰："事亦见《论衡·卜筮》篇。《书·泰誓》疏曰：'太公《六韬》云："卜战，龟兆焦；筮又不吉。"太公曰："枯骨朽蓍，不逾人矣。"彼言不吉者，《六韬》之书，后人所作，《史记》又采用《六韬》，好事者妄矜太公，非实事也。'《馀冬叙录》四十四曰：'汤、武之师，应天顺人，事非得已，理必无敌，何有乎蓍龟而为不吉之疑哉！'唐世民以诸臣劝除建成、元吉，命卜之。幕僚张公谨自外来，取龟投地，曰：'卜以决疑，不疑何卜！卜而不吉，庸得已乎？'世民意乃决。以武王之十臣，非乏公谨其人，而见不出此。"泷川曰："《通典》一百六十二引《六韬》云：'周武王伐纣，师至氾水牛头山，风甚雷疾，鼓旗毁折，王之骖乘惶恐而死。太公曰："好贤而能用，举事而得时，则不看时日而事利，不假卜筮而事吉，不祷祀而福从。"遂命驱之前进。周公曰："今时迎太岁，龟灼言凶，卜筮不吉，星变为灾，请还师。"太公怒曰："今纣刳比干、囚箕子，以飞廉为政，伐之有何不可？枯草焚骨，安可知乎？"乃焚龟折蓍，援枹而鼓，率众先涉河，武王从之，遂灭纣。'"

④强：使之坚定，坚决。

⑤十一年：通周文王受命称王之七年，实即周武王继承父位为周王的第四年。按《竹书纪年》推算，是年为前1027年。今《夏商周工程年表》定之为前1046年。正月甲子：按，《周本纪》作“二月甲子”。《周本纪》之《集解》引徐广曰：“一作‘正’。此建丑之月，殷之正月，周之二月也。”

⑥誓于牧野：周武王大军与商纣王决战前于牧野作战前誓师。其誓词即为《尚书》的《牧誓》。按，1976年陕西临潼曾出土西周铜器，名曰“利簋”，高二十八厘米，其内底铸有铭文三十二字，其词为：“武征商，唯甲子朝，岁鼎，克昏，夙有商。辛未，王在阑次，赐右史利金，用作檀公宝尊彝。”以前周武王灭商这一重大事件只见于《尚书》《韩非子》等历史文献，利簋这篇铭文出自参加周武王灭商的当事人之手，因此这一事件得到确凿的见证，铭文内容与历史文献的记载完全吻合。牧野，地名。一作“坶野”。在殷都朝歌（今河南淇县）南七十里。

⑦败绩：失败，被打败。

⑧鹿台：古台名。为商纣王所筑，位于朝歌城中，在今河南淇县。

⑨遂追斩纣：《周本纪》作“纣走，反入登于鹿台之上，蒙衣其殊玉，自燔于火而死”。

⑩社：祭祀土神的场所。

⑪“群公奉明水”三句：大臣们手捧古代祭祀所用的净水，卫康叔封铺上饰有文采的垫席，师尚父牵着牲畜。《周本纪》云：“毛叔郑奉明水，卫康叔封布兹，召公奭赞采，师尚父牵牲。”奉（pěng）：通“捧”，捧着。明水，古代祭祀所用的净水。卫康叔封，周武王的同母少弟，名封，后为卫国的始封君。赞采，《正义》曰：“赞，佐也。采，币也。”牲，牺牲，做祭品用的牲畜。

⑫史佚：史官名佚，也称“册逸”“尹佚”。策祝：宣读简策上的诗词。

⑬钜桥：地名。在今河北曲周东北。为商纣时的粮仓所在地。

⑭振：赈济，救济。

⑮封比干墓：增修比干坟墓，以旌表他的功德。封，加土。

⑯迁九鼎：将九鼎从殷都朝歌迁到周朝的东都洛阳。九鼎，相传为夏禹所铸，夏、商、周三代奉为象征天下的传国之宝。

⑰更始：除旧布新，重新开始。

⑱师尚父谋居多：凌稚隆曰："一曰'太公之谋居多'，一曰'师尚父谋居多'，是收拾上文，且与前'阴谋修德''宗太公为本谋'二句相应。"

【译文】

过了两年，商纣王杀死王子比干，囚禁了箕子。周武王将要讨商伐纣王，以龟占卜，龟兆的卦象显示不吉利，又有狂风暴雨突然来临。群臣们都很恐惧，只有太公坚决劝说周武王进军，周武王于是出兵。十一年正月甲子日，在牧野誓师，讨伐商纣王。商纣王的军队大败。商纣王转身逃跑，登上鹿台，于是被追兵斩杀。第二天，周武王站在社稷坛前，大臣们手捧祭祀所用的净水，卫康叔封铺上饰有文采的垫席，师尚父牵着祭祀用的牲畜，史官佚宣读祭神的策书祝文，禀告神明讨伐商纣王的罪行。散发积聚在鹿台的钱财，发放钜桥囤积的粮食来赈济贫民。增修比干坟墓，以表彰其功德，把箕子从牢狱中释放出来。迁移九鼎，修治周朝的政事，与天下人除旧布新。这些事情大多出于师尚父的谋划。

于是武王已平商而王天下，封师尚父于齐营丘①。东就国②，道宿行迟③。逆旅之人曰："吾闻时难得而易失。客寝甚安，殆非就国者也。"④太公闻之，夜衣而行，犁明至国⑤。莱侯来伐⑥，与之争营丘。营丘边莱⑦。莱人，夷也，会纣之乱而周初定，未能集远方⑧，是以与太公争国。

【注释】

①封师尚父于齐营丘：傅斯年认为吕尚初封于吕，周公东征胜利后才被封于济水齐地。殷商王国的东方，是前引禹鼎的东国，也即是《诗经》中的大东，指泰山迤南及迤东的地区。齐之初封本在河南宛西大吕，其后封济水，与封鲁、燕、卫三国的情形一样，也是为了镇抚三监之乱后的反侧。营丘，古邑名。在今山东淄博临淄北，后改名临淄。《正义》引《括地志》曰："营丘在青州临淄北百步外城中。"也有说古营丘在今山东昌乐境内。

②东就国：到东方的封地上任。梁玉绳曰："郑注《檀弓》云：'太公受封，留为太师。'则太公固与旦、奭同相周也，故《金縢》称二公。此言就国者，或受封之始，往治其国，旋即返周欤？"

③道宿行迟：意即途中住宿客舍，行走迟缓。

④"逆旅之人曰"四句：凌稚隆引何孟春曰："太公封齐，逆旅之人趋其就国。郑桓公东会封于郑，暮宿于宋东之逆旅。逆旅之叟曰：'吾闻之，时难得而易失，今客寝安，殆非就封也。'桓公闻之，援辔自驾行，十日夜而至。厘何与之争封。此一事耳。刘向云：'以桓公之贤，微逆旅之叟，几不会封也。然则尚父之贤之智，又倍于郑桓矣，而亦有待于逆旅之人之教耶？'"泷川曰："愚按，《说苑·权谋》篇以为郑桓公就封事。叶适曰：'客寝甚安，殆非就国者'，此后世鄙语，而迁以施之周公、师尚父之间，是世无复有圣贤，何取于论载也？'"逆旅之人，旅馆主人。逆旅，旅馆。殆（dài），大概，恐怕。

⑤犁明：即黎明，天亮时。犁，通"黎"，至，等到。

⑥莱侯来伐：泷川引中井积德曰："据下文，'莱侯'当作'莱人'。"王叔岷曰："《白帖》引此，'莱侯'作'莱人'。"莱，莱夷，古国名。在今山东黄县东南，春秋时被齐灵公所灭。

⑦边莱：在莱夷边上，即靠近莱夷的意思。

⑧集：安定。

【译文】

这时武王已经平定了商朝，称王天下，把师尚父封在齐地的营丘。师尚父东行前往封国去上任，途中住宿客舍，走得很慢。客舍的主人说："我听说时机难得却容易失去。客人睡得很安稳，恐怕不像一个前往封国赴任的人。"太公听了这番话，半夜穿衣上路，天亮时到达封国。莱侯前来攻打，与太公争夺营丘。营丘位于莱国的边境。莱人是夷族，正逢商纣王为乱而周朝刚刚建立，还没能安定边远地区，所以与太公争夺土地。

太公至国，修政，因其俗，简其礼，通商工之业，便鱼盐之利[①]，而人民多归齐，齐为大国。及周成王少时[②]，管、蔡作乱[③]，淮夷畔周[④]，乃使召康公命太公曰[⑤]："东至海，西至河，南至穆陵，北至无棣[⑥]，五侯九伯[⑦]，实得征之[⑧]。"齐由此得征伐，为大国。都营丘。

【注释】

①"太公至国"六句：按，此述吕尚建国方针，尚缺"尊贤尚功"一条。《汉书·地理志》云："昔太公始封，周公问：'何以治齐？'太公曰：'举贤而上功。'"因，沿袭，沿用。

②周成王：名诵，周武王之子，前1042—前1021年在位。

③管、蔡作乱：管，指管叔，名鲜，周文王的第三子，周武王封之于管，在今河南郑州。蔡，指蔡叔，名度，周文王第五子，周武王封之于蔡，在今河南上蔡西。周成王即位初年，因年幼，由周公摄政，管叔、蔡叔心有不服，勾结纣王子武庚一起叛乱，后周公东征三年，平定了叛乱。

④淮夷叛周：淮夷，古部族名。居于淮河下游，今安徽、江苏北部一带。《正义》引孔安国曰："淮浦之夷，徐州之戎。"随同管、蔡等一同反周，被周公讨平。畔，通"叛"。

⑤召（shào）康公：即召公奭，燕国的始封之君。因其留在周朝辅佐周成王，食邑于召（今陕西岐山西南），谥曰"康"，故称。召公与周公分陕而治，召公治陕县以西，有政绩，民人曾作《甘棠》之诗赞颂他。其事详见《燕召公世家》。

⑥"东至海"四句：《左传·僖公四年》记管仲对楚使曰："昔召康公命我先君大公曰：'五侯九伯，女实征之，以夹辅周室。'赐我先君履，东至于海，西至于河，南至于穆陵，北至于无棣。"《集解》引服虔曰："是皆太公始受封土地疆境所至也。"梁玉绳曰："《大事表·春秋海道论》曰：'管仲对楚使"齐地东至于海"，特夸言耳，其时登、莱二府尚有莱介诸国，与夷杂处，至襄六年灭莱，齐境始边海，而适召吴之寇。楚使曰"寡人处南海"，亦夸言耳，终春秋世，楚地不到湖南。'"《四书释地又续》曰：'南北相距七百里。'亦是后来侵小所至，管仲诬其先君以夸楚也。"穆陵，险塞名。即今山东临朐南大岘山之穆陵关。当时为齐国之南境。无棣（dì），古地名。在今河北南皮、盐山南。当时为齐国之北境。

⑦五侯：指五等爵位的诸侯。五等爵位即公、侯、伯、子、男。九伯：指九州的诸侯之长。

⑧实得征之：杜预曰："五等诸侯，九州之伯，皆得征讨其罪也。"得，能够。征，征伐，征讨。

【译文】

太公到达封国后，修治政务，沿用旧俗，简化礼仪，开通工商各业，从鱼盐生产中获利，因此人们多来归附于齐国，齐国成为大国。等到周成王年少即位时，管叔、蔡叔作乱，淮夷背叛周朝，就派召康公授命太公说："东到大海，西到黄河，南到穆陵，北到无棣，对五侯九伯，你都可以讨伐他们。”齐国从此得以四处征伐，成为大国。在营丘建都。

盖太公之卒百有余年[①]，子丁公吕伋立[②]。丁公卒，子乙公得立。乙公卒，子癸公慈母立[③]。癸公卒，子哀公不辰立[④]。

【注释】

①盖太公之卒百有余年：太公去世时大约有一百多岁。《集解》曰："《礼记》曰：'太公封于营丘，比及五世，皆反葬于周。'郑玄曰：'太公受封，留为太师，死葬于周。五世之后乃葬齐。'《皇览》曰：'吕尚冢在临菑县城南，去县十里。'"按，今山东淄博永流乡张家庄东南有太公衣冠冢。今河南获嘉徐营乡宣阳驿村西南有吕尚冢，呈圆形。

②丁公吕伋（jí）：齐丁公，名伋。《集解》引徐广曰："一作'及'。"谥为"丁"。《正义》曰："《谥法》'述义不克曰丁'。"梁玉绳曰："《谥法》'述义不克曰丁'，吕伋贤嗣，何以蒙此不韪之名乎？"

③癸公慈母：齐癸公，名慈母。《索隐》曰："《系本》作'廧公慈母'。谯周亦曰'祭公慈母'也。"

④哀公不辰：齐哀公，名不辰。《索隐》曰："《系本》作'不臣'。谯周亦作'不辰'。宋忠曰：'哀公荒淫田游，国史作《还》诗以刺之也。'"泷川曰："据《诗序》，《齐风·鸡鸣》《还》二诗，刺哀公也。"中井积德曰："哀侯始用谥。谥始起于此时。"

【译文】

大概太公吕尚一百多岁时去世，其子丁公吕伋继位。丁公去世，其子乙公得继位。乙公去世，其子癸公慈母继位。癸公去世，其子哀公不辰继位。

哀公时，纪侯谮之周[①]，周烹哀公而立其弟静[②]，是为胡公[③]。胡公徙都薄姑[④]，而当周夷王之时[⑤]。哀公之同母少弟山怨胡公，乃与其党率营丘人袭攻杀胡公而自立[⑥]，是为献公。

献公元年，尽逐胡公子，因徙薄姑都，治临菑[⑦]。

九年，献公卒[⑧]，子武公寿立[⑨]。

【注释】

①纪：古国名。在今山东寿光。谮（zèn）：说坏话诋毁人。

②周烹哀公：周，指周夷王。烹，古代的一种酷刑。用开水将人煮死。

③胡公：名静，谥为“胡”。《正义》曰：“《谥法》：‘弥年寿考曰胡。’”

④薄姑：也作“亳姑”，商朝的诸侯国，在今山东博兴东北。后被周公所灭。齐胡公曾迁都于此。

⑤周夷王：名燮，周懿王之子，前885—前878年在位。

⑥与其党率营丘人袭攻杀胡公而自立：《索隐》引宋忠曰：“其党周马繻人将胡公于贝水杀之，而山自立也。”

⑦因徙薄姑都，治临菑（zī）：齐献公又从薄姑迁回，重以临淄为都城。梁玉绳曰：“唯胡公一世都薄姑，以后复都临菑也。但《烝民》诗‘仲山甫徂齐’，传以齐去薄姑迁临菑在宣王之时，与《世家》书于献公元年异。孔疏谓《史记》非实，所言未可信。毛公在马迁之前，其言当有准据。”按，临淄故城在今山东淄博之临淄区的西北部，东临淄河，西依系水，南有牛山、稷山，东、北两面为平原。故城分大小两重，小城套建在大城的西南隅。大城周长一万四千多米，小城周长七千二百多米，城墙遗址至今尚依稀可见。

⑧九年，献公卒：梁玉绳曰：“献公之年有脱误，疑是二十九年。”

⑨武公寿立：齐武公，名寿。此年为前850年。

【译文】

哀公时期，纪侯在周天子那里诋毁哀公，周天子烹杀了哀公，立他的弟弟静为君，这就是胡公。胡公迁都薄姑，当时正值周夷王时期。哀公的同母少弟山怨恨胡公，就与他的党徒率领营丘人袭击攻杀胡公，自立为君，这就是献公。

献公元年，将胡公的儿子全部驱逐，趁机从薄姑迁出，迁都到了临淄。

献公九年，去世，其子武公寿继位。

武公九年，周厉王出奔，居彘①。

十年，王室乱，大臣行政，号曰“共和”②。

二十四年，周宣王初立③。

二十六年④，武公卒，子厉公无忌立⑤。厉公暴虐，故胡公子复入齐，齐人欲立之，乃与攻杀厉公⑥。胡公子亦战死。齐人乃立厉公子赤为君，是为文公⑦，而诛杀厉公者七十人。

【注释】

①“武公九年”三句：前842年，周厉王因残暴不仁引发国人暴动，被驱逐，逃于彘。武公九年，前842年。周厉王，名胡，周夷王之子，前877—前841年在位。彘（zhì），古邑名。在今山西霍州东北。

②“十年”四句：周厉王逃奔彘后，其子周宣王即位，中间十四年号曰“共和”。共和元年即前841年，从此中国历史开始有明确纪年。“共和”的含义有两说：一以司马迁为代表，认为是周、召二公联合执政；一以《竹书纪年》为代表，认为是由“共伯和”代行王政。而“共伯和”又有“共伯名和”与“卫武公和”二说。十年，前841年。周厉公被逐与共和行政都在前841年，此文乃系周厉王奔彘于齐武公九年，系共和行政在齐武公十年，于理不合。

③二十四年，周宣王初立：周宣王，周厉王之子，名静，又作“靖”，前827—前782年在位。二十四年，齐武公二十四年、周宣王元年，前827年。

④二十六年：前825年。

⑤厉公无忌：齐厉公，名无忌，前824—前816年在位。

⑥攻杀厉公：梁玉绳曰：“厉公在位九年，此脱。”按，《十二诸侯年表》与梁氏说同。

⑦文公：齐文公，名赤，齐厉公之子，前815—前804年在位。

【译文】

武公九年，周厉王出奔，居住在彘地。

武公十年，周王室发生叛乱，大臣代行国政，号称“共和”。

武公二十四年，周宣王始继位。

武公二十六年，去世，其子厉公无忌继位。厉公残酷暴虐，已故胡公的儿子重新回到齐国，齐人想拥立他为君，就与他一起攻杀了厉公。胡公的儿子也在战斗中战死。齐人于是拥立厉公的儿子赤为君，这就是文公，他将杀死厉公的七十个人处死。

文公十二年卒[①]，子成公脱立[②]。

成公九年卒[③]，子庄公购立[④]。

庄公二十四年[⑤]，犬戎杀幽王[⑥]，周东徙雒[⑦]。秦始列为诸侯[⑧]。

五十六年，晋弑其君昭侯[⑨]。

六十四年[⑩]，庄公卒，子釐公禄甫立[⑪]。

【注释】

①文公十二年：前804年。

②成公脱：齐成公，名脱，齐文公之子，前803—前795年在位。《索隐》曰："《系本》及谯周皆作'说'。"按，《十二诸侯年表》亦作"说"。

③成公九年：前795年。

④庄公购：齐庄公，名购，齐成公之子，前794—前731年在位。

⑤庄公二十四年：前771年。

⑥犬戎杀幽王：周幽王因宠爱褒姒，废申后及太子宜臼而另立褒姒之子。引发申后之父申侯大怒，于是勾结犬戎攻陷镐京，杀死幽王。其事见《周本纪》。犬戎是西方戎人的一支，又称"畎夷""犬夷""昆夷""绲夷"等。幽王，周幽王，名宫涅，一说名宫湦，又作"涅"，周宣王之子，前781—前771年在位。

⑦周东徙雒（luò）：周王朝为躲避犬戎，将都城东迁洛阳，从此史称"东周"。雒，通"洛"，旧址在今河南洛阳之王城公园一带。

⑧秦始列为诸侯：秦国原是居于今陕西、甘肃交界的部族，至秦襄公，因率兵救周和助周平王东迁有功，被封为诸侯，得赐岐西之地。从此在渭河流域壮大起来。

⑨五十六年，晋弑其君昭侯：晋昭侯是晋文侯（名仇）之子，晋昭侯时，其叔成师居曲沃势力逐渐强大，于是勾结晋昭侯之臣潘父弑杀晋昭侯，想夺取晋政，结果失败，晋人乃立晋昭侯之子，是为晋孝侯。其事见《晋世家》。五十六年，前739年。

⑩六十四年：前731年。

⑪釐公禄甫：齐釐公，名禄甫，前730—前698年在位。

【译文】

文公在位十二年去世，其子成公脱继位。

成公在位九年去世，其子庄公购继位。

庄公二十四年，犬戎杀死周幽王，周朝向东迁都到洛阳。秦国开始列为诸侯。

庄公五十六年，晋人杀死他们的国君晋昭侯。

庄公六十四年，去世，其子釐公禄甫继位。

釐公九年，鲁隐公初立①。

十九年②，鲁桓公弑其兄隐公而自立为君③。

二十五年④，北戎伐齐⑤。郑使太子忽来救齐⑥，齐欲妻之。忽曰："郑小齐大，非我敌。"⑦遂辞之。

三十二年⑧，釐公同母弟夷仲年死。其子曰公孙无知⑨，釐公爱之，令其秩服奉养比太子⑩。

三十三年⑪，釐公卒，太子诸兒立，是为襄公⑫。

【注释】

①釐（xī）公九年，鲁隐公初立：凌稚隆引冯班曰："世家书'鲁隐公立'，《春秋》之始也。"釐公九年，当鲁隐公元年，前722年。釐，亦作"僖"。鲁隐公，名息姑，鲁惠公之子，前722—前712年在位。

②十九年：当鲁隐公十一年，前712年。

③鲁桓公弑其兄隐公而自立为君：其事见《左传·隐公十一年》与《鲁周公世家》。鲁桓公，名允，鲁惠公之子，鲁隐公之弟，前711—前694年在位。

④二十五年：当郑庄公三十八年，即公元706年。

⑤北戎：又称"山戎"，当时居住于今河北东北部的部族。

⑥太子忽：名忽，郑庄公之太子。

⑦"齐欲妻之"四句：郑忽救齐辞婚事，见《郑世家》与《左传·桓公六年》。非我敌，意即跟我不匹配。敌，相当，对等。

⑧三十二年：前699年。

⑨公孙无知：名无知，夷仲年之子，齐釐公的侄子，齐釐公非常宠爱

他。后游于雍林时被袭杀。其事见下文。

⑩令其秩服奉养比太子：让他在服饰和俸禄方面比照着太子的待遇一样享受。秩服，爵禄等级和服饰。比，比照，类似。

⑪三十三年：前698年。

⑫诸兒立，是为襄公：襄公，名诸兒。前697—前686年在位。

【译文】

釐公九年，鲁隐公始继位。

釐公十九年，鲁桓公杀死其兄鲁隐公而自立为君。

釐公二十五年，北戎攻打齐国。郑国派太子忽来援救齐国，齐侯想把女儿嫁给他。太子忽说："郑是小国，齐是大国，我配不上齐侯的女儿。"就谢绝了齐侯。

釐公三十二年，釐公同母弟夷仲年死了。他的儿子叫公孙无知，釐公喜爱他，让他在服饰和俸禄方面享受与太子一样的待遇。

釐公三十三年，去世，太子诸兒继位，这就是襄公。

襄公元年[①]。始为太子时，尝与无知斗[②]，及立，绌无知秩服[③]，无知怨。

四年[④]，鲁桓公与夫人如齐。齐襄公故尝私通鲁夫人。鲁夫人者，襄公女弟也，自釐公时嫁为鲁桓公妇，及桓公来而襄公复通焉。鲁桓公知之，怒夫人，夫人以告齐襄公。齐襄公与鲁君饮，醉之，使力士彭生抱上鲁君车[⑤]，因拉杀鲁桓公[⑥]，桓公下车则死矣。鲁人以为让[⑦]，而齐襄公杀彭生以谢鲁[⑧]。

八年[⑨]，伐纪，纪迁去其邑[⑩]。

【注释】

①襄公元年：前697年。

②尝：通“常”。

③绌（chù）无知秩服：梁玉绳曰：“庄八年《左传》是因其并適（与太子待遇无别）而绌之，非斗也，《史》岂别有据乎？”绌，降低，减少。

④四年：前694年

⑤彭生：齐襄公手下的一力士。

⑥拉杀：将其折断肋骨而致死。《集解》引《公羊传》曰：“擠干而杀之。”何休曰：“擠，折声也。”

⑦让：谴责，责备。

⑧齐襄公杀彭生以谢鲁：其事见《鲁周公世家》与《左传·桓公十八年》。谢，认错道歉，谢罪。

⑨八年：前690年。

⑩纪迁去其邑：梁玉绳曰：“《春秋》书‘纪侯大去其国’，此‘迁’字未安。”徐孚远曰：“纪侯谮烹齐哀公，故齐伐之，所谓襄公‘复九世之仇’也。”《公羊传·庄公四年》曰：“纪侯大去其国。‘大去’者何？灭也。孰灭之？齐灭之。曷为不言齐灭之？为襄公讳也。《春秋》为贤者讳，何贤乎襄公？复仇也。何仇尔？远祖也。哀公亨乎周，纪侯谮之。以襄公之为于此焉者，事祖祢之心尽矣。尽者何？襄公将复仇乎纪，卜之曰：‘师丧分焉，寡人死之，不为不吉也。’远祖者几世乎？九世矣。九世犹可以复仇乎？虽百世可也。家亦可乎？曰：‘不可。’国何以可？国、君一体也。先君之耻，犹今君之耻也。今君之耻，犹先君之耻也。国、君何以为一体？国君以国为体，诸侯世，故国、君为一体也。今纪无罪，此非怒与？曰：非也。古者有明天子，则纪侯必诛，必无纪者。纪侯之不诛，至今有纪者，犹无明天子也。古者诸侯必有会聚之事，相朝聘之道，号辞必称先君以相接，然则齐、纪无说焉，不可以并立乎天下。故将去纪侯者，不得不去纪也。有明天子则襄公得为若行

乎？曰：不得也。不得则襄公曷为为之？上无天子，下无方伯，缘恩疾者可也。”

【译文】

襄公元年。襄公当初做太子时，经常与无知争斗，等他即位后，就降低了无知在俸禄及服饰方面的待遇，无知怨恨襄公。

襄公四年，鲁桓公与夫人来到齐国。襄公过去曾与鲁桓公夫人私通。鲁桓公夫人是襄公的妹妹，在釐公时嫁给鲁桓公，等到鲁桓公携她来齐国，襄公又与她私通。鲁桓公知道此事后，就怒斥夫人，夫人将情况告诉了襄公。襄公与鲁桓公饮酒，把他灌醉，派力士彭生把他抱上自己的车上，趁机打折他的肋骨杀害了他。等人请鲁桓公下车的时候，发现他已经死了。鲁人因此谴责襄公，襄公杀死彭生向鲁国谢罪。

襄公八年，讨伐纪国，纪国迁都避难。

十二年[①]。初，襄公使连称、管至父戍葵丘[②]，瓜时而往[③]，及瓜而代[④]。往戍一岁，卒瓜时而公弗为发代。或为请代，公弗许。故此二人怒，因公孙无知谋作乱。连称有从妹在公宫[⑤]，无宠，使之间襄公[⑥]，曰“事成以女为无知夫人”[⑦]。冬十二月，襄公游姑棼[⑧]，遂猎沛丘[⑨]。见彘，从者曰“彭生”[⑩]。公怒，射之，彘人立而啼[⑪]。公惧，坠车伤足，失屦[⑫]。反而鞭主屦者茀三百[⑬]。茀出宫。而无知、连称、管至父等闻公伤，乃遂率其众袭宫。逢主屦茀，茀曰：“且无入惊宫，惊宫未易入也。”无知弗信，茀示之创，乃信之。待宫外，令茀先入。茀先入，即匿襄公户间。良久，无知等恐，遂入宫。茀反与宫中及公之幸臣攻无知等，不胜，皆死。无知入宫，求公不得[⑭]。或见人足于户间，发视，乃襄公，遂弑之，而无知自立为齐君[⑮]。

【注释】

①十二年：前686年。

②连称、管至父：二人皆齐国大夫。葵丘：齐邑名。在今山东临淄城东三十里。

③瓜时：瓜熟之时。指七月。

④及瓜而代：到第二年瓜熟之时就派人去替换他们。或谓“及”上当据《左传》补“曰”字。

⑤从妹：堂妹。在公宫：《集解》引服虔曰：“为妾在宫也。”

⑥间（jiàn）：窥探，侦伺。

⑦女：通“汝”，你。

⑧姑棼：齐邑名。即“薄姑”，见前注。

⑨沛丘：齐邑名。《左传》作“贝丘”，今山东博兴南五里有贝中聚。“贝”“沛”，梁玉绳曰：“古以音近通借。”

⑩见彘，从者曰“彭生”：看见一头野猪，随从都说“是彭生”。《集解》引服虔曰：“公见彘，从者乃见彭生，鬼改形为豕也。”彘，野猪。

⑪彘人立而啼：野猪像人一样站立着啼哭。

⑫屦（jù）：鞋子。

⑬反：同“返”。主屦者茀：给襄公管鞋子的内务小官名茀。

⑭求：搜寻，寻找。

⑮遂弑之，而无知自立为齐君：公孙无知弑齐襄公事，见《左传·庄公八年》。方苞曰：“观史公所增益，知《左传》叙事神施鬼设之奇。”

【译文】

襄公十二年。当初，襄公派遣连称、管至父去戍守葵丘，瓜熟之时前往，齐襄公许诺到第二年瓜熟之时就派人去替换他们。二人在葵丘戍守了一年，瓜熟之时襄公并没有派人替换他们。有人在襄公面前请求替换他们，襄公不答应。所以这二人恼怒，便与公孙无知谋划作乱。连称有个堂妹在襄公的内宫，不受宠爱，就让她刺探襄公的行踪，说“事成之后，让你当无知的夫人”。冬十二月，襄公到姑棼游玩，接着在沛丘打猎。看见一头猪，追随的人都说“是彭生”。襄公恼怒，拔箭射猪，猪像人一样站立啼哭。襄公惊恐，从车子上摔下来，跌伤了脚，鞋子也丢了。返回宫中把管理鞋子的侍者茀鞭打了三百下。茀从宫里出来。无知、连称、管至父等人听说襄公受了伤，于是就率领徒众袭击王宫。遇见管理鞋子的侍者茀，茀说：“暂且不要进入惊动宫中的人，把宫里的人惊动了就不容易进去了。”无知不信任茀，茀将身上的伤口给他看，才相信了他。他们待在宫外，让茀先进去。茀先入宫，就把襄公藏在门后面。过了很长时间，无知等人恐怕有意外，就闯入宫中。茀反过来与宫中卫士及襄公的幸臣攻打无知等人，没有取胜，都被杀死了。无知进入宫中，找不到襄公。有人看见从门后露出人脚，推门一看，正是襄公，就把他杀了，然后无知自立为君。

桓公元年春①，齐君无知游于雍林。雍林人尝有怨无知，及其往游，雍林人袭杀无知②，告齐大夫曰：“无知弑襄公自立，臣谨行诛。唯大夫更立公子之当立者，唯命是听③。”

【注释】

①桓公元年：前685年。桓公，齐桓公，名小白，齐襄公之弟，平乱后为齐君，前685—前643年在位。是春秋时期的第一个霸主。

②“齐君无知游于雍林”四句：《左传·成公九年》作：“九年春，雍廪杀无知。”《秦本纪》与《左传》同。雍林，《索隐》曰：“亦有本作‘雍廪’。贾逵曰‘渠丘大夫’。《左传》云：‘雍廪杀无知。’杜预曰：‘雍廪，齐大夫。’此云‘游雍林，雍林人尝有怨无知，遂袭杀之’，盖以雍林为邑名，其地有人杀无知。贾言‘渠丘大夫’者，渠丘，邑名。雍林为渠丘大夫也。”梁玉绳曰：“《索隐》谓亦有本作

‘雍廪’也。雍廪乃人名，贾逵以为渠丘大夫者，因昭十一年《左传》及《楚语上》并有‘齐渠丘实杀无知’之语。渠丘，《续后书志》作‘蘧丘’，高氏《地名考略》谓即葵丘也。渠丘为雍廪邑，则雍廪为人名益信，此误以雍廪为邑名，而云往游被杀，妄矣。”王叔岷曰：“案《管子》云：‘公孙无知虐于雍廪，雍廪杀无知也。’雍廪为人名，与《左传》合。‘雍’谐‘雍’声，与‘雍’古通。史公以‘雍林’为地名，言之凿凿，疑别有所据。”

③唯命是听：即“听命”，意即不论立谁，我们都没意见。

【译文】

桓公元年春，齐君无知在雍林游玩。雍林人中曾有怨恨无知的，等他前往雍林游玩，就袭击杀死了他，通告齐国的大夫说：“无知杀害襄公自立为君，我们将他诛杀了。希望大夫们改立公子中合适继位的，我们一定服从命令。”

初，襄公之醉杀鲁桓公，通其夫人，杀诛数不当[①]，淫于妇人，数欺大臣，群弟恐祸及，故次弟纠奔鲁[②]。其母鲁女也。管仲、召忽傅之[③]。次弟小白奔莒[④]，鲍叔傅之[⑤]。小白母，卫女也，有宠于釐公。小白自少好善大夫高傒[⑥]。及雍林人杀无知，议立君，高、国先阴召小白于莒[⑦]。鲁闻无知死，亦发兵送公子纠，而使管仲别将兵遮莒道[⑧]，射中小白带钩[⑨]。小白详死[⑩]，管仲使人驰报鲁。鲁送纠者行益迟，六日至齐，则小白已入，高傒立之，是为桓公。

【注释】

①数（shuò）：屡次，多次。下文“数欺大臣”中“数”，义同。

②纠：即公子纠。泷川引伊藤维桢曰：“管子及庄子、荀卿、韩非、《越

绝书》等皆以子纠为兄。”物部茂卿曰：“以子纠为弟者，自汉薄昭始，其言出于一时讳避；子纠兄而小白弟，章章明哉。”

③管仲：名夷吾，字仲。其事详见《管晏列传》。召忽：姓召名忽，齐国大夫。傅：辅佐，引导。

④小白：公子小白，即日后之齐桓公。莒（jǔ）：西周初期建立的小国名。嬴姓。始都计斤，春秋初年迁都于莒，即今山东莒县。

⑤鲍叔傅之：鲍叔，即鲍叔牙，齐国大夫。其事见《管晏列传》。中井积德曰：“两‘傅’字，盖后人揣量之言耳。且当时智者取奇货而出，何必论官衔？《左氏》云‘奉两公子’，乃得其实也。”

⑥好善：意即结好、交好。高傒：《集解》引贾逵曰：“齐正卿高敬仲也。”

⑦高、国：即高敬仲、国懿仲，都是齐国正卿。阴召：暗中召回小白，让他继承君位。

⑧别：另外。遮：拦截。莒道：由莒国返回齐国临淄的道路。

⑨带钩：系在腰带上的金属挂钩。

⑩详死：装死。详，通“佯”，假装。

【译文】

当初，襄公灌醉并杀了鲁桓公，与鲁桓公的夫人私通，多次杀害不该杀的人，沉湎女色，多次欺骗大臣，几个弟弟担心祸患累及自身，纷纷外逃，所以他的二弟公子纠奔鲁。公子纠的母亲是鲁国国君之女。管仲和召忽随行辅佐他。三弟小白奔莒，鲍叔牙随行辅佐他。小白的母亲是卫国国君之女，有宠于釐公。小白自幼便与齐国的大夫高傒交好。等到雍林人杀死公子无知，商议另立新君时，高氏、国氏两姓大族便派人到莒国悄悄地迎接小白。而鲁国听说无知被杀后，也发兵护送公子纠回国争位，而且派管仲到莒国通往临淄的道路上去劫杀小白，管仲一箭射中了小白的衣带钩。小白假装死去，管仲误以为小白已死，派人飞驰向鲁国报告。鲁国护送公子纠的队伍就走得更加慢了，六天后才到达齐国，这时小白早已进入齐国，高傒拥立他为君，这就是桓公。

桓公之中钩，详死以误管仲，已而载温车中驰行[①]，亦有高、国内应，故得先入立，发兵距鲁[②]。秋，与鲁战于乾时[③]，鲁兵败走，齐兵掩绝鲁归道[④]。齐遗鲁书曰[⑤]："子纠，兄弟，弗忍诛，请鲁自杀之。召忽、管仲，仇也，请得而甘心醢之[⑥]。不然，将围鲁。"鲁人患之，遂杀子纠于笙渎[⑦]。召忽自杀，管仲请囚[⑧]。桓公之立，发兵攻鲁，心欲杀管仲。鲍叔牙曰："臣幸得从君，君竟以立[⑨]。君之尊，臣无以增君。君将治齐，即高傒与叔牙足也。君且欲霸王，非管夷吾不可。夷吾所居国国重，不可失也。"于是桓公从之。乃详为召管仲欲甘心，实欲用之。管仲知之，故请往。鲍叔牙迎受管仲，及堂阜而脱桎梏[⑩]，斋祓而见桓公[⑪]。桓公厚礼以为大夫，任政[⑫]。

桓公既得管仲，与鲍叔、隰朋、高傒修齐国政[⑬]，连五家之兵[⑭]，设轻重鱼盐之利[⑮]，以赡贫穷[⑯]，禄贤能[⑰]，齐人皆说[⑱]。

【注释】

①温车：同"辒（wēn）车"，古代的一种卧车。

②距：通"拒"，抵御，抵抗。

③乾时：齐地名。在今山东临淄西南。因其靠近时水，天旱则干，故称"乾时"。

④掩绝：堵住，截住。

⑤遗（wèi）：给。

⑥甘心：因解心头大恨而感到快乐。醢（hǎi）：剁成肉酱。

⑦笙渎（dòu）：《左传》作“生窦”，在今山东菏泽北二十余里。

⑧管仲请囚：管仲自己请求押解回齐。按，以上齐桓公即位与乾时之战见《左传·庄公九年》。

⑨竟：最终，终于。

⑩鲍叔牙迎受管仲，及堂阜而脱桎梏（zhì gù）：杜预曰：“东莞蒙阴县西北有‘夷吾亭’，或曰鲍叔解夷吾缚于此，因以为名也。”堂阜，齐邑名。在今山东蒙阴西北。桎梏，刑具，即脚镣手铐。在手曰桎，在脚曰梏。

⑪斋祓（fú）：斋戒沐浴，以去除不祥。祓，古代为除灾去邪举行的祭祀仪式。

⑫桓公厚礼以为大夫，任政：按，以上齐桓公任用管仲事，可参见《左传·庄公九年》《国语·齐语》以及《管晏列传》。任政，主持国家政务。

⑬隰（xí）朋：齐国大夫，齐桓公时的重臣。主外交。

⑭连五家之兵：管子制定的一种军政合一的制度。平时五家为轨，设一轨长；战时每家出兵一人，五人为伍，由轨长充任伍长。《国语·齐语》曰：“五家为轨，故五人为伍，轨长帅之；十轨为里，故五十人为小戎，里有司帅之；四里为连，故二百人为卒，连长帅之；十连为乡，故二千人为旅，乡良人帅之；五乡一帅，故万人为一军，五乡之帅帅之。三军，故有中军之鼓，有国子之鼓，有高子之鼓。”

⑮轻重：《索隐》曰：“《管子》有理人、轻重之法七篇。轻重谓钱也，又有捕鱼、煮盐法也。”轻重，指货币。此处指铸造货币，以控制物价。

⑯赡：救济，周济。

⑰禄贤能：启用有贤能的人做官。禄，给予俸禄。此处代指任用、启用。

⑱说：同“悦”。

【译文】

桓公被射中衣带钩后，装死去欺骗管仲，随后躺在卧车里飞马疾行，再加上有高氏、国氏为他做内应，故而得以先入齐国即位，并发兵拒鲁。这年秋天，齐、鲁两国在乾时开战，鲁兵战败而跑，齐兵截断了鲁兵的归路。桓公给鲁庄公写信说："公子纠是我的兄弟，我不忍心杀他，请鲁国把他杀了吧。召忽、管仲是我的仇人，请让我得到他们，把他们剁成肉酱以解心头大恨。如果你们不照办，我将发兵围攻鲁国。"鲁人害怕，就将公子纠在笙渎杀死了。召忽自杀，只有管仲请求把自己拘囚起来。桓公继位，发兵攻鲁，原打算杀死管仲。鲍叔牙说："我有幸能跟随您，您终于做了国君。您已经很尊贵，我没有办法再帮您提高了。您如果只求治理好齐国，有高傒与我就足够了。如果您打算称霸天下，那就非管仲不可。管仲在哪个国家，那个国家就一定强大，您不可失掉这个人才。"于是桓公听从了鲍叔牙的建议。他假说把管仲要回来杀掉，实际是想任用他。管仲知道他的用心，所以请求遣送回国。鲍叔牙迎着鲁使接收了管仲，等到了堂阜邑时便给他去掉了枷锁，令其沐浴祭祀，去见桓公。桓公优礼相待，封他为大夫，让他处理政事。

桓公得到管仲后，便与鲍叔牙、隰朋、高傒等改善齐国之政，推行以五家为基层单位的兵役制度，设置货币流通，发展鱼、盐之业，从中牟利，并用这样积累起来的钱财赈济贫困，厚养贤能，齐国人都很高兴。

二年[①]，伐灭郯[②]，郯子奔莒[③]。初，桓公亡时，过郯，郯无礼，故伐之[④]。

五年[⑤]，伐鲁，鲁将师败[⑥]。鲁庄公请献遂邑以平[⑦]，桓公许，与鲁会柯而盟[⑧]。鲁将盟，曹沫以匕首劫桓公于坛上[⑨]，曰："反鲁之侵地[⑩]！"桓公许之。已而曹沫去匕首，北面就臣位[⑪]。桓公后悔，欲无与鲁地而杀曹沫[⑫]。管仲曰：

“夫劫许之而倍信杀之[13]，愈一小快耳[14]，而弃信于诸侯，失天下之援，不可。”于是遂与曹沫三败所亡地于鲁[15]。诸侯闻之，皆信齐而欲附焉。

七年[16]，诸侯会桓公于甄，而桓公于是始霸焉[17]。

【注释】

①二年：前684年。

②郯（tán）：应作“谭”，《春秋》《左传》皆作“谭”，当时的小国名。在今山东章丘西。

③郯子奔莒：《左传·庄公十年》曰：“同盟故也。”

④“初，桓公亡时”五句：《左传·庄公十年》曰：“齐侯之出也，过谭，谭不礼焉。及其入也，诸侯皆贺，谭又不至。冬，齐师灭谭，谭无礼也。”

⑤五年：当鲁庄公十三年，前681年。

⑥伐鲁，鲁将师败：泷川引中井积德曰：“‘将’字疑衍。”

⑦鲁庄公请献遂邑以平：梁玉绳曰：“齐桓五年为鲁庄十三年，桓公为北杏之会，遂人不至，故灭之。无齐伐鲁及鲁败献邑事。灭遂亦与鲁无涉，此及《刺客传》同误。”泷川曰：“愚按，庄十三年《春秋经》，‘齐侯、宋人、陈人、蔡人、邾人会于北杏’。胡安国云：‘春秋之世，以诸侯而主天下会盟之政，自北杏始。其后宋襄、晋文、楚庄、秦穆交主夏盟，迹之而为之者也。北杏之会，所关极大，史公不记，何也？’”遂，当时的小国名。在今山东宁阳城北。平，讲和，媾和。

⑧柯：齐邑名。在今山东阳谷东北。

⑨鲁将盟，曹沫以匕首劫桓公于坛上：泷川曰：“枫山、三条本无‘盟’字，义长。”曹沫，亦作“曹刿”。坛，土筑的高台，用于在野外的朝会、盟誓和祭祀。《集解》引何休曰：“土基三尺，阶三等，曰

坛。会必有坛者，为升降揖让，称先君以相接也。”

⑩反鲁之侵地：归还齐国侵占的鲁国的土地。反，同“返”，归还。

⑪北面：面向北，古代臣事君的朝向。

⑫与：给予。

⑬劫许之而倍信杀之：《集解》引徐广曰：“一云‘已许之而背信杀劫’也。”倍，通“背”。

⑭愈一小快耳：不过是获得一点暂时的快乐。愈，泷川引冈白驹曰：“读曰‘偷’，苟也。”

⑮于是遂与曹沫三败所亡地于鲁：按，此曹沫劫齐桓公事，见于《公羊传》之庄公十三年，《左传》无。崔适曰：“此盟于鲁为庄公十三年，《春秋》书之。太史公于此事，再见于《鲁世家》，三见于《管仲传》，四见于《鲁仲连传》，五见于《刺客传》，且为齐霸所自始；中录管仲语，视《公羊传》为详，《繁露》《说苑》亦载之。此固春秋时一大事焉，《左氏》于是盟无传，惟于十年长勺之战，有曹刿战胜而无反侵地事。‘刿’‘沫’声近，必是一人；改劫为战，故与今文学立异，此古文家恒情也。”梁玉绳曰：“曹沫事甚妄，说在《刺客传》中。”

⑯七年：当宋桓公三年、陈宣公十四年、卫惠公二十一年、郑厉公二十二年，前679年。

⑰诸侯会桓公于甄，而桓公于是始霸焉：各国诸侯会齐桓公于甄邑，齐桓公从此开始称霸。按，参加此会者有齐桓公、宋桓公、陈宣公、卫惠公、郑厉公等。甄，同“鄄（juàn）”，卫邑名。在今山东鄄城西北。

【译文】

桓公二年，攻打并灭掉郯国，郯国国君逃到了莒国。当初，桓公在外流亡时曾到过郯国，郯国待他无礼，所以来讨伐它。

桓公五年，再次伐鲁，鲁军战败。鲁庄公请求献出遂邑求和，桓公应许，于是与鲁庄公在柯地会盟。待至鲁庄公刚要与桓公订立盟约时，鲁将曹沫突然跳上坛台以匕首劫持桓公，说："请您归还侵夺的鲁国土地！"桓公答应了。曹沫遂扔掉匕首，退回到原来臣奉事君的位置。桓公过后想要反悔，不仅不想归还侵地，还要杀死曹沫。管仲说："在被劫持时答应归还而又反悔杀人，获得一点暂时的快乐，却失信于诸侯，这将失去天下人的同情与支持，不能这样做。"于是就将曹沫三次战败丢掉的土地都退还给了鲁国。各国诸侯听说后，都信任桓公而愿意归附齐国。

桓公七年，各国诸侯在甄邑与桓公会盟，桓公从此开始称霸。

十四年①，陈厉公子完，号敬仲②，来奔齐③。齐桓公欲以为卿④，让；于是以为工正⑤。田成子常之祖也⑥。

二十三年，山戎伐燕，燕告急于齐。齐桓公救燕⑦，遂伐山戎⑧，至于孤竹而还⑨。燕庄公遂送桓公入齐境⑩。桓公曰："非天子，诸侯相送不出境，吾不可以无礼于燕。"于是分沟割燕君所至与燕⑪，命燕君复修召公之政，纳贡于周，如成、康之时⑫。诸侯闻之，皆从齐⑬。

【注释】

①十四年：当陈宣公二十一年，前672年。

②陈厉公子完，号敬仲：陈厉公，名佗，一作"他"，前706—前700年在位。他的儿子，名完，其号、谥曰"敬仲"，故称"田敬仲"或"田敬仲完"。王叔岷曰："号、谥古亦通用。"

③来奔齐：陈完避祸逃奔齐国事，详见《田敬仲完世家》。

④卿：官名。商周时天子、诸侯所属的高级官员。诸侯国中，因功勋而经周天子策命者，亦可称"卿"，可世袭。

⑤工正：官名。《集解》引贾逵曰："掌百工。"

⑥田成子常：田成子田常，名恒，汉人为避文帝刘恒讳，故称之曰“常”。齐国后期专齐政。其事详见下文与《田敬仲完世家》。

⑦“二十三年”四句：梁玉绳以为《左传》及《燕世家》伐山戎在齐桓公二十二年，此处与《年表》并误书为“二十三年”。二十三年，当燕庄公二十八年，前663年。山戎，即上文提到的“北戎”，为当时居住在今河北东北部的部族。燕，周初建立的诸侯国名。始封之君为召公奭，都城即今北京。

⑧遂伐山戎：齐桓公伐山戎救燕事，见《国语·齐语》《管子·小匡》。

⑨孤竹：古国名。在今河北卢龙南。

⑩燕庄公：燕桓侯之子，前690—前658年在位。

⑪分沟：重新挖沟画界。

⑫成、康之时：西周成王、康王统治天下之时。被后人称为西周最清平的时期。

⑬诸侯闻之，皆从齐：以上桓公为燕侯送己入齐境遂割齐地以与燕事，又见于《燕召公世家》。泷川曰：“未详《史》所本。”

【译文】

桓公十四年，陈厉公的儿子完，号敬仲，来投奔齐国。桓公想任用他为卿，他推辞；于是就任命他担任主管百工的工正。他就是田成子田常的祖先。

桓公二十三年，北方的山戎进攻燕国，燕国向齐国告急。桓公率兵援救燕国，于是北伐山戎，一直打到孤竹国才撤回。燕庄公给齐桓公送行，不知不觉进入了齐国的国界。桓公说：“不是周天子，诸侯之间相送是不能走出自己国境的，我不能让诸侯以为燕国无礼。”于是重新挖沟画界，把燕君走过的区域都划给了燕国，让燕国重新修治召公的德政，按时向周天子交纳贡赋，就如当年成王、康王时。诸侯听说这件事，都愿意跟从齐国。

二十七年[①]，鲁湣公母曰哀姜[②]，桓公女弟也。哀姜淫于鲁公子庆父，庆父弑湣公[③]，哀姜欲立庆父，鲁人更立釐公[④]。桓公召哀姜，杀之[⑤]。

二十八年[⑥]，卫文公有狄乱[⑦]，告急于齐。齐率诸侯城楚丘而立卫君[⑧]。

二十九年[⑨]，桓公与夫人蔡姬戏船中。蔡姬习水，荡公[⑩]，公惧，止之，不止，出船，怒，归蔡姬[⑪]，弗绝[⑫]。蔡亦怒，嫁其女。桓公闻而怒，兴师往伐[⑬]。

【注释】

①二十七年：当鲁湣（闵）公二年，前659年。

②鲁湣（mǐn）公母曰哀姜：泷川曰："枫山、三条本，'母'下有'娣'字。"梁玉绳曰："《鲁世家》依《左传》，以湣公为哀姜娣叔姜所生，哀姜无子也。此以哀姜为湣公母者，適母也。"鲁湣公，又作"鲁闵公"，鲁庄公之子，前661—前660年在位。

③庆父弑湣公：据《鲁周公世家》，鲁庄公死后，鲁庄公之弟季友立鲁庄公之子公子斑。庆父杀公子斑，改立哀姜之妹所生名"启"者，是为鲁湣公。过了一段时间，哀姜与庆父又杀鲁湣公，欲立庆父为君。庆父，又称"仲父""共仲""孟氏"，鲁庄公的庶兄。

④鲁人更立釐公：庆父弑鲁湣公后，国人大哗，于是季友等倚仗陈国势力拥立了鲁庄公之子公子申，即鲁釐公，也作"鲁僖公"，前659—前627年在位。

⑤桓公召哀姜，杀之：因其祸乱鲁国，故将其召回齐国杀之。按，以上鲁国之乱，见《左传·闵公二年》与《鲁周公世家》。

⑥二十八年：当卫文公二年，前657年。

⑦卫文公有狄乱：据《卫康叔世家》，卫懿公好鹤而不恤国人，国人

皆怨，于是狄人灭卫，杀卫懿公。国人另立卫懿公之堂兄弟，是为卫戴公。卫戴公立一年死，其弟毁立，是为卫文公。所谓“狄乱”，即狄人灭卫、杀卫懿公之乱，同时其本国也篡乱不休。卫文公，名毁，卫戴公之弟，前659—前635年在位。狄，古部族名。春秋前活动于齐、鲁、晋、卫、宋、邢等国之间，与诸国接触频繁。前七世纪时分为赤狄、白狄、长狄三部，各有支系。因其活动于北方，故又称“北狄”。

⑧城楚丘：在楚丘筑城。楚丘，在今河南滑县东。卫国的都城原在朝歌（今河南淇县），丧乱后迁居于此。立卫君：即扶立文公为卫君。据《左传》，当时卫国的京城楚丘只有七百三十人，齐桓公又从其他地方为之调来五千人，总共仍不到六千。按，以上齐桓公协助重建卫国事，见《左传》闵公二年、僖公二年与《卫康叔世家》。

⑨二十九年：当蔡穆公十八年，前657年。

⑩荡公：摇晃船只，使齐桓公坐不稳。

⑪归蔡姬：把蔡姬送回娘家。吴见思曰：“闺房琐亵，简劲之中，情事逼露。”

⑫弗绝：未正式断绝。

⑬兴师往伐：发动军队前往讨伐。陈子龙曰：“伐蔡以逼楚也。其以蔡姬为兵名者，使楚不备也。”

【译文】

桓公二十七年，鲁湣公的母亲叫哀姜，是桓公的妹妹。哀姜与鲁国公子庆父私通，庆父杀死了鲁湣公，哀姜想立庆父为君，鲁人不从，拥立了鲁釐公。桓公将哀姜召回齐国杀了她。

桓公二十八年，卫文公遭狄人进攻，向齐国告急。桓公率领诸侯给卫国修筑了楚丘城，扶立了卫君。

桓公二十九年，桓公与夫人蔡姬在船中嬉戏水。蔡氏习水性，故意摇晃船只，桓公害怕，制止她，没有制止住；桓公下了船，很恼火，将蔡氏送回蔡国，但不和她真正断绝关系。蔡侯对此也很生气，便将蔡姬嫁给了别人。桓公听说后大怒，就兴兵伐蔡。

三十年春[①]，齐桓公率诸侯伐蔡，蔡溃[②]。遂伐楚[③]。楚成王兴师问曰[④]："何故涉吾地[⑤]？"管仲对曰："昔召康公命我先君太公曰[⑥]：'五侯九伯，若实征之[⑦]，以夹辅周室[⑧]。'赐我先君履[⑨]，东至海，西至河，南至穆陵，北至无棣。楚贡包茅不入，王祭不具[⑩]，是以来责[⑪]。昭王南征不复[⑫]，是以来问。"楚王曰："贡之不入，有之，寡人罪也，敢不共乎[⑬]！昭王之出不复，君其问之水滨[⑭]。"齐师进，次于陉[⑮]。夏，楚王使屈完将兵扞齐[⑯]，齐师退，次召陵[⑰]。桓公矜屈完以其众[⑱]。屈完曰："君以道则可；若不，则楚方城以为城，江汉以为沟[⑲]，君安能进乎[⑳]？"乃与屈完盟而去[㉑]。过陈，陈袁涛涂诈齐，令出东方，觉[㉒]。秋，齐伐陈[㉓]。是岁，晋杀太子申生[㉔]。

【注释】

①三十年：当蔡穆公十九年、楚成王十六年，前656年。

②溃：《集解》引服虔曰："民逃其上曰溃也。"

③遂：于是，就。

④楚成王：名恽，楚文王之子，前672—前626年在位。

⑤涉：涉足。这里意指进入、侵犯。

⑥先君太公：管子以其称姜尚。

⑦实：是，可以。

⑧夹辅周室：《集解》引《左传》曰："周公、太公股肱周室，夹辅成王

也。”夹辅，左右辅佐。

⑨履：本指鞋，此处意指可以征伐的范围。《集解》引杜预曰：“所践履之界。”

⑩楚贡包茅不入，王祭不具：意谓楚国该进贡包茅却不进贡，使天子的祭祀用品不完备。包茅，古人祭祀时，用以滤酒去除渣滓的成束的菁茅，当时为楚国特有。包，束。具，完备。

⑪责：责求，索要。

⑫昭王南征不复：《帝王世纪》曰：“昭王德衰，南征，济于汉，船人恶之，以胶船进王。王御船至中流，胶液船解，王及祭公俱没于水中而崩。”不复，一去不返。

⑬共：通“供”，供给，供应。

⑭昭王之出不复，君其问之水滨：意即周昭王淹死于汉水，不在楚界内，楚国不能负其责。《集解》引杜预曰：“昭王时汉非楚境，故不受罪。”

⑮次：驻扎。陉（xíng）：山名。在今河南郾城南，乃险要之地。

⑯楚王使屈完将兵扞（hàn）齐：《左传·僖公四年》曰：“楚子使屈完如师。”梁玉绳曰：“楚子使屈完如师，以观强弱也。此言‘将兵扞齐’，非。”郭嵩焘曰：“‘使屈完将兵扞齐’下忽云‘与屈完盟’，文气不相应。楚制，将兵者令尹也，屈完非楚令尹，亦不得将兵扞齐，此亦当从《左氏传》。”屈完，楚之同姓公族。扞，抵御。

⑰召陵：楚邑名。在今河南郾城东四十五里。

⑱矜（jīn）：夸耀，炫耀。众：此指强大的军队。

⑲楚方城以为城，江汉以为沟：泷川曰：“《左传》‘江汉’作‘汉水’。中井积德曰：‘方城、汉池，夸天险也。’”方城，楚山名。韦昭曰：“楚北之厄塞。”杜预曰：“方城山，在南阳叶县南。”也有说指楚国所筑的长城，北起今河南方城北，南至泌阳北。按，“江汉”应作“汉水”，此役与长江无关。下句既指“水”，则上句自应指“山”，

指“长城”于理不合。沟,指护城河。

⑳安:怎么。

㉑乃与屈完盟而去:《左传·僖公四年》:“楚屈完来盟于师,盟于召陵。”此即“召陵之盟”。

㉒“过陈”四句:此事见《陈杞世家》:“陈大夫辕涛涂恶其过陈,诈齐令出东道。东道恶,桓公怒,执陈辕涛涂。”陈,西周初分封的诸侯国名。建都宛丘,即今河南淮阳。

㉓齐伐陈:《左传·僖公四年》曰:“秋,伐陈,讨不忠也。”

㉔晋杀太子申生:晋献公为宠骊姬,欲立骊姬子而废太子申生,后在骊姬诬陷挑动下又逼申生自杀,其事见《左传·僖公四年》与《晋世家》。

【译文】

桓公三十年春,率领诸侯讨伐蔡国,蔡军溃败。接着南伐楚国。楚成王兴兵迎敌,问:“为什么来侵犯我国领地?”管仲回答说:“当初召康公命令我们先君太公说:‘五侯九伯,你都可以征讨他们,目的是为了辅佐周王室。’赐我们先君的征伐范围,东到海边,西到黄河,南到穆陵,北到无棣。如今楚国该进贡包茅却不向朝廷进贡,使天子的祭祀用品不完备,所以我们要来讨要。当年周昭王南行没有返回,所以我们要来查问。”楚成王说:“该进贡没有进贡,有这件事,这是我的罪过,今后不敢不进贡!至于说周昭王南行没能回去,您还是去向汉水问罪吧。”齐军继续前进,驻扎在陉山。夏天,楚成王令屈完率兵抗齐,齐军撤退,驻扎在召陵。桓公向屈完炫耀齐国军队众多。屈完说:“您要是以道义服人,那是可以的;如果不是,则楚国要以方城山做城墙,以汉水做护城河,您怎么能进得来呢?”桓公就与屈完订立盟约然后撤军。经过陈国,陈国大夫袁涛涂诈骗齐军,让他们从东方走而不经过陈国,可还是被发觉了。秋天,齐国征讨陈国。这一年,晋献公杀掉了太子申生。

三十五年夏[①]，会诸侯于葵丘[②]。周襄王使宰孔赐桓公文武胙、彤弓矢、大路[③]，命无拜。桓公欲许之，管仲曰不可，乃下拜受赐[④]。秋，复会诸侯于葵丘[⑤]，益有骄色。周使宰孔会。诸侯颇有叛者[⑥]。晋侯病[⑦]，后，遇宰孔。宰孔曰："齐侯骄矣，弟无行[⑧]。"从之[⑨]。是岁，晋献公卒，里克杀奚齐、卓子[⑩]，秦穆公以夫人入公子夷吾为晋君[⑪]。桓公于是讨晋乱，至高梁[⑫]，使隰朋立晋君[⑬]，还。

【注释】

①三十五年：当周襄王二年、晋献公二十六年、秦穆公九年，前651年。

②葵丘：地名。杨伯峻以为当在今河南兰考，或在今河南临泽西，而非"齐侯使连称、管至父戍葵丘"之"葵丘"。

③周襄王使宰孔赐桓公文武胙（zuò）、彤弓矢、大路：梁玉绳曰："《左传》无弓矢、大路之赐。"周襄王，名郑，前652—前619年在位。宰孔，即太宰孔，周公姬旦之后，因食邑于周地，又称"宰周公"。文武胙，祭祀文王、武王用的祭肉。大路，亦作"大辂"，天子的车乘。《礼记·乐记》："所谓大辂者，天子之车也。"

④乃下拜受赐：《集解》引韦昭曰："下堂拜赐也。"按，《左传》与《齐语》皆作"下拜登受"，意即下堂拜谢，再升堂受赐，较此史文曲折精确。

⑤秋，复会诸侯于葵丘：此即"葵丘之盟"。《孟子·告子》云：'五霸桓公为盛，葵丘之会诸侯，束牲载书而不歃血。初命曰：诛不孝，无易树子，无以妾为妻。再命曰：尊贤育才，以彰有德。三命曰：尊老慈幼，无忘宾旅。四命曰：士无世官，官事无摄，取士必得，无专杀大夫。五命曰：无曲防，无遏籴，无有封而不告。曰：凡我同盟之人，既盟之后，言归于好。"泷川曰："僖九年《穀梁传》云：

‘葵丘之盟，壹明天子之禁，曰：毋壅泉，毋讫籴，毋易树子，毋以妾为妻，毋使妇人与国事。’桓公会诸侯，葵丘最盛，盟辞亦完好无阙，史公不揭者何也？”

⑥诸侯颇有叛者：《公羊传·僖公九年》曰：“葵丘之会，桓公震而矜之，叛者九国。”

⑦晋侯：指晋献公，名诡诸，晋武公之子，前676—前651年在位。

⑧弟：只，尽管。

⑨从之：晋献公听从了他的意见。意即晋献公没去见齐桓公而半路折回。以上葵丘之会事，见《左传·僖公九年》。

⑩里克杀奚齐、卓子：里克，晋国大夫。奚齐、卓子，二人均晋献公之子，为宠姬骊姬所生。晋献公死后，晋大夫荀息遵献公之托立奚齐为君，里克杀奚齐；荀息改立卓子，里克又杀卓子。荀息亦随之自杀。

⑪秦穆公以夫人入公子夷吾为晋君：秦穆公因为自己的夫人是晋献公女，故而以武力送公子夷吾回国即位。秦穆公，名任好，秦德公之子，前659—前621年在位。其事见《秦本纪》。夫人，指秦穆姬，晋献公之女，太子申生的同母姐姐。公子夷吾，即日后之晋惠公，晋献公之子，秦穆姬的异母弟，前650—前637年在位。

⑫高梁：晋邑名。在今山西临汾东北，位于当时晋国都城绛邑的北方。

⑬使隰朋立晋君：让隰朋立夷吾为晋君，即以霸主的名义正式对晋惠公加以确认。

【译文】

桓公三十五年夏，桓公于葵丘大会诸侯。周襄王派太宰孔给桓公送来了祭祀文王、武王所用的祭肉，彤弓矢及天子所乘车辆，特许桓公接受赏赐时不必下拜。桓公想答应，管仲说不可以，桓公于是下堂跪拜接受赐品。秋天，又在葵丘会盟诸侯，桓公更加有骄傲之色。周襄王派太宰孔赴会。诸侯中逐渐有反叛齐国的。晋侯生病,迟到了,半路上遇见太宰孔。太宰孔说:"齐侯太骄傲了,您不要前往。"晋侯听从了他的意见。这一年,晋献公去世,大夫里克杀死新君奚齐、卓子,秦穆公因为夫人的关系以武力送公子夷吾回国继位。桓公因此讨伐晋国内乱,行到高梁,让隰朋为晋国立新君,然后撤军而返。

是时周室微,唯齐、楚、秦、晋为强[①]。晋初与会,献公死,国内乱。秦穆公辟远[②],不与中国会盟。楚成王初收荆蛮有之,夷狄自置[③]。唯独齐为中国会盟,而桓公能宣其德,故诸侯宾会[④]。于是桓公称曰:"寡人南伐至召陵,望熊山[⑤];北伐山戎、离枝、孤竹[⑥];西伐大夏[⑦],涉流沙[⑧];束马悬车登太行[⑨],至卑耳山而还[⑩]。诸侯莫违寡人。寡人兵车之会三[⑪],乘车之会六[⑫],九合诸侯,一匡天下[⑬]。昔三代受命,有何以异于此乎[⑭]?吾欲封泰山,禅梁父[⑮]。"管仲固谏[⑯],不听;乃说桓公以远方珍怪物至乃得封,桓公乃止[⑰]。

【注释】

①唯齐、楚、秦、晋为强:当时与齐桓公并立的是秦穆公、晋惠公、楚成王。

②秦穆公辟远:当时秦国都城在今陕西宝鸡凤翔区一带,所处地势偏远。辟,偏僻。

③楚成王初收荆蛮有之,夷狄自置:楚成王刚刚吞并其周边的蛮夷小国,以夷狄自居。楚成王,名恽,楚文王之子,前671—前626年在位。

④宾会:宾从而会盟。宾,服从,归顺。

⑤望:祭祀名。古代遥祭山川、日月、星辰曰望。熊山:即熊耳山,在今

河南卢氏南。

⑥离枝:在今河北迁安西。《国语·齐语》作“令支”。孤竹:在今河北卢龙南。

⑦大夏:古地区名。也称太原,指今山西西南部靠近黄河一带的地区,兼有汾、洮流域。按,据上文,齐桓公为定晋乱,曾率兵至高梁,高梁即所谓“大夏”之地。

⑧流沙:或谓此流沙在今山西境内平陆东。

⑨束马悬车:行山路时包裹马足,拴牢车子,以防滑跌倾覆。形容路险难行。太行:山名。在今河北、河南、山西三省交界处,并沿山西、河北边界向北延伸。

⑩卑耳山:即辟耳山,在今山西平陆附近。

⑪兵车之会三:意即为军事战争主持过的会盟有三次。《正义》引《左传》曰:“鲁庄十三年(前681),会北杏(齐邑名。在今山东东阿)以平宋乱;僖四年(前656),侵蔡,遂伐楚;六年(前654),伐郑,围新城(郑邑名。在今河南密县东)也。”

⑫乘车之会六:意即为和平主持过的会盟有六次。《正义》引《左传》曰:“鲁庄十四年(前680),会于鄄;十五年(前679),又会鄄;十六年(前678),同盟于幽(宋地名。在今河南兰考);僖五年(前655),会首止(卫地名。在今河南睢县东南);八年(前652),盟于洮(地名。其北属鲁,其南属曹,在今山东鄄城西南);九年(前651),会葵丘是也。”又,《国语·齐语》作:“兵车之属六,乘车之会三。”韦昭云:“兵车之会,谓鲁庄十三年会于北杏,十四年会于鄄,十五年复会于鄄,鲁僖元年会于柽,十三年会于咸,十六年会于淮;乘车之会,在僖三年,会于阳谷,五年会于首止,九年会于葵丘。凡九会也。”中井积德曰:“兵车之会,乘车之会,是后人揣摩解‘九合’之辞,非实然。注一一分疏,非也。”乘车,安车。

⑬九合诸侯，一匡天下：中井积德曰："'九合''一匡'出于《论语》，是奖称霸功之语，以为自语则无味。九，语数之多也，非实数。一匡，谓卒弭天下之乱也，非定襄王之谓。"也可说通。《正义》曰："匡，正也。一匡天下，谓定襄王为太子之位也。"

⑭昔三代受命，有何以异于此乎：泷川曰："'桓公称曰'以下本《管子·小匡》篇。《国语·齐语》亦载此事，而不为桓公语。中井积德曰：'何'字宜在'有'字之上。此恐传写之讹。愚按，'有'读为'又'。或云当作'者'。《管子》作'昔三代之受命者，其异于此乎'。"三代，指夏、商、周。

⑮封泰山，禅梁父：在泰山筑土为坛祭天以报上天之功，称"封"；在泰山下的梁父山祭地以报大地之功，称"禅"。泰山，在今山东泰安北。梁父，是泰山脚下东南的小山。

⑯固：坚决。

⑰桓公乃止：泷川曰："'吾欲封泰山'以下，盖本《管子·封禅》篇。"史珥曰："桓公欲封禅，内、外传皆无之。流沙在秦之西北，亦岂当自所涉？《管子》中虽有其说，要皆汉时方士臆为附会。盖方士强半为齐人，故尔张皇五岳，独尊岱宗，亦以近齐故耳。"

【译文】

当时周室衰微，天下只有齐、楚、秦、晋较为强大。晋国刚开始参加会盟，晋献公便去世了，国内连续动乱。秦穆公地处偏远，没参加中原各国的盟会。楚成王刚刚吞并周边的蛮夷小国，以夷狄自居，不参与中原争霸之事。只有齐国在中原地区主持会盟，而桓公也确实能够宣扬周王室的威德，所以各诸侯国都服从齐国参加会盟。这时桓公声称："寡人向南征伐到召陵，祭祀熊耳山；向北征伐山戎、离枝、孤竹；向西征伐大夏，远涉流沙；包裹马足，挂牢车子，以防滑跌倾覆，登上了太行山，到达卑耳山才返还。诸侯都不敢违抗寡人。寡人主持过三次军事会盟，主持过六次和平会盟，九次会合诸侯，一次匡正周室。从前夏、商、周三代承受天命时，与这种情况有什么不同呢？我想到泰山祭天，去梁父山祭地。”管仲坚决劝阻，桓公不听；管仲就对桓公说只有得到远方的珍奇怪异之物才能封禅祭祀，桓公才作罢。

三十八年[①]，周襄王弟带与戎翟合谋伐周[②]，齐使管仲平戎于周[③]。周欲以上卿礼管仲[④]，管仲顿首曰[⑤]：“臣陪臣，安敢[⑥]！”三让，乃受下卿礼以见[⑦]。

三十九年[⑧]，周襄王弟带来奔齐。齐使仲孙请王，为带谢[⑨]。襄王怒，弗听[⑩]。

【注释】

①三十八年：当周襄王五年，前648年。

②周襄王弟带与戎翟（dí）合谋伐周：周襄王弟带，也称“王子带”，自幼受父亲宠爱，故其兄周襄王即位的第三年，就勾结戎、翟攻周，欲夺周襄王的君位。戎翟，古代泛称西方各少数部族为“戎”，泛称北方各少数部族为“翟”。翟，同“狄”。

③平戎于周：劝周与戎人讲和。平，讲和，媾和。

④上卿：“卿”为春秋时期大臣的最高爵位，而“上卿”又是诸卿中的最高者。

⑤顿首：以头叩地而拜。

⑥臣陪臣，安敢：李笠曰：“上‘臣’字疑衍。《周本纪》《左传》并无。”陪臣，《集解》引服虔曰：“陪，重也。诸侯之臣于天子，故曰‘陪臣’。”按，《左传》载管仲语曰：“臣，贱有司也，有天子之二守高、国在，若节春秋来承王命，何以礼焉？陪臣敢辞。”

⑦乃受下卿礼以见：意即管仲只接受了下卿之爵，以下卿的身份朝见周天子。按，《左传》作“受下卿之礼而还”。以上管仲平戎于

周事，见《左传·僖公十二年》。

⑧三十九年：当周襄王六年，前647年。

⑨齐使仲孙请王，为带谢：齐桓公派仲孙向周襄王请求宽恕叔带，替叔带向周襄王赔罪求情。仲孙，齐国大夫。

⑩襄王怒，弗听：梁玉绳曰："叔带奔齐，在桓公三十八年，此在三十九年，与《周纪》《年表》书于三十七年同误。"

【译文】

桓公三十八年，周襄王的弟弟叔带与戎翟合谋攻打周王室，齐国派管仲去劝周王室与戎翟讲和。周襄王想用上卿的礼仪接待管仲，管仲叩头拜谢说："我是诸侯的臣子，怎么敢当呢！"再三推让，才接受了用下卿的礼仪拜谒周襄王。

桓公三十九年，周襄王的弟弟叔带投奔齐国。桓公派仲孙向周襄王请求宽恕叔带，替叔带向周襄王赔罪求情。周襄王发怒，没有听从。

四十一年①，秦穆公虏晋惠公，复归之②。是岁，管仲、隰朋皆卒③。管仲病，桓公问曰："群臣谁可相者④？"管仲曰："知臣莫如君⑤。"公曰："易牙如何⑥？"对曰："杀子以适君⑦，非人情，不可。"公曰："开方如何⑧？"对曰："倍亲以适君⑨，非人情，难近。"公曰："竖刀如何⑩？"对曰："自宫以适君⑪，非人情，难亲。"管仲死，而桓公不用管仲言，卒近用三子，三子专权⑫。

四十二年⑬，戎伐周，周告急于齐，齐令诸侯各发卒戍周⑭。是岁，晋公子重耳来，桓公妻之⑮。

【注释】

①四十一年：当秦穆公十五年、晋惠公六年，前645年。

②秦穆公虏晋惠公,复归之:其事见《左传·僖公十五年》。

③管仲、隰朋皆卒:泷川曰:"《管子·戒》篇云:'管仲卒,后十月隰朋亦卒。'"《正义》引《括地志》曰:"管仲冢在青州临淄县南二十一里牛山上,与桓公冢连。隰朋墓在青州临淄县东北七里也。"按,今山东淄博临淄区之牛山北麓有管仲墓。

④群臣谁可相者:梁玉绳曰:"《管子·戒》篇、《列子·力命》《庄子·徐无鬼》《吕氏春秋·贵公》《韩子·十过》皆言管仲将死,桓公问管仲,欲相鲍叔,管仲以为不可,惟隰朋可。又谏桓公去三子。……固两事也,《史》略不具。《说苑·权谋》篇仍《史》,然又失去开方。且述三子事,亦不明晰。或问:上文言'是岁,管仲、隰朋皆卒',而《说苑·复恩》篇言鲍叔先管仲死,与《管子》诸书不同,何故?曰:朋之卒后仲十月,见《管子·戒》篇,故仲殁时犹荐之。若《说苑》管仲哭鲍叔之事,前贤曾辨其非。然《韩子·十过》篇载桓公与管仲问答语云:'居一年余管仲死。'安知鲍叔之卒不在此一年中乎?《穀梁》于僖十二年云管仲死,非也。"

⑤知臣莫如君:泷川引《通俗编》云:"《管子·大匡》篇鲍叔曰:'先人有言,知子莫若父,知臣莫若君。'《左传·僖七年》:'令尹子文曰:"古人有言,知臣莫若君。"'《晋语》祁奚曰:'人有言,择臣莫若君,择子莫若父。'《战国策》赵武灵王谓周绍曰:'选子莫若父,论臣莫若君。'"盖古之习用语。

⑥易牙:即雍巫,齐桓公的宠臣,善调味。据说他曾烹子为羹献给齐桓公。杨伯峻曰:"雍,即《周礼·天官》'内饔''外饔'之'饔',主割、烹之事者,'巫'为其名,'易牙'则其字。"

⑦适:取悦,迎合。

⑧开方:卫懿公之子,齐桓公的宠臣。

⑨倍亲以适君:《集解》引《管子·戒》篇曰:"卫公子开方去其千乘之太子而臣事君也。"倍,通"背",抛弃。亲,指父母。

⑩竖刀：一作“竖刁”“竖貂”，齐桓公的近臣。

⑪自宫：自己阉割了自己的生殖器。

⑫卒近用三子，三子专权：《正义》引颜师古曰：“竖刁、易牙皆齐桓公臣。管仲有病，桓公往问之，曰：‘将何以教寡人？’管仲曰：‘愿君远易牙、竖刁。’公曰：‘易牙烹其子以快寡人，尚可疑邪？’对曰：‘人之情非不爱其子也，其子之忍，又将何爱于君！’公曰：‘竖刁自宫以近寡人，犹尚疑耶？’对曰：‘人之情非不爱其身也，其身之忍，又将何有于君！’公曰：‘诺。’管仲遂尽逐之，而公食不甘、心不怡者三年。公曰：‘仲父不已过乎？’于是皆即召反。明年，公有病，易牙、竖刁相与作乱，塞宫门，筑高墙，不通人。有一妇人逾垣入至公所。公曰：‘我欲食。’妇人曰：‘吾无所得。’公曰：‘我欲饮。’妇人曰：‘吾无所得。’公曰：‘何故？’曰：‘易牙、竖刁，相与作乱，塞宫门，筑高墙，不通人，故无所得。’公慨然叹，涕出，曰：‘嗟乎，圣人所见岂不远哉！若死者有知，我将何面目见仲父乎？’蒙衣袂而死乎寿宫，虫流于户，盖以杨门之扇，二月不葬也。”泷川曰：“颜说盖节录《吕氏春秋·知接》篇。中井积德曰：‘饔人也，阉竖也，桓公虽愚，岂有相之之意哉？此问答盖后人之附益耳。’”三子，指上文提到的易牙、开方、竖刀。

⑬四十二年：当周襄王九年、晋惠公七年，前644年。

⑭齐令诸侯各发卒戍周：齐国命令诸侯各自发兵戍守周王室。

⑮晋公子重耳来，桓公妻之：其事见《晋世家》。重耳，即后来的晋文公，前636—前628年在位。

【译文】

四十一年，秦穆公虏获了晋惠公，又将他放了回去。这一年，管仲、隰朋都去世了。管仲生病，桓公问他：“群臣当中谁可以担任相职？”管仲说：“没有比国君更了解臣下的。”桓公问：“易牙怎么样？”管仲回答道：“他杀死自己的儿子以迎合国君，不合人情，不可以。”桓公问：“开方怎么样？”管仲回答道：“他背弃自己的亲人以迎合国君，不合人情，难以亲近。”桓公问：“竖刀怎么样？”管仲回答道：“他阉割自己以迎合国君，不合人情，难以亲信。”管仲去世，桓公没听管仲的劝告，最终还是亲近并重用了这三个人，这三个人掌握了齐国的大权。

桓公四十二年，戎人攻打周王室，周王室向齐国告急，齐国命令诸侯们各自发兵去戍守周室。这一年，晋公子重耳来到齐国，桓公将女儿嫁给了他。

四十三年[①]。初，齐桓公之夫人三[②]：曰王姬、徐姬、蔡姬[③]，皆无子。桓公好内[④]，多内宠[⑤]，如夫人者六人[⑥]：长卫姬，生无诡[⑦]；少卫姬，生惠公元[⑧]；郑姬，生孝公昭[⑨]；葛嬴，生昭公潘[⑩]；密姬，生懿公商人[⑪]；宋华子，生公子雍[⑫]。桓公与管仲属孝公于宋襄公[⑬]，以为太子。雍巫有宠于卫共姬[⑭]，因宦者竖刀以厚献于桓公，亦有宠，桓公许之立无诡[⑮]。管仲卒，五公子皆求立[⑯]。冬十月乙亥[⑰]，齐桓公卒。易牙入，与竖刀因内宠杀群吏[⑱]，而立公子无诡为君。太子昭奔宋[⑲]。

桓公病，五公子各树党争立。及桓公卒，遂相攻，以故宫中空，莫敢棺[⑳]。桓公尸在床上六十七日，尸虫出于户[㉑]。十二月乙亥[㉒]，无诡立，乃棺，赴[㉓]。辛巳夜[㉔]，敛殡[㉕]。

【注释】

①四十三年：前643年。

②齐桓公之夫人三：齐桓公的三个正妻。夫人，诸侯之妻。

③曰王姬、徐姬、蔡姬：王姬，周天子的女儿。徐姬，徐国诸侯之女。蔡姬，蔡国诸侯之女。《索隐》曰：“《系本》徐，嬴姓。礼，妇人称

国及姓,今此言‘徐姬’者,然姬是众妾之总称。故《汉禄秩令》云姬妾数百。妇人亦总称‘姬’,姬亦未必尽是姓也。”梁玉绳曰:“徐本嬴姓,《左传》作‘徐嬴’是也。”

④好内:好女色。内,指女色。又,《集解》引服虔曰:“内,妇官也。”

⑤内宠:指后宫帝王所宠爱的姬妾。

⑥如夫人:待遇、地位同夫人一样。

⑦长卫姬,生无诡:卫姬,卫国之女。无诡,《左传》作“无亏”。

⑧少卫姬,生惠公元:少卫姬,长卫姬之妹。惠公元,齐惠公,名元,即日后之齐惠公。

⑨郑姬,生孝公昭:郑姬,郑国之女。孝公昭,齐孝公,名昭,即日后之齐孝公。

⑩葛嬴(yíng),生昭公潘:葛姬,葛国之女。昭公潘,齐昭公,名潘,即日后的齐昭公。中井积德曰:“昭公潘,以兄孝公之讳为谥,可见古人避讳之不严。”

⑪密姬,生懿公商人:密姬,密国之女。懿(yì)公商人,齐懿公,名商人,即日后之齐懿公。

⑫宋华子,生公子雍:宋华子,《集解》引贾逵曰:“宋华氏之女,子姓。”公子雍,名雍。

⑬属(zhǔ):托付,委托。宋襄公:名兹甫,也作“兹父”,宋桓公之子,前650—前637年在位。

⑭雍巫:即上文所言之易牙。卫共姬:即上文所云之长卫姬。

⑮桓公许之立无诡:杜预曰:“易牙既有宠于公,为卫长姬请立。”

⑯五公子:指上文所提到的“孝公昭”以外的其他五人。

⑰十月乙亥:十月初八。

⑱因内宠杀群吏:杜预曰:“内宠,内官之有权宠者。”泷川引龟井昱曰:“内宠,主卫共姬言之,杜误。”按,易牙、竖刁所借助者是长卫姬的亲信。

⑲太子昭奔宋：因其父生前曾将其托付于宋襄公。

⑳棺：将尸体入棺。

㉑尸虫出于户：泷川曰："《晏子春秋·谏上》：'桓公身死乎胡宫而不举，虫出而不收。'《韩非子·十过》篇：'桓公身死，三月不收，虫出于户。'《吕氏春秋·知接》篇：'桓公绝乎寿宫，虫流出于户，上盖以杨门之扇，三月不葬。'所传不同。"

㉒十二月乙亥：十二月初九。

㉓赴：同"讣（fù）"，发讣告，报丧。

㉔辛巳：十二月十五。

㉕敛殡：装殓，出殡。敛，通"殓"。《集解》引徐广曰："敛，一作'临'也。"

【译文】

桓公四十三年。当初，桓公有三位夫人：王姬、徐姬、蔡姬，都没有生下儿子。桓公好女色，有许多宠爱的姬妾，礼数待遇同夫人一样的有六人：长卫姬，生了无诡；少卫姬，生了惠公元；郑姬，生了孝公昭；葛嬴，生了昭公潘；密姬，生了懿公商人；宋华子，生了公子雍。桓公与管仲把孝公昭托付给宋襄公，立他为太子。雍巫受到卫共姬的宠爱，通过宦者竖刀给桓公献上了厚礼，也受到了桓公的宠信，桓公又答应他们立无诡为太子。管仲去世后，五位公子都谋求立为太子。冬十月乙亥日，桓公去世。易牙入宫，与竖刀利用宠臣杀死了许多反对他们的大臣，而拥立公子无诡为国君。太子昭逃奔宋国。

桓公生病时，五位公子各自树立党羽争做太子。等到桓公去世，他们就互相攻击，因此宫中空无一人，没人敢收尸入棺。桓公的尸体在床上停放了六十七天，尸体上的蛆虫爬出门外。十二月乙亥日，公子无诡即位，才入殓发出讣告。辛巳夜里，举行入殓停柩待葬的仪式。

桓公十有余子，要其后立者五人[①]：无诡立三月死，无谥；次孝公；次昭公；次懿公；次惠公。孝公元年三月[②]，宋襄公率诸侯兵送齐太子昭而伐齐。齐人恐，杀其君无诡。齐人将立太子昭，四公子之徒攻太子，太子走宋，宋遂与齐人四公子战。五月，宋败齐四公子师而立太子昭，是为齐孝公。宋以桓公与管仲属之太子[③]，故来征之。以乱故，八月，乃葬齐桓公[④]。

【注释】

①要：举其凡，总计。

②孝公元年：前642年。

③以：因为。

④八月乃葬齐桓公：《集解》引《皇览》曰："桓公冢在临菑城南七里所菑水南。"《正义》引《括地志》曰："齐桓公墓在临菑县南二十一里牛山上，亦名鼎足山，一名牛首堈，一所二坟。晋永嘉末，人发之，初得版，次得水银池，有气不得入，经数日，乃牵犬入中，得金蚕数十薄，珠襦、玉匣、缯彩、军器不可胜数。又以人殉葬，骸骨狼藉也。"按，今山东淄博临淄区郑家沟南之鼎足山上有"二王冢"，相传为齐桓公与齐景公墓。二冢东西并列，因山为坟。齐桓公墓土色不一，相传当时各国诸侯送葬，各进其本国之土所致。

【译文】

桓公有十多个儿子，他死之后继位的总共有五个：无诡继位三个月后去世，没有谥号；其次是孝公；其次是昭公；其次是懿公；其次是惠公。孝公元年三月，宋襄公率领诸侯军队护送齐国太子昭回国并讨伐齐国。齐人恐惧，杀死了国君无诡。齐人准备立太子昭为君，四公子的党徒攻打太子昭，太子昭逃奔宋国，宋国于是与齐国四公子交战。五月，宋国军队打败了齐国四公子的军队，拥立太子昭为君，这就是孝公。宋襄公因为接受了桓公与管仲的托付，所以前来征讨。因为齐国政局混乱的缘故，八月才埋葬桓公。

六年春①，齐伐宋，以其不同盟于齐也②。夏，宋襄公卒③。

七年④，晋文公立⑤。

十年⑥，孝公卒，孝公弟潘因卫公子开方杀孝公子而立潘⑦，是为昭公。昭公，桓公子也，其母曰葛嬴。

【注释】

①六年春：当宋襄公十四年，前637年。

②齐伐宋，以其不同盟于齐也：《集解》引服虔曰："鲁僖公十九年，诸侯盟于齐，以无忘桓公之德。宋襄公欲行霸道，不与盟，故伐之。"

③夏，宋襄公卒：卒于其在位之十四年，其事见《左传·僖公二十三年》与《宋微子世家》。

④七年：当晋文公元年，前636年。

⑤晋文公立：晋文公名重耳，于齐桓公四十二年（前644）来齐，受到齐桓公的优待。齐桓公死后，重耳遂离齐去楚，又自楚入秦，在秦穆公的帮助下返晋夺得君位。其事见《左传·僖公二十四年》与《晋世家》。

⑥十年：前633年。

⑦孝公弟潘因卫公子开方杀孝公子而立潘：泷川曰："'立'下'潘'字疑衍，且与上文复。"因，通过。

【译文】

孝公六年春，齐国攻打宋国，因为它不参加齐国的会盟。夏天，宋襄公去世。

孝公七年，晋文公继位。

孝公十年，去世，孝公的弟弟潘通过卫国公子开方杀死孝公的儿子而登上君位，这就是昭公。昭公，是桓公的儿子，他的母亲叫葛嬴。

昭公元年[①]，晋文公败楚于城濮[②]，而会诸侯践土，朝周，天子使晋称伯[③]。

六年，翟侵齐。晋文公卒[④]。秦兵败于殽[⑤]。

十二年，秦穆公卒[⑥]。

十九年五月，昭公卒[⑦]，子舍立为齐君。舍之母无宠于昭公，国人莫畏。昭公之弟商人以桓公死争立而不得，阴交贤士，附爱百姓[⑧]，百姓说。及昭公卒，子舍立，孤弱，即与众十月即墓上弑齐君舍[⑨]，而商人自立，是为懿公。懿公，桓公子也，其母曰密姬[⑩]。

【注释】

①昭公元年：当周襄王二十一年、晋文公五年，前632年。

②晋文公败楚于城濮（pú）：即晋、楚间的“城濮之战”。城濮，卫邑名。在今山东范县西南。

③“而会诸侯践土”三句：即“践土之盟”。晋文公败楚后，在践土召集诸侯会盟，并请周天子也来参加，晋文公在这次盟会上被周天子封为霸主。践土，郑地名。在今河南原阳西南。伯，《正义》曰：“音霸。”以上“城濮之战”与“践土之盟”见《左传·僖公二十八年》与《晋世家》。

④六年，翟侵齐。晋文公卒：杭世骏曰：“《左传》文公卒于齐昭之五年，在翟侵齐之前。此作‘六年’，误。”六年，当晋襄公元年，前627年。

⑤秦兵败于崤(xiáo):秦军袭郑被晋军拦击于崤山事,见《左传·僖公三十三年》与《晋世家》。殽,同"崤",山名。在今河南洛宁西北。

⑥十二年,秦穆公卒:前621年,秦穆去世,在位共三十九年。其事见《秦本纪》。十二年,前621年。

⑦十九年五月,昭公卒:梁玉绳曰:"'十九'当作'二十'。"按,《十二诸侯年表》系齐昭公卒于其二十年,即前613年。

⑧附爱:抚爱。附,通"拊",安抚。

⑨即与众十月即墓上弑齐君舍:《左传·文公十四年》:"秋七月乙卯夜,齐商人弑舍。""十月"当作"七月"。则此"十"字乃传写之讹。

⑩其母曰密姬:凌稚隆引董份曰:"上既曰某姬生某公矣,则此复曰其母曰某姬,恐衍,盖太史公不及删者。"

【译文】

昭公元年,晋文公在城濮打败楚国,在践土会盟诸侯,朝见周天子,天子让晋国称霸。

昭公六年,翟人侵犯齐国。晋文公去世。秦国军队在崤山被晋人打败。

昭公十二年,秦穆公去世。

昭公十九年五月,去世,其子舍继位为齐君。舍的母亲不受昭公宠爱,因此国人都不敬畏他。昭公的弟弟商人在桓公死后争夺君位没有得逞,暗中结交贤能之士,抚爱百姓,百姓爱戴他。等到昭公去世,儿子舍继位,势力孤弱,商人就与其徒众在十月趁齐君舍扫墓时杀死了他,商人自立为君,这就是懿公。懿公,是桓公的儿子,他的母亲为密姬。

懿公四年春[①]。初,懿公为公子时,与丙戎之父猎[②],争获不胜[③],及即位,断丙戎父足[④],而使丙戎仆[⑤]。庸职之妻好[⑥],公内之宫[⑦],使庸职骖乘[⑧]。五月,懿公游于申池[⑨],二人浴,戏。职曰:"断足子!"戎曰:"夺妻者!"二人俱病此言[⑩],

乃怨。谋与公游竹中，二人弑懿公车上，弃竹中而亡去。

【注释】

①懿公四年：前609年。

②丙戎：梁玉绳曰："《年表》及《卫世家》作'邴歜'，与《左传》《楚语》同。"

③争获不胜：泷川曰："猎争获，不胜。《左传》作'争田而不胜'。史公解'田'为田猎也。"获，猎得的禽兽，猎物。

④断丙戎父足：《正义》曰："乃掘而刖之，杜预云'断其尸足也'。"

⑤仆：御，驾车。

⑥庸职：《索隐》曰："《左传》作'阎职'，此言'庸职'。不同者，《传》所云'阎'，姓；'职'，名也。此言'庸职'，庸非姓，盖谓'受雇织'之妻，史意不同，字则异耳。"钱大昕曰："'雍''阎'声相近。《书》'毋若火始炎炎'，《汉书》作'庸庸'。"好：貌美，漂亮。

⑦内：同"纳"。

⑧骖（cān）乘：又作"参乘"或"陪乘"。古制一车乘三人，御者居左，尊者居中，护卫居右，以有勇力的人充任。骖乘，即为车右。

⑨申池：《集解》曰："杜预曰：'齐南城西门名申门。齐城无池，唯此门左右有池，疑此是也。'左思《齐都赋》注曰：'申池，海滨齐薮也。'"泷川引中井积德曰："《索隐》申池、齐薮，未知当否。然言游于申池，则是山川风景佳处。或是苑囿矣，必非城湟。"

⑩病：以为羞耻。

【译文】

懿公四年春。当初，懿公还是公子的时候，与丙戎的父亲去打猎，争夺猎物失败，等他继位，就砍断了丙戎父亲的脚，并让丙戎为自己驾车。庸职的妻子相貌很美，懿公将她纳入后宫，让庸职做车右。五月，懿公到申池游玩，丙戎与庸职两人一起洗浴，相互开玩笑。庸职说："断脚人的儿子！”丙戎说：“被夺走妻子的丈夫！”二人都觉得对方道出了自己的耻辱，所以怨恨懿公。二人谋划与懿公到竹林中游玩，在车上杀死了懿公，把他的尸体丢弃在竹林里就逃走了。

懿公之立，骄，民不附。齐人废其子而迎公子元于卫①，立之，是为惠公。惠公，桓公子也。其母卫女，曰少卫姬，避齐乱，故在卫。

惠公二年，长翟来，王子城父攻杀之，埋之于北门②。晋赵穿弑其君灵公③。

十年④，惠公卒，子顷公无野立⑤。初，崔杼有宠于惠公⑥，惠公卒，高、国畏其逼也⑦，逐之，崔杼奔卫⑧。

【注释】

①齐人废其子而迎公子元于卫：何焯曰：“五公子事，至此完。”卫，当时的卫都在今河南濮阳西南。

②“惠公二年”四句：泷川曰：“文十一年《左传》云：‘冬十月甲午，败狄于咸，获长狄侨如。富父终甥摏其喉以戈，杀之，埋其首于子驹之北门。’晋之灭潞也，获乔如之弟焚如（鲁宣十五年）。齐襄公之二年（鲁桓十六年），鄋满伐齐，齐王子成父获其弟荣如，埋其首于周首之北门，卫人获其季弟简如。’杜注：‘荣如，焚如之弟也。’焚如后死，而先说者欲其兄弟伯季相次也。荣如以鲁桓十六年死。至宣十五年一百三岁，其兄犹在。传言既长且寿也。陆粲曰：‘《鲁世家》引此传文，作“齐惠公之二年”。《齐世家》《年表》并同。惠之二年，即鲁宣公二年也。知此传写误。’愚按，岂有弟见获而百有三年，其兄尚能为寇者乎？陆说是。《左传》‘齐襄公’当依《史记》作‘齐惠公’。史公所见《左传》未误。”惠公

二年，当鲁宣公二年，前607年。长翟，亦作"长狄"，春秋时狄族的一支。传说他们身材特别高大，故称。《集解》引《穀梁传》曰："身横九亩，断其首而载之，眉见于轼。"王子城父，《集解》引贾逵曰："齐大夫。"

③晋赵穿弑其君灵公：其事见《左传·宣公二年》《晋世家》《赵世家》。赵穿，晋卿，赵盾的异母兄弟。灵公，晋灵公，名夷皋，前620—前607年在位。

④十年：前599年。

⑤顷公无野：齐顷公，名无野，前598—前582年在位。

⑥崔杼：齐国大夫。年少受宠，其在齐国的权力日渐增大。

⑦高、国：当时齐国两个大姓世袭贵族。逼：此指权位受到威胁。

⑧崔杼奔卫：竹添光鸿曰："崔杼此年奔卫，至襄廿五年弑庄公，相距五十一年，又二年自缢。说者或有疑其年岁者，不知崔杼便佞性生，弱冠已擅宠也。"

【译文】

懿公继位后，骄傲专横，百姓不归附他。齐人废黜他的儿子，而从卫国迎回公子元，拥立公子元为君，这就是惠公。惠公是桓公的儿子。他的母亲是卫国女子，叫少卫姬，躲避齐国的动乱，所以居住在卫国。

惠公二年，长翟来侵，王子城父攻击杀死他们的首领，将他埋在北门。晋国赵穿杀死他的国君晋灵公。

惠公十年，去世，他的儿子顷公无野继位。当初，崔杼受惠公宠幸，惠公去世后，高氏、国氏害怕遭他胁迫，就驱逐了他，崔杼逃奔到卫国。

顷公元年[①]，楚庄王强，伐陈[②]。

二年[③]，围郑，郑伯降，已复国郑伯[④]。

六年春[⑤]，晋使郤克于齐[⑥]，齐使夫人帷中而观之[⑦]。郤克上，夫人笑之[⑧]。郤克曰："不是报，不复涉河[⑨]！"归，请伐齐，晋侯弗许[10]。齐使至晋，郤克执齐使者四人河内，杀之[11]。八年[12]，晋伐齐，齐以公子彊质晋[13]，晋兵去。

【注释】

①顷公元年：当楚庄王十六年、陈成公元年，前598年。

②楚庄王强，伐陈：其时陈灵公荒淫无道，与其二臣孔宁、仪行父共同与夏徵舒之母夏姬通奸，被夏徵舒所杀，因此楚庄王讨伐陈国。其事见《左传·宣公十一年》与《陈杞世家》。楚庄王，名旅，一作"吕""侣"，楚穆王之子，前613—前591年在位。后成为春秋霸主之一。

③二年：当楚庄王十七年、郑襄公八年，前597年。

④郑伯降，已复国郑伯：郑伯向楚庄王表示臣服后，楚庄王仍让他在郑国为君。这就是被孔子所赞扬的"兴灭国，继绝世"(《论语·尧曰》)。按，以上楚围郑事，见《左传·宣公十二年》与《郑世家》。郑伯，即郑襄公，名子坚，又作"坚"，郑灵公庶弟(《十二诸侯年表》作"庶兄")，前604—前587年在位。已，随后，旋即。

⑤六年：当晋景公七年，前593年。

⑥使郤(xì)克于齐：派郤克出使齐国。郤克，又称"郤献子"，郤缺之子。此时为晋卿，掌晋政。

⑦夫人：此指齐顷公之母萧同叔子。

⑧郤克上，夫人笑之：《公羊传·成公二年》云："晋郤克与臧孙许同时而聘于齐，萧同姪子者，齐君之母也。踊于棓而窥客。则客或跛或眇，于是使跛者迓跛者，使眇者迓眇者。"《穀梁传·成公元年》云："季孙行父秃，晋郤克眇，卫孙良夫跛，曹公子手偻，同时而聘于齐。齐使秃者御秃者，使眇者御眇者，使跛者御跛者，使偻者御偻者。萧同姪子处台上而笑之。"

⑨不是报，不复涉河：意即不报这个仇，决不再渡过这条河。河，指

黄河。

⑩晋侯：指晋景公，名据，晋成公之子，前599—前581年在位。

⑪执齐使者四人河内，杀之：梁玉绳曰："宣十七年《左传》，晋征会于齐，使高固、晏弱、蔡朝、南郭偃会，高固先逃归，晋执三子；及苗贲皇言于晋侯，以缓得先后逸去。何尝有杀四人于河内之事？《史通》已纠其谬矣。"河内，指今河南境内的当时的黄河以北地区。春秋、战国时期人们习惯称今河南境内的当时的黄河以北为河内，以南为河外。

⑫八年：当晋景公九年，前591年。

⑬公子彊：名彊，齐国公子。质：做人质。

【译文】

顷公元年，楚庄王实力强大起来，讨伐陈国。

顷公二年，围攻郑国，郑伯投降，随即又恢复了郑伯的君位。

顷公六年春，晋国派遣郤克出使齐国，顷公让母亲萧桐叔子躲藏在帏帐中偷看他们。郤克上台阶时，夫人因郤克跛脚而讥笑他。郤克说："不报这侮辱之仇，决不再渡黄河！"回到晋国，他请求讨伐齐国，晋侯没答应。齐国使者到达晋国，郤克在河内扣押齐国的四个使者，杀掉了他们。

顷公八年，晋国讨伐齐国，齐国让公子彊到晋国去做人质，晋国才撤兵离开。

十年春[①]，齐伐鲁、卫[②]。鲁、卫大夫如晋请师，皆因郤克[③]。晋使郤克以车八百乘为中军将[④]，士燮将上军[⑤]，栾书将下军[⑥]，以救鲁、卫，伐齐。六月壬申[⑦]，与齐侯兵合靡笄下[⑧]。癸酉[⑨]，陈于鞌[⑩]。逢丑父为齐顷公右[⑪]。顷公曰："驰之，破晋军会食[⑫]。"射伤郤克，流血至履。克欲还入壁[⑬]，其御曰[14]："我始入，再伤[15]，不敢言疾，恐惧士卒，愿子忍之[16]。"遂复战。战，齐急[17]，丑父恐齐侯得，乃易处[18]，顷公为右，车绊于木而止[19]。晋小将韩厥伏齐侯车前[20]，曰"寡君使臣救鲁、卫"，戏之[21]。丑父使顷公下取饮，因得亡[22]，脱去，入其军。晋郤克欲杀丑父。丑父曰："代君死而见僇[23]，后人臣无忠其君者矣。"克舍之[24]，丑父遂得亡归齐。于是晋军追齐至马陵[25]。齐侯请以宝器谢[26]，不听；必得笑克者萧桐叔子[27]，令齐东亩[28]。对曰："叔子，齐君母。齐君母亦犹晋君母，子安置之[29]？且子以义伐而以暴为后[30]，其可乎？"于是乃许，令反鲁、卫之侵地[31]。

【注释】

①十年：当鲁成公二年、卫穆公十一年、晋景公十一年，前589年。

②齐伐鲁、卫：梁玉绳曰："齐顷十年为鲁成二年，乃卫侵齐而败，《卫世家》同，齐未尝有伐卫之事也。"

③皆因郤克：《索隐》曰："成二年《左传》鲁臧宣叔、卫孙桓子如晋，皆主于郤克是也。"因，通过，求靠。

④中军将：中军的统帅，也是军队中的最高统帅。当时晋国有三军，称上军、中军、下军。各军的主帅称"将"，副帅称"佐"，此六人即晋国所谓的"六卿"。

⑤士燮将上军：即士燮为上军之将。士燮，士会之子，也称"范文子"。梁玉绳曰："按，《传》士燮是佐上军，将上军者荀庚也，时庚不出。"

⑥栾书：也称"栾武子"，栾枝之孙。

⑦六月壬申：六月十六。

⑧合：交战。靡笄（jī）：山名。即今山东济南之千佛山。

⑨癸酉：六月十七日。

⑩陈：同“阵”。鞌（ān）：齐地名。在今山东济南西北。

⑪逄（páng）丑父：齐国大夫。右：车右，即上文所说的“骖乘”。

⑫会食：相聚进食。

⑬壁：指营垒。

⑭御：驭手，驾车的人。

⑮再伤：两处负伤。再，此指两处。

⑯“不敢言疾”三句：《左传》于此作：“自始合，而矢贯余手及肘，余折以御，左轮朱殷，岂敢言病？吾子忍之！”

⑰齐急：指齐军形势危急。

⑱易处：换座位。齐侯原坐中间，现将其换到边上。易，交换。

⑲絓（guà）：通“挂”，绊住，受阻。

⑳晋小将韩厥：梁玉绳曰：“厥为司马（军中的执法官），岂小将乎？”

㉑“寡君使臣救鲁、卫”，戏之：《左传》于此处云：“韩厥执縶马前，再拜稽首，奉觞加璧以进，曰：‘寡君使群臣为鲁卫请，曰无令舆师陷入君地。下臣不幸，属当戎行，无所逃隐。且惧奔避，而忝两君。臣辱戎士，敢告不敏，摄官承乏。’”所谓“戏之”即指“敢告不敏，摄官承乏”八字。寡君，对别国人谦称自国之君。戏之，戏弄。

㉒丑父使顷公下取饮，因得亡：丑父让齐顷公下车取水喝，齐顷公趁机逃跑。此时齐顷公坐在御者的位置，韩厥不认识，一心只要俘获坐在中间的“齐侯”，对他人不管，故齐侯因此得脱。

㉓僇（lù）：通“戮”，杀。

㉔克舍之：郤克放了他。《左传》载郤子曰：“人不难以死免其君，我戮之不祥；赦之，以劝事君者。”

㉕马陵：《左传》作“马陉”，齐邑名。在今山东淄博西南。

㉖以宝器谢：《集解》引《左传》曰：“赂以纪甗、玉磬也。”谢，请罪。

㉗必得笑克者萧桐叔子：泷川曰：“《左传》无‘笑克者’三字。史公

添此，以见在帷笑者为何人。然郤克大国之卿，中军之将，以君命接敌使，不宜及其私怨，必无此言也。”萧桐叔子，《集解》曰：“桐叔，萧君之字，齐侯外祖父。子，女也。难斥言其母，故远言之。贾逵曰：‘萧，附庸，子姓。’”《左传》《穀梁传》及《晋世家》皆作“萧同叔子”，《公羊传》作“萧同姪子”。

㉘令齐东亩：让齐国田间的道路都改成东西向，以便日后晋国的兵车入齐境易于通行。泷川曰：“《左传》载齐使陈东亩之失，甚悉。史公省之者何也？”

㉙齐君母亦犹晋君母，子安置之：刘邦对项羽有所谓“吾翁即若翁，必欲烹而翁，则幸分我一杯羹”，即此意。史珥曰：“齐答萧同叔子为质语，内、外传俱佳，《史记》曰‘子安置之’四字，又标新诸家外。”

㉚且子以义伐而以暴为后：依据道义兴师讨伐，但之后却干出残暴的事情。

㉛令反鲁、卫之侵地：《左传》：“晋师及齐国佐盟于爰娄，使齐人归我汶阳之田’。”按，以上齐、晋“鞍之战”详见《左传·成公二年》。

【译文】

顷公十年春，齐国征讨鲁、卫两国。鲁、卫两国的大夫到晋国请求出兵，都是通过郤克。晋国派郤克指挥八百辆兵车，为中军将领，士燮率领上军，栾书率领下军，去援救鲁国、卫国，攻打齐国。六月壬申日，晋军与齐侯的军队在靡笄山下相遇。癸酉日，两军在鞌地排兵布阵。逢丑父是顷公的车右。顷公说：“放马前进，攻破晋军后会餐。”郤克被箭射伤，血流到鞋上。郤克想退回营垒，他的车夫说：“我刚上战场，就两处受伤，但不敢说疼痛，恐怕惊吓了士卒，希望您能忍耐些。”于是重上战场。交战时，齐军形势危急，逢丑父担心齐侯被俘，就与他交换位置，顷公为车右，车子被树木绊住无法前行。晋国小将韩厥趴在齐侯的战车前，口称“寡君派臣子援救鲁、卫”，来戏弄齐侯。逢丑父让顷公下车取水喝，顷公趁机逃跑,脱身离去,返回齐军。晋国郤克想杀了逢丑父。逢丑父说:“替国君死而遭杀戮,以后的臣子就不会有忠诚于国君的了。”郤克放了他,逢丑父因而得以逃归齐营。这时晋军追击齐军到了马陵。齐侯请求用宝器谢罪,晋军不答应;一定要得到讥笑郤克的萧桐叔子,令齐国田间的垄埂都改成东西向,以便日后晋国的兵车进入齐境易于通行。齐人回答说:“萧桐叔子是齐君的母亲。齐君的母亲也就是晋君的母亲,您打算怎么处置她?况且您凭着道义兴师讨伐,但之后却干出残暴的事情,难道可以这样吗?”晋国于是才答应齐人的要求,让他们归还侵占鲁国与卫国的土地。

十一年[①],晋初置六卿,赏鞌之功[②]。齐顷公朝晋,欲尊王晋景公,晋景公不敢受[③],乃归。归而顷公弛苑囿[④],薄赋敛,振孤问疾[⑤],虚积聚以救民[⑥],民亦大说。厚礼诸侯。竟顷公卒[⑦],百姓附,诸侯不犯[⑧]。

十七年[⑨],顷公卒,子灵公环立。

【注释】

①十一年:当晋景公十二年,前588年。

②晋初置六卿,赏鞌之功:据《左传·成公三年》:“十二月甲戌,晋作六军,韩厥、赵括、巩朔、韩穿、荀骓、赵旃,皆为卿,赏鞍之功也。”杨伯峻曰:“晋原有三军,此时增置新中、上、下三军,共六军。三军原各有将、佐,计六卿;今增置新三军,亦各有将佐,增六人为卿。六年《传》云:‘韩献子将新中军。’杜预以此名次推算,以为‘韩厥为新中军,赵括佐之;巩朔为新上军,韩穿佐之;荀骓为新下军,赵旃佐之。’《晋世家》‘韩穿’误作‘赵穿’。”六卿,指中、上、下三军的将、佐。梁玉绳曰:“‘六卿’乃‘六军’之误。”按,《左传》作“晋作六军”。杨伯峻曰:“《年表》《齐世家》《晋世

家》'六军'俱作'六卿',恐系因下文'皆为卿'而致误。""晋原有三军,此时增置新上、中、下三军,共六军。"

③欲尊王晋景公,晋景公不敢受:《索隐》曰:"王劭按,张衡曰:'礼,诸侯朝天子执玉,既授而反之。若诸侯自相朝,则不授玉。'齐顷公战败朝晋而授玉,是欲尊晋侯为王,太史公探其旨而言。'今按,此文不云'授玉',王氏之说复何所依,聊记异耳。"梁玉绳曰:"考成三年《传》:'齐侯朝晋,将授玉,郤克曰:"此行也,寡君未之敢任。"'史误会《左传》,以'玉'作'王';以'未敢任来朝'为'不敢受王'。盖古字'玉'皆作'王'。"孔颖达曰:"此时天子虽微,诸侯并盛,晋文不敢请隧,楚庄不敢问鼎。又齐弱于晋,所较不多,岂为一战而胜便即以王相许?准时度世,理不必然。"

④弛苑囿:将苑囿打开,让百姓耕种。弛,这里是打开的意思。

⑤振:赈济,救济。

⑥虚积聚:拿出仓库里全部的粮食衣物。虚,空。

⑦竟:一直。

⑧诸侯不犯:泷川曰:"成八年《公羊传》云:'鞌之战,齐师大败。齐侯归,吊死视疾,七年不饮酒,不食肉。'"

⑨十七年:前582年。

【译文】

顷公十一年,晋国开始设置六卿,犒赏鞌之战的功臣。顷公朝见晋君,想尊晋景公为王,晋景公不敢接受,顷公就回国了。回国后顷公开放苑囿,减轻赋税,赈济孤寡,慰问病人,拿出全部府库的积蓄救助百姓,百姓非常高兴。他还用厚礼结交诸侯。一直到顷公去世,百姓亲附他,诸侯也不来侵犯齐国。

顷公十七年,去世,其子灵公环继位。

灵公九年,晋栾书弑其君厉公①。

十年[②]，晋悼公伐齐[③]，齐令公子光质晋[④]。

十九年[⑤]，立子光为太子，高厚傅之，令会诸侯，盟于锺离[⑥]。

二十七年[⑦]，晋使中行献子伐齐[⑧]。齐师败，灵公走入临菑。晏婴止灵公[⑨]，灵公弗从。曰："君亦无勇矣[⑩]！"晋兵遂围临菑，临菑城守不敢出，晋焚郭中而去[⑪]。

【注释】

①灵公九年，晋栾书弑其君厉公：晋厉公为向大族夺权，杀掉一些大族势力，结果栾书发动政变杀死晋厉公。其事见《左传·成公十八年》与《晋世家》。灵公九年，当晋悼公元年，前573年。厉公，晋厉公，名寿曼，又称"州蒲"，晋景公之子，前580—前573年在位。

②十年：当晋悼公二年，前572年。

③晋悼公：名周，前572—前558年在位。

④公子光：时为太子，后被废，崔杼弑齐灵公，立其为君，即为齐庄公，前553—前548年在位。

⑤十九年：前563年。按，齐灵公十五年，齐灭莱，是齐国之大事。范文澜云："莱是东夷大国，莱亡国后，齐地扩大一倍以上，成为真正海国，鱼盐之利更盛。"而司马迁竟只字未提。

⑥"高厚傅之"三句：齐灵公十九年（前563），晋、鲁、宋、卫、曹、齐、吴等十三国诸侯在相盟会，齐国高厚作为太子光的辅相，先期与诸侯会于锺离。高厚，齐国的世袭上卿。锺离，古邑名。在今安徽凤阳东北。

⑦二十七年：当晋平公三年，前555年。

⑧中行献子：即中行偃。《索隐》曰："荀偃祖林父代为中行，后改姓

为中行氏。献子名偃。”泷川引中井积德曰：“中行，族耳，未尝废荀氏，岂改姓云乎？”

⑨晏婴：字平仲，人称“晏平仲”，或称“晏子”，齐国大臣。历任齐灵公、庄公、景公三朝。其事见《管婴列传》。

⑩君亦无勇矣：梁玉绳曰：“襄十八年《左传》，晏子有‘君固无勇’语，乃逆料之辞，未尝止灵公之走也。”

⑪晋焚郭中而去：晋焚烧了齐国都城临淄的外城。郭，外城。以上晋率诸侯伐齐、围临淄事，见《左传·襄公十八年》与《晋世家》。

【译文】

灵公九年，晋国栾书杀死他的国君晋厉公。

灵公十年，晋悼公讨伐齐国，齐国让公子光到晋国做人质。

灵公十九年，立公子光为太子，高厚辅佐他，让他大会诸侯，在锺离与诸侯签订盟约。

灵公二十七年，晋国派中行献子攻打齐国。齐军战败，灵公逃入临淄。晏婴阻止灵公逃跑，灵公不听。晏婴说：“您也太没有勇气啦！”晋兵于是包围临淄，临淄的齐军紧守城池不敢出战，晋军烧毁外城撤离而去。

二十八年①。初，灵公取鲁女，生子光，以为太子。仲姬，戎姬②。戎姬嬖，仲姬生子牙，属之戎姬。戎姬请以为太子，公许之。仲姬曰：“不可。光之立，列于诸侯矣③，今无故废之，君必悔之。”公曰：“在我耳。”遂东太子光④，使高厚傅牙为太子。灵公疾，崔杼迎故太子光而立之，是为庄公。庄公杀戎姬。五月壬辰⑤，灵公卒，庄公即位，执太子牙于句窦之丘⑥，杀之。八月，崔杼杀高厚。晋闻齐乱，伐齐，至高唐⑦。

【注释】

①二十八年：前554年。

②“灵公取鲁女”五句：梁玉绳曰：“董份谓‘太子’下即著‘仲姬、戎姬’，有脱字，是也。考襄十九年《左传》云：‘诸子（内官之号）仲子、戎子。’杜注曰：‘二子皆宋女，则依上文‘取鲁女’之例，当脱‘取宋女’三字。而二‘姬’字又‘子’之误。’《史诠》谓‘仲姬、戎姬不言取者，蒙上文’。”取，同“娶”。

③光之立，列于诸侯矣：公子光立为太子，多次跟随诸侯征伐盟会，已经得到诸侯的承认。《集解》引服虔曰：“数从诸侯征伐盟会。”

④遂东太子光：《集解》引贾逵曰：“徙之东垂也。”即将太子光流放到齐国东部边境。

⑤五月壬辰：按，此年五月无壬辰日，似有误。

⑥句（gōu）窦：古地名。《左传》作“句渎（dòu）”，杨伯峻《春秋左传词典》以为在齐都临淄城内。

⑦伐齐，至高唐：张照曰：“按《左传》，庄公即位，执公子牙于句渎之丘，以夙沙卫异己，卫奔高唐以叛。晋士匄侵齐，及穀，闻丧而还。此皆在崔杼杀高厚前，为五月事。马迁并二事为一，又有晋使至高唐之文，皆与《传》异。”高唐，齐邑名。在今山东高唐东北。按，以上崔杼杀高厚、立齐庄公事，见《左传·襄公十九年》。

【译文】

灵公二十八年。当初，灵公娶鲁国女子，生了儿子光，立他做了太子。灵公又娶了仲姬与戎姬。戎姬受到宠爱，仲姬生了儿子牙，将他托付给戎姬。戎姬请求立公子牙为太子，灵公应允了她。仲姬说：“不可以这样做。公子光立为太子，已经得到诸侯的承认，现在无缘无故废除他，您以后一定会为这件事后悔。”灵公说：“让我来做决定吧。”于是将太子光流放到齐国东部边境，让高厚辅佐公子牙为太子。灵公生病，崔杼迎回原太子光拥立他为国君，这就是庄公。庄公杀了戎姬。五月壬辰日，灵公去世，庄公继位，在句窦之丘抓获太子牙，将他杀死。八月，崔杼杀高厚。晋国听说齐国发生内乱，讨伐齐国，进军到高唐。

庄公三年[①]，晋大夫栾盈奔齐[②]，庄公厚客待之。晏婴、田文子谏[③]，公弗听。

四年[④]，齐庄公使栾盈间入晋曲沃为内应[⑤]，以兵随之，上太行，入孟门[⑥]。栾盈败，齐兵还，取朝歌。

【注释】

①庄公三年：当晋平公八年，前551年。

②栾盈奔齐：栾盈作乱于晋，失败后先奔楚，又逃奔齐。栾盈，也作"栾逞"，栾书之孙。

③田文子：名须无，谥为文，或称"陈文子""陈须无"，齐国大夫。田常的先人。

④四年：当晋平公九年，前550年。

⑤间（jiàn）入：潜入，秘密进入。曲沃：晋之旧都。在今山西闻喜东北。《集解》引贾逵曰："栾盈之邑。"

⑥孟门：山名。在今河南辉县西。齐军西行袭晋所要经过的地方。

⑦"栾盈败"三句：朝歌，原为卫邑，后归晋有，现被齐所占。故城即今河南淇县。以上齐国助栾盈为乱于晋不成之事，见《左传·襄公二十三年》。

【译文】

庄公三年，晋国大夫栾盈逃到齐国，庄公以优厚的客礼接待他。晏婴、田文子谏阻，庄公不听。

庄公四年，派栾盈偷偷进入晋国曲沃做内应，发兵紧随其后，登上太行山，进入孟门山。栾盈被打败，齐国撤兵，回师的路上攻取了朝歌。

六年[①]。初，棠公妻好[②]，棠公死，崔杼取之。庄公通之，数如崔氏，以崔杼之冠赐人。侍者曰“不可”[③]。崔杼怒，因其伐晋，欲与晋合谋袭齐而不得间。庄公尝笞宦者贾举，贾举复侍，为崔杼间公以报怨[④]。五月，莒子朝齐[⑤]，齐以甲戌飨之[⑥]。崔杼称病不视事。乙亥[⑦]，公问崔杼病，遂从崔杼妻。崔杼妻入室，与崔杼自闭户不出，公拥柱而歌[⑧]。宦者贾举遮公从官而入[⑨]，闭门，崔杼之徒持兵从中起。公登台而请解[⑩]，不许；请盟[⑪]，不许；请自杀于庙[⑫]，不许。皆曰：“君之臣杼疾病，不能听命[⑬]。近于公宫[⑭]。陪臣争趣有淫者[⑮]，不知二命[⑯]。”公逾墙，射中公股[⑰]，公反坠[⑱]，遂弑之。晏婴立崔杼门外[⑲]，曰：“君为社稷死则死之，为社稷亡则亡之[⑳]。若为己死己亡，非其私昵，谁敢任之[㉑]！”门开而入，枕公尸而哭，三踊而出[㉒]。人谓崔杼：“必杀之。”崔杼曰：“民之望也，舍之得民[㉓]。”

【注释】

①六年：前548年。

②棠公：齐国的棠邑大夫。其妻棠姜，为崔杼家臣东郭偃的姐姐。

③侍者曰“不可”：《左传·襄公二十五年》：“侍者曰：‘不可。’公曰：‘不为崔氏，其无冠乎？’”此处“不可”下无公语，则文气不完，疑或脱“公不听”三字。

④间公：窥探庄公的行踪。间，窥探，监视。

⑤莒子：莒国的君主。莒国，西周初年所建的小国。其都城即今山东莒县。

⑥以甲戌飨（xiǎng）之：在甲戌日宴请莒子。甲戌，五月十六。飨，

用酒食招待人。

⑦乙亥：五月十七。

⑧与崔杼自闭户不出，公拥柱而歌：《集解》引服虔曰："公以为姜氏不知己在外，故歌以命之也。一曰公自知见欺，恐不得出，故歌以自悔。"梁玉绳曰："此当依《左传》作'姜与崔子自侧户出'，若闭户不出，则公知有变，必不拊楹而歌矣。'拥柱'亦非。《集解》后说妄。"拥柱，抱着柱子。

⑨遮：拦截，截住。

⑩解：免，释放。

⑪盟：谈判定约。

⑫请自杀于庙：请求返回宗庙自杀。目的是拖延时间，等候外援。

⑬不能听命：《集解》引服虔曰："言不能亲听公命。"

⑭近于公宫：《集解》引服虔曰："崔杼之宫近公宫，淫者或诈称公。"

⑮争趣（qū）：争相奔向。《左传》作"扞掫"，意即捉拿。趣，趋向，奔向。

⑯不知二命：不知其他的命令。意即其他的命令一概不听。

⑰股：大腿。

⑱反坠：又掉回到院子里。

⑲晏婴立崔杼门外：《集解》引贾逵曰："闻难而来。"竹添光鸿曰："应'闭门'，伏'门开'。"

⑳为社稷死则死之，为社稷亡则亡之：《左传·襄公二十五年》云："其人曰：'死乎？'曰：'独吾君也乎哉，吾死也？'曰：'行乎？'曰：'吾罪也乎哉，吾亡也？'曰：'归乎？'曰：'君死，安归？君民者，岂以陵民？社稷是主。臣君者，岂为其口实，社稷是养。'"其下始接"君为社稷死则死之"云云。

㉑"若为己死己亡"三句：国君如果是为个人的私事而死而亡，除非是他的亲信近臣，其他人是不必为他殉身的。徐孚远曰："庄公好

勇，是变也，勇士从死者八人，故晏子云然。”私昵，指个人亲信。

㉒三踊（yǒng）：向上跳三次，以表哀痛之情。

㉓舍：释而不杀。

【译文】

庄公六年。当初，棠公的妻子相貌美丽，棠公死后，崔杼娶了她。庄公与她偷情，多次去崔杼家幽会，还把崔杼的帽子拿走送人。侍者说“不能这么做”。崔杼发怒，趁着庄公讨伐晋国，想与晋国合谋袭击庄公，却找不到机会。庄公曾经鞭打过宦者贾举，贾举后来又重新回来奉侍庄公，贾举因此为崔杼窥伺庄公的行踪，以报被鞭打的仇怨。五月，莒子朝见庄公，庄公在甲戌日设酒宴款待他。崔杼称病不处理事务。乙亥日，庄公来探视崔杼的病情，便追随崔杼的妻子。崔杼的妻子走进内室，与崔杼关紧房门不出来，庄公抱着庭柱唱歌。宦者贾举将庄公的随从阻拦在大门外自己进入，关上大门，崔杼的党徒拿着兵器从内院中涌出。庄公登上高台，请求放了自己，未被准许；请求订立盟约，仍不准许；请求返回宗庙自杀，也不被准许。他们都说：“国君的大臣崔杼病重，不能亲自前来听您的吩咐。这里的住宅临近国君您的宫室。陪臣只知将矛头争相指向淫人，此外其他的命令一概不听。”庄公翻墙逃跑，被箭射中大腿，又掉在了墙内，于是被杀死。晏婴站在崔杼家的大门外，说：“国君如果为社稷而死，臣子就该为他殉身；国君如果为社稷而逃亡，臣子就该随他逃亡。国君如果是为自己的私事而死而亡，除非他的近臣，其他人是不必为他殉身的！”大门打开，晏婴走进去，枕在庄公的尸体上大哭，向上跳三次，以表哀痛之情，然后走出去。有人对崔杼说：“一定要杀了他。”崔杼说：“他是众望所归之人，不杀他可以赢得人心。”

丁丑①，崔杼立庄公异母弟杵臼，是为景公。景公母，鲁叔孙宣伯女也②。景公立，以崔杼为右相，庆封为左相。二相恐乱起，乃与国人盟曰：“不与崔、庆者死③！”晏子仰天曰："婴所不获，唯忠于君、利社稷者是从④！"不肯盟。庆封欲杀晏子，崔杼曰："忠臣也，舍之⑤。"齐太史书曰"崔杼弑庄公"，崔杼杀之。其弟复书，崔杼复杀之。少弟复书，崔杼乃舍之⑥。

【注释】

①丁丑：五月十八。

②鲁叔孙宣伯：名侨如，鲁国之卿。与季孙氏、孟孙氏共掌鲁政。

③与：亲附。崔、庆：指崔杼、庆封。

④婴所不获，唯忠于君、利社稷者是从：据《左传》，当时崔、庆二人逼迫群臣跟着他们宣誓，说"所不与崔、庆者……"意即"凡不与崔、庆一条心者"上天将对之如何如何。晏婴不敢公开反对，只是在宣誓时将誓词的上半截自己改为"婴所不获唯忠于君、利社稷者是与"，结尾都是"有如上帝"。以上崔杼弑齐庄公以及逼群臣与之定盟事，见《左传·襄公二十五年》。

⑤忠臣也，舍之：梁玉绳曰："此事《晏子·杂篇上》《吕览·知分》《韩诗外传》二并载之，与《史》又不同，然总不如《左传》之妙。'庆封欲杀晏子'，亦未闻。"

⑥"齐太史书曰'崔杼弑庄公'"六句：梁玉绳曰："《传》云'其弟嗣书而死者二人'，如《史》言，则不见是二人矣。"

【译文】

丁丑日，崔杼扶立庄公的异母弟杵臼为君，这就是景公。景公的母亲是鲁国叔孙宣伯的女儿。景公即位后，任命崔杼为右相，庆封为左相。两位国相害怕国内乱起，就与国人盟誓说："不亲附崔杼、庆封的人就要被处死！"晏子仰望苍天说："我晏婴如果不是只跟从那些忠于君主、利于国家的人，就让上天惩罚我！"不肯盟誓。庆封想杀掉晏子，崔杼说："他是忠臣，放过他吧。"齐国太史写道"崔杼弑杀庄公"，崔杼杀了太史。

他的弟弟仍这样书写，崔杼又将他的弟弟杀害。太史的小弟弟继续按原样写，崔杼才放了他。

景公元年[①]。初，崔杼生子成及彊，其母死，取东郭女[②]，生明。东郭女使其前夫子无咎与其弟偃相崔氏[③]。成有罪[④]，二相急治之[⑤]，立明为太子[⑥]。成请老于崔[⑦]，崔杼许之，二相弗听，曰："崔，宗邑[⑧]，不可。"成、彊怒，告庆封[⑨]。庆封与崔杼有郤[⑩]，欲其败也。成、彊杀无咎、偃于崔杼家，家皆奔亡。崔杼怒，无人，使一宦者御，见庆封。庆封曰："请为子诛之。"使崔杼仇卢蒲嫳攻崔氏[⑪]，杀成、彊，尽灭崔氏，崔杼妇自杀。崔杼毋归[⑫]，亦自杀。庆封为相国，专权[⑬]。

【注释】

①景公元年：前547年。梁玉绳曰："'元'当作'二'。"刘操南云："《年表》庆封诛崔氏，杼自杀，在景公二年，当鲁襄公二十七年，与《左传》合。此云'元年'，《齐世家》误也。"景公二年，前546年。

②东郭女：即指棠姜，亦称"东郭姜"。

③相：辅佐，帮助。

④成有罪：杜预云："有恶疾也。"王叔岷曰："《列女传》'罪'亦作'疾'。《书·盘庚》：'高后丕乃崇绛罪疾。''罪疾'复语，'罪'亦'疾'也。此文'疾'之作'罪'，盖存古义。非谓罪过也。"

⑤二相急治之：无咎与东郭偃很快地以病为借口废掉了崔成。

⑥立明为太子：梁玉绳曰："卿之后何得称太子，史公失辞。"此处意即家族的继承人。

⑦老：养老。崔：这里指崔杼的封邑，在今山东济阳东而稍北三十五里。

⑧崔，宗邑：崔邑是崔氏家族宗庙所在的城邑。《正义》曰："崔杼乃崔家长，其宗邑，宗庙所在，不可与成也。"

⑨告庆封：欲请庆封协助除掉东郭偃、无咎等人。《左传·襄公二十七》载，成、彊告庆封曰："夫子之身（指崔杼）亦子所知也，唯无咎与偃是从，父兄莫得进矣。恐害夫子，敢以告。"庆封曰："苟利夫子，必去之。难，吾助汝。"

⑩有郄：有矛盾，有隔阂。郄，隔阂，矛盾。

⑪使崔杼仇卢蒲嫳（piè）攻崔氏：《集解》引贾逵曰："嫳，齐大夫庆封之属。"梁玉绳曰："嫳乃庆封之属，何以为崔杼仇？庄公之难，卢蒲癸奔晋，意者嫳与癸或兄弟行，故以为仇乎？"

⑫毋归：无家可归。毋，通"无"。

⑬庆封为相国，专权：梁玉绳曰："'相国'之称，误，是时无此官名。"王叔岷曰："案，'国'字疑衍。《左传》作'庆封当国'，正谓其'为相专权'也。"按，以上庆封趁崔氏内部矛盾而诛灭崔氏家族事，见《左传·襄公二十七年》。

【译文】

景公元年。当初，崔杼生有儿子成与彊，他们的生母死后，崔杼又娶了东郭氏之女生下了崔明。东郭氏之女让她前夫的儿子无咎与她的弟弟东郭偃一起辅佐崔杼。崔成有恶疾，两位辅佐很快以病为借口废掉了他，立崔明为继承人。崔成请求让他终老于崔邑，崔杼应允了他，两位辅佐却不答应，说："崔邑是崔氏宗庙所在之地，不可以让他去。"崔成与崔彊发怒，把此事告诉了庆封。庆封与崔杼原本就有矛盾，想让他败亡。崔成与崔彊在崔杼家中杀死无咎与偃，家人都四散逃亡。崔杼大怒，但身旁无人，便让一个宦者赶车，去见庆封。庆封说："请让我替你杀了他们。"派崔杼的仇人卢蒲嫳攻打崔家，杀了崔成、崔彊，灭了整个崔氏家族，崔杼的妻子自杀。崔杼无家可归，也自杀了。庆封做了相国，独揽政权。

三年十月[①]，庆封出猎。初，庆封已杀崔杼，益骄，嗜酒好猎，不听政令。庆舍用政[②]，已有内郤[③]。田文子谓桓子曰[④]："乱将作。"田、鲍、高、栾氏相与谋庆氏[⑤]。庆舍发甲围庆封宫[⑥]，四家徒共击破之。庆封还，不得入，奔鲁。齐人让鲁，封奔吴。吴与之朱方[⑦]，聚其族而居之，富于在齐[⑧]。其秋[⑨]，齐人徙葬庄公，僇崔杼尸于市以说众[⑩]。

【注释】

①三年：前545年。

②庆舍用政：《集解》引服虔曰："舍，庆封之子也，生传其职政与子。"泷川引中井积德曰："用政，亦唯代、摄也，非'生传'之谓。"

③已：随即，后来。

④桓子：即陈桓子，名无宇，陈文子之子。

⑤田、鲍、高、栾氏：皆齐国大姓世袭贵族。相与：一起。

⑥庆舍发甲围庆封宫：《正义》曰："围为卫。"方苞曰："围庆封宫，围绕以为卫也。"泷川曰："《左传》云'庆氏以其甲环公宫'，与此异。"甲，兵，军队。

⑦吴与之朱方：吴将朱方给庆封做食邑。朱方，吴邑名。在今江苏丹徒境内。

⑧聚其族而居之，富于在齐：以上齐国逐庆封事，见《左传·襄公二十八年》。

⑨其秋：《左传》作"十二月乙亥"，则"秋"字应作"冬"。

⑩僇（lù）：辱。市：街市。说：同"悦"。

【译文】

景公三年十月，庆封出外打猎。当初，庆封杀了崔杼之后，更加骄横放纵，喜好喝酒、打猎，不理政事。庆舍管理政务，父子之间已有了隔阂。

田文子对桓子说："祸乱就要发生。"田氏、鲍氏、高氏、栾氏合谋对付庆氏。庆舍发兵包围庆封住宅，与四家的党徒合力攻占下来。庆封回来，进不了家门，逃奔到鲁国。齐国人责备鲁国，庆封又逃奔到吴国。吴国把朱方封给他，庆封聚集家族居住在那里，比在齐国还要富有。秋天，齐人改葬庄公，在市场上陈列崔杼的尸体以取悦民众。

九年[①]，景公使晏婴之晋，与叔向私语曰[②]："齐政卒归田氏。田氏虽无大德，以公权私[③]，有德于民[④]，民爱之。"

十二年[⑤]，景公如晋，见平公[⑥]，欲与伐燕[⑦]。

十八年[⑧]，公复如晋，见昭公[⑨]。

二十六年[⑩]，猎鲁郊[⑪]，因入鲁，与晏婴俱问鲁礼[⑫]。

三十一年，鲁昭公辟季氏难，奔齐[⑬]。齐欲以千社封之[⑭]，子家止昭公[⑮]，昭公乃请齐伐鲁，取郓以居昭公[⑯]。

【注释】

①九年：当晋平公十九年，前539年。

②叔向：羊舌氏，名肸，因食邑在杨（在今山西洪洞东南），又称"杨肸"，晋国公室贵族。

③以公权私：犹言"假公济私"，用公家的名义来谋取私利。

④有德于民：指田氏借贷于民时，以大斗借出，以小斗收入，向百姓施恩惠以收拢民心事，见《田敬仲完世家》。晏婴与叔向彼此私语齐、晋两国形势事，见《左传·昭公三年》。

⑤十二年：当晋平公二十二年，前536年。

⑥平公：名彪，晋悼公之子，前557—前532年在位。

⑦欲与伐燕：梁玉绳曰："齐请伐燕，非欲与晋伐之。"按，晋国当时尚居于霸主地位，故齐欲伐燕，要征得晋国同意。

⑧十八年：当晋昭公二年，前530年。

⑨公复如晋，见昭公：晋昭公初立，齐侯又一次前往晋国拜见。昭公，晋昭公，名夷，晋平公之子，前531—前526年在位。

⑩二十六年：当鲁昭公二十年，前522年。

⑪猎鲁郊：《左传》作“田于沛”，章炳麟以为“沛在齐、鲁界上”。

⑫因入鲁，与晏婴俱问鲁礼：《鲁世家》《孔子世家》《年表》并载此事，而《左传》无之。

⑬三十一年，鲁昭公辟季氏难，奔齐：鲁昭公因无法忍受权臣季氏的挟制，起兵攻打季氏，结果遭叔孙氏、孟孙氏、季氏联合反攻，鲁昭公败逃齐国。三十一年，当鲁昭公二十五年，前517年。季氏，即季孙氏，长期把持鲁国政权的最大贵族。

⑭千社：《集解》引贾逵曰：“二十五家为一社。千社，两万五千家也。”

⑮子家：即公孙归父，鲁庄公的玄孙，随同鲁昭公出奔。

⑯取郓以居昭公：梁玉绳曰：“千社之封，齐侯之口惠，何待子家之止？子家劝公至晋耳。伐郓居昭公，亦齐之意，非公请之也，详昭二十五年《传》。”郓，鲁邑名。在今山东郓城东。

【译文】

景公九年，派晏婴出使晋国，晏婴私下里对叔向说：“齐国的政权最终将归田氏所有。田氏虽然没有大的功德，但他假公济私，对百姓施恩惠，深得百姓爱戴。”

景公十二年，到晋国，会见晋平公，想与晋国一起讨伐燕国。

景公十八年，又到晋国，会见了晋昭公。

景公二十六年，在鲁国郊外打猎，顺便进入鲁国，与晏婴一起询问鲁国的礼制。

景公三十一年，鲁昭公躲避季氏的叛乱，逃往齐国。齐国国君想把千社封给他，子家阻止鲁昭公，鲁昭公就请求齐国讨伐鲁国，攻取下郓城让鲁昭公住在那里。

三十二年①，彗星见②。景公坐柏寝③，叹曰："堂堂！谁有此乎④？"群臣皆泣，晏子笑，公怒。晏子曰："臣笑群臣谀甚⑤。"景公曰："彗星出东北，当齐分野⑥，寡人以为忧。"晏子曰："君高台深池，赋敛如弗得，刑罚恐弗胜⑦，茀星将出⑧，彗星何惧乎？"公曰："可禳否⑨？"晏子曰："使神可祝而来，亦可禳而去也。百姓苦怨以万数，而君令一人禳之，安能胜众口乎？"是时景公好治宫室，聚狗马，奢侈，厚赋重刑，故晏子以此谏之⑩。

【注释】

①三十二年：前516年。

②彗星：俗名"扫帚星"。古人以为彗星出现将出现不祥。见：同"现"。

③柏寝：台名。在今山东广饶东北。

④堂堂！谁有此乎：《集解》引服虔曰："景公自恐德薄不能久享齐国，故曰'谁有此'也。"泷川引中井积德曰："谁有此，自悲命之不长也。"堂堂，富丽的样子。

⑤谀（yú）：谄媚，奉承。

⑥当齐分野：正对着齐国。古代把十二星次或二十八宿的位置同地上的各州各国相互对应，从天文称"分星"，从地理称"分野"。

⑦赋敛如弗得，刑罚恐弗胜：意即赋税唯恐收得少，刑罚唯恐用不尽。

⑧茀（bèi）星：即孛星，类似彗星而光芒四射。古人认为它是侵害主星的妖星，比彗星更不祥。

⑨禳（ráng）：祭祀以求消灾。

⑩"是时景公好治宫室"五句：梁玉绳曰："'禳彗星''叹路寝'见《左传》及《晏子》；'泣牛山'见《晏子》及《列子·力命》篇，是

三事也，史公并为一事，而变易其辞耳。”

【译文】

景公三十二年，彗星出现。景公坐在柏寝台上，叹息道：“富丽堂皇！谁能长久地拥有呢？”群臣都抽泣起来，晏子却笑了，景公大怒。晏子说：“我笑群臣阿谀奉承得太过了。”景公说：“彗星出现的东北的天空上，对应的正是齐国的地域，寡人为这件事忧虑。”晏子说：“您修高台，挖深池，赋税唯恐收得少，刑罚唯恐用不尽，连茀星都会出现，彗星有什么可怕的呢？”景公说：“可以祝祷消灾吗？”晏子说：“如果可以通过祝祷使神灵来临，也就可以通过祝祷使神灵离开。百姓愁苦怨恨的数以万计，然而国君您却只让一个人祝祷消灾，怎么能胜过众口的诅咒？”当时景公喜欢修建宫室，聚养狗马，生活奢侈，赋税多，刑罚重，所以晏子说这些话劝谏他。

四十二年①，吴王阖闾伐楚，入郢②。

四十七年③，鲁阳虎攻其君，不胜，奔齐④，请齐伐鲁。鲍子谏景公⑤，乃囚阳虎。阳虎得亡，奔晋⑥。

四十八年⑦，与鲁定公好会夹谷⑧。犁钼曰⑨：“孔丘知礼而怯⑩，请令莱人为乐⑪，因执鲁君，可得志。”景公害孔丘相鲁，惧其霸⑫，故从犁钼之计。方会，进莱乐，孔子历阶上⑬，使有司执莱人斩之⑭，以礼让景公⑮。景公惭，乃归鲁侵地以谢⑯，而罢去。是岁，晏婴卒⑰。

【注释】

①四十二年：当楚昭王十年、吴王阖闾九年，前506年。

②吴王阖闾伐楚，入郢（yǐng）：吴破楚入郢事，见《左传·定公四年》与《吴太伯世家》《伍子胥列传》。阖闾，名光，吴王诸樊之子

（一说吴王馀眛之子），前514—前496年在位。郢，楚国都城。即今湖北荆州之纪南城。

③四十七年：当鲁定公八年，前501年。

④鲁阳虎攻其君，不胜，奔齐：梁玉绳曰："虎欲去'三桓'，遂有劫公之事，非攻君也，详定八年《传》。或曰其君，阳虎之君，指季氏。"按，当时的鲁君为鲁定公，前509—前495年在位。阳虎，鲁国季孙氏的家臣，字货，事季平子。季平子卒，阳虎专国政，欲攻"三桓"，被"三桓"联合击败，阳虎逃奔齐。其事见《左传·定公八年》。

⑤鲍子：即鲍国，鲍叔牙的曾孙。

⑥阳虎得亡，奔晋：其事见《左传·定公八年》。

⑦四十八年：当鲁定公九年，前500年。

⑧好会夹谷：在夹谷举行和平友好相会。夹谷，齐地名。在今山东莱芜东南。

⑨犁钼（chú）：齐国大夫。《左传》作"犁弥"。

⑩孔丘：即孔子，字仲尼，鲁国陬邑（今山东曲阜东南）人。春秋末期的思想家、教育家。当时在鲁定公朝为臣。

⑪令莱人为乐：让莱人在二君相会时表演歌舞。莱人，《集解》引杜预曰："齐所灭莱夷。"居住的地方原在今山东龙口东南。

⑫景公害孔丘相鲁，惧其霸：据《左传》，孔子在夹谷之会乃为鲁定公做傧相，司马迁在《史记》里误以为是鲁国国相，夸大了孔子的能量，此处便说齐景公担心鲁国任用他会成为诸侯霸主。《孔子世家》与此同误。害，担心，以之为病。

⑬历阶上：登阶不聚足，即一步一登地快步上台阶。按礼制，每登一阶要并足，而后再登第二阶；如今孔子两脚交错急速登阶，可见当时情况紧急以及孔子处事之果断。

⑭使有司执莱人斩之：泷川引中井积德曰："据《左传》，孔子言'士兵之'，而齐侯'遽辟之'也，非实斩之。"按，《孔子世家》对此有

所谓“身首异处”云云。

⑮让：谴责，责备。

⑯谢：谢罪，致歉。

⑰是岁，晏婴卒：《史记评林》引王韦曰：“晏婴卒，太史公特书，盖齐失良佐，而乱亡之祸自此始也。”按，今山东淄博临淄区齐国故城的小城北墙外有晏婴墓，与“桓公台”南北相对。梁玉绳曰：“是岁为景公四十八年，婴先景十年卒也。然《说苑·君道》载景公谓弦章曰‘吾失晏子，于今十有七年’，则婴又似非卒于是岁矣，疑。”

【译文】

景公四十二年，吴王阖闾征伐楚国，攻入郢都。

景公四十七年，鲁国阳虎攻打他的国君，没有取胜，逃奔到齐国，请求齐国讨伐鲁国。鲍子劝谏景公，就将阳虎囚禁起来。阳虎逃出，投奔到晋国。

景公四十八年，与鲁定公在夹谷进行和平友好的盟会。犁钼说：“孔丘懂得礼制却性情胆怯，请让莱人表演歌舞，趁机抓获鲁君，可以实现我们的意图。”景公担心孔丘做鲁国相，惧怕鲁国强大，所以听从了犁钼的建议。正聚会时，让莱人上场表演，孔子一脚一阶快步登阶而上，让负责官员抓住莱人斩首，依据礼制谴责景公。景公羞惭，于是将侵占的鲁国土地归还谢罪，结束会盟离去。这一年，晏婴去世。

五十五年①，范、中行反其君于晋②，晋攻之急，来请粟。田乞欲为乱③，树党于逆臣，说景公曰④：“范、中行数有德于齐⑤，不可不救。”乃使乞救而输之粟⑥。

【注释】

①五十五年：当晋定公十九年，前493年。

②范、中行：皆为晋国大族，列于“晋六卿”之中。范，指范吉射。中

行，指中行寅。

③田乞：又称“釐子乞”“陈乞”“陈僖子”，田无宇之子，齐国权臣。欲为乱：想在齐国篡夺政权。

④说（shuì）：劝说。

⑤数（shuò）：多次。

⑥乃使乞救而输之粟：梁玉绳曰：“哀二年《传》齐输范氏粟，不及中行氏；……又齐时叛晋，故助范、中行，非因陈乞党逆而然，此与《田完世家》同误。”

【译文】

景公五十五年，范氏、中行氏反叛他们的国君，晋君对他们反击得十分猛烈，他们到齐国请求支援粮食。田乞打算作乱，就与叛臣结成党羽，劝说景公道：“范氏、中行氏对齐国多有恩德，不可以不救助。”景公于是让田乞前去援救，输送给他们粮食。

五十八年夏[①]，景公夫人燕姬適子死[②]。景公宠妾芮姬生子荼[③]，荼少，其母贱，无行，诸大夫恐其为嗣，乃言愿择诸子长贤者为太子。景公老，恶言嗣事，又爱荼母，欲立之，惮发之口[④]，乃谓诸大夫曰：“为乐耳，国何患无君乎？”秋，景公病，命国惠子、高昭子立少子荼为太子[⑤]，逐群公子，迁之莱[⑥]。景公卒，太子荼立，是为晏孺子。冬，未葬，而群公子畏诛，皆出亡。荼诸异母兄公子寿、驹、黔奔卫[⑦]，公子驵、阳生奔鲁[⑧]。莱人歌之曰：“景公死乎弗与埋，三军事乎弗与谋[⑨]，师乎师乎，胡党之乎[⑩]？”

【注释】

①五十八年：前490年。

②适（dí）子：即嫡长子。适，同“嫡”。

③景公宠妾芮姬生子荼：《索隐》曰：“《左传》曰：‘‘鬻姒之子荼嬖’，则荼母姓姒。此作‘芮姬’，不同也。谯周依《左氏》作‘鬻姒’，邹诞生本作‘芮姁’。”梁玉绳曰：“此文因景公之卒而追叙前事，非当年事也，然承接欠明。荼母姒姓，非芮姬也，应依《左传》作‘鬻姒’。下文‘芮子’亦与《田完世家》同误。徐广于彼云：一作‘粥子’，《索隐》于此云邹诞生本作‘芮姁’，皆非。《晏子·谏篇上》：‘淳于人纳女于景公，生孺子荼。’”

④“景公老”五句：吴见思曰：“写景公心事，曲折如见。”又曰：“写景公无可奈何，强忍支离，字字如见。”恶，厌恶。惮，害怕，担心。

⑤命国惠子、高昭子立少子荼为太子：徐孚远曰：“高、国，命卿也，而受不正之命，蹈荀息之祸，盖天启田氏也。”国惠子、高昭子，齐国两个世袭贵族。国惠子，名夏，谥惠子。高昭子，名张，谥昭子。

⑥逐群公子，迁之莱：将自己的其他儿子一律迁居到莱邑。莱，《集解》引服虔曰：“齐东鄙邑。”在今山东龙口东南。

⑦公子寿：《左传》一作“公子嘉”。

⑧公子驵（zǎng）、阳生奔鲁：《索隐》曰：“二人奔鲁，凡五公子也。”公子驵，《左传》作“公子钽”。

⑨景公死乎弗与埋，三军事乎弗与谋：《集解》引服虔曰：“莱人见五公子远迁鄙邑，不得与景公葬埋之事及国三军之谋，故愍而歌。”杜预曰：“称谥，盖葬后而为此歌，哀群公子失所也。”竹添光鸿曰：“不与谋，言置之于莱不用也。”三军，按周制，天子拥有六军，诸侯三军，每军一万二千五百人。

⑩师乎师乎，胡党之乎：《集解》引服虔曰：“师，众也。党，所也。言公子徒众何所适也。”师，众人。指群公子之徒。胡党之乎，意谓何处是他们的安身之地呢？胡，何。

【译文】

景公五十八年夏，景公的夫人燕姬所生的嫡子死了。景公的宠妾芮姬生有儿子荼，荼年纪小，他的母亲出身低贱，德行不好，诸大夫害怕他成为继承人，就说希望在诸公子中挑选一个年长而贤能的人做太子。景公岁数大了，厌恶谈论继承人的事情，又宠爱公子荼的母亲，想立荼为太子，但又怕群臣反对，不敢提及，就对诸大夫说："及时享乐吧，国家哪里要担心没有国君呢？"秋天，景公病重，命令国惠子、高昭子扶立小儿子荼为太子，驱逐群公子，把他们迁徙到莱邑。景公去世，太子荼继位，这就是晏孺子。冬天，景公还未下葬，群公子害怕被杀，都出逃国外。荼的异母兄公子寿、驹、黔逃奔卫国，公子驵、阳生逃奔鲁国。莱人把这件事编成歌谣唱道："景公死了不能参加埋葬，三军大事不能参与谋划，群公子之徒啊，何处是他们的安身之地呢？"

晏孺子元年春[①]，田乞伪事高、国者[②]，每朝，乞骖乘[③]。言曰："子得君[④]，大夫皆自危，欲谋作乱。"又谓诸大夫曰："高昭子可畏，及未发，先之。"大夫从之。六月，田乞、鲍牧乃与大夫以兵入公宫，攻高昭子[⑤]。昭子闻之，与国惠子救公。公师败，田乞之徒追之，国惠子奔莒，遂反杀高昭子[⑥]。晏圉奔鲁[⑦]。八月，齐秉意兹[⑧]。田乞败二相[⑨]，乃使人之鲁召公子阳生。阳生至齐，私匿田乞家。十月戊子[⑩]，田乞请诸大夫曰："常之母有鱼菽之祭[⑪]，幸来会饮。"会饮，田乞盛阳生橐中[⑫]，置坐中央，发橐出阳生，曰："此乃齐君矣！"大夫皆伏谒[⑬]。将与大夫盟而立之，鲍牧醉，乞诬大夫曰[⑭]："吾与鲍牧谋共立阳生。"鲍牧怒曰："子忘景公之命乎？"[⑮]诸大夫相视欲悔，阳生前，顿首曰："可则立之，否则已。"鲍牧恐祸起，乃复曰："皆景公子也，何为不可！"乃与盟，立阳生，是为悼公[16]。悼公入宫，使人迁晏孺子于骀[17]，杀之幕下[18]，而逐孺子母芮子。芮子故贱而孺子少[19]，故无权，国人轻之[20]。

【注释】

①晏孺子元年：前489年。

②田乞伪事高、国者：田乞假意奉事高、国两大家族。杜预曰："高张、国夏受命立荼，陈乞欲害之，故先伪事焉。"

③每朝，乞骖乘：每逢上朝，田乞总是做高张、国夏的车右以充护卫。郭嵩焘曰："按六朝、五代之际，篡杀相仍，必先擅朝权，尽举朝之士大夫而玩弄之；而审其果无人也，乃因以及其君玩弄陵蔑，惟其意之所欲为，而后成乎篡杀。夷狄之侵扰中国也亦然。陈乞之于高、国，玩弄而贼杀之有余矣，齐安得不亡！"

④得君：杜预曰："得君宠也。"

⑤田乞、鲍牧乃与大夫以兵入公宫，攻高昭子：《左传》无"攻高昭子"四字，结合上下文，此四字似应删。鲍牧，鲍叔牙的后代，齐国权臣。

⑥遂反杀高昭子：刘操南曰："《春秋·哀公六年》：'夏，齐国夏及高张、晏圉、玄施来奔。'此云'反杀高昭子'，与《春秋》不合。"梁玉绳曰："此与《田完世家》言陈乞反兵杀高张，并妄。"泷川曰："'遂反杀'三字，疑衍。"

⑦晏圉奔鲁：应依泷川说作"高昭子、晏圉奔鲁"。《集解》引贾逵曰："圉，晏婴之子。"

⑧齐秉意兹：《集解》引徐广曰："《左传》：'八月，齐邴意兹奔鲁。'"钱大昕曰："下当有脱文。"张文虎曰："'齐'字疑衍。"中井积德

曰："'意兹'下脱'奔鲁'二字。"秉意兹，齐国大夫。

⑨二相：指高昭子、国惠子。

⑩十月戊子：梁玉绳曰："《左传》是'十月丁卯'。"

⑪常之母有鱼菽之祭：《集解》引何休曰："齐俗，妇人首祭事。言鱼豆者，示薄陋无所有也。"常之母，田乞是田常的父亲，田乞以之自称自己的妻子。

⑫橐（tuó）：口袋。

⑬伏谒：跪伏拜见。

⑭鲍牧醉，乞诬大夫曰：田乞乘鲍牧之醉，骗群臣说立阳生是他们二人想这样做。诬，欺骗。

⑮鲍牧怒曰"子忘景公之命乎"：鲍牧怒斥田乞之诬，意为不赞成废茶以立阳生。

⑯悼公：前488—前485年在位。

⑰骀（tāi）：齐邑名。在今山东临朐。

⑱杀之幕下：《左传·哀公六年》作："杀诸野幕之下。"幕，帐篷。泷川曰："枫山、三条本'幕'作'墓'。"

⑲故：原本，本来。

⑳国人轻之：按，以上田乞杀孺子以立齐悼公事，见《左传·哀公六年》。

【译文】

晏孺子元年春，田乞假装奉事高氏、国氏，每次朝会，总是做他们的陪乘以充护卫。田乞对高氏、国氏说："你们得到国君宠信，大夫们人人自危，要谋划作乱。"又对各大夫说："高昭子令人畏惧，要在他还没有发动叛乱前，我们先下手除掉他。"大夫们听从了他的主意。六月，田乞、鲍牧就与大夫率兵攻入宫中，攻打高昭子。高昭子听说后，与国惠子援救晏孺子。晏孺子的军队被打败，田乞的党徒追赶，国惠子逃奔莒国，田乞的党徒于是返回杀了高昭子。晏圉逃奔鲁国。八月，齐国的秉意兹逃奔鲁国。田乞打败高昭子、国惠子二人，就派人到鲁国召回公子阳生。阳生回到齐国，躲藏在田乞家中。十月戊子日，田乞邀请诸大夫说："我儿子田常的母亲在祭祀后有些鱼豆之类菲薄的菜肴，希望大家来舍下聚会饮酒。"正当饮酒时，田乞把阳生装到袋子里，放在坐席中央，打开袋子让阳生出来，说："这就是齐国的国君啦！"大夫们都跪伏拜见。田乞要与大夫订立盟约，立阳生为君，鲍牧喝醉酒，田乞欺骗大夫说："我与鲍牧合谋共同拥立阳生。"鲍牧生气地说："你难道忘了景公的遗命吗？"诸大夫相互对视，想要反悔，阳生上前，叩头而拜说："看我能当国君就立我，不能就算了。"鲍牧害怕引起祸乱，就又改口说："都是景公的儿子，有什么不可以！"就订立盟约，立阳生为君，这就是悼公。悼公进宫，派人将晏孺子迁徙到骀邑，杀死在帐幕下，并将晏孺子的母亲芮子驱逐出去。芮子原本出身低贱，晏孺子年纪小，所以没有权威，国人都轻视他们。

悼公元年①，齐伐鲁，取讙、阐②。初，阳生亡在鲁，季康子以其妹妻之③。及归即位，使迎之。季姬与季鲂侯通④，言其情⑤，鲁弗敢与，故齐伐鲁，竟迎季姬⑥。季姬嬖⑦，齐复归鲁侵地。

【注释】

①悼公元年：当鲁哀公七年，前488年。梁玉绳曰："'元年'当作'二年。'"悼公二年，当鲁哀公八年，前487年。

②讙（huān）、阐：均鲁邑名。讙，在今山东宁阳北。阐，在山东宁阳西。

③季康子：名肥，季桓子之子，鲁国正卿。

④季姬：阳生之妻。季鲂侯：季康子之叔父，鲁国正卿。

⑤言其情：泷川引龟井昱曰："枫山、三条本，'言'上有'女'字，与

《左传》合。”

⑥竟迎季姬：最后将阳生之妻迎到了齐国。竟，最终，后来。

⑦嬖（bì）：受宠爱。

【译文】

悼公元年，齐国讨伐鲁国，攻取了讙、阐二邑。当初，阳生逃亡在鲁国时，季康子把自己的妹妹嫁给了他。等阳生归国即位，派人去迎接。季姬与季鲂侯私通，说明了他们的情况，鲁国不敢把季姬送到齐国，齐国因此讨伐鲁国，最终接回季姬。季姬受到宠爱，齐国又归还了所侵占的鲁国土地。

鲍子与悼公有郤，不善①。四年②，吴、鲁伐齐南方③。鲍子弑悼公④，赴于吴⑤。吴王夫差哭于军门外三日⑥，将从海入讨齐。齐人败之，吴师乃去⑦。晋赵鞅伐齐⑧，至赖而去⑨。齐人共立悼公子壬，是为简公⑩。

【注释】

①鲍子与悼公有郤，不善：据上文，齐悼公本非鲍子所欲立者，只为惧怕田乞，姑且从之。泷川曰：“哀八年《左传》云‘悼公杀鲍子’，与此异。”

②四年：当鲁哀公十年、吴王夫差十一年，前485年。

③吴、鲁伐齐南方：据《左传·哀公十年》，“公会吴子、邾子、郯子伐齐南鄙”。

④鲍子弑悼公：梁玉绳曰：“悼公之弑《左传》但云‘齐人’，史公于《秦纪》依《左传》作‘齐人弑悼公’。齐人者，陈恒也。《晏子春秋·篇谏上》明云‘田氏杀阳生’，乃《表》与吴、卫《世家》《伍子胥传》《年表》或云‘鲍子’，或云‘鲍氏’；而《田完世家》直曰

‘鲍牧’。夫弑君大逆，何可轻诬？况牧已于前二年为悼公所杀，安得起九京而加以弑逆之恶名乎？”

⑤赴：同“讣”。

⑥吴王夫差哭于军门外三日：竹添光鸿曰：“三日哭于军门之外，诸侯相临之礼。”

⑦吴师乃去：泷川引冯景曰：“三日哭以误齐，使不备也。舟师自海，正三日间事也。”

⑧赵鞅：即赵简子，赵武之子，晋卿。时掌晋政。

⑨赖：齐邑名。在今山东章丘西北。

⑩齐人共立悼公子壬，是为简公：《集解》引徐广曰：“《年表》云简公壬者，景公之子也。”张照曰：“鲍子杀悼公，齐人立其子壬为简公，无景公之子语。”徐孚远曰：“《左传》亦作‘悼公子’。且简公非悼公子，则在鲁而监止有宠，其事难通。”沈家本曰：“今《年表》云：‘齐鲍子杀悼公，齐人立其子壬为简公。’与徐广所言本异，岂后人据《世家》改耶？”

【译文】

鲍子与悼公之间有嫌隙，关系不好。悼公四年，吴、鲁联军征讨齐国南方。鲍子杀死悼公，向吴国报丧。吴王夫差在军门外痛哭了三天，将要从海上进军讨伐齐国。齐人打败吴军，吴军于是撤兵。晋国赵鞅率军征讨齐国，到达赖邑后撤退。齐人共同拥立悼公的儿子壬，这就是简公。

简公四年春[①]。初，简公与父阳生俱在鲁也，监止有宠焉[②]。及即位，使为政。田成子惮之[③]，骤顾于朝[④]。御鞅言简公曰[⑤]：“田、监不可并也，君其择焉[⑥]。”弗听。子我夕[⑦]，田逆杀人，逢之[⑧]，遂捕以入。田氏方睦[⑨]，使囚病而遗守囚者酒[⑩]，醉而杀守者，得亡。子我盟诸田于陈宗[⑪]。初，田豹欲为子我臣，使公孙言豹[12]，豹有丧而止。后卒以为臣，幸于子我。子我谓曰："吾尽逐田氏而立女[13]，可乎？"对曰："我远田氏矣。且其违者不过数人[14]，何尽逐焉！"遂告田氏[15]。子行曰[16]："彼得君，弗先，必祸子[17]。"子行舍于公宫[18]。

【注释】

①简公四年：前481年。

②监止：字子我，鲁叔孙成子之子。监，《左传》作"阚"。

③田成子：即田常，谥"成"。

④骤顾于朝：在朝堂上屡次顾视监止。《集解》引贾逵曰："心不安，故数顾也。"骤，屡次，频繁。

⑤御鞅：驾车者名鞅，田常之侄，为齐简公驾车。《索隐》引用《系本》曰："陈桓子无宇产子亹，亹产子献，献产鞅也。"

⑥田、监不可并也，君其择焉：田氏与监氏不可并存，国君应该从中选择一位。《集解》引杜预曰："择用一人也。"

⑦子我夕：监止晚上上朝。《集解》引服虔曰："夕省事。"泷川曰："人臣见于君，朝见谓之朝，暮见谓之夕。"

⑧田逆杀人，逢之：《集解》引服虔曰："子我将往夕省事于君，而逢逆之杀人也。"杜预曰："逆，子行，陈氏宗。"

⑨田氏方睦：田常的整个家族团结亲睦。《集解》引服虔曰："陈常方欲谋有齐国，故和其宗族。"中井积德曰："田氏篡齐，是后来之事，当初未必有此谋也。其好施睦族，亦自美事，不当皆作诈谲也。其欲昌其家而假饰收人心，亦才人之常，不以奸谋诟之。"此亦一说。

⑩使囚病而遗（wèi）守囚者酒：让田逆装病，族人趁探视的机会给看守田逆的人送酒喝。囚，指田逆。遗，给。

⑪子我盟诸田于陈宗：监止和田氏族人在田氏宗庙结盟。《集解》

引服虔曰："子我见陈逆得生出，而恐为陈氏所怨，故与盟而请和也。"陈宗，即田氏宗庙。

⑫使公孙言豹：请公孙转达田豹的意思。公孙，齐国大夫，史失其名。

⑬女：通"汝"。

⑭违者不过数人：不服从于你的只有几个人。《集解》引服虔曰："违者，不从子我者。"

⑮遂告田氏：以应前文"田氏方睦"。

⑯子行：即田逆。

⑰"彼得君"三句：《集解》引服虔曰："彼，谓阚止也；子，谓陈常也。"劝田常及早下手。

⑱子行舍于公宫：《集解》引服虔曰："止于公宫，为陈氏作内间也。"舍，住。

【译文】

简公四年春。当初，简公与父亲阳生一同住在鲁国，监止受到宠幸。等简公即位为君，就让监止主持国政。田成子忌惮他，在朝堂上屡次顾视监止。仆御之官田鞅对简公说："田氏与监氏不可并存，国君应该从中选择一位。"简公不听。监止晚上上朝，正好碰见田逆杀人，就把他抓入狱中。田氏全族团结和睦，让囚犯田逆装病，族人趁探视的机会送酒给看守喝，醉酒后杀了看守，田逆逃走。监止和田氏族人在田氏宗庙结盟。当初，田豹想做监止的家臣，让公孙转达田豹的意思，因为田豹家里有丧事而中止。后来田豹最终还是当上了监止的家臣，被监止宠幸。监止对他说："我把田氏都驱逐走，立你为族长，可以吗？"田豹回答说："我是田氏的旁系疏族。况且田氏中不服从你的不过几个人，何必都驱逐呢！"就把这一情况告诉田氏。子行对田常说："他得到国君宠幸，不先动手，必定会害你。"子行于是住进简公宫里。

夏五月壬申[①]，成子兄弟四乘如公[②]。子我在幄[③]，出迎之，遂入，闭门[4]。宦者御之[5]，子行杀宦者[6]。公与妇人饮酒于檀台[7]，成子迁诸寝[8]。公执戈将击之[9]，太史子馀曰[10]："非不利也，将除害也[11]。"成子出舍于库[12]，闻公犹怒，将出[13]，曰："何所无君[14]！"子行拔剑曰："需，事之贼也[15]。谁非田宗[16]？所不杀子者，有如田宗[17]！"乃止。子我归，属徒攻闱与大门[18]，皆弗胜，乃出。田氏追之。丰丘人执子我以告[19]，杀之郭关[20]。成子将杀大陆子方[21]，田逆请而免之。以公命取车于道[22]，出雍门[23]。田豹与之车，弗受，曰："逆为余请，豹与余车，余有私焉[24]。事子我而有私于其仇，何以见鲁、卫之士[25]？"

【注释】

①五月壬申：五月十三。

②成子兄弟四乘如公：《集解》引服虔曰："成子兄弟八人，二人共一乘，故四乘。"《索隐》曰："按《系本》，陈僖子乞产成子常、简子齿、宣子其夷、穆子安、廪丘子鋻兹、芒子盈、惠子得，凡七人。杜预又取昭子庄以充八人之数。按《系本》，昭子是桓子之子，成子之叔父，又不名庄，强相证会，言四乘有八人耳。今按，《田完系家》云田常兄弟四人如公宫，与此事同。今此唯称四乘，不云人数，知四乘谓兄弟四人乘车而入，非二人共车也。然其昆弟三人不见者，盖时或不在，不同入公宫，不可强以四乘为八人，添叔父为兄弟之数。服、杜殊失也。"泷川曰："中井积德曰：'四乘，四人共一车，兄弟中未详其为谁。'愚按，据《田敬仲世家》，'四'下疑脱'人'字。"如，往。

③幄：帐幕，为听政之所。

④闭门：《集解》引服虔曰："成子兄弟见子我出，遂突入，反闭门，子

我不得复入。”将监止一派阻拦在门外。

⑤宦者御之:《集解》引服虔曰:“阍竖以兵御陈氏。”泷川引中井积德曰:“宦者拒之,不听闭耳,不必以兵。”

⑥子行杀宦者:《集解》引服虔曰:“舍于公宫,故得杀之。”

⑦檀台:齐宫中的台观名。

⑧诸:之于。寝:寝宫。

⑨公执戈将击之:《集解》引杜预曰:“疑其作乱也。”

⑩太史子馀:齐国太史,名子馀。

⑪非不利也,将除害也:《集解》引杜预曰:“言将为公除害也。”为田常打掩护。

⑫成子出舍于库:《集解》引杜预曰:“以公怒故也。”库,武库,储藏军械的处所。

⑬出:出奔,逃亡。

⑭何所无君:什么地方没有可侍之君呢?或谓田常似无意弑君。

⑮需,事之贼也:迟疑是办大事的祸根。需,迟疑,等待。贼,害。

⑯谁非田宗:姓田的人谁不能做田氏的宗主。泷川引龟井昱曰:“陈氏多族,皆可以代为陈宗也。”

⑰所不杀子者,有如田宗:意谓您若还不动手,我就立刻杀了你,有历代祖先为我作证。

⑱属徒攻闱与大门:孔颖达曰:“公宫非止一门,盖从别门而入兵,得至闱,故与大门并攻也。”属,集合,会合。闱,宫中的门。大门,齐宫正门。

⑲丰丘人:田氏领地的人。丰丘,杜预注:“陈氏邑。”其地不详。

⑳郭关:杨伯峻引高士奇《地名考略》:“齐郭门也。”即齐都临淄的东门。

㉑大陆子方:即东郭贾,齐国公室之后。杜预注:“子方,子我臣。”杨伯峻引《通志·氏族略》:“大陆氏,姜姓,姜太公之后。”

㉒以公命取车于道：大陆子方以齐简公的名义在道路上截车。杜预注："子方取道中行人车。"

㉓雍门：杜预曰："齐城门。"

㉔余有私焉：我和他们有私交。

㉕何以见鲁、卫之士：《集解》引服虔曰："子方将欲奔鲁、卫也。"《左传》曰："东郭贾奔卫。"

【译文】

夏五月壬申日，田成子兄弟四人乘坐着一辆车子到简公那里。监止正在帐幕中，出来迎接他们，他们于是进入，关上了门。宦官们抵御他们，子行杀死宦官。简公与妇人在檀台饮酒，田成子把他们迁移到寝宫。简公拿起戈要刺田成子，太史子馀说："他不是对你不利，而是要为你除害。"田成子出宫居住在武库，听说简公还很生气，准备逃走，说："哪国没有国君！"子行拔剑说："迟疑，是成事的祸害。姓田的人谁不能做田氏的宗主？您若出走，我就杀了你，有历代祖先为证。"田成子才打消这一念头。监止回去，召集党徒攻打王宫侧门与王宫正门，都没有取胜，就逃出来。田氏族人追赶他。丰丘人抓住监止，通报田氏，田氏在郭关杀了他。田成子要杀大陆子方，田逆求情才赦免了他。大陆子方以简公的名义在道路上截车，出了雍门。田豹给他车子，他不接受，说："田逆替我求情，田豹送给我车子，就说明我和他们有私交。我奉事监止却与他的仇人有私交，还有何面目去见鲁国与卫国的人士呢？"

庚辰[①]，田常执简公于徐州[②]。公曰："余蚤从御鞅言，不及此[③]。"甲午，田常弑简公于徐州[④]。田常乃立简公弟骜，是为平公。平公即位，田常相之，专齐之政，割齐安平以东为田氏封邑[⑤]。

【注释】

①庚辰：五月二十一。

②执：捉拿，捕获。俆（shū）州：齐邑名。又作“徐州”“舒州”，即今山东滕州东南之薛邑故城。

③余蚤从御鞅言，不及此：杜预注：“悔不诛陈氏。”蚤，通“早”。

④甲午，田常弑简公于俆州：崔述曰：“高国既微，栾高又灭，逮鲍氏亡，而政遂尽归于陈氏。简公力右阚止与之抗，卒不能胜，于是陈氏得以尽置其宗族党羽于内之百僚，外之都邑，久而其势益固，是以迁康公于海外而莫之禁。”甲午，五月二十四。按，以上田常杀监止、弑齐简公事，见《左传·哀公十四年》与《田敬仲完世家》。

⑤安平：齐邑名。离当时的临淄城东不远。

【译文】

庚辰日，田常在俆州抓住简公。简公说：“我要是早听驭者田鞅的话，也不会落到如此地步。”甲午日，田常在俆州杀死简公。田常于是拥立简公的弟弟骜为君，这就是平公。平公即位，田常辅佐他，独揽了齐国的政权，割占齐国安平以东的土地为田氏的封邑。

平公八年，越灭吴[①]。

二十五年卒[②]，子宣公积立[③]。

宣公五十一年卒[④]，子康公贷立。田会反廪丘[⑤]。

康公二年，韩、魏、赵始列为诸侯[⑥]。

十九年，田常曾孙田和始为诸侯[⑦]，迁康公海滨[⑧]。

二十六年，康公卒，吕氏遂绝其祀[⑨]。田氏卒有齐国，为齐威王，强于天下[⑩]。

【注释】

①平公八年，越灭吴：吴王夫差被越王句践所灭事，见《吴太伯世

家》《越王句践世家》与《左传·哀公二十二年》。平公八年，当吴王夫差二十三年、越王句践二十四年，前473年。

②二十五年：前456年。

③宣公积：齐宣公，名积，前455—前405年在位。梁玉绳曰："《表》名'就匝'，而此作'积'，何也？或有二名。"

④宣公五十一年：前405年。

⑤田会反廪丘：梁玉绳曰："《年表》《田完世家》，会反在宣公五十一年，此书于康公元年，误。""或曰错文也，上文'子康公贷立'，当移此句下。"按，《田敬仲完世家》云："宣公五十一年，田会自廪丘反。"《索隐》引《纪年》曰："公孙会以廪丘叛于赵。"既曰"公孙会"，又称"田会"，则是《纪年》已称田氏为公族；而所谓"反"、所谓"叛"者，亦非叛姜氏，乃叛田氏也。田会，田氏之族人。廪丘，田氏邑名。在今山东郓城西北。

⑥康公二年，韩、魏、赵始列为诸侯：康公二年，前403年。其实晋国早在二十多年前就已被韩、赵、魏三家瓜分净尽，三家早已建国独立；只是到这年已成为傀儡的周威烈王才正式策命三国为诸侯。其事见《赵世家》《魏世家》《韩世家》。

⑦十九年，田常曾孙田和始为诸侯：十九年，前386年。田和，也称"太公"，前404年即位，至十九年被周安王列为诸侯，齐改称此年为"太公和元年"。

⑧迁康公海滨：梁玉绳曰："事在十四年，此书于十九年，非。"按，杨宽《战国史年表》书此事于齐康公十三年。

⑨"二十六年"三句：按，姜齐自吕尚西周初受封建国至齐康公二十六年姜氏之齐灭，共传二十九世，享国六百六十余年。二十六年，前379年。

⑩"田氏卒有齐国"三句：中井积德曰："威王是田和之孙，是文似混同，岂脱文耶？或曰：'为'字当作'及'。"齐威王，名因齐，前

356—前320年在位。

【译文】

平公八年,越国灭掉吴国。

平公二十五年,去世,其子宣公积继位。

宣公五十一年,去世,其子康公贷继位。田会在廪丘谋反。

康公二年,韩、魏、赵开始被封为诸侯。

康公十九年,田常的曾孙田和开始被封为诸侯,把康公迁徙到海滨。

康公二十六年,去世,吕氏便断绝了对先祖的祭祀。田氏最终占有齐国,到齐威王,齐国成为天下强国。

太史公曰:吾适齐[①],自泰山属之琅邪[②],北被于海[③],膏壤二千里[④],其民阔达多匿知,其天性也[⑤]。以太公之圣,建国本[⑥]。桓公之盛,修善政,以为诸侯会盟,称伯[⑦],不亦宜乎?洋洋哉,固大国之风也[⑧]!

【注释】

①适:到,去。

②属(zhǔ):连接,一直到。琅邪:也作“琅琊”“瑯琊”,山名。在今山东胶县西南,濒临东海。

③北被于海:向北到达北海。被,及,达到。

④膏壤:肥沃的土壤。

⑤其民阔达多匿知,其天性也:《货殖列传》曰:“其俗宽缓阔达而足智,好议论,地重,难动摇,怯于众斗,勇于持刺,故多劫人者,大国之风也。”《汉书·地理志》曰:“初太公治齐,修道术,尊贤智,赏有功,故至今其土多好经术,矜功名,舒缓阔达而足智。其失,夸奢朋党,言与行缪,虚诈不情,急之则离散,缓之则放纵。始桓公兄襄公淫乱,姑姊妹不嫁,于是令国中民家长女不得嫁,名曰

‘巫见’,为家主祠,嫁者不利其家,民至今以为俗。痛乎,道民之道,可不慎哉!”阔达多匿知,胸襟开阔,又深有智慧。匿,隐含,具有。知,同“智”。

⑥以太公之圣,建国本:冈白驹曰:“谓通商工之业,便渔盐之利。”

⑦伯:通“霸”。

⑧洋洋哉,固大国之风也:《左传·襄公二十九年》吴国公子季札称道《诗经》中的《齐风》说:“美哉,泱泱乎,大风也哉!表东海者,其太公乎?国未可量也。”此论赞即袭用了季札的文辞与其唱叹的口气。洋洋,犹“泱泱”,盛大的样子。

【译文】

太史公说:我到齐国,从泰山一直到琅邪山,向北直达大海,沃土长达两千里,齐人胸怀开阔,大多深藏智慧,这是他们的天性。凭着太公的圣明,奠定了齐国的基础。桓公时期是齐国的盛世,桓公推行善政,主持诸侯会盟,称霸天下,不也是理当如此吗?齐国盛大呀,原本就有大国的风范!

【齐国诸侯世系表】

齐太公——丁公(太公子)——乙公(丁公子)——癸公(乙公子)——哀公(癸公子)——胡公(哀公弟)——献公(哀公弟)——武公(献公子,前850—前825)——厉公(武公子,前824—前816)——文公(厉公子,前815—前804)——成公(文公子,前803—前795)——庄公(成公子,前794—前731)——釐公(庄公子,前730—前698)——襄公(釐公子,前697—前686)——公子无知(襄公弟)——桓公(襄公弟,前685—前643)——公子无诡(桓公子)——孝公(桓公子,前642—前633)——昭公(桓公子,前632—前613)——懿公(桓公子,前612—前609)——惠公(桓公子,前608—前599)——顷公(惠公子,前598—前582)——灵公(顷公子,前581—前554)——庄公(灵公子,前553—

前548）——景公（庄公弟，前547—前490）——晏孺子（景公子，前489）——悼公（景公子，前488—前485）——简公（悼公子，前484—前481）——平公（悼公子，前480—前456）——宣公（平公子，前455—前405）——康公（宣公子，前404—前379）被田齐所灭。

【集评】

黄震曰："太公之始封，桓公之霸诸侯，天下莫强焉。田氏卒夺而有之，悲乎！庆封、崔杼之祸，晏子仰天不肯盟，可谓疾风劲草者矣。齐太史书'崔杼弑庄公'，兄死弟继者三，至今凛凛生气，犹足以寒乱臣贼子之胆。"

顾栋高曰："齐于春秋号为大国，然以山东全省计之，兖州强半属鲁，泰安与鲁参半，东昌晋、卫错处，他如青州、济南鲁地犬牙其间；齐所全有者武定、登、莱三府及曹、沂所属数县而已。其形势要害不如晋，幅员广远不如吴、楚。徒以东至海，饶鱼盐之利；西至河，凭襟带之固；南至穆陵，有大岘之险；北至无棣，收广莫之地。用管子之计，官山府海，遂成富强，为五伯首。岂惟地利，抑亦人谋之善也。然管子以图伯者，陈氏亦用以窃国，山木如市弗加于山，鱼盐蜃蛤弗加于海，以国为饵，卒成篡夺。器，一也，而操之者则异。岂非得其人则用以兴，失其人则遂以亡者欤？"（《春秋大事表·春秋列国疆域表卷四》）

李景星曰："太公受封，定一国之基础；桓公创霸，开千古之变局，故《齐世家》中叙两公特详。而齐国变诈之俗，始于太公之阴谋；齐国篡权之本，由于桓公之宠陈敬仲，故叙两公处于此等事又皆用特笔书之。其叙太公也，曰'故后世之言兵及周之阴谋皆宗太公为本谋'，曰'太公之谋计居多'，曰'师尚父谋居多'。而'因俗简礼'数语，则又其以阴谋治国之实也。叙桓公霸业，于始霸之下忽插陈厉公完一段，而终之曰'田成子常之祖也'，与篇末'吕氏遂绝其祀，田氏卒有齐国'四句遥遥相应。凡此，皆太史公特别注意处。又长篇文字，最忌板叙。是篇开首叙太公出身，连用数‘或’字，写得约略，疑似一片神行；中间叙桓公诸子树党争立，亦分明，亦错落，极变化结构之妙。其前后删节《左传》处，多以简劲胜；插入他事处，多以闲逸胜。赞语特提太公、桓公，正是点明作意。‘洋洋哉，固大国之风也’，拖一笔作咏叹收，极有风神。”（《史记评议》）

【评论】

姜太公与齐桓公是本篇重点叙述的两大历史人物。齐太公姜尚是我国古代著名的军事家，他不像周公那样行动温文尔雅，办事依礼傍乐，而是讲究实事求是，因地制宜，他治理齐国的一套方针、政策深得齐国人民的拥护，也深受司马迁的赞成。到春秋前期，齐国又出了齐桓公与管仲，他们继承姜太公建国确定的方针，利用齐国地大物博、又濒临大海的优越条件，大力发展手工业与商业，在政治上实行宽松、开放的政策，从而使齐国一直富裕、强大了七八百年。司马迁在《货殖列传》中热情歌颂齐国说：“太公望封于营丘，地潟卤，人民寡，于是太公劝其女功，极技巧，通鱼盐，则人物归之，繦至而辐凑。故齐冠带衣履天下，海岱之间敛袂而往朝焉。其后齐中衰，管子修之，设轻重九府，则桓公以霸，九合诸侯，一匡天下；而管氏亦有三归，位在陪臣，富于列国之君。是以齐富强至于威、宣也。”司马迁通过描写齐、鲁两国在最初受封建国时姜太公的雷厉风行与鲁公伯禽的拖拖拉拉，预言了齐、鲁两国日后的发展前景说：“呜呼，鲁后世其北面事齐矣！夫政不简不易，民不有近；平易近民，民必归之。”司马迁撰写齐、鲁两国的“世家”，正是对比着两国那些思想面貌不同的人物，描写了他们所实行的不同的方针、政策，展现了两国带有各自治国理政特点的社会生活史。

司马迁写姜太公等三人“求美女奇物，献之于纣”，以解救被商纣王所囚禁的周文王；还写周文王回到周国后，“与吕尚阴谋修德以倾商政，其事多兵权与奇计，故后世之言兵及周之阴权皆宗太公为本谋”。这些内容历来被儒者所纠弹。其实这正好表明司马迁对“政治斗争”的理解，比那些整天高唱“道德”的腐儒要透彻、现实得多。

司马迁写齐桓公在管仲、鲍叔等辅佐下，对内修德政、发展工商；对外明信义，尊王攘夷，在周天子日趋没落、各诸侯国群龙无首、楚国又虎视眈眈、一步步逼向中原的时候，成为一时间号令天下的霸主。齐桓公的人品、齐桓公的功业都带有司马迁某种理想政治的色彩。齐桓公与管仲、隰朋、鲍叔牙等人的君臣关系也是司马迁所衷心赞赏的，这点应与《管晏列传》相互参照。可惜晚年他因宠信小人而导致身死六十七日不葬的悲剧结局，司马迁对此寄予了无限感慨。

本篇写管仲谏止齐桓公封泰山、禅梁父，同样的内容在《封禅书》中有如下更为详尽的表述，即管仲“睹桓公不可穷以辞，因设之以事，曰：‘古之封禅，鄗上之黍，北里之禾，所以为盛；江淮之间，一茅三脊，所以为藉也。东海致比目之鱼，西海致比翼之鸟，然后物有不召而自至者十有五焉。今凤皇麒麟不来，嘉谷不生，而蓬蒿藜莠茂，鸱枭数至，而欲封禅，毋乃不可乎？’于是桓公乃止。”充分表现了一位老臣对一位傲慢自大、以功成名就自居的君主，进行宛转劝告的良苦用心。泷川曰：“今本《管子》有《封禅篇》，尹知章云：‘原篇亡，今以司马迁《封禅书》所载管仲言以补之。”管仲阻止齐桓封禅事，不知司马迁采自何处，盖为讽汉武帝而设，具有极强的现实性、针对性。

叙述姜齐后一阶段历史时，司马迁借助《左传》等对崔杼、庆封等人的倒行逆施、专权误国，对晏婴处在夹缝中四处弥缝而又无可奈何，对田氏这批野心家、阴谋家一次次地弑君、立君，以及最后田常与子我两族的对杀和齐简公的被弑，都描写得极其细致、极其生动。姜太公与齐桓公的后代竟落到如此下场，人们不得不为之感到惋惜。

史记卷三十三

鲁周公世家第三

【释名】

《鲁周公世家》取材《国语》《左传》《论语》，又连缀《尚书》中的《金縢》《大诰》《多士》《毋逸》《周官》《费誓》诸篇，记述了自周公辅佐周武王剪灭商朝后封为鲁公，至战国末期鲁国为楚所灭，将近八百年的历史。本篇先是叙述了鲁国始祖周公在辅佐周武王、周成王期间鞠躬尽瘁、死而后已的事迹；继而叙述了伯禽至鲁顷公、共三十四世的鲁国史，其中着重交代的史实有：伯禽报政周公、周宣王立周武公少子戏为鲁太子，周宣王杀鲁君伯御而立鲁懿公弟称、公子挥弑杀鲁隐公而鲁桓公立、齐侯与鲁桓公夫人文姜私通并命彭生杀鲁桓公、鲁庄公病而问嗣、庆父之难、公子遂杀太子恶、“三桓”专政、季文子廉忠、鲁昭公奔齐等。在篇末“太史公曰”中，司马迁感慨自春秋以来，号称礼仪之邦的鲁国早已纲常崩坏，“礼”仅徒具形式而已。

周公旦者[①]，周武王弟也[②]。自文王在时[③]，旦为子孝，笃仁[④]，异于群子。及武王即位[⑤]，旦常辅翼武王[⑥]，用事居多[⑦]。

武王九年[⑧]，东伐，至盟津[⑨]，周公辅行。

十一年[⑩]，伐纣[⑪]，至牧野[⑫]，周公佐武王，作《牧誓》[⑬]。

破殷[14]，入商宫。已杀纣，周公把大钺[15]，召公把小钺[16]，以夹武王[17]，衅社[18]，告纣之罪于天，及殷民。释箕子之囚[19]。封纣子武庚禄父，使管叔、蔡叔傅之[20]，以续殷祀。遍封功臣同姓戚者。封周公旦于少昊之虚曲阜，是为鲁公[21]。周公不就封[22]，留佐武王。

【注释】

①周公旦：周公，名旦，亦称"叔旦"，周文王之子，周武王之弟，助周武王灭商，周武王死后，又辅佐年幼的周成王，摄行政事，后又还政于周成王。《集解》引谯周曰："以太王所居周地为其采邑，故谓周公。"《索隐》曰："周，地名。在岐山之阳，本太王所居，后以为周公之菜邑，故曰周公。即今之扶风雍东北故周城是也。谥曰周文公，见《国语》。"按，古周邑在今陕西岐山北。

②周武王：名发，周文王次子，庙号武王。前1046年灭殷，为天下共主四年，前1043年去世。

③文王：名昌，商纣时为西伯，又称"西伯昌"。周武王灭商即天子位后尊他为文王。

④笃仁：笃实、仁厚。

⑤武王即位：据《周本纪》，周武王十一年灭殷，其年为前1046年，通文王受天命称王的七年，则周武王在周国即天子位则在前1049年。

⑥辅翼：辅、翼二词同义，辅佐，佐助。

⑦用事：当权，执政。

⑧武王九年：通文王称王七年，实为继位的第二年，前1048年。

⑨盟津：即"孟津"，黄河渡口名。在今河南孟津东北。周武王九年（前1048）曾试探性东进伐商，在此大会诸侯，盟誓于此，故有"盟津"之名。

⑩十一年：通文王称王七年，实为继位的第四年，前1046年。

⑪纣：商纣王，姓子，名受，一作“辛”，故也称“帝辛”，商朝最后一位君主，与夏桀并称的暴君，前1075—前1046年在位。

⑫牧野：地名。一作“坶野”，在殷都朝歌（今河南淇县）南七十里。

⑬周公佐武王，作《牧誓》：《牧誓》存于今文《尚书》中，是周武王与商纣王于牧野决战前发表的誓师词。王若虚曰：“《牧誓》，王言也，以为周公佐之而作，何所据？”

⑭破殷：这里即指攻破商朝。殷，商朝的都邑名。在今河南安阳小屯村。商王盘庚迁都，从奄（今山东曲阜）迁于此，故商朝也称“殷朝”。至纣时，始以朝歌为都城。

⑮把：握，持。钺（yuè）：一种象征权威、用于典礼仪式的大斧。

⑯召（shào）公：即召康公姬奭，周文王的庶子，因其采邑在召（今陕西岐山西南），故称。其事见《燕召公世家》。

⑰夹：夹辅，左右辅佐。

⑱衅社：杀牲取血以祭土神。社，土神。

⑲箕（jī）子：商纣王的叔父，一说是其庶兄，官任太师。商纣王杀比干后，他佯狂为奴，被商纣王囚禁。其事见《殷本纪》及《宋微子世家》。

⑳封纣子武庚禄父，使管叔、蔡叔傅之：周武王灭殷后，开始仍让殷纣王的儿子武庚在殷都管理殷朝遗民，而以殷都以东使其弟管叔居之，以殷都以西使其弟蔡叔居之，共同监视殷朝遗民。武庚，字禄父，商纣王之子。后因叛乱被诛。管叔、蔡叔，均周武王之弟，因其采邑分别在管（在今河南郑州）、蔡（在今河南上蔡），故称“管叔”“蔡叔”。其事见《管蔡世家》。傅，辅助。实即监督。

㉑封周公旦于少昊之虚曲阜，是为鲁公：按，始封于鲁者，应是周公之子伯禽。崔述曰：“周公既受禄于周矣，何事又封于鲁？”泷川曰：“定四年《左传》云：‘命以伯禽，而封于少皞之虚。’愚按，此

与《卫世家》封康叔为卫君、居河淇间故商墟同一文例。"又引中井积德曰:"'是为鲁公'句,当在下文'就封于鲁'下。鲁公宜指伯禽,若周公未尝以鲁称焉。"少昊,一作"少皞",上古传说中的帝王,名挚,字青阳,号金天氏。虚,同"墟",旧址。曲阜,古邑名。在今山东曲阜东北古城,鲁国建都于此。《正义》引《括地志》曰:"兖州曲阜县外城即鲁公伯禽所筑也。"据张之恒、周裕兴《夏商周考古》,曲阜鲁国故城位于今山东曲阜城及其外围的洙水和泗水之间。平面略呈长方形,四周有城壕围绕,有些地方至今残垣犹存。

㉒就封:到封地去。

【译文】

周公旦,是周武王的弟弟。从周文王在世的时候,周公作为儿子就孝顺,其笃实仁厚,与其他儿子不同。待至周武王即位,周公常常辅佐周武王,处理政务居多。

周武王九年,出兵东伐,到达盟津,周公辅佐周武王一道前往。

周武王十一年,伐纣,进军到牧野,周公帮着周武王发布了《牧誓》。随即打败殷军,攻入殷朝的宫廷。周武王杀掉商纣王后,周公受持大斧,召公受持小斧,二人辅佐周武王左右祭祀殷朝的社坛,向天帝和殷朝的子民宣布了殷纣王的罪恶。接着把殷朝的贤臣箕子从监狱里释放出来。封殷纣王的儿子武庚禄父为诸侯,让管叔鲜与蔡叔度在一旁辅助他,让他延续殷的祭祀。接着又大规模分封开国功臣与周王室同姓亲属。把周公旦封在古代东方帝王少昊的旧址,名曰曲阜,这就是鲁公。但周公并未前去,而是留下来继续辅佐周武王。

武王克殷二年[①],天下未集[②],武王有疾,不豫[③],群臣惧,太公、召公乃缪卜[④]。周公曰:"未可以戚我先王[⑤]。"周公于是乃自以为质[⑥],设三坛[⑦],周公北面立,戴璧秉圭[⑧],告于太王、王季、文王[9]。史策祝曰[10]:"惟尔元孙王发[11],勤劳阻疾[12]。若尔三王是有负子之责于天[13],以旦代王发之身。旦巧能,多材多艺,能事鬼神[14]。乃王发不如旦多材多艺,不能事鬼神。乃命于帝庭,敷佑四方[15],用能定汝子孙于下地[16],四方之民罔不敬畏[17]。无坠天之降葆命,我先王亦永有所依归[18]。今我其即命于元龟[19],尔之许我,我以其璧与圭归,以俟尔命[20]。尔不许我,我乃屏璧与圭[21]。"周公已令史策告太王、王季、文王,欲代武王发,于是乃即三王而卜[22]。卜人皆曰吉,发书视之,信吉[23]。周公喜,开籥[24],乃见书遇吉。周公入贺武王曰:"王其无害。旦新受命三王,维长终是图[25]。兹道能念予一人[26]。"周公藏其策金縢匮中[27],诫守者勿敢言。明日,武王有瘳[28]。

【注释】

①武王克殷二年:前1045年。克,战胜。

②集:和顺,安定。

③不豫:身体不适、不舒服。

④太公:指太公望吕尚,辅佐周文王壮大实力,又辅佐周武王灭商,因功封于齐。其事见《齐太公世家》。缪(mù)卜:虔诚地占卜。缪,通"穆",恭敬,虔诚。

⑤戚:《集解》引郑玄曰:"忧也。"

⑥自以为质:以自己的人身做抵押。

⑦坛:土筑的高台,用于祭祀、朝会、盟誓等活动。

⑧戴璧秉圭:头顶着璧,手捧着圭。《集解》引孔安国曰:"璧以礼神,圭以为贽。"璧、圭,皆玉制礼器。璧,平圆形,正中有孔。圭,长条形,上端为三角状。泷川引中井积德曰:"《史记》所载《金縢》

往往与今《书》文异，盖依孔安国古文《尚书》也，又与今所有古文异。《汉书·儒林传》曰‘司马迁亦从安国’，故迁书载《尧典》《禹贡》《洪范》《微子》《金縢》诸篇，多古文说。”

⑨告：《集解》引孔安国曰：“谓祝辞。”太王：指周武王和周公的曾祖古公亶父，周民族的部落首领。王季：名季历，周武王和周公的祖父。

⑩史策祝：《集解》引郑玄曰：“策，周公所作，谓简书也。祝者读此简书，以告三王。”史，史官。掌祭祀、记事等事。策，通“册”，简册。

⑪元孙：即长孙。王发：周武王姬发。

⑫阻疾：久病。阻，淹滞。《集解》引徐广曰：“阻，一作‘淹’。”王叔岷曰：“‘阻’与‘淹’义近，枚乘《七发》‘虽有淹病滞疾’，‘淹疾’犹‘淹病’，亦犹‘滞疾’矣。”

⑬负子之责：《尚书·金縢》作“丕子之责”，意即助祭的责任。曾运乾《尚书正读》曰：“‘丕子’当读为‘布兹’。‘布’与‘丕’、‘子’与‘兹’，并声之转。……则布兹为弟子助祭以事鬼神者之一役。本文意言三王在帝左右，如需执贱役奉事鬼神，旦尤能举其职，故请以旦代某之身也。”泷川引查基德曰：“《书正义》引郑玄云：丕，读曰‘不’。小司马引郑玄曰：负，读曰‘丕’。疑转写之误。爱子孙曰‘子’，爱百姓亦曰‘子’。玄孙阻疾，若尔三王不救，是将有不爱子孙之过，为天所责。此语盖周公告于三王，欲使三王为之请命也。”

⑭旦巧能，多材多艺，能事鬼神：《集解》引孔安国曰：“言可以代武王之意。”泷川曰：“《尚书》‘旦巧’作‘予仁若考’，史公训‘考’为‘巧’，故以‘巧’字易之。”

⑮乃命于帝庭，敷佑四方：《集解》引马融曰：“武王受命于天帝之庭，布其道以佑助四方。”乃命于帝庭，意谓接受任命。敷佑，普遍保佑。敷，布。

⑯用:以,因。下地:大地,人间。

⑰罔:无,没有。

⑱无坠天之降葆命,我先王亦永有所依归:《集解》曰:"孔安国曰:'言不救,则坠天宝命也;救之,则先王长有所依归矣。'郑玄曰:'降,下也。宝犹神也。有所依归,为宗庙之主也。'"葆命,即"宝命",指上天所降之大任。葆,通"宝"。永,长。依归,即"归依"。

⑲今我其即命于元龟:《集解》引孔安国曰:"就受三王之命于元龟,卜知吉凶者也。"元龟,占卜用的大龟。

⑳"尔之许我"三句:你若能答应我,我就将璧与圭敬献给你,回去等待你的吩咐、处置。之,若。归(kuì),通"馈",献。俟(sì),等候。

㉑屏璧与圭:将璧与圭收起来。屏,《集解》引孔安国曰:"屏,藏。"

㉒即三王:到太王、王季、文王的神主跟前。即,就,凑近。

㉓发书视之,信吉:此六字。方苞曰:"衍文。"张文虎曰:"'发书'六字与下文义复,疑是傍注误混。"

㉔开籥(yuè):打开存放占卜文书的箱子。籥,通"钥",锁钥。

㉕旦新受命三王,维长终是图:《集解》引孔安国曰:"我新受三王命,武王维长终是谋周之道。"维长终是图,即"唯图长终",只考虑如何保持周朝的长久统治。

㉖兹道能念予一人:上天的意思已经关照了你。予一人,古代最高统治者的自称。《集解》引马融曰:"一人,天子也。"

㉗周公藏其策金縢(téng)匮(guì)中:《集解》引孔安国曰:"藏之于匮,缄之以金,不欲人开也。"金縢匮,用金丝缠绕起来的匣子。縢,缠绕,封缄。

㉘瘳(chōu):病愈。

【译文】

周武王灭殷后的第二年,天下还未安定,周武王生了病,身体不舒服，百官群臣都很担心，太公吕尚与召公奭虔诚地占卜吉凶。周公说："光靠这个还不足以使先王忧心。"于是他就用自己的人身做抵押，搭起了三个祭坛，自己面朝北方站立在祭坛上，头顶着璧，手捧着圭，向太王、王季、文王三位先祖祈祷。史官将周公祷告的祝词写在典册上，祝词说："你们的长孙姬发，因勤劳国事以致久病不起。假如这是由于你们有助祭的责任需要他去侍候，那让我去替代他。我办事灵巧，多才多艺，能敬奉鬼神。而姬发在这些方面不如我，不能把鬼神侍奉好。姬发从上天那里禀受天命，下来敷佑四方的，他能让你们那些人间的子孙过得好，而四方的黎民百姓也都敬畏他。我们不能让上天的宝贵大命中途毁弃，而你们先王的祭祀也将因姬发的在位而得到永久的保障。现在我将听命于大龟，如果你们答应了我的请求，我就把这些璧与圭献给你们，等待你们的命令。你们不答应我，我就把璧与圭收起来。"周公令史官把简册上的祝文告诉太王、王季、文王，要代替周武王姬发去死之后，就来到太王、王季、文王的神位前进行占卜。占卜的人都说吉利，打开兆书看，的确吉利。周公欢喜，打开收藏兆书的柜子，所见兆书也都吉利。周公入宫祝贺周武王说："大王没有灾害。我刚刚收到太王、王季、文王的命令，让你只考虑如何保持长久的统治。这是上天让你考虑如何行使好天子的职责。"周公将策文封藏在柜子里，密封好，告诉主管人员不要对任何人讲。第二天，周武王的病就痊愈了。

其后武王既崩[①]，成王少，在强葆之中[②]。周公恐天下闻武王崩而畔[③]，周公乃践阼代成王摄行政当国[④]。管叔及其群弟流言于国曰[⑤]："周公将不利于成王[⑥]。"周公乃告太公望、召公奭曰[⑦]："我之所以弗辟而摄行政者[⑧]，恐天下畔周，无以告我先王太王、王季、文王。三王之忧劳天下久矣，于今而后成。武王蚤终[⑨]，成王少，将以成周，我所以为之若此。”于是卒相成王[10]，而使其子伯禽代就封于鲁[11]。周公戒伯禽曰：“我文王之子，武王之弟，成王之叔父[12]，我于天下亦不贱矣。然我一沐三捉发，一饭三吐哺[13]，起以待士，犹恐失天下之贤人[14]。子之鲁[15]，慎无以国骄人[16]。”

【注释】

①既：已经，之后。

②在强葆之中：言其小。王叔岷曰：“按《周书·明堂解》：‘武王崩，武王嗣，幼弱。’《艺文类聚》六引《尸子》：‘昔者武王崩，成王少。’《荀子·儒效》篇：‘武王崩，成王幼。’（又见《韩诗外传》七）《礼记·文王世子》：‘武王九十三而终，成王幼。’《明堂位》：‘武王崩，成王幼弱。’《淮南子·氾论》篇：‘武王崩，成王幼少。’皆不言‘在强葆之中’。《周本纪》《燕世家》《管蔡世家》《宋世家》亦然。”强葆，即“襁褓”，包裹婴儿的被。

③畔：通“叛”，叛乱。

④乃践阼代成王摄行政当国：梁玉绳曰：“《召诰》曰：‘惟冲子嗣，曰：有王虽小，元子哉。’是践阼者，成王也。周公之摄政当国，乃三代谅闇之制，冢宰掌邦之职，安得指为‘践阼’？而史于鲁、燕两《世家》均有‘践阼’之文，乖诬殊甚。既以为践阼，则下文何以书‘成王七年’邪？”泷川曰：“事见《荀子·儒效》篇、《礼记·文王世子》《明堂位》。”郭嵩焘云：“武王年九十三，见于《戴记》，成王母邑姜，其年视武王当亦不甚远，谓成王年少不能莅阼者，传疑之词也。君薨冢宰摄政，殷礼固是如此，周公之践阼，犹行殷礼也。使周公遂有天下为天子，亦犹殷礼也。所以摄政七年而不疑，兄终弟及，犹循殷礼之常也。周公欲及身成文、武之业，制定礼、乐，垂万世之大法，是以周礼作而摄政之仪遂废；周公权古今之变，而正一王之统绪欤，以前无有也。周公之摄政，常也，

非变也,秦、汉诸儒不明此义,而异说滋繁矣。”践阼,登天子位。摄,代行,代理。

⑤流言:《集解》引孔安国曰:“放言于国,以诬周公,以惑成王也。”

⑥周公将不利于成王:陈仁锡曰:“成王未崩,以谥称。《史》文误也。”

⑦周公乃告太公望、召公奭:泷川引查德基曰:“《金縢》但云‘告二公’,而不言太公、召公。考《齐》《鲁世家》,太公受封后即就国,不在王朝。《书正义》以为时毕公为太傅,是二公乃毕公、召公,非太公。理或然欤?”

⑧辟(bì):退避,躲避。

⑨蚤:通“早”。

⑩卒相成王:始终留在周都辅佐成王。相,辅佐。

⑪伯禽:周公长子。

⑫成王之叔父:梁玉绳曰:“《世家》前后误称‘成王’者四,独此乃仍《大传·洛诰》篇、《荀子·尧问》篇、《韩诗外传》三,史公采择失检尔。《说苑》载周公戒伯禽语,改作‘今王之叔父’。”

⑬一沐三捉发,一饭三吐哺(bǔ):意谓洗头时多次没洗完就抓起头发停下,吃饭时多次没吃完就中止,比喻政务繁忙,礼贤下士。沐,洗头发。三,泛指多次。吐哺,吐出口中所含的食物。

⑭犹恐失天下之贤人:梁玉绳曰:“吐握之事,诸子所说,恐未必有之。《黄氏日钞》云:‘此形容之语,本无其事。’王滹南亦以为妄。故《吕览·谨听》《淮南·氾论》又属之夏禹。”

⑮之:去,前往。

⑯慎无以国骄人:骄人,傲慢待人。泷川曰:“‘子之鲁’以下采《尚书大传》。”

【译文】

后来周武王过世,周成王年纪小,还是个孩子。周公担心天下人听说周武王去世而发生叛乱，于是便自己登上君王之位代替周成王行使国家职权。这时管叔与其他弟兄便在国都散布谣言说："周公将做对成王不利的事。"周公于是对太公望与召公奭说："我之所以不避嫌疑而代成王处理政务，是担心天下叛乱，我们就无法向太王、王季、文王交代了。三位先王为我们这份基业的开创是操劳已久了，到今天才算完成。武王去世早，成王又年纪小，我完全是为了周王朝的稳定才这样做的。"于是便继续留下来辅佐周成王，而派自己的长子伯禽去了鲁国封国。周公告诫伯禽说："我是文王的儿子，武王的弟弟，成王的叔叔，我在国家的地位可以说是不低了。但我仍经常在洗一次头发的工夫、吃一顿饭的工夫，被打断好几次，我不得不拧着头发，或吐出已经放在嘴里的东西出来接待来访者，即便如此，我还担心失掉天下的贤人。你到鲁国以后，千万谨慎，不要因为自己是国君就慢待他人。"

管、蔡、武庚等果率淮夷而反①。周公乃奉成王命，兴师东伐，作《大诰》②。遂诛管叔，杀武庚，放蔡叔③。收殷余民，以封康叔于卫④，封微子于宋⑤，以奉殷祀。宁淮夷东土，二年而毕定⑥。诸侯咸服宗周⑦。

【注释】

①淮夷：古部族名。居于淮河下游，今安徽、江苏北部一带。随同管、蔡等一同反周，被周公讨平。

②《大诰》：《尚书》篇名。周公率师东征管、蔡叛乱前对各国诸侯及其官员的告谕。泷川曰："'管、蔡、武庚'以下，本《书·大诰序》。"

③"遂诛管叔"三句：刘起釪曰："武庚利用时机，联络东（鄘）、奄、薄姑、徐戎、淮夷、熊（祝融）、盈（嬴）诸侯共图复国，声势远比新起而内部分裂的周强大。周公和召公'内弭父兄，外抚诸侯'，经

过三年东征，粉碎了三监叛乱。这次战事是武王灭殷后周公彻底征服殷族及其同盟之族最大的武功，由此奠定了周王朝的局势。”放，流放。

④康叔：周武王弟，名封，初封于康（在今河南禹州西北），故称。周公伐灭武庚后，封康叔于卫，建都朝歌（今河南淇县）。

⑤微子：商纣王的庶兄，名启，封于微（今山西潞城）。武庚之乱平息后，以商嗣受封于宋，建都商丘（在今河南商丘城南）。

⑥二年而毕定：梁玉绳曰：“‘二年’依文当作‘三年’，史公以居东为东征，岂据二年‘得罪人’之文，而不数‘还师’之一年耶？”泷川曰：“以上本《书·微子之命》《康诰》《成王政》《周官序》。”

⑦咸：皆，都。宗周：承认周王朝为天下之宗主。

【译文】

管叔、蔡叔、武庚禄父等果然率领淮夷反叛。周公于是奉周成王的命令举兵向东去征讨，出发前，发表了《大诰》。于是诛杀了管叔，处死了武庚，流放了蔡叔。而后将殷朝遗民集中于卫地，把康叔姬封分封在卫地，将纣王庶兄微子启封在宋地，以继续奉事殷国的祭祀。又用了两年的时间，完全平定了淮夷活动的东南部地区。从此天下诸侯都归服于周，拥护周王室做宗主。

天降祉福①，唐叔得禾②，异母同颖③，献之成王，成王命唐叔以馈周公于东土，作《馈禾》④。周公既受命禾，嘉天子命⑤，作《嘉禾》⑥。东土以集，周公归报成王，乃为诗贻王，命之曰《鸱鸮》⑦。王亦未敢训周公⑧。

【注释】

①祉（zhǐ）、福：二词同义，福。

②唐叔：周成王之弟名虞，因受封于唐（在今山西翼城西），故称。

③异母同颖：《尚书》郑玄注曰："禾各生一垄而合为一穗。"母，此处同"亩"。《索隐》曰："《尚书》曰'异亩'，此'母'义并通。"颖，《集解》引徐广曰："一作'穗'。颖，即穗也。"

④成王命唐叔以馈（kuì）周公于东土，作《馈禾》：钱大昕曰："《书序》'馈'为'归'。'归'有'馈'音。"姚鼐曰："周公居东，即伐殷事，故《史》记康叔得嘉谷，成王以归周公于兵所，周公受禾东土，此居东之证。"《馈禾》，又作《归禾》，《尚书》篇名，原文已佚，仅有其序。泷川曰："'唐叔得禾'以下，采《书·馈禾序》。"

⑤嘉：赞赏，嘉美。

⑥《嘉禾》：《尚书》篇名，原文已佚，仅有其序。泷川曰："以上采《书·嘉禾序》。"

⑦"东土以集"四句：《集解》曰："《毛诗序》曰：'成王未知周公之志，公乃为诗以遗王，名之曰《鸱鸮》。'"梁玉绳曰："诗作于居东时，与《七月》之诗同作。若贻诗在诛管蔡后，诗何以云'未雨绸缪'乎？盖《毛传》以《鸱鸮》为既诛管、蔡而作，毛在史公前，便依言之。"集，安定。贻，赠。《鸱鸮（chī xiāo）》，《诗经》篇名，存《诗·豳风》中。鸱鸮，即猫头鹰。

⑧王亦未敢训周公：凌稚隆曰："'乃为诗'至'训周公'十七字，宜在上文'我所以为之若此'句下。"训，《尚书》作"诮"，责备。泷川曰："'为诗贻王'以下采《书·金縢》。"

【译文】

上天降下福祉，唐叔在田里得到一株异株同穗的稻禾，把它献给周成王，周成王命唐叔送给在东方征战的周公，作了《馈禾》。周公接受天子赐予的稻禾后，赞赏天子之命，写下了《嘉禾》。东方平定后，周公归报周成王，便作了一首诗赠送给周成王，这首诗的题目叫《鸱鸮》。周成王不以为然，但也不敢责备周公。

成王七年二月乙未①，王朝步自周，至丰②，使太保召公先之雒相土③。其三月，周公往营成周雒邑④，卜居焉⑤，曰吉，遂国之⑥。

成王长，能听政，于是周公乃还政于成王，成王临朝。周公之代成王治，南面倍依以朝诸侯⑦。及七年后，还政成王，北面就臣位，匔匔如畏然⑧。

【注释】

①成王七年：前1037年。泷川曰："'成王七年'四字，史公以意补。《尚书大传》云：'周公摄政五年，营成周。'与此异。盖五年始工，七年而成也。《礼记·明堂位》云：'周公七年，致政于成王。'是周公摄政七年，即成王七年也。"

②王朝步自周，至丰：周成王从镐京步行到丰邑的文王庙，朝拜文王庙。《集解》曰："马融曰：'周，镐京也；丰，文王庙所在。朝者，举事上朝，将即土中易都，大事，故告文王、武王庙。'郑玄曰：'……丰、镐异邑，而言步者，告武王庙即行，出庙入庙，不以为远，为父恭也。'"周，指周武王以来的都城镐京。丰，文王时的都城丰京，其地有文王庙。丰、镐二京在今陕西长安西北沣河两岸。丰京在西岸，镐京在东岸。

③之雒（luò）相（xiàng）土：到洛阳考察地形。雒，通"洛"，古邑名。即今河南洛阳。相，观察，考察。

④营：营建，修建。成周：《集解》曰："《公羊传》曰：'成周者何？东周也。'何休曰：'名为成周者，周道始成，王所都也。'"

⑤卜居：用占卜的方式选择住址。

⑥遂国之：于是将这里作为周朝的国都。泷川曰："'二月乙未'以下采《书·召诰》《洛诰》。"按，西周都城在镐京，雒邑当是陪都。

⑦南面倍依以朝诸侯:《集解》曰:"《礼记》曰:'周公朝诸侯于明堂之位,天子负斧依,南向而立。'郑玄曰:'周公摄王位,以明堂之礼仪朝诸侯也。不于宗庙,避王也。天子,周公也。负之言倍也。斧依,为斧文屏风于户牖之间,周公于前立也。'"泷川曰:"《明堂位》云:'周公朝诸侯于明堂之位,天子负斧依,南乡而立。'是定天子之所居耳,非曰周公自居其位也。'南面倍依'四字,可删。"倍依,即"背扆(yǐ)"。倍,通"背"。依,通"扆",又称"斧依""斧扆",为古代帝王殿上类似屏风的设施,因上面画有斧形图案,故称。

⑧"及七年后"四句:泷川曰:"《书·洛诰》云:'惟周公诞保文王,受命惟七年。'《尸子》云:'昔者武王崩,成王少,周公旦践东宫,履乘石,祀明堂,假为天子七年。'《韩非子·难二》:'周公旦假为天子七年,成王壮,授之以政。'《礼记·明堂位》:'周公践天子之位,七年致政于成王。'史公盖本于此。"匑匑(qióng),恭谨的样子。

【译文】

周成王七年二月乙未日,周成王从镐京步行到丰邑朝拜文王庙,派太保召公先到洛邑勘察地形。这年三月,周公亲往洛邑,去营建成周,占卜是否适合建都,卜辞为吉利,就把这里设为国都。

周成王长大,自己能够处理政事了,这时周公便将政权交还给周成王,周成王独立临朝听政。周公在代替周成王行使职权时,面朝南方、背靠绘有斧型图案的屏风接受诸侯朝拜。到七年过去还政于周成王时,仍回到臣子的位置北向而立,又完全是一幅恭敬、谨慎的样子。

初,成王少时,病,周公乃自揃其蚤沉之河①,以祝于神曰②:"王少未有识,奸神命者乃旦也③。"亦藏其策于府④。成王病有瘳。及成王用事,人或谮周公,周公奔楚⑤。成王发府,见周公祷书,乃泣,反周公⑥。

【注释】

①自揃（jiǎn）其蚤：剪下自己的指甲。揃，剪下，剪断。蚤，通“爪”。

②祝：祷告。

③奸（gān）：冒犯。

④府：库，收藏东西的场所。

⑤“及成王用事”三句：《索隐》曰：“经典无文，其事或别有所出。而谯周云：‘秦既燔书，时人欲言金縢之事，失其本末，乃云‘成王少时病，周公祷河欲代王死，藏祝策于府。成王用事，人谗周公，周公奔楚。成王发府见策，乃迎周公’，又与《蒙恬传》同，事或然也。”谮（zèn），说人坏话，栽赃，诬陷。

⑥“成王发府”四句：王应麟曰：“考之于《书》，启金縢之书在周公未薨前，而无揃蚤事。此盖一事传之者不同耳。”叶适曰：“是时楚未有国，公奚之焉？”梁玉绳曰：“此事亦见《蒙恬传》，前哲谓缘《金縢》之文而误分为二，遂两出耳。夫成王纵疾，河非所获罪，乃公揃蚤以祝于河，将姬旦之识尚不若楚昭王乎？《索隐》引谯周云：‘秦既燔书，时人欲言《金縢》之事，失其本末。’明邵宝《学史》云：‘公前事武王，后事成王，病也，祷也，藏册而祝也，谗且谮而居东与奔楚也，天动威发书以泣而反之也，何其同也？史氏之附会，一至于是。’余因考《吕氏春秋·古乐》篇言：‘周公以师逐象至江南。’《公羊·僖四年》传：‘周公东征则西国怨，西征则东国怨。’《荀子·王制》篇言：‘周公南征而北国怨，东征而西国怨。’经典无周公西南之征，必从汤事影撰，移于周公，而又因误解奔楚之故耳。《后书·班固传》云：‘周公一举则三方怨，曰奚为而后已。’可为移汤事作周公之证。《史诠》谓此节错复，当删。”反，同“返”，使之返回。

【译文】

当初，周成王年少时，有一次生病，周公就剪下指甲扔在河中，向神祝告说:“君王年幼,还不懂事,冒犯了神灵的,那是我。”事后也将祷告的策书收藏在府库中。周成王病愈。到周成王执政时,有人向周成王诋毁周公,周公逃到了楚国。后来周成王打开府库中发现了周公的祝祷策书,感动而哭,迎回了周公。

周公归,恐成王壮,治有所淫佚[①],乃作《多士》[②],作《毋逸》[③]。《毋逸》称:“为人父母,为业至长久,子孙骄奢忘之,以亡其家,为人子可不慎乎[④]!故昔在殷王中宗[⑤],严恭敬畏天命,自度治民[⑥],震惧不敢荒宁[⑦],故中宗飨国七十五年[⑧]。其在高宗[⑨],久劳于外,为与小人[⑩],作其即位[⑪],乃有亮闇[⑫],三年不言[⑬],言乃欢[⑭],不敢荒宁,密靖殷国[⑮],至于小大无怨[⑯],故高宗飨国五十五年[⑰]。其在祖甲[⑱],不义惟王,久为小人于外[⑲],知小人之依[⑳],能保施小民[㉑],不侮鳏寡[㉒],故祖甲飨国三十三年[㉓]。”《多士》称曰:“自汤至于帝乙[㉔],无不率祀明德[㉕],帝无不配天者[㉖]。在今后嗣王纣[㉗],诞淫厥佚[㉘],不顾天及民之从也。其民皆可诛[㉙]。”“文王日中昃不暇食,飨国五十年[㉚]。”作此以诫成王。

【注释】

①淫佚:放荡逸乐。

②《多士》:《尚书》篇名。多士,意谓众士。梁玉绳曰:“《多士》非诫成王之作,与《周纪》言《无佚》告殷民同谬。……盖于《纪》不当云‘作《无佚》’,于《世家》不当云‘作《多士》’。”

③《毋逸》:又作《无逸》《毋佚》《无佚》,《尚书》篇名。是周公害怕成王“有所淫佚”,而告诫周成王不可逸乐的诰辞。毋逸,不要逸乐。毋,不要。

④为人子可不慎乎：梁玉绳曰："此与《毋逸》迥殊，必史公约其意以为文，非有异本也，然太不类。"

⑤殷王中宗：名祖乙，河亶甲之子，殷代第十四世贤君。一说指殷代第十世贤君太戊。

⑥自度：《集解》引孔安国曰："用法度也。"

⑦不敢荒宁：《集解》引马融曰："知民之劳苦，不敢荒废自安也。"荒宁，荒废政事，贪图安逸。

⑧飨（xiǎng）国：保有君位。飨，通"享"，享有。

⑨高宗：指殷高宗武丁，小乙之子，殷代第二十三世贤君。

⑩久劳于外，为与小人：李笠曰："'为'疑'爰'之误，《尚书》作'爰暨小人。'"爰，因。与小人，和下层人生活在一起。《集解》曰："孔安国曰：'父小乙使之久居人间，劳是稼穑，与小人出入同事也。'马融曰：'武丁为太子时，其父小乙使行役，有所劳役于外，与小人从事，知小人艰难劳苦也。'郑玄曰：'为父小乙将师役于外也。'"泷川曰引中井积德曰："武丁盖降在民间也，非行役，亦非父命故然也。岂庶出，初未见知邪？将有所讳而匿之也？"

⑪作其即位：等他即了君位。作，及，等到。

⑫亮闇（ān）：或作"亮阴""谅闇""梁闇"等，指帝王为父母守丧而不问国事，委政于大臣。

⑬三年不言：指三年不问国事、不发号施令。《集解》引孔安国曰："武丁起其即王位，则小乙死，乃有信嘿，三年不言，言孝行著也。"

⑭言乃欢：《集解》引郑玄曰："欢，喜悦也。言乃喜悦，则臣民望其言久矣。"泷川引冈白驹曰："在丧则不言，丧毕发言，则天下乃喜。"

⑮密靖：安定。密，《集解》引马融曰："安也。"

⑯小大无怨：无论贵贱对其都无怨言。《集解》引孔安国曰："小大之政，民无怨者，言无非也。"泷川曰："蔡沈曰：'万民咸和也。'中井积德曰：'小大，犹贵贱也。'"

⑰故高宗飨国五十五年:《集解》曰:"《尚书》云五十九年。"

⑱祖甲:武丁之子,武庚之弟,殷代第二十五世贤君。按,祖甲究系何人,前人说法不一,今据《夏商周工程阶段性成果》之年表。

⑲不义惟王,久为小人于外:祖甲认为自己代兄为王不合适,故长期逃于民间。《集解》引马融曰:"祖甲有兄祖庚,而祖甲贤,武丁欲立之。祖甲以王废长立少不义,逃亡民间,故曰'不义惟王,久为小人'也。武丁死,祖庚立,祖庚死,祖甲立。"不义,不宜,不合适。

⑳知小人之依:《集解》引孔安国曰:"小人之所依,依仁政也,故能安顺于众民,不敢侮慢茕独也。"依,依靠,依托。泷川引中井积德曰:"依,谓所依怙也,未遽谓仁政。"

㉑保施小民:能安定黎民,对黎民施恩惠。保,安,安定。施,施恩惠。

㉒鳏(guān)寡:老而无妻无夫者称"鳏寡"。引申指老弱孤苦之人。

㉓故祖甲飨国三十三年:泷川曰:"'《毋逸》称'以下,据《书·无逸》。"

㉔帝乙:商纣王之父,殷商的倒数第二代君王。

㉕率祀明德:按礼祭祀,修明德行。

㉖配天:指死后能与上天一起享受祭祀。《集解》引孔安国曰:"无敢失天道者,故无不配天也。"

㉗在今后嗣王纣:今天继位的这个殷纣王。嗣,继承。

㉘诞淫厥佚:极度地放纵享乐。诞,大。厥,语助词,无义。

㉙其民皆可诛:他治下的黎民都有权力起来讨伐他。诛,讨。《孟子》有所谓"闻诛一夫纣也,未闻弑君也",即此之意。

㉚文王日中昃(zè)不暇食,飨国五十年:梁玉绳曰:"此疑错简,当在前文'祖甲飨国三十三年'之下。"按,"中"字疑衍。日中昃不暇食,日已西斜还顾不上吃饭,极言其辛劳国事之状。昃,日过午。

【译文】

周公归来,担心周成王年少气盛,治理国家会放纵逸乐,于是写下了《多士》，又写下了《毋逸》。《毋逸》中写道："为人父母的，创业需要花费长时间的努力，子孙骄奢淫逸，忘记了他们创业的艰辛，以至于破败了家业，做儿子的可以不谨慎吗！所以从前殷王中宗，严谨恭顺地敬畏天命，自己遵守法度，以法治理百姓，常怀畏惧之心，不敢荒废政事，贪图安逸，所以中宗保有君位七十五年。到了高宗，长期在民间从事生产劳动，与平民百姓生活在一起，等到他即位时，又居守父丧，三年不谈国事，一旦谈及国事就得到臣民们拥戴，不敢荒废政事，贪图安逸，安定殷国，以致从小民到大臣对他均无怨言，所以高宗保有君位五十五年。到了祖甲，认为自己代兄为王不合道义，便长期逃于民间，了解百姓的疾苦，能够安定并施恩于百姓，不欺侮老弱孤苦之人，所以祖甲保有君位三十三年。"《多士》写道："从商汤到帝乙，无不以礼慎重祭祀，修明德行，每个帝王都不违背天道。到纣王继位，极度骄奢淫逸，不顾上天与百姓的愿望。他的百姓都有权起来讨伐他。""文王每天忙到太阳西斜还顾不上吃饭，享有君位五十年。"周公写下这些文字来告诫周成王。

成王在丰，天下已安，周之官政未次序[①]，于是周公作《周官》[②]，官别其宜[③]。作《立政》[④]，以便百姓[⑤]。百姓说。

周公在丰，病，将没[⑥]，曰："必葬我成周，以明吾不敢离成王[⑦]。"周公既卒，成王亦让，葬周公于毕[⑧]，从文王，以明予小子不敢臣周公也[⑨]。

【注释】

①官政：指官制。未次序：尚未安排妥帖。意即没有制定好，没有创立起来。

②于是周公作《周官》：梁玉绳曰："《周纪》言成王作《周官》，与《书序》同，而此云周公作之，岂周公奉成王命为之与？"《周官》，一篇

讲周初官制的文章。原存于《尚书》,今亡,现存古文《尚书》之《周官》,当为东晋人伪作。

③官别其宜:各官吏都有其各不相同的职责范围。宜,恰当合适的职责范围。

④《立政》:《尚书》篇名,是周公晚年对周成王的告诫诰辞,阐述了设官理政的法则。《集解》引孔安国曰:“周公既致政成王,恐其怠忽,故以君臣立政为戒也。”

⑤以便百姓:方便让百官都明白居官为政的道理。百姓,这里指百官。

⑥没:通“殁”,死亡。

⑦必葬我成周,以明吾不敢离成王:依此文,似周成王果真居于洛阳,其实不合事实,司马迁于诸篇言成周事均指说未明。梁玉绳曰:“成王未尝都成周,何以称‘不敢离成王’?”

⑧毕:地名。在今陕西咸阳北,为周文王、周武王的墓地所在。《正义》引《括地志》曰:“周公墓在雍州咸阳北十三里毕原上。”据《中国文物地图集·陕西分册》,今陕西岐山北郭乡庙王村有周公庙,建于唐武德年间,历代屡有增修。现存为清代建筑群,中轴线南起依次有山门、乐楼、八卦亭、三公(周公、召公、太公)献殿、正殿,姜嫄献殿、正殿及后稷献殿、正殿等。有唐至清代碑刻14通,其中以唐代“周公祀灵泉碑”最为著名。又据《中国文物地图集·河南分册》,今河南洛阳老城区定鼎南路东侧亦有周公庙。始建于隋代,历代多次修葺,庙现存为明清时期建筑。梁玉绳曰:“文王、孔子之作《易》,《史》皆书之,而周公之作爻辞及定礼制谥,何以不书?又公谥‘文’,此亦缺。”

⑨予小子:古代帝王对先王或长辈的自谦之辞。臣周公:以周公为臣。

【译文】

周成王在丰邑,天下已经安定,周朝的官制还没有制定好,周公于是作《周官》,区分各种官吏的职责范围。作《立政》,以便让百官明白设官理政的法则。百官们很高兴。

后来周公在丰邑患病，临死时，他对身边的人说："一定要把我葬在成周，以表明我不敢远离开成王。"周公去世后，周成王谦让地将周公葬在了毕原，意思是让叔叔陪着周文王，来表明自己小孩子不敢视周公为臣子。

周公卒后，秋未获[①]，暴风雷雨，禾尽偃[②]，大木尽拔。周国大恐。成王与大夫朝服以开金縢书[③]，王乃得周公所自以为功代武王之说[④]。二公及王乃问史、百执事[⑤]，史、百执事曰："信有[⑥]，昔周公命我勿敢言。"成王执书以泣[⑦]，曰："自今后其无缪卜乎[⑧]！昔周公勤劳王家，惟予幼人弗及知。今天动威以彰周公之德[⑨]，惟朕小子其迎[⑩]，我国家礼亦宜之[⑪]。"王出郊，天乃雨，反风，禾尽起[⑫]。二公命国人，凡大木所偃，尽起而筑之[⑬]。岁则大孰[⑭]。于是成王乃命鲁得郊祭文王[⑮]。鲁有天子礼乐者，以褒周公之德也[⑯]。

【注释】

①秋未获：指秋天的庄稼没有收割。

②偃：倒伏。

③成王与大夫朝服以开金縢书：《索隐》曰："据《尚书》，武王崩后有此雷风之异，今此言周公卒后更有暴风之变，始开金縢之书，当不然也。盖由史迁不见《古文尚书》，故说乖误。"

④自以为功代武王之说：应依前文作"自以为质"，即祈祷三王，告言愿替武王死云云。"功"字应作"质"。说，《集解》曰："一作'简'。骃案：孔安国曰'所藏请命策书本也'。"

⑤二公及王乃问史、百执事：《集解》曰："孔安国曰：'二公倡王启

之，故先见书也。史百执事皆从周公请命者。'郑玄曰：'问者，问审然否也。'"二公，司马迁以为指太公、召公。后世学者以为指召公、毕公。史、百执事，指史官与其他众官员。

⑥信：的确，确实。

⑦成王执书以泣：《集解》引郑玄曰："泣者，伤周公忠孝如是而无知之者。"

⑧自今后其无缪卜乎：从今以后，恐怕再也看不到像周公这样虔敬的占卜、祷祝了。缪，通"穆"，虔敬。

⑨彰：彰显，显扬。

⑩朕（zhèn）小子其迎：我亲自去迎周公之灵柩，往葬于毕。朕小子，义同前"予小子""予幼人"。朕，古人自称之词，自秦始皇开始才为帝王专用的自称之词。

⑪我国家礼亦宜之：《集解》引王肃曰："亦宜褒有德也。"《正义》曰："孔安国曰：'周公以成王未寤，故留东未还。成王改过自新，遣使者逆（迎）之，亦国家礼有德之宜也。'王、孔二说非也。按，言成王以开金縢之书，知天风雷以彰周公之德，故成王亦设郊天之礼以迎，我国家先祖配食之礼亦当宜之，故成王出郊，天乃雨反风也。"

⑫"王出郊"四句：《集解》曰："孔安国曰：'郊，以玉币谢天也。天即反风起禾，明郊之是也。'马融曰：'反风，风还反也。'"泷川曰："出郊在《金縢》则郊迎之义，在《史记》则为郊祭之义。"出郊，到郊外祭天。反风，风向反转。

⑬筑：培土使坚实。

⑭岁：庄稼收成。孰：同"熟"，成熟。此指丰收。

⑮乃命鲁得郊祭文王：于是命鲁国作为一个诸侯国能举行郊祀之礼以周文王配天。《集解》引《礼记》曰："鲁君祀帝于郊，配以后稷，天子之礼。"泷川曰："《通鉴》前编成王十一年引《尚书大传》云：

‘鲁郊，成王所以礼周公也。’史公所本。”

⑯鲁有天子礼乐者，以褒周公之德也：泷川曰：“《礼记·明堂位》云：‘成王以周公为有勋劳于天下，命鲁公世世祀周公以天子之礼乐。是以鲁君孟春乘大路，戴弧韣，旂十有二旒，日月之章，祀帝于郊。配以后稷，天子之礼也。’《祭统》云：‘周公既没，成王、康王追念周公之所以勋劳者，而欲尊鲁，故赐之以重祭。外祭则郊、社是也，内祭则大尝、禘是也。夫大尝禘，升歌清庙，下而管象，朱干玉戚，以舞大武，八佾以舞大夏。此天子之乐也。’史公所本。”陈仁锡曰：“《竹书纪年》：‘鲁惠公使宰让请郊庙之礼，平王使史角如鲁。’鲁之用郊，盖由惠公请之也。至僖公作颂，始以郊祀为夸焉。”按，梁玉绳以为“此乃好事者妄谈”，详见《史记志疑》，可参考。褒，嘉奖。

【译文】

周公死后，时值秋天，庄稼还没有收割，突然狂风大作，下起了暴雨，庄稼都被吹得倒伏地上，大树也全都被大风连根拔起。国内的人非常害怕。周成王便和大臣们穿好朝服，打开那用金丝封缄的盒子去取拿策书，从中发现了当年周公请求以自身代替周武王去死的册书。太公、召公与周成王向祝史与主管此事的官员们询问这件事，他们回答说：“确有此事，当时周公不许我们讲出去。”周成王捧着册书哭泣起来，说：“自今以后恐怕再没有比这个更虔诚的祷祝了！过去周公对王室如此辛勤劳苦，只是我年幼没有及时了解。现在老天爷施展神威以表彰周公的美德，小子我应该出去祭天以迎，我们国家也应该有这种礼仪。”周成王于是到郊外祭天，天就下起雨来，接着又吹起一阵相反的风，把倒伏的庄稼重又吹得立了起来。太公、召公让人们把那些吹倒的大树也全数扶起，用土培植加固。这一年全国获得了大丰收。由于这件事，周成王便允许鲁国可以在郊外祭祀周文王。而鲁国之所以得有天子使用的礼乐，这也是为了嘉奖周公功德的缘故。

周公卒，子伯禽固已前受封，是为鲁公①。鲁公伯禽之初受封之鲁，三年而后报政周公②。周公曰："何迟也？"伯禽曰："变其俗，革其礼，丧三年然后除之③，故迟。"太公亦封于齐，五月而报政周公。周公曰："何疾也？"曰："吾简其君臣礼，从其俗为也。"及后闻伯禽报政迟，乃叹曰④："呜呼，鲁后世其北面事齐矣⑤！夫政不简不易，民不有近；平易近民，民必归之⑥。"

【注释】

①子伯禽固已前受封，是为鲁公：《索隐》曰："周公元子就封于鲁，次子留相王室，代为周公。其余食小国者六人，凡、蒋、邢、茅、胙、祭也。"固，原本。

②报政：报告政绩。

③丧三年然后除之：为父母守丧三年，之后才能除服。

④及后闻伯禽报政迟，乃叹曰：按，此句之主语欠明。

⑤北面事齐：面向北面奉事齐国，即谓鲁将臣服于齐国。

⑥"夫政不简不易"四句：《索隐》曰："言为政简易者，民必附近之。近谓亲近也。"

【译文】

周公去世，儿子伯禽先前本来已经受封，这就是鲁公。鲁公伯禽最初受封到鲁国，三年之后才向周公报告施政成绩。周公问他："为什么这么迟呢？"伯禽回答说："改变那里的习俗，变革那里的礼制，服丧三年才能除服，所以迟了。"当时太公也受封到齐国，五个月后向周公报告施政成绩。周公问："为什么这么快呢？"太公回答说："我简化了君臣之间的礼仪，顺应当地的习俗办事。"等到后来听说伯禽很晚才向周公报告政绩，就叹息着说："咳，鲁国后代将会北面事奉齐国了！政治制度不简化不平易，百姓就不会亲近；统治者平易近人，百姓必然归附他。”

伯禽即位之后，有管、蔡等反也，淮夷、徐戎亦并兴反[1]。于是伯禽率师伐之于肸[2]，作《肸誓》[3]，曰：“陈尔甲胄[4]，无敢不善[5]，无敢伤牿[6]。马牛其风[7]，臣妾逋逃[8]，勿敢越逐，敬复之。无敢寇攘[9]，逾墙垣。鲁人三郊三隧[10]，峙尔刍茭、糗粮、桢榦[11]，无敢不逮[12]。我甲戌筑而征徐戎[13]，无敢不及，有大刑[14]。”作此《肸誓》，遂平徐戎，定鲁。

【注释】

①淮夷、徐戎亦并兴反：淮夷，古部族名。居于淮河下游，今安徽、江苏北部一带。徐戎，古部族名。夏至周初活动于今淮河中下游一带。并，一起。兴，举兵。泷川曰：“淮夷、徐戎以下，依《书·费誓》及其序。”

②肸（bì）：即费，鲁邑名。在今山东费县。

③《肸誓》：即《费誓》，《尚书》篇名。该篇当非伯禽所作。孙星衍说：“伯禽封鲁，据《洛诰》经文‘命公后’及‘惟告周公其后’，则在七年归政之时，此云即位之后，有管、蔡、淮夷等反，殊不可解。”余永梁据甲骨文、金文、《诗经》等材料，推断本篇作者是春秋时之鲁公。

④陈：布，列。引申为准备。甲胄（zhòu）：古代士兵穿戴的铠甲和头盔。

⑤无敢不善：谁也不能不事先准备好。善，修治，治理。

⑥无敢伤牿（gù）：不要伤害牛马。牿，本指牛马圈，此指牛马。

⑦马牛其风：谁家的马牛如果走失了。风，走散。

⑧臣妾逋（bū）逃：谁家的奴隶如果逃跑了。臣妾，指奴隶。古代男

仆为臣，女奴为妾。逋、逃，二词同义，逃跑。

⑨寇攘：掠夺，偷取。《集解》引郑玄曰："寇，劫取也。因其失亡曰'攘'。"

⑩三郊三隧：意指大量征兵。郊，城外近处曰郊。隧，同"遂"，城外远处曰遂。古时诸侯征兵，先征城外近郊之邑，近郊不足，再征远郊之邑，仍不足，则举国征兵。《集解》引王肃曰："邑外曰郊，郊外曰隧。不言四者，东郊留守，故言三也。"中井积德曰："师出东方，则东郊东遂，供兵赋之重，故于储峙不与焉。"王先谦曰："《礼·王制》疏引大传云：'古者百里之国，三十里之遂，二十里之郊。'鲁国百里，则郊当在二十里之外，遂又在其外也。"

⑪峙（zhì）：通"庤"，准备，积储。刍（chú）茭：喂牛马的干草。糗（qiǔ）粮：干粮。桢榦（gàn）：筑墙用的木桩夹板。立在两头的叫"桢"，立在两边的叫"榦"。

⑫逮：及，至。引申为足够。

⑬我甲戌筑而征徐戎：《集解》引孔安国曰："甲戌日当筑攻敌垒距堙之属。"中井积德曰："甲戌，此出师之日，使供具皆会于是日。"又曰："筑者筑我之壁垒也，未及攻具。"

⑭有大刑：将被杀戮。《集解》引马融曰："大刑，死刑。"

【译文】

伯禽继位之后，就发生了管叔、蔡叔等人的叛乱，淮夷、徐戎也都一同起来反叛。于是伯禽率军到肸邑讨伐他们，作《肸誓》，说："配备好你们的铠甲和头盔，看你们谁敢不准备好。不要伤害牛马。如果牛马走失，奴隶逃跑，你们不要离开队伍去追逐奴隶、牛马。要将追获的牛马、奴隶恭敬地送还其原主。不要掠夺财物，不可翻墙越壁偷盗财物。鲁国北、西、南三面近郊和远郊的人，准备好你们的干草、干粮和木桩，不许准备得太少。我要在甲戌日这天建筑工事讨伐徐戎，到时谁敢不到，就判他要受到大大的惩罚。"写下这篇《肸誓》，不久就平定徐戎，安定了鲁国。

鲁公伯禽卒[①],子考公酋立[②]。

考公四年卒,立弟熙,是谓炀公[③]。炀公筑茅阙门[④]。

六年卒[⑤],子幽公宰立[⑥]。

幽公十四年,幽公弟溃杀幽公而自立,是为魏公[⑦]。

魏公五十年卒,子厉公擢立[⑧]。

厉公三十七年卒,鲁人立其弟具,是为献公。

献公三十二年卒[⑨],子真公濞立[⑩]。

真公十四年[⑪],周厉王无道[⑫],出奔彘[⑬],共和行政[⑭]。

二十九年[⑮],周宣王即位[⑯]。

三十年[⑰],真公卒,弟敖立,是为武公。

【注释】

①鲁公伯禽卒:《集解》引徐广曰:“皇甫谧云:‘伯禽以成王元年封,四十六年,康王十六年卒。’”泷川曰:“《汉书·律历志》云:‘伯禽即位四十六年,康王十六年薨,与皇甫谧合。’”按,皇甫谧与班固所云与今《夏商周年表》不合,若伯禽之在位果真四十六年,则其在位之年为前1042—前997年。其卒年乃康王二十四年。

②考公酋:考公,名酋。《索隐》曰:“《系本》作‘就’,邹诞本作‘遒’。”泷川引中井积德曰:“考公始有谥,若齐第四世哀公始有谥。世家虽不同,年代相比,夫谥之起,盖成、康之后云。”

③炀公:鲁炀公,名熙。《索隐》曰:“一作‘怡’,考公弟。”

④炀公筑茅阙门:《集解》引徐广曰:“茅,一作‘第’,又作‘夷’。”洪颐煊曰:“古文‘雉’‘茅’‘夷’三字通用。‘茅门’即《春秋》所谓‘雉门’。”孙诒让曰:“茅阙门,即《春秋》定二年《经》之雉门两观也。诸侯三门,库、雉、路,外朝在雉门外。”梁玉绳以为周成王以奄、益封鲁,奄在鲁城东二里,炀公或“改建宫室,廓开旧制,

此茅阙门之所由筑欤”。

⑤六年卒：钱大昕曰：“《汉书·律历志》：‘炀公即位六十年’，此脱‘十’字。”泷川曰：“洪亮吉、洪颐煊说同，梁玉绳驳之，非也。枫山、三条本，‘六年’作‘十六年’，盖倒。”

⑥幽公宰：鲁幽公，名宰。《索隐》曰：“《系本》名圉。”

⑦幽公弟溃（fèi）杀幽公而自立，是为魏公：金履祥曰：“弑君争国之祸自是始，而昭王不能讨，失政甚矣。史称‘昭王时王道微缺’，朱子亦谓‘周纲陵夷自昭王始’，有故也。”魏公，鲁魏公，名溃。《集解》引徐广曰：“《世本》作‘微公’。”《索隐》曰：“《系本》‘沸’作‘弗’，音沸。‘魏’作‘微’。且古书多用‘魏’字作‘微’，则太史公意亦不殊也。”

⑧厉公擢：鲁厉公，名擢。《索隐》曰：“《系本》作‘翟’。”

⑨献公三十二年卒：《集解》引徐广曰：“刘歆云‘五十年’，皇甫谧云‘三十六年’。”梁玉绳曰：“献公在位五十年，说见《世表》。《汉志》作‘五十年’，谓出《世家》也。”

⑩子真公濞立：《索隐》曰：“真，音‘慎’，本亦多作‘慎公’。按，卫亦有真侯，可通也。濞，《系本》作‘挚’，或作‘鼻’，音匹位反。邹诞本作‘慎公嚊’。”梁玉绳曰：“‘真’乃‘慎’之误。”沈家本曰：“《左传释文》引作‘顺公’。顺、慎，声转字通。”

⑪真公十四年：《十二诸侯年表》作“真公濞十五年”，前841年。

⑫周厉王：名胡，前877—前841年在位。因贪狠好利，横征暴敛，钳制国人议论，大肆诛杀“谤者”，导致国人暴动，被驱逐，逃奔彘。于前828年死于彘。

⑬彘（zhì）：古邑名。在今山西霍州东北。

⑭共和行政：周厉王被驱逐后，国内无主，实行共和行政。“共和”的意思有二说：一说指周、召二公共同执政，司马迁取此说；一说指“共伯名和者”受诸侯拥戴，代行王政。“共伯和”又有卫武公和

之说。从周厉王失政至周宣王即位执政,共十四年。共和元年即前841年,从此中国历史开始有明确纪年。

⑮二十九年:鲁真公二十九年,前827年

⑯周宣王:名静,一作“靖”,周厉王之子,前827—前782年在位。他效法文、武、成、康诸王,使诸侯继续以周为宗主。

⑰三十年:前826年。

【译文】

鲁公伯禽去世,其子考公酋继位。

考公在位四年去世,他的弟弟熙被立为君,这就是炀公。炀公修造了茅阙宫门。

炀公六年,去世,其子幽公宰继位。

幽公十四年,幽公的弟弟濆杀害了幽公,自立为君,这就是魏公。

魏公五十年,去世,其子厉公擢继位。

厉公三十七年,去世,鲁人扶立他的弟弟具为君,这就是献公。

献公在位三十二年去世,其子真公濞继位。

真公十四年,周厉王暴虐无道,逃奔彘地,朝政由周、召二公共同主持。

真公二十九年,周宣王即天子位。

真公三十年,真公去世,弟弟敖继位,这就是武公。

武公九年春[①],武公与长子括、少子戏西朝周宣王。宣王爱戏,欲立戏为鲁太子。周之樊仲山父谏宣王曰[②]:“废长立少,不顺[③];不顺,必犯王命[④];犯王命,必诛之:故出令不可不顺也[⑤]。令之不行,政之不立;行而不顺,民将弃上。夫下事上,少事长,所以为顺。今天子建诸侯,立其少,是教民逆也。若鲁从之,诸侯效之,王命将有所壅[⑥];若弗从而诛之,是自诛王命也[7]。诛之亦失,不诛亦失[8],王其图之[9]。"宣王弗听,卒立戏为鲁太子。夏,武公归而卒,戏立,是为懿公。

【注释】

①武公九年:梁玉绳曰:"《表》作'十年',是也,此作'九年'误。"武公十年,前816年。

②樊仲山父:周宣王的大臣,食邑于樊(在今河南济源南),亦称"仲山甫""樊仲""樊穆仲"。泷川曰:"《群书治要》无'樊'字。韦昭曰:'仲山父,王卿士,食采于樊。'"

③不顺:不合制度。

④王命:指嫡长子继位的制度。

⑤出令不可不顺:发布命令不能不合制度。此指不宜让鲁国废长立幼。

⑥壅:阻塞不通。此指王命无法通行。

⑦若弗从而诛之,是自诛王命也:意谓你下达不合先王之道的命令,国人以维护先王之道而对抗你,你若讨伐他们,就等于你自己讨伐先王之道。诛,讨伐。

⑧诛之亦失,不诛亦失:《集解》引韦昭曰:"诛之,诛王命;不诛,则王命废。"

⑨图:考虑。

【译文】

武公九年春,武公与长子括、少子戏西行朝见周宣王。周宣王喜爱戏,想立戏为鲁国太子。周大夫樊仲山父进谏周宣王说:"废长立幼是不合制度的;不合制度,一定会触犯王命;触犯王命,一定会被征讨:所以君王发布命令不能不合制度。如果王令行不通,政权的威力就无法树立起来;办事不合制度,百姓将会背弃主上。下级事奉上级,年少者事奉年长者,是合乎制度的行为。现在天子封建诸侯,却立诸侯的小儿子为继承人，这是教百姓做不合秩序的事。假若鲁国听从这种安排，其他诸侯就会效仿他，那么先王的训命就会阻塞不行；假若鲁国不听命令而遭讨伐，就等于您自己讨伐先王的训命。讨伐他有错，不讨伐他也有错，君王您还是好好考虑一下吧。”周宣王不听，最终还是立戏为鲁太子。夏天，武公归国后就去世了，戏继位，这就是懿公。

懿公九年①，懿公兄括之子伯御与鲁人攻弑懿公，而立伯御为君②。伯御即位十一年③，周宣王伐鲁，杀其君伯御④，而问鲁公子能道顺诸侯者，以为鲁后⑤。樊穆仲曰⑥："鲁懿公弟称⑦，肃恭明神，敬事耆老⑧；赋事行刑⑨，必问于遗训而咨于固实⑩；不干所问，不犯所咨⑪。"宣王曰："然，能训治其民矣。"乃立称于夷宫⑫，是为孝公⑬。自是后，诸侯多畔王命⑭。

【注释】

①懿公九年：当周宣王二十一年，前807年。

②立伯御为君：按，伯御实际在位十一年，但《十二诸侯年表》将其归于鲁孝公名下，故鲁国之君无伯御其人，而鲁孝公虚冒十一年。

③十一年：伯御之十一年，《十二诸侯年表》书为“鲁孝公十一年”，当周宣王三十二年，前796年。

④周宣王伐鲁，杀其君伯御：周宣王讨伐鲁国，杀死鲁国国君伯御。意谓周宣王制造了政乱，又平定了“政乱”，即上文所谓“自诛王命”。

⑤问鲁公子能道顺诸侯者，以为鲁后：泷川曰："《国语》作‘宣王欲得国子能导训诸侯者’。"道顺诸侯者，意即具备做诸侯条件的人。道顺，《国语》作“导训”。为鲁后，为鲁国的继位之君。

⑥樊穆仲：即上文的“樊仲山父”。《集解》引韦昭曰："穆仲，仲山父

之谥也，犹鲁叔孙穆子谓之穆叔也。”

⑦懿公弟称：鲁懿公的弟弟，名称。梁玉绳曰：“或谓懿公之子。”

⑧耆（qí）老：年老致仕的卿大夫。

⑨赋事：分配劳作之事。赋，布。行刑：使用刑法。

⑩问于遗训而咨于固实：“问于遗训”“咨于固实”二者的意思相同，即一切咨询先王的遗命和以往的经验教训。咨，问。遗训，先王的教训。固实，即“故实”，过去的先例。《集解》引徐广曰：“固，一作‘故’。韦昭曰：‘故实，故事之是者。’”固，通“故”。

⑪不干所问，不犯所咨：不与先王的遗命相抵触，也不与过去的经验相违背。干，冒犯，抵触。

⑫夷宫：《集解》引韦昭曰：“夷宫者，宣王祖父夷王之庙。古者爵命必于祖庙。”泷川曰：“立称于夷宫，《国语》作‘命鲁孝公于夷宫’，韦昭注：‘命为侯伯也。’盖《国语》为孝公立后事，《史记》为未立时事。”

⑬孝公：据《十二诸侯年表》，其在位之年为前806—前769年；然据本文则又不通。伯御在位之十一年，而称前795年为其元年。

⑭自是后，诸侯多畔王命：再次肯定了仲山甫当初之言。泷川曰：“‘武公与长子括’以下，采《国语·周语》。”

【译文】

懿公九年，懿公兄长括的儿子伯御与鲁人攻杀了懿公，而立伯御为君。伯御即位十一年，周宣王讨伐鲁国，杀了鲁国国君伯御，在鲁国公子中询问谁具备做诸侯的条件，就立他为鲁国国君。樊穆仲说：“鲁懿公的弟弟称，庄重恭敬地事奉鬼神，尊敬地对待年老者；分配事务以及执行刑罚时，必定咨询先王的遗命和以往的经验教训，不与先王的遗命相抵触，也不与过去的经验相违背。”周宣王说：“他能这样就一定能教导治理好他的百姓。”就在夷宫立称为君，这就是孝公。从此以后，诸侯经常违抗王命。

孝公二十五年[①]，诸侯畔周，犬戎杀幽王[②]。秦始列为诸侯[③]。

二十七年[④]，孝公卒，子弗湟立，是为惠公[⑤]。

惠公三十年，晋人弑其君昭侯[⑥]。

四十五年，晋人又弑其君孝侯[⑦]。

【注释】

①孝公二十五年：即《十二诸侯年表》通前之三十六年，当周幽王十一年，前771年。

②诸侯畔周，犬戎杀幽王：幽王，名宫涅，一说宫湦，又作“涅”，周宣王之子，前781—前771年在位。由于他宠幸褒姒而废申后及太子宜臼，申侯怒，联合缯国及犬戎攻周，将其杀于骊山之下，西周灭亡。其事见《周本纪》。犬戎，古部族名。戎人的一支，又称“畎夷”“犬夷”“昆夷”“绲夷”等，殷周时居于今陕西西部、甘肃东南部一带。

③秦始列为诸侯：在犬戎杀幽王、灭西周之际，居于今陕西西部的秦襄公起兵救周，帮助周幽王的故太子东迁即位，是为周平王；周平王封秦襄公为诸侯，令其收复西周旧地自有之。其事见《秦本纪》。

④二十七年：即《年表》所列之三十八年，当周平王二年，前769年。

⑤子弗湟立，是为惠公：鲁惠公，其名作“弗湟”，《世本》作“弗皇”，《年表》作“弗湦”，前768—前723年在位。

⑥惠公三十年，晋人弑其君昭侯：晋昭侯名伯，晋文侯之子，前745—739年在位。晋昭侯七年（前739），被其叔父曲沃武公所杀，武公欲篡晋位，未成。其事见《晋世家》。鲁惠公三十年，当周平王三十二年，前739年。

⑦四十五年，晋人又弑其君孝侯：晋孝侯，名平，晋昭侯之子，前

739—前725年在位。晋孝侯十五年(前725),又被其堂叔曲沃武公之子曲沃庄伯所杀,庄伯欲篡晋位,又未成。其事见《晋世家》。四十五年,当周平王四十七年,前724年。

【译文】

孝公二十五年,诸侯背叛周王室,犬戎杀死周幽王。秦国开始列为诸侯。

孝公二十七年,去世,儿子弗湟继位,这就是惠公。

惠公三十年,晋人杀死他们的国君晋昭侯。

惠公四十五年,晋人又杀死他们的国君晋孝侯。

四十六年①,惠公卒,长庶子息摄当国,行君事,是为隐公②。初,惠公適夫人无子③,公贱妾声子生子息④。息长,为娶于宋。宋女至而好⑤,惠公夺而自妻之⑥,生子允⑦。登宋女为夫人,以允为太子⑧。及惠公卒,为允少故,鲁人共令息摄政,不言即位⑨。

隐公五年⑩,观渔于棠⑪。

八年⑫,与郑易天子之太山之邑祊及许田⑬,君子讥之⑭。

【注释】

①四十六年:当周平王四十八年,前723年。

②“长庶子息摄当国”三句:长庶子息,庶子中年最长的,名息,也称“息姑”。庶子,姬妾所生之子。杨伯峻《春秋左传注·隐公元年》曰:“隐公名息姑,《鲁世家》作‘息’,然《诗·鲁颂》疏,文十六年《左传》疏及《释文》《穀梁》首篇《疏证》并引《鲁世家》俱作‘息姑’,则唐时《史记·鲁世家》作‘息姑’明甚,且《史记·十二诸侯年表》亦作‘息姑’,《年表》及《鲁世家》《索隐》均

引《世本》谓隐公名息姑，则今本《鲁世家》无‘姑’字，盖唐以后《史记》或本脱‘姑’字。”摄当国，行君事，是为隐公，泷川曰：“隐元年《左传》云：‘不书即位，摄也。’欧阳修作《春秋论》驳之云：‘隐公非摄也。使隐果摄，则《春秋》不称‘公’。《春秋》称‘公’，则隐公非摄也。’”摄，代理。当国，执政，处理国事。隐公，前722—前712年在位。

③适夫人：诸侯之正妻。適，同“嫡”。

④贱妾：《左传·隐公元年》作“继室以声子”。梁玉绳曰：“声子是继室，何云贱妾？”

⑤好：漂亮，貌美。

⑥惠公夺而自妻之：此与《左传》不合。《索隐》曰：“《左传》宋武公生仲子，仲子手中有‘为鲁夫人’文，故归鲁，生桓公。今此云惠公夺息妇而自妻。又《经》《传》不言惠公无道，《左传》文见分明，不知太史公何据而为此说。谯周亦深不信然。”郝敬曰：“不知此何据也？果尔，《国风》亦有两《新台》，然卫宣彰闻，而鲁惠寂然，何也？无而加之则谤，有而疑之则当缺，以《春秋》虽弑君，疑则仍之，不敢质也。故曰：‘吾犹及史缺文。’子长好信，聋聩处多，未可一二数矣。”

⑦子允：即公子允，名允，日后的鲁桓公。《集解》引徐广曰：“一作‘轨’”。《索隐》曰：“《系本》亦作‘轨’也。”

⑧登宋女为夫人，以允为太子：梁玉绳曰：“当惠公世，仲子未尝为夫人，桓亦未尝为太子也。杜元凯曰：‘隐公，继室之子，当嗣世，以祯祥之故，追成父志，为桓尚少，是以立为太子也。’”登，升。

⑨鲁人共令息摄政，不言即位：泷川曰：“《左传》云‘隐公立而奉桓公’，不云鲁人共令息姑摄位。”

⑩隐公五年：当周桓王二年，前718年。

⑪观渔于棠：《春秋》作“公矢鱼于棠”。《左传》作“公将如棠观鱼

者”。渔，捕鱼。棠，鲁邑名。在今山东鱼台西北。《集解》引杜预曰：“高平方与县北有武棠亭，鲁侯观渔台也。”按，鲁隐公观鱼被认为是不合礼法的。《穀梁传》云：“礼，尊不亲小事，卑不尸大功。鱼，卑者之事也。公观之，非正也。”杨伯峻曰：“意谓至于山川产物，一般器用之物资，乃皂隶贱者之所为，有关官吏管守之事，而非君主所应涉及者。”

⑫八年：当周桓王五年、郑庄公二十九年，前715年。

⑬与郑易天子之太山之邑祊（bēng）及许田：诸侯私下交换天子所赐土地，是对天子的不恭。梁玉绳曰：“是年郑归祊耳，易许田在后四年。”祊，古邑名。郑祭泰山时的汤沐之邑，在今山东费县东南。周宣王将祊赐给母弟郑桓公，使之为郑君陪天子祭泰山时的助祭汤沐之用。许田，在今河南许昌南，由周成王赐予周公，为鲁君朝见周王时的食宿之邑。

⑭君子讥之：君子评论这件事情。讥，评论，议论。按，《左传》常假借“君子”之名，以表露自己对所叙事件的态度。

【译文】

惠公四十六年，去世，长庶子息代理主持国政，行使君权，这就是隐公。当初，惠公的嫡夫人没有生儿子，他的贱妾声子生下了儿子息。息长大后，惠公为他娶了一个宋国的女子。宋国的女子到了鲁国，因为长得很美，惠公夺过去，自己娶了她，生下儿子允。惠公将宋女升为夫人，立允做太子。等到惠公去世，因为允年纪小的缘故，鲁人共同让息代理国政，不说是即位。

隐公五年，到棠地观看捕鱼。

隐公八年，拿许田去和郑国交换周天子所赐的祭祀太山的汤沐邑祊，君子议论这件事。

十一年冬[①]，公子挥谄谓隐公曰[②]：“百姓便君[③]，君其遂立。吾请为君杀子允，君以我为相[4]。”隐公曰：“有先君命[5]。吾为允少，故摄代。今允长矣，吾方营菟裘之地而老焉[6]，以授子允政。”挥惧子允闻而反诛之，乃反谮隐公于子允曰[7]：“隐公欲遂立，去子，子其图之。请为子杀隐公[8]。”子允许诺。十一月，隐公祭锺巫[9]，齐于社圃[10]，馆于芳氏[11]。挥使人弑隐公于芳氏，而立子允为君，是为桓公[12]。

【注释】

①十一年：当周桓王八年，前712年。

②公子挥：名挥，字羽父，鲁惠公之子，鲁隐公之兄弟。《左传》作“翚”。谄谓隐公：向隐公讨好。谄，以伶牙俐齿讨好人。

③百姓便君：官僚贵族们都愿意让你当国君。百姓，百官。便，适宜，合适。

④君以我为相：《左传·隐公十一年》曰：“羽父请杀桓公，将以求太宰也。”梁玉绳曰：“《左传》翚欲求为太宰，何以易称‘相’也。太宰，元属天官之长，齐、吴僭设，并为尊秩。然宋亦有太宰，亚于司寇；楚、郑皆有太宰，又非正卿，以此例之，则太宰不定是‘相’矣。”

⑤有先君命：指其父鲁惠公当年意欲令子允为继承人。

⑥方：正要。菟（tú）裘：古邑名。在今山东泰安东南。时属鲁国。老：终老，养老。

⑦谮：诋毁人，说人坏话。

⑧请为子杀隐公：梁玉绳曰：“生而称谥，非也。当衍两‘隐’字。”

⑨锺巫：《集解》引贾逵曰：“锺巫，祭名也。”泷川引龟井昱曰：“锺巫，盖古之神巫也。《周礼》大筮有巫更、巫环，凡九巫。《山海经》有巫彭、巫相六巫，及巫咸、巫罗十巫。”

⑩齐（zhāi）于社圃：在社圃斋戒。齐，同“斋”，古人祭祀前为表虔敬所进行的沐浴、焚香、独宿等一些整洁身心的活动。社圃，《集解》引杜预曰：“园名。”

⑪馆于芀（wěi）氏：住宿于邻近的鲁大夫芀氏家里。馆，住宿。芀氏，鲁大夫。

⑫桓公：名允，世本作“轨”，前711—前694年在位。

【译文】

隐公十一年冬，公子挥讨好隐公说：“百官群臣们觉得您适合当国君，您就即位吧。我请命替您杀了子允，事成之后请您封我为相。”隐公说：“有先君的遗命。我是因为允年少，所以才代行国政。现在允长大成人了，我正想经营菟裘之地，去那里养老，把政权交还给允。”公子挥担心子允知道这件事，反过来会杀他，就跑到子允面前反过来说隐公的坏话：“隐公想正式即位，把您除掉，请您考虑此事。请让我替您杀了隐公。”子允答应了。十一月，隐公祭祀锺巫，在社圃斋戒，住在鲁大夫芀氏家里。公子挥派人在芀氏家里杀死隐公，扶立子允为君，这就是桓公。

桓公元年[①]，郑以璧易天子之许田[②]。

二年[③]，以宋之赂鼎入于太庙[④]，君子讥之[⑤]。

三年[⑥]，使挥迎妇于齐，为夫人[⑦]。

六年[⑧]，夫人生子，与桓公同日，故名曰同。同长，为太子。

十六年[⑨]，会于曹[⑩]，伐郑，入厉公[⑪]。

【注释】

①桓公元年：当周桓王九年、郑庄公三十三年，前711年。

②郑以璧易天子之许田：《集解》引麋信曰：“郑以祊不足当许田，故

复加璧。”泷川引中井积德曰：“《春秋》书‘郑伯以璧假许田’，‘假’字乃有意义也；今作‘易’字，太史公之意不可晓。”又曰：“太山之‘祊’，冒以‘天子’犹可；若夫‘许’是鲁朝宿之邑，何‘天子’之有？《周纪》云：‘许田天子之用事太山田也。’与此合。盖太史公谬以‘许’为‘祊’也。”

③二年：当周桓王十年、宋殇公十年（亦及宋庄公元年），前710年。

④宋之赂鼎：宋华父督杀死宋殇公及大夫孔父嘉，怕鲁国干预，献大鼎以贿赂之。太庙：鲁国的宗庙。《集解》引《公羊传》曰：“周公庙曰太庙。”

⑤君子讥之：《左传·桓公二年》曰：“取郜大鼎于宋，戊申纳于太庙。”《集解》引《穀梁传》曰：“桓公内杀其君，外成人之乱，受赂而退，以事其祖，非礼也。”中井积德曰：“讥者以赂也。如内弑君，非此所论。《左氏》宜从，《穀梁》失之。”

⑥三年：当周桓王十一年、齐釐公二十二年，前709年。

⑦使挥迎妇于齐，为夫人：《史记评林》引金履祥曰：“鲁桓与挥弑隐而为君相，归许于郑，成婚于齐，所以求援于大国者，为谋亦至矣，而桓之所以自陨者，卒以姜氏，人力不可以胜天也如此矣。”夫人，指文姜，齐釐公之女，齐襄公之同父异母妹。

⑧六年：当周桓王十四年，前706年。

⑨十六年：当周庄王元年、曹庄公六年，前696年。

⑩会于曹：鲁桓公与宋庄公、蔡桓公、卫惠公、陈庄公在曹国集会，谋划讨伐郑国。曹，西周初期以来的诸侯国名。都于陶丘，在今山东定陶西北。

⑪伐郑，入厉公：梁玉绳曰：“‘入’上缺‘谋’字，盖厉未入也。”按，郑厉公，名突，前700年继位；四年，因其相祭仲作乱，逃出都城，居于边地之栎邑。郑人遂立公子忽，是为郑昭公。鲁、宋诸国伐政，欲复立郑厉公，不胜而罢。其事见《郑世家》。

【译文】

桓公元年，郑国用玉璧换得周天子赐给鲁国的许田。

桓公二年，将宋国贿赂鲁国的鼎放入太庙，君子议论这件事。

桓公三年，派公子挥前往齐国迎娶齐女，当了桓公夫人。

桓公六年，夫人生儿子，与桓公生日相同，所以取名为“同”。同长大后，立为太子。

桓公十六年，与诸侯在曹国盟会，讨伐郑国，将郑厉公送回国。

十八年春①，公将有行②，遂与夫人如齐。申繻谏止③，公不听，遂如齐。齐襄公通桓公夫人④。公怒夫人，夫人以告齐侯。夏四月丙子⑤，齐襄公飨公⑥，公醉，使公子彭生抱鲁桓公⑦，因命彭生折其胁⑧，公死于车⑨。鲁人告于齐曰：“寡君畏君之威⑩，不敢宁居⑪，来修好礼。礼成而不反，无所归咎⑫，请得彭生以除丑于诸侯⑬。”齐人杀彭生以说鲁⑭。立太子同，是为庄公。庄公母夫人因留齐，不敢归鲁⑮。

【注释】

①十八年：当周庄王三年、齐襄公四年，前694年。

②公将有行：鲁桓公想离国外出。

③申繻（xū）谏止：申繻劝鲁桓公不要带着夫人一起去。申繻，鲁国大夫。谏止，劝阻。

④齐襄公：名诸兒，齐釐公之子，前697—前686年在位。通桓公夫人：与嫁给鲁桓公的同父异母妹文姜私通偷情。

⑤四月丙子：四月初十。

⑥飨：拿酒食招待。

⑦公子彭生：齐国力士，齐襄公的兄弟一辈。

⑧折其胁：折断了鲁桓公的肋骨。

⑨公死于车：泷川曰："庄元年《公羊传》云：'齐侯怒，与之饮酒。于其出焉，使公子彭生送之。于其乘焉，搚干而杀之。'"

⑩寡君：对别国谦称自己的国君。

⑪不敢宁居：犹今所谓"不敢怠慢"。

⑫咎：罪，过失。

⑬除丑于诸侯：消除此事在诸侯之间产生的恶劣影响。

⑭说：同"悦"，讨好。泷川曰："以上采桓十八年《左传》，补以《公羊传》。"

⑮庄公母夫人因留齐，不敢归鲁：泷川引中井积德曰："据《春秋》，姜氏已与丧俱还。庄元年，孙于齐，已而复还。二年以后，频与齐侯为奸会遇也。《史记》不据焉，岂别有所本邪？"

【译文】

桓公十八年春，桓公要外出远行，就与夫人前往齐国。申繻谏阻，桓公不听，于是去了齐国。齐襄公私通桓公的夫人。桓公怒斥夫人，夫人把此事告诉了齐襄公。夏四月丙子日，齐襄公设宴款待桓公，桓公喝醉酒，齐襄公派公子彭生把鲁桓公抱上车，趁机令彭生折断他的肋骨，桓公死在车上。鲁人向齐襄公提出要求说："我们国君畏惧您的威势，不敢安居，前往贵国修复盟好之礼。盟好之礼完成了，但人却未能返回，鲁人不知该归罪于谁，请求擒拿彭生以消除此事在诸侯之间所产生的恶劣影响。"齐人杀死彭生以讨好鲁国。鲁国立太子同为君，这就是庄公。庄公的母亲因而留在齐国，不敢返回鲁国。

庄公五年冬[①]，伐卫，内卫惠公[②]。

八年[③]，齐公子纠来奔[④]。

九年[⑤]，鲁欲内子纠于齐，后桓公[⑥]，桓公发兵击鲁，鲁急，杀子纠。召忽死[⑦]。齐告鲁生致管仲[⑧]。鲁人施伯曰[⑨]：

“齐欲得管仲，非杀之也，将用之，用之则为鲁患。不如杀，以其尸与之。”庄公不听，遂囚管仲与齐。齐人相管仲[10]。

十三年[11]，鲁庄公与曹沫会齐桓公于柯[12]，曹沫劫齐桓公，求鲁侵地，已盟而释桓公。桓公欲背约，管仲谏，卒归鲁侵地[13]。

十五年[14]，齐桓公始霸[15]。

二十三年[16]，庄公如齐观社[17]。

【注释】

①庄公五年：当周庄王八年、卫惠公十二年，前689年。

②内卫惠公：前689年，齐、鲁、宋、陈、蔡攻卫，以使卫惠公还国。此前，卫诸公子逐卫惠公，立公子黔牟，卫惠公奔齐。卫惠公，名朔，卫宣公之子。前699年即位，不久流亡齐国，八年后才得回国执政，卒于前669年。内，同“纳”，以武力送入。

③八年：当周庄王十一年、齐襄公十二年，前686年。

④公子纠：齐釐公之子，齐襄公之次弟。

⑤九年：当周庄王十二年、齐桓公元年，前685年。

⑥后桓公：落在了齐桓公后面。桓公，齐桓公，名小白，齐襄公之异母弟，前686—前643年在位。

⑦召忽：齐国大夫。辅佐公子纠，随其奔鲁。

⑧生致管仲：将管仲活着送回齐国。管仲，名夷吾，字仲，辅佐齐桓公改革内政，使齐桓公“九合诸侯，一匡天下”，成为春秋时期第一个霸主。其事详见《管晏列传》及《齐太公世家》。

⑨施伯：鲁惠公之孙，鲁国宗室。

⑩齐人相管仲：按，以上齐桓公捷足夺得君位与罗致管仲事，见《国语·齐语》《左传·庄公九年》与《齐太公世家》《管晏列传》。

⑪十三年：当周釐王元年、齐桓公五年，前681年。

⑫曹沬：也作“曹刿”，鲁国将领。柯：齐邑名。在今山东阳谷东北。

⑬卒归鲁侵地：按，以上曹沬劫齐桓公事，见庄公十三年《公羊传》《穀梁传》与《齐太公世家》《刺客列传》。但学者多以为不可信。

⑭十五年：当周釐王三年、齐桓公七年，前679年。

⑮齐桓公始霸：《齐太公世家》云：“诸侯会桓公于甄，而桓公于是始霸焉。”

⑯二十三年：当周惠王六年、齐桓公十五年，前671年。

⑰庄公如齐观社：《集解》引韦昭曰：“齐因祀社蒐军实以示军容，公往观之。”观社，观看民间祭社活动。社，土神。此处指祭社神。

【译文】

庄公五年冬，讨伐卫国，以武力送卫惠公回国执政。

庄公八年，齐国公子纠前来投奔鲁国。

庄公九年，鲁国想以武力送公子纠回齐国，但落在齐桓公的后面，齐桓公发兵攻打鲁国，鲁国危急，杀死公子纠。召忽自杀。齐国要求鲁国将管仲活着送回齐国。鲁人施伯说：“齐国想得到管仲，不是要杀他，而是要重用他，齐人重用他就会成为鲁国的祸患。不如杀了他，把他的尸体交给齐国。”庄公不听，于是囚禁管仲，把他交给齐国。齐人任管仲为相。

庄公十三年，鲁庄公及曹沬于柯地与齐桓公会盟，曹沬劫持齐桓公，要求他归还所侵占的鲁国土地，订立盟约后就释放了齐桓公。齐桓公打算背弃盟约，管仲劝谏，最终归还了所侵占的鲁国土地。

庄公十五年，齐桓公开始称霸。

庄公二十三年，庄公到齐国观看民间祭祀社神的活动。

三十二年[①]。初，庄公筑台临党氏[②]，见孟女[③]，说而爱之[④]，许立为夫人，割臂以盟[⑤]。孟女生子斑[⑥]。斑长，说梁氏女[⑦]，往观。圉人荦自墙外与梁氏女戏[⑧]。斑怒，鞭荦。庄公闻之，曰："荦有力焉，遂杀之，是未可鞭而置也。"斑未得杀。会庄公有疾。庄公有三弟，长曰庆父，次曰叔牙，次曰季友[⑨]。庄公取齐女为夫人曰哀姜。哀姜无子。哀姜娣曰叔姜[⑩]，生子开[⑪]。庄公无適嗣[⑫]，爱孟女，欲立其子斑。庄公病，而问嗣于弟叔牙[⑬]。叔牙曰："一继一及[⑭]，鲁之常也。庆父在，可为嗣，君何忧？"庄公患叔牙欲立庆父，退而问季友。季友曰："请以死立斑也。"庄公曰："曩者叔牙欲立庆父[⑮]，奈何？"季友以庄公命命牙待于鍼巫氏[⑯]，使鍼季劫饮叔牙以鸩[⑰]，曰："饮此，则有后奉祀；不然，死且无后。"牙遂饮鸩而死，鲁立其子为叔孙氏[⑱]。八月癸亥[⑲]，庄公卒，季友竟立子斑为君，如庄公命。侍丧，舍于党氏[⑳]。

先时庆父与哀姜私通[㉑]，欲立哀姜娣子开。及庄公卒而季友立斑，十月己未[㉒]，庆父使圉人荦杀鲁公子斑于党氏。季友奔陈[㉓]。庆父竟立庄公子开，是为湣公[㉔]。

【注释】

①三十二年：当周惠王十五年，前662年。

②临：从高处往低处看。党氏：《集解》引贾逵曰："党氏，鲁大夫，任姓。"

③孟女：党氏的长女。《索隐》曰："即《左传》云'孟任'。"

④说：同"悦"，喜欢。

⑤割臂以盟：《集解》引服虔曰："割其臂以与公盟。"

⑥子斑：《左传》作"子般"。

⑦梁氏：《集解》引杜预曰："梁氏，鲁大夫也。"

⑧圉人荦（luò）：《集解》引服虔曰："圉人，掌养马者，荦其名也。"

⑨长曰庆父，次曰叔牙，次曰季友：梁玉绳曰："《公羊传》云公子庆父、公子牙、公子友，庄公之母弟也，故《齐语》韦注云：'庆父，庄公之弟。'《史》依《公羊》。而杜注《左传》云庆父庄公庶兄，为叔牙同母兄；季友是庄公母弟。以《公羊》为妄。杜注较长，详见《左传·庄二年》疏。"

⑩娣（dì）：犹妹。

⑪子开：名开，即日后之鲁湣（闵）公，前661—前660年在位。《索隐》曰："《系本》名启，今此作'开'，避汉景帝讳耳。"

⑫適嗣：即嫡嗣、嫡子，合法继承人。

⑬问嗣：问立谁为继承人。

⑭一继一及：《集解》引何休曰："父死子继，兄死弟及。"鲁国早期的君位传承制度为"父死子继"制与"兄终弟及"制相互结合。

⑮曩（nǎng）者：以前。

⑯待于鍼（qián）巫氏：在鍼巫氏家听候命令。鍼巫氏，《集解》引杜预曰："鲁大夫也。"

⑰鍼季：鍼巫氏的族人。劫饮：逼着他喝。鸩（zhèn）：原是鸟名，羽毛有毒，置于酒中，酒即变为毒酒。

⑱鲁立其子为叔孙氏：《集解》引杜预曰："不以罪诛，故得立后，世继其禄也。"叔孙氏，与季孙氏、孟孙氏同为鲁国三大豪族，即所谓"三桓"，世掌鲁政。

⑲八月癸亥：八月初五。

⑳侍丧，舍于党氏：子斑在为其父守丧期间，仍回其外公家居住。舍，住宿。泷川曰："'庄公患叔牙'以下，采庄卅二年《左传》。"

㉑先时庆父与哀姜私通：泷川引中井积德曰："据《左传》，庆父之私通，盖在庄公卒之后，《史记》似失。"

㉒十月己未：十月初二。

㉓季友奔陈：《集解》引服虔曰："季友内知庆父之情，力不能诛，故

避其难出奔。”

㉔庆父竟立庄公子开，是为湣公：中井积德曰：“据闵二年《左传》，立闵公非庆父之为，国人之为也。”《索隐》曰：“《春秋》作‘闵公’也。”

【译文】

庄公三十二年。当初，庄公修筑高台俯视党氏家，看见党氏之女孟任，喜欢并爱慕她，许诺立她做夫人，孟任割破手臂与庄公盟誓。孟任生了儿子斑。公子斑长大后，喜欢梁氏家的女儿，前去看望她。养马人荦正巧从墙外与梁氏的女儿嬉戏。公子斑大怒，用鞭子抽打了荦。庄公听说后，说：“荦很有力气，应该就此杀了他，这不能只是鞭打，留着他不杀。”公子斑没找到机会杀死荦。正逢庄公有病，此事搁置下来。庄公有三个弟弟，长弟庆父，次弟叔牙，小弟季友。庄公娶了个齐国女子为夫人，叫哀姜。哀姜没有儿子。哀姜的妹妹叫叔姜，生下儿子开。庄公没有嫡子继位，喜爱孟任，想立她的儿子斑为太子。庄公病重，向弟弟叔牙询问谁继承君位。叔牙说：“父死子继制与兄终弟及制是鲁国的常规。庆父还在，可让他当继承人，您有什么可忧虑的呢？”庄公担心叔牙想立庆父，叔牙退下后他又问季友。季友说：“请允许我拼死拥立斑为国君。”庄公曰：“刚才叔牙想立庆父，该怎么办呢？”季友以庄公的名义命令叔牙待在鍼巫氏家中，让鍼季劫持叔牙强迫他喝下毒酒，说：“你若能饮此自杀，那么你还会有后代奉祀你；不这样的话，你不但会死，还会没有后代。”叔牙就喝下毒酒而死，鲁国立他的儿子为叔孙氏。八月癸亥日，庄公去世，季友终于立公子斑为君，按照庄公的命令行事。守丧时，公子斑住在党氏家里。

先前庆父与哀姜私通，打算拥立哀姜妹妹的儿子开。等庄公去世，季友拥立公子斑为君，十月己未日，庆父派养马官荦在党氏家里杀死鲁公子斑。季友逃奔陈国。庆父终于拥立庄公的儿子开为君，这就是湣公。

湣公二年[①]，庆父与哀姜通益甚。哀姜与庆父谋杀湣公而立庆父。庆父使卜齮袭杀湣公于武闱[②]。季友闻之，自陈与湣公弟申如邾，请鲁求内之[③]。鲁人欲诛庆父。庆父恐，奔莒[④]。于是季友奉子申入，立之，是为釐公[⑤]。釐公亦庄公少子[⑥]。哀姜恐，奔邾。季友以赂如莒求庆父，庆父归，使人杀庆父，庆父请奔，弗听，乃使大夫奚斯行，哭而往[⑦]。庆父闻奚斯音，乃自杀。齐桓公闻哀姜与庆父乱以危鲁，乃召之邾而杀之[⑧]，以其尸归，戮之鲁[⑨]。鲁釐公请而葬之。

季友母陈女[⑩]，故亡在陈，陈故佐送季友及子申。季友之将生也，父鲁桓公使人卜之，曰："男也，其名曰'友'，间于两社[⑪]，为公室辅。季友亡，则鲁不昌。"及生，有文在掌曰"友"，遂以名之，号为成季。其后为季氏，庆父后为孟氏也。

【注释】

①湣公二年：当周惠王十七年，前660年。

②卜齮（qǐ）：《集解》引贾逵曰："卜齮，鲁大夫也。"泷川曰："据《左传》，公傅夺卜齮田，公不禁，故卜齮怨公。"武闱：宫门名。《集解》引贾逵曰："宫中之门谓之'闱'。"

③"季友闻之"三句：梁玉绳曰："季子已于前年归鲁，故《春秋》书'季子来归'。此云'自陈与釐公申如邾'，下又云'陈送友及申'，不但误以友为在陈，并误认釐公亦在陈矣。'请鲁求内之'五字当衍。友与申如邾，避庆父也。庆父奔莒，友即入鲁立申，鲁无人焉，何'请'之有？又何'求内'之有？而申为湣公庶兄，是以夏父弗忌曰'新鬼大，故鬼小'。此云'湣公弟申'，亦误。"泷川曰："闵元年《春秋·经》云：'秋八月，季子来归。'与此异。"邾（zhū），古国名。西周封置，后改为邹，在今山东曲阜东南。

④莒（jǔ）：古国名。周初封置，初都计斤（在今山东胶县西南），春秋初迁于莒（今山东莒县）。

⑤釐公：也作“僖公”，鲁釐公，名申，鲁庄公之庶子。《索隐》曰：“湣公弟名申，成季相之，鲁国以理，于是鲁人为僖公作《鲁颂》。”中井积德曰：“《鲁颂》起于僭礼，非作于感戴。”

⑥釐（xī）公亦庄公少子：梁玉绳曰：“釐乃闵之兄，恐非少子。”

⑦乃使大夫奚斯行，哭而往：梁玉绳曰：“《传》是庆父使奚斯请免死，不许，斯哭而往。此言季友使奚斯哭而往，虽与《传》违，理亦得通。”

⑧乃召之郲而杀之：泷川曰：“《左传》云‘齐人取而杀之’，不云‘桓公’。”

⑨戮之鲁：在鲁都陈尸示众。戮，陈尸示众。

⑩季友母陈女：梁玉绳曰：“友为庄公母弟，是亦文姜所生，《史》言母陈女，妄也。”

⑪其名曰“友”，间于两社：《集解》引贾逵曰：“两社，周社、亳社也。两社之间，朝廷执政之臣所在。”泷川曰：“闵二年《左传》，‘其名曰友’下有‘在公之右’四字。定六年《左传》：阳虎盟公及‘三桓’于周社，盟国人于亳社。周社，即国社，在中门内；亳社在库门内。中井积德曰：‘间于两社，谓季子居第。’”

【译文】

湣公二年，庆父与哀姜私通更加频繁。哀姜与庆父密谋杀湣公而立庆父为君。庆父派卜齮在武闱袭杀湣公。季友听说这个消息后，与湣公的弟弟申从陈国赶到邾国，请求鲁国让他们回国。鲁人想杀庆父。庆父恐惧，逃奔到莒国。于是季友送子申回国，拥立他为国君，这就是釐公。釐公也是庄公的小儿子。哀姜恐惧，逃奔到邾国。季友带着财物去莒国索要庆父，庆父归国，季友派人去杀庆父，庆父请求出逃，不听，就派大夫奚斯出行，哭着前去见庆父。庆父听到奚斯的哭声，就自杀了。齐桓公听说哀姜与庆父淫乱而危害了鲁国，就把她从邾国召回杀死，把她的尸体送回鲁国，陈尸示众。鲁釐公请求把她埋葬了。

季友的母亲是陈国女子，所以他逃亡到陈国，陈国因此帮助季友与子申，把他们送回国。季友将要出生的时候，父亲鲁桓公让人为他占了一卦，卜辞说："生的是男孩，他的名字叫'友'，居于两社之间，成为公室的辅佐。季友出亡，那么鲁国就不能昌盛。"等他出生后，手掌上有个"友"字，就以"友"给他命名，号为成季。他的后代被称为季氏，庆父的后代被称为孟氏。

釐公元年①，以汶阳、鄪封季友②。季友为相。

九年③，晋里克杀其君奚齐、卓子④。齐桓公率釐公讨晋乱⑤，至高梁而还⑥，立晋惠公⑦。

十七年，齐桓公卒⑧。

二十四年，晋文公即位⑨。

三十三年⑩，釐公卒，子兴立，是为文公。

【注释】

①釐公元年：当周惠王十八年，前659年。

②以汶（wèn）阳、鄪（bì）封季友：泷川曰："此赏靖难之功也。季氏有费始此。"汶阳，汶水之北，汶水自泰山东南向西流，至今梁山南汇入古济水。鄪，也作"费"，鲁邑名。在今山东费县西北。釐公元年，以汶阳、鄪封季友。

③九年：当周襄王二年、晋献公二十六年、齐桓公三十五年，前651年。

④晋里克杀其君奚齐、卓子：晋献公因宠爱骊姬，逼死太子申生，驱逐重耳、夷吾等。晋献公死后，荀息遵晋献公遗命立骊姬子奚齐，里克杀之；荀息又立奚齐弟卓子，里克又杀之。里克，晋国大夫。

《集解》引徐广曰:“卓,一作‘悼’。”

⑤齐桓公率釐公讨晋乱:梁玉绳曰:“《传》云‘令不及鲁’,是鲁未尝与伐晋也。”

⑥至高梁而还:齐至高梁时,因秦已助夷吾即位为晋君,晋乱已定,故齐未至晋都就返回了。高梁,晋邑名。在今山西临汾东北。

⑦立晋惠公:申生被杀后,夷吾辗转逃到秦国,里克杀奚齐、卓子后,秦穆公送夷吾回晋为君。其事见《左传·僖公九年》。晋惠公,名夷吾,晋献公之子,前650—前637年在位。

⑧十七年,齐桓公卒:齐桓公在位四十三年,因继承人问题酿成内乱而被饿死,其事见《齐太公世家》与《左传·僖公十七年》。十七年,当周襄王八年、齐桓公四十三年,前643年。

⑨二十四年,晋文公即位:申生被杀后,重耳外逃。里克杀奚齐、卓子后迎重耳,重耳不入。至晋惠公夷吾死,重耳又在秦穆公的帮助下,返回晋国杀夷吾之子晋怀公即位。其事见《晋世家》。二十四年,当周襄王十七年、晋文公元年,前636年。晋文公名重耳,晋献公之子,前636—前628年在位。

⑩三十三年:当周襄王二十六年,前627年。

【译文】

釐公元年,将汶水北面的土地和鄪邑封给季友。任命季友为相。

釐公九年,晋国的里克杀死国君奚齐、卓子。齐桓公率领釐公讨伐晋国内乱,到高梁就返回了,立晋惠公为君。

釐公十七年,齐桓公去世。

釐公二十四年,晋文公即位。

釐公三十三年,去世,其子兴继位,这就是文公。

文公元年[①],楚太子商臣弑其父成王[②],代立。

三年[③],文公朝晋襄公[④]。

十一年十月甲午[5]，鲁败翟于咸[6]，获长翟乔如[7]，富父终甥舂其喉以戈[8]，杀之，埋其首于子驹之门[9]，以命宣伯[10]。

初，宋武公之世，鄋瞒伐宋[11]，司徒皇父帅师御之[12]，以败翟于长丘[13]，获长翟缘斯[14]。晋之灭路[15]，获乔如弟棼如。齐惠公二年[16]，鄋瞒伐齐，齐王子城父获其弟荣如，埋其首于北门[17]。卫人获其季弟简如[18]。鄋瞒由是遂亡[19]。

十五年[20]，季文子使于晋[21]。

【注释】

①文公元年：当周襄王二十七年、楚成王四十六年，前626年。

②楚太子商臣：商臣为其名，楚成王之子，即日后之楚穆王，前625—前614年在位。成王：名恽，楚文王之子，前671—前626年在位。

③三年：当周襄王二十九年、晋襄公四年，前624年。

④文公朝晋襄公：泷川引龟井昱曰："公如晋，《春秋》书之，自此始。"晋襄公，名欢，或作"驩"，晋文公之子，前627—前621年在位。

⑤十一年：当周顷王三年，前616年。十月甲午：十月初三。

⑥鲁败翟（dí）于咸：此次鲁国败翟的将领为鲁国之卿叔孙得臣。翟，同"狄"。古部族名。咸，鲁地名。在今山东巨野南。

⑦长翟乔如：长翟的首领，名叫乔如，也作"侨如"。长翟，又作"长狄"，春秋时狄族的一支，活动于西起今山西临汾、长治，东至山东边境的山谷间。传说他们身材特高，故称"长翟"。

⑧富父终甥：鲁国大夫，叔孙得臣的部下。舂（chōng）：冲，冲击。

⑨子驹之门：鲁国的外城城门。

⑩以命宣伯：遂给鲁卿叔孙得臣之子起名叫乔如。用所获敌人的名字给自己的儿子起名，意在表彰自己的功绩。泷川引中井积德

曰:"《左传》十一年十月甲午上,有'卜使叔孙得臣追之'数语。得臣,将也;终甥,其同乘之人,是得臣之功,故以命其子耳。"命,起名。宣伯,叔孙得臣之子叔孙乔如后来的谥号,叔孙氏家族的宗主。

⑪初,宋武公之世,鄋(sōu)瞒伐宋:《集解》引服虔曰:"武公,周平王时,在春秋前二十五年。鄋瞒,长翟国名。"《正义佚文》曰:"仲尼云:'汪罔氏之君守封禺之山,为漆姓,在虞夏商为汪罔,周为长翟,今谓之大人,其国在湖州武康县,本防风氏。'杜预云:'鄋瞒,狄国名。防风之后,漆姓也。'"宋武公,名司空,宋戴公之子,前765—前748年在位。鄋瞒,古部族名。长狄的一支。

⑫司徒:官名。掌徒役。皇父:即皇父充石,宋戴公之子,字皇父,名充石。

⑬长丘:宋邑名。在今河南封丘西南。

⑭获长翟缘斯:泷川曰:"《宋世家》《十二诸侯年表》,以宋获缘斯为(宋)昭公四年事,即鲁文公十一年,鲁获长翟乔如之岁也。此采《左传》文,则当据此订彼。说又见《宋世家》。"缘斯,《集解》引贾逵曰:"侨如之祖。"

⑮晋之灭路:其事在晋景公六年(前594),此下皆探叙后事。路,《左传》作"潞",古国名。西周时赤狄所建,在今山西潞城东北。

⑯齐惠公二年:前607年。齐惠公,名元,齐桓公之子,前608—前599年在位。

⑰北门:《左传》作"周首(齐邑名。在今山东东阿东南)之北门"。

⑱卫人获其季弟简如:《集解》引服虔曰:"获与乔如同时。"

⑲鄋瞒由是遂亡:鄋瞒从此就灭亡了。竹添光鸿曰:"亡者言其部落亡,非言长狄之种绝也。鄋瞒兄弟身躯长大,其勇力盖亦殊绝于一时,恃此以暴横于诸夏,故传历序其死,至此乃言'鄋瞒由是遂亡',其意盖为诸夏幸之也。"

⑳十五年：当周匡王元年、晋灵公九年，前612年。

㉑季文子：即季孙行父，季友之孙。

【译文】

文公元年，楚国太子商臣杀死他的父亲楚成王，篡夺君权，自立为君。

文公三年，文公朝见晋襄公。

文公十一年十月甲午时，鲁国在咸地打败长翟，俘获长翟的首领乔如，富父终甥用戈刺他的喉咙，把他杀死，将他的头埋在子驹门，以“乔如”命名叔孙得臣之子。

当初，宋武公时期，鄋瞒攻打宋国，司徒皇父率军抵御，在长丘打败长翟，俘获了长翟的首领缘斯。晋国灭掉路国时，俘获了乔如的弟弟棼如。齐惠公二年，鄋瞒攻打齐国，齐国的王子城父俘获了他的弟弟荣如，把他的头埋在北门。卫国人俘获他的弟弟简如。鄋瞒从此就灭亡了。

文公十五年，季文子出使晋国。

十八年二月[①]，文公卒。文公有二妃[②]：长妃齐女为哀姜[③]，生子恶及视；次妃敬嬴，嬖爱[④]，生子俀[⑤]。俀私事襄仲[⑥]，襄仲欲立之，叔仲曰不可[⑦]。襄仲请齐惠公[⑧]，惠公新立，欲亲鲁，许之[⑨]。冬十月，襄仲杀子恶及视而立俀，是为宣公。哀姜归齐，哭而过市[⑩]，曰：“天乎！襄仲为不道，杀適立庶[⑪]！”市人皆哭，鲁人谓之“哀姜”。鲁由此公室卑，三桓强[⑫]。

【注释】

①十八年：当周匡王四年、齐懿公四年，前609年。

②文公有二妃：泷川曰：“哀姜，文公嫡夫人，不当与敬嬴并称为‘二妃’。”

③长妃齐女为哀姜:《索隐》曰:“此‘哀’非谥,盖以哭而过市,国人哀之,谓之‘哀姜’,故生称‘哀’,与上桓夫人别也。”长妃,指王、侯的正妻。

④嬖(bì)爱:宠爱,宠幸。

⑤生子俀(tuǐ):《集解》引徐广曰:“一作‘倭’。”梁玉绳曰:“‘俀’乃‘倭’之讹。”

⑥襄仲:又称“公子遂”“仲遂”“东门襄仲”,鲁庄公之子,鲁国大夫。

⑦叔仲:叔牙之孙,即叔仲惠伯,又称“叔仲彭生”。

⑧请:请求认可。

⑨“惠公新立”三句:泷川引中井积德曰:“齐侯始亲鲁,而许鲁杀吾二侄,亦远于人情。”

⑩市:市场,集市。

⑪杀適立庶:杀正妻之所生,立姬妾之所生。適,同“嫡”。

⑫鲁由此公室卑,三桓强:泷川曰:“昭三十二年《左传》云:‘晋史墨曰:鲁文公薨,而东门遂杀適立庶,鲁君于是乎失国。’又见下文。”三桓,指孟孙氏、季孙氏、叔孙氏,皆为鲁桓公之子庆父、季友、叔牙的后人。三家为世卿,共执鲁政。

【译文】

文公十八年二月,去世。文公有两个妃子:长妃为齐国女子,叫哀姜,生了儿子恶和视;次妃叫敬嬴,受到文公宠爱,生了儿子俀。俀私下讨好襄仲,襄仲想立他为君,叔仲说不可以。襄仲请齐惠公帮忙,齐惠公刚即位,想亲近鲁国,就答应了他的请求。冬十月,襄仲杀死公子恶与视,立俀为君,这就是宣公。哀姜返回齐国,哭着穿过市场,说:“天啊!襄仲做事不讲道义,杀死嫡子而拥立庶子!”市场上的人都哭了,鲁人因此称她为“哀姜”。鲁国公室从此衰微,“三桓”的势力日益强大。

宣公俀十二年①,楚庄王强②,围郑③。郑伯降,复国之④。

十八年[⑤]，宣公卒，子成公黑肱立，是为成公。季文子曰："使我杀適立庶失大援者，襄仲[⑥]。"襄仲立宣公，公孙归父有宠[⑦]。宣公欲去三桓，与晋谋伐三桓。会宣公卒，季文子怨之，归父奔齐。

【注释】

①宣公俀十二年：当周定王十年、楚庄王十七年、郑襄公八年，前597年。

②楚庄王：名侣，又作"吕""旅"，楚穆王之子，前613—前591年在位。春秋霸主之一。

③郑：郑国的都城，即今河南新郑。

④郑伯降，复国之：此为楚庄王被盛赞之美德，即孔子所谓"兴灭国，继绝世"。此时的郑伯为郑襄公，名坚，亦作"子坚"，前604—前587年在位。楚庄之围郑、复郑事，见《左传·宣公十二年》与《郑世家》《楚世家》。

⑤十八年：当周定王十六年，前591年。

⑥使我杀適立庶失大援者，襄仲：《集解》引服虔曰："仲杀適立庶，国政无常，邻国非之，是失大援助也。"杜预曰："襄仲立宣公，南通于楚，既不固，又不能坚事齐、晋，故云'失大援'。"

⑦公孙归父：字子家，襄仲之子。

【译文】

宣公俀十二年，楚庄王强大，出兵围攻郑国。郑伯投降，楚国又让他复国。

宣公十八年，去世，其子黑肱继位，这就是成公。季文子说："让我杀嫡子而立庶子，失去邻国支援的，就是襄仲。"襄仲拥立宣公，他的儿子公孙归父因此受到宠信。宣公想除去"三桓"，与晋国谋划攻打"三桓"。碰上宣公去世，季文子怨恨襄仲，公孙归父逃奔到齐国。

成公二年春[①]，齐伐取我隆[②]。夏，公与晋郤克败齐顷公于鞌[③]，齐复归我侵地。

四年[④]，成公如晋，晋景公不敬鲁[⑤]。鲁欲背晋合于楚，或谏，乃不[⑥]。

十年[⑦]，成公如晋。晋景公卒，因留成公送葬，鲁讳之[⑧]。

十五年[⑨]，始与吴王寿梦会锺离[⑩]。

十六年[⑪]，宣伯告晋，欲诛季文子。文子有义，晋人弗许。

十八年[⑫]，成公卒，子午立，是为襄公。是时襄公三岁也[⑬]。

【注释】

①成公二年：当周定王十八年、齐顷公十年，前589年。

②隆：《左传》作“龙”，鲁邑名。在今山东泰安东南。

③公与晋郤（xì）克败齐顷公于鞌（ān）：齐顷公因侮辱郤克与诸国之使者，招致晋与鲁、卫等国伐齐，败齐于鞌。其事见《左传·成公二年》与《晋世家》《齐太公世家》。郤克，又称“郤献子”，晋卿。时掌晋政。齐顷公，名无野，前598—前582年在位。鞌，齐邑名。在今山东济南西北。

④四年：当周定王二十年、晋景公十三年，前587年。

⑤晋景公：名据，前599—前581年在位。

⑥或谏，乃不：有人劝阻，鲁成公才停止了。不，同“否”。

⑦十年：当周简王五年、晋景公十九年，前581年。

⑧鲁讳之：因鲁成公为晋景公送葬不合礼法，鲁人以此为耻辱，故《春秋·成公十年》讳而不言葬晋景公，仅书“公如晋”。

⑨十五年：当周简王十年、吴王寿梦十年，前576年。

⑩吴王寿梦：前585—前561年在位。锺离：楚邑名。在今安徽凤阳东稍北。吴国从此开始与中原诸国交通。

⑪十六年：当周简王十一年、晋厉公六年，前575年。

⑫十八年：当周简王十三年，前573年。

⑬是时襄公三岁也：泷川曰："襄九年《左传》云：晋公问公年，季武子对曰：'会于沙随之岁，寡君以生。'晋侯曰：'十二年矣。'愚按，沙随之会在成十六年，则成公薨时襄公方三岁矣。"

【译文】

成公二年春，齐国攻打鲁国，夺取了鲁国的隆邑。夏天，成公与晋国郤克在鞌地打败齐顷公，齐国又把侵占的土地归还给了鲁国。

成公四年，到晋国，晋景公对鲁成公态度不敬。鲁想背弃晋国而与楚国联合，有人劝谏，成公才停止行动。

成公十年，到晋国。晋景公去世，晋人趁机留下成公送葬，鲁人以此为耻，讳而不言。

成公十五年，开始与吴王寿梦在锺离盟会。

成公十六年，宣伯告诉晋国，想杀死季文子。文子有道义，晋人没有答应。

成公十八年，去世，其子午继位，这就是襄公。这时襄公才三岁。

襄公元年[①]，晋立悼公[②]。往年冬，晋栾书弑其君厉公[③]。

四年[④]，襄公朝晋。

五年[⑤]，季文子卒。家无衣帛之妾，厩无食粟之马，府无金玉，以相三君[⑥]。君子曰："季文子廉忠矣[⑦]。"

九年[⑧]，与晋伐郑。晋悼公冠襄公于卫[⑨]，季武子从[⑩]，相行礼[⑪]。

十一年[⑫]，三桓氏分为三军[⑬]。

十二年[⑭]，朝晋。

十六年[⑮]，晋平公即位[⑯]。

二十一年[17]，朝晋平公。

二十二年，孔丘生[18]。

二十五年，齐崔杼弑其君庄公[19]，立其弟景公[20]。

二十九年[21]，吴延陵季子使鲁[22]，问周乐，尽知其意[23]，鲁人敬焉。

三十一年六月[24]，襄公卒。其九月，太子卒[25]。鲁人立齐归之子裯为君，是为昭公[26]。

【注释】

①襄公元年：当周简王十四年、晋悼公元年，前572年。

②悼公：晋悼公，名周，前572—前558年在位。

③晋栾书弑其君厉公：晋灵公以来，权臣与晋君的矛盾尖锐，屡次相互攻杀。晋厉公因为怨恨权臣之逼，杀郤氏诸人，栾书等遂弑晋厉公，迎立了晋悼公。厉公，晋厉公，名寿曼，晋景公之子，前580—前573年在位。

④四年：当周灵王三年、晋悼公四年，前569年。

⑤五年：当周灵王四年，前568年。

⑥以相三君：季文子执鲁政始自宣公八年（前601），历鲁成公之世，至鲁襄公五年（前568）卒，当政三十多年。三君，《索隐》曰："宣公、成公、襄公。"

⑦季文子廉忠矣：黄震曰："季文子相三君，家无衣帛之妾，厩无食粟之马，君子谓其廉忠，然私室日强、公室日卑自若也。愚谓行父能自毁城郭、去兵甲、退安臣子之分，如孔子之所以谋鲁，则身为卿相，虽妾衣帛、马食粟，未害也。"

⑧九年：当周灵王八年、晋悼公九年、郑简公二年，前564年。

⑨晋悼公冠襄公于卫：晋悼公在卫国为鲁襄公行加冠礼。《集解》引

《左传》曰："冠于成公之庙，假钟磬焉，礼也。"冠，行冠礼，即行成人之礼。

⑩季武子：即季孙宿，季文子之子。

⑪相行礼：辅助襄公完成加冠仪式。

⑫十一年：当周灵王十年，前562年。

⑬三桓氏分为三军：三桓氏将鲁国军队分成三军，各掌一军。《集解》引韦昭曰："周礼，天子六军，诸侯大国三军。鲁，伯禽之封，旧有三军，其后削弱，二军而已。季武子欲专公室，故益'中军'以为三军，三家各征其一。"

⑭十二年：当周灵王十一年，前561年。

⑮十六年：当周灵王十五年、晋平公元年，前557年。

⑯晋平公：名彪，晋悼公之子，前557—前532年在位。

⑰二十一年：当周灵王二十年，前552年。

⑱二十二年，孔丘生：按，《公羊传》《穀梁传》皆谓孔子生于鲁襄公二十一年（前552）；司马迁此文与《左传》杜预注皆谓孔子生于襄公二十二年（前551），今学术界多取司马迁说。二十二年，当周灵王二十一年，前551年。孔子，名丘，字仲尼。儒家学派的开创者。其事见《孔子世家》。

⑲二十五年，齐崔杼弑其君庄公：齐庄公与崔杼之妻私通，被崔杼所杀事，见《左传·襄公二十五年》与《齐太公世家》。二十五年，当周灵王二十四年、齐庄公六年，前548年。崔杼，又称崔武子，齐国权臣。庄公，齐庄公，名光，前553—前548年在位。

⑳景公：名杵臼，齐庄公异母弟，前547—前490年在位。

㉑二十九年：当周景王元年、吴王馀祭元年，前544年。

㉒延陵季子：吴王寿梦的第四子，又称"公子札""季札""延州来季子"等。

㉓问周乐，尽知其意：季札访鲁，鲁人为之演奏古乐及《诗经》诸篇，

季札尽识其意事,见《左传·襄公二十九年》与《吴太伯世家》。

㉔三十一年:当周景王三年,前542年。

㉕太子卒:《集解》引《左传》曰:“毁也。”《索隐》曰:“《左传》云:‘胡女敬归之子子野立三月卒。’”太子,名子野,立三月而卒,因尚未改元,故仍称“太子”。

㉖鲁人立齐归之子裯(chóu)为君,是为昭公:齐归,胡国之女,鲁襄公妾敬归之妹。《集解》引服虔曰:“胡,归姓之国也。齐,谥也。”昭公,鲁昭公,名裯,《集解》引徐广曰:“裯,一作‘袑’。”

【译文】

襄公元年,晋人立悼公为君。前一年冬天,晋国人栾书杀死了晋国国君晋厉公。

襄公四年,襄公朝见晋公。

襄公五年,季文子去世。家里没有穿绸帛的妻妾,马厩中没有吃粟的马匹,府库中没有金玉,而他曾连续担任三位国君的相。君子说:“季文子廉洁而忠正。”

襄公九年,与晋国讨伐郑国。晋悼公在卫国为襄公行冠礼,季武子跟从襄公,辅助行礼。

襄公十一年,三桓氏将鲁国军队分成三支。

襄公十二年,朝见晋君。

襄公十六年,晋平公即位。

襄公二十一年,朝见晋平公。

襄公二十二年,孔丘出生。

襄公二十五年,齐国崔杼杀死国君齐庄公,扶持他弟弟齐景公即位。

襄公二十九年,吴国人延陵季子出使鲁国,考察周室的礼乐,全部了解其中的内容,鲁国人对他很尊敬。

襄公三十一年六月,去世。这年九月,太子去世。鲁人立齐归的儿子裯为国君,这就是昭公。

昭公年十九，犹有童心[①]。穆叔不欲立[②]，曰："太子死，有母弟可立，不即立长[③]。年钧择贤[④]，义钧则卜之[⑤]。今裯非適嗣，且又居丧意不在戚而有喜色[⑥]，若果立，必为季氏忧。"季武子弗听，卒立之。比及葬[⑦]，三易衰[⑧]。君子曰："是不终也[⑨]。"

【注释】

①昭公年十九，犹有童心：《集解》引服虔曰："言无成人之志，而有童子之心。"

②穆叔不欲立：穆叔不想立裯为鲁君。穆叔，《索隐》曰："鲁大夫叔孙豹也，宣伯乔如之弟。"

③有母弟可立，不即立长：意即可立鲁襄公之母弟，不然，可立鲁襄公诸子中之年长者。

④年钧：年龄一样大。钧，通"均"，同样，相同。

⑤义均则卜之：《集解》引杜预曰："先人事，后卜筮。义钧谓贤等。"义钧，人品相同。

⑥意不在戚而有喜色：意即没有哀伤之意，反而喜形于色。戚，悲伤。

⑦比及：等到。

⑧三易衰（cuī）：三次更换丧服。《集解》引杜预曰："言其嬉戏无度。"衰，即"缞"，丧服。用麻布制成，披在胸前。

⑨是不终也：这个人不会有好下场。泷川曰："不终也，谓其不终君位也。下文昭公奔齐伏案。语本《左传》'君子是以知其不能终也'。"

【译文】

昭公十九岁，还有童心。穆叔不想立他，说："太子死了，有同母弟可立，若没有母弟，就立庶子中的长子。年龄如果相同就从中选择贤能之人，如果都是贤能之人就以占卜决定。如今裯不是嫡子，而且他在守丧期间，非但没有哀伤之意，反而喜形于色，如果真的立他为君，必定成为季氏的祸患。”季武子不听，最终立他为君。等到安葬襄公时，子裯三次更换丧服。君子说：“这个人是不能得善终的。”

昭公三年[①]，朝晋，至河，晋平公谢还之[②]，鲁耻焉。

四年[③]，楚灵王会诸侯于申[④]，昭公称病不往[⑤]。

七年[⑥]，季武子卒。

八年，楚灵王就章华台[⑦]，召昭公。昭公往贺[⑧]，赐昭公宝器[⑨]；已而悔，复诈取之[⑩]。

十二年[⑪]，朝晋至河，晋平公谢还之[⑫]。

十三年，楚公子弃疾弑其君灵王[⑬]，代立。

十五年[⑭]，朝晋。晋留之葬晋昭公[⑮]，鲁耻之。

二十年[⑯]，齐景公与晏子狩竟[⑰]，因入鲁问礼[⑱]。

二十一年[⑲]，朝晋至河，晋谢还之。

二十五年春[⑳]，鸜鹆来巢[㉑]。师己曰[㉒]：“文成之世童谣曰[㉓]：‘鸜鹆来巢，公在乾侯。鸜鹆入处，公在外野[㉔]。’”

【注释】

①昭公三年：当周景王六年、晋平公十九年，前539年。梁玉绳曰：“‘三’字讹，《表》在二年。”

②谢还之：婉言拒绝让他回去了。

③四年：当周景王七年、楚灵王三年，前538年。

④楚灵王：名围，楚共王次子，楚康王之弟，楚王郏敖之叔，前540—前529年在位。申：古国名。后为楚成王所灭，成为楚邑，在今河南南阳北二十里。

⑤昭公称病不往：梁玉绳曰："《传》乃辞以时祭，非称病也。"

⑥七年：当周景王十年、楚灵王六年，前535年。

⑦八年，楚灵王就章华台：梁玉绳曰："《春秋》在七年，此与《表》并误书于八年。"八年，当周景王十一年、楚灵王七年，前534年。就，建成。章华台，台名。在今湖北监利北。

⑧昭公往贺：《集解》引《春秋》曰："七年三月，公如楚。"

⑨赐昭公宝器：据《左传》，宝器即"大屈弓"。《集解》引《左传》曰："好以大屈。"服虔曰："大屈，宝金，可以为剑。一曰大屈，弓名。《鲁连书》曰：'楚子享鲁侯于章华，与之大曲之弓，既而悔之。'大曲，殆所谓大曲之弓。"

⑩已而悔，复诈取之：不久又反悔，用假话将弓要了回去。据《左传·昭公七年》载，薳启彊往见鲁昭公拜贺，曰："齐与晋、越欲此（指大屈）久矣。寡君无适与也，而传诸君。君其备御三邻，慎守宝矣，敢不贺乎？"于是鲁昭公"惧，乃反之"。已而，不久，之后。

⑪十二年：当周景王十五年、晋昭公二年，前530年。

⑫晋平公谢还之：刘操南云："即《春秋》所载'公如晋，至河乃复'。据《年表》当晋昭公二年，非平公时。平，'昭'之误也。"

⑬十三年，楚公子弃疾弑其君灵王：楚公子弃疾阴谋弑杀楚灵王夺得君位事，见《左传·昭公十三年》与《楚世家》。十三年，当周景王十六年、楚灵王十二年，前529年。公子弃疾，名弃疾，楚灵王之弟，即日后之楚平王，前528—前516年在位。

⑭十五年：周景王十八年、晋昭公六年，前527年。

⑮晋留之葬晋昭公：梁玉绳曰："晋留昭公非留使送葬也。"中井积德曰："此恐错以成公送景公葬事附会也。"

⑯二十年：当周景王二十三年、齐景公二十六年，前522年。

⑰晏子：即晏婴，字平仲，齐国大夫。历任齐灵公、庄公、景公三朝。其事见《晏子春秋》及《管晏列传》。狩竟：狩猎于鲁国边境。

竟,通“境”。

⑱因入鲁问礼:梁玉绳曰:“《左传》无问礼事。”

⑲二十一年:当周景王二十四年、晋顷公五年,前521年。

⑳二十五年:前517年。

㉑鸜鹆(qú yù)来巢:鸜鹆鸟来鲁都曲阜作巢,因其事怪异,故书于史。鸜鹆,鸟名。也作“鸲鹆”,俗称“八哥”。《集解》曰:“《周礼》曰:‘鸜鹆不逾齐。’《公羊传》曰:‘非中国之禽也,宜穴而巢。’《穀梁传》曰:‘来者,来中国也。’”

㉒师己:鲁国大夫。

㉓文成之世:指鲁文公、宣公、成公之世。

㉔“鸜鹆来巢”四句:该歌谣预言了鲁昭公即将失国流浪的命运。《左传》所记之歌谣曰:“鸜之鹆之,公出辱之。鸜鹆之羽,公在外野,往馈之马。鸜鹆跦跦,公在乾侯,征褰与襦。鸜鹆之巢,远哉遥遥,稠父丧劳,宋父以骄。鸜鹆鸜鹆,往歌来哭。”乾侯,晋邑名。在今河北成安东南。鲁昭公后死于此。

【译文】

昭公三年,朝见晋君,来到黄河,晋平公婉言拒绝,请他回去,鲁人以此为耻。

昭公四年,楚灵王在申邑大会诸侯,昭公称病没有前往。

昭公七年,季武子去世。

昭公八年,楚灵王建成章华台,召见昭公。昭公前往祝贺,楚灵王赐给昭公宝器;不久后悔,又用假话骗取回去。

昭公十二年,朝见晋君到达黄河,晋平公婉言拒绝,请他返回。

昭公十三年,楚公子弃疾杀死他的国君楚灵王,取代君位自立为君。

昭公十五年,朝见晋国国君。晋国把他留下来为晋昭公送葬,鲁人以此为耻。

昭公二十年,齐景公与晏子在鲁国边境狩猎,顺便进入鲁国求问礼制。

昭公二十一年，朝见晋君到达黄河，晋君辞谢，请他返回。

昭公二十五年春，鸜鹆飞到鲁国筑巢。师己说：“文公与成公时期的童谣说：‘鸜鹆飞来筑巢，公君出居乾侯。鸜鹆定居鲁国，国君住在野外。’”

季氏与郈氏斗鸡[①]，季氏芥鸡羽[②]，郈氏金距[③]。季平子怒而侵郈氏[④]，郈昭伯亦怒平子。臧昭伯之弟会伪谗臧氏，匿季氏，臧昭伯囚季氏人[⑤]。季平子怒，囚臧氏老[⑥]。臧、郈氏以难告昭公。昭公九月戊戌伐季氏[⑦]，遂入。平子登台请曰：“君以谗不察臣罪，诛之，请迁沂上[⑧]。”弗许。请囚于鄪[⑨]，弗许。请以五乘亡[⑩]，弗许。子家驹曰[⑪]：“君其许之。政自季氏久矣，为徒者众[⑫]，众将合谋。”弗听。郈氏曰：“必杀之[⑬]。”叔孙氏之臣戾谓其众曰[⑭]：“无季氏与有，孰利[⑮]？”皆曰：“无季氏是无叔孙氏。”戾曰：“然，救季氏！”遂败公师。孟懿子闻叔孙氏胜[⑯]，亦杀郈昭伯。郈昭伯为公使，故孟氏得之[⑰]。三家共伐公，公遂奔[⑱]。己亥[⑲]，公至于齐。齐景公曰：“请致千社待君[⑳]。”子家曰：“弃周公之业而臣于齐，可乎？”乃止。子家曰：“齐景公无信，不如早之晋[㉑]。”弗从。叔孙见公还[㉒]，见平子，平子顿首。初欲迎昭公，孟孙、季孙后悔，乃止。

【注释】

①季氏：指季平子，季武子之孙。郈（hòu）氏：指郈昭伯，名恶，鲁孝公之后。《集解》引徐广曰：“郈，一本作‘厚’。《世本》亦然。”《索

隐》曰:“按《系本》,昭伯名恶,鲁孝公之后,称厚氏也。”斗鸡:一种赌博方式,犹今之斗蟋蟀,下赌注争胜负。《集解》引杜预曰:“季平子、郈昭伯二家相近,故斗鸡。”

②芥鸡羽:为鸡穿上铠甲。芥,通“介”,铠甲。中井积德曰:“《左传》云:‘介,甲也。’用革护其膺以拒击也。芥子可以坌敌目,而亦以自坌其目,何利之有?”

③金距:在鸡爪上装金属套,可做斗鸡时的利刃。距,鸡爪。

④侵郈氏:侵占郈昭伯的房产。《集解》引服虔曰:“怒其不下己也,侵郈氏之宫地以自益。”

⑤“臧昭伯之弟会伪谗臧氏”三句:泷川曰:“据《左传》,会窃臧氏宝玉以逃,而伪云‘有为谗构者,不得居臧氏’。”梁玉绳曰:“‘伪’‘为’古通。臧氏逐会,执诸季氏中门之外,非囚季氏人也。”臧昭伯之弟会,臧会,又称“顷伯”,臧孙赐的堂弟。《索隐》曰:“《系本》臧会,臧顷伯也,宣叔许之孙,与昭伯赐为从父昆弟也。”臧昭伯,即臧孙赐,鲁国大夫。

⑥臧氏老:臧氏的管家。老,《集解》引服虔曰:“臧氏家之大臣。”

⑦九月戊戌:九月十一。

⑧“君以谗不察臣罪”三句:您听信谗言,不分是非就来杀我,请允许我出奔沂水边上去。《集解》引杜预曰:“鲁城南自有沂水,平子欲出城待罪也。”沂,水名。源出山东邹县东北,西经曲阜,与洙水合,入于泗水。

⑨请囚于鄪:请求将自己软禁于鄪邑。

⑩请以五乘(shèng)亡:请允许带着五辆车出走他国。乘,一车四马为一乘。

⑪子家驹:又称“子家羁”“子家子”“懿伯”等,鲁庄公玄孙。《索隐》曰:“鲁大夫仲孙氏之族,名驹,谥懿伯也。”

⑫为徒者众:做他们家族党羽的人众多。徒,党。

⑬必杀之：泷川引冈白驹曰："言杀季平子。"

⑭戾（lì）：即鬷戾，为叔孙氏的司马。《集解》曰："《左传》曰鬷戾。"其众：其部下。

⑮孰：谁，哪一个。

⑯孟懿子：孟僖子之子，又称"仲孙何忌""孟孙"。

⑰郈昭伯为公使，故孟氏得之：郈昭伯作为鲁昭公的使者到孟氏家，所以被孟氏抓住杀死。凌稚隆曰："盖时方以昭伯伐季氏之命告孟孙，故在孟孙所也。"为公使，为鲁昭公的使者，到孟孙氏家去。

⑱三家共伐公，公遂奔：郭克煜曰："应该说'三桓'专鲁政是春秋时期世大夫兴盛的时势使之然。鲁君四世失政，昭公欲复于一旦，未免求之过急。不知时势而又独断专行，昭公失国也是咎由自取。"三家，季孙氏、叔孙氏、孟孙氏，即所谓"三桓"。

⑲已亥：九月十二。

⑳请致千社待君：我将提供千社之邑让你暂时坐享。千社，二万五千家。二十五家为一社。待君，杜预曰："待君伐季氏之命。"

㉑之：去，前往。

㉒叔孙见公还：叔孙昭子到齐国探看鲁昭公后回到鲁国。叔孙，叔孙昭子，名婼，叔孙豹之子。

【译文】

季氏与郈氏斗鸡，季平子在鸡身上穿上铠甲，郈昭伯在鸡爪子上装上金属套片。季平子大怒，侵占了郈昭伯的宅地，郈昭伯也恼恨季平子。臧昭伯的弟弟臧会捏造假话诬陷臧氏，躲藏在季平子家里，臧昭伯囚禁季平子的家人。季平子发怒，将臧氏管家囚禁。臧氏、郈氏把祸难告诉昭公。昭公在九月戊戌日讨伐季氏，攻入季氏的私邑。季平子登台请求说："您听信谗言，不分是非黑白就来杀我，请把我放逐到沂水边上。"昭公没有答应。他又请求囚禁在鄪邑，昭公也不答应。他请求以五辆车逃亡，昭公还是不答应。子家驹说："您还是答应他吧。国家的政权被季氏把持已经很久了，做他们党徒的人很多，这些人将会联合起来对付你。”昭公不听。郈氏说：“一定要把他杀了。”叔孙氏的家臣戾对他的党徒说：“没有季氏与有季氏，哪一个对我们有好处？”大家都说：“没有季氏就没有叔孙氏。”戾说：“说得对，我们去救季氏！”于是打败昭公的军队。孟懿子得知叔孙氏战胜，就杀了郈昭伯。郈昭伯作为昭公的使者到孟氏家，所以被孟氏抓住杀死。三家联合一起攻打昭公，昭公于是逃奔出国。己亥日，昭公到达齐国。齐景公对昭公说：“请让我送给您二万五千家。”子家说：“抛弃周公的大业而臣服于齐，可以这样吗？”昭公才没有接受。子家说：“齐景公不讲信用，不如早点到晋国去。”昭公不听。叔孙去齐国会见昭公回国，去见季平子，季平子叩头。起初打算迎回昭公，因为孟孙、季孙后悔，就没有去迎。

二十六年春①，齐伐鲁，取郓而居昭公焉②。夏，齐景公将内公③，令无受鲁赂④。申丰、汝贾许齐臣高龁、子将粟五千庾⑤。子将言于齐侯曰：“群臣不能事鲁君，有异焉⑥。宋元公为鲁如晋⑦，求内之，道卒⑧。叔孙昭子求内其君，无病而死⑨。不知天弃鲁乎？抑鲁君有罪于鬼神也⑩？愿君且待。”齐景公从之。

【注释】

①二十六年：当周敬王四年、齐景公三十二年，前516年。

②取郓而居昭公：攻取了鲁国的郓邑，令鲁昭公居住在那里。郓，鲁邑名。在今山东郓城东。

③将内公：将要以武力送鲁昭公回国。内，同“纳”。

④令无受鲁赂：令齐国诸臣不许接受鲁国“三桓”的贿赂。意即坚决支持鲁昭公。

⑤申丰、汝贾：竹添光鸿曰："二人皆季氏家臣也。"齐臣高龁（hé）、子将：子将，《左传》作"子犹"，即梁丘据，齐景公的宠臣；高龁是子将的家臣。庾（yǔ）：古代容量单位。一庾等于十六斗。

⑥群臣不能事鲁君，有异焉：鲁国群臣之所以不能尽力奉事鲁国的君主，是因为鲁国有些怪现象。

⑦宋元公：名佐，前531—前517年在位。

⑧道卒：据《春秋·昭公二十四年》，"宋公佐卒于曲棘"。曲棘，为宋地。在今河南民权西北。

⑨叔孙昭子求内其君，无病而死：在鲁国"三桓"中，唯有叔孙氏主张迎鲁昭公回国，其他两家都不赞成，叔孙昭子不愿与他们合流，祈祷速死，不久果然死了。其事详见《左传·昭公二十六年》。

⑩抑：抑或，还是。

【译文】

昭公二十六年春，齐国讨伐鲁国，攻取郓邑，让昭公居住在那里。夏天，齐景公想要以武力送昭公回国，下令不许接受鲁国的财物。季氏家臣申丰、汝贾答应送给齐臣高龁、子将八万斗粟。子将对齐侯说："鲁国群臣不能奉事鲁君，事情有怪异之处。宋元公为鲁君到晋国，请求晋君送鲁君回国，不料却在路上去世。叔孙昭子也想接回鲁君，却无病而死。不知是上天抛弃了鲁君呢？还是鲁君得罪了鬼神呢？希望国君您还是暂且等等再送吧。"齐景公听从了他的建议。

二十八年[①]，昭公如晋，求入。季平子私于晋六卿[②]，六卿受季氏赂，谏晋君[③]，晋君乃止，居昭公乾侯。

二十九年[④]，昭公如郓。齐景公使人赐昭公书，谓"主君"[⑤]。昭公耻之，怒而去乾侯。

三十一年[⑥]，晋欲内昭公，召季平子。平子布衣跣行[⑦]，因六卿谢罪[⑧]。六卿为言曰:“晋欲内昭公,众不从[⑨]。”晋人止。

三十二年[⑩],昭公卒于乾侯。鲁人共立昭公弟宋为君,是为定公[⑪]。

【注释】

①二十八年:当周敬王六年、晋顷公十二年,前514年。

②季平子私于晋六卿:泷川曰:“《左传》但云范献子取货于季孙,不云‘六卿’。”私,私下送财物。六卿,指韩、赵、魏、范、中行及智氏,皆为晋世卿。

③晋君:指晋顷公,名去疾,前525—前512年在位。

④二十九年:当周敬王七年、齐景公三十五年,前513年。

⑤齐景公使人赐昭公书,谓“主君”:谓“主君”,底本作“自谓‘主君’”。“自”字疑衍,乃齐景公称鲁昭公为“主君”。《集解》引服虔曰:“大夫称‘主’,比公于大夫,故称‘主君。’”《十二诸侯年表》作:“齐侯曰‘主君’,公耻之,复入乾侯。”梁玉绳曰:“‘赐昭公书’,不知何出,岂别有所据乎?”徐孚远曰:“梁丘据等已入季氏赂,惧昭公复至,齐欲纳之,故令景公为慢书也。”杨伯峻曰:“春秋时卿大夫家臣称卿大夫为‘主’为‘君’,今齐侯称鲁侯为‘主君’,故杜注谓‘比公于大夫’,子家子云‘齐卑君’,尤明证。”

⑥三十一年:当周敬王九年、晋定公元年,前511年。

⑦布衣跣(xiǎn)行:身穿布衣,光脚行走。即为认罪、请罪的样子。布衣,梁玉绳曰:“《传》作‘练冠麻衣’。”跣行,赤脚行走。跣,光着脚。

⑧因六卿谢罪:通过晋之六卿向鲁昭公请罪。但请罪是假,再次收买六卿是真。泷川曰:“《传》‘六卿’作‘荀跞’。”

⑨晋欲内昭公,众不从:我们是想送你回去的,但鲁国很多人不同意。陈仁锡曰:“昭,当作‘鲁’。”

⑩三十二年：当周敬王十年，前510年。

⑪定公：鲁定公，名宋，前509—前495年在位。

【译文】

昭公二十八年，来到晋国，请求晋君帮助他回国。季平子暗中与晋国的六卿相勾结，六卿接受季氏的财物，劝谏晋君，晋君就停止了送昭公回国，让昭公住在乾侯。

昭公二十九年，来到郓邑。齐景公派人送给昭公一封信，称他为"主君"。昭公认为是耻辱，一怒之下又离开郓邑回到乾侯。

昭公三十一年，晋君打算送昭公回国，召见季平子。季平子身穿布衣，光脚行走，通过晋国六卿向晋君谢罪。六卿替季平子对晋君说："晋国虽然想送昭公回国，但是鲁国的民众不听从。"晋国这才作罢。

昭公三十二年，死在乾侯。鲁人共同拥立昭公的弟弟宋为国君，这就是定公。

定公立，赵简子问史墨曰[①]："季氏亡乎[②]？"史墨对曰："不亡。季友有大功于鲁，受鄪为上卿，至于文子、武子，世增其业。鲁文公卒，东门遂杀適立庶[③]，鲁君于是失国政。政在季氏，于今四君矣[④]。民不知君，何以得国！是以为君慎器与名，不可以假人[⑤]。"

【注释】

①赵简子：即赵鞅，赵武之孙，"简"字是其谥号，晋国上卿。史墨：晋国史官蔡墨。

②季氏亡乎：梁玉绳曰："传言简子问墨'季氏出君而民服，诸侯与之。君死于外，莫之或罪'；此云问'季氏亡'，与《传》相反，误矣。"

③东门遂：即襄仲，名遂，字仲，鲁庄公之子，因居于东门，故称。《集解》引服虔曰："东门遂，襄仲也。居东门，故称东门遂。"《索隐》曰："《系本》作'述'，邹诞本作'秫'。又《系本》遂产子家归父及昭子子婴也。"杀適立庶：指杀嫡子视与恶，立宣公。

④四君：指宣公、成公、襄公、昭公。

⑤是以为君慎器与名，不可以假人：杨伯峻曰："成二年《传》引仲尼语云：'唯器与名，不可以假人。'此或古人语，故史墨及孔丘皆言之。"泷川引龟井昱曰："此段专言季氏得鲁国有自而然，非独意如之不臣，时势之所流激，有不可如何者。故以此句结之曰：名器一失，国非其国，虽至于见逐，亦末如之何也。"又曰："政在季氏，此谓假名器。夫政者自君出之名也；而君之纪纲，国家之器也。成二年《左传》直指曲县、繁缨之名与器，故曰'若以假人，与人政也'。此直谓'假政'为'假名器'。语势之所注射，活泼自在。固不容彼此牵合矣。"又曰："二句本古言，前传所引，或是本义。"器与名，《集解》引杜预曰："器，车服；名，爵号。"假人，给予人。

【译文】

定公即位，赵简子问史墨道："季氏会灭亡吗？"史墨回答说："不会灭亡。季友对鲁国立有大功，封在鄪邑，任为上卿，到了文子、武子，累世扩大家业。鲁文公去世，东门遂杀死嫡子拥立庶子为君，鲁君从此丧失国政。政权被季氏把持在手中，直到现在已经历了四位国君。民众不了解国君，国君怎么能拥有他的国家！所以当国君的要慎重掌握政权爵号，不可以送给别人。"

定公五年①，季平子卒。阳虎私怒②，囚季桓子，与盟，乃舍之③。

七年④，齐伐我，取郓，以为鲁阳虎邑以从政⑤。

八年⑥，阳虎欲尽杀三桓適，而更立其所善庶子以代之[⑦]。载季桓子将杀之，桓子诈而得脱[⑧]。三桓共攻阳虎，阳虎居阳关[⑨]。

九年[⑩]，鲁伐阳虎，阳虎奔齐，已而奔晋赵氏[⑪]。

【注释】

①定公五年：当周敬王十五年，前505年。

②阳虎私怒：泷川引冈白驹曰："阳虎欲葬平子以玙璠，季氏臣不可，阳虎怒，是私怒也。"阳虎，一称"阳货"，季孙氏家臣。

③"囚季桓子"三句：阳虎囚季桓子，逼其与己结盟，逐杀了一批季氏家族的人物。季桓子，季平子之子，名斯。

④七年：当周敬王十七年、齐景公四十五年，前503年。

⑤取郓，以为鲁阳虎邑以从政：意谓齐取得鲁国郓邑以赠阳虎，并使阳虎掌鲁之政。梁玉绳曰："《春秋》传：'春，齐人归郓、阳关，阳虎居之以为政。秋，齐伐鲁。'两事也，此误。"

⑥八年：当周敬王十八年，前502年。

⑦阳虎欲尽杀三桓適，而更立其所善庶子以代之：《左传·定公八年》云："阳虎欲去'三桓'，以季寤更季氏，以叔孙辄更叔孙氏，已更孟氏。"意即阳虎想让季寤（季桓子弟）代替季桓子，以叔孙辄（叔孙氏庶子）代替叔孙武叔，自己则代替孟懿子。

⑧桓子诈而得脱：据《左传·定公八年》，阳虎"将享季氏于蒲圃而杀之"，途中，季桓子说服御者林楚，使其突然驰入孟孙氏宅中而得以逃脱。刘操南曰："《左传》云：'桓子咋谓林楚曰：而先皆季孙之良也，尔以是继之。'盖欲林楚脱己于难，无诈欺之意。此以'诈'代'咋'，与《左》异。"按，咋，突然。

⑨阳关：鲁邑名。在今山东泰安东南。

⑩九年：当周敬王十九年、齐景公四十七年、晋定公十一年，前501年。

⑪阳虎奔齐，已而奔晋赵氏：以上阳虎辗转外逃事，见《左传·定公

九年》。《正义》曰："《左传》云仲尼曰：'赵氏其世有乱乎？'杜预云：'受乱人故。'"《韩非子·外储说左下》曰："阳虎议曰：'主贤明，则悉心以事之；不肖，则饰奸而试之。'逐于鲁，疑于齐，走而之赵，赵简主迎而相之。左右曰：'虎善窃人国政，何故相也？'简主曰：'阳虎务取之，我务守之。'遂执术而御之，阳虎不敢为非，以善事简主，兴主之强，几至于霸也。"赵氏，指赵简子。

【译文】

定公五年，季平子去世。阳虎出于私愤，囚禁了季桓子，与他订立了盟约，才释放了季桓子。

定公七年，齐国攻打鲁国，夺取了郓邑，将它赠送给阳虎，作为阳虎的封邑，让他参与政务。

定公八年，阳虎想杀尽"三桓"的嫡子，改立与他关系好的庶子来代替"三桓"。用车载着季桓子，想杀死他，季桓子使用诈术而得以逃脱。"三桓"共同攻打阳虎，阳虎占据阳关。

定公九年，鲁国攻打阳虎，阳虎逃奔齐国，不久投奔了晋国的赵氏。

十年①，定公与齐景公会于夹谷②，孔子行相事③。齐欲袭鲁君，孔子以礼历阶，诛齐淫乐④，齐侯惧，乃止，归鲁侵地而谢过⑤。

十二年⑥，使仲由毁三桓城，收其甲兵⑦。孟氏不肯堕城⑧，伐之，不克而止⑨。季桓子受齐女乐，孔子去⑩。

十五年⑪，定公卒，子将立，是为哀公⑫。

【注释】

①十年：当周敬王二十年、齐景公四十八年，前500年。

②夹谷：齐地名。即今山东莱芜南之夹谷峪。

③孔子行相事：夹谷之会，司马迁以为孔子是代行宰相职权，《史记》诸篇皆同；但多数学者认为孔子是跟随鲁定公做傧相，主持盟会礼赞，犹今之司仪。

④“齐欲袭鲁君”三句：《齐太公世家》于此曰：“犁钼曰：‘孔丘知礼而怯，请令莱人为乐，因执鲁君，可得志。景公害孔丘相鲁，惧其霸，故从犁钼之计。方会，进莱乐。孔子历阶上，使有司执莱人斩之，以礼让景公。”历阶，登阶不聚足，即一步一蹬地快步上台阶。诛齐淫乐，杀了一些齐国优伶。以上孔子相鲁定公会齐侯于夹谷事，见《左传·定公十年》与《孔子世家》。

⑤归鲁侵地：齐归鲁郓、讙、龟阴之田。

⑥十二年：当周敬王二十二年、齐景公五十年，前498年。

⑦使仲由毁三桓城，收其甲兵：仲由，字子路，又字季路，孔子弟子。时为季氏家族的总管。毁“三桓”城，拆毁“三桓”都邑的城墙，即季氏之费，叔孙氏之郈，孟孙氏之成。收其甲兵，将“三桓”的甲兵都收归鲁国公室所有。按，关于此事的首谋者，司马迁以为是孔子，与《公羊传》同。此外一说是子路。《左传·定公十二年》载：“仲由为季氏宰，将堕三都。”孔颖达云：“左氏不言孔子之计，当是仲由自立此谋。”杨伯峻曰：“此时，三都之宰又各控制三都以凌三家，如南蒯以费叛，季孙甚苦之；侯犯据郈，两次围攻不能克。子路因势利导，故叔孙、季氏能从其言。”一说认为“堕三都”是“三桓”自为之，梁玉绳、姚际恒等主此说。

⑧孟氏：指孟懿子。不肯堕（huī）城：不肯毁掉自己的成邑之城。堕，通“隳”，毁坏，拆除。

⑨不克而止：中井积德曰：“据《左传》，堕三都是子路之谋，而帅师堕郈者叔孙也；堕费者，仲孙也；围成者，（定）公也。《史记》并似失矣。”克，战胜。

⑩季桓子受齐女乐，孔子去：《集解》引孔安国曰：“桓子使定公受齐

女乐，君臣相与观之，废朝礼三日。”按，齐人以女乐荧惑鲁国君臣，离间孔子事，《左传》不载，详见《孔子世家》。

⑪十五年：当周敬王二十五年，前495年。

⑫子将立，是为哀公：哀公，鲁哀公，名将，鲁定公之子，前494—前467年在位。将，《系本》作“蒋”。按，鲁哀公以下鲁史系年历来说法不一，本篇注文依郭克煜等所著《鲁国史》。

【译文】

定公十年，与齐景公在夹谷会盟，孔子主持盟会礼赞。齐君想袭击定公，孔子按照礼仪，一脚一阶快步登阶，诛杀齐国演奏淫乐的乐人，齐侯恐惧，不敢轻举妄动，并归还所侵占的鲁国土地，向鲁国赔罪道歉。

定公十二年，让仲由拆毁“三桓”的城墙，收缴他们的武器。孟氏不肯拆毁城墙，定公派兵讨伐，没有攻克而作罢。季桓子接受齐国送给他的女乐，孔子为此离开了鲁国。

定公十五年，去世，其子将继位，这就是哀公。

哀公五年，齐景公卒[①]。

六年[②]，齐田乞弑其君孺子[③]。

七年[④]，吴王夫差强[⑤]，伐齐，至缯[⑥]，征百牢于鲁[⑦]。季康子使子贡说吴王及太宰嚭[⑧]，以礼诎之[⑨]。吴王曰：“我文身，不足责礼[⑩]。”乃止[⑪]。

八年[⑫]，吴为邹伐鲁[⑬]，至城下，盟而去。齐伐我，取三邑[⑭]。

十年，伐齐南边[⑮]。

【注释】

①哀公五年，齐景公卒：哀公五年，当周敬王三十年、齐景公五十八

年，前490年。齐景公临终前立宠姬之子晏孺子为太子，引起齐国内乱。

②六年：当周敬王三十一年、齐晏孺子元年，前489年。

③齐田乞弑其君孺子：齐景公死，孺子立，田乞杀孺子改立阳生事，见《左传·哀公六年》与《齐太公世家》《田敬仲完世家》。田乞，又称“陈乞”“陈僖子”，齐国权臣。孺子，名荼，齐景公之子。

④七年：当周敬王三十二年、吴王夫差八年、齐悼公元年，前488年。

⑤吴王夫差：吴王阖闾之子，前495—前473年在位。其事见《吴太伯世家》。

⑥缯（zēng）：《左传》作“鄫”，鲁邑名。在今山东枣庄东。

⑦征百牢于鲁：《吴太伯世家》之《集解》引贾逵曰：“周礼，王合诸侯，享礼十有二牢。上公九牢，侯伯七牢，子男五牢。”今吴国要求鲁国以百牢之礼招待吴王夫差，极其无理。牢，做祭品用的牛羊猪，也是表示待客规格的一种尺度。牛、羊、猪三者各一叫“一太牢”；羊、猪各一叫“一少牢”。

⑧季康子：季孙肥，季桓子之子。子贡：姓端木名赐，孔子弟子。其事见《仲尼弟子列传》。太宰嚭（pǐ）：伯嚭，原楚人，后逃奔吴。时为吴国太宰。

⑨以礼诎（chù）之：梁玉绳曰：“会缯在伐齐前，非因伐齐至缯，且是年无伐齐事也。至征牢之对，出自景伯，而仍与之。康子辞召，出自子贡，而得不往。此误合两事为一，并说见《吴世家》。”诎，通“黜”，贬斥，贬黜。

⑩我文身，不足责礼：我是断发文身之人，你们不必和我谈礼。文身，吴国习俗，在身上绘制花纹图案。当时以断发文身为野蛮人的标志。吴王此处意谓我们不遵奉你们中原的“礼”，有蛮横鄙视之意。

⑪乃止：因而停止了征百牢。泷川曰：“《吴世家》作‘乃得止’，《孔

子世家》作‘然后得已’，言不复征也。《左传》无此二字，与《史》异。”

⑫八年：当周敬王三十三年、吴王夫差九年、齐悼公二年，前487年

⑬吴为邹伐鲁：泷川曰：“《春秋》经：哀七年秋，公伐邾，入邾，以邾子益来。八年夏归邾子益于邾。”邹，古邾国。曹姓。在今山东邹县。

⑭取三邑：张照曰：“《左传》：‘八年夏，齐人取及谨、阐二邑。’《齐世家》亦作‘取二邑’，此与《年表》皆误。”

⑮十年，伐齐南边：《六国年表》作“与吴伐齐”。十年，当周敬王三十五年、齐悼公四年、吴王夫差十一年，前485年。

【译文】

哀公五年，齐景公去世。

哀公六年，齐人田乞杀死他的国君晏孺子。

哀公七年，吴王夫差变得强大，攻打齐国，到达缯邑，向鲁国征收牛、羊、猪各百头。季康子派子贡劝说吴王与太宰嚭，依据礼仪贬斥他们。吴王说：“我是文身的野蛮人，不能用礼仪要求我。”就停止了对鲁国的索要。

哀公八年，吴国为邹国讨伐鲁国，到达鲁国城下，订立盟约后离去。齐国攻打鲁国，攻取了三座城邑。

哀公十年，鲁国攻打齐国南方边地。

十一年[①]，齐伐鲁[②]。季氏用冉有有功[③]，思孔子，孔子自卫归鲁[④]。

十四年[⑤]，齐田常弑其君简公于徐州[⑥]。孔子请伐之，哀公不听[⑦]。

十五年[⑧]，使子服景伯、子贡为介[⑨]，适齐[⑩]，齐归我侵

地[11]。田常初相,欲亲诸侯。

十六年[12],孔子卒。

二十二年[13],越王句践灭吴王夫差[14]。

【注释】

①十一年:当周敬王三十六年、齐简公元年,前484年。

②齐伐鲁:齐之国书、高无邳率师伐鲁。

③冉有有功:按,此役由冉有、樊迟等率师抗齐,大败齐军,详见《左传·哀公十一年》。冉有,名求,字有,孔子弟子,为季氏宰。其事见《仲尼弟子列传》。

④孔子自卫归鲁:按,战后冉有对季康子称赞孔子,季康子迎孔子归鲁。

⑤十四年:当周敬王三十九年、齐简公四年,前481年。

⑥田常:又称"田恒""田成子""陈成子""陈恒""陈常",齐国权臣。简公:齐简公,名壬,前484—前481年在位。徐(shū)州:齐邑名。一作"徐州""舒州",即今山东滕州东南之薛邑故城。

⑦孔子请伐之,哀公不听:按,田常弑杀齐简公与孔子请讨乱臣贼子事,详见《左传·哀公十四年》与《田敬仲完世家》《孔子世家》。锺惺曰:"田常既弑简公之后,惧诸侯共诛己,'乃尽归鲁、卫侵地,西约晋韩、魏、赵氏,南通吴越之使'。由此观之,孔子请讨之举得行,未必无成也。"

⑧十五年:当周敬王四十年、齐平公元年,前480年。

⑨子服景伯:鲁国大夫。介:助手,陪伴者。

⑩适:去,前往。

⑪齐归我侵地:杭世骏曰:"齐归我讙、阐在八年,《春秋·经》《传》无十五年归侵地之事。大约因'归成'之语而误耳。"梁玉绳曰:"归成耳,非侵地也。"成,是孟孙氏家族的都邑,其邑宰因与孟孙

氏闹矛盾而以城降齐，今齐人归还于鲁。

⑫十六年：当周敬王四十一年，前479年。

⑬二十二年：当周元王四年、越王句践二十四年、吴王夫差二十三年，前473年。

⑭越王句践灭吴王夫差：越王句践，前496—前465年在位。越王句践先被吴王夫差打败，卧薪尝胆，后经二十多年的忍辱奋斗，终于灭掉吴国之事，详见《吴太伯世家》《越王句践世家》。

【译文】

哀公十一年，齐国讨伐鲁国。季氏因为冉有建立战功，思念孔子，孔子从卫国返回鲁国。

哀公十四年，齐国的田常在徐州杀死他的国君齐简公。孔子请求讨伐田常，哀公不听。

哀公十五年，派子服景伯为使臣、子贡为副使，出使齐国，齐国归还了所侵占的鲁国土地。田常刚刚当上齐相，想亲近诸侯。

哀公十六年，孔子去世。

哀公二十二年，越王句践灭了吴王夫差。

二十七年春，季康子卒[①]。夏，哀公患三桓，将欲因诸侯以劫之，三桓亦患公作难，故君臣多间[②]。公游于陵阪[③]，遇孟武伯于街[④]，曰："请问余及死乎[⑤]？"对曰："不知也。"公欲以越伐三桓。八月，哀公如陉氏[⑥]。三桓攻公，公奔于卫，去如邹，遂如越[⑦]。国人迎哀公复归，卒于有山氏[⑧]。子宁立，是为悼公。

【注释】

①二十七年春，季康子卒：梁玉绳曰："《传》康子卒于夏四月己亥，

非春也，当衍‘春’字，移‘夏’字于上。”二十七年，当周定王元年，前468年。

②间（jiàn）：隔阂，仇隙。

③陵阪：鲁地名。在今山东曲阜东。

④孟武伯：又称“孟孺子泄”“武伯彘”，孟懿子之子。

⑤请问余及死乎：《集解》引杜预曰：“问己可得以寿死不？”泷川引龟井昱曰：“公欲去‘三桓’，故‘三桓’亦必有异图矣。公恐有一朝之变而不自安，因问余能安稳以及死之日乎，以察其有异图与否也。全身以至自死之时，曰‘及死’。”

⑥陉（xíng）氏：即有山氏，鲁国大夫。梁玉绳曰：“《传》作‘有陉氏’，即有山氏也。此脱‘有’字。”

⑦“公奔于卫”三句：《正义》曰：“今苏州西南四十五里横山南有鲁郡村，村内有城。俗云，鲁哀公如越，越居哀公焉。”

⑧国人迎哀公复归，卒于有山氏：《左传·哀公二十七年》云：“公患‘三桓’之侈也，欲以诸侯去之；‘三桓’亦患公之妄也，故君臣多间。……公欲以越伐鲁而去‘三桓’，秋八月甲戌，公如公孙有陉氏，因逊于邾，乃遂如越。国人施（加罪）公孙有山氏。”童书业认为当依《史记》，并推测哀公是遇害身亡。他说，公孙有山氏为季氏党，受季氏命暗杀哀公，完全可能。观上引传末云，“国人施公孙有山氏”，苟无弑君之罪，恐不得有此事。哀公谥为“哀”，不谥为“出”，亦可证其被弑。

【译文】

哀公二十七年春，季康子去世。夏天，哀公担心“三桓”的势力，想要依靠诸侯的力量劫制“三桓”，“三桓”也怕哀公发难，所以君臣之间的隔阂加深。哀公出游陵阪，在街上遇见孟武伯，说：“请问我能够善终吗？”孟武伯回答说：“不知道。”哀公想借助越国讨伐“三桓”。八月，哀公前往有山氏家。“三桓”攻打哀公，哀公出逃到卫国，离开卫国后又前往邹国，最后到了越国。鲁人又迎接哀公归国，最终哀公死在有山氏家里。其儿子宁即位，这就是悼公。

悼公之时，三桓胜，鲁如小侯，卑于三桓之家[①]。十三年[②]，三晋灭智伯[③]，分其地有之。

三十七年[④]，悼公卒，子嘉立，是为元公。

元公二十一年卒[⑤]，子显立，是为穆公[⑥]。

穆公三十三年卒[⑦]，子奋立，是为共公。

共公二十二年卒[⑧]，子屯立，是为康公。

康公九年卒[⑨]，子匽立，是为景公。

景公二十九年卒[⑩]，子叔立，是为平公[⑪]。

是时六国皆称王[⑫]。

【注释】

①卑于三桓之家：徐孚远曰："自此以后，不纪'三桓'。其衰微之故，不可考也。"梁玉绳曰："鲁卑于'三桓'，则'三桓'盛矣，而此后绝不言'三桓'何也？只'费惠公'一见。"

②十三年：当周定王十六年、秦厉公二十四年，前454年。

③三晋灭智伯：陈仁锡曰："自悼公以下，智伯之灭，秦惠、怀之卒，秦拔郢，楚徙陈，皆与《年表》不合。"梁玉绳曰："智伯之灭，在悼公十五年，此误。"三晋，指晋国的韩、赵、魏三家。智伯，即智襄子，名瑶，又称"荀瑶"，晋国正卿。按，韩、赵、魏三家灭智伯事，详见《战国策·赵策》与《赵世家》。

④三十七年：当周考王十二年、秦躁公十四年，前429年。

⑤元公二十一年卒：当周威烈王十八年、秦简公七年，前408年。《集解》引徐广曰："皇甫谧云元辛亥，终辛未。"

⑥穆公：鲁穆公，名显，前407—前377年在位。《索隐》曰："《系本》'显'作'不衍。'"

⑦穆公三十三年卒：当周安王二十五年、秦出公八年，前377年。沈家本曰："汉《律历志》《表》止三十二年。"《集解》引徐广曰："皇甫谧云：'元壬申，终甲辰。'"

⑧共公二十二年卒：共公，鲁共公，名奋，前376—前353年在位。他去世的那年，当周显王十六年、秦孝公九年，前353年。《集解》引徐广曰："皇甫谧云元乙巳，终丙寅。"泷川引沈家本曰："《汉律历志》合，《表》为二十三年。"

⑨康公九年卒：康公，鲁康公，名屯，前352—前344年在位。康公九年，当周显王二十五年、秦孝公十八年，前344年。《集解》引徐广曰："皇甫谧云：'元丁卯，终乙亥。'"

⑩景公二十九年卒：景公，鲁景公，名匽，亦作"偃"，前343—前315年在位。当周慎靓王六年、秦惠文王初更十年，前315年。《集解》引徐广曰："皇甫谧云'元丙子，终甲辰'。"泷川曰："《年表》景公立于显王二十六年，薨于慎靓王六年，始戊辰，终丙午，与《世家》合。"

⑪子叔立，是为平公：平公，鲁平公，名叔，一作"旅"，前314—前296年在位。

⑫六国皆称王：六国，指魏、赵、韩、楚、燕、齐。春秋时唯周天子称王，楚国、吴国、越国以蛮夷自称王。至战国时，魏惠王首先于前344年称王；至前334年，魏与齐国相互推尊为王；前325年，秦国自己称王，魏尊韩宣惠王为王；前323年，燕、赵、中山与韩、魏相互推尊为王；前318年，宋国自己称王。

【译文】

悼公时期，"三桓"强大，鲁国犹如很小的诸侯，比"三桓"的地位低下。悼公十三年，韩、赵、魏三家灭掉智伯，瓜分占有了他的土地。

悼公三十七年，去世，其子嘉即位，这就是元公。

元公二十一年，去世，其子显即位，这就是穆公。

穆公三十三年，去世，其子奋即位，这就是共公。

共公二十二年，去世，其子屯即位，这就是康公。

康公九年，去世，其子匽即位，这就是景公。

景公二十九年，去世，其子叔即位，这就是平公。

这个时候六国都已称王。

平公十二年[①]，秦惠王卒[②]。

二十年，平公卒[③]，子贾立，是为文公[④]。

文公七年，楚怀王死于秦[⑤]。

二十三年，文公卒[⑥]，子雠立，是为顷公。

顷公二年[⑦]，秦拔楚之郢，楚顷王东徙于陈[⑧]。

十九年，楚伐我，取徐州[⑨]。

二十四年[⑩]，楚考烈王伐灭鲁[⑪]。顷公亡，迁于下邑，为家人[⑫]，鲁绝祀。顷公卒于柯[⑬]。

鲁起周公，至顷公，凡三十四世[⑭]。

【注释】

①平公十二年：当周赧王四年、秦惠文王初更十四年，前311年。

②秦惠王：即秦惠文王，名驷，前337—前311年在位。

③二十年，平公卒：当周赧王十九年、秦昭襄王十一年，前296年。《集解》引徐广曰："皇甫谧云：'元乙巳，终甲子。'"沈家本曰："二十年，与《汉律历志》合，然楚表止十九年。"

④子贾立，是为文公：文公，一作"文侯"，前295—前273年在位。《索隐》曰："《系本》作'湣公'。邹诞本亦同，仍云《系家》或作

‘文公’。”泷川曰:“《汉律历志》作‘湣公’。中井积德曰:‘鲁不得有两文公,作‘湣’为是。然‘湣’又与‘闵’同,则亦有两闵公也,或是别字之讹。今不可考。”

⑤文公七年,楚怀王死于秦:楚怀王被秦昭王骗入武关,三年后死于秦国。文公七年,当周赧王二十年、秦昭襄王十二年、楚顷襄王三年,前290年。楚怀王,名槐,前328—前299年在位。

⑥二十三年,文公卒:二十三年,当周赧王四十二年、秦昭襄王三十四年,前273年。《集解》引徐广曰:“皇甫谧云‘元乙丑,终丁亥’。”

⑦顷公二年:顷公,鲁顷公,名雠,鲁国的末代君王,前272—前249年在位。二年,当周赧王四十四年、秦昭襄王三十六年、楚顷襄王二十八年,前271年。

⑧秦拔楚之郢(yǐng),楚顷王东徙于陈:《集解》引徐广曰:“《年表》云文公十八年,秦拔郢,楚走陈。”此系于顷公二年,误。郢,楚都名。又称“纪郢”,即今湖北荆州之纪南城。楚顷王,即楚顷襄王,名横,前298—前263在位。梁玉绳曰:“‘楚顷’下缺‘襄’字。”东徙于陈,将楚国的都城东迁到陈县。陈,原为国名,前479年被楚所灭,后成为楚国的一个县,即今河南淮阳。

⑨“十九年”三句:十九年,当秦昭襄王五十三年、楚考烈王九年,前254年。梁玉绳曰:“徐州即舒州,自来属齐。其属鲁也,盖在齐湣王之世。故《吕氏春秋·首时》云:‘齐以东帝困于天下而鲁取徐州。’或以《史》文为误,非。又考是年楚取鲁,封鲁君于莒,《年表》书之。”沈家本曰:“《表》于楚考烈八年书‘取鲁,鲁君封于莒’,为鲁顷之十八年,与此差一年。”徐(shū)州,鲁邑名。又作“俆州”“舒州”,即今山东滕州东南之薛县故城。

⑩二十四年:当秦庄襄王元年、楚考烈王十四年,前249年。

⑪楚考烈王:名元,一作“完”,楚顷襄王之子,前262—前238年在位。

⑫“顷公亡”三句:《索隐》曰:“下邑谓国外之小邑。或有本作‘卞

邑'，然鲁有卞邑，所以惑也。"杨宽曰："柯在今山东东平县西北，卞在今山东泗水县东，相距三百里以上，若顷公迁于卞，不能卒于柯。"按，杨说是。冈白驹曰："家人，齐民也。韦昭云：'庶人之家也。'谓居家之人无官职也。"

⑬顷公卒于柯：《集解》引徐广曰："皇甫谧云'元戊子，终辛亥'。"俞樾曰："鲁亡于顷公，齐亡于康公，晋亡于静公。国亡矣，其君何以有谥也？郑君乙，《世家》无谥，而《年表》曰'郑康公'，则亦有谥也。宋王偃，《史记》无谥，而《吕氏春秋》作'宋康王'，《荀子》作'宋献王'，则亦有谥也。杨倞注《荀子》曰：'国灭之后，其臣子各私自为谥。'然则鲁、郑诸君之有谥，或亦其臣子所为。"

⑭凡三十四世：鲁国自西周初伯禽建国，至鲁顷公二十四年（前249）被楚所灭，共传三十五世，享国八百余年。梁玉绳曰："《史》不数伯御一代，故云三十四世。"按，鲁国进入战国后，益贫益弱，不绝如缕；而季氏之家亦成为独立小国，世袭绵长。杨宽曰："费作为独立小国，当始于鲁元公时。《孟子·万章下》有师事子思之费惠公，当与鲁穆公同时。《楚世家》顷襄王十八年弋射者见顷襄王曰：'故秦、魏、燕、赵者，鶀雁也；齐、鲁、韩、卫者，青首也；驺、费、郯、邳者，罗鸗也。'《水经·沂水注》引《鲁连子》称：'陆子谓齐闵王曰：鲁、费之众，臣甲舍于襄贲者也。'《吕氏春秋·慎势》又云：'以大使小，以重使轻，以众使寡，此王者之所以家以完也。故曰：以滕、费则劳，以邹、鲁则逸，以宋、郑则犹倍日而驰也，以齐、楚则举而加纲旃而已矣。所用弥大，所欲弥易。'据此可知费为长期存在之小国。"

【译文】

平公十二年，秦惠王去世。

平公二十年，去世，其子贾即位，这就是文公。

文公七年，楚怀王死于秦国。

文公二十三年，去世，其子雠即位，这就是顷公。

顷公二年，秦国攻下楚国的郢都，楚顷襄王向东迁徙到陈邑。

顷公十九年，楚国攻打鲁国，夺取了徐州。

顷公二十四年，楚考烈王攻打并灭亡了鲁国。顷公逃亡，迁居下邑，成为平民百姓，鲁国的宗庙断绝了祭祀。顷公死在柯邑。

鲁从周公起至顷公，一共三十四代。

太史公曰：余闻孔子称曰："甚矣鲁道之衰也！洙泗之间龂龂如也[①]。"观隐、桓之事，庆父及叔牙、闵公之际，何其乱也[②]！襄仲杀適立庶；三家北面为臣，亲攻昭公，昭公以奔。至其揖让之礼则从矣[③]，而行事何其戾也[④]？

【注释】

①洙泗之间龂龂（yín）如也：洙、泗为鲁之二水名。这里即指鲁国地面。龂龂，激烈争辩的样子。

②"观隐、桓之事"三句：底本于此作"观庆父及叔牙闵公之际，何其乱也？隐、桓之事"。按，隐桓之事，指公子挥在鲁桓公支持下弑鲁隐公之事，在庆父、叔牙、闵公之前，故朱东润《史记考索》曰："应移'隐、桓之事'一句于'观'字下。"今据改。

③从：顺。王叔岷曰："'从'与'戾'相对成义，《礼记·孔子闲居》：'气志既从。'郑注：'从，顺也。'"

④何其戾也：赵恒曰："言揖让之礼则是，而行事则戾，正是'龂龂'之意。"戾，背，相反。

【译文】

太史公说：我听孔子说："鲁国道德的衰败实在是太严重了！洙水与泗水之间人们为了一些小事而激烈争吵。"回望隐公与桓公之间，以及闵公时期在庆父与叔牙身上发生的事情，是多么混乱啊！襄仲杀嫡立庶；"三桓"北面称臣，竟然亲自率兵攻打昭公，昭公因此逃奔国外。至于他们对揖让的礼节倒还是遵从的，既然如此，为什么他们办事却那么暴戾呢？

【鲁国诸侯世系表】

鲁公伯禽（周公子）——考公（伯禽子，前998—前995）——炀公（考公弟，前994—前989）——幽公（炀公子，前988—前975）——魏公（幽公弟，前974—前925）——厉公（魏公子，前924—前888）——献公（厉公弟，前887—前856）——真公（献公子，前855—前826）——武公（真公弟，前825—前816）——懿公（武公子，前815—前807）——伯御（懿公侄，前806—前796）——孝公（懿公弟，前795—前769）——惠公（孝公子，前768—前723）——隐公（惠公子，前722—前712）——桓公（隐公弟，前711—前694）——庄公（桓公子，前693—前662）——公子班（庄公子）—湣公（庄公子，前661—前660）——釐公（庄公子，前659—前627）——文公（釐公子，前626—前609）——宣公（文公子，前608—前591）——成公（宣公子，前590—前573）——襄公（成公子，前572—前542）——昭公（襄公子，前541—前510）——定公（昭公弟，前509—前495）——哀公（定公子，前494—前467）——悼公（哀公子，前466—前429）——元公（悼公子，前428—前408）——穆公（元公子，前407—前377）——共公（穆公子，前376—前353）——康公（共公子，前352—前344）——景公（康公子，前343—前323）——平公（景公子，前322—前303）——文公（平公子，前302—前278）——顷公（文公子，前277—前249）被楚所灭

【集评】

吴见思曰："此篇纯用编年简法，以收罗遍尽为妙，故详序出色处亦不多几段。"（《史记论文》）

何焯曰："《鲁周公世家》前据《诗》《书》，后据《春秋》。"（《义门读书记》）

顾栋高曰："余读《春秋》至隐五年'公矢鱼于棠'，《传》曰'非礼也，且言远地也'；哀十四年'西狩获麟'，欧阳子曰'西狩言远也'。呜呼，鲁之东西境尽之矣。余尝往来京师，亲至兖州鱼台县，访隐公观鱼处，询之士人，云距曲阜不二百里。又至汶上，为齐、鲁接界，俱计日可到，其地平衍，无高山大川为之限隔，无鱼盐之利为之饶沃，故终春秋之世，常畏齐而附晋。又其西南则宋、郑、卫及邾、莒、杞、鄫诸国地，犬牙相错，时吞灭弱小以自附益，祊易之郑，防取之宋，须句取之邾，向、鄫取之莒，而邾则空其国都致邾众退保峄山，与莒争郓无宁日。逮晋文分曹地，则有东昌府濮州西南；而越既灭矣，与鲁泗东方百里，地界稍扩矣，然终不能抗衡齐、晋。岂特其君臣之孱弱，亦其地当走集，以守则不足以固，以攻则不足以取胜也。徒以周公之后世为望国，为晋、楚所重，故楚灵为章华之台，而薳启疆特致鲁侯以落之。好以大屈，至战国时尤存，于诸姬最为后亡，岂非周公之明德远哉！"（《春秋大事表》）

李景星曰："《鲁世家》所引各事，多有与《诗》《书》牴牾处，如封周公乃成王时事，《诗·鲁颂》可证，此乃以武王事；'文王日中昃不暇食'，《书·无逸》文也，此乃以为《多士》文；风雷之变，据《书》，在周公卒前，此列在周公卒后，皆牴牾之显然者。又如周公入贺成王事，成王少时病事，周公奔楚事，周公遗命欲葬成周事，俱于《诗》《书》无考，又不第牴牾已也。盖《诗》《书》经圣人删定，所载之事皆属雅驯，其余杂说在当时或出传闻，或散见各书引证，太史公好奇，故不免牵引及之，而《鲁世家》为尤甚。然讹误虽多，而叙次自佳。通篇纯用编年简法，于挨次叙述之中有随手收纵之妙。大旨深叹鲁秉周礼，其后世乃多行违礼之事，故于懿、隐、桓、闵诸公之被弑，'三桓'之专权，陪臣之干政，皆沉痛言之。而一则曰'君子讥之'，再则曰'君子讥之'，又曰'鲁讳之''鲁耻之''鲁耻焉'。赞语之末又曰：'至其揖让之礼则从矣，而行事何其戾也！'合诸

处观之,史公之意见矣。”(《史记评议》)

【评论】

司马迁在本篇极力褒扬了周公姬旦的美德。周公不仅是周武王与周成王两代忠心耿耿的辅政大臣,功勋卓著,还是人们公认的第一个古代文化巨人,他制礼作乐,创建了周王朝的许多制度,至今流传的《尚书》《诗经》与“三礼”中就有不少篇章相传是周公所作,司马迁写《史记》就是出于崇敬周公、孔子。周公大公无私,当周成王年幼不能管理国家政权时,周公就“践阼”替他代管;到周成王长大后,便“还政成王,北面就臣位,匔匔如畏然”。尤其是当周武王、周成王患病时,周公竟两次向鬼神祈求替周武王、周成王死,这一切都是何等令人钦敬的作为一个国家大臣的品质。周公无疑是司马迁最崇敬、最理想的古代名臣形象。

对于本篇借鉴《尚书·金縢》而写周公请代周武王死一事,明人张廉、张孚敬、清人袁枚等提出质疑,近人也有质疑《金縢》真实性的。但考察先秦文献,可知殷商以来的统治者都非常重视求神问卜,以为人世间的吉凶祸福均由鬼神掌控。最高统治者的地位高高在上,理所当然地认为自己应该得到最大的利益和幸运,远离一切灾祸和不幸。如果预知灾祸即将降临,就会让他的臣下或亲人替他承担。刘起釪说:“周公《金縢》的故事就是这样的事件,因为他所处的正是武王的最亲的亲人和最重要的大臣的地位,他是必须扮演这一角色的。……《金縢》的故事是真实的。”(《古史续辨》)周公不是被动接受而是主动请缨,这对他来说无异于主动赴死,全然置个人安危于度外,显示了他对周天子的无限忠诚。

鲁国是西周初年分封建立的数一数二的大诸侯国,其地位之崇高、亲近无与伦比,它与别国的最大不同就是以“仁义”“礼乐”相标榜,被称为“礼义之邦”。但司马迁在本篇却没有停留在这些表面的赞颂上,而是具体地展现了这个“礼义之邦”在其美丽外衣掩盖下的腐朽黑暗的内幕。鲁桓公是第一个弑兄、弑君的乱贼;接着其子庆父又在鲁国作乱多年，继而便是鲁桓公的三个儿子的后代从此瓜分并操纵了鲁国的政权，使鲁国的君主成为傀儡。至鲁昭公更被季氏赶出了鲁国，直到流浪而死。鲁国的贵族大臣钩心斗角，相互火并，"庆父不死，鲁难未已"的典故就是出在鲁国。相比之下楚国是"生番化外"，秦国是"偏居西戎"，而人家不以"礼乐""仁义"自居，而实际的政治状况却都比鲁国好得多。司马迁对鲁国的腐朽混乱、积贫积弱，是很清楚的，他很为这个圣人的后裔之国感到惋惜；也很为儒家宣扬的"礼乐治世"的华而不实、繁琐无用而感到悲哀。他通过引述周公批评伯禽死守教条、不知变通而预言鲁国日后必败，以及孔子所谓"甚矣鲁道之衰也"，寄寓了他的无限感慨。

史记卷三十四

燕召公世家第四

【释名】

《燕召公世家》记载了燕国自召公受封至燕王喜三十三年灭亡，共八百余年的历史。由于燕国地处北鄙，与中原交往不多，流传下来的史事较少，再加上秦始皇“烧天下诗书，诸侯史记尤甚”，所以司马迁粗线条地勾勒了其历史轮廓，重点描绘了其主要事件。本篇所写主要事件有：召公在周武王时受封于燕，始立燕国；燕王哙、子之之乱，燕几乎被齐所灭；燕昭王收拾残局，招贤任能，使燕得以中兴；燕王喜挑起燕、赵之争，燕国迅速衰竭；太子丹派荆轲刺秦王不成，燕被秦国所灭。

篇末论赞，司马迁点明“德”是燕国在艰难的处境中还可以国运绵长、几次起死回生的关键，强调了“德治”的重要性。

召公奭，与周同姓，姓姬氏①。周武王之灭纣，封召公于北燕②。其在成王时③，召公为三公④：自陕以西，召公主之；自陕以东，周公主之⑤。成王既幼，周公摄政⑥，当国践祚⑦，召公疑之，作《君奭》⑧。君奭不说周公⑨，周公乃称：“汤时有伊尹⑩，假于皇天⑪；在太戊⑫，时则有若伊陟、臣扈⑬，假于上帝，巫咸治王家⑭；在祖乙⑮，时则有若巫贤⑯；在武丁[17]，时则有若甘般[18]：率维兹有陈[19]，保乂有殷[20]。”于是召公乃说。

【注释】

①“召（shào）公奭（shì）”三句：召公奭，周代燕国的始祖，因食邑于召（在今陕西岐山西南），故称“召公”，又称“召伯”。辅助周武王灭商，封于燕，死谥康公。有人说召公是周之支族，有人说他是周文王之子；梁玉绳曰：“盖既为周同姓，称‘公子’也可，称支族也可。”周，指周王室。

②封召公于北燕：旧说召公封于蓟，据《礼记·乐记》，周武王曾封黄帝之后于蓟，召公初封之地显然不可能也在蓟。今北京西南房山琉璃河发现有周初及西周时的城址和墓地，有“匽侯”铜器多件，铭载召公子克受土受民之事，可知燕之初封地即在今琉璃河。西周时期燕国的古城址，坐落在房山琉璃河遗址中部董家林村。至春秋初期，姬姓之燕乃灭蓟而有之，并以蓟为自己的都城。白寿彝《中国通史》云：“召公奭、太公望以周开国重臣，建国燕、齐。当时，燕北迫戎狄，而齐与东夷杂处。燕、齐建国，对于拱卫周室应有战略上的意义。”又云：“燕，可能在殷商时期就是一个诸侯国家，据《吕氏春秋·音初》以‘燕’释《诗·商颂·玄鸟》中的‘玄鸟’，可知燕与殷商共属于玄鸟图腾体系，燕民或为殷民的一分支。周封召公于此，可能就是征服了殷商时代的燕而后建立了周的燕国的。”

③成王：周武王之子，名诵，前1042—前1021年在位。

④召公为三公：召公在周成王时担任太保。《周本记》：“召公为保。”三公，指太师、太傅、太保。

⑤“自陕以西”四句：相传周初周公旦、召公奭分陕而治。周公治陕以东，召公治陕以西。周公、召公分掌之地说法不同，《集解》引

《公羊传·隐公五年》《白虎通·封公侯》等以陕为今河南三门峡旧陕县，而王应麟《诗地理考·周南》曰："朱氏曰《公羊》分陕之说可疑，盖陕东地广，陕西只是关中、雍州之地，恐不应分得如此不均。"崔述曰："洛亦称郏也。洛邑天下之中，当于是分东西为均。"梁玉绳引《公羊释文》等以为"陕""郏"字形相似，或传写者之误。"郏"即王城郏鄏，在今河南洛阳之王城公园一带。

⑥摄政：代国君处理政事。摄，代行，代理。

⑦当国：执政，主持国政。践祚（zuò）：指登上帝位。践，登。祚，帝位。

⑧《君奭》：《尚书》篇名，存于《尚书·周书》中。相传为周公所作。文中是周公对召公疑问的答词，希望召公要胸怀宽广，能和自己共同把国家治理好。君，为周公对召公的尊称。

⑨君奭不说（yuè）周公：《集解》引马融曰："召公以周公既摄政，致大平，功配文武，不宜复列在臣位，故不悦，以为周公苟贪宠也。"梁玉绳曰："夫以召公之贤，扬历三朝，与周公从事老矣，尚复何嫌何疑，而犹有异同之见耶？且《金縢》明言周公告二公，何以云不说哉！此王莽居摄之所以附会为周公称王，召公不说也。"王叔岷引俞樾曰："召公所以不说者，盖由武王既没，成王幼弱，天下大乱，召公以为国赖君长，己与周公区区奉一孺子，而欲勘定四方，其势有所甚难；又习见殷家故事兄终弟及，以为武王既没，周公便可纂成大统。乃拘守经常，不早定大策，此其所以不说也。周公历称殷时贤臣，皆有大勋劳，而无不以臣节始终。则己之不敢涉天位，意在言外。此召公所以不说也。"蔡沈曰："乃召公自以盛满难居，欲避权位，退老厥邑，周公反复告谕以留之耳。"崔述曰："细玩篇中之语，无非勉厉召公，同心协力，共辅大业。不但不见召公有不说周公之意，亦殊不见召公有盛满难居之心，然则此篇乃周公自与召公相劝勉之言。"泷川曰："崔说与《史记》异，今就《君奭》原文推之，几乎得其实。"说，同"悦"，高兴。

⑩汤：也作“商汤”“成汤”，子姓，名履、天乙、太乙，灭夏后又称“武汤”“成汤”“殷汤”。灭夏立商，是商朝的开国君主。伊尹：名挚，亦称“阿衡”。原为有莘氏女陪嫁之臣，被商汤起用，辅佐商汤灭夏，创建商朝。汤死后，又辅佐了外丙、仲壬、太甲三朝君主，是商初的贤臣。

⑪假（gé）于皇天：意谓伊尹治理国家合乎天道。假，《尚书·君奭》作“格”，至。

⑫太戊：即中宗，名密，太甲之孙，太庚之子。即位后以伊陟为相，又以巫咸“治王家”，敬畏天命，勤政修德，任贤举能，使商朝得以复兴。

⑬伊陟（zhì）：伊尹之子，太戊时为相。臣扈：太戊之臣。《集解》引孔安国曰：“伊陟、臣扈，率伊尹之职，使其君不陨祖业，故至天之功不陨。”

⑭巫咸：太戊之臣。《集解》引孔安国曰：“巫咸治王家，言其不及二臣。”

⑮祖乙：商朝君主。商朝在河亶甲时，国势衰落，他即位后几次迁都，并任用巫贤等名臣，平服东夷，国势复振。

⑯巫贤：巫咸之子。祖乙时贤相。

⑰武丁：即高宗，名昭，他年少时久居民间，与百姓一起劳作。即位后，修政行德，勤于政事，起用傅说、甘般等贤能之人辅政，励精图治，使国家得到治理，商朝进入鼎盛时期。

⑱甘般：又作“甘盘”，武丁之臣。殷墟卜辞中屡见其帅军征战。据说他辅佐武丁是在傅说之前。

⑲率维兹有陈：意谓全都各在其位，各尽其能。率，全，都。维，助词。兹，此。指身边的这些贤臣。陈，位列。

⑳保乂（yì）有殷：使殷朝得以安定。保乂，治理，安定。有，助词。殷，商朝的别称。

【译文】

召公奭与周王室为同姓，姓姬。周武王灭亡商纣王之后，将召公分封在北燕。周成王时期，召公居为三公之一的太保：自陕地以西，由召公负责管理；自陕以东，由周公负责管理。周成王年幼，周公代行国政，主持国家事务，登天子位，召公怀疑他，周公作了《君奭》。召公奭表达了对周公的不满，周公于是就在《君奭》中称述："商汤时有伊尹，治理国家合于天道；太戊时，有伊陟、臣扈，治理国家合于天道，巫咸把王室治理得也很好；祖乙时，有巫贤；武丁时，有甘般：他们全都各在其位，各尽其能，保卫治理殷王朝。"这时召公才高兴起来。

召公之治西方①，甚得兆民和②。召公巡行乡邑，有棠树③，决狱政事其下④，自侯伯至庶人各得其所⑤，无失职者。召公卒，而民人思召公之政，怀棠树不敢伐，哥咏之，作《甘棠》之诗⑥。

自召公已下九世至惠侯⑦。燕惠侯当周厉王奔彘、共和之时⑧。

【注释】

①西方：指前文所说"自陕以西"。

②兆民：众民。兆，极言其多。

③棠树：一名"甘棠"，俗称野梨。《正义》引《括地志》云："召伯听讼甘棠之下，周人思之，不伐其树。后人怀其德，因立庙，有棠在九曲城东阜上。"

④决狱政事：判决诉讼，处理政事。

⑤侯、伯：古代五等爵位公、侯、伯、子、男，第二等称"侯"，第三等称"伯"。此泛指贵族。庶人：平民。

⑥“召公卒”五句：梁玉绳曰：“树下决狱之说，史公必有所本。……然窃疑树下非听讼之所，周初盛规，不应简陋如是，杨升庵尝讥之。而《韩诗外传一》谓召公不欲劳民营居，出就蒸庶，庐于树下，听断于陇亩之间，尤觉矫情难信。吕祖谦《读诗记》引刘氏曰：‘召伯憩息此棠树之下，说者谓召公不重烦劳百姓，止舍棠下，是为墨子之道也。’……余因考《白虎通·巡狩章》引《甘棠诗》云‘召公述职，亲说舍于野树之下’、《易林·睽》之三十八云‘召伯避暑’，皆无听讼之说，史公妄耳。”哥，同“歌”。《甘棠》，《诗经》篇名，见《诗·召南》。

⑦自召公已下九世至惠侯：按，燕国史已失，故燕惠侯以下都不记名字，又不言与先王之关系，燕君谥号也多有错乱，据《十二诸侯年表》曰惠、曰桓者各三，曰釐、曰宣、曰昭、曰孝、曰文者各二。其称公、称侯、称伯，均属泛以为号。已，同“以”。

⑧周厉王奔彘（zhì）、共和之时：周厉王，名胡，前877—前841年在位。因贪狠好利，横征暴敛，钳制国人议论，大肆诛杀“谤者”，导致国人暴动，被驱逐。周厉王逃到彘，于前828年死于彘。彘，地名。在今山西霍州东北。共和，周厉王被驱逐后，国内无主，出现共和行政。一说指周、召二公共同执政；一说指“共伯名和者”受诸侯拥戴，代行王政。

【译文】

召公治理陕地以西，特别受百姓拥戴。召公在乡邑间巡行视察，有一棵棠树，召公就在树下决断案件处理政事，从侯伯到平民百姓都各得其所，没有失职之处。召公去世，人们怀念召公的德政，爱护棠树舍不得砍伐，作了《甘棠》一诗来歌颂他。

自召公往下数九代就到了惠侯。惠侯正处在周厉王逃奔彘、周朝共和行政的时期。

惠侯卒，子釐侯立[①]。是岁，周宣王初即位[②]。

釐侯二十一年[③]，郑桓公初封于郑[④]。

三十六年[⑤]，釐侯卒，子顷侯立。

顷侯二十年[⑥]，周幽王淫乱，为犬戎所弑[⑦]。秦始列为诸侯[⑧]。

二十四年[⑨]，顷侯卒，子哀侯立。

哀侯二年卒，子郑侯立[⑩]。

郑侯三十六年卒，子缪侯立。

缪侯七年，而鲁隐公元年也[⑪]。

十八年卒[⑫]，子宣侯立[⑬]。

宣侯十三年卒[⑭]，子桓侯立[⑮]。

桓侯七年卒[⑯]，子庄公立[⑰]。

【注释】

①子釐（xī）侯立：据梁玉绳说，燕釐侯并不是燕惠侯之子，燕惠侯在位三十八年。

②是岁，周宣王初即位：据梁玉绳说，周宣王比燕釐侯早一年即位。是岁，指前828年。周宣王，名静，一作“靖”，周厉王之子，前828—前782年在位。

③釐侯二十一年：当周宣王二十二年、郑桓公元年，前806年。

④郑桓公：名友，周宣王之弟，郑国的始封君，前806—前771年在位。郑，最初的封地在今陕西渭南华州区。

⑤三十六年：当周宣王三十七年，前791年。

⑥顷侯二十年：当周幽王十一年、秦襄公七年，前771年。

⑦周幽王淫乱，为犬戎所弑：周幽王因宠幸褒姒，而废申后及太子宜臼，申后之父申侯发怒，联合犬戎攻周幽王，将其杀于骊山下，西

周灭亡。周幽王，名宫涅，一说名宫湦，又作“涅”，周宣王之子，前781—前771年在位。犬戎，古部族名。戎人的一支，又称“畎夷”“犬夷”“昆夷”“绲夷”等，殷周时居于今陕西西部、甘肃东南部一带。

⑧秦始列为诸侯：秦襄公于周幽王被杀时曾将兵救周，又以兵护送周平王东迁，因为有功，周平王封他为诸侯，赐以岐西周之故地。秦，嬴姓诸侯国。其远祖伯益，舜时赐姓嬴，周孝王封伯益之后非子于秦（在今甘肃天水），作为周的附庸。

⑨二十四年：当周平王四年，前767年。

⑩子郑侯立：梁玉绳曰：“《索隐》于《世家》云《谥法》无‘郑’，或是名。然燕君皆失名，不应此侯独传名郑，疑。”

⑪缪侯七年，而鲁隐公元年也：此年当周平王四十九年，前722年。《春秋》《左传》都从此年开始记载。鲁隐公，名息姑，为鲁惠公长庶子。鲁惠公死后嫡子允年幼，鲁隐公遂当国，行君事。鲁隐公十一年（前712），子允受公子翚挑唆，默许其弑杀隐公，子允立为君，是为鲁桓公。

⑫十八年：当周桓王九年、鲁桓公元年，前711年。

⑬子宣侯立：近代研究者都认为燕宣侯并非燕缪侯之子。

⑭宣侯十三年：当周桓王二十二年、鲁桓公十四年，前698年。

⑮子桓侯立：近代研究者都认为燕桓侯并非燕宣侯之子。

⑯桓侯七年：当周庄王六年、鲁庄公元年，前691年。据枫山、三条本，“七年”作“十年”。《集解》引《世本》曰：“桓侯徙临易。”

⑰子庄公立：梁玉绳曰：“案，《亢仓子·训道》篇有‘燕庄侯他’，岂庄名他与？然《亢仓》伪书，恐不足据。”

【译文】

惠侯去世，其子釐侯即位。这年，周宣王始即位。

釐侯二十一年，郑桓公刚被封到郑。

釐侯三十六年，去世，其子顷侯即位。

顷侯二十年，周幽王淫乱，被犬戎杀死。秦开始列为诸侯。

顷侯二十四年，去世，其子哀侯即位。

哀侯二年去世，其子郑侯即位。

郑侯三十六年去世，其子缪侯即位。

缪侯七年，是鲁隐公元年。

缪侯十八年，去世，儿子宣侯即位。

宣侯十三年去世，其子桓侯即位。

桓侯七年去世，其子庄公即位。

庄公十二年①，齐桓公始霸②。

十六年③，与宋、卫共伐周惠王，惠王出奔温④，立惠王弟颓为周王⑤。

十七年⑥，郑执燕仲父而内惠王于周⑦。

二十七年⑧，山戎来侵我⑨，齐桓公救燕，遂北伐山戎而还⑩。燕君送齐桓公出境，桓公因割燕所至地予燕，使燕共贡天子，如成周时职；使燕复修召公之法。

三十三年卒⑪，子襄公立。

【注释】

①庄公十二年：当周釐王三年、鲁庄公十五年、齐桓公七年，前679年。

②齐桓公始霸：是年，齐桓公、郑厉公、卫惠公、宋桓公、陈宣公于鄄（今山东鄄城北）会盟，齐桓公开始称霸诸侯。齐桓公，名小白，前685—前643年在位。在位期间，任用管仲等，“九合诸侯，一匡天下”，成为霸主，为春秋五霸之首。

③十六年：当周惠王二年、鲁庄公十九年、宋桓公七年、卫惠公二十

五年，前675年。

④与宋、卫共伐周惠王，惠王出奔温：据《周本纪》，周惠王“夺其大臣园以为囿”，故大夫边伯等五人召燕、卫等国出兵伐周，逐周惠王而立公子颓。但此次参与伐周纳颓者究为姞姓“南燕”还是姬姓“北燕”，终无定说，多数学者倾向于南燕。又宋未参与伐周事，《世家》记载有误。又奔温者是公子颓而非惠王。宋，诸侯国名。周武王灭殷后，封商纣王的庶兄微子启于商的旧都地区为宋，都商丘（今河南商丘城南部），战国时迁至彭城（今江苏徐州）。其事见《宋微子世家》。卫，诸侯国名。周武王之弟康叔是其始封君，始建都朝歌（今河南淇县），后屡迁。其事见《卫康叔世家》。周惠王，名阆，前676—前652年在位。温，周邑名。故城在今河南温县西南。

⑤惠王弟颓（tuí）：颓，《左传》作“子颓”“王子颓”，《周本纪》及《左传·庄公十九年》并言颓为周庄王嬖姬姚所生，《周本纪》且明言“立釐王弟颓为王”，此处“惠王弟颓”当作“釐王弟颓”。

⑥十七年：当周惠王三年、鲁庄公二十年、郑厉公二十七年，前674年。

⑦执：拘捕。燕仲父：南燕伯。内：同“纳”。周：成周。

⑧二十七年：当周惠王十三年、鲁庄公三十年、齐桓公二十二年，前664年。

⑨山戎：古部族名。居住在今河北迁安、卢龙、滦县一带。我：指燕国。

⑩齐桓公救燕，遂北伐山戎而还：杜预曰：“齐桓行霸，故欲为燕谋难。”

⑪三十三年：当周惠王十九年、鲁僖公四年、齐桓公二十八年，前658年。

【译文】

庄公十二年，齐桓公开始称霸。

庄公十六年，燕国与宋、卫两国共同讨伐周惠王，周惠王出奔到温地，他们拥立周惠王的弟弟颓为周王。

庄公十七年，郑拘捕了燕仲父，护送周惠王回到成周复位。

庄公二十七年，山戎侵犯燕国，齐桓公率兵前来救援，于是北伐山戎才撤回。燕君送齐桓公出了国境，齐桓公就把燕君所到达的区域都划给了燕国，让燕国一同向周天子进贡，像成周时一样；让燕国重新实行召公的政策。

庄公三十三年去世，儿子襄公继位。

襄公二十六年①，晋文公为践土之会，称伯②。

三十一年③，秦师败于殽④。

三十七年⑤，秦穆公卒⑥。

四十年⑦，襄公卒，桓公立⑧。

桓公十六年卒，宣公立。宣公十五年卒，昭公立。

昭公十三年卒⑨，武公立。是岁晋灭三郤大夫⑩。

武公十九年卒，文公立。

文公六年卒，懿公立。

懿公元年⑪，齐崔杼弑其君庄公⑫。

四年卒，子惠公立。

【注释】

①襄公二十六年：当周襄王二十年、鲁僖公二十八年、晋文公五年，前632年。

②晋文公为践土之会，称伯（bà）：晋国城濮之战大败楚国，战后，晋文公于践土与鲁、齐、蔡、郑、卫、莒等诸侯会盟并称霸。有关城濮之战与践土之盟事，详见《左传·僖公二十八年》与《晋世家》。晋文公，名重耳，前697—前628年在位。践土，郑地名。在今河

南原阳西南。伯，通“霸”。

③三十一年：当鲁僖公三十三年、秦穆公三十三年、晋襄公元年，前627年。

④秦师败于崤：此即“崤之战”。晋文公死后，秦穆公举兵伐郑，不成，灭滑，回师途中，在崤山被晋军伏击，大败，自此后秦、晋关系恶化。其事见《左传·僖公三十三年》与《晋世家》。崤，山名。在今河南洛宁北。

⑤三十七年：当鲁文公六年、秦穆公三十九年，前621年。

⑥秦穆公：名任好，前659—前621年在位。在此期间成为函谷关以西的霸主。

⑦四十年：当周顷王元年、鲁文公九年，前618年。

⑧桓公立：梁玉绳曰：“《世本》无桓公。”

⑨昭公十三年：当周简王十二年、鲁成公十七年、晋厉公七年，前574年

⑩灭三郤（xì）大夫：其事详见《晋世家》。三郤大夫，郤锜、郤犨、郤至。

⑪懿公元年：当周灵王二十四年、鲁襄公二十五年、齐庄公六年，前548年。

⑫崔杼弑其君庄公：崔杼因齐庄公与其妻私通，杀齐庄公，其事详见《左传·襄公二十五年》与《齐太公世家》。崔杼，齐国权臣。竹添光鸿曰：“崔杼此年奔卫，至襄公廿五年弑庄公，相距五十一年，又二年自缢。说者或有疑其年岁者，不知崔杼便佞性生，弱冠已擅宠也。”

【译文】

襄公二十六年，晋文公在践土召集会盟，称霸。

襄公三十一年，秦军在崤山被晋军击败。

襄公三十七年，秦穆公去世。

襄公四十年，去世，桓公即位。

桓公十六年去世，宣公即位。宣公十五年去世，昭公即位。

昭公十三年去世，武公即位。这一年晋国诛灭郤锜、郤犨、郤至三位郤姓大夫。

武公十九年去世，文公即位。

文公六年去世，懿公即位。

懿公元年，齐崔杼弑杀他的国君齐庄公。

懿公四年去世，儿子惠公即位。

惠公元年[①]，齐高止来奔[②]。

六年[③]，惠公多宠姬，公欲去诸大夫而立宠姬宋，大夫共诛姬宋[④]，惠公惧，奔齐。

四年[⑤]，齐高偃如晋，请共伐燕，入其君。晋平公许，与齐伐燕，入惠公。惠公至燕而死[⑥]。燕立悼公。

【注释】

①惠公元年：当周景王元年、鲁襄公二十九年、齐景公四年，前544年。

②齐高止来奔：齐国的高止擅行遇祸。奔燕事，见《左传·襄公二十九年》。高止，又称“子容”“高子容”，齐国的世袭贵族。来奔，逃亡到燕国。

③六年：当周景王六年、鲁昭公三年，前539年。

④“惠公多宠姬”三句：三“姬”字俱当作“臣”。“姬宋”应作“臣宋”，即宠臣名宋。

⑤四年：当指燕惠公奔齐的第四年，当周景王九年、鲁昭公八年、齐景公十二年、晋平公二十二年，前536年。

⑥“齐高偃如晋”七句：惠公，《左传》作“简公”。据《左传》“如晋

请共伐燕”者非“高偃”，乃齐侯；又，非请晋出师，而是请晋允许齐国自己出师伐燕；且齐、燕讲和，燕国把燕姬嫁给齐景公，并送上重礼，齐退兵，未能纳燕君。非燕简公入而死，实未入也。至《左传·昭公十二年》“齐高偃纳北燕伯款于唐”，此北燕伯款即燕简公。则燕简公于五年后复入，居别邑，未死。

【译文】

惠公元年，齐国的高止前来投奔燕国。

惠公六年，惠公有很多宠幸之臣，想废除众大夫而让宠臣宋主持政务，大夫们一起诛杀了宋，惠公害怕，逃奔到齐国。

居齐的第四年，齐国的高偃来到晋国，请求与晋国一同讨伐燕国，送燕国的国君惠公回国。晋平公答应了，与齐国讨伐燕国，把惠公送回了国。惠公到了燕国就死了。燕人拥立悼公为君。

悼公七年卒，共公立①。

共公五年卒②，平公立。晋公室卑，六卿始强大③。

平公十八年④，吴王阖闾破楚，入郢⑤。

十九年卒，简公立。

简公十二年卒⑥，献公立⑦。晋赵鞅围范、中行于朝歌⑧。

献公十二年⑨，齐田常弑其君简公⑩。

十四年⑪，孔子卒⑫。

二十八年⑬，献公卒，孝公立⑭。

【注释】

①共（gōng）：通“恭”。

②五年：当周景王二十一年、鲁昭公十八年、晋顷公二年，前524年。

③晋公室卑，六卿始强大：春秋中期以后，晋国君势衰，政权下落大

夫手中。公室,诸侯及其家族,也指诸侯国的政权。卑,低。此指衰弱。六卿,指晋国的韩、赵、魏、智、范、中行六家执政大臣。

④平公十八年:当周敬王十四年、鲁定公四年、吴王阖闾九年、楚昭王十年,前506年。

⑤吴王阖闾破楚,入郢(yǐng):吴与蔡伐楚,攻入楚郢都,楚昭王逃亡。其事见《左传·定公四年》与《吴太伯世家》《楚世家》《伍子胥列传》。阖闾,又作“阖庐”,名光,前514—前496年在位。郢,楚国都城。故址在今湖北荆州之纪南城。

⑥简公十二年卒:当周敬王二十八年、鲁哀公三年、晋定公二十年,前492年。梁玉绳曰:“‘简公’当作‘惠公’;‘十二年’当作‘十五年’。”

⑦献公立:据《竹书纪年》,燕简公后次燕孝公,无燕献公。

⑧晋赵鞅围范、中行于朝歌:据《左传·哀公元年》与《晋世家》《赵世家》,赵鞅围范氏、中行氏于朝歌在晋定公十八年、燕简公十一年,前494年。赵鞅,即赵简子、赵孟,晋国正卿。范,指范吉射,晋大臣。中行,指中行寅,晋大臣。朝(zhāo)歌,晋邑名。即今河南淇县。

⑨献公十二年:当周敬王三十九年、鲁哀公十四年、齐简公四年,前481年。

⑩齐田常弑其君简公:田常弑杀齐简公,拥立他的弟弟骜为齐平公,自己为齐相,专断国权。其事详见《左传·哀公十四年》与《齐太公世家》《田敬仲完世家》。田常,又称“田恒”“田成子”“陈成子”,齐国权臣。简公,齐简公,名壬,齐悼公之子,一说齐景公之子,前484—前481年在位。

⑪十四年:当鲁哀公十六年,前479年。

⑫孔子:名丘,字仲尼,鲁国陬邑(今山东曲阜)人,儒家学派的创始人。提倡“君君,臣臣,父父,子子”的“正名”主张,提出“仁”等

伦理思想。

⑬二十八年：当周定王四年，前465年。

⑭孝公立：梁玉绳曰："《人表》，'孝'作'考'。"

【译文】

悼公七年去世，共公即位。

共公五年去世，平公即位。晋公室衰落，六卿开始强大。

平公十八年，吴王阖闾攻破楚军，进入郢都。

平公十九年去世，简公继位。

简公十二年去世，献公即位。晋国的赵鞅在朝歌围攻范氏、中行氏。

献公十二年，齐国的田常弑杀他的国君齐简公。

献公十四年，孔子去世。

献公二十八年，去世，孝公即位。

孝公十二年①，韩、魏、赵灭知伯，分其地②，三晋强③。

十五年④，孝公卒，成公立。

成公十六年卒⑤，湣公立。

湣公三十一年卒⑥，釐公立。是岁，三晋列为诸侯⑦。

釐公三十年⑧，伐败齐于林营⑨。釐公卒，桓公立。

桓公十一年卒⑩，文公立。是岁，秦献公卒⑪，秦益强。

【注释】

①孝公十二年：据《竹书纪年》，晋三家杀知伯、分其地在燕成公二年，当周定王十六年、赵襄子五年，前453年。此系于"孝公十二年"，误。

②韩、魏、赵灭知伯，分其地：韩、魏、赵攻灭知伯，瓜分了他的封地韩，指韩康子，名虎。魏，魏桓子，名驹。赵，指赵襄子，名无恤。

知伯，又作“智伯”，指知襄子，名瑶。四人为晋六卿当中的四个。

③三晋：指韩、赵、魏三家，他们瓜分了晋国，各立为国，故称他们为“三晋”。

④十五年：当周定王十八年，前451年。

⑤成公十六年：当周考王六年，前435年。

⑥湣公三十一年卒：当周威烈王二十三年，前403年。

⑦三晋列为诸侯：韩、赵、魏正式被周天子策命为诸侯。

⑧釐公三十年：当周烈王三年、田齐桓公二年，前373年。

⑨林营：地名。又云“林孤”“林狐”“林孤营”，今地不详。

⑩桓公十一年卒：当周显王七年、秦献公二十三年，前362年。

⑪秦献公：名师隰，又作“元”，秦灵公之子，前385—前362年在位。

【译文】

孝公十二年，韩、魏、赵灭掉知伯，瓜分了他的封地，三晋势力强大。

孝公十五年，去世，成公即位。

成公十六年去世，湣公即位。

湣公三十一年去世，釐公即位。这一年，赵、魏、韩列为诸侯。

釐公三十年，在林营打败了齐军。釐公去世，桓公即位。

桓公十一年去世，文公即位。这年，秦献公去世，秦国更加强大。

文公十九年①，齐威王卒②。

二十八年③，苏秦始来见，说文公④。文公予车马金帛以至赵，赵肃侯用之，因约六国，为从长⑤。秦惠王以其女为燕太子妇⑥。

二十九年⑦，文公卒，太子立，是为易王⑧。

【注释】

①文公十九年：当周显王二十六年、齐威王十四年，前343年。

②齐威王卒：按，《史记》于齐国诸君的纪年错误甚大，齐威王在位的时间为前356—前320年，此处与《田敬仲完世家》《六国年表》并误。齐威王，名因齐，齐桓公之子，前356—320年在位。

③二十八年：当周显王三十五年，前334年。

④苏秦始来见，说（shuì）文公：其事见《战国策·燕策》。此事缪文远以为实属虚构。首先，周显王三十五年，正魏、齐会徐州相王之岁，魏、齐方平分霸权，国势正盛，无诸国合纵摈秦之必要；其次，秦与燕壤地不接，燕无事摈秦，亦无须越三晋而事秦；最后，三晋与燕、中山“五国相王”在周显王四十六年，即在《史记》所称苏秦说燕后十一年，苏秦何得称燕文侯为大王？故知此事不实。苏秦，字季子，东周洛阳（今属河南）人，当时著名的纵横家。说（shuì），游说。

⑤“赵肃侯用之”三句：据杨宽《战国史》考证，此时尚无苏秦游说合纵抗秦之事，故此事不实。赵肃侯，名语，前349—前326年在位。六国，指秦以外的齐、魏、韩、赵、楚、燕东方六国。为从（zòng）长，做合纵联盟之长。从，同“纵”。

⑥秦惠王以其女为燕太子妇：此事本《战国策·燕策》“燕文公时”章，然《六国年表》《秦世家》俱不载，且《六国年表》秦惠王三年记曰“王冠”，则秦惠王方二十岁，是年当燕文公二十七年。燕文公二十九年卒，则当时秦惠王只二十二岁，必无成年之女堪为燕太子妇者。此说当为战国人杜撰苏秦故事时所虚构。秦惠王，又称“惠文王”，名驷，前337—前311年在位。

⑦二十九年：当周显王三十六年、齐威王后元十年，前333年。

⑧是为易王：燕易王初即位时并未称王，即位后的第十年始称王。

【译文】

文公十九年，齐威王去世。

文公二十八年，苏秦第一次来拜见，并游说文公。文公给他车马金帛让他去赵国，赵肃侯任用了他。他就约集六国，担任了合纵联盟之长。秦惠王将女儿嫁给了燕太子。

文公二十九年，去世，太子即位，这就是易王。

易王初立，齐宣王因燕丧伐我，取十城；苏秦说齐，使复归燕十城[①]。

十年[②]，燕君为王[③]。苏秦与燕文公夫人私通，惧诛，乃说王使齐为反间[④]，欲以乱齐。

易王立十二年卒，子燕哙立[⑤]。

【注释】

①使复归燕十城：其事见《战国策·燕策》“燕文公时”章。或谓燕易王、齐宣王时，苏秦尚未与燕、齐发生关系。

②十年：当周显王四十六年，前323年。

③燕君为王：据《战国策·中山策》，前323年，魏将公孙衍发起魏、韩、赵、燕、中山“五国相王”，以和秦、齐、楚三大国对抗。

④乃说王使齐为反间：《苏秦列传》载：“苏秦恐诛，乃说燕王曰：‘臣居燕不能使燕重，而在齐则燕必重。’燕王曰：‘唯先生之所为。’于是苏秦佯为得罪于燕而亡走齐，齐宣王以为客卿。”苏秦所事者为燕昭王。杨宽《战国史》以为此处及《苏秦列传》说法均有误。苏秦使齐乃苏秦与燕王所定之计。苏秦以燕相的身份使齐，以便得到齐王重用，助齐灭宋，削弱齐之国力，并相机挑拨齐、赵关系，以达到攻灭齐国之目的。反间，反间计，使用间谍离间瓦解对方，使对方内部力量分化。

⑤子燕哙（kuài）立：燕王哙元年当周慎靓王元年、齐威王三十七年，前320年。燕哙，燕王哙，前320—前314年在位。

【译文】

易王刚即位，齐宣王趁燕国办有丧事之机攻伐燕国，夺取了十座城邑；苏秦游说齐王，把十个城邑又归还了回来。

燕易王十年，燕君开始称王。苏秦与燕文公的夫人私通，害怕被诛杀，就游说易王派他出使齐国行反间，想搅乱齐国。

燕易王继位十二年去世，其子燕哙即位。

燕哙既立，齐人杀苏秦①。苏秦之在燕，与其相子之为婚②，而苏代与子之交。及苏秦死，而齐宣王复用苏代③。燕哙三年④，与楚、三晋攻秦⑤，不胜而还。子之相燕，贵重⑥，主断⑦。苏代为齐使于燕⑧，燕王问曰："齐王奚如⑨？"对曰："必不霸。"燕王曰："何也？"对曰："不信其臣。"苏代欲以激燕王以尊子之也。于是燕王大信子之。子之因遗苏代百金⑩，而听其所使。

【注释】

①齐人杀苏秦：《苏秦列传》载苏秦被与其争宠的齐大夫所派刺客刺死，杨宽《战国史》以为苏秦之死盖因其间谍行为被齐发觉。苏秦之死亦不在燕哙在位时。其事见下文，并详见《苏秦列传》。

②与其相子之为婚：与燕相子之结为姻亲。《战国策·燕策》又云燕相子之与苏代婚，与此异。子之，燕国相。燕王哙禅王位于他，造成燕国内乱。详见下文。

③齐宣王：名辟彊，齐威王之子，前319—前301在位。苏代：游说之士，东周洛阳人。《苏秦列传》《战国策》均称苏代为苏秦之弟，杨宽《战国史》以为，两书记载苏秦、苏代事均十分混乱。一九七三年在湖南长沙马王堆三号汉墓中出土的帛书中，有关于苏秦史事

较翔实的记载，可确认苏秦实与燕昭王、齐湣王、奉阳君（李兑）、韩珉同时，苏秦的一生，主要是为燕昭王做反间；而苏代应是苏秦之兄，苏代游说诸侯较早。

④燕哙三年：当楚怀王十一年、魏哀王元年、韩宜惠王十五年、赵武灵王八年、齐宣王二年、秦惠文王后元七年，前318年。

⑤与楚、三晋攻秦：《楚世家》载此次攻秦的还有齐国。

⑥贵重：位尊权重。

⑦主断：谓决断国事，专擅朝政。

⑧苏代为齐使于燕：据《战国策》，子之派苏代在齐国侍奉燕国作为人质的公子，齐派苏代报燕。

⑨奚如：怎么样。

⑩遗（wèi）：赠送。

【译文】

燕王哙继位后，齐人杀死了苏秦。苏秦在燕国时，与燕相子之结为儿女亲家，苏代与子之交好。等苏秦死后，齐宣王又任用苏代。燕王哙三年，与楚、三晋攻打秦国，没能取胜就撤回了。子之做燕相，位尊权重，专擅朝政。苏代为齐国出使到燕国，燕王问他道："齐王怎么样？"苏代回答说："一定不能称霸。"燕王问："为什么？"苏代回答说："不信任他的大臣。"苏代想借此来刺激燕王尊用子之。于是燕王对子之大加信用。子之就送给苏代百镒黄金，听凭他使用。

鹿毛寿谓燕王[①]："不如以国让相子之。人之谓尧贤者，以其让天下于许由，许由不受[②]，有让天下之名而实不失天下。今王以国让于子之，子之必不敢受，是王与尧同行也。"燕王因属国于子之[③]，子之大重。或曰："禹荐益[④]，已而以启人为吏[⑤]。及老，而以启人为不足任乎天下[⑥]，传之于益。已而启与交党攻益[7]，夺之。天下谓禹名传天下于益，已而实令启自取之[8]。今王言属国于子之，而吏无非太子人者，是名属子之而实太子用事也。”王因收印自三百石吏已上而效之子之[9]。子之南面行王事，而哙老不听政[10]，顾为臣，国事皆决于子之。

【注释】

①鹿毛寿：人名。亦作“厝毛寿”“潘寿”。或曰其为隐者。横田惟孝曰：“鹿毛寿、或人，皆代之所使也。”

②“人之谓尧贤者”三句：许由，为上古传说中的高士，相传尧把天下让给他，他不接受，遁耕于箕山之下，尧又召为九州长，许由不欲闻之，洗耳于颍水滨。其事见《庄子·让王》。

③属（zhǔ）：交付，托付。

④禹：即夏禹。益：伯益，秦的祖先。相传助禹治水有功，禹推之为帝位继承人。

⑤已而：随后，之后。启人：启的亲信。启，禹之子。

⑥以启人为不足任乎天下：泷川曰：“枫山、三条本‘启’下无‘人’字，与《国策》《韩非》。”

⑦交党：党羽。泷川曰：“枫山、三条本，‘交’作‘支’；《策》作‘友’。”

⑧已而实令启自取之：按，据梁玉绳说，禹、启与益这段公案不仅见于《汲冢书》，《战国策》《韩子》《楚辞》《汉志》亦有记载，《晋书·束皙传》称《竹书纪年》云：“益干启位，杀之。”今本《竹书纪年》无其事，但《史通》引《竹书纪年》云：“益为后启所诛。”而今《竹书纪年》云：“夏启二年，费侯伯益出就国，六年，伯益薨。”

⑨三百石吏：吕祖谦曰：“以石计禄，始见于此。”效：交给。

⑩老：退休，退位。

【译文】

鹿毛寿对燕王哙说："您不如把国家让给国相子之。人们之所以说尧贤德，是因为他能把天下让给许由，许由不接受，尧就有了禅让天下的美名而实际上是没失去天下。如今大王禅让国家给子之，子之一定不敢接受，这样大王与尧就有了同样的德行。"燕王哙于是把国家交付子之，子之的权位更加尊贵了。有人说："夏禹推荐益，之后却用启的人做官。等年纪老了，认为启为人不足以胜任天下重任，将天子之位传给了益。不久启与他的党羽攻击益，夺回了帝位。天下人说禹名义上把天下传给益，实际上接着又让启自己去夺取回来。如今大王说把国家交付给子之，而官员没有一个不是太子的人，这就是名义上将国家托付给子之而实际上是太子在当权主事。"燕王哙于是将三百石以上的官吏的印信收回交给子之。子之面南而坐，行使王权，而燕王哙年老不处理政事，反而做了臣子，国事都听凭子之处理。

三年①，国大乱，百姓恫恐②。将军市被与太子平谋，将攻子之。诸将谓齐湣王曰③："因而赴之④，破燕必矣。"齐王因令人谓燕太子平曰⑤："寡人闻太子之义⑥，将废私而立公，饬君臣之义，明父子之位⑦。寡人之国小，不足以为先后⑧。虽然，则唯太子所以令之⑨。"太子因要党聚众⑩，将军市被围公宫，攻子之，不克。将军市被及百姓反攻太子平，将军市被死，以徇。因构难数月，死者数万⑪，众人恫恐，百姓离志。孟轲谓齐王曰："今伐燕，此文、武之时，不可失也。"⑫王因令章子将五都之兵⑬，以因北地之众以伐燕⑭。士卒不战，城门不闭，燕君哙死，齐大胜⑮。燕子之亡二年⑯，而燕人共立太子平，是为燕昭王⑰。

【注释】

①三年：子之当政的第三年。当燕王哙七年、周赧王元年、齐宣王六年，前314年。

②百姓：此指百官。恫（dàng）恐：恐惧。

③诸将谓齐湣王：据《孟子》《战国策》等，此当是齐宣王。《史记》中齐王年代混乱，故有此误。

④因而赴之：趁燕国内乱对其发动进攻。因，借，趁机。赴，奔赴，意谓快速出击。

⑤因：于是。

⑥闻太子之义：知道太子深明事理。

⑦饬（chì）君臣之义，明父子之位：意即要把被燕王哙与子之弄乱了的君臣父子关系重新确立起来。饬，整治。

⑧不足以为先后：谦言不足以供驱使。不足，不值得。先后，犹言“左右”，指追随左右为之出力。

⑨唯太子所以令之：意即一切愿听你指挥。

⑩要（yāo）：会合。

⑪“将军市被及百姓反攻太子平”五句：杨宽以为“将军市被及”五字衍文，应削；“百姓”即子之一伙。按，据此则文意通晓，于理无悖。徇（xùn）：示众。

⑫“孟轲谓齐王曰”四句：据《孟子·公孙丑下》：“沈同以其私问曰：‘燕可伐与？’孟子曰：‘可。子哙不得与人燕，子之不得受燕于子哙。’”待至齐之伐燕受到舆论谴责时，孟子又诡辩说我只说“可以伐”，但没说“齐国可以伐”。司马迁此语即从这里生发而出。孟轲，即孟子，名轲，字子舆，邹（今山东邹县东南）人，前372—前289年在世。著有《孟子》一书。时任齐宣王客卿。

⑬章子：即匡章，齐国将军。五都之兵：齐国置“都”相当于他国之“郡”。齐国共设有五都，包括临淄、平陆、高唐、即墨和莒。除国

都临淄外，四边的都具有边防重镇的性质。五都，均驻有经过考选和训练的常备兵，因而有所谓“五都之兵”。在对外作战时，常被用作军队的主力。

⑭北地：即齐之北边，靠近燕国的地区。

⑮燕君哙死，齐大胜：鲍彪曰：“王哙，七国之愚主也。惑苏代之浅说，贪尧之名，恶禹之实，自令身死国破，盖无足算。齐闵所以请太子者近于兴灭继绝矣，而天下不以其言信其心，盖名实者，天下之公器也，岂可以虚称矫举而得哉？故齐闵之胜适足以动天下之兵而速临菑之败也。”杨慎曰：“自古亡国之君如二世任赵高指鹿为马，昏甚矣。然胡亥好淫湎，居中乐佚而忘于国事耳，非知国忘而故为之也。子哙之为君，史不著其恶德，但因说客一言而遂慕让国，至收印尽属，惟恐子之不得为君，而已甘心北面，惟恐失国之不早，此亦古今奇事也。”

⑯燕子之亡二年：齐破燕后之第二年，当齐宣王八年、赵武灵王十四年，前312年。对于子之的结局，《六国年表》《汲冢纪年》等说是被杀，《战国策·燕策》与本文说是逃亡，王叔岷认为是子之先逃亡，复被擒而醢其身。亡，逃走。

⑰而燕人共立太子平，是为燕昭王：现在历史学家均依《赵世家》“武灵王闻燕乱，召公子职于韩，立为燕王，使乐池送之”的记载，认为燕昭王应为公子职。

【译文】

燕王哙三年，国内大乱，百官贵族们恐惧。将军市被与太子平谋划，准备攻打子之。齐国的众将领对齐湣王说：“趁着他们内乱去进攻，一定能攻破燕国。”齐湣王于是派人对燕太子平说：“寡人听说太子深明大义，将要废弃私利而建立公道，整顿君臣之义，明确父子名位。寡人的国家小，不能供您驱使。即便这样，也一定听从太子您的指令。”太子于是召集同党聚合民众，将军市被包围了国君宫室，攻打子之，没能取胜。将军市被和贵族们反过来攻击太子平，将军市被被杀，陈尸示众。于是燕国的这场动乱持续了几个月，死了好几万人，人们恐惧，贵族们离心。孟轲对齐湣王说："现在讨伐燕国，这是文王、武王伐纣灭殷的形势，不可丧失时机啊。"齐湣王就令章子率领五都之兵，并借北地的军队来攻打燕国。燕国士卒不出战，城门也不关闭，燕王哙被杀，齐军大获全胜。燕国子之死后两年，燕人共同拥立太子平，这就是燕昭王。

燕昭王于破燕之后即位，卑身厚币以招贤者①。谓郭隗曰②："齐因孤之国乱而袭破燕，孤极知燕小力少，不足以报。然诚得贤士以共国③，以雪先王之耻，孤之愿也。先生视可者，得身事之。"郭隗曰："王必欲致士，先从隗始。况贤于隗者，岂远千里哉④！"于是昭王为隗改筑宫而师事之⑤。乐毅自魏往，邹衍自齐往，剧辛自赵往⑥，士争趋燕。燕王吊死问孤，与百姓同甘苦。

【注释】

①卑身：犹言低身，屈身。厚币：厚礼。币，指赠送的礼品。古时多用璧、马、帛等物。

②郭隗（wěi）：燕国谋士。

③诚：果真。

④岂远千里哉：难道会嫌远而不来吗？《战国策·燕策》："郭隗先生对曰：'帝者与师处，王者与友处，霸者与臣处，亡国与役处。诎指而事之，北面而受学，则百己者至。先趋而后息，先问而后嘿，则什己者至。人趋己趋，则若己者至。冯几据杖，眄视指使，则厮役之人至。若恣睢奋击，呴籍叱咄，则徒隶之人至矣。此古服道致士之法也。王诚博选国中之贤者而朝其门下，天下闻王朝其贤

臣，天下之士必趋于燕矣。’昭王曰：‘寡人将谁朝而可？’郭隗先生曰：‘臣闻古之君人，有以千金求千里马者，三年不能得。涓人言于君曰：请求之。君遣之。三月得千里马，马已死，买其首五百金，反以报君。君大怒曰：所求者生马，安事死马而捐五百金？涓人对曰：死马且买之五百金，况生马乎？天下必以王为能市马，马今至矣。于是不能期年，千里之马至者三。今王诚欲致士，先从隗始；隗且见事，况贤于隗者乎？岂远千里哉？’”鲍彪曰：“（郭隗）臣役之对，天下之格言；市马之喻，万世之美谈，太史公独何为削之，亦异于孔氏删修之法矣。”

⑤改筑宫而师事之：燕昭王于是为郭隗改建住宅，把他当作老师事奉。鲍彪曰：“燕昭、郭隗皆三代人也。欲为国雪耻，君臣问对无他言，专欲得贤士而事之，此‘无競惟人’之谊也，欲无与得乎？”杨维祯曰：“先王筑台居隗以招天下之贤者，贤者至而齐之仇以报，此后王之所法也。丹报秦仇，不思先王而法严仲子，不亦陋甚哉？”邵宝曰：“隗贤与？礼之诚是也，使其未贤，能毋累于明哉？且后隗而至者，礼之能如隗乎？不能如隗，是广其途而自塞之也。声之动物尚矣，以虚鼓焉者，未有能得实应者也，其固然哉。”宫，住宅。古代任何人的住宅都可称宫。师事，当老师奉事。

⑥“乐毅自魏往”三句：梁玉绳曰：“乐毅诸人往燕，史本《国策》，然有可疑者：如剧辛自赵来，其年当非幼少，乃至后燕王喜十三年将兵伐赵，为赵将庞煖所杀，计去昭王即位时已七十年，恐未必如是之寿，则其来似不在此时。”乐毅，魏国乐羊之后，当时的名将。邹衍，齐国人，阴阳家代表人物，前305年前后在世。剧辛，赵国人。

【译文】

昭王在燕国被攻破之后即位，他放低自己国君的身段，拿出厚重的财物来招揽贤人。他对郭隗说：“齐国趁着我国动乱袭击攻破我国，我非常清楚燕国国小力少，不能够报复齐国。然而如果能得到贤能的人才一同治理国家，雪洗先王的耻辱，是我的心愿。先生物色到这样的人才，我愿意亲身事奉他。”郭隗说：“大王如果一定想招揽人才，就先从我开始吧。如果我都能得到您的重用，那些比我贤能的人，哪里会嫌千里为远而不来呢！”于是昭王为郭隗改建住宅，把他当作老师事奉。于是乐毅从魏国前往，邹衍从齐国前往，剧辛从赵国前往，士人争相投奔燕国。昭王哀悼死者，慰问孤弱，与群臣们同甘共苦。

二十八年①，燕国殷富，士卒乐轶轻战②，于是遂以乐毅为上将军，与秦、楚、三晋合谋以伐齐③。齐兵败，湣王出亡于外。燕兵独追北④，入至临淄⑤，尽取齐宝，烧其宫室宗庙。齐城之不下者，独唯聊、莒、即墨⑥，其余皆属燕，六岁。

【注释】

①二十八年：当周赧王三十一年、秦昭襄王二十三年、魏昭王十二年、韩釐王十二年、赵惠文王十五年、齐湣王十七年，前284年。

②乐轶（yì）轻战：意即好战。乐轶，喜欢胜利。轶，战胜。轻战，轻视战争，即不怕打仗。

③以乐毅为上将军，与秦、楚、三晋合谋以伐齐：此即燕将乐毅领导的五国伐齐之役。前286年，齐灭宋，引起诸国嫉恨，故燕国的统一战线易于形成。又，此次伐齐者为燕、赵、韩、魏、秦五国，没有楚国，此文与《乐毅列传》都说有楚，误。

④追北：追赶败逃的人。北，失败，败逃。

⑤入至临淄：此役详见《乐毅列传》。临淄，齐国都城，在今山东淄博临淄城之西北部。

⑥齐城之不下者，独唯聊、莒、即墨：当时燕将已攻下聊邑，则齐未下

者只有莒、即墨二城。聊，齐邑名。在今山东聊城西北。莒，齐邑名。即今山东莒县。即墨，齐邑名。在今山东平度东南。

【译文】

昭王二十八年，燕国殷实富足，士卒好胜轻战，这时昭王就任用乐毅为上将军，与秦、楚、三晋合谋伐齐。齐兵被打败，齐湣王出逃流亡国外。燕军单独追赶败军，攻入临淄，掠走了齐国的全部宝器，烧了齐人的宫室和宗庙。齐国城邑没被攻下的只有聊、莒、即墨，其余都归了燕国，长达六年之久。

昭王三十三年卒①，子惠王立。

惠王为太子时，与乐毅有隙；及即位，疑毅，使骑劫代将。乐毅亡走赵②。齐田单以即墨击败燕军，骑劫死，燕兵引归，齐悉复得其故城③。湣王死于莒，乃立其子为襄王④。

惠王七年卒⑤。韩、魏、楚共伐燕⑥。燕武成王立。

武成王七年⑦，齐田单伐我⑧，拔中阳⑨。

十三年⑩，秦败赵于长平四十余万⑪。

十四年，武成王卒，子孝王立。

孝王元年⑫，秦围邯郸者解去⑬。

三年卒⑭，子今王喜立⑮。

【注释】

①昭王三十三年：当周赧王三十六年、齐襄王五年，前279年。

②“疑毅”三句：乐毅率五国联军破齐之役，以及乐毅因齐反间被罢职事，详见《战国策·燕策》与《乐毅列传》。

③“齐田单以即墨击败燕军”四句：田单固守即墨（在今山东平度西南），利用燕国内部失和，使用反间计，逼走乐毅，临阵易将的机

会,用火牛阵击溃围困即墨的燕军,收复失地,重建齐国。其事见《战国策·燕策》与《田敬仲完世家》《田单列传》。

④乃立其子为襄王:其事当发生于周赧王三十二年、燕昭王二十九年,前283年。襄王,名法章,前283—前256年在位。法章即位,其事见《战国策·齐策》与《田单列传》。

⑤惠王七年:当周赧王四十三年、魏安釐王五年、韩桓惠王元年、楚顷襄王二十七年、齐襄王十二年,前272年。据《赵世家》与《年表》,燕惠王被成安君弑杀。

⑥韩、魏、楚共伐燕:此事实际情况是齐、韩、魏三国伐燕,楚是救燕者。

⑦武成王七年:当周赧王五十年、秦昭襄王四十二年、齐襄王十九年,前265年。

⑧我:指燕国。

⑨拔:攻取,攻占。中阳:地名。其地不详。梁玉绳以为当作"中人"。

⑩十三年:梁玉绳曰:"毛本作'十二年',是。"燕武成王十二年,当周赧王五十五年、秦昭襄王四十七年、赵孝成王六年,前260年。

⑪秦败赵于长平四十余万:秦将白起在长平大破赵军,坑降卒四十余万,其事见《白起列传》《廉颇蔺相如列传》。长平,赵邑名。故城在今山西高平西北。

⑫孝王元年:当周赧王五十八年、秦昭襄王五十年、赵孝成王九年、魏安釐王二十年、楚考烈王六年,前258年。

⑬秦围邯郸者解去:赵国败于长平后,秦围邯郸,魏公子无忌及楚春申君救赵,破秦兵,秦兵解去。据《秦本纪》,秦昭襄王四十八年十月"五大夫陵攻赵邯郸",四十九年正月"益发卒佐陵。陵战不善,免,王龁代将",五十年十二月,"攻邯郸,不拔,去"。详情又见《平原君列传》《魏公子列传》《春申君列传》。邯郸,赵国都

城，即今河北邯郸。

⑭三年：当秦昭襄王五十三年，前254年。

⑮今王：当今国王。这是司马迁用燕国旧史原文的称呼。

【译文】

昭王三十三年去世，其子惠王继位。

惠王做太子时，与乐毅有矛盾；等他即位，怀疑乐毅，让骑劫代替了他。乐毅逃到赵国。齐国田单凭着即墨击败燕军，骑劫战死，燕军撤退，齐国收复了原来的全部城邑。齐湣王死在莒，齐人就拥立他的儿子，这就是齐襄王。

惠王七年去世。韩、魏、楚三国共同伐燕。燕武成王即位。

武成王七年，齐国田单攻打燕国，攻下中阳。

武成王十三年，秦在长平打败了赵国四十万军队。

武成王十四年，武成王去世，其子孝王继位。

孝王元年，秦国围困邯郸的军队撤回。

孝王三年，去世，其子燕王喜继位。

今王喜四年①，秦昭王卒②。燕王命相栗腹约欢赵③，以五百金为赵王酒。还报燕王曰："赵王壮者皆死长平，其孤未壮④，可伐也。"王召昌国君乐间问之⑤。对曰："赵四战之国⑥，其民习兵，不可伐。"王曰："吾以五而伐一。"对曰："不可。"燕王怒，群臣皆以为可。卒起二军，车二千乘⑦，栗腹将而攻鄗⑧，卿秦攻代⑨。唯独大夫将渠谓燕王曰⑩："与人通关约交，以五百金饮人之王，使者报而反攻之，不祥，兵无成功。"燕王不听，自将偏军随之⑪。将渠引燕王绶止之曰⑫："王必无自往，往无成功。"王蹴之以足⑬。将渠泣曰："臣非以自为，为王也！"燕军至宋子⑭，赵使廉颇将，击破栗腹于鄗。乐乘破卿秦于代[15]。乐间奔赵。廉颇逐之五百余里，围其国[16]。燕人请和，赵人不许，必令将渠处和[17]。燕相将渠以处和。赵听将渠，解燕围。

【注释】

①今王喜四年：当秦昭襄王五十六年，前251年。

②秦昭王：又作"秦昭襄王"，名稷，又名则，前306—前251年在位。

③燕王命相栗腹约欢赵：燕王命相国栗腹与赵国结盟事，本《战国策·燕策》。栗腹，燕将。约欢，订立友好盟约。

④孤：幼而无父称为"孤"。

⑤乐间：乐毅之子。燕惠王时封昌国君。

⑥四战之国：《正义》曰："赵东邻燕，西接秦境，南错韩魏，北连胡貊，故言'四战'。"即四面受敌、四面作战的国家。

⑦乘：古代一车四马为一乘。

⑧鄗（hào）：赵邑名。在今河北柏乡北。

⑨卿秦：又作"庆秦"，燕将。代：国名。实即赵国的一部分，在今河北蔚县东北。前475年为赵襄子所灭，襄子将其封与其侄赵周。

⑩大夫将渠：一云即上文的卿秦，《战国策》作"爰秦"，"爰"是姓。

⑪偏军：指主力以外的部分军队。

⑫引：拉着。绶（shòu）：古时系印的丝带。

⑬蹴（cù）：踩，踢。

⑭宋子：赵邑名。在今河北赵县东北。

⑮乐乘破卿秦于代：底本作"破卿秦、乐乘于代"。据梁玉绳引《燕策》，乐乘是赵将，故下文云赵悼襄王使乐乘代廉颇，此与《乐毅传》同误。当为"乐乘破卿秦于代"，据改。泷川曰："乐乘，疑当作'乐间'。"乐乘，乐毅的族人。

⑯围其国：包围了燕的国都。国，指国都。黄震曰："按，今王喜方自

救不暇，反用栗腹败赵以自败其从，岂必丹、轲之谋而后燕灭哉？”

⑰处和：办理议和的事。

【译文】

当今的燕王喜四年，秦昭王去世。燕王令国相栗腹去与赵订立友好盟约，用五百镒黄金给赵王祝酒。栗腹回来向燕王报告说：“赵国的青壮年都死于长平之战，他们的遗孤还没长大，可以去征伐。”燕王招来昌国君乐间询问对此事的意见。乐间回答说：“赵国是四面都有强敌的国家，它的民众熟悉兵事，不能去攻打。”燕王说：“我用五倍于赵的兵力攻打它。”乐间回答说：“不行。”燕王发怒，群臣也都认为可以攻打。最后燕国出动两支军队，战车两千乘，让栗腹率兵攻打鄗，卿秦攻打代。唯独大夫将渠对燕王说：“与人家开放边境结盟交好，用五百金给人家国君祝酒，使者一回来报告就反过来攻打人家，不吉祥，出兵不会成功。”燕王不听，自己率领侧翼部队跟在大军后面。将渠拉住燕王的绶带劝止说：“大王一定不要亲自前往，去了也不会成功。”燕王用脚踢开他。将渠哭着说：“我不是为我自己，是为大王您啊！”燕军到达宋子，赵派廉颇为统帅，在鄗击败栗腹的军队。乐乘在代击败卿秦的军队。乐间逃到赵国。廉颇追赶燕军五百多里，包围了燕国国都。燕人请求讲和，赵人不同意，一定要让将渠主持和议。燕国任命将渠为相来主持和议。赵听从了将渠的请求，解除了对燕都的包围。

六年①，秦灭东周②，置三川郡③。

七年，秦拔赵榆次三十七城④，秦置大原郡⑤。

九年⑥，秦王政初即位⑦。

十年，赵使廉颇将攻繁阳⑧，拔之。赵孝成王卒⑨，悼襄王立⑩。使乐乘代廉颇，廉颇不听，攻乐乘，乐乘走，廉颇奔大梁⑪。

十二年[⑫]，赵使李牧攻燕[⑬]，拔武遂、方城[⑭]。剧辛故居赵，与庞煖善[⑮]，已而亡走燕。燕见赵数困于秦，而廉颇去，令庞煖将也，欲因赵弊攻之[⑯]。问剧辛，辛曰："庞煖易与耳[⑰]。"燕使剧辛将击赵[⑱]，赵使庞煖击之，取燕军二万[⑲]，杀剧辛。秦拔魏二十城，置东郡[⑳]。

十九年[㉑]，秦拔赵之邺九城[㉒]。赵悼襄王卒。

二十三年[㉓]，太子丹质于秦，亡归燕[㉔]。

二十五年[㉕]，秦虏灭韩王安[㉖]，置颍川郡[㉗]。

二十七年[㉘]，秦虏赵王迁[㉙]，灭赵。赵公子嘉自立为代王[㉚]。

【注释】

①六年：当秦庄襄王元年，前249年。

②秦灭东周：战国中期已经很小的周国分裂成两个小国。所谓"西周"是周考王以王城故地分封其弟揭，为桓公，王城在西，故称"西周"。所谓"东周"是周显王二年（前367），西周惠公封其少子班于巩（今河南巩义），巩在东，故称东周。而周天子也就再没有一寸土地、一个子民，真正名副其实地成为"孤家寡人"了。西周已于周赧王五十九年、秦昭王五十一年（前256）被秦所灭；本年秦国所灭的只有东周，底本作"秦灭东西周"，与《六国年表》皆误多一"西"字。

③三川郡：秦在灭东周后，又出兵攻韩，取韩的成皋、荥阳，连同原先的西周、东周，合建成三川郡，郡治即今河南洛阳。因其地有伊、洛、河三川，故称。

④七年，秦拔赵榆次三十七城：《秦本纪》将此事记于庄襄王三年，与本文及《六国年表》差一年。七年，当秦庄襄王二年，前248年。榆次，赵邑名。即今山西榆次。

⑤秦置大原郡：郡治晋阳，在今山西太原西南。梁玉绳曰："事在燕喜八年，此书于七年，误。"
⑥九年：当秦王政元年，前246年。
⑦秦王政：即后来的秦始皇。梁玉绳曰："始皇以正月生，遂以正名之。惟其名正，是以改正月为端月。"说见《秦本纪》。
⑧廉颇：赵国名将。其事详见《廉颇蔺相如列传》。繁阳：在今河南内黄东南，当时属魏。
⑨赵孝成王：名丹，赵惠文王子，前256—前245年在位。
⑩悼襄王：赵悼襄王，名偃，赵孝成王之子，前244—前236年在位。
⑪大梁：魏国都城。即今河南开封。
⑫十二年：当秦王政四年、赵悼襄王二年，前243年。
⑬李牧：赵国名将。因功封武安君。后因赵王中秦反间计，被杀。
⑭武遂：燕邑名。在今河北徐水西。方城：燕邑名。在今河北固安南。
⑮庞煖：赵将。善：交好。
⑯弊：困顿，疲敝。
⑰易与：容易对付。
⑱燕使剧辛将击赵：事在十三年，此误书于十二年。又张照据前文"昭王即位，剧辛自赵往"曰："至此经七十年，历五王，当有两剧辛耶？否则传讹也。"
⑲取：俘获。
⑳东郡：治所在今河南濮阳南。
㉑十九年：当秦王政十一年、赵悼襄王九年，前236年。
㉒邺：赵邑名。在今河北临漳西南。
㉓二十三年：当秦王政十五年，前232年。
㉔太子丹质于秦，亡归燕：事本《燕策》。太子丹，燕王喜之子，在秦做人质，逃归燕国。
㉕二十五年：当秦王政十七年、韩王安九年，前230年。

㉖韩王安:韩桓惠王子,前238—前230年在位。

㉗颍川郡:春秋时为郑地,战国时为韩地,秦始皇十七年(前230)置颍川郡,郡治阳翟,即今河南禹州。

㉘二十七年:当秦王政十九年、赵王迁八年,前228年。

㉙赵王迁:赵悼襄王子,又称"幽缪王",亦称"幽愍王"。

㉚公子嘉:赵悼襄王嫡子。代:旧城址在今河北蔚县东二十五里,当地俗称"代王城"。

【译文】

燕王喜六年,秦国灭掉东周,设置了三川郡。

燕王喜七年,秦国攻下赵国的榆次等三十七个城邑,设置了太原郡。

燕王喜九年,秦王政始即位。

燕王喜十年,赵国派出廉颇为将领兵攻打繁阳,攻下了它。赵孝成王去世,悼襄王即位。悼襄王派乐乘取代廉颇,廉颇不听命,攻打乐乘,乐乘逃跑了,廉颇也逃奔到大梁去了。

燕王喜十二年,赵国派李牧率军攻打燕国,攻下武遂、方城。剧辛原来居住在赵国,与庞煖交好,后来逃到了燕国。燕国见赵国多次被秦国攻击,廉颇又离开了赵国,让庞煖领兵,想趁赵国疲惫攻打它。燕王问剧辛,剧辛说:"庞煖容易对付。"燕国派剧辛为将领兵攻打赵国,赵国派庞煖迎击,俘获了两万燕军,杀死了剧辛。秦国攻取魏国二十座城邑,设置了东郡。

燕王喜十九年,秦国攻取赵国的邺等九座城邑。赵悼襄王去世。

燕王喜二十三年,燕太子丹本在秦国做人质,逃回了燕国。

燕王喜二十五年,秦国俘虏韩王安,灭亡了韩国,设置了颍川郡。

燕王喜二十七年,秦国俘虏赵王迁,灭亡了赵国。赵国公子嘉自立为代王。

燕见秦且灭六国,秦兵临易水[①],祸且至燕。太子丹阴养壮士二十人[②],使荆轲献督亢地图于秦,因袭刺秦王[③]。秦王觉,杀轲[④],使将军王翦击燕[⑤]。

二十九年[⑥],秦攻拔我蓟[⑦],燕王亡,徙居辽东[⑧],斩丹以献秦[⑨]。

三十年[⑩],秦灭魏[⑪]。

三十三年[⑫],秦拔辽东,虏燕王喜,卒灭燕[⑬]。是岁,秦将王贲亦虏代王嘉[⑭]。

【注释】

①易水:源出今河北易县西,东流至定兴西南,合于拒马河,即古武水。当时燕之下都即在今河北易县城东南之两公里处。

②太子丹阴养壮士二十人:泷川曰:"《策》不言养壮士二十人,史公别有所本。"阴,暗中。以下本《战国策·燕策》。

③使荆轲献督亢地图于秦,因袭刺秦王:荆轲,又称"荆卿""庆卿",卫人。后至燕国,被田光推荐给太子丹,太子丹奉为上宾。奉命入秦刺杀秦王,未遂,被杀。其事详见《刺客列传》。督亢,地名。为燕南部富庶地区,在今河北涿州东。

④杀轲:以上荆轲入秦行刺未成被杀事,在燕王喜二十八年,当秦王政二十年,即前227年。其事详见《刺客列传》。司马光曰:"燕丹不胜一朝之忿,以犯虎狼之秦,轻虑浅谋,挑怨速祸,使召公之庙不祀忽诸,罪孰大与?而论者或谓之贤,岂不过哉?"按,这与司马迁的观点不同。司马迁盛赞荆轲刺秦,认为这是一种反抗暴政,维护独立与尊严的壮举。

⑤王翦:秦国大将。

⑥二十九年:当秦王政二十一年,前226年。

⑦蓟(jì):燕国都城。故址在今北京城区之西南部。

⑧辽东：燕郡名。辖今辽宁东南部辽河以东地区，郡治襄平，即今辽宁辽阳。

⑨斩丹以献秦：燕王喜听代王嘉之劝，杀太子丹献于秦。

⑩三十年：当秦王政二十二年、魏王假三年，前225年。

⑪秦灭魏：秦掘黄河淹大梁，魏王假请降，魏灭。

⑫三十三年：当秦王政二十五年，前222年。

⑬"秦拔辽东"三句：王贲攻燕辽东，获燕王喜，燕亡。燕自召公前1045年受封立国至此灭亡，共历824年。

⑭王贲：王翦之子，秦国大将。代王嘉：公子嘉，赵国贵族。秦攻占邯郸后，他逃到代，自称代王。秦将王贲攻辽东灭燕，还军攻代，将他俘虏。

【译文】

燕国见秦国即将灭亡六国，秦兵逼近易水，祸患就将降临燕国。太子丹暗中供养了二十名壮士，派荆轲到秦国进献督亢地图，趁机刺杀秦王。秦王觉察，杀死了荆轲，派将军王翦攻打燕国。

燕王喜二十九年，秦军攻下我国的蓟城，燕王逃走，迁居辽东，斩杀太子丹献给秦国。

燕王喜三十年，秦灭魏。

燕王喜三十三年，秦攻占辽东，俘虏了燕王喜，终于灭掉了燕国。这年，秦将王贲也俘虏了代王嘉。

太史公曰：召公奭可谓仁矣！甘棠且思之，况其人乎？燕外迫蛮貉[①]，内措齐、晋[②]，崎岖强国之间[③]，最为弱小，几灭者数矣[④]。然社稷血食者八九百岁[⑤]，于姬姓独后亡，岂非召公之烈邪[⑥]！

【注释】

①燕外迫蛮貉(mò):底本作“燕北迫蛮貉”,北,王念孙认为当作“外”。今据改。迫,逼近。蛮貉,古泛指居于北方的部族。貉,同“貊”。

②措:《索隐》曰:“措,交杂也,又作‘错’。”

③崎岖:道路险阻不平。这里比喻处境艰难。

④几:几乎。数:多次,屡次。

⑤社稷血食:指国家存在。社稷,祭祀土神和谷神的坛台,古代用以代指国家。血食,祭祀要杀牲作为供品,故名。

⑥岂非召公之烈邪:王筠曰:“国之盛也,岂不重赖贤子孙哉!……自召公以下,九世至惠侯,而春秋二百四十年,亦未与会盟之事;且鱼盐之利,与齐共之,而不能富强其国,无亦忝乃祖乎?史公推其后亡之故,本诸召公,良有以也。”陈仁子曰:“姬姓后亡惟燕召公,其医家所谓尫羸寿考与?是可观所养矣,势固不必强也。”梁玉绳曰:“姬姓之国,卫最后绝,燕先灭矣,何云后亡?”中井积德曰:“燕独后亡者,以其在边陲最远也,且以此颂召公,则将置周公于何地也?太史公之论未得当。”烈,功业,德业。

【译文】

太史公说:召公奭可称得上是仁了!连甘棠树尚且让人们思念,何况他本人呢?燕在外受蛮貉逼迫,在内与齐、晋交错,艰难地生存在强国之间,最是弱小,有多次几乎灭亡。然而国家一直延续了八九百年,在姬姓诸国中最后灭亡,难道不是召公的功德吗?

【燕国诸侯世系表】

召公奭(前1045—?)……惠侯(前864—前828)——釐侯(前827—前791)——顷侯(前790—前767)——哀侯(前766—前765)——郑侯(前764—前729)——缪侯(前728—前711)——宣

侯（前710—前698）——桓侯（前697—前691）——庄公（前690—前658）——襄公（前657—前618）——桓公（前617—前602）——宣公（前601—前587）——昭公（前586—前574）——武公（前573—前555）——文公（前554—前549）——懿公（前548—前545）——惠公（前544—前536）——悼公（前535—前529）——共公（前528—前525）——平公（前524—前505）——简公（前504—前492）——献公（前491—前465）——孝公（前464—前451）——成公（前450—前435）——湣公（前434—前403）——釐公（前402—前373）——桓公（前372—前362）——文公（前361—前333）——易王（前332—前320）——王哙（前319—前312）——昭王（前311—前279）——惠王（前278—前272）——武成王（前271—前259）——孝王（前258—前255）——王喜（前254—前222）被秦所灭

【集评】

王鎝曰："国之盛也，岂不重赖贤子孙哉！周之开国，二公分陕，《君奭》一篇，周公推之甚至，可知为圣人之徒矣。而史公不书其子，止浑言之曰，自召公以下，九世至惠侯，而春秋二百四十年，亦未与会盟之事；且鱼盐之利，与齐共之，而不能富强其国，无亦忝乃祖乎？史公推其后亡之故，本诸召公，良有以也。"（《史记校》）

叶适曰："'成王既幼，周公摄政，当国践祚，召公疑之，作《君奭》'，不知迁所谓'疑'者何事。必挟世俗之意，既称伊尹、伊陟殷诸贤臣，使召公之智不足以知之，则周公一时之语，安能遽说其心？迁论圣贤之际，大抵率易如儿戏耳。"（《习学记言》）

李景星曰："太史公作《燕世家》，较之他世家颇为简略。盖以燕僻北边，与中国聘问者少，其君之名谥与国内政事多所未悉，故仅举其兴亡大略著之于篇。开首叙召公之事，笔笔郑重，以燕之所以兴本于召公之德也。其后子之相燕，而燕几亡；栗腹攻赵，而燕又几亡，故亦详著之。

燕之卒亡，亡于太子丹遣荆轲刺秦王，而此篇不详载者，以有《刺客》各传在，世家可但提纲要，不必复叙也。此外书事多用轻笔，其无事可书者，则只标其世次年月，而间入他国之事以证明之。信则传信，疑则传疑，慎之至也。篇末书‘秦虏灭韩王安’‘秦虏赵王迁，灭赵’‘秦灭魏’，而后书‘秦虏燕王喜’‘卒灭燕’，已为赞语中‘于姬姓中独后亡’一语伏根。赞语再举甘棠事，而叹慕召公不置，正见燕之后亡由于召公。或有举卫君角事以证燕非后亡者，此强辞取闹，无当于论古之识也。”（《史记评议》）

苏辙曰：“燕，召公之后，然国于蛮貊之间，礼乐微矣。春秋之际，未尝出与诸侯会盟，至于战国，亦以耕战自守，安乐无事，未尝被兵。文公二十八年苏秦入燕，始以纵横之事说之，自是兵交中国，无复宁岁，六世而亡。……至太子丹，不听鞠武而用田光，欲以一匕首敝秦，虽使荆轲能害秦王，亦何救秦之灭燕，而况不能哉！此又苏秦之所不取也。”（《古史》）

杨维祯曰：“先王筑台居隗以招天下之贤者至，而齐之仇以复，此后世之所法也。丹报秦仇，不思先王而法严仲子，不亦陋甚哉？况樊将军得罪已入燕，丹既舍之不能庇之，卒使轲函其首以为见秦之媒，是燕仇未报而先为秦报仇也。乌乎，轲之负丹不足恤也，而负於期者，义士千载之痛也。喜走辽东斩丹首以献于秦，势不得为父子，尚复谁咎耶？”（《史记评林》引）

【评论】

本篇是司马迁强调“德治”思想的重要篇章。文中重点记述的段落，一是开头召公封燕，一是燕昭王中兴，着眼点都在“德”上。召公听到周公称颂殷之贤臣，便知周公之心，于是不再有疑，与周公共同辅政。司马迁在文章开头先写召公政绩，写人们对他的敬仰与感念，不仅作《甘棠》之诗歌颂他，而且连他曾在其下工作的棠树都不愿砍伐；在文章最后的“太史公曰”中，司马迁甚至把燕国能够在艰难的条件下生存并“于姬姓独后亡”的原因都归功于召公余烈，再次大力赞美召公德政，可见司马迁对召公的“德政”是多么的推崇，多么的心向往之。燕昭王在燕王哙的让国闹剧演变为子之之乱，国内“构难数月，死者数万，众人恫恐，百姓离志”，燕王死，子之亡，齐乘虚而入，“大败燕国，国几亡”的危急关头继位，艰苦奋斗，重整河山，并经过二十八年的积蓄，一举打败齐国，并几乎将偌大一个齐国灭掉，所靠的就是选贤任能，与百姓同甘苦，而这也是德政的重要内容。召公与燕昭王的形象在《燕召公世家》中最具光彩，从中我们不难看出司马迁的良苦用心，表现了他努力寻找历史发展背后的道德动因的努力。

召公姬奭，《史记》只说他与周同姓，有人说他是周文王之子，也有人说他是周之支族；然观周史，召公与周公长期共为王室重臣，若非文、武嫡亲，恐难如此，可能是周文王庶子。《史记》说周公封鲁，其子伯禽之国，周公留在王室辅佐天子，但对周武王封召公于燕时，召公是否“之国”并未提及。《周南召南谱》曰：“周公封鲁，死谥曰文公，召公封燕，死谥曰康公，元子世之。”“其次子亦世守采地，在王官，春秋时周公、召公是也。”即召公当与周公一样，一直在王室佐王，故燕国始封之君当是召公长子。召公次子世守采地者，对王室忠心耿耿，尤其是厉、宣时期的召公虎，在国人暴动中力挽狂澜，牺牲了自己的儿子保命太子静，然后与周定公共立太子，在维护文、武一脉相承的君统、开创“宣王中兴”事业中建立了巨大功勋。

召公封国名，古器物铭文通写作“郾”（或“匽”），传世有“郾侯载簋”“燕侯职戈”等。其封国在今北京西南房山琉璃河，距周的统治中心镐京和洛阳都非常遥远，北迫戎狄，当与封齐太公于齐与东夷杂处的用意相同，于拱卫周室应有战略上的意义。当时还有姞姓的燕国，在今河南延津东北，称“南燕”。《史记》有时会将南燕之事误为燕国之事，如前679年参与伐周惠王的“燕”应为南燕，《史记》即认为是燕国。

燕昭王,《集解》《索隐》都认为昭王是太子平;徐孚远曰:“太子平与昭王当是二人,或昭王名平,太子不名平。”按,今历史学家均依《赵世家》武灵王闻燕乱,“召公子职于韩,立以为燕王,使乐池送之”的记载,认为燕昭王应为公子职。近年燕下都(今河北易县城东南)与山东益都、临朐等地出土有“郾王职”款之兵器,足以证明乐池送立之公子职确实立为燕昭王。燕昭王的在位时间是前311—前279年,与他同时在位的诸侯有秦武王及秦昭襄王、魏襄王及魏昭王、赵武灵王及赵惠文王、楚怀王及楚顷襄王、齐宣王及齐湣王、齐襄王,都是战国史上赫赫有名的君主。燕昭王在几乎灭国的情况下能将一向羸弱的燕国打造成能与其他诸侯国并驾齐驱的强国,甚至差一点灭掉了强大的齐国,可见其才能之卓荦超群。《史记》记载了他的礼贤下士,而他与乐毅之间的君臣际遇,只能通过攻齐的五年间从未易将反映出来。试想甘茂为秦攻宜阳前曾说过“魏文侯令乐羊将而攻中山,三年而拔之。乐羊返而论功,文侯示之谤书一箧”,并请秦王与自己盟誓,在攻宜阳期间不可听信他人之言对自己加以干涉,可见当时君臣之间的信任多么脆弱。燕昭王五年间始终不易将,这是多么不容易,所以在《乐毅列传》中,乐毅才能那样深情地追念燕昭王。

燕国地处北边,史料缺少,所以连世系都不完整,仅就燕君谥号来说,梁玉绳曾总结:“史所书燕君之谥,曰‘惠’、曰‘桓’者各三,曰‘釐’、曰‘宣’、曰‘昭’、曰‘孝’、曰‘文’者各二,据《索隐》所引《世》本则又有二‘闵公’。其误无疑,莫由详定。《索隐》云‘国史微失本谥,故重耳’。”而且由于世系不清,各位燕君之间是什么关系也多不清楚,所以《燕召公世家》国君禀递时也不像其他“世家”那样言子、言弟,只言某君卒,某君立。

史记卷三十五

管蔡世家第五

【释名】

《管蔡世家》主要记载蔡国与曹国的史事,另外周武王同母十兄弟之始末也附见其中,因此本文应作武王兄弟之合传看。

本篇主要记述蔡国与曹国的世系与史事,标题不叫"蔡曹"而叫"管蔡",据司马贞《索隐》说:"曹亦合题系家,今附《管蔡》之末而不出题者,盖以曹微小而少事迹,因附《管蔡》之末,不别题篇尔。且又管叔虽无后,仍是蔡、曹之兄,故题管、蔡而略曹也。"

全篇共分四部分:第一部分,记述周武王同母兄弟十人在灭商后的分封以及管蔡之乱等周初重大事件。第二部分,记蔡国的历史。蔡国三次得国,三次失国,终灭于楚。第三部分,再次总结周武王同母兄弟十人的受封及记载情况。第四部分,记述了曹国的历史。

管叔鲜、蔡叔度者[①],周文王子而武王弟也。武王同母兄弟十人。母曰太姒[②],文王正妃也。其长子曰伯邑考[③],次曰武王发,次曰管叔鲜,次曰周公旦,次曰蔡叔度,次曰曹叔振铎[④],次曰成叔武[⑤],次曰霍叔处[⑥],次曰康叔封[⑦],次曰冉季载[⑧]。冉季载最少。同母昆弟十人[⑨],唯发、旦贤,左右辅文王，故文王舍伯邑考而以发为太子。及文王崩而发立，是为武王。伯邑考既已前卒矣⑩。

【注释】

①管叔鲜（xiǎn）、蔡叔度：周武王灭殷后，开始仍让殷纣王的儿子武庚在殷都管理殷朝遗民，而以殷都以东使其弟管叔居之，以殷都以西使其弟蔡叔居之，共同监视殷朝遗民。见下文。管、蔡，是管叔和蔡叔的封国名。管，故城在今河南郑州洼刘村附近；蔡，故城在今河南上蔡蔡都镇芦岗乡一带。叔，则是表示兄弟间的排行名。鲜、度，则是管叔、蔡叔的名字。管叔鲜是周文王的第三子，蔡叔度是周文王的第五子。

②太姒（sì）：周文王的正妃，姒姓。《列女传》云："太姒者，……仁而明道，文王嘉之，亲迎于渭，造舟为梁。及入，太姒思媚太姜、太任，旦夕勤劳，以进妇道。太姒号曰文母，文王治外，文母治内。太姒生十男，……教诲自少及长，未尝见邪僻之事。"

③伯邑考：周文王长子，在商做人质，为商纣王所烹杀。

④曹叔振铎：西周初曹国的始封君。曹国故城在今山东曹县一带。振铎，为曹叔之名。

⑤成叔武：西周初成国的始封君。成，一作"郕（chéng）"，成国故城在今山东宁阳北。武，为成叔之名。

⑥霍叔处：西周初霍国的始封君。霍国故城在今山西霍县，前661年为晋所灭。处，为霍叔之名。

⑦康叔封：西周初康国的始封君。康国今地不详。封，为康叔之名。后来康叔封又被封为卫国之君。其事详见《卫康叔世家》。

⑧冉季载：为冉国的始封君。冉国故城在今河南平舆。载，为冉季之名。

⑨同母昆弟十人：《左传·僖公二十四年》云："管、蔡、郕、霍、鲁、

卫、毛、聃、郜、雍、曹、滕、毕、原、酆、郇，文之昭也。”十六国，皆周文王之子。昆弟，兄弟。

⑩“故文王舍伯邑考而以发为太子”四句：梁玉绳曰：“史公于下文云‘伯邑考其后不知所封’，盖微弱久灭失传耳，不得臆断其无后不封。而殷道太子死立弟，文王当殷时行殷礼，故伯邑考死，其子虽在，舍之而立武王。《檀弓》言‘舍伯邑考’者，省文也。……《史》谓文王有意废立，似误会《檀弓》之文。”舍，舍弃。按，“伯邑考既已前卒矣”，似当在“唯发、旦贤”上，“舍伯邑考”之后加一“子”字，其意则通。今置于段末，文意殊不明确。

【译文】

管叔鲜、蔡叔度，是周文王的儿子，周武王的弟弟。周武王一母同胞的兄弟共有十人。他们的母亲太姒，是周文王的正妃。周文王的长子叫伯邑考，次子是武王发，第三子是管叔鲜，第四子是周公旦，第五子是蔡叔度，第六子是曹叔振铎，第七子是成叔武，第八子是霍叔处，第九子是康叔封，第十子是冉季载。冉季载最小。周武王同母兄弟十人中，只有姬发、姬旦贤能，在周文王左右辅佐，所以周文王舍弃伯邑考而将姬发立为太子。周文王去世，姬发继位，这就是周武王。伯邑考在此前已经去世了。

武王已克殷纣，平天下，封功臣昆弟。于是封叔鲜于管，封叔度于蔡[①]：二人相纣子武庚禄父，治殷遗民[②]。封叔旦于鲁而相周[③]，为周公。封叔振铎于曹，封叔武于成，封叔处于霍。康叔封、冉季载皆少，未得封[④]。

【注释】

①蔡：此指上蔡。《左传·隐公四年》杨伯峻注曰：“此时都上蔡，今河南省上蔡县西南附近有故蔡国城。……略成南北长方形。平

侯迁新蔡，今河南新蔡县。昭侯迁州来，谓之下蔡，今安徽凤台县。”

②二人相纣子武庚禄父，治殷遗民：周武王灭殷后，将殷旧都封给武庚禄父，接续殷的祭祀。相，辅助。此处意谓监视。武庚禄父，名武庚，字禄父，殷纣王之子，后因叛乱被诛杀。

③封叔旦于鲁而相周：指周公虽封于鲁却留在周都做国相。旦，周公名，周武王之弟，故称“叔旦”。

④康叔封、冉季载皆少，未得封：梁玉绳曰：“牧野之役，康叔布兹，不可言‘少’矣。”中井积德曰：“康叔封卫，宜去康号，而乃称‘康’者何也？岂亦周、召之比邪？”意谓康叔以康为采邑，未有封国。

【译文】

周武王攻克殷纣，平定天下后，分封功臣和兄弟。于是将叔鲜封到管，叔度封到蔡：二人辅佐纣的儿子武庚禄父，治理殷商遗民。将叔旦封在鲁同时辅佐周天子，称为周公。将叔振铎封在曹，将叔武封在成，将叔处封在霍。康叔封、冉季载年纪都小，没能受封。

武王既崩，成王少[①]，周公旦专王室[②]。管叔、蔡叔疑周公之为不利于成王，乃挟武庚以作乱[③]。周公旦承成王命伐诛武庚，杀管叔，而放蔡叔[④]，迁之，与车十乘，徒七十人从[⑤]。而分殷余民为二：其一封微子启于宋，以续殷祀[⑥]；其一封康叔为卫君，是为卫康叔[⑦]。封季载于冉。冉季、康叔皆有驯行[⑧]，于是周公举康叔为周司寇，冉季为周司空[⑨]，以佐成王治，皆有令名于天下[⑩]。

【注释】

①成王：周武王之子，名诵，前1042—1021年在位。

②专王室:在王室里专权,此即摄政的意思。王室,此指周朝廷政权。

③乃挟武庚以作乱:中井积德曰:"管、蔡实有乱心,欲覆周室,于成王何有?所谓不利于成王,是流言之语,所以离间周之君臣,非管、蔡心事。此引用失伦。"挟,挟制,挟持。

④放:流放。

⑤与车十乘,徒七十人:《左传·定公四年》"十乘"作"七乘"。杜预注曰:"与蔡叔车徒而放之。"徒,仆从。

⑥封微子启于宋,以续殷祀:微子启,殷纣王的庶兄。又作"微子开"。因数谏纣王不被听从,离开纣王。周武王灭殷后,恢复了他的地位。封于宋,成为宋国的始祖。宋,故城在今河南商丘城南部。梁玉绳曰:"武王已封微子,康叔非灭武庚后始封。"

⑦其一封康叔为卫君,是为卫康叔:梁玉绳曰:"盖殷畿内千里,纣之时去亳而都朝歌,武王以殷旧都封微子,与武庚偕封而异域,各不相涉。别割纣都内之邶以封武庚,……又分其余地为卫、邶、鄘三国,卫必别有名。……迨武庚灭而以所谓卫者益封康叔,……其后卫并鄘、邶。"卫,古国名。故城在今河南淇县。

⑧驯行:善良的品行。驯,善良。

⑨康叔为周司寇,冉季为周司空:《左传·定公四年》云:"武王之母弟八人,周公为太宰,康叔为司寇,聃季为司空。"司寇,官名。掌刑狱。司空,官名。掌工程、制造。

⑩令名:美名,美好的声誉。

【译文】

周武王去世后,周成王年纪小,周公旦执掌朝政。管叔、蔡叔怀疑周公会对周成王做什么不利的事,就挟同武庚发动叛乱。周公旦奉周成王的命令讨伐诛杀武庚,杀死管叔,放逐了蔡叔,迁徙到别处,给了他十辆车,随从七十人。将殷商遗民一分为二:一部分分封给微子启建立宋国,来接续奉事殷的祭祀;一部分分封给康叔建立卫国,这就是卫康叔。将季载封在冉。冉季、康叔都有善良的品行，于是周公选拔康叔做周王室的司寇，冉季做周王室的司空，辅佐周成王治理国家，他们都在天下享有美名。

蔡叔度既迁而死[①]，其子曰胡，胡乃改行，率德驯善[②]。周公闻之，而举胡以为鲁卿士[③]，鲁国治。于是周公言于成王，复封胡于蔡[④]，以奉蔡叔之祀，是为蔡仲。余五叔皆就国[⑤]，无为天子吏者。

【注释】

①迁：迁谪，因罪而流放，称“迁”。

②率德：遵循前人之德。率，遵循。驯善：顺从善行。驯，泷川曰：“读为‘顺’。”二词即为按正道行事的意思。

③而举胡以为鲁卿士：《左传·定公四年》作“以为己卿士”。杨伯峻注“卿士”有二义：一为周王朝六卿之长，一为卿大夫之通称。此用第二义，言周公举之，立于王朝，为己助手也。《索隐》曰：“按《尚书》……元无‘仕鲁’之文；又伯禽居鲁，乃是七年致政之后，此言乃说居摄政之初，未知史迁何凭而有斯言也。”亦主此意。而梁玉绳曰：“《左传》曰‘周公举之以为己卿士’，杜注‘为周公臣’，晚出《尚书》云‘周公以为卿士’。此言仕鲁，孔颖达、司马贞俱纠史之谬，但为周公臣即是仕鲁，史似不误。钱宫詹《史记考异》辨之矣。”又是仕鲁之说。按，杨说为上。为己卿士，即为己助手，未必仕鲁。

④复封胡于蔡：《集解》引宋忠曰：“胡徙居新蔡。”即今河南新蔡。杨伯峻以为胡仍居上蔡。

⑤余五叔皆就国：五叔，《索隐》曰：“管叔、蔡叔、成叔、曹叔、霍叔。”其时周武王母弟就国者只有曹叔、成叔、霍叔。若以管、蔡之乱前

言之，则五叔为管、蔡、成、曹、霍五人。梁玉绳曰："此因《左传》'五叔无官'之语而误者也。《左传》是泛说，不专指管、蔡叛后，故杜注以管、蔡、成、霍、毛当之。……史直书于复封蔡仲之后，则不得有五叔矣，于情事未合。"就国，去自己的封国上任。

【译文】

蔡叔度被放逐之后去世，他的儿子名叫胡，胡于是改变了父亲的行为，遵循道德，顺从良善。周公听说后，就选拔胡做了鲁卿士，鲁国得到治理。这时周公向周成王进言，又将胡封到蔡国，来奉事蔡叔的祭祀，这就是蔡仲。周武王其余的五兄弟都到了自己的封国，没有留在朝廷里做天子的官吏的。

蔡仲卒，子蔡伯荒立。蔡伯荒卒，子宫侯立①。宫侯卒，子厉侯立。厉侯卒，子武侯立。武侯之时，周厉王失国，奔彘，共和行政②，诸侯多叛周。

【注释】

①蔡伯荒卒，子宫侯立：梁玉绳曰："蔡伯而后，其名原缺。若蔡伯名'荒'，何亦不书？又蔡为侯爵，奚以蔡伯独称'伯'，岂时王之所降黜，至其子宫侯而复之欤？"又曰："谥法无'宫'，或宫是名，然曹有'宫伯侯'何也？"

②"周厉王失国"三句：前841年，当蔡武侯二十三年。周厉王因贪狠好利，横征暴敛，钳制国人议论，大肆诛杀"谤者"，导致国人暴动，被驱逐，逃奔至彘。周厉王被驱逐后，国内无主，实行共和行政。"共和"的意思有二说：一说指周、召二公共同执政，司马迁取此说；一说指"共伯名和者"受诸侯拥戴，代行王政。"共伯和"又有卫武公和之说。从周厉王失政至周宣王即位执政，共十四年。周厉王，名胡，周夷王之子，前862—前841年在位。失国，丢弃京

都。彘(zhì),地名。即今山西霍州东北。

【译文】

蔡仲去世,其子蔡伯荒继位。蔡伯荒去世,其子宫侯继位。宫侯去世,其子厉侯继位。厉侯去世,其子武侯继位。武侯在位时,周厉王失去了王位,逃奔到彘,周王朝共和行政,不少诸侯背叛了周王室。

武侯卒,子夷侯立[①]。夷侯十一年,周宣王即位[②]。

二十八年,夷侯卒,子釐侯所事立[③]。

釐侯三十九年,周幽王为犬戎所杀[④],周室卑而东徙[⑤]。秦始得列为诸侯[⑥]。

四十八年,釐侯卒,子共侯兴立[⑦]。

共侯二年卒,子戴侯立。

戴侯十年卒,子宣侯措父立[⑧]。

【注释】

①武侯卒,子夷侯立:事在共和四年,前838年,时为武侯二十六年。夷侯,前837—前810年在位。

②夷侯十一年,周宣王即位:是年为前827年。周宣王,周厉王之子,名静,一作“靖”,前827—前782年在位。

③“二十八年”三句:当周宣王十八年,前810年。釐(xī)侯所事,蔡釐侯,名所事,前809—前762年在位。

④釐侯三十九年,周幽王为犬戎所杀:周幽王宠幸褒姒,废申后及太子宜臼,申后之父申侯发怒,联合犬戎攻破周都,杀死周幽王。是年当周幽王十一年,前771年。周幽王,名宫涅,一说名宫湦,又作“湼”,周宣王之子,前781—前771年在位。犬戎,古部落名。戎人的一支,又称“畎夷”“犬夷”“昆夷”“绲夷”等,当时居住在

今陕西、甘肃交界的一带。

⑤周室卑而东徙：指前771年，周幽王被犬戎所杀后，其子周平王宜臼东迁洛邑（今河南洛阳）事，详见《周本纪》。卑，衰弱。前771年，是历史上东周时期的开始。

⑥秦始得列为诸侯：《正义》曰："周幽王为犬戎所杀，平王东徙洛邑，秦襄公以兵救，因送平王至洛，故平王封襄公。"秦，古部落名。嬴姓，周孝王封非子于秦，故城在今甘肃天水。至秦襄公因救周有功，被周平王封为诸侯，并令其收复周之故地，地即归秦，秦国自此逐渐强大。详见《秦本纪》。

⑦"四十八年"三句：四十八年，当周平王九年，前762年。共侯兴，蔡共侯，名兴，前761—前760年在位。

⑧戴侯十年卒，子宣侯措父立：戴侯十年，当周平王二十一年，前750年。宣侯措父，蔡宣侯，名措父，《十二诸侯年表》作"楷论"，杭世骏曰："《春秋》作'考父'。"前749—前715年在位。

【译文】

武侯去世，其子夷侯继位。夷侯十一年，周宣王即位。

武侯二十八年，夷侯去世，其子釐侯所事继位。

釐侯三十九年，周幽王被犬戎所杀，周王室衰落，向东迁徙。秦开始列为诸侯。

釐侯四十八年，釐侯去世，其子共侯兴继位。

共侯二年去世，其子戴侯继位。

戴侯十年去世，其子宣侯措父继位。

宣侯二十八年，鲁隐公初立[①]。

三十五年，宣侯卒，子桓侯封人立[②]。

桓侯三年，鲁弑其君隐公[③]。

二十年，桓侯卒，弟哀侯献舞立[④]。

哀侯十一年[⑤]，初，哀侯娶陈，息侯亦娶陈[⑥]。息夫人将归，过蔡[⑦]，蔡侯不敬[⑧]。息侯怒，请楚文王[⑨]："来伐我，我求救于蔡，蔡必来，楚因击之，可以有功。"楚文王从之，虏蔡哀侯以归。哀侯留九岁，死于楚[⑩]，凡立二十年卒。蔡人立其子肸，是为缪侯[⑪]。

【注释】

①宣侯二十八年，鲁隐公初立：宣侯二十八年，当周平王四十九年，前722年。鲁隐公，名息，一作"息姑"，鲁惠公之长庶子，前722—前712在位。鲁惠公死后，因嫡子尚幼，鲁隐公摄行国君事。鲁隐公元年，泷川曰："《春秋》始于此。"《春秋》《左传》都从此年开始记载。

②"三十五年"三句：三十五年，当周桓王五年、鲁隐公八年，前715年。桓侯封人，蔡桓侯，名封人，前714—前695年在位。

③桓侯三年，鲁弑其君隐公：鲁国公子翚（挥）劝鲁隐公不要再考虑让位，鲁隐公不听；公子翚（挥）怕日后被新君知道自己曾有此谋，于是反过来挑动公子允杀了鲁隐公。其事详见《左传·隐公十一年》与《鲁周公世家》。桓侯三年，当周桓王八年、鲁隐公十一年，前712年。

④"二十年"三句：二十年，当周庄王二年、鲁桓公十七年，前695年。哀侯献舞，蔡哀侯，名献舞，前694—前675年在位。

⑤哀侯十一年：当周庄王十三年、鲁庄公十年、楚文王六年、陈宣公九年，前684年。

⑥息：诸侯国名，姬姓。不知初封于何时何人，鲁庄公十四年为楚所灭。古息城遗址在今河南息县城郊乡张庄东南。娶陈，娶陈侯的女儿为夫人。陈，诸侯国名。胡公满为其始封君。妫姓。相传为

舜的后代。都宛丘，故城在今河南淮阳。

⑦息夫人将归，过蔡：杨伯峻曰："陈都宛丘，今河南省淮阳县；蔡都在今河南省上蔡县西南，故息妫由陈至息必过蔡。"归，省亲。

⑧蔡侯不敬：《左传·庄公十年》曰："蔡侯曰：'吾姨也。'止而见之，弗宾。"杜预注曰："不礼敬也。"杨伯峻曰："据十四年《传》，息妫甚美，则此所谓'弗宾'，盖有轻佻之行。"

⑨楚文王：名赀，楚武王之子，前689—前675年在位。

⑩哀侯留九岁，死于楚：梁玉绳曰："《楚世家》言文王虏哀侯，已而释之，则哀侯不死于楚也。与此异词，莫知孰是。"

⑪蔡人立其子肸（xī），是为缪侯：蔡缪侯，名肸，前674—前646年在位。

【译文】

宣侯二十八年，鲁隐公始继位。

宣侯三十五年，去世，其子桓侯封人继位。

桓侯三年，鲁人弑杀了他们的国君鲁隐公。

桓侯二十年，去世，他的弟弟哀侯献舞继位。

哀侯十一年，当初，哀侯娶陈国的女儿，息侯也娶了陈国的女儿。息侯夫人要回国省亲，路过蔡国，蔡侯对她不恭敬。息侯很生气，请求楚文王说："来攻伐我国，我向蔡国求救，蔡一定会派兵而来，楚就趁机袭击它，可以获得成功。"楚文王听了他的话，俘虏了蔡哀侯回国。哀侯在楚国滞留九年，死在楚国，前后在位一共二十年去世。蔡人拥立他的儿子肸，这就是缪侯。

缪侯以其女弟为齐桓公夫人[①]。十八年[②]，齐桓公与蔡女戏船中，夫人荡舟[③]，桓公止之，不止，公怒，归蔡女，而不绝也。蔡侯怒，嫁其弟[④]。齐桓公怒，伐蔡；蔡溃，遂虏缪侯，南至楚邵陵[⑤]。已而诸侯为蔡谢齐，齐侯归蔡侯[⑥]。

二十九年,缪侯卒,子庄侯甲午立[⑦]。

【注释】

①女弟:即妹妹。齐桓公:名小白,前685—前643年在位。任用管仲等,“九合诸侯,一匡天下”,成为霸主,为春秋五霸之首。

②十八年:当周惠王二十年、鲁僖公三年、齐桓公二十九年,前657年。

③荡:摇晃,晃荡。

④“公怒”五句:事本《左传·僖公三年》。杨伯峻曰:“《韩非子·外储说左上》作‘怒而出之,乃且复召之’。‘乃且复召之’,即未绝之也。长沙马王堆三号汉墓出土帛书《春秋事语》载此事引有士说语云‘今听女辞而嫁之’,则再嫁出于蔡姬本人之意。”归蔡女,把蔡女送回娘家。不绝,未断绝关系。弟,《索隐》曰:“女弟,即荡舟之姬。”

⑤南至楚邵陵:《左传·僖公四年》云:“齐侯以诸侯之师侵蔡。蔡溃,遂伐楚。”杨伯峻曰:“《战国策·西周策》云:‘桓公伐蔡也,号言伐楚,其实袭蔡。’《韩非子·外储说左上》则谓‘桓公藏蔡怒而攻楚’,‘举兵为天子伐楚,楚服,因还袭蔡’云云,此盖说客及作者欲以证成其说之言,仍当以《左传》为信。”邵陵,也作“召陵”,故城在今河南郾城东之召陵乡。现存内、外二城。

⑥已而诸侯为蔡谢齐,齐侯归蔡侯:梁玉绳曰:“此在缪侯十九年,而书于十八年,与《表》同误。又《春秋》三传,无虏缪侯事,恐妄。”已而,不久。谢,谢罪,认错道歉。按,以上齐伐蔡、伐楚,与诸侯会于召陵事,详见《左传·僖公四年》与《齐太公世家》。

⑦“二十九年”三句:二十九年,当周襄王六年、鲁僖公十四年,前646年。庄侯甲午,蔡庄侯,名甲午,前645—前612年在位。

【译文】

缪侯把自己的妹妹嫁给齐桓公做夫人。缪侯十八年,齐桓公与蔡女在船上嬉戏，夫人晃荡船，齐桓公让她停下来，她不停，齐桓公发怒，把蔡女送回蔡国，但没有跟她断绝关系。蔡侯大怒，把她嫁给了别人。齐桓公也发了怒，就举兵讨伐蔡国；蔡国大败，于是俘获了缪侯，向南一直进军到楚国的邵陵。随后诸侯替蔡向齐国谢罪，齐侯才放了蔡侯。

缪侯二十九年，去世，其子庄侯甲午继位。

庄侯三年①，齐桓公卒。

十四年，晋文公败楚于城濮②。

二十年，楚太子商臣弑其父成王代立③。

二十五年，秦穆公卒④。

三十三年，楚庄王即位⑤。

三十四年，庄侯卒，子文侯申立。

【注释】

①庄侯三年：当周襄王十年、鲁僖公十七年、齐桓公四十三年，前643年。

②十四年，晋文公败楚于城濮：即“城濮之战”。晋大败楚于城濮事，详见《左传·僖公二十八年》与《晋世家》。此战使晋成为中原霸主。徐孚远曰：“蔡边楚，依楚为存亡，故此《世家》专叙楚事。”十四年，当周襄王二十一年、鲁僖公二十八年、晋文公五年、楚成王四十年，前632年。晋文公，名重耳，晋献公之子。因骊姬之乱流亡在外十九年，后在秦国帮助下返回晋国夺得政权，前636—前628年在位。城濮，卫国地名。在今山东范县西南。

③二十年，楚太子商臣弑其父成王代立：二十年，当周襄王二十六年、鲁文公元年、楚成王四十六年，前626年。楚太子商臣弑其父成王代立，文公元年《春秋》云：“冬十月丁未，楚世子商臣弑其君。”杨伯峻注曰：丁未，十八日。商臣，楚穆王也。成王，名頵。

《公羊》《穀梁》俱作“髡”，《汉书·人表》作“恽”，《楚世家》作“熊恽”。今传世有楚王頵钟，铭曰“楚王頵自作铃钟”，则“頵”乃其名之本字。

④二十五年，秦穆公卒：二十五年，当周襄王三十一年、鲁文公六年、秦穆公三十九年，前621年。秦穆公，名任好，前659—前621年在位。其事详见《秦本纪》。

⑤三十三年，楚庄王即位：三十三年，当周顷王六年、鲁文公十四年、楚庄王元年，前613年。楚庄王，名侣，又作“吕”“旅”，楚穆王之子，前613—前591年在位。春秋五霸之一。

【译文】

庄侯三年，齐桓公去世。

庄侯十四年，晋文公在城濮大败楚国。

庄侯二十年，楚太子商臣杀死了他父亲成王，取代他自立为君。

庄侯二十五年，秦穆公去世。

庄侯三十三年，楚庄王继位。

庄侯三十四年，去世，其子文侯申继位。

文侯十四年①，楚庄王伐陈，杀夏徵舒②。

十五年③，楚围郑，郑降楚，楚复醳之④。

二十年⑤，文侯卒，子景侯固立⑥。

景侯元年⑦，楚庄王卒。

四十九年⑧，景侯为太子般娶妇于楚，而景侯通焉。太子弑景侯而自立，是为灵侯⑨。

【注释】

①文侯十四年：当周定王九年、鲁宣公十一年、楚庄王十六年、陈成

公元年，前598年。

②楚庄王伐陈，杀夏徵舒：陈灵公与夏徵舒母私通，鲁宣公十年（前599），夏徵舒射杀陈灵公，自立为陈侯，故楚伐陈。夏徵舒弑杀陈灵公，与楚伐陈事，详见《左传·宣公十一年》与《陈杞世家》《楚世家》。夏徵舒，陈国大夫。

③十五年：当周定王十年、鲁宣公十二年、楚庄王十七年、郑襄公八年，前597年。

④"楚围郑"三句：楚认为郑背叛自己与晋亲近，故伐之。其事见《左传·宣公十一年》与《楚世家》《郑世家》。醳（shì），通"释"，释放。

⑤二十年：当周定王十五年、鲁宣公十七年，前592年。

⑥景侯固：蔡景侯，名固，前591—前544年在位。

⑦景侯元年：当周定王十六年、鲁宣公十八年、楚庄王二十三年，即591年。

⑧四十九年：当周景王二年、鲁襄公三十年、楚郏敖二年，前543年。

⑨太子弑景侯而自立，是为灵侯：其事见《左传·襄公三十年》。按，蔡景侯被弑在此年，其为太子娶妇并与之通奸，乃补叙前事。灵侯，名般，也作"班"，前542—前531年在位。

【译文】

文侯十四年，楚庄王攻打陈国，杀了夏徵舒。

文侯十五年，楚国围攻郑国，郑国投降楚国，楚国又放弃了对郑国的占领。

文侯二十年，去世，其子景侯固继位。

景侯元年，楚庄王去世。

景侯四十九年，为太子般从楚国娶来妻子，而景侯与她私通。太子般弑杀景侯而自立为君，这就是灵侯。

灵侯二年，楚公子围弑其王郏敖而自立，为灵王[①]。九年[②]，陈司徒招弑其君哀公[③]。楚使公子弃疾灭陈而有之[④]。十二年[⑤]，楚灵王以灵侯弑其父，诱蔡灵侯于申，伏甲饮之，醉而杀之[⑥]，刑其士卒七十人[⑦]。令公子弃疾围蔡。十一月，灭蔡，使弃疾为蔡公[⑧]。

楚灭蔡三岁[⑨]，楚公子弃疾弑其君灵王代立，为平王[⑩]。平王乃求蔡景侯少子庐，立之，是为平侯[⑪]。是年，楚亦复立陈[⑫]。楚平王初立，欲亲诸侯，故复立陈、蔡后。

【注释】

①楚公子围弑其王郏（jiá）敖而自立，为灵王：《左传·昭公元年》曰："冬，楚公子围将聘于郑，伍举为介。未出竟，闻王有疾而还。伍举遂聘。十一月己酉（四日），公子围至，入问王疾，缢而弑之，遂杀其二子幕及平夏。"公子围，楚共王之子，楚康王之弟，郏敖之叔父。郏敖，楚康王之子，名麇，前544年继位。即位不久就被叔父公子围弑杀，因被弑后葬于郏，故楚谓之"郏敖"。是年当周景王四年、鲁昭公元年、楚郏敖四年，即前541年。

②九年：当周景王十一年、鲁昭公八年、陈哀公三十五年、楚灵王七年，前534年。

③陈司徒招弑其君哀公：《左传·昭公八年》："三月甲申，公子招、公子过杀悼太子偃师而立公子留。夏四月辛亥，哀公缢。"《十二诸侯年表》："弟招作乱，哀公自杀。"梁玉绳曰："招弑悼太子，非弑君也，此误。"王叔岷曰："《陈世家》：'招杀悼太子，立留为太子。哀公怒，欲诛招。招发兵围守哀公，哀公自经杀。'……是招固杀悼太子，然哀公之自杀，亦由招发兵围守之。则此书'招杀其君哀公'亦无不可。"招，人名。哀公之弟。《索隐》曰："招，或作

‘昭’,或作‘韶’,并时遥反。”司徒,官名。掌国家的土地和人民。

④楚使公子弃疾灭陈而有之:此事《十二诸侯年表》在鲁昭公九年、楚灵王八年,而《左传》书于本年,当依《左传》,《年表》误。公子弃疾,楚共王之子,楚灵王之弟,即日后之楚平王。灭陈而有之,楚灭掉陈国,即在陈设县,任穿封戌为“陈公”(陈县县令)。楚人称县令曰“公”。后又将陈国恢复。其事见《左传·昭公八年》与《陈杞世家》《楚世家》。

⑤十二年:当周景王十四年、鲁昭公十一年、楚灵王十年,前531年。

⑥“楚灵王以灵侯弑其父”四句:因蔡灵侯杀了父亲,故楚以霸主姿态征讨。《左传·昭公十一年》云:“三月丙申,楚子伏甲而飨蔡侯于申,醉而执之,夏四月丁巳,杀之。”则先逮捕后杀害;《世家》则仿佛直接杀之于席上,故梁玉绳曰:“《表》与《楚世家》言‘醉杀蔡侯’,非也。”申,楚邑名。故城在今河南南阳城北。伏甲,埋伏士兵。甲,盔甲,代指战士。

⑦刑其士卒七十人:杀了七十名蔡国士兵。《左传·昭公十一年》作“刑其士七十人。”刑,杀。

⑧使弃疾为蔡公:意即在蔡地设县,让弃疾为蔡县县令。楚灭蔡事,详见《左传·昭公十一年》与《楚世家》。

⑨楚灭蔡三岁:当周景王十六年、鲁昭公十三年、楚灵王十二年,前529年。

⑩弃疾弑其君灵王代立,为平王:其事详见《楚世家》。

⑪“平王乃求蔡景侯少子庐”三句:蔡平侯,蔡景侯曾孙,其父为隐太子友,《史记》以为蔡景侯少子,误。又有蔡平侯迁都之说,梁玉绳曰:“考《汉志》于汝南新蔡县注云‘平侯徙此’,虽不见《经》《传》,当必有据,《史》不书,疏已。《集解》引宋忠谓‘蔡仲徙新蔡,平侯徙下蔡’,误甚。蔡本都于上蔡,平侯徙新蔡,至昭侯迁州来,乃下蔡也。”杨伯峻亦以为蔡平侯迁新蔡,并举文物平侯蔡子

匜为证。按，新蔡，故城在今河南新蔡城关镇。

⑫楚亦复立陈：楚平王求故陈悼太子之子师而立之，是为陈惠侯。自楚灵王灭陈至此，共五年。

【译文】

灵侯二年，楚公子围弑杀了他的国王郏敖而自立为王，就是楚灵王。

灵侯九年，陈国司徒招弑杀他的国君陈哀公。楚派公子弃疾灭掉陈国占有了陈地。

灵侯十二年，楚灵王因为灵侯弑杀父亲，便把灵侯诱骗到申，埋伏好士卒然后请他饮酒，灌醉后把他杀掉了，还杀死他的随从士卒七十人。楚灵王令公子弃疾围攻蔡国。十一月，灭亡蔡国，让弃疾做了蔡公。

楚国灭亡蔡国三年，楚公子弃疾弑杀了他的国君楚灵王而继位，这就是楚平王。楚平王于是寻找蔡景侯的小儿子庐，立为国君，这就是平侯。这一年，楚也重新恢复了陈国。楚平王新继位，想与诸侯亲近，所以又拥立了陈、蔡的后代继承君位。

平侯九年卒[①]，灵侯般之孙东国攻平侯子而自立，是为悼侯[②]。悼侯父曰隐太子友。隐太子友者，灵侯之太子，平侯立而杀隐太子，故平侯卒而隐太子之子东国攻平侯子而代立[③]，是为悼侯[④]。

悼侯三年卒，弟昭侯申立[⑤]。

【注释】

①平侯九年：当周景王二十三年、鲁昭公二十年，前522年。杨伯峻以蔡平侯重立之年（前529）为“元年”，故以此年为“平侯八年”（前面蔡国被灭中断一年）；《史记》以蔡灵侯被杀之次年（前530）为“平侯元年”，故以此年为“平侯九年”。

②灵侯般之孙东国攻平侯子而自立，是为悼侯：梁玉绳曰："昭二十一年《左传》：'平侯太子朱即位，楚费无极取货于东国，谓朱不用命，将围蔡。蔡人惧，出朱而立东国，朱诉于楚。'则东国未尝杀平侯子也。"又曰："平侯子者蔡侯朱也，朱即位一年奔楚，不当从略但云'平侯子'。"泷川曰："此与《年表》同误。"按，据《左传》，东国赂费无极，故楚欲伐蔡，太子朱出奔，东国其祸首也。《史》书其攻立，讨其首祸之罪，与书弃疾弑楚灵王同例。悼侯东国，蔡悼侯，名东国，前521—前519年在位。

③"平侯立而杀隐太子"二句：梁玉绳曰："杀隐太子者楚灵王也，立平侯者楚平王也，平侯为东国兄，是亦隐太子之子，何得妄加平侯以杀父之大逆乎？平侯之太子朱出奔楚，实缘楚费无极取货东国之故，亦不得言东国攻兄自立。盖史公误以平侯为景侯子，遂别生异端，造为世代相攻之事，而不知《经》《传》所载甚明，岂可诬哉！"

④是为悼侯：中井积德曰："'是为悼侯'是复文，当削。"

⑤悼侯三年卒，弟昭侯申立：当周敬王元年、鲁昭公二十三年，前519年。梁玉绳曰："悼侯止二年无三年。"按，梁玉绳以为蔡平侯子朱已经立为君，故蔡悼侯东国元年实为蔡侯朱元年，是年蔡人出蔡侯朱，立蔡悼侯，故次年才是蔡悼侯元年，因有此说。昭侯申，蔡昭侯，名申，前518—前491年在位。

【译文】

平侯九年，去世，灵侯般的孙子东国进攻平侯的儿子后自立为君，这就是悼侯。悼侯的父亲是隐太子友。隐太子友，是灵侯的太子，平侯继位杀掉隐太子，所以平侯去世，隐太子的儿子东国就攻打平侯的儿子而代替他自立为君，这就是悼侯。

悼侯三年，去世，其弟昭侯申继位。

昭侯十年，朝楚昭王，持美裘二[①]，献其一于昭王而自衣其一。楚相子常欲之[2]，不与。子常谗蔡侯，留之楚三年[3]。蔡侯知之，乃献其裘于子常；子常受之，乃言归蔡侯[4]。蔡侯归而之晋[5]，请与晋伐楚[6]。

【注释】

①"昭侯十年"三句：梁玉绳曰："定三年《左传》'蔡侯为两佩两裘'，此及《表》皆言裘而佩自在其中，犹《传》言'献佩于子常'，而裘即在其中也。《左氏》言佩，《公》《穀》言裘，亦互见之。"昭侯十年，当周敬王十一年、鲁定公元年、楚昭王七年，前509年。楚昭王，名珍，楚平王之子，前515—前489年在位。

②子常：即囊瓦，字子常，楚国令尹。

③留之楚三年：将蔡昭侯扣留于楚三年。《公羊传》《穀梁传》鲁定公三年皆称"拘昭公于南郢数年"。

④言归蔡侯：向楚王发话，放回蔡侯。《左传·定公三年》："子常朝，见蔡侯之徒，命有司曰：'蔡君之久也，官不共也。明日礼不毕，将死。'"

⑤之：去，前往。

⑥请与晋伐楚：《左传·定公三年》云："蔡侯归，及汉，执玉而沉，曰：'余所有济汉而南者，有若大川！'蔡侯如晋，以其子元与其大夫之子为质焉，而请伐楚。"

【译文】

昭侯十年，朝见楚昭王，带了两件华美的裘衣，其中一件献给昭王，自己穿了一件。楚相子常想要得到昭侯的那件，昭侯没给他。子常就向楚昭王说蔡昭侯的坏话，楚昭王把他扣留在楚国三年。昭侯得知缘由，就把皮衣献给了子常，子常接受皮衣，就劝楚昭王放回昭侯。昭侯回国后就去了晋国，请求与晋国一起讨伐楚国。

十三年春[1]，与卫灵公会邵陵[2]。蔡侯私于周苌弘以求长于卫[3]；卫使史鳅言康叔之功德[4]，乃长卫。夏，为晋灭沈[5]，楚怒，攻蔡。蔡昭侯使其子为质于吴，以共伐楚[6]。冬，与吴王阖闾遂破楚入郢[7]。蔡怨子常，子常恐，奔郑。

十四年[8]，吴去而楚昭王复国[9]。

十六年，楚令尹为其民泣以谋蔡[10]，蔡昭侯惧。

二十六年[11]，孔子如蔡。楚昭王伐蔡，蔡恐，告急于吴。吴为蔡远，约迁以自近，易以相救；昭侯私许，不与大夫计。吴人来救蔡，因迁蔡于州来[12]。

二十八年[13]，昭侯将朝于吴，大夫恐其复迁，乃令贼利杀昭侯[14]；已而诛贼利以解过，而立昭侯子朔，是为成侯[15]。

【注释】

①十三年：当鲁定公四年、周敬王十四年、晋定公六年、卫灵公二十九年、吴阖闾九年、楚昭王十年，前506年。

②与卫灵公会邵陵：蔡昭侯与卫灵公的邵陵之会是为了谋划伐楚。卫灵公，名元，卫襄公之子，前534—前493年在位。邵陵，也作“召陵”，在今河南郾城东。

③蔡侯私于周苌（cháng）弘以求长于卫：蔡昭侯私下结交周大夫苌弘要求将位次排在卫前面。因蔡的始祖蔡叔度是卫的始祖康叔封之兄，故做如是要求。梁玉绳曰：“召陵之会，将长蔡于卫，卫侯使祝佗私于苌弘，此言蔡侯私弘，非。”私，私下，暗中活动。苌弘，周敬王之大夫。

④卫使史鳅（qiū）言康叔之功德：梁玉绳曰：“案，‘祝佗’亦误作‘史鳅’，盖以二人俱字鱼而误。”史鳅，名鳅，字子鱼，卫国史官。言康叔之功德，说康叔在周成王时有功德。即本篇前文所载康叔做事

能行正道，被周公举荐为司寇辅助周成王；而蔡叔曾作乱被流放。

⑤为晋灭沈：《左传·定公四年》："沈人不会于召陵，晋人使蔡伐之。"沈，诸侯小国名。故城在今安徽阜阳西北百二十里，距河南沈丘城五十里。

⑥蔡昭侯使其子为质于吴，以共伐楚：《左传·定公四年》云，蔡昭侯以其子乾与其大夫之子为质于吴。吴、楚为敌国，故蔡侯与吴结盟伐楚。

⑦与吴王阖闾遂破楚入郢：此即伍子胥复仇破郢之役，其事详见《左传·定公四年》与《吴太伯世家》《伍子胥列传》。阖闾，也作"阖庐"，即公子光，吴王僚堂兄，吴王僚十二年（前515）杀僚自立为王，改名阖闾，前514—前496年在位。郢，楚国都。即今湖北荆州之纪南城。

⑧十四年：当周敬王十四年、鲁定公五年、楚昭王十一年、吴王阖闾九年，前506年。

⑨吴去而楚昭王复国：吴兵进入郢都，楚昭王出逃，后至随国。楚大夫申包胥到秦国求救，秦出兵败吴，吴国军队撤回，楚昭王返国复为楚王。其事见《左传·定公五年》与《楚世家》。

⑩十六年，楚令尹为其民泣以谋蔡：十六年，当周敬王十七年、鲁定公七年、楚昭王十三年，前503。梁玉绳曰："《表》书于十七年。"楚令尹，此时的楚令尹是子西。为其民泣，因楚国人民遭吴、蔡的屠杀而哭泣。谋蔡，计划报复蔡国。

⑪二十六年：当周敬王二十七年、鲁哀公二年、楚昭王二十三年、吴王夫差三年，前493年。

⑫因迁蔡于州来：将蔡的都城迁到州来。州来，即下蔡，今安徽凤台。州来原为楚邑，是时已为吴所有。梁玉绳曰："考哀元、二两年《经》《传》及注，楚围蔡，蔡听命。楚强于江、汝之间而还。楚既还，蔡更叛，请迁于吴，中悔。吴因聘蔡纳师，蔡侯告大夫，杀公

子驷以说于吴，言‘不时迁，驷之为’，遂迁州来。然则非蔡告急于吴也，非吴欲迁蔡也，非蔡侯私许不与大夫计也，非吴兴师来救也。”茅坤曰：“迁以迁吴而求救，非计也。”因，于是。

⑬二十八年：当周敬王二十九年、鲁哀公四年、吴王夫差五年，前491年。

⑭乃令贼利杀昭侯：王叔岷曰：“据《左传》‘公孙翩逐而射之’；《孔子世家》‘公孙翩射杀昭公’（“昭公”当作“昭侯”），则杀昭侯者，固公孙翩，或名翩字利与？古人名与字相因，……‘翩’与‘利’并有‘疾’义，故公孙翩字利也。”

⑮成侯：蔡成侯，名朔，前490—前477年在位。《集解》引徐广曰：“或作‘景侯’。”

【译文】

昭侯十三年春，与卫灵公在邵陵会盟。蔡侯私下结交周大夫苌弘，请求位次排在卫前面；卫派史鰌去讲述康叔的功德，最后苌弘就让卫排在了前面。夏天，蔡国替晋国灭掉沈国，楚国发怒，攻打蔡国。昭侯让他的儿子到吴国去做人质，得以共同伐楚。冬天，与吴王阖闾一起打败楚国攻入郢都。蔡怨恨子常，子常害怕，逃奔郑国。

昭侯十四年，吴军撤回，楚昭王复位。

昭侯十六年，楚令尹为楚国百姓哭泣而计划讨伐蔡国，昭侯非常害怕。

昭侯二十六年，孔子来到蔡国。楚昭王讨伐蔡国，蔡国害怕，向吴国告急。吴国因为蔡国太远，吴与蔡相约迁都都靠近自己，以便容易相救；昭侯私下答应了，没与大夫商讨。吴人前来援救蔡国，趁便把蔡都迁到州来。

昭侯二十八年，昭侯要去吴国朝见，大夫们害怕吴国再让蔡国迁都，就派出刺客利刺杀了昭侯；随后又诛杀了刺客利来开脱罪责，扶立昭侯的儿子朔为君，这就是成侯。

成侯四年，宋灭曹[①]。

十年，齐田常弑其君简公[②]。

十三年，楚灭陈[③]。

十九年[④]，成侯卒，子声侯产立[⑤]。

声侯十五年卒[⑥]，子元侯立[⑦]。

元侯六年卒[⑧]，子侯齐立[⑨]。

侯齐四年，楚惠王灭蔡[⑩]，蔡侯齐亡[⑪]，蔡遂绝祀。后陈灭三十三年[⑫]。

【注释】

①成侯四年，宋灭曹：《左传·哀公八年》载："八年春，宋公伐曹将还，褚师子肥殿。曹人诟之，不行。师待之。公闻之，怒，命反之，遂灭曹，执曹伯及司城彊以归，杀之。"曹遂亡。是年当周敬王三十三年、鲁哀公八年、宋景公三十年、曹伯阳十五年，即前487年。

②十年，齐田常弑其君简公：《左传·哀公十四年》载："（五月）庚辰（二十一日），陈恒执公于舒州。""甲午（六月五日），齐陈恒弑其君壬（简公名）于舒州。"是年当周敬王三十九年、鲁哀公十四年、齐简公四年，即前481年。田常，又称"田恒""陈恒"，卒谥成，故又称"陈成子""田成子"，齐国权臣。

③十三年，楚灭陈：《左传·哀公十七年》载："楚白公之乱，陈人恃其聚而侵楚。楚既宁，将取陈麦，……陈人御之，败，遂围陈。秋七月己卯（八日），楚公孙朝率师灭陈。"事见《陈杞世家》。是年当周敬王四十二年、鲁哀公十七年、楚惠王十一年、陈闵公二十四年，即前478年。

④十九年：当周元王九年，前472年。

⑤声侯产：蔡声侯，名产，前471—前457年在位。

⑥声侯十五年：当周定王十二年，前457年。

⑦元侯立：前456—前451年在位。

⑧元侯六年：当周定王十八年，前451年。

⑨侯齐：蔡侯，名齐，前450—前447年在位。

⑩侯齐四年，楚惠王灭蔡：当周定王二十二年、楚惠王四十二年，前447年。

⑪亡：逃亡。

⑫后陈灭三十三年：王叔岷曰："鲁哀十七年，楚灭陈；其楚灭蔡，又在灭陈之后三十三年，即在春秋后二十二年。"梁玉绳曰："当作三十一年。"蔡自前1045年建国，至此共历时五百九十八年。

【译文】

成侯四年，宋灭曹。

成侯十年，齐国田常杀了他的国君齐简公。

成侯十三年，楚灭陈。

成侯十九年，去世，其子声侯产继位。

声侯十五年去世，其子元侯继位。

元侯六年去世，其子侯齐继位。

侯齐四年，楚惠王灭掉了蔡国，蔡侯齐逃亡国外，蔡国的祭祀从此就断绝了。比陈晚灭亡三十三年。

伯邑考，其后不知所封[①]。武王发，其后为周，有本纪言[②]。管叔鲜作乱诛死，无后。周公旦，其后为鲁，有世家言。蔡叔度，其后为蔡，有世家言。曹叔振铎，其后为曹，有世家言。成叔武，其后世无所见[③]。霍叔处，其后晋献公时灭霍[④]。康叔封，其后为卫，有世家言。冉季载，其后世无所见[⑤]。

【注释】

①伯邑考，其后不知所封：中井积德曰："伯邑考盖无子也。"梁玉绳以为"伯邑考之后失传，或谓早死无后，恐非"，说已见前。

②有本纪言：意为言在"本纪"中。董份曰："'言'字不解，盖太史公所自创者，如世家语也。"

③成叔武，其后世无所见：成，《左传》作"郕"。梁玉绳曰："《春秋》隐五年，'卫师入郕'；十年，'齐人郑人入郕'；庄八年，'师及齐师围郕，郕降于齐师'；文十二年，'郕伯来奔'，皆有传，此则后世之略可见者，特不知名谥年世耳。"

④其后晋献公时灭霍：晋献公十六年，当为周惠王十六年、鲁闵公元年，前661年。晋灭霍，据《国语·晋语》："（献公）十六年，公作二军，公将上军，太子申生将下军，以伐霍。……太子遂行，克霍而反。"

⑤冉季载，其后世无所见：沈家本曰："《周语》，富辰言'聃（季）之亡由郑姬'，而列于郐之后，息、邓之前，郐之亡在釐王之时，则聃之亡亦当在桓、庄时乎？"凌稚隆曰："前已叙兄弟十人，此复叙十人封邑以终其义，此最关键处。"

【译文】

伯邑考，他的后代不知道分封在哪里。周武王姬发，他的后代是周天子，有本纪记载。管叔鲜发动叛乱被诛灭，没有后代。周公旦，他的后代为鲁国国君，有世家记载。蔡叔度，他的后代为蔡国国君，有世家记载。曹叔振铎，他的后代为曹国国君，有世家记载。成叔武，他的后代不见记载。霍叔处，他的后代就是晋献公时所灭掉的霍。康叔封，他的后代为卫国国君，有世家记载。冉季载，后代不见记载。

太史公曰：管蔡作乱，无足载者。然周武王崩，成王少，天下既疑，赖同母之弟成叔、冉季之属十人为辅拂[①]，是以诸侯卒宗周[②],故附之世家言。

【注释】

①赖同母之弟成叔、冉季之属十人为辅拂(bì):十人,实为周公及曹、成、霍、康、冉等六人。时周武王已死,伯邑考死于周武王之前,管、蔡作乱亦不当计入。又,此六人皆周成王叔父,周成王之时不当称“同母之弟”。辅拂,辅助。拂,通“弼”。

②宗周:意即以周朝为宗主。

【译文】

太史公说:管、蔡作乱,没有什么值得记载的。但周武王去世,周成王年少,天下都疑惧,依赖周武王同母弟弟成叔、冉季等十人辅弼,因此诸侯最终都尊奉周王室,所以附记在世家中。

曹叔振铎者,周武王弟也。武王已克殷纣,封叔振铎于曹[①]。叔振铎卒,子太伯脾立。太伯卒,子仲君平立。仲君平卒,子宫伯侯立[②]。宫伯侯卒,子孝伯云立。孝伯云卒,子夷伯喜立。

夷伯二十三年,周厉王奔于彘[③]。

三十年卒,弟幽伯彊立[④]。

幽伯九年,弟苏杀幽伯代立,是为戴伯[⑤]。

戴伯元年,周宣王已立三岁。

三十年[⑥],戴伯卒,子惠伯兕立[⑦]。

惠伯二十五年[⑧],周幽王为犬戎所杀,因东徙,益卑[⑨],诸侯畔之[⑩]。秦始列为诸侯。

三十六年[⑪],惠伯卒,子石甫立,其弟武杀之代立,是为缪公[⑫]。

缪公三年卒，子桓公终生立⑬。

【注释】

①封叔振铎于曹：《索隐》曰："按上文，'叔振铎，其后为曹，有系家言'，则曹亦合题系家；今附《管蔡》之末而不出题者，盖以曹微小而少事迹，因附《管蔡》之末，不别题篇尔。且又管叔虽无后，仍是蔡、曹之兄，故题管、蔡而略曹也。"梁玉绳曰："《索隐》本作'曹叔振铎世家'。"又曰："管既无世，何以名家，自当以'蔡曹'标名，乃史公反附曹于管、蔡，不亦乖乎？……小司马补《史》曰：'曹亦姬姓文昭，春秋时颇称强国，其后数十代，岂可附管、蔡亡国之末而没其篇第，自合析为一篇。'《史诠》曰：'史公谓管叔乱无足载者，何以称世家哉？当更曰《蔡曹世家》，斯得其实矣。'"

②仲君平卒，子宫伯侯立：梁玉绳曰："平何以称'仲君'，而谥亦无'宫'。"又曰："或'宫'是名，然曹有'宫伯侯'，何也？"

③夷伯二十三年，周厉王奔于彘：事在前841年。

④三十年卒，弟幽伯彊立：三十年，当共和七年，前835年。幽伯彊，曹幽伯，名彊，前834—前825年在位。

⑤"幽伯九年"三句：幽伯九年，当周宣王二年，前825年。苏，《年表》作"鲜"。曹戴伯，前824—前796年在位。

⑥三十年：周宣王三十二年，前796年。

⑦惠伯兕（sì）：曹惠伯，名兕，前795—前760年在位。

⑧惠伯二十五年：当周幽王十一年、秦襄公七年，前771年。

⑨卑：衰弱。

⑩畔：通"叛"。

⑪三十六年：当周平王十一年，前760年。

⑫其弟武杀之代立，是为缪公：梁玉绳曰："缪公已下改称'公'，不可晓。"又曰："其弟者，石甫之弟也，《曹诗谱疏》引《史》'石'作

‘硕’。”缪公，前759—前757年在位。

⑬缪公三年卒，子桓公终生立：缪公三年，当周平王十四年，前757年。桓公终生，《集解》引孙检曰：“一作‘终湦’，‘湦’音生。”前756—前702年在位。

【译文】

曹叔振铎，是周武王的弟弟。周武王灭掉殷纣王之后，把叔振铎封在曹。叔振铎去世，其子太伯脾继位。太伯去世，其子仲君平继位。仲君平去世，其子宫伯侯继位。宫伯侯去世，其子孝伯云继位。孝伯云去世，其子夷伯喜继位。

夷伯二十三年，周厉王逃奔到彘。

夷伯三十年，去世，弟弟幽伯彊继位。

幽伯九年，他的弟弟苏杀幽伯代替他自立为君，这就是戴伯。

戴伯元年，周宣王已经继位三年了。

戴伯三十年，戴伯去世，其子惠伯兕继位。

惠伯二十五年，周幽王被犬戎杀死，周王室向东迁徙，更为衰落，诸侯背叛。秦开始列为诸侯。

惠伯三十六年，去世，其子石甫继位，他弟弟武杀害了他代为继位，这就是缪公。

缪公三年去世，其子桓公终生继位。

桓公三十五年①，鲁隐公立。

四十五年②，鲁弑其君隐公。

四十六年，宋华父督弑其君殇公及孔父③。

五十五年，桓公卒，子庄公夕姑立④。

庄公二十三年⑤，齐桓公始霸。

三十一年，庄公卒⑥，子釐公夷立⑦。

釐公九年卒[⑧]，子昭公班立[⑨]。

昭公六年[⑩]，齐桓公败蔡，遂至楚召陵。

九年，昭公卒，子共公襄立[⑪]。

【注释】

①桓公三十五年：当周平王四十九年、鲁隐公元年，前722年。

②四十五年：当周桓王八年、鲁隐公十一年，前712年。

③四十六年，宋华父督弑其君殇（shāng）公及孔父：据鲁桓公元年、二年《春秋·经》《传》："宋华父督见孔父之妻于路，目逆而送之，曰：'美而艳。'二年春，宋督攻孔氏，杀孔父而取其妻。公怒，督惧，遂弑殇公。君子以督为有无君之心，而后动于恶，故先书弑其君。"杨伯峻曰："《公》《穀》二传记此事，以为宋督欲弑殇公而先杀孔父，与《左传》所叙有出入。"四十六年，当周桓王九年，鲁桓公元年、宋殇公九年，前711年。按，华父督弑殇公在鲁桓公二年，当曹桓公四十七年、前710年。华父督，字华父，名督，任宋太宰，又称太宰督。孔父，即孔父嘉，宋国司马，孔子祖先。

④"五十五年"三句：五十五年，当周桓王十八年、鲁桓公十年，前702年。夕姑，《汉书·人表》作"亦姑"，《春秋》《曹诗谱疏》引《世家》及《史表》并作"射姑"。梁玉绳曰："此作'夕'者，必'夜'字之讹脱，……古'射''夜'多通借。"前701—前671年在位。

⑤庄公二十三年：当周僖王三年、鲁庄公十五年、齐桓公七年，前679年。

⑥三十一年，庄公卒：事在周惠王六年、鲁庄公二十三年，前671年。

⑦子釐公夷立：《春秋·庄公二十四年》："戎侵曹，曹羁出奔陈，赤归于曹。"《左氏》无传。杜注云："羁盖曹世子也。先君既葬而不称爵者，微弱不能自定，曹人以名赴。……赤，曹僖公也。盖为戎所

纳，故曰‘归’。”梁玉绳曰：“赤为釐公名，疑《史》作‘夷’误，抑岂釐公有二名与？但有未敢信者，羁果庄公之世子，《春秋》奚独不书？羁虽微弱，立已期年，又奚不能自定之有？《史》谓僖公名夷，《汉书·人表》并名夷，似亦不得断《史》为独误。”是当缺疑。釐公，前670—前662年在位。

⑧釐公九年：当周惠王十五年、鲁庄公三十二年，前662年。

⑨昭公班：昭公，名班，前661—前653年在位。

⑩昭公六年：当周惠王二十一年、鲁僖公四年、齐桓公三十年、蔡穆侯十八年、楚成王十六年，前656年。

⑪“九年”三句：九年，当周惠王二十四年、鲁僖公七年，前653年。共公襄，曹共公，名襄，前652—前618年在位。

【译文】

桓公三十五年，鲁隐公继位。

桓公四十五年，鲁人弑杀了他们的国君鲁隐公。

桓公四十六年，宋华父督弑杀国君殇公，以及孔父。

桓公五十五年，去世，其子庄公夕姑继位。

庄公二十三年，齐桓公开始称霸。

庄公三十一年，庄公去世，其子釐公夷继位。

釐公九年去世，其子昭公班继位。

昭公六年，齐桓公击败蔡国，一直攻到楚国的召陵。

昭公九年，昭公去世，其子共公襄继位。

共公十六年[①]，初，晋公子重耳其亡过曹，曹君无礼，欲观其骈胁[②]。釐负羁谏，不听，私善于重耳[③]。

二十一年[④]，晋文公重耳伐曹，虏共公以归，令军毋入釐负羁之宗族闾[⑤]。或说晋文公曰：“昔齐桓公会诸侯，复异姓[6]；今君囚曹君，灭同姓，何以令于诸侯？”晋乃复归共公[7]。

二十五年[8]，晋文公卒。

三十五年[9]，共公卒，子文公寿立[10]。

文公二十三年卒，子宣公彊立[11]。

宣公十七年卒，弟成公负刍立[12]。

【注释】

①共公十六年：当周襄王十五年、鲁僖公二十三年、晋惠公十四年，前637年。

②“晋公子重耳其亡过曹”三句：《左传·僖公二十三年》：“（重耳）及曹，曹共公闻其骈胁，欲观其裸。浴，薄而观之。”此即所谓“曹君无礼”。骈（pián）胁，腋下肋骨连成一片。泷川引沈家本曰：“《年表》亦叙于十六年，然史文有‘初’字，则非十六年之事。”

③“釐负羁谏”三句：《左传》云：“僖（釐）负羁之妻曰：‘吾观晋公子之从者，皆足以相国。若以相，夫子必反其国。反其国，必得志于诸侯。得志于诸侯，而诛无礼，曹其首也。子盍蚤自贰焉！’乃馈盘飧，置璧焉。公子受飧反璧。”无釐负羁谏共公事。《淮南子·人间训》云：“晋公子重耳过曹，曹君欲见其骈胁，使之袒而捕鱼。釐负羁止之曰：‘公子非常也，从者三人，皆霸王之佐也。遇之无礼，必为国忧。’君弗听。重耳反国，起师而伐曹，遂灭之。”与《左传》《世家》又有不同。釐负羁，也作“僖负羁”，曹国大夫。

④二十一年：当周襄王二十年、鲁僖公二十八年、晋文公五年，前632年。

⑤令军毋入釐负羁之宗族间：其事见《左传·僖公二十八年》。毋，勿，不要。间，里巷大门。

⑥复异姓：恢复异姓国家。

⑦晋乃复归共公：《左传·僖公二十八年》：“晋侯有疾，曹伯之竖侯

獳货筮史，使曰‘以曹为解’：‘齐桓公为会而封异姓，今君为会而灭同姓。曹叔振铎，文之昭也；先君唐叔，武之穆也。且合诸侯而灭兄弟，非礼也；与卫偕命，而不与偕复，非信也；同罪异罚，非刑也。礼以行义，信以守礼，刑以正邪。舍此三者，君将若之何？’公说，复曹伯。”则说晋文公归曹伯者，乃其筮史也。

⑧二十五年：当周襄王二十四年、鲁僖公三十二年、晋文公九年，前628年。

⑨三十五年：当周顷王元年、鲁文公九年，前618年。

⑩文公寿：曹文公，名寿，前617—前595年在位。

⑪文公二十三年卒，子宣公彊立：文公二十三年，当周定王十二年、鲁宣公十四年，前595年。宣公彊，曹宣公，名彊。梁玉绳曰：“三《传》《春秋》及《汉书·人表》宣公名‘庐’，即《年表》亦作‘卢’，……不闻名彊也。况宣公之先有幽伯彊，何容宣又名彊？其误审矣。”宣公，名庐，一作“彊”，前594—前578年在位。

⑫宣公十七年卒，弟成公负刍立：据《左传·成公十三年》，曹宣公死后，曹人使公子负刍守。秋，负刍弑曹宣公太子自立，《世家》不书此事。且杜预以负刍为曹宣公庶子，《世家》以为曹宣公弟，后人多以杜注近是。曹宣公十七年，当周简王八年、鲁成公十三年，前578年。成公，曹成公，名负刍，前577—前555年在位。

【译文】

共公十六年，当初，晋公子重耳逃亡经过曹国，曹君对他没礼貌，想要看他的骈胁。釐负羁谏阻，曹君不听，釐负羁私下与重耳交好。

共公二十一年，晋文公重耳讨伐曹国，俘虏了曹共公回国，命令军队不许进入釐负羁的宗族里门。有人劝说晋文公道：“过去齐桓公会合诸侯，恢复异姓诸侯；如今您囚禁曹君，灭亡同姓诸侯，还怎么号令诸侯？”晋这才又送共公回国。

共公二十五年，晋文公去世。

共公三十五年，去世，其子文公寿继位。

文公二十三年去世，其子宣公彊继位。

宣公十七年去世，其弟成公负刍继位。

成公三年，晋厉公伐曹，虏成公以归，已复释之[①]。

五年，晋栾书、中行偃使程滑弑其君厉公[②]。

二十三年[③]，成公卒，子武公胜立[④]。

武公二十六年[⑤]，楚公子弃疾弑其君灵王代立。

二十七年[⑥]，武公卒，子平公须立[⑦]。

平公四年卒[⑧]，子悼公午立。是岁，宋、卫、陈、郑皆火[⑨]。

悼公八年[⑩]，宋景公立。

九年[⑪]，悼公朝于宋，宋囚之；曹立其弟野，是为声公。悼公死于宋，归葬。

【注释】

①“成公三年”四句：按《左传·成公十五、十六年》，晋厉公执负刍归于京师，晋立子臧，子臧曰：“圣达节，次守节，下失节，为君非吾节也。”遂逃奔宋。曹人请于晋，晋人谓子臧：“反国，吾归而君。”子臧反，晋于是归负刍。晋虏曹成公事，又详见《晋世家》。成公三年，当周简王十一年、鲁成公十六年、晋厉公六年，前575年。陈仁锡曰：“事在曹成公二年。”梁玉绳曰：“‘三’当作‘二’。”晋厉公，名寿曼，晋景公之子，前580—前573年在位。已，已而，不久。

②五年，晋栾书、中行（háng）偃使程滑弑其君厉公：晋厉公欲尽去诸大夫而立其左右。命嬖臣胥童攻杀郤锜、郤犨、郤至三大夫。同年闰十二月，大臣栾书、中行偃惧祸及己，袭捕晋厉公，是年

（即曹成公五年）正月杀晋厉公。事见《左传·成公十八年》与《晋世家》。五年，当周简王十三年、鲁成公十八年、晋厉公八年，前573年。栾书，姬姓，栾氏，死后谥武子，亦称“栾武子”。晋景公时为晋正卿。中行偃，姬姓，荀氏，荀林父之后，故又以“中行”为氏。晋正卿。

③二十三年：当周灵王十七年、鲁襄公十八年，前555年。

④武公胜：曹武公，名胜，前554—前528年在位。梁玉绳曰：“《春秋》作‘滕’，疑误。”

⑤武公二十六年：当周景王十六年、鲁昭公十三年、楚灵王十二年，前529年。

⑥二十七年：当周景王十七年、鲁昭公十四年，前528年。

⑦平公须：曹平公，名须，前527—前524年在位。

⑧平公四年：当周景王二十一年、鲁昭公十八年、宋元公八年、卫灵公十一年、陈惠公六年、郑定公六年，前524年。

⑨宋、卫、陈、郑皆火：是年《春秋·经》及《传》均记四国同日发生大火，这是春秋时期最有名的大火灾。火，用如动词。

⑩悼公八年：当周敬王四年、鲁昭公二十六年、宋景公元年，前516年。

⑪九年：当周敬王五年、鲁昭公二十七年、宋景公二年，前515年。

【译文】

成公三年，晋厉公讨伐曹国，俘虏成公回国，不久又放了他。

成公五年，晋栾书、中行偃指使程滑弑杀了他们的国君晋厉公。

成公二十三年，去世，其子武公胜继位。

武公二十六年，楚公子弃疾弑杀国君楚灵王，代他为君。

武公二十七年，去世，其子平公须继位。

平公四年去世，其子悼公午继位。这一年，宋、卫、陈、郑都发生了火灾。

悼公八年，宋景公继位。

九年，悼公去宋国朝见，宋国囚禁了他；曹人拥立他的弟弟野为君，这就是声公。悼公死在宋国，宋国将他的尸体送回曹国安葬。

声公五年，平公弟通弑声公代立，是为隐公[①]。

隐公四年，声公弟露弑隐公代立，是为靖公[②]。

靖公四年卒，子伯阳立[③]。

伯阳三年[④]，国人有梦众君子立于社宫[⑤]，谋欲亡曹；曹叔振铎止之，请待公孙彊，许之。旦，求之曹，无此人。梦者戒其子曰："我亡[⑥]，尔闻公孙彊为政，必去曹，无离曹祸[⑦]。"及伯阳即位，好田弋之事[⑧]。

六年[⑨]，曹野人公孙彊亦好田弋，获白雁而献之，且言田弋之说，因访政事。伯阳大说之，有宠，使为司城以听政[⑩]。梦者之子乃亡去[⑪]。

公孙彊言霸说于曹伯。十四年[⑫]，曹伯从之，乃背晋干宋[⑬]。宋景公伐之，晋人不救。

十五年[⑭]，宋灭曹，执曹伯阳及公孙彊以归而杀之。曹遂绝其祀[⑮]。

【注释】

①平公弟通弑声公代立，是为隐公：《索隐》曰："按谯周云：'《春秋》无其事。'今检《系本》及《春秋》，悼伯卒，弟露立，谥靖公，实无声公、隐公，盖是彼文自疏也。"

②"隐公四年"三句：泷川曰："靖公名露，与《春秋》合，《年表》作路。"梁玉绳于《十二诸侯年表》中辨曰："考《春秋》昭二十七年书曹伯午卒，定八年书曹伯露卒，无声、隐二世，然则悼公卒便接

靖公，凡在位十三年，无悼公朝宋囚死之事，并无世代相杀也。乃《表》与《世家》增声公五年，隐公四年，而以靖公为四年，又谓隐公弑声，靖公弑隐，《史》岂别有所据与？与《春秋》违，恐不可信。”

③靖公四年卒，子伯阳立：靖公四年，当周敬王十八年、鲁定公八年，前502年。子伯阳立，梁玉绳曰：“伯者，曹伯；阳者，其名，盖史公误认‘伯’亦是名，故连‘阳’字呼之。”

④伯阳三年：当周敬王二十一年、鲁定公十一年，前499年。

⑤社宫：“社”是曹之国社，“宫”乃社之围墙。

⑥我亡：我死后。亡，死。

⑦离：同“罹（lí）”，陷入，遭受。

⑧田弋：射猎。

⑨六年：当周敬王二十四年、鲁定公十四年，前496年。

⑩使为司城以听政：竹添光鸿曰：“曹国近宋，故仿宋司城之名。其曰听政，盖政卿也。”听政，过问国家大政。

⑪梦者之子乃亡去：梁玉绳曰：“事不知何岁，《左传》在哀七年，乃是追叙，故曰‘初’。此与《世家》书梦于阳三年，书彊为司城于阳六年，未确也。”亡去，逃亡离开。

⑫十四年：当周敬王三十二年、鲁哀公七年、晋定公二十四年、宋景公二十九年，前488年。

⑬乃背晋干宋：《集解》引贾逵曰：“以小加大。”《索隐》曰：“干，谓犯也。言曹因弃晋而犯宋，遂致灭也。裴氏引贾逵注云‘以小加大’者，加，陵也；小，即曹也，大，谓晋及宋也。”

⑭十五年：当周敬王三十三年、鲁哀公八年、宋景公三十年，前487年。

⑮曹遂绝其祀：《左传·哀公八年》：“八年春，宋公伐曹将还，褚师子肥殿。曹人诟之，不行。师待之。公闻之，怒，命反之，遂灭曹，执曹伯及司城彊以归，杀之。”杨伯峻注以为曹后又别封：“《战国

策·魏策》谓曹恃齐而晋亡曹，与《传》异，不足信。《孟子·告子下》有曹交，赵岐注谓‘曹交，曹君之弟’，似曹国犹存。”黄震曰：“曹叔铎之后，共公、成公虏于晋，悼公囚于宋，隐、靖二公更弑代立，已无以为国矣。伯阳复好猎，用公孙彊，背晋干宋而宋灭之，使国人之梦遂符，叔铎无所致力于冥冥矣，悲夫。”按，曹国自西周初年建国，至此灭亡，前后历时五百五十八年。

【译文】

声公五年，平公的弟弟通弑杀声公代为君，这就是隐公。

隐公四年，声公的弟弟露弑杀隐公代为君，这就是靖公。

靖公四年去世，其子伯阳继位。

伯阳三年，国中有个人梦见许多贵族站在曹国社稷的围墙边，商量要灭亡曹国，曹叔振铎阻止他们，请他们等待公孙彊出现，众人答应了他。第二天早上，做梦的人在国中寻找，没有找到公孙彊这个人。做梦的人告诫他的儿子说：“我死后，你听说公孙彊主持国政，就一定要离开曹国，不要遭受曹国的祸患。”等伯阳即位，喜欢射猎之事。

六年，曹国乡野之人公孙彊也喜欢射猎，射到一只白雁献给了伯阳，并谈论射猎的道理，伯阳就向他询问政事。伯阳非常喜欢公孙彊，宠信他，让他做司城参与国政。做梦人的儿子就逃走了。

公孙彊向曹伯大讲称霸的学说。伯阳十四年，曹伯听了他的话，就背叛晋国侵犯宋国。宋景公讨伐他，晋人不来援救。

伯阳十五年，宋灭曹，捉住了曹伯阳和公孙彊，到宋国就杀掉了他们。曹国的祭祀就断绝了。

太史公曰[①]：余寻曹共公之不用僖负羁，乃乘轩者三百人[②]，知唯德之不建[③]。及振铎之梦，岂不欲引曹之祀者哉？如公孙彊不修厥政，叔铎之祀忽诸[④]。

【注释】

①太史公曰:《索隐》曰:“检诸本,或无此论。”

②余寻曹共公之不用僖负羁,乃乘轩者三百人:此本《左传·僖公二十八年》晋文公责曹共公“不用僖负羁而乘轩者三百人也”之语。大夫以上方可乘轩,郝敬《读左日钞》曰:“曹蕞尔国,举群臣不能三百人,而况大夫?言三百者,极道其溢耳。”意谓曹共公远君子而好近小人焉。《正义》曰:“《晋世家》云:‘晋师入曹,数之以其不用僖负羁言,而美女乘轩三百人也。’”杨伯峻曰:“谓乘轩者为美女,恐史公驳文。”

③知唯德之不建:就知道德政是不能实行了。意谓治国唯德,而曹却不立德。

④如公孙彊不修厥政,叔铎之祀忽诸:如,王叔岷以为犹“奈”,认为此句意为“奈何公孙彊不修德政,致使曹国灭亡”。厥,其。忽诸,很快地。诸,语助词。柯维骐曰:“《左氏》文公五年,臧文仲闻六与蓼灭,曰:‘皋陶、庭坚不祀忽诸?德之不建,民之无援,哀哉。’太史公之语本此。杜预注谓‘忽诸’者,忽然而绝也。”

【译文】

太史公说:我考察曹共公不用釐负羁,而有大夫三百人,就知道德政是无法实行了。振铎那个梦,难道不是想延长曹国的祭祀吗?如果公孙彊不推行他的政令,曹叔振铎的祭祀会这么快就断绝吗?

【蔡国诸侯世系表】

蔡叔度(前1045—?)——蔡仲——蔡伯荒——宫侯——厉侯——武侯——夷侯(前837—前810)——釐侯(前809—前762)——共侯(前761—前760)——戴侯(前759—前750)——宣侯(前749—前715)——桓侯(前714—前695)——哀侯(前694—前675)——缪侯(前674—前646)——庄侯(前645—前612)——文侯(前611—

前592）——景侯（前591—前543）——灵侯（前542—前531）——平侯（前529—前522）——悼侯（前521—前519）——昭侯（前518—前491）——成侯（前490—前472）——声侯（前471—前457）——元侯（前456—前451）——侯齐（前450—前447）被楚所灭

【曹国诸侯世系表】

曹叔振铎（前1045—?）——太伯脾——仲君——宫伯——孝伯——夷伯（前864—前835）——幽伯（前834—前825）——戴伯（前824—前796）——惠伯（前795—前760）——缪公（前759—前757）——桓公（前756—前702）——庄公（前701—前671）——釐公（前670—前662）——昭公（前661—前653）——共公（前652—前618）——文公（前617—前595）——宣公（前594—前578）——成公（前577—前555）——武公（前554—前528）——平公（前527—前524）——悼公（前523—前515）——声公（前514—前510）——隐公（前509—前506）——靖公（前505—前502）——伯阳（前501—前487）被宋所灭

【集评】

苏辙曰："世俗之说曰舜囚尧，不得其死；禹逐舜，终于苍梧之野；周公将篡成王，二叔讥之，乃免于乱。彼以小人之情度君子之心，亦何所不至哉？今夫圣人虽与世同处，而其中浩然与天地同量，彼其食粟衣帛盖有不得已耳，而况与人争利哉！诸葛孔明受托昭烈以相孺子，虽使取而代之，蜀人安焉；然君臣之义没身不替，孔明尚然，而况于圣人乎？彼小人何足以知之。"（《古史》）

恽敬曰："太史公著《管蔡世家》以后世史例言之，同母兄弟不宜书于《周本纪》，而《鲁世家》宜书，太史公不书，其惧伤周公之心欤！然必书之《管蔡世家》者，所以见圣人之不幸也。且管叔、蔡叔均罪，而管叔无后，不得有世家，太史公不书曰《蔡世家》，而曰《管蔡世家》，盖圣人之处兄弟也，尽乎当然之仁义而已。使管叔有后如蔡仲，周公必言于成王如蔡仲之封，岂有异哉？太史公之智，足以知圣如此，故曰‘绍明世，正《易》《传》，继《春秋》，本《诗》《书》《礼》《乐》之际’也。”（《大云山房文稿初集》）

李景星曰：“《管蔡世家》意在于管、蔡事，内总括武王同母弟十人之终始，故篇首以十人起，篇末又以十人结，呼应通灵，打成一片。中间叙完管叔事，余皆单叙蔡事。事有详略，故笔有繁简。赞语将管叔轻轻一点，随手撇去，又说到十人，以表明于《管蔡世家》内附列余人之故，意旨倍觉明显。其间叙世系处，若网在纲，有条不紊，后来碑谱高手多半取法于北。至《曹叔世家》本应自为一篇，缘事简文少，不成册帙，故连《管蔡世家》为一卷，分观合观，各有其妙。《索隐》欲析出之，殊属不必。赞《曹叔世家》而一则曰‘德之不建’，再则曰‘不修厥政’，所见独大，此又太史公眼光之高，为后来诸史家所不及处。”（《史记评议》）

【评论】

关于本篇标题标“管蔡”而不标“蔡曹”，与正文内容有出入，司马贞《索隐》曹小事少，管是曹兄，故显管而略曹的说法，后代学者颇有不认同者。因文中有“曹叔振铎，其后为曹，有世家言”之语。故《索隐》曰：“曹亦姬姓之国，而文之昭，春秋之时颇称强国，传数十代而后亡，岂可附管、蔡亡国之末而没其篇第。自合析为一篇。”但《太史公自序》中没有立曹世家的相关条目，则曹国史事终究还应是附于《管蔡世家》之中，不会另立一篇。也有的版本在叙曹国史前有“曹叔世家”或“曹叔振铎世家”的标题，但依《史记》体例，附记不书标题，所以标题也应是后人所加。至于为何要题为“管蔡”，实际上从全篇布局来看，此篇是总叙周文王诸子，以显示他们对巩固王朝作用巨大，功不可没，而在事迹不足以单为“世家”的几人中，则以管叔、蔡叔在周初影响最大，以他们为总领，也是合理的。可是司马迁为什么不把其他几兄弟的事迹写在《鲁周公世家》中呢？明代学者恽敬有一段话，也许能说明司马迁心事，他说："太史公著《管蔡世家》以后世史例言之，同母兄弟不宜书于《周本纪》，而《鲁世家》宜书，太史公不书，其惧伤周公之心欤！"（《大云山房文稿初集》）

《管蔡世家》也是司马迁为周武王兄弟所作的一系列世家中的一篇，其思想有与其他世家相通之处。

本篇又一次强调"德政"对于国家兴衰的重要性。蔡国和曹国在春秋时已沦为三等小国，只能依靠大国，而且稍有不慎就会遭到侵伐。按理说它们应该奋发自强，但在文中却没有这样的记载，相反仍是充满了荒淫和内乱。司马迁通过本篇揭示了弱国之所以弱，虽有一定的客观原因，但主要在于它们自己的不修德政，不思进取。篇末"太史公曰"中就点明曹的灭亡在于"德之不建"。如蔡国，蔡哀侯调戏息夫人，惹怒息侯，招来楚兵，以致被楚俘虏；蔡景侯通太子妇，使得蔡国数世不安，为楚灵王所灭，若不是楚平王篡位要收买人心，蔡就亡了；但就在这种情况下，蔡昭侯在邵陵之会时还要贿赂周大夫苌弘与卫国争位次先后，但在卫国祝佗论说排位先后有"尚德"而"非尚年"的传统，并大揭蔡叔曾参与管蔡武庚叛乱的老底之后，还是排在卫国之后，可谓自取其辱。曹国也一样。本篇《世家》记曹国史事很少，基本是记其世系，详记的两件事，一是曹共公不礼重耳观其骈胁，不用釐负羁而乘轩者三百人，可见其荒唐而毫无政治头脑；一是记曹伯阳重用公孙彊图霸，可见其认不清形势不自量力，最终导致国亡。正如黄震所说："曹叔铎之后，共公、成公虏于晋，悼公囚于宋，隐、靖二公更弑，迎立已，无以为国矣。伯阳复好猎，用公孙彊，背于宋而宋灭之，使国人之梦遂符，叔铎无所致力于冥冥矣，悲夫。"再则曰"不修厥政"，虽是针对曹国，又何尝不是针对春秋所有弱国呢？

《管蔡世家》表现出司马迁对于周初封建这一历史事件的重视与认

识。周初的大封建是国家形制的一次大变革，被王国维认为是殷周之际三大变革之一，周武王的兄弟在周初皆是重要诸侯，周初统治者希望通过分封兄弟，达到大家勠力同心、共同辅助周朝的目的。司马迁理解他们的良苦用心，因此在“太史公曰”中说：“管蔡作乱，无足载者。然周武王崩，成王少，天下既疑，赖同母之弟成叔、冉季之属十人为辅拂，是以诸侯卒宗周，故附之世家言。”除周公旦和鲁国、卫康叔和卫国、燕召公和燕国的史事各有“世家”外，周武王其他兄弟和他们的封国的事都集中在这篇世家中。这种安排表明司马迁对周初封建的重视，对兄弟同心这一构想的欣赏，同时也流露出他对于后来兄弟不仅不能同心互助，共同富强，反而各自衰落，最终造成姬姓王国整体垮掉的遗憾，并由此再次凸现要团结、不要纷争的主题。

本篇在结构安排上独具匠心。起笔先叙武王十兄弟，接叙管、蔡之乱，管叔死而国除，便专叙蔡事，蔡亡，又以十兄弟结，然后专叙曹事，以劝修德政结束全篇。十兄弟的始末叙述清晰，详略有致，有条不紊，成为叙世系作品的典范。而且这种结构也体现出司马迁呼吁兄弟同心的意图，而结以修德，则将全文主题再一次提升，引人进一步深思。

有学者认为此篇可能是司马谈所作，也有一定道理。

史记卷三十六

陈杞世家第六

【释名】

陈、杞是周初分封的两个异姓小国，前者是虞舜后裔，后者是夏禹后裔。《陈杞世家》重点记述陈、杞二国。先是记述了陈国的兴亡史，其中着重交代的史事有周武王封舜的后代妫满于陈、陈厉公使周太史为刚出生的陈完卜筮、齐桓公任陈完为工正、齐懿仲欲妻陈完而占卜、夏徵舒弑杀陈灵公、楚庄王灭陈又复陈、为司徒招所逼陈哀公自杀、晋平公问太史赵以陈是否亡国、楚惠王灭陈等；继而简单排列了杞国的世系，由于“杞小微，其事不足称”，因此没有详述该国史事。本篇还总叙了虞、夏之际有功大臣之后裔在周代受封与其最后灭亡的大致情况。在篇末的“太史公曰”中，司马迁盛赞舜、禹功德无量，使后代子孙得以绵延长久。

陈胡公满者①，虞帝舜之后也②。昔舜为庶人时③，尧妻之二女④，居于妫汭⑤，其后因为氏姓，姓妫氏⑥。舜已崩，传禹天下，而舜子商均为封国⑦。夏后之时⑧，或失或续⑨。至于周武王克殷纣，乃复求舜后，得妫满，封之于陈⑩，以奉帝舜祀，是为胡公。

【注释】

①陈：西周初封立的诸侯国名。国都宛丘（今河南淮阳），辖境约有今安徽的一部分和河南东部地区。胡公满：又称“妫满”“虞胡公”，名满，或曰字不淫，妫姓，陈国始封君。相传为虞舜的后代、遏父（亦作“阏父”）之子。

②虞帝舜：姓姚，氏有虞，名重华，史称“虞舜”，传说中的氏族部落首领。其事详见《五帝本纪》。

③庶人：平民。

④尧妻之二女：尧将自己的两个女儿娥皇、女英嫁给了舜。尧，名放勋，初居陶，后徙唐，史称“唐尧”“陶唐氏”，传说中的上古帝王，“五帝”之一。其事详见《五帝本纪》。

⑤妫汭（guī ruì）：妫水入黄河的转弯处，在今山西永济蒲州镇。

⑥姓妫氏：《左传·昭公八年》曰：“及胡公不淫，故周赐之姓，使祀虞帝。”孔颖达曰：“《世本》：‘舜姓姚氏。’哀元年《传》称夏后少康奔虞，虞思妻之以二姚，虞思犹姓姚也。至胡公，周乃赐姓为‘妫’耳。……《陈世家》言舜居妫汭，其后因姓妫氏，胡公之前已姓妫矣，是马迁之妄也。”王叔岷曰：《左传·隐公八年》“疏引《世本》‘帝舜姚姓’；昭八年传疏引《世本》作‘舜姓姚氏’；此文‘其后’，似谓舜后胡公。下文‘及胡公，周赐之姓’，与此相应，非相违反。胡公因妫为姓，由周所赐。此先言‘姓妫氏’，故下文但言‘周赐之姓’耳”。

⑦“舜已崩”三句：舜死后，将帝位禅让给大禹，舜的儿子商均被禹封为诸侯，为夏朝的诸侯国。《索隐》曰：“商均所封虞，即今之梁国虞城是也。”商均，舜之子，因不肖，舜乃听四岳之议，将天子位禅让给禹。

⑧夏后：《夏本纪》：“禹于是遂即天子位，南面朝天下，国号曰夏后。”即指禹受禅而建立的夏朝。

⑨或失或续:《索隐》曰:“夏代犹封虞思、虞遂是也。”

⑩“至于周武王克殷纣”四句:《索隐》曰:“遏父为周陶正。遏父,遂之后。陶正,官名。生满。”《集解》引《左传》曰:“武王以元女太姬配虞胡公而封之陈,以备三恪。”梁玉绳曰:“襄二十五《传》子产曰:‘虞阏父为周陶正,以服事我先王,我先王庸以元女大姬配胡公而封诸陈。’则非‘求’而得之矣。胡公是阏父之子,《唐书·世系表》谓‘武王以元女妻遏父,生胡公’,妄也。又《大戴礼·少间》篇谓‘禹受命乃迁邑姚姓于陈’,下文《索隐》引宋忠谓‘汤封虞遂于陈’,然则胡公其续封欤?恐未可信。”

【译文】

陈国胡公满,是虞帝舜的后代。从前舜是平民的时候,尧把两个女儿嫁给他,居住在妫水边,他的后代因此就用这个地名做姓氏,姓妫。舜去世后,把天下传给禹,舜的儿子商均被封为诸侯。夏朝时期,侯位有时丢失,有时接续。到周武王打败殷纣王的时候,又再次寻找舜的后代,找到妫满,将他封在陈地,来供奉帝舜的祭祀,这就是胡公。

胡公卒,子申公犀侯立。申公卒,弟相公皋羊立[①]。相公卒,立申公子突,是为孝公。孝公卒,子慎公圉戎立。慎公当周厉王时[②]。慎公卒,子幽公宁立。

幽公十二年,周厉王奔于彘[③]。

二十三年[④],幽公卒,子釐公孝立[⑤]。

釐公六年,周宣王即位[⑥]。

三十六年[⑦],釐公卒,子武公灵立。

武公十五年卒,子夷公说立。是岁,周幽王即位[⑧]。

夷公三年卒[⑨],弟平公燮立[⑩]。

平公七年[⑪],周幽王为犬戎所杀[⑫],周东徙[⑬]。秦始列为诸侯[14]。

二十三年[15]，平公卒，子文公圉立[16]。

【注释】

①弟相公皋羊立：梁玉绳曰："'相'或作'柏'。"

②周厉王：名胡，周夷王之子，前877—前841年在位。

③幽公十二年，周厉王奔于彘（zhì）：前841年，周厉王因贪狠好利，横征暴敛，钳制国人议论，大肆诛杀"谤者"，导致国人暴动，被驱逐，逃奔至彘。其事详见《周本纪》。梁玉绳曰："事在（幽公）十三年。"按，《十二诸侯年表》乃系周厉王奔彘于陈幽公十四年。又，司马迁叙陈国诸侯之世系必有漏误，茅坤曰："胡公四传而为慎公，遂及周之厉王，其误可知也。"彘，即今山西霍州东北。

④二十三年：当共和十年，前832年。

⑤釐（xī）公孝：梁玉绳曰："釐之曾祖为孝公，而名'孝'，何也？"王叔岷曰："以曾祖谥为名，古人不拘。"釐公，陈釐公，名孝，前831—前796年在位。

⑥釐公六年，周宣王即位：釐公六年，梁玉绳曰："'六'当作'五'。"按，《十二诸侯年表》周宣王即位于釐公五年，前827年。周宣王，名静，一作"靖"，周厉王之子，前827—前782年在位。其事详见《周本纪》。

⑦三十六年：当周宣王三十二年，前796年。

⑧"武公十五年卒"四句：梁玉绳曰："夷公立于幽王二年，此误。"武公十五年，当周幽王元年，前781年。武公，陈武公，名灵，前795—前781年在位。夷公，陈夷公，名说，前780—前778年在位。周幽王，名宫涅，又名宫湦或作"涅"，周宣王之子，前781—前771年在位。其事详见《周本纪》。

⑨夷公三年：当周幽王四年，前778年。

⑩平公燮（xiè）：陈平公，名燮，前777—前755年在位。梁玉绳曰："《诗·陈风谱疏》引《世家》名'彘'，与今本异。岂平公有二名，后人因见《年表》作'燮'，遂改之欤？"

⑪平公七年：当周幽王十一年，前771年。

⑫周幽王为犬戎所杀：周幽王宠幸褒姒而废申后及太子宜臼，惹得申后之父申侯大怒，联合缯国及犬戎攻周，将其杀死于骊山之下。其事详见《周本纪》。犬戎，古族名。戎人的一支，又称"畎夷""犬夷""昆夷""绲夷"等，殷周时居于今陕西西部、甘肃东南部一带地区。

⑬周东徙：前771年，在晋文侯、秦襄公、郑武公、卫武公护送下，周平王东迁雒邑（在今河南洛阳王城公园一带）。东周从此开始。

⑭秦始列为诸侯：在犬戎杀周幽王、灭西周之际，居于今陕西西部的秦襄公起兵救周，帮助周幽王的故太子东迁即位，是为周平王；周平王封秦襄公为诸侯，令其收复西周旧地自有之。其事详见《秦本纪》。

⑮二十三年：当周平王十六年，前755年。

⑯文公圉：陈文公，名圉，前754—前745年在位。泷川曰："枫山、三条本'圉'作'围'。"

【译文】

胡公去世，他的儿子申公犀侯继位。申公去世，他的弟弟相公皋羊继位。相公去世，立申公的儿子突为君，这就是孝公。孝公去世，他的儿子慎公圉戎继位。慎公在位时，正当周厉王统治时期。慎公去世，他的儿子幽公宁继位。

幽公十二年，周厉王逃奔到彘地。

幽公二十三年，去世，他的儿子釐公孝继位。

釐公六年，周宣王即位。

釐公三十六年，去世，他的儿子武公灵继位。

武公在位十五年去世，他的儿子夷公说继位。这年，周幽王即位。

夷公三年去世，他的弟弟平公燮继位。

平公七年，周幽王被犬戎所杀，周朝向东迁徙。秦国开始列为诸侯。

平公二十三年，去世，他的儿子文公圉继位。

文公元年，取蔡女，生子佗[①]。

十年[②]，文公卒，长子桓公鲍立[③]。

桓公二十三年，鲁隐公初立[④]。

二十六年[⑤]，卫杀其君州吁[⑥]。

三十三年，鲁弑其君隐公[⑦]。

三十八年正月甲戌、己丑[⑧]，桓公鲍卒。桓公弟佗[⑨]，其母蔡女，故蔡人为佗杀五父及桓公太子免而立佗[⑩]，是为厉公[⑪]。桓公病而乱作，国人分散，故再赴[⑫]。

【注释】

①"文公元年"三句：梁玉绳曰："文（公）不取于蔡，佗母未闻。"文公元年，当周平王十七年，前754年。取，同"娶"。蔡女，蔡侯之女。

②十年：当周平王二十六年，前745年。

③桓公鲍立：陈桓公，名鲍立，前744—前707年在位。

④桓公二十三年，鲁隐公初立：陈桓公二十三年，当周平王四十九年、鲁隐公元年，前722年。鲁隐公，名息，一作"息姑"，鲁惠公之长庶子，前722—前712在位。鲁惠公死后，因嫡子尚幼，鲁隐公摄行国君事。鲁隐公元年，泷川曰："《春秋》始于此。"《春秋》《左传》都从此年开始记录。

⑤二十六年：当周桓王元年、卫桓公十六年，前719年。

⑥卫杀其君州吁：是年，州吁杀卫桓公自立，卫上卿石碏骗州吁朝

陈，请陈执州吁，杀之。刘操南曰：“卫州吁弑其君桓公，今略而不书，乃载卫杀其君州吁，疑‘州吁’即‘桓公’二字之误。”州吁，卫庄公与宠妾所生之子。

⑦三十三年，鲁弑其君隐公：三十三年，当周桓王八年、鲁隐公十一年，前712年。鲁国公子翚（挥）劝鲁隐公不要再考虑让位，鲁隐公不听；公子翚（挥）怕日后被新君知道自己曾有此谋，于是反过来挑动公子允杀了鲁隐公。其事见《左传·隐公十一年》与《鲁周公世家》。

⑧三十八年正月甲戌、己丑，桓公鲍卒：三十八年，当周桓王十三年，前707年。按，关于陈桓公之卒，《公羊传·桓公五年》云：“甲戌之日亡，己丑之日死（尸）而得，君子疑焉，故以二日卒之也。”《穀梁传·桓公五年》云：“陈侯以甲戌之日出，己丑之日得，不知死之日，故举二日以包也。”杨伯峻云：“推二《传》之意，盖以陈桓公患精神病，甲戌之日一人出走，经十六日而后得其尸，不知其气绝之日，故《春秋》作者举二日以包之。”然《左传》却认为是指两次向外报丧的日子。《左传·桓公五年》曰：“五年春正月甲戌、己丑，陈侯鲍卒。再赴也。”《史记》沿用这一说法。杨伯峻云：“《左氏》则以为再赴，较为可信，故《史记》从之。”甲戌，上年的十二月二十一日。己丑，本年正月初六。

⑨佗：也写作“他”。

⑩故蔡人为佗杀五父及桓公太子免而立佗：此处说法甚误。据《左传》，陈桓公有弟曰“佗”，亦称“五弗”，当陈桓公死时，陈佗杀陈桓公太子免而自立。蔡人出兵干涉，杀陈佗而立太子之弟陈跃，是为陈厉公。蔡人之所以要这样做，因为陈跃是蔡女之所生。陈厉公在位七年卒，其弟陈林继立，是为陈庄公。陈庄公在位七年卒，其弟杵臼立，是为陈宣公。此处司马迁将陈佗说成是陈厉公，又说陈佗之母是蔡女，又说蔡人为立陈佗而杀了太子免云云，皆

误。梁玉绳有详细考证，文多不录。

⑪是为厉公：陈厉公，名跃，鲁桓公太子免之弟，前706—前700年在位。

⑫再赴：两次向各国报丧。赴，同“讣”，讣告。

【译文】

文公元年，娶蔡国女为妻，生下儿子佗。

文公十年，去世，长子桓公鲍继位。

桓公二十三年，鲁隐公始继位。

桓公二十六年，卫人杀死他们的国君州吁。

桓公三十三年，鲁人弑杀他们的国君鲁隐公。

桓公三十八年正月甲戌或己丑日，桓公鲍去世。桓公的弟弟佗，他的母亲是蔡国女子，所以蔡人为了佗而杀死五父和桓公太子免，拥立佗为君，这就是厉公。桓公病重，国内发生动乱，国人四处逃散，所以两次发布讣告。

厉公二年[①]，生子敬仲完[②]。周太史过陈[③]，陈厉公使以《周易》筮之[④]，卦得《观》之《否》[⑤]：“是为观国之光，利用宾于王。此其代陈有国乎？不在此，其在异国？非此其身，在其子孙。若在异国，必姜姓。姜姓，太岳之后。物莫能两大，陈衰，此其昌乎[⑥]？”

【注释】

①厉公二年：当周桓王十五年，前705年。

②敬仲完：即陈完，妫姓，陈氏，名完，字敬仲；一说谥敬仲，又称“公子完”“田完”。后来避祸奔齐，齐桓公闻其贤名，任为工正，赐邑于田，故又称“田氏”，成为齐国的田氏之祖。其事详见《田敬仲

完世家》。

③太史：官名。掌记事、编写史书、起草文书，兼管天文、历法等事务。

④《周易》：书名。又称《易》《易经》，作者不可考。传说伏羲画八卦，周文王演而为六十四卦，是我国古代最古老的一部卜筮书。筮（shì）：用蓍草占卜的一种迷信活动。

⑤《观》之《否》：意即由《观》卦变而为《否》卦。《集解》引贾逵曰："《坤》下《巽》上《观》，《坤》上《乾》上《否》，《观》爻在六四，变而之《否》。"《观》《否》，皆《周易》中的卦名。

⑥"是为观国之光"数句：此本《左传·庄公二十二年》，原文是："是谓'观国之光，利用宾于王'。此其代陈有国乎？不在此，其在异国；非此其身，在其子孙。光，远而自他有耀者也。《坤》，土也；《巽》，风也；《乾》，天也。风为天；于土上，山也。有山之材，而照之以天光，于是乎居土上，故曰'观国之光，利用宾于王'。庭实旅百，奉之以玉帛，天地之美具焉，故曰'利用宾于王'。犹有观焉，故曰其在后乎！风行而著于土，故曰其在异国乎！若在异国，必姜姓也。姜，大岳之后也。山岳则配天。物莫能两大。陈衰，此其昌乎！"观国之光，利用宾于王，意谓使者出聘于他国观光，有利于做君王的上客。《集解》引杜预曰："此《周易·观卦》六四爻辞也。《易》之为书，六爻皆有变象，又有互体，圣人随其义而论之。"龟井昱曰："所变者为《艮》之主，故以艮言之。"姜姓，太岳之后，姜姓是四岳的后人。太岳，即四岳，相传为共工后裔，因助禹治水有功，封于吕，赐姓姜。一说四岳为尧臣羲和之四子，分掌四方诸侯。按，以上有关陈完的神秘预言详见《左传·庄公二十二年》与《田敬仲完世家》。

【译文】

历公二年，生下儿子敬仲完。周太史路过陈国，陈厉公让他用《周易》为儿子卜卦，得到的卦是由《观》卦变成《否》卦，爻辞的意思是："使者出聘于他国观光，有利于做君王的上客。这难道说他将替代陈君拥有国家吗？不是在陈国，就是在其他国家吧？不是在他的身上应验，而是在他的子孙身上。如果在其他国家，那就一定是姜姓国家。姜姓是四岳的后人。事物不能同时两强，陈国衰亡后，他才会昌盛吧？”

厉公取蔡女，蔡女与蔡人乱，厉公数如蔡淫[①]。七年，厉公所杀桓公太子免之三弟，长曰跃，中曰林，少曰杵臼，共令蔡人诱厉公以好女，与蔡人共杀厉公而立跃，是为利公[②]。利公者，桓公子也。

利公立五月卒[③]，立中弟林，是为庄公[④]。

庄公七年卒，少弟杵臼立，是为宣公[⑤]。

【注释】

①“厉公取蔡女”三句：所述皆讹误。乱，淫乱。数，多次。如，往，到。

②“七年”数句：梁玉绳论此数句错误极多。其一，陈佗淫蔡，《公》《穀》二家之说，而附会其事，误为陈厉公淫蔡遂诱以好女而杀之；其二，蔡自杀佗，于太子免之三弟无干，误为三弟共令蔡诱杀佗；其三，此言林为中子，而《田仲敬完世家》言“少子林”，不及跃与杵臼；其四，《十二诸侯年表》《田仲敬完世家》皆无利公，而此别出利公跃，妄分陈厉公跃为两人。又谓古“利”“厉”通用，似即史公致误原因。

③利公立五月卒：梁玉绳以为《左传疏》曰“《世本》无利公”，陈佗逾年死，陈厉公跃七年卒，今既以佗为厉公在位七年，便误说利公跃立五月而卒。

④庄公：陈庄公，名林，陈桓公之子，前699—693年在位。

⑤宣公：陈宣公，名杵臼，陈桓公之子，陈庄公之弟，前692—前648

年在位。

【译文】

厉公娶蔡国女子为妻，蔡女与蔡国人淫乱，厉公也多次到蔡国淫乐。七年，被厉公所杀的桓公太子免的三个弟弟，大的叫跃，中间的叫林，小的叫杵臼，一起合谋让蔡人用美女引诱厉公，于是与蔡人共同杀死了厉公，拥立跃为君，这就是利公。利公，是桓公的儿子。

利公在位五个月就去世了，又立中弟林为君，这就是庄公。

庄公在位七年去世，少弟杵臼继位，这就是宣公。

宣公三年，楚武王卒，楚始强①。

十七年②，周惠王娶陈女为后③。

二十一年④，宣公后有嬖姬生子款，欲立之⑤，乃杀其太子御寇。御寇素爱厉公子完⑥，完惧祸及己，乃奔齐。齐桓公欲使陈完为卿⑦，完曰："羁旅之臣⑧，幸得免负檐⑨，君之惠也，不敢当高位。"桓公使为工正⑩。齐懿仲欲妻陈敬仲⑪，卜之，占曰："是谓凤皇于飞，和鸣锵锵⑫。有妫之后，将育于姜⑬。五世其昌，并于正卿⑭。八世之后，莫之与京⑮。"

【注释】

①"宣公三年"三句：宣公三年，当周庄王七年、楚武王五十一年，前690年。楚武王，名通，楚若敖之孙，楚敖冒之弟，前740—前690年在位。按，楚开始强大当在楚文王时。刘操南云："伐申、伐蔡、灭邓皆在文王时，是楚始强也。"

②十七年：当周惠王元年，前676年。

③周惠王：名阆，周釐王之子，前676—前652年在位。

④二十一年：当周惠王五年、齐桓公十四年，前672年。

⑤宣公后有嬖(bì)姬生子款,欲立之:梁玉绳曰:"《传》无嬖款之事,岂别有所据乎?"嬖姬,宠妾。

⑥素:平素,向来。

⑦齐桓公:名小白,齐釐公之子,齐襄公之弟,前685—前643年在位。在位时,任用管仲等人,"九合诸侯,一匡天下",成为春秋五霸之首。其事详见《齐太公世家》。卿:西周、春秋时期大诸侯国的执政大臣。

⑧羁旅之臣:寄居他国的臣仆。这里是陈敬仲自指。《集解》引贾逵曰:"羁,寄;旅,客也。"

⑨免负檐(dàn):免去劳役。负檐,背物为负,挑物为担,代指劳役。檐,负荷。

⑩工正:官名。为掌百工之官。《正义》曰:"《周礼》云冬官为考工,主作器械。"杜预曰:"掌百工之官也。"

⑪齐懿仲欲妻陈敬仲:按,懿仲非齐人,乃陈大夫。《左传·庄公二十二年》作:"初,懿氏卜妻敬仲。"梁玉绳曰:"《左传》作'懿氏',杜注'陈夫人'。此云,'仲'误,云'齐'尤误,当作'懿氏',而改'齐'字为'初'字方合,盖此追书前事也。"杨伯峻曰:"《陈世家》及《田敬仲完世家》并以懿氏为齐懿仲,但《传》文明提一'初'字,且后文云:'不在此,其在异国。'则敬仲成婚在陈。恐太史公误解《左传》。"

⑫凤皇于飞,和鸣锵锵:以喻夫妻关系美好。凤皇,即凤凰,传说中的神鸟,雄称"凤",雌称"凰"。于,语助词,无实义。和鸣,指凤凰雌雄相和而鸣。锵锵,形容凤鸣之声。竹添光鸿曰:"上文是谓'观国之光'二句是《周易》爻辞,则此二句亦卜书繇辞。"

⑬有妫之后,将育于姜:妫姓的后代,将在姜姓的地方成长。杜预曰:"妫,陈姓。姜,齐姓。"泷川引龟井昱曰:"育,子孙蕃育也。卜妻之,故曰育。"竹添光鸿曰:"上文'此其代陈'以下筮者之

辞，则此文‘有妫之后’以下亦卜者之辞。”

⑭五世其昌，并于正卿：《集解》引服虔曰：“言完后五世与卿并列。”泷川引龟井昱曰：“《左传》疏云：‘与卿并，为上大夫也。’按昭十年，谓陈无宇非卿，执诸中都。叔向曰：‘齐使上大夫送之。’正与是占照应。”正卿，西周春秋时期执政的卿称“正卿”，又称“上卿”“政卿”。

⑮八世之后，莫之与京：《正义》曰：“陈敬仲八代孙，田常之子襄子磐也。而杜以常为八代者，以桓子无宇生武子开，与釐子乞皆相继事齐，故以常为八代。”吕祖谦曰：“看《左氏》所载敬仲、毕万之言，盖《左氏》之生适当战国之初，田、魏始兴，故夸诬其祖以神下民。当时民无有知莫之与京，言其位最高也。”京，大。

【译文】

宣公三年，楚武王去世，楚国开始强大。

宣公十七年，周惠王娶陈国女子为王后。

宣公二十一年，宣公后来有个宠妃，生下儿子款，宣公想立他为太子，就杀死了太子御寇。御寇一向喜爱厉公的儿子完，完害怕灾祸殃及自身，就逃奔齐国。齐桓公想让陈完为卿，陈完说：“我是寄居在外的小臣，有幸免于劳役，已经享受国君的恩惠了，不敢再居高位。”齐桓公让他做了工正。齐国的懿仲想把女儿嫁给陈敬仲，事前占卜，卜辞说：“这是凤凰双飞，雄雌相合而鸣，鸣声和谐有力。有妫氏的后代，将在姜姓的地方繁育。五代之后就能昌盛，官职和正卿一样高。八代之后，就没有谁的势力比他大了。”

三十七年[①]，齐桓公伐蔡[②]，蔡败；南侵楚[③]，至召陵[④]，还过陈。陈大夫辕涛涂恶其过陈，诈齐令出东道。东道恶[⑤]，桓公怒，执陈辕涛涂[⑥]。是岁，晋献公杀其太子申生[⑦]。

四十五年[⑧]，宣公卒，子款立，是为穆公[⑨]。

穆公五年，齐桓公卒。

十六年[⑩]，晋文公败楚师于城濮[⑪]。是岁，穆公卒，子共公朔立[⑫]。

共公六年[⑬]，楚太子商臣弑其父成王代立，是为穆王[⑭]。

十一年，秦穆公卒[⑮]。

十八年[⑯]，共公卒，子灵公平国立[⑰]。

【注释】

①三十七年：当周惠王二十一年、齐桓公三十年、蔡穆侯十九年、晋献公二十一年，前656年。

②齐桓公伐蔡：蔡姬晃荡坐船惊吓着齐桓公，齐桓公盛怒之下将她遣回蔡国。蔡人嫁之，齐遂伐蔡。其事详见《齐太公世家》与《左传》僖公三年、四年。

③南侵楚：齐责楚"苞茅不入"，向南伐楚事，见《齐太公世家》与《左传·僖公四年》。

④召陵：也作"邵陵"，楚邑名。在今河南郾城东。齐桓公在召陵召集诸侯会盟事，见《齐太公世家》与《左传·僖公四年》。

⑤东道恶（è）：指东边的路险恶难行。

⑥桓公怒，执陈辕涛途：泷川曰："齐桓公以下采僖四年《公羊传》，与《左氏》小异。"

⑦晋献公杀其太子申生：晋献公宠幸骊姬而逼杀太子申生事，见《晋世家》。晋献公，名诡诸，晋武公之子，前676—前651年在位。

⑧四十五年：当周襄王五年，前648年。

⑨穆公：陈穆公，名款，前647—前632年在位。

⑩十六年：当周襄王二十一年、晋文公五年、楚成王四十年，前632年。

⑪晋文公败楚师于城濮：即晋、楚之间的"城濮之战"。晋国大败楚

国，奠定了此后几十年的晋国霸主地位。其事见《晋世家》《楚世家》与《左传·僖公二十八年》。晋文公，名重耳，晋献公之子，前636—前628年在位。申生被杀后，重耳外逃。里克杀奚齐、卓子后迎重耳，重耳不入。至晋惠公夷吾死，重耳又在秦穆公的帮助下，回晋杀夷吾之子晋怀公即位。其事详见《晋世家》。城濮，卫邑名。在今山东鄄城西南，一说在今河南开封东南之陈留。

⑫共公：陈共公，名朔，前631—前614年在位。

⑬共公六年：当周襄王二十七年、楚成王四十六年，前626年。

⑭楚太子商臣弑其父成王代立，是为穆王：楚成王欲废太子商臣，商臣遂弑楚成王自立。其事见《楚世家》与《左传·文公元年》。商臣，楚成王的太子，弑父自立，即楚穆王，前625—前614年在位。成王，楚成王，名恽，前671—前626年在位。

⑮十一年，秦穆公卒：十一年，当周襄王三十二年、秦穆公三十九年，前621年。秦穆公，名任好，秦德公之子，秦成公之弟，前659—前621年在位。穆，也作“缪”。

⑯十八年：当周顷王五年，前614年。

⑰灵公：陈灵公，名平国，前613—前599年在位。

【译文】

宣公三十七年，齐桓公讨伐蔡国，蔡国被打败；齐国向南入侵楚国，到达召陵，回师途中经过陈国。陈国大夫辕涛涂厌恶齐军从陈国过境，就欺骗齐军走东边的道路。东边的道路险恶，齐桓公恼怒，抓走陈国的辕涛涂。这年，晋献公杀死他的太子申生。

宣公四十五年，去世，他的儿子款继位，这就是穆公。

穆公五年，齐桓公去世。

穆公十六年，晋文公在城濮打败楚军。这年，穆公去世，他的儿子共公朔继位。

共公六年，楚太子商臣杀死他的父亲楚成王，代替楚成王自立为君，这就是楚穆王。

共公十一年，秦穆公去世。

共公十八年，去世，他的儿子灵公平国继位。

灵公元年[①]，楚庄王即位[②]。

六年[③]，楚伐陈[④]。

十年[⑤]，陈及楚平。

十四年[⑥]，灵公与其大夫孔宁、仪行父皆通于夏姬[⑦]，衷其衣以戏于朝[⑧]。泄冶谏曰[⑨]："君臣淫乱，民何效焉？"灵公以告二子[⑩]，二子请杀泄冶，公弗禁，遂杀泄冶。

十五年[⑪]，灵公与二子饮于夏氏[⑫]。公戏二子曰："徵舒似汝。"二子曰："亦似公。"[⑬]徵舒怒。灵公罢酒出[⑭]，徵舒伏弩厩门射杀灵公[⑮]。孔宁、仪行父皆奔楚，灵公太子午奔晋[⑯]。徵舒自立为陈侯。徵舒，故陈大夫也。夏姬，御叔之妻，舒之母也。

【注释】

①灵公元年：当周顷王六年、楚庄王元年，前613年。

②楚庄王即位：刘操南云："下文'楚伐陈，陈及楚平'即在楚庄王之世，成公元年灭陈又复之者，亦楚庄王时也。故于《陈世家》特记楚庄即位及其卒年，与《曹世家》特书'宋景公立'义正同，以其为本国存亡之所系也。"楚庄王，名侣，又作"吕""旅"，楚穆王之子，前613—前591年在位。春秋霸主之一。

③六年：当周匡王五年、楚庄王六年，前608年。

④楚伐陈：《十二诸侯年表》云："伐宋、陈，以倍我服晋故。"

⑤十年：当周定王三年、楚庄王十年，前604年。

⑥十四年：当周定王七年，前600年。

⑦灵公与其大夫孔宁、仪行父皆通于夏姬：陈灵公和他的大夫孔宁、仪行父都与夏姬私通。夏姬，郑穆公之女，御叔之妻，夏徵舒之母。《正义》曰："《列女传》云：'陈女夏姬者，陈大夫夏徵舒之母，御叔之妻也。三为王后，七为夫人，公侯争之，莫不迷惑失意。'杜预云：'夏姬，郑穆公女，陈大夫御叔之妻。'《左传》云：'杀御叔，杀灵侯，戮夏南，出孔、仪，丧陈国。'"

⑧衷其衣：意即贴身穿着夏姬穿过的衣服。衷，《集解》曰："衷其衵服。《穀梁传》曰：'或衣其衣，或中其襦。'"

⑨泄冶：陈国大夫。以直言劝谏被杀。

⑩二子：指孔宁与仪行父。

⑪十五年：当周定王八年，前599年。

⑫夏氏：指夏姬家。

⑬"公戏二子曰"四句：《集解》引杜预曰："盖以夏姬淫放，故谓其子多似以为戏也。"泷川曰："《正义》本'公'作'君'。竹添光鸿曰：'荒淫无耻至此，千古无两。'"徵舒，又称"夏南""陈夏氏""少西氏"，夏姬之子，陈国大夫。其事详见下文。

⑭罢酒：喝酒结束。罢，完，结束。

⑮伏弩厩门：在马棚门口埋伏弓弩。《集解》引《左传》曰："公出自其厩。"泷川引中井积德曰："《集解》'厩'下脱'射而杀之'四字。"弩，弩弓，一种利用机械力量发箭的弓。

⑯灵公太子午奔晋：梁玉绳曰："时陈侯在晋，非奔晋也。"泷川曰："宣十一年《左传》云'陈侯在晋'，是成公既即位，奔窜在晋也。《左传》下文又云'楚庄王复封陈'，是成公自晋归陈也，与《史》文异。"

【译文】

灵公元年，楚庄王即位。

灵公六年，楚国攻打陈国。

灵公十年，陈国与楚国讲和。

灵公十四年，灵公和他的大夫孔宁、仪行父都与夏姬私通，他们贴身穿上夏姬的衣服，在朝廷上嬉戏。泄冶劝谏说："国君和大臣都淫乱好色，民众该效法谁呢？"灵公把泄冶的话告诉孔宁、仪行父，他们二人请求杀死泄冶，灵公没有阻止，他们就杀了泄冶。

灵公十五年，灵公与孔宁、仪行父二人在夏姬家饮酒。灵公戏弄二人说："徵舒长得像你们。"孔宁、仪行父二人说："他长得也像国君您。"徵舒恼怒。灵公喝完酒出来，徵舒在马厩门口埋伏弓弩射杀灵公。孔宁、仪行父都逃奔楚国，灵公的太子午逃奔晋国。徵舒自立为陈侯。徵舒，本来是陈国的大夫。夏姬，是御叔的妻子，徵舒的母亲。

成公元年冬[①]，楚庄王为夏徵舒杀灵公，率诸侯伐陈。谓陈曰："无惊，吾诛徵舒而已。"已诛徵舒，因县陈而有之[②]，群臣毕贺。申叔时使于齐来还[③]，独不贺。庄王问其故，对曰："鄙语有之[④]，牵牛径人田[⑤]，田主夺之牛。径则有罪矣，夺之牛，不亦甚乎？今王以徵舒为贼弑君，故征兵诸侯，以义伐之，已而取之，以利其地，则后何以令于天下！是以不贺。"庄王曰："善。"乃迎陈灵公太子午于晋而立之，复君陈如故[⑥]，是为成公。孔子读史记至楚复陈，曰："贤哉楚庄王！轻千乘之国而重一言[⑦]。"

八年，楚庄王卒[⑧]。

二十九年[⑨]，陈倍楚盟[⑩]。

三十年[⑪]，楚共王伐陈[⑫]。是岁，成公卒，子哀公弱立[⑬]。楚以陈丧，罢兵去。

【注释】

①成公：陈成公，名午，前598—569年在位。

②因县陈而有之：趁机将陈国变成了楚国的一个县，占有了它。

③申叔时：《集解》引贾逵曰："叔时，楚大夫。"

④鄙语：俗语，俗话。

⑤径人田：意即践踏别人的田地庄稼。径，直接穿过。

⑥复君陈如故：又让陈君像以前一样统治陈国。意即仍让其为陈国之君。

⑦轻千乘之国而重一言：意即不贪求一个有着一千辆兵车的国家，却重视一句合乎道义的话。《正义》引《家语》曰："孔子读史记至楚复陈，喟然曰：'贤哉楚庄王！轻千乘之国而重一言之信。非申叔时之忠，弗能建其义；非楚庄王之贤，不能受其训也。'"泷川曰："'孔子读史记'数句，三《传》《国语》不载。"凌稚隆曰："是叙事中入赞语。"千乘之国，拥有千乘兵车的诸侯国家。乘，四马一车为一乘，古代以此作为国家实力的衡量标准。一言，指申叔时之语。

⑧八年，楚庄王卒：八年，当周定王十六年、楚庄王二十三年，前591年。底本作"二十八年"，杭世骏曰："《年表》陈成公八年，楚庄王薨，此衍'二十'两字。"泷川曰："《春秋》为宣十八年事。"鲁宣公十八年亦为陈成公八年。今据删。

⑨二十九年：当周灵王二年、楚共王二十一年，前570年。

⑩陈倍楚盟：《左传·襄公三年》云："楚子辛为令尹，侵欲于小国。……陈成公使袁侨如会求成。秋，叔孙豹及诸侯之大夫及陈袁侨盟，陈请服也。"倍，通"背"。陈国顺服于晋以求保护，是对楚国的背叛。

⑪三十年：当周灵王三年、楚共王二十二年，前569年。

⑫楚共王：名审，楚庄王之子，前590—前560年在位。

⑬哀公弱：陈哀公，名弱。一作“溺”。梁玉绳曰：“哀公之名，《春秋》作‘溺’，……此与《世家》《汉书·人表》作‘弱’，盖古通用。”前568—前534年在位。

【译文】

成公元年冬，楚庄王因为夏徵舒杀死灵公，就率领诸侯来讨伐陈国。楚庄王对陈国人说：“不要惊慌，我只是来诛杀夏徵舒而已。”杀了夏徵舒以后，趁势将陈国变成楚国的一个县而占有了它，群臣都来祝贺。申叔时从齐国出使归来，唯独不去祝贺。楚庄王询问其中的原因，他回答说：“俗话说：牵牛从人家的田地里经过，践踏了田地，田地的主人把牛夺走。让牛经过践踏田地固然有罪，但是却因此把牛夺走，不是更过分了吗？如今大王由于徵舒是杀君的乱臣，因此向诸侯征兵，依据道义去讨伐他，随后取得成功，接着贪图陈国的土地，将其据为己有，那以后如何号令天下呢？所以我不道贺。”庄王说：“说得好。”于是从晋国迎回陈灵公的太子午，拥立他为陈国的国君，又让他按照过去那样统治陈国，这就是成公。孔子读史书读到楚国恢复陈国，说：“楚庄王真贤明啊！他看轻一个有着一千辆兵车的国家，却重视一句合乎道义的话。”

成公八年，楚庄王去世。

成公二十九年，陈国背弃和楚国订下的盟约。

成公三十年，楚共王讨伐陈国。这年，成公去世，他的儿子哀公弱继位。楚国因为陈国有丧事，撤兵离去。

哀公三年[①]，楚围陈，复释之。

二十八年[②]，楚公子围弑其君郏敖自立，为灵王[③]。

三十四年[④]，初，哀公娶郑，长姬生悼太子师，少姬生偃[⑤]。二嬖妾，长妾生留，少妾生胜。留有宠哀公，哀公属之其弟司徒招[⑥]。哀公病，三月，招杀悼太子，立留为太子。哀公怒，欲诛招，招发兵围守哀公，哀公自经杀[⑦]。招卒立留为陈君。四月，陈使使赴楚。楚灵王闻陈乱，乃杀陈使者[⑧]，使公子弃疾发兵伐陈[⑨]，陈君留奔郑。九月，楚围陈。十一月，灭陈。使弃疾为陈公[⑩]。

【注释】

①哀公三年：当周灵王六年、楚共王二十五年，前566年。

②二十八年：当周景王四年、楚郏敖四年，前541年。

③楚公子围弑其君郏敖自立，为灵王：当时公子围正出使郑国，闻楚王疾而返回，于是缢杀郏敖。其事详见《楚世家》与《左传·昭公元年》。楚公子围，名围，后改名虔。楚共王次子，楚康王之弟，楚郏敖的叔父，前540—前529年在位。郏敖，也作“夹敖”，名员，楚康王之子，前544—前541年在位。郏敖即父位不久就被叔父公子围杀害，因埋在郏，故称“郏敖”。

④三十四年：梁玉绳曰：“‘四’当作‘五’。”陈哀公三十五年，为周景王十一年、楚灵王七年，前534年。

⑤长姬生悼太子师，少姬生偃：《索隐》曰：“昭八年《经》云：‘陈侯之弟招杀陈世子偃师。’《左传》：‘陈哀公元妃郑姬生悼太子偃师。’今此云两姬，又分‘偃’‘师’为二人，亦恐此非。”

⑥属（zhǔ）：嘱托，托付。司徒：官名。掌土地、教化及治民等。招：一作“苕”。

⑦哀公自经杀：竹添光鸿曰：“哀公实无废杀太子之心也，不然，招杀之何为愤恚自经乎？其属留于招者，恐留素有宠，太子或恚留，不能善保其弟耳。”自经，义同“自缢”，上吊自杀。

⑧陈使者：《正义》曰：“使者，干徵师也。《左传》云：‘昭八年，陈哀公缢，而干徵师于楚，楚执陈行人干徵师杀之。’”

⑨公子弃疾：名弃疾，后改名居，楚共王之子，即日后之楚平王，前528—前516年在位。

⑩使弃疾为陈公：梁玉绳曰："《左传》为陈公者穿封戌也。弃疾为蔡公，此误。"陈公，陈县的县长。此处盖即灭陈后让它成为楚国的一个县。楚国习惯称县长、县令为"公"。

【译文】

哀公三年，楚国围攻陈国，又解除了对陈国的包围。

哀公二十八年，楚公子围杀死他的国君郏敖，自立为君，即为楚灵王。

哀公三十四年，当初，哀公娶了郑国女子，长姬生了悼太子师，少姬生了偃。两个宠妾，长妾生了留，少妾生了胜。留得到哀公的宠爱，哀公将留托付给了弟弟司徒招。哀公病重，三月，招杀了悼太子，扶立留为太子。哀公恼怒，想要杀了招，招发兵将哀公囚禁，哀公自缢而死。招最终把留扶立为陈国国君。四月，陈国派使者到楚国报丧。楚灵王听说陈国内乱，就杀死了陈国的使者，派公子弃疾发动军队讨伐陈国，陈国国君留逃奔郑国。九月，楚国包围陈国。十一月，灭了陈国。任命弃疾为陈公。

招之杀悼太子也，太子之子名吴，出奔晋。晋平公问太史赵曰[①]："陈遂亡乎？"对曰："陈，颛顼之族[②]。陈氏得政于齐，乃卒亡[③]。自幕至于瞽瞍，无违命[④]。舜重之以明德[⑤]。至于遂[⑥]，世世守之。及胡公，周赐之姓，使祀虞帝。且盛德之后，必百世祀。虞之世未也，其在齐乎[⑦]？"

楚灵王灭陈五岁[⑧]，楚公子弃疾弑灵王代立，是为平王。平王初立，欲得和诸侯，乃求故陈悼太子师之子吴，立为陈侯，是为惠公[⑨]。惠公立，探续哀公卒时年而为元，空籍五岁矣[⑩]。

【注释】

①晋平公：名彪，晋悼公之子，前557—前532年在位。

②陈，颛顼（zhuān xū）之族：《集解》引服虔曰："陈祖虞舜，舜出颛顼，故为颛顼之族。"意谓陈国是颛顼的后代。

③陈氏得政于齐，乃卒亡：陈氏在齐国夺得政权后，陈国才会最终灭亡。《集解》引贾逵曰："物莫能两盛。"

④自幕至于瞽瞍（gǔ sǒu），无违命：泷川引龟井昱曰："《鲁语》：'幕能帅颛顼者也，有虞氏报焉。'《楚语》：'虞幕能听协风以成物乐生者也。'《吕览·古乐》篇：'帝尧立，乃命夔为乐，瞽叟乃拌五弦之琴，以为十五弦之瑟，命之曰《大章》，以祭上帝。舜立，仰延乃拌瞽叟之所为瑟，益之八弦，以为二十三弦之瑟。'盖颛顼之宗亡，幕是其族，而舜之祖也。至于瞽瞍有土君后，故曰'无违命'。瞽瞍作《大章》祭上帝，能世幕之业以不失队可知也。《疏》云'瞽瞍始失国'，果然，传不宜曰'无违命'也。盖瞽瞍欲立象，故降黜舜，此所以在侧陋而耕稼陶渔也。殷代帝子犹有勤苦民间，何复深疑之。"幕，舜的先祖。瞽瞍，又作"瞽叟"，传说为舜的父亲。无违命，没有违背天命的行为。

⑤舜重之以明德：舜又有更崇高的美德。重，加。

⑥遂：《集解》引杜预曰："遂，舜后。盖殷之兴，存舜之后而封遂，言舜德乃至于遂也。"

⑦虞之世未也，其在齐乎：虞舜的世袭爵禄还不到断绝的时候，大概要在齐国再度勃兴吧！黄震曰："陈，舜后也，国微甚，然敬仲奔齐，子孙卒代齐有国，强于天下，果符周太史之占。而晋太史亦谓其'盛德之后，必百世祀'，岂不异哉？近世朱子则谓太史之占，陈氏子孙设为之辞以欺世，盖符命之类也。"按，以上太史赵答晋平公语，见《左传·昭公八年》。

⑧楚灵王灭陈五岁：当周景王十六年、楚灵王十二年，前529年。

⑨惠公：陈惠公，名吴，哀公弱之孙，故悼太子师之子，前533—前506年在位。

⑩空籍五岁矣:《索隐》曰:"惠公探取哀公死楚,陈灭之后年为元年,故今空籍五岁矣。一云籍,借也,谓借失国之后年为五年。"《正义佚文》曰:"哀公被楚灭,使弃疾为陈公五年。及弃疾立为楚王而立惠公,探续哀公卒为元年,故空籍至此五岁也。"泷川引洪颐煊曰:"《年表》,哀公自杀,次年即书陈惠公元年,《索隐》前说是。"空籍,指自前533年陈被楚灭,至前529年惠公即位,中间五年的时间缺少记载。

【译文】

招杀悼太子时,太子的儿子叫吴,逃奔到晋国。晋平公问太史赵道:"陈国会就这么灭亡了吗?"太史赵回答说:"陈国是颛顼的后代。陈氏在齐国掌握政权后,陈国才会最终灭亡。陈氏祖先从幕一直到瞽瞍,没有人违背天命。舜又增加了更崇高的美德。一直到遂,世世代代都守有德政。到胡公时,周朝赐给他姓氏,让他奉祀虞帝舜。尚且有盛德之人的后代,必定能延续百代的祭祀。帝舜的后代还不会断绝,他们大概会在齐国兴起吧?"

楚灵王灭亡陈国的第五年,楚公子弃疾杀死楚灵王篡夺王位,这就是楚平王。楚平王新继位,想与各诸侯搞好关系,于是找到原陈国悼太子师的儿子吴,将他立为陈侯,这就是惠公。惠公继位,向前追溯至陈哀公的卒年,为惠公的元年,至此陈国的君位已经空缺五年了。

十年,陈火[①]。

十五年[②],吴王僚使公子光伐陈[③],取胡、沈而去[④]。

二十八年[⑤],吴王阖闾与子胥败楚入郢[⑥]。是年,惠公卒,子怀公柳立[⑦]。

怀公元年[⑧],吴破楚,在郢,召陈侯。陈侯欲往,大夫曰:"吴新得意;楚王虽亡[⑨],与陈有故[⑩],不可倍[⑪]。"怀公乃以疾谢吴[12]。

四年[13]，吴复召怀公。怀公恐，如吴。吴怒其前不往，留之，因卒吴[14]。陈乃立怀公之子越，是为湣公[15]。

【注释】

①十年，陈火：十年，当周景王二十一年，前524年。当年夏五月，宋、卫、陈、郑同一天发生了火灾。

②十五年：当周敬王元年、吴王僚八年，前519年。

③吴王僚：吴王馀眛之子，前526—前515年在位。公子光：吴王诸樊之子（《世本》谓吴王夷眛之子），即日后之吴王阖庐，前514—前496年在位。

④胡：陈邑名。在今河南上蔡西南。沈：陈邑名。在今河南平舆北。

⑤二十八年：当周敬王十四年、吴王阖闾九年、楚昭王十年，前506年。

⑥吴王阖闾与子胥败楚入郢：吴败楚入郢之事，详见《吴太伯世家》《伍子胥列列传》。子胥，即伍子胥，名员，字子胥，吴国大夫。其事详见《伍子胥列传》。

⑦怀公柳：陈怀公，名柳，前505—前502年在位。

⑧怀公元年：当周敬王十五年、吴王阖闾十年、楚昭王十一年，前505年。

⑨楚王虽亡：前506年，吴王阖闾与唐、蔡破楚入郢，楚昭王先是逃入云梦泽，后又奔随，次年始得归郢。楚王，指楚昭王，楚平王之子，名珍，也作“轸”，前515—前489年在位。

⑩与陈有故：刘操南云：“上文惠公复入，楚之力也。”

⑪倍：通“背”，背离。

⑫怀公乃以疾谢吴：吴王入郢后召陈怀公入见事，见《左传·哀公元年》。《左传》载国人逢滑对陈怀公语，与此文之“大夫”所云完全不同，且无“以疾谢吴”事。

⑬四年：当周敬王十八年、吴王阖闾十三年，前502年。

⑭“吴怒其前不往”三句：泷川云：“定八年《春秋》止云：‘秋七月，陈侯柳卒。’‘九月，葬陈怀公。’三《传》亦不记如吴留死之事。史公别有所据乎？”梁玉绳曰：“吴止一召陈侯”，“怀公无如吴事，吴亦无留怀公事。”因，于是。

⑮湣公：《索隐》曰：“按《左传》，湣公名周，是史官记不同。”梁玉绳曰：“《左传》无‘湣公名周’之文，《孟子》有之，小司马误。《孟子》曰：‘主司城贞子为陈侯周臣’，赵岐注：‘陈侯周，陈怀公子。’盖湣公名‘越’又名‘周’也。或以‘周臣’二字连读，非。”前501—前409年在位。

【译文】

惠公十年，陈国发生火灾。

惠公十五年，吴王僚派公子光攻打陈国，夺取胡、沈二地而去。

惠公二十八年，吴王阖闾与伍子胥打败楚军进入郢都。这年，惠公去世，他的儿子怀公柳继位。

怀公元年，吴国攻破楚国，吴王在郢都召见陈侯。陈侯想前往，陈国大夫说：“吴国正在得意；楚王虽然逃亡了，但他与陈国有旧交，不可以背叛他。”怀公就以生病为由谢绝了吴国的邀请。

怀公四年，吴又召见怀公。怀公心里恐惧，前往吴国。吴国恼怒他上次没来，将他扣留，他因此死在吴国。陈国于是拥立怀公的儿子越，即为湣公。

湣公六年，孔子适陈[①]。吴王夫差伐陈，取三邑而去[②]。

十三年[③]，吴复来伐陈，陈告急楚，楚昭王来救，军于城父[④]，吴师去。是年，楚昭王卒于城父。时孔子在陈[⑤]。

十五年[⑥]，宋灭曹。

十六年，吴王夫差伐齐，败之艾陵[⑦]，使人召陈侯[⑧]。陈侯恐，如吴。楚伐陈。

二十一年，齐田常弑其君简公[⑨]。

二十三年[⑩]，楚之白公胜杀令尹子西、子綦[⑪]，袭惠王。叶公攻败白公[⑫]，白公自杀。

二十四年[⑬]，楚惠王复国[⑭]，以兵北伐，杀陈湣公，遂灭陈而有之[⑮]。是岁，孔子卒[⑯]。

【注释】

①湣公六年，孔子适陈：梁玉绳曰："按《孔子世家》，是时孔子尚在卫，适陈在七年。"湣公七年，当周敬王二十五年，前495年。适，去，前往。

②吴王夫差伐陈，取三邑而去：陈仁锡曰："'吴'上当有'八年'二字。"陈湣公八年，为吴王夫差二年，前494年。梁玉绳曰："考哀元年《春秋》经传及《年表》，皆不言取三邑，疑此与《孔子世家》同误。"吴王夫差，吴王阖闾之子，前495—前473年在位。其事详见《吴太伯世家》。

③十三年：当周敬王三十一年、楚昭王二十七年，前489年。

④城父：陈邑名。即今安徽亳州东南之城父集。

⑤时孔子在陈：学者多认为此年孔子并不在陈国。梁玉绳曰："此谓湣公十三年也。考孔子至陈凡经五年，共二次。始则在定十五年，当陈湣七年，至哀二年而去，当湣九年。继即在哀二年，至四年而去，当湣十一。"

⑥十五年：当周敬王三十三年、宋景公三十年、曹伯阳十五年，前487年。

⑦"十六年"三句：此即"艾陵之战"。梁玉绳曰："艾陵之战在陈湣

十八年，非十六年也。”陈湣公十八年，为吴王夫差十二年，前484年。艾陵，齐邑名。在今山东莱芜东北，一说在泰安东南。

⑧使人召陈侯：梁玉绳曰：“是时陈已服吴，何烦再召？盖又因吴召怀公事而误。”

⑨二十一年，齐田常弑其君简公：按，田常弑其君齐简公事，详见《齐太公世家》《孔子世家》。二十一年，当周敬王三十九年、齐简公四年，前481年。田常，氏田，名恒，为避汉文帝刘恒讳，汉人称之曰“田常”，齐国权臣。简公，齐简公，名壬，悼公之子（一说景公之子），前484—前481年在位。

⑩二十三年：当周敬王四十一年，楚惠王十年，前479年。

⑪白公胜：楚平王之孙，太子建之子，名胜，号白公，又称“王孙胜”。楚惠王十年，起兵作乱，杀令尹子西、司马子期，叶公率兵进楚都，他最后兵败自杀。其事见《楚世家》。令尹：官名。春秋战国时楚国的最高执政官，协助楚王治理全国军政事务，职同于其他国家的宰相。子西：楚平王之庶弟。子綦：一作“子期”，楚平王的第三子，楚昭公之弟，名结，又称“公子结”，任楚国的大司马。

⑫叶（shè）公：叶县的县长。叶，楚县名。在今河南叶县西南。

⑬二十四年：当周敬王四十二年，楚惠王十一年，前478年。

⑭楚惠王复国：白公胜为乱，杀子西、子期，废楚惠王而自立为王，后为叶公所败，楚惠王遂得复位。

⑮灭陈而有之：陈国自西周初胡公满建国，至湣公二十四年（前478）被楚所灭，共历二十七代，历时五百六十余年。

⑯是岁，孔子卒：梁玉绳曰：“楚惠复国及孔子之卒皆在湣公二十三年，此误。”沈家本曰：“此五字疑在上文‘白公自杀’下，方与《左传》合。”按孔子卒于前479年，在去年。

【译文】

湣公六年，孔子来到陈国。吴王夫差攻打陈国，夺取三座城邑才撤离。

湣公十三年，吴国又来攻打陈国，陈国向楚国告急，楚昭王前来救援，军队驻扎在城父，吴国撤兵。这年，楚昭王在城父去世。当时孔子正待在陈国。

湣公十五年，宋国灭了曹国。

湣公十六年，吴王夫差攻打齐国，在艾陵打败齐国，派人要求召见陈侯。陈侯害怕，到了吴国。楚国讨伐陈国。

湣公二十一年，齐国田常杀死他的国君齐简公。

湣公二十三年，楚国的白公胜杀死令尹子西、子綦，袭击楚惠王。叶公进攻打败白公，白公自杀。

湣公二十四年，楚惠王复位，率兵北伐，杀死陈湣公，于是灭了陈国，占有陈国的土地。这年，孔子去世。

杞东楼公者[①]，夏后禹之后苗裔也[②]。殷时或封或绝。周武王克殷纣，求禹之后，得东楼公，封之于杞[③]，以奉夏后氏祀。

【注释】

①杞：古国名。姒姓，都城即今河南杞县。东楼公：名失，谥东楼公，为大禹的后裔，杞国始封君。

②夏后：夏后氏，为古部落名。禹是这个部落的首领。苗裔：后代子孙。

③得东楼公，封之于杞：梁玉绳曰："杞乃汤封之，非周武王始封也。下文言'武王封杞'并非。"《索隐》曰："杞，国名也。东楼公号谥也。不名者，史先失耳。宋忠曰：'杞，今陈留雍丘县。'故《地理志》云'雍丘县故杞国，周武王封禹后为东楼公'是也。盖周封杞而居雍丘，至春秋时杞已迁东国，故《左氏·隐四年》云：'莒人伐杞，取牟娄。'牟娄，曹东邑也。僖十四年《传》云：'杞迁缘

陵。'《地理志》北海有营陵,淳于公之县。臣瓒云:'即春秋缘陵,淳于公所都之邑。'又州,国名。杞后改国曰州而称淳于公,故《春秋》桓五年《经》云'州公如曹',《传》曰'淳于公如曹'是也。然杞后代又称'子'者,以微小又僻居东夷,故襄二十九年《经》称'杞子来盟',《传》曰'书曰子,贱之'是也。"泷川引中井积德曰:"据《春秋》,'州公'称'淳于公'者,别自一国。州灭后,杞有其地也。"

【译文】

杞国东楼公是夏朝国君禹的后代子孙。在殷朝时,禹的后代有的受封,有的未能封国。周武王战胜殷纣王以后,寻找禹的后代,找到东楼公,把他封在杞地,奉事夏禹的祭祀。

东楼公生西楼公,西楼公生题公,题公生谋娶公①。谋娶公当周厉王时②。谋娶公生武公③。

武公立四十七年卒④,子靖公立。

靖公二十三年卒,子共公立。

共公八年卒,子德公立⑤。

德公十八年卒,弟桓公姑容立⑥。

桓公十七年卒⑦,子孝公匄立。

孝公十七年卒,弟文公益姑立。

文公十四年卒,弟平公郁立⑧。

平公十八年卒,子悼公成立。

悼公十二年卒,子隐公乞立。七月,隐公弟遂弑隐公自立,是为釐公⑨。

釐公十九年卒,子湣公维立。

滑公十五年，楚惠王灭陈[10]。

十六年，滑公弟阏路弑滑公代立，是为哀公[11]。

哀公立十年卒，滑公子敕立，是为出公[12]。

出公十二年卒，子简公春立。立一年，楚惠王之四十四年[13]，灭杞。杞后陈亡三十四年[14]。

杞小微，其事不足称述。

【注释】

①"东楼公生西楼公"三句：陈子龙曰："东楼、西楼，或所居地名；题、谋娶，或名字，必非谥也。"谋，《集解》引徐广曰："一作'谟'。"

②谋娶公当周厉王时：梁玉绳曰："周有天下至厉王流彘，二百八十余年；而杞以四世当之，必无此理。"

③谋娶公生武公：王观国曰："春秋始周平王四十九年，去厉王已六十年，则知杞武公在春秋前也。然春秋襄公六年三月壬午，杞伯姑容卒。姑容者，杞桓公也。自襄公六年去隐公元年，一百六十一年矣。以《史记》世家考之，自武公至杞桓公卒之年，才一百一十有三年。是杞武公在春秋中也。然则世家谓周厉王时生武公，盖误也。"

④武公立四十七年卒：梁玉绳曰："《春秋·僖二十三年》书'杞成公卒'，逆而推之，武公卒于鲁桓八年，立于平王二十一年。自厉王流彘后至平王二十年尚有三十四年，则杞之四君必每君在位百余年方能相及，其可信乎？知杞之代系必有脱误也。"

⑤德公：《集解》引徐广曰："《世本》曰：'惠公'。"《索隐》曰："《系本》及谯周并作'惠公'。"梁玉绳曰："《集解》《索隐》引《世本》及谯周，并作'惠公'，则'德公'非也。"

⑥弟桓公姑容立:《集解》引徐广曰:"《世本》曰:'惠公立十八年,生成公及桓公。成公立十八年,桓公立十七年。'"《索隐》曰:"(《世本》及谯周)云'惠公生成公及桓公',是此《系家》脱'成公'一代,故云'弟桓公姑容立',非也。且成公又见《春秋·经》《传》,故《左传·庄二十五年》云'杞成公娶鲁女,有婚姻之好';至僖二十二年卒,始赴而书。《左传》云'成公也,未同盟,故不书名'。是杞有'成公',必当如谯周所说。"梁玉绳曰:"《春秋·僖二十三年》书'杞子卒',《左氏》以为成公。则推而上之至僖五年,《春秋》书'杞伯姬来朝其子',适合十八年。是成公者,伯姬之子;而娶伯姬者,惠公也。《世家》既脱成公一代,而又以桓为德公弟,并谥号亦不同。故知《世家》于小国尤多疏舛。"

⑦桓公十七年卒:梁玉绳曰:"案《春秋·经》《传》,成公以僖二十三年卒,是桓公以僖二十四年即位,至襄六年桓公卒,则桓公在位七十年。此作'十七',仍《世本》之误。自古诸侯享国之久,未有如杞桓公者也。"

⑧平公郁:杞平公,名郁,前535—前518年在位。《索隐》曰:"一作'郁釐',谯周云'名郁来',盖'鬱''郁''釐''来'并声相近,遂不同耳。"

⑨釐公:杞釐公,名遂,前506—前487年在位。梁玉绳曰:"《春秋》哀八年,僖公名'过'。孔疏引《世家》同。则'遂'字是今本之讹。"

⑩湣公十五年,楚惠王灭陈:梁玉绳云:"楚惠王十一年灭陈,当陈湣公二十四年,鲁哀公十七年,乃杞湣公之九年也,此作'十五年',误。"

⑪湣公弟阏路弑湣公代立,是为哀公:杞哀公,名阏路。《索隐》曰:"阏,音遏。哀公杀兄湣公而立,谥哀。谯周云谥'懿'也。"

⑫出公:杞出公,名敕。《集解》引徐广曰:"敕,一作'遨'。"

⑬楚惠王之四十四年:前445年。泷川曰:"枫山、三条本,'王'下

‘之’上有‘杀’字。”

⑭杞后陈亡三十四年：梁玉绳曰：“杞灭于楚惠王四十四年，陈灭于楚惠十一年，故云‘杞后陈亡三十四年’。但陈灭之岁为杞湣九年，此言湣公十六年，哀公十年，出公十二年，简公一年灭。自湣十年至灭凡三十载。则杞君之年必有误。或谓简公在位四年，非‘一年’也。”

【译文】

东楼公生了西楼公，西楼公生了题公，题公生了谋娶公。谋娶公当处于周厉王统治时期。谋娶公生了武公。

武公在位四十七年去世，其子靖公继位。

靖公在位二十三年去世，其子共公继位。

共公在位八年去世，其子德公继位。

德公在位十八年去世，其弟桓公姑容继位。

桓公在位十七年去世，其子孝公匄继位。

孝公在位十七年去世，其弟文公益姑继位。

文公在位十四年去世，其弟平公郁继位。

平公在位十八年去世，其子悼公成继位。

悼公在位十二年去世，其子隐公乞继位。在位七个月，隐公的弟弟遂杀死隐公自立，这就是釐公。

釐公在位十九年去世，其子湣公维继位。

湣公十五年，楚惠王灭亡了陈国。

湣公十六年，湣公的弟弟阏路弑杀了湣公篡夺君位自立为君，这就是哀公。

哀公在位十年去世，湣公的儿子敕继位，这就是出公。

出公在位十二年去世，其子简公春继位。他在位一年之时，正值楚惠王四十四年，楚国灭亡杞国。杞国比陈国晚三十四年亡国。

杞国弱小，它的事迹不值得记载。

舜之后，周武王封之陈，至楚惠王灭之，有世家言[①]。禹之后，周武王封之杞，楚惠王灭之，有世家言[②]。契之后为殷，殷有本纪言[③]。殷破，周封其后于宋，齐湣王灭之，有世家言[④]。后稷之后为周，秦昭王灭之，有本纪言[⑤]。皋陶之后，或封英、六，楚穆王灭之，无谱[⑥]。伯夷之后，至周武王复封于齐，曰太公望，陈氏灭之，有世家言[⑦]。伯翳之后，至周平王时封为秦，项羽灭之，有本纪言[⑧]。垂、益、夔、龙[⑨]，其后不知所封，不见也。右十一人者[⑩]，皆唐虞之际名有功德臣也；其五人之后皆至帝王[⑪]，余乃为显诸侯[⑫]。滕、薛、驺，夏、殷、周之间封也[⑬]，小，不足齿列，弗论也。

【注释】

①"舜之后"四句：舜的后代，周武王把他们封在陈国，到楚惠王时灭陈，有《陈杞世家》的记载。有世家言，即指有专门的世家记述其事。即本篇的前一部分的文字。

②"禹之后"四句：禹的后代，周武王把他们封在杞国，楚惠王灭了杞国，有《陈杞世家》的记载。有世家言，即本篇后一部分的文字。

③契（xiè）之后为殷，殷有本纪言：契，传说为上古舜时的大臣，协助舜教化百姓，为商朝的始祖。契的后代是殷人，殷朝有《殷本纪》记载。有本纪言，有专门的"本纪"记述其事，即指《殷本纪》。

④"殷破"四句：周武王灭殷后，封殷纣王的庶兄微子启于宋，国都商丘，后被齐湣王所灭，有《宋世家》记载。有世家言，此指《宋微子世家》。

⑤"后稷之后为周"三句：后稷，传说为上古舜时的大臣，协助舜发展农业，为周朝的始祖。后稷的后代是周人，秦昭王灭了周朝，有《周本纪》记载。有本纪言，此即指《周本纪》。

⑥“皋陶之后”四句：皋陶的后代，有的封在英、六两地，它们被楚穆王所灭，没有谱系留存。皋陶，传说为上古舜时的大臣，佐舜掌管刑法。或封英、六，梁玉绳曰：“英，即《春秋·僖十七年》所称‘英氏’，《路史》云‘六分为英’是已。此《世家》索隐及《夏本纪》《黥布传》正义言英后改蓼，谬甚。”英，其地不详。《夏本纪》之《正义》曰：“英盖蓼也。”蓼，在今河南固始。六，古国名。偃姓。都城在今安徽六安东北。无谱，没有可参考的谱牒资料。

⑦“伯夷之后”五句：伯夷的后代到周武王时又被封在齐国，叫太公望，陈氏灭了齐国，有《齐世家》记载。梁玉绳曰：“史公作《齐世家》，四岳为其祖；而此与《郑世家》以齐为伯夷后，则是齐有二祖矣。……余谓帝咨四岳，佥举伯夷，自非一人。而齐并称为祖者，以同为炎帝之后，犹秦、赵同祖之比，不得硬断其误。况四岳乃官名，人得为之，安知作秩宗之伯夷，不又为四岳之官。谯周云‘伯夷掌四岳’，必非无据。而其为秩宗也，似舜仍其旧职命之，未是改官，观稷、契诸人非新命可见，何得斥佐尧为悖乎？”伯夷，舜之大臣。太公望，即吕尚，辅佐周武王推翻殷朝，后被封为齐国之君。陈氏灭之，指齐国的权臣陈恒（也称“田常”）与其子孙灭掉姜氏，而立田氏齐国。有世家言，即指《齐太公世家》。

⑧“伯翳之后”四句：伯翳，即大费，嬴姓之先祖，尝辅助舜、禹平治水土，调驯鸟兽。伯翳的后代，到周平王时被封为秦国，项羽灭亡秦国，有《秦本纪》记载。有本纪言，此指《秦本纪》与《秦始皇本纪》。

⑨垂：传说为上古舜时的大臣，又作“倕”，主管手工制作。益：梁玉绳曰：“‘益’字当衍。”崔适曰：“以舜本纪例之，此‘垂、益、夔、龙’，疑当作‘夔、龙、彭祖’。后人习见‘垂、益’，不知‘益’即‘翳’，误增‘益’而去‘彭祖’，以合‘十一人’数耳。”夔：传说为上古尧时的大臣，舜即位后，主管音乐歌舞。龙：传说为上古舜时

的大臣,主管监听、接纳进言者。

⑩右十一人者:梁玉绳曰:"当作'十人'。"

⑪其五人之后皆至帝王:《索隐》曰:"舜、禹身为帝王,其稷、契及翳,则后代皆为帝王也。"

⑫显诸侯:显耀的大国诸侯。《史记评林》引董份曰:"按太史公重唐虞之际有功德之臣,故历著其后裔,或为王,或为显侯,见有功德者之不泯也。"

⑬滕、薛、驺,夏、殷、周之间封也:《索隐》曰:"滕不知本封,盖轩辕氏子有滕姓,是其祖也。后周封文王子错叔绣于滕,故宋忠云:'今沛国公丘是滕国也。'薛,奚仲之后,任姓,盖夏殷所封,故春秋有滕侯、薛侯。邾,曹姓之国,陆终氏之子会人之后。邾国,今鲁国驺县是也。然三国微小,春秋时亦预会盟,盖史缺无可叙列也。"滕,古国名。姬姓。都城在今山东滕州西南。薛,古国名。都城在今山东滕州城南之薛城。驺,又作"邾",古国名。曹姓。都城在今山东邹县。

【译文】

舜的后代,周武王将他们封在陈国,到楚惠王时灭亡陈国,有《陈杞世家》记载。禹的后代,周武王将他们封在杞国,楚惠王灭亡了它,有《陈杞世家》记载。契的后代是殷人,殷朝有《殷本纪》记载。殷朝灭亡,周朝将它的后代封在宋国,齐湣王灭亡了它,有《宋世家》记载。后稷的后代是周人,秦昭王灭亡了它,有《周本纪》记载。皋陶的后代,有的封在英、六二地,楚穆王灭亡了它们,没有谱系留存。伯夷的后代到周武王时又被封在齐国,叫太公望,陈氏灭亡了它,有《齐世家》记载。伯翳的后代,到周平王时被封为秦国,项羽灭亡了它,有《秦本纪》记载。垂、益、夔、龙,他们的后代不知封在何处,不见记载。以上十一人,都是唐尧、虞舜时期有功德的名臣;其中五人的后代都做了帝王,其余的也都是显赫的诸侯。滕、薛、驺,是夏、殷、周之间受封的,弱小,它们不足以与其他诸侯相提并论，所以就不加论述了。

周武王时，侯伯尚千余人[1]。及幽、厉之后[2]，诸侯力攻相并。江、黄、胡、沈之属[3]，不可胜数，故弗采著于传云[4]。

【注释】

①侯伯：泛指诸侯。

②幽、厉之后：周幽王、周厉王之后，代指西周末期。

③江、黄、胡、沈：四个小古国名。江，嬴姓，在今河南正阳西南，春秋时期被楚国所灭。黄，嬴姓，在今河南潢川西，春秋时期被楚国所灭。胡，姬姓，在今河南郾城西南，春秋初期被郑国所灭。沈，在今河南平舆西，春秋时期被蔡国所灭。

④不可胜数：指被吞并灭亡的小国不计其数。胜，尽。

⑤故弗采著于传云：意即不再为这些国家立传，不再专门叙述这些小国的事情。

【译文】

周武王时期，分封的诸侯还有上千个。到周幽王、周厉王以后，诸侯武力攻伐，互相兼并。江、黄、胡、沈这样的小国，多得数不胜数，所以没在史传中采录。

太史公曰：舜之德可谓至矣！禅位于夏，而后世血食者历三代[1]。及楚灭陈，而田常得政于齐[2]，卒为建国，百世不绝[3]，苗裔兹兹[4]，有土者不乏焉[5]。至禹，于周则杞，微甚，不足数也[6]。楚惠王灭杞，其后越王句践兴[7]。

【注释】

①血食：指享受祭祀。古代祭祀要杀牲取血，故称。

②及楚灭陈,而田常得政于齐:楚灭陈的时间是前479年,田常弑杀齐简公的时间是前481年,开始专齐国之政。

③百世不绝:古称三十年为"一世"。战国田齐若从田和为侯算起,共一百八十多年;若从田常弑杀齐简公算起,共二百六十余年。

④兹兹:众多貌。

⑤有土者不乏焉:意即世代有人。

⑥"于周则杞"三句:意谓在周朝有杞国,非常小,不值得称道。

⑦楚惠王灭杞,其后越王句践兴:梁玉绳曰:"句践非禹后。"俞樾曰:"楚之灭杞,在周定王之二十四年;而周敬王时,句践已即位。元王时句践已灭吴矣。《越世家》言周元王使人赐句践胙,命为伯,是句践之霸在楚灭杞之前。太史公乃谓杞灭而后句践兴,误也。"按,楚惠王灭杞在前445年,句践灭吴称霸在前473年。

【译文】

太史公说:舜的德行可说是达到顶点了!他禅让帝位给夏禹,后代子孙享受祭祀经历了夏、商、周三代。等到楚国灭亡陈国,田常却在齐国掌握政权,终于又建立了国家,百代没有断绝,子孙繁多,有封土的不乏其人。至于禹的后代,在周朝时有杞国,非常小,不值得称道。楚惠王灭了杞国,禹的后代越王句践兴盛起来了。

【陈国诸侯世系表】

陈胡公(舜之后)——申公(胡公子)——相公(申公弟)——孝公(相公子)——慎公(孝公子)——幽公(慎公子,前854—前832)——釐公(幽公子,前831—前796)——武公(釐公子,前795—前781)——夷公(武公子,前780—前778)——平公(夷公弟,前777—前755)——文公(平公子,前754—前745)——桓公(文公子,前744—前707)——厉公(桓公子,前706—前700)——庄公(厉公弟,前699—前693)——宣公(庄公弟,前692—前648)——穆公(宣公子,前647—前632)——共公（穆公子，前631—前614）——灵公（共公子，前613—前599）——成公（灵公子，前598—前569）——哀公（成公子，前568—前534）被楚所灭……楚又立惠公（哀公孙，前533—前506）——怀公（惠公子，前505—前502）——湣公（怀公子，前501—前478）复被楚所灭。

【杞国诸侯世系表】

东楼公——西楼公——题公——谋娶公——武公——靖公——共公——德公——桓公——孝公（前566—前550）——文公（前549—前536）——平公（前535—前518）——悼公（前517—前506）——隐公（前506）——釐公（前506—前487）——湣公——哀公——出公——简公（？—前445）被楚所灭

【集评】

叶适曰："周人崇尚报应，迁所称唐、虞之际有功德臣十一人，舜后为陈，田常建国，皆旧语也。然武王封先代，盖褒有德。臧文仲叹'皋陶不祀'，谓德义之后不应绝尔。若陈氏篡盗亦曰舜所致，则是不复论天德，但以利责报也。至孔子始改此论，曰'巍巍乎，舜禹之有天下也而不与焉！'夫以天下为不与，则虽世位销歇而道德自存，义理常尊而利欲退处矣，此迁所未知也。"（《习学记言》）

李景星曰："《管蔡世家》总括周同姓诸侯，《陈杞世家》总括周异姓诸侯，于此见太史公体例之密。而《陈杞世家》并滕、薛、驺及江、黄、胡、沈之属皆提及之，又虚括一笔曰'周武王时侯伯尚千余人'，则照顾尤为密矣。叙陈、杞二国事，皆以点叙世次为章法。然第叙世次而更无波澜，虽曰简净，终嫌枯寂，故于《陈世家》内插入'周太史过陈'一段，'孔子读史记'一段，'晋平公问太史赵'一段，夹叙夹议，使前后骨节皆灵。其陈敬仲事分详于陈、齐两世家者，于彼著齐之所以亡，于此著陈之所以不终灭也。《杞世家》既有后段之总叙各国，已自异常生色，故前路力为简括，不再用他事点染，仅以‘杞后陈亡’一语钩绾前篇，使不脱节而已。凡此，皆史公经营结构之苦心，不可草草读过，失于玩索。”（《史记评议》）

【评论】

司马迁在本篇将陈佗说成是陈厉公，又说陈佗之母是蔡女，又说蔡人为立陈佗而杀了太子免，又说蔡人杀陈厉公而立跃，是为利公云云，皆误。实际情况是：陈桓公有弟曰“佗”，亦称“五父（弗）”，当陈桓公死时，陈佗杀陈桓公太子免而自立。蔡人出兵干涉，杀陈佗而立太子之弟陈跃，是为陈厉公。蔡人之所以要这样做，是因为陈跃为蔡女所生。陈厉公在位七年卒，其弟陈林继立，是为陈庄公。陈庄公在位七年卒，其弟杵臼立，是为陈宣公。对此裴骃之《集解》与司马贞之《索隐》都已注明，《史记志疑》亦有详细考证，文长不录。

本篇记述陈灵公与大臣孔宁、仪行父均与夏徵舒之母私通，夏徵舒不堪忍受陈灵公的侮辱，杀死了他。楚庄王以讨伐弑君逆臣的崇高名义出兵陈国，但在诛杀了夏徵舒以后却趁机灭了陈国，“因县陈而有之”。征讨夏徵舒，只是楚庄王出兵灭陈的一个借口，也可以说陈国的内乱给他提供了灭陈的天赐良机。然而为什么他在灭陈后，又很快恢复了陈呢？《左传·宣公十一年》《史记》本篇、《楚世家》等都说是接受了申叔时的建议。申叔时先是讲了一个民间“鄙语”，并以此说明楚国出兵讨逆，这是义；趁势灭陈以为楚县，是不义。一番开导，说服了楚庄王。

楚庄王的复陈之举获得高度赞赏。《春秋》大书“楚子入陈”，《左传》解为“书有礼也”；本篇记录孔子的感慨：“贤哉楚庄王！轻千乘之国而重一言。”将楚庄王视为重义轻利的典范；《史记·太史公自序》也说“庄王之贤，乃复国陈，既赦郑伯，班师华元”，将为陈复国，看成是楚庄王善于处理外交事务的三大经典事例之一。其实，灭陈而又复陈，只能说明楚庄王君臣分析政治形势的准确与处理手段的高明。以不义的手段灭陈,国际舆论必会大哗。从春秋时期的地缘政治来看,陈国的战略地理位置,决定了晋、齐等大国不会任由楚国吞下陈国,它们会纠集诸国讨楚。到那时,楚国未必就能守住陈地。而恢复陈国的高明在于:既可让楚庄王赢得"兴灭国,继绝世"的好名声,扩大楚国的国际影响力,又能使陈国牢牢成为楚国的同盟国,为其日后北上争霸提供可靠跳板,从而让楚国名实两收。这才是楚庄王接受申叔时建议的深层原因所在。

本篇还记述了与"田氏代齐"相关的三则预言,一是田齐的始祖陈完出生,"周太史过陈,陈厉公使以《周易》筮之,卦得《观》之《否》:'是为观国之光,利用宾于王。此其代陈有国乎?不在此,其在异国?非此其身,在其子孙。若在异国,必姜姓。姜姓,太岳之后。物莫能两大,陈衰,此其昌乎'";二是齐国的懿仲想把女儿嫁给陈完,"卜之,占曰:'是谓凤皇于飞,和鸣锵锵。有妫之后,将育于姜。五世其昌,并于正卿。八世之后,莫之与京'";三是晋平公问太史赵陈国是否会亡国,"对曰:'陈,颛顼之族。陈氏得政于齐,乃卒亡。自幕至于瞽瞍,无违命。舜重之以明德。至于遂,世世守之。及胡公,周赐之姓,使祀虞帝。且盛德之后,必百世祀。虞之世未也,其在齐乎'"。司马迁还在《田敬仲完世家》中说田氏"专齐国之政,非必事势之渐然也,盖若遵厌兆祥云"。这些地方都表现出了他在天人关系问题上的矛盾和困惑。宋人黄震质疑道:"陈,舜后也,国微甚,然敬仲奔齐,子孙卒代齐有国,强于天下,果符周太史之占,而晋太史赵亦谓其盛德之后必百世祀,岂不异哉?近世朱文公则谓太史之占,陈氏子孙设为之辞以欺世,盖符命之类也。"(《黄氏日钞》)

卫康叔世家第七

【释名】

《卫康叔世家》记载了卫国自康叔受封到君角二十一年卫国灭亡共八百三十七年间的历史。本篇写卫国历史，可以卫武公为界分为前、后两大部分。第一部分主要写卫康叔受封、卫武公佐周平乱，护送周平王东迁；此时卫为周王臂膀，在诸侯中为大国。第二部分主要是卫国在春秋战国时期的史事，主要事件有：卫桓公时期的州吁之乱；卫宣公夺太子伋之妻杀太子伋，公子寿争死，引发了惠公、懿公、戴公数世之乱，卫国几乎灭国，卫文公在齐桓公帮助下复国；卫成公因不礼晋文公而获罪被逐；卫献公因不礼大臣，被甯喜、孙林父逐出；卫灵公太子蒯聩得罪夫人南子被逐，灵公死，蒯聩之子辄继位，蒯聩与之争位；写卫国在春秋战国之际，终于沦为魏的属国。秦二世时彻底灭亡。

卫康叔，名封①，周武王同母少弟也。其次尚有冉季②，冉季最少。武王已克殷纣③，复以殷余民封纣子武庚禄父④，比诸侯⑤，以奉其先祀勿绝。为武庚未集⑥，恐其有贼心，武王乃令其弟管叔、蔡叔傅相武庚禄父⑦，以和其民。武王既崩，成王少。周公旦代成王治，当国⑧。管叔、蔡叔疑周公[9]，乃与武庚禄父作乱，欲攻成周[10]。周公旦以成王命兴师伐殷，杀武庚禄父、管叔[11]，放蔡叔[12]，以武庚殷余民封康叔为卫君[13]，居河、淇间故商墟[14]。

【注释】

①卫康叔，名封：卫康叔，姓姬，名封，周文王之子，周武王之弟，西周初期卫国的始封君。始有"康"号，又受封于卫，故称"卫康叔"。"康"号的来源有两种说法，一说"康"为其初封之地，但其地不详；一说"康叔"与"周公""召公"一样，因食邑为"康"而得名。中井积德曰："封于卫，仍称'康叔'者，盖周、召之比云，不得言徙封。"

②冉季：名载，周文王之少子，周武王之弟，周成王时官为司空。后封于沈，即今河南平舆北。

③武王已克殷纣：事在前1046年。殷，商的都城。故城在今河南安阳西北，故商朝又称"殷朝"。纣，即商王纣，子姓，名受，一作"辛"，称"帝辛"，商朝的末代帝王，历史上有名的暴君。在牧野之战中被周武王打败，自焚而死。

④武庚禄父：名武庚，字禄父，商王纣之子。后发动叛乱，周公东征，平定了叛乱，将其诛杀。

⑤比：类同，一样。

⑥为武庚未集：因为武庚尚未顺服。集，顺服，安定。

⑦武王乃令其弟管叔、蔡叔傅相武庚禄父：周武王灭商以后，将管叔封于管，故城在今河南郑州洼刘村附近；将蔡叔封于蔡，故城在今河南上蔡西南；管叔、蔡叔、霍叔受命共同监视武庚禄父，治殷遗民，史称"三监"。管叔、蔡叔，其事详见《管蔡世家》。傅相，辅助。此处有监视的意思。

⑧周公旦代成王治，当国：周成王继位时年纪尚幼，周公摄行国政。其事详见《鲁周公世家》。周公旦，亦称"叔旦"，采邑在周（今陕

西岐山东北)，故称“周公”。成王，周成王，名诵，周武王之子，前1042—前1021年在位。其事详见《周本纪》。当国，执政，主持国事。

⑨管叔、蔡叔疑周公：按，管叔、蔡叔对周公不满，并非仅是怀疑。

⑩欲攻成周：中井积德曰：“‘成’字疑衍文。营洛邑在武庚死后，《尚书》可证。是时未有成周之名，此欲攻西周而已。”成周，西周的东都。旧址在今河南洛阳城东，成王七年由周公主持营建。

⑪杀武庚禄父、管叔：梁玉绳曰：“周公杀管叔一事，千古厚诬。夫周公宁有杀兄之事哉！自《左传》言之，《史记》著之，诸子述之，遂构虚成实。……然则管叔何以死？曰：《周书·作洛》云‘管叔经而卒’，知罪自缢，未尝杀也。使管叔不死，当亦与蔡同放焉，杀云乎哉？”按，枫山、三条本“管”上有“诛”字，“诛”字也可解为“处罚”。

⑫放蔡叔：流放了蔡叔。

⑬以武庚殷余民封康叔为卫君：按，康叔封卫，一般认为是周成王之时，而梁玉绳以为在周武王时，其言曰：“成王为康叔犹子，而《康诰》称‘朕弟寡兄穆考’，又屡呼‘小子封’，有是理乎？此或周公代王之辞，然《康诰》《酒诰》诸篇无一语及武王，亦无一语及武庚之叛，抑又何耶？考《竹书》‘武王十五年诰于沬邑’，褚生《续三王世家》载丞相奏云‘康叔扞禄父之难’，《后书·苏竟传》言‘周公善康叔不从管、蔡之乱’，是武庚作叛，康叔守邦于卫，斯言未必无据，故先儒定为武王封康叔。”

⑭居河、淇间故商墟：住在黄河、淇水之间的殷商故地。淇，淇水，在今河南北部。商墟，即朝歌，故址在今河南淇县。据白寿彝《中国通史》，这一地区可能本来是夏的同盟国韦之所在。韦地在今河南滑县，与在今河南淇县的牧野甚近。疑夏代之韦在淇水一带，周克殷后，封康叔于此，故称其国号为卫，“卫”即“韦”也。

墟，同“虚”。

【译文】

卫康叔，名封，是周武王的同母少弟。他的下面还有冉季，冉季最小。周武王攻克殷纣王之后，又把殷商遗民封给殷纣王的儿子武庚禄父，让他的地位等同于其他诸侯，来奉事他祖先的祭祀不使之断绝。因为武庚没有安定，怕他有谋逆之心，周武王就派弟弟管叔、蔡叔辅佐武庚禄父，来安定国民。周武王去世后，周成王年少。周公旦代周成王治理国家，执掌政权。管叔、蔡叔怀疑周公，就伙同武庚禄父作乱，想进攻成周。周公旦奉周成王的命令兴兵讨伐殷国，诛杀武庚禄父、管叔，流放了蔡叔，将武庚统治的剩余的殷商遗民封给康叔，让他做了卫君，居住在黄河、淇水之间的殷商故地。

周公旦惧康叔齿少，乃申告康叔曰①：“必求殷之贤人君子长者，问其先殷所以兴，所以亡，而务爱民②。”告以纣所以亡者以淫于酒，酒之失，妇人是用③，故纣之乱自此始。为《梓材》，示君子可法则④。故谓之《康诰》《酒诰》《梓材》以命之⑤。康叔之国，既以此命，能和集其民⑥，民大说⑦。

成王长，用事，举康叔为周司寇⑧，赐卫宝祭器，以章有德⑨。

【注释】

①乃申告康叔：就再三告诫康叔。梁玉绳曰：“告康叔疑非周公。”申，一再，反复。

②务：致力于。

③“纣所以亡者以淫于酒”三句：意指商纣王亡国的原因是过度贪酒，饮酒放纵，宠信女人。淫，过度。失（yì），通“佚”，放纵，放任。

④为《梓材》，示君子可法则：《梓材》，《尚书》篇名。孔安国以为本篇取名为“梓材”，意在“告康叔以为政之道，亦如梓人之治材也”。梓，指上等的木材。可，当，应该。

⑤故谓之《康诰》《酒诰》《梓材》以命之：《康诰》，《尚书》篇名。是康叔上任之前周公对他的训诫之辞，其主要内容是要康叔尚德慎罚、敬天爱民。《酒诰》，《尚书》篇名。周公怕年幼的康叔尽情饮酒作乐，特作《酒诰》为之告诫。泷川曰：“周公旦以下，依《书·康诰》《酒诰》《梓材》篇及序。”诰，古代一种训诫、勉励的文体。

⑥和集：和睦安定。集，安定。

⑦说：同“悦”，高兴。

⑧司寇：官名。掌管刑狱等事务。

⑨赐卫宝祭器，以章有德：《集解》引《左传》所云“分康叔以大路、大旂、少帛、绪茷、旃旌、大吕”。章，彰显，显扬。

【译文】

周公旦担心康叔年纪小，就一再告诫康叔说：“一定要寻求殷商遗民中的贤人君子和德高望重的长者，向他们咨询殷为什么兴、为什么亡的道理，务必要爱护百姓。”告诫他纣亡国的原因是过度贪酒，饮酒放纵，宠幸女人，纣王乱国就是从此开始的。周公作了一篇《梓材》，昭示君子可以效法的法则。周公特意作了《康诰》《酒诰》《梓材》用来教导康叔。康叔到了卫国，就运用这些教导，使百姓和睦安定，百姓非常高兴。

周成王长大后，掌管朝廷政事，举用康叔做了周王室的司寇，赐给卫国宝器祭器，以表彰他的德行。

康叔卒，子康伯代立[①]。康伯卒，子考伯立[②]。考伯卒，子嗣伯立[③]。嗣伯卒，子疌伯立[④]。疌伯卒，子靖伯立。靖伯卒，子贞伯立[⑤]。贞伯卒，子顷侯立。

顷侯厚赂周夷王，夷王命卫为侯[⑥]。顷侯立十二年卒[⑦]，子釐侯立。

釐侯十三年，周厉王出奔于彘，共和行政焉[⑧]。

二十八年[⑨]，周宣王立[⑩]。

四十二年[⑪]，釐侯卒，太子共伯馀立为君。共伯弟和有宠于釐侯，多予之赂；和以其赂赂士，以袭攻共伯于墓上，共伯入釐侯羡自杀[⑫]。卫人因葬之釐侯旁，谥曰共伯，而立和为卫侯，是为武公[⑬]。

【注释】

①子康伯代立：《系本》康伯名髡。《集解》引宋忠曰："即王孙牟也，事周康王为大夫。"《索隐》曰："谯周《古史考》无康伯，而云子牟伯立，盖以不宜父子俱谥'康'，故因其名云'牟伯'也。"张文虎曰："'髡'与'牟'声绝不近，疑'髡'本作'髦'，传写误。"而梁玉绳以为康伯之"康"是采邑，曰："其时谥法初行，诸侯尚未遍行，列国之君有至四世五世而后有谥者，康叔、康伯皆因食采以为号。"

②子考伯立：梁玉绳曰："《世表》《人表》作'孝伯'。《诗疏》引《史》亦作'孝'，则今本讹为'考伯'也。"

③子嗣伯立：梁玉绳曰："嗣伯及其子庢伯皆《谥法》所无，岂其名欤？然则前之孝伯已有谥，不应二伯无谥，疑。"

④子庢（jiě）伯立：梁玉绳曰："'庢'乃'疌'字之讹，《世表》作'疌'。……《索隐》引《世本》作'挚'，恐非。《人表》及《卫诗谱疏》引《史》作'建'，误。"

⑤子贞伯立：梁玉绳曰："《索隐》引《世本》作'箕伯'。《谥法》无'箕'，或'箕'是贞伯之名欤？"

⑥顷侯厚赂周夷王，夷王命卫为侯：卫初封即为侯爵，至于卫君称“伯”，普遍认为并非爵号，或谓“方伯”之“伯”，或谓“伯仲”为“伯”，或谓以字为谥。顾炎武则赞同司马迁的说法，认为“顷侯以前之称‘伯’乃‘伯、子、男’之‘伯’，……且古亦无以‘方伯’之‘伯’而系谥者。”周夷王，名燮，周懿王之子，前885—前878年在位。

⑦顷侯立十二年卒：梁玉绳认为《世家》于顷侯之年有讹脱，曰：“《世家》言‘顷侯赂夷王’，则书顷侯于夷王之世宜也。但顷侯十二年卒，子釐侯嗣位之十四年便及共和之元，何欤？……夷、厉两王凡四十五年，安得釐侯十四年，当共和行政之岁。”

⑧“釐（xī）侯十三年”三句：周厉王因横征暴敛，压制舆论，引起国人暴动，而遭驱逐，逃奔到彘。周厉王奔彘后，周公、召公共同执掌政权，史称“共和行政”。“共和”也有认为是“共伯名和”，详见《周本纪》。釐侯十三年，当周厉王二十一年，前841年。周厉王，名胡，周夷王之子，前877—前841年在位。“厉”是谥号。彘（zhì），在今山西霍州东北。

⑨二十八年：二十八年，前828年。

⑩周宣王：名静，一作“靖”，周厉王之子，前828—前782年在位。周宣王即位后，效法文武、成康遗风，重整国政，周王朝得以恢复，史称“周宣中兴”。

⑪四十二年：当周宣王十七年，前812年。

⑫羡（yán）：通“埏”，墓道。

⑬是为武公：关于卫武公杀兄篡国之事，《索隐》引《国语》《诗经》以为是太史公采自杂说。梁玉绳综合前人考证，并认为共伯为卫宣公之太子伋：“余谓武公固无弑夺之事，而共伯并非釐公之子、武公之兄。何以明之?《柏舟》二章虽为《鄘诗》之首，然次于《新台》《乘舟》之下，《墙茨》之上，则必卫宣公时事。若釐公卒

于周宣王十五年，在《春秋》前九十年，《诗》不应失次如是。意者共伯为宣公太子伋乎？伋不敢违命见杀，故谥曰共，犹晋申生之为共世子也。宣公夺伋之妻为之别娶，而所娶者能守义自誓，可谓不负所天矣。亲没不髦，伋死于宣公见存之时。故曰'髧彼两髦'。未为君而见杀，不得其终，故曰蚤死。"唯孔仲达《淇奥诗疏》同意卫武公篡国之说，以为"诗美武公之德，武公杀兄篡国，得为美者，美其逆取顺守，德流于民，齐桓、晋文篡弑而立，终建大功，亦皆类也。"泷川曰："《诗疏》奉太宗敕以撰，太宗杀兄篡位，与《史记》所记武公事相似，仲达假以护之耳，其说不足据。"

【译文】

康叔去世，他的儿子康伯继位。康伯去世，他的儿子考伯继位。考伯去世，他的儿子嗣伯继位。嗣伯去世，他的儿子疌伯继位。疌伯去世，他的儿子靖伯继位。靖伯去世，他的儿子贞伯继位。贞伯去世，他的儿子顷侯继位。

顷侯送给周夷王丰厚的礼物，周夷王封卫为侯爵。顷侯继位十二年后去世，他的儿子釐侯继位。

釐侯十三年，周厉王出奔到彘，周朝开始共和行政。

釐侯二十八年，周宣王继位。

釐侯四十二年，去世，他的儿子共伯馀继位为国君。共伯的弟弟和受釐侯宠爱，釐侯给他很多财物；和用这些财物贿赂士人，在釐侯墓地袭击共伯，共伯逃入釐侯的墓道自杀。卫人就把他葬在釐侯的墓旁，谥号为共伯，拥立和为卫侯，这就是武公。

武公即位，修康叔之政，百姓和集[①]。四十二年，犬戎杀周幽王[②]，武公将兵往佐周平戎，甚有功，周平王命武公为公[③]。

五十五年[4]，卒，子庄公扬立[5]。

庄公五年，取齐女为夫人，好而无子[6]。又取陈女为夫人[7]，生子，蚤死[8]。陈女女弟亦幸于庄公，而生子完[9]。完母死，庄公令夫人齐女子之，立为太子[10]。庄公有宠妾，生子州吁。

十八年，州吁长，好兵，庄公使将[11]。石碏谏庄公曰[12]："庶子好兵，使将，乱自此起[13]。"不听。

二十三年，庄公卒[14]，太子完立，是为桓公。

【注释】

①"武公即位"三句：凌稚隆曰："武庚之叛以不能和集其民，而康叔之国则能和集之。故太史公次武公修康叔之政，乃曰'百姓和集'，是针线处。"

②四十二年，犬戎杀周幽王：周幽王宠褒姒废申后和太子宜臼，申后之父申侯联合犬戎攻杀周幽王事，详见《周本纪》。四十二年，当周幽王十一年，前771年。犬戎，古族名。当时居住在今陕西与甘肃交界的一带地区。周幽王，名宫涅，又名宫湦，或作"涅"，周宣王之子，前781—前771年在位。

③周平王命武公为公：梁玉绳曰："东迁以后，诸侯于其国皆称公，从未有天子命诸侯为公者。武公盖入为王卿士耳。"泷川按："后世见于《春秋》，仍曰'卫侯'，则其不为公可知。"周平王，名宜臼，周幽王之子，前770—前720年在位。周幽王被杀后，周平王将都城迁移到洛阳，中国历史上的东周时期开始。

④五十五年：五十五年，前758年。

⑤庄公扬：卫庄公，名扬。梁玉绳曰："《表》作'杨'，《诗谱疏》引《世家》亦作'杨'，而今本作'扬'，古通。"

⑥“庄公五年”三句：凌稚隆引陈沂曰：“庄姜有德行文章，不徒出自诸侯及容色之美而已。”庄公五年，前753年。梁玉绳曰：“取齐女何以在五年，亦未确。”

⑦又取陈女为夫人：梁玉绳曰：“《诗·燕燕疏》曰：‘礼，诸侯不再娶，且庄姜仍在，《左传》惟言又取于陈，不言为夫人，《世家》非也。’”

⑧蚤：通“早”。

⑨陈女女弟亦幸于庄公，而生子完：女弟，妹妹，即戴妫。其子完继承父位后，被州吁所杀，戴妫归陈，庄姜作《燕燕》一诗以送之，即今《诗经》中的《燕燕》。

⑩“完母死”三句：据《左传》及《诗经》注疏，完母未死，完亦未必被立为太子。梁玉绳曰：“隐三年《左传》杜注虽为庄姜子，然太子之位未定。孔疏曰：‘石碏言将立州吁，乃定之矣。请定州吁，明太子之位未定，《卫世家》言立完为太子非也。’”

⑪“十八年”四句：按，《左传·隐公三年》仅言：“公子州吁，嬖人之子也，有宠而好兵，公弗禁。”无使将之语。梁玉绳曰：“书于十八年，亦非。”鲁隐公三年乃卫桓公十五年，前737年。十八年，前740年。

⑫石碏（què）：贾逵曰：“卫上卿。”

⑬“庶子好兵”三句：《左传·隐公三年》记石碏谏言如下：“臣闻爱子，教之以义方，弗纳于邪。骄、奢、淫、泆，所自邪也。四者之来，宠禄过也。将立州吁，乃定之矣；若犹未也，阶之为祸。……夫宠而不骄，骄而能降，降而不憾，憾而能眕者，鲜矣。且夫贱妨贵，少陵长，远间亲，亲间旧，小加大，淫破义，所谓六逆也；君义，臣行，父慈，子孝，兄爱，弟敬，所谓六顺也。去顺效逆，所以速祸也。君人者，将祸是务去，而速之，无乃不可乎？”

⑭二十三年，庄公卒：事在前735年。

【译文】

武公即位,修明康叔时期的政治,百姓和睦安定。

武公四十二年,犬戎杀死了周幽王,武公率兵前往佐助周王室平定戎患,很有功劳,周平王封武王为公爵。

武公五十五年,去世,他的儿子庄公扬继位。

庄公五年,娶齐国的女子为夫人,她长得貌美但没生儿子。庄公又娶陈国的女子为夫人,她生了儿子,但很早就死了。陈女的妹妹也受庄公宠爱,生了儿子完。完的母亲去世,庄公让夫人齐女把完当儿子抚养,立他为太子。庄公有个受宠的姬妾,生了儿子州吁。

庄公十八年,州吁长大了,喜爱军事,庄公让他统率军队。石碏劝谏庄公说:"庶子喜欢军事,让他统率军队,祸乱将从此开始。"庄公不听。

庄公二十三年,去世,太子完继位,这就是桓公。

桓公二年,弟州吁骄奢,桓公绌之,州吁出奔①。

十三年,郑伯弟段攻其兄,不胜,亡②,而州吁求与之友③。

十六年,州吁收聚卫亡人以袭杀桓公④,州吁自立为卫君。为郑伯弟段欲伐郑⑤,请宋、陈、蔡与俱⑥,三国皆许州吁⑦。州吁新立,好兵,弑桓公,卫人皆不爱。石碏乃因桓公母家于陈,详为善州吁⑧。至郑郊,石碏与陈侯共谋,使右宰丑进食,因杀州吁于濮⑨,而迎桓公弟晋于邢而立之,是为宣公⑩。

【注释】

①"桓公二年"四句:马骕曰《左传》无州吁出奔事。桓公二年,前733年。绌,通"黜",罢斥。

②"十三年"四句:郑庄公其弟段与母亲武姜合谋叛乱,郑庄公出兵镇压,将太叔段击败于鄢,太叔段逃奔共之事,详见《左传·隐公

元年》及《郑世家》。十三年，当周平王四十九年、鲁隐公元年、郑庄公二十二年，前722年。郑，诸侯国名。姬姓。周宣王二十二年（前806）将其母弟友封于郑（今陕西渭南华州区），即为郑桓公。周幽王时，郑桓公东迁至东虢和郐之间。郑武公时都新郑（今河南新郑）。郑伯，此即郑庄公，名寤生，前743—前700年在位。他在位期间，郑国国力逐渐强大，史称“庄公小霸”。段，郑庄公同母弟，古本《竹书纪年》作“公子圣”。

③州吁求与之友：马骕曰《左传》无友段事。泷川曰：“枫山本‘友’作‘交’。”

④十六年，州吁收聚卫亡人以袭杀桓公：按，《左传·隐公四年》：“（二月）戊申，卫州吁弑其君完。”未说其“收聚亡人”及“袭杀”。十六年，当鲁隐公四年，前719年。

⑤为郑伯弟段欲伐郑：齐召南曰：“《左传》及《宋世家》郑内公子冯，州吁弑君自立，欲免诸侯，故为公子冯而伐郑。此云州吁友于叔段，为段伐郑，与彼异。”

⑥请宋、陈、蔡与俱：请宋、陈、蔡三国一起出兵。宋、陈、蔡，皆诸侯国名。宋，子姓，商纣王庶兄微子启为其始封君。建都商丘，故址在今河南商丘城南部。陈，妫姓，始封君相传为舜的后代胡公满。周武王灭商后封，建都宛丘，故址在今河南淮阳。蔡，始封君为武王之弟叔度。后因叔度参与武庚叛乱被放逐而死，改封其子蔡仲。初都上蔡，故址在今河南上蔡西南。

⑦许：答应。

⑧详：通“佯”，假装。

⑨使右宰丑进食，因杀州吁于濮：石碏杀州吁事，本于《左传·隐公四年》，但与《左传》不同。梁玉绳曰：“隐四年《传》，州吁如陈，石碏使告于陈而执之，使右宰丑涖杀州吁，非陈桓公至郑，碏与共谋杀之也，而又何进食之有？”凌稚隆引王鏊曰：“《击鼓》诗：‘从

孙子仲，平陈与宋’，盖怨州吁也。”濮，《集解》引服虔曰：“陈地。”《索隐》以为是濮水，“在曹、卫之间”。中井积德曰：“据此文，濮为郑郊也，诸说皆失之。然其实濮是卫地。据《左传》，陈人执州吁送致卫地濮而杀之也。此本文已失实，不得回护。”

⑩迎桓公弟晋于邢而立之，是为宣公：梁玉绳曰：“以晋为桓弟，未的。而《诗疏》引《世家》及《人表》，又皆以宣公为桓公子，尤误。”邢，诸侯国名。姬姓。故城在今河北邢台。宣公，卫宣公，名晋，前718—前699年在位。

【译文】

桓公二年，弟弟州吁骄横奢侈，桓公罢免了他，州吁出奔。

桓公十三年，郑伯的弟弟段攻击兄长郑伯，没有取胜，逃跑了，州吁却寻求与他交好。

桓公十六年，州吁收聚卫国逃亡在外的亡命徒袭击杀害了桓公，自立为卫国国君。州吁为了郑伯的弟弟段想要伐郑，请宋、陈、蔡三国与他一起出兵，三国都答应了他。州吁新继位，喜欢用兵打仗，杀害了桓公，卫人都不喜欢他。石碏就利用桓公母亲娘家是陈国，假装与州吁友好。到了郑国郊外，石碏与陈侯共同密谋，让右宰丑进献食物，在濮地趁机杀了州吁，从邢国迎回桓公的弟弟晋继位，这就是宣公。

宣公七年，鲁弑其君隐公[①]。

九年，宋督弑其君殇公及孔父[②]。

十年，晋曲沃庄伯弑其君哀侯[③]。

十八年[④]，初，宣公爱夫人夷姜[⑤]，夷姜生子伋，以为太子，而令右公子傅之[⑥]。右公子为太子取齐女，未入室，而宣公见所欲为太子妇者好，说而自取之，更为太子取他女[⑦]。宣公得齐女，生子寿、子朔，令左公子傅之[⑧]。太子伋母死[9]，宣公正夫人[10]，与朔共谗恶太子伋。宣公自以其夺太子妻也，心恶太子，欲废之。及闻其恶，大怒，乃使太子伋于齐而令盗遮界上杀之[11]。与太子白旄[12]，而告界盗见持白旄者杀之。且行，子朔之兄寿，太子异母弟也，知朔之恶太子而君欲杀之，乃谓太子曰："界盗见太子白旄，即杀太子，太子可毋行[13]！"太子曰："逆父命求生，不可。"遂行。寿见太子不止，乃盗其白旄而先驰至界。界盗见其验[14]，即杀之。寿已死，而太子伋又至，谓盗曰："所当杀乃我也。"盗并杀太子伋，以报宣公[15]。宣公乃以子朔为太子。

十九年，宣公卒[16]，太子朔立，是为惠公。

【注释】

①宣公七年，鲁弑其君隐公：鲁惠公死时，太子允尚幼，由长庶子息姑摄政，即为鲁隐公。鲁隐公十一年，太子允受公子翚（挥）挑唆杀死鲁隐公，其事详见《左传·隐公元年》与《鲁周公世家》。宣公七年，当鲁隐公十一年，前712年。鲁，诸侯国名。姬姓。始封君为周公旦，建都曲阜，故址即今山东曲阜。

②九年，宋督弑其君殇（shāng）公及孔父：据《左传·桓公二年》与《宋微子世家》，宋督见孔父之妻貌美，想占为己有，于是扬言孔父执政使宋国连年战乱，因杀孔父，并及宋殇公。九年，当鲁桓公二年、宋殇公十年，前710年。宋督，名督，字华父，亦称"华督""太宰督"，宋戴公之孙，宋殇公时任太宰。杀宋殇公后，迎立宋庄公，擅权国政。宋湣公十年（前682），大夫南宫万反，攻杀宋湣公，将他也诛杀。殇公，宋殇公，名与夷，宋宣公之子，前719—前720年在位。孔父，即孔父嘉，子姓，宋国司马。为孔子的祖先。

③十年，晋曲沃庄伯弑其君哀侯：按，此处记载有误。庄伯所杀的是

晋孝侯，不是晋哀侯，庄伯已于晋哀侯二年亡故。当是曲沃武公弑晋哀侯。哀侯八年（前710），曲沃武公侵犯晋国南部，九年，伐晋于汾水之旁，晋哀侯被虏。晋人乃立哀侯子为君，是为晋小子侯。晋小子侯元年（前709），为曲沃武公所杀。其事详见《晋世家》。十年，当鲁桓公三年、晋小子侯元年、曲沃武公七年，前709年。晋，诸侯国名。姬姓。周初成王封其弟叔虞于唐，故址在今山西翼城东南，故称"唐国"。至燮父时改为"晋国"。曲沃庄伯，晋穆侯封其次子成师于曲沃，称曲沃桓叔，庄伯是桓叔之子。哀侯，晋哀侯，名光，晋鄂侯之子，前717—前710年在位。

④十八年：当鲁桓公十一年，前701年。

⑤宣公爱夫人夷姜：《左传・桓公十六年》："宣公烝于夷姜，生急子。"杜注云："夷姜，宣公之庶母。"按，夷姜之事，古人说法很多，洪迈以为自卫宣公即位至卒共十九年，不可能发生这么多事，故事不属实；陈霆以为"其烝夷姜当在桓公嗣位之后，而非其即位之初为始也"；而顾栋高《夷姜辨》则以为夷姜是卫宣公继位前所娶之夫人，并无烝淫之事。诸说皆似有理，但都属猜测，不若仍从《左传》。"夷姜"之"夷"或是国名，说见杨树达《积微居金文说睘卣跋》。

⑥"夷姜生子伋"三句：龟井昱曰："此盖宣公即位之后也。宣公元年，伋当十四五岁。"伋，《左传》作"急"。右公子，据《左传》，其名曰职。傅，教导，辅助。

⑦更为太子取他女：竹添光鸿曰："即《新台》诗序所谓'纳伋之妻、作新台于河上以要之'是也。"取，同"娶"。

⑧左公子：据《左传》，其名曰泄。所谓右公子、左公子，杜预曰："左、右媵之子，因以为号。"孔疏谓："此左、右公子，盖宣公之兄弟也。"中井积德曰："左右或以居室为称也，必非左右媵之谓。"皆不知所据。

⑨太子伋母死:《左传》云:“夷姜缢。”杜预注:“失宠而自缢死。”

⑩宣公正夫人:《左传》作“宣姜”,杜注:“宣公所娶急子之妻。”按,此既云“正夫人”,则夷姜一定不是嫡妻,大概因为她当时受宠,而子伋又为太子,故享有夫人的待遇。

⑪使太子伋于齐而令盗遮界上杀之:《左传》云:“(卫宣)公使诸齐,使盗待诸莘,将杀之。”杜预注:“莘,卫地。”遮,阻拦。

⑫白旄(máo):指旗杆头上用白色旄牛尾作的装饰。泷川曰:“《左传》只言旌,不言白旄。”

⑬太子可毋行:《左传·桓公十六年》作:“寿子告之,使行。”李笠曰:“《左传》言‘使行’者,欲令其亡去;此云‘毋行’,欲令其毋使齐,欲其避界盗一也。语反而意不反。”

⑭验:凭证。这里意为标志。

⑮盗并杀太子伋,以报宣公:梁玉绳曰:“争死之事,《左传》附见于桓十六年,不知的在何岁。此与《世家》皆在十八年,为鲁桓十一年,恐未确。”《诗·邶风·二子乘舟序》云:“思伋、寿也。卫宣公之二子争相为死,国人伤而思之,作是诗也。”亦与此合。梁玉绳曰:“《新序·节士》篇谓‘寿母及朔使人与伋乘舟,将沉而杀之。寿因与同舟,不得杀’;又谓‘伋见寿之死,载尸还境而自杀’,愈演愈殊,与经史俱乖,其可信乎?以上伋与寿被杀事,详见《左传·桓公十六年》。”

⑯十九年,宣公卒:事在前700年。

【译文】

宣公七年,鲁人弑杀了他们的国君鲁隐公。

宣公九年,宋督弑杀了他的国君殇公以及孔父。

宣公十年,晋曲沃庄伯弑杀他的国君晋哀侯。

宣公十八年,当初,宣公宠爱夫人夷姜,夷姜生了儿子伋,宣公将他立为太子,命右公子辅佐教导他。右公子为太子迎娶了齐国的宗室女儿，还没入室成亲，宣公看到将要成为太子妃的齐女貌美，心里喜欢，就自己娶了她，另为太子娶了别的女子。宣公娶了齐女，生了子寿、子朔，让左公子辅佐教导他们。太子伋的母亲死后，宣公立齐女为夫人，她与子朔一起诋毁中伤太子伋。宣公因为自己抢夺了太子的妻子，心中嫌恶太子，想废掉他。等听到说太子伋的这些坏话，大怒，就让太子伋出使齐国并派刺客埋伏拦在边界上杀死他。宣公给太子白旄，告诉埋伏在边界上的刺客看见持着白旄的人就杀掉。太子伋要出发时，子朔的哥哥子寿，是太子的异母弟弟，知道子朔说了太子的坏话而宣公要杀太子，就对太子说："边界上的刺客看见太子手持的白旄，就会杀死太子，太子不要去！"太子说："违背父亲的命令求得活命，不可以这样做。"就出发了。子寿见太子不肯放弃出使，就偷了他的白旄先赶到国界。国界上的刺客看到标志，就杀了他。子寿死后，太子伋又到了，对刺客说："你杀的人应当是我。"刺客把太子伋一起杀了，以此向宣公报告。宣公就立了子朔为太子。

十九年，宣公去世，太子朔继位，这就是惠公。

左、右公子不平朔之立也，惠公四年[①]，左、右公子怨惠公之谗杀前太子伋而代立，乃作乱，攻惠公，立太子伋之弟黔牟为君[②]，惠公奔齐[③]。

卫君黔牟立八年，齐襄公率诸侯奉王命共伐卫[④]，纳卫惠公，诛左、右公子。卫君黔牟奔于周，惠公复立。惠公立三年出亡，亡八年复入，与前通年凡十三年矣[⑤]。

二十五年[⑥]，惠公怨周之容舍黔牟[⑦]，与燕伐周，周惠王奔温，卫、燕立惠王弟颓为王[⑧]。

二十九年，郑复纳惠王[⑨]。

三十一年[⑩]，惠公卒，子懿公赤立。

【注释】

①惠公四年：前696年。刘操南《史事辑证》曰："《年表》以是年为黔牟元年，下文亦云'惠公立三年出亡。'此作四年，字之误也。"则此事发生在惠公三年，当周庄王元年、鲁桓公十六年，前697年。

②立太子伋之弟黔牟为君：杨伯峻曰："《公羊传·庄公三年》何休注云：'卫朔背叛出奔，天子新立卫公子留。'徐彦疏云：'《世本》及《史记》并有其事。'则公子黔牟亦名留，且为周庄王所支持。"

③惠公奔齐：杨伯峻曰："齐为其母舅家。"齐，西周初期的封国名。始封君为太公望吕尚，姜姓，都临淄，在今山东淄博临淄区北。

④卫君黔牟立八年，齐襄公率诸侯奉王命共伐卫：《春秋·庄公五年》："冬，公会齐人、宋人、陈人、蔡人伐卫。"《春秋·庄公六年》："王人子突救卫。"马骕曰："《春秋》诸侯逆王命，此云奉王命，误也。"卫君黔牟立八年，当周庄王八年、齐襄公九年、宋闵公三年、陈宣公四年、蔡哀公六年，前689年。齐襄公，名诸兒，齐釐公之子，前697—前686年在位。

⑤与前通年凡十三年矣：刘操南认为当作十一年，曰："立三年出亡，亡八年复入，为十一年。此十三年云者，盖欲率合《年表》立三年，亡十年，黔牟于十年奔周耳。殊不知《年表》鲁事栏及《鲁世家》载鲁庄公五年与齐伐卫纳惠公，与《左传》合也。《左传》伐卫纳惠公在庄五年，即卫黔牟之八年，则惠公出亡，自当以八年为断，通前为十一年，非十三年明矣。"

⑥二十五年：当鲁庄公十九年、周惠王二年，前675年。

⑦舍：安置，住。此处有收留意。

⑧"与燕伐周"三句：《左传·庄公十九年》："秋，五大夫奉子颓以伐王，不克，出奔温。苏子奉子颓以奔卫。卫师、燕师伐周。冬，立子颓。"梁玉绳曰："则燕、卫其再伐也，非首伐也。奔温，乃子颓也，非王也。……此与《本纪》及《卫》《郑世家》言奔温同谬。"

燕，此燕为姞姓之南燕，故城在今河南延津东北。开国君主伯修，相传为黄帝后裔。周惠王，名阆，周釐王之子，前676—前652年在位。温，古邑名。在今河南温县西南。西周、春秋时苏国建都于此，后为晋邑。

⑨二十九年，郑复纳惠王：其事详见《左传·庄公二十一年》，当卫惠公二十七年，前673年，与《十二诸侯年表》同。此作“二十九年”，误。二十九年，当周惠王六年、郑文公二年，前671年。

⑩三十一年：前669年。

【译文】

左、右公子对子朔的继位感到愤愤不平，惠公四年，左、右公子怨恨惠公进谗言杀害前太子伋而继位为君，于是作乱，攻击惠公，立太子伋的弟弟黔牟为国君，惠公逃亡到齐国。

卫君黔牟继位八年，齐襄公率诸侯奉周王之命共同讨伐卫国，送回卫惠公，诛杀左、右公子。卫君黔牟逃到周，惠公再次即位。惠公继位三年逃亡，逃亡八年再次返国，与前面加起来执政时间共十三年。

惠公二十五年，惠公怨恨周接纳收留黔牟，与燕一起伐周，周惠王逃到温邑，卫、燕拥立周惠王的弟弟颓为王。

惠公二十九年，郑国再次送回周惠王。

惠公三十一年，去世，他的儿子懿公赤继位。

懿公即位，好鹤，淫乐奢侈①。九年②，翟伐卫③，卫懿公欲发兵，兵或畔④。大臣言曰⑤：“君好鹤，鹤可令击翟。”翟于是遂入，杀懿公。懿公之立也，百姓大臣皆不服。自懿公父惠公朔之谗杀太子伋代立至于懿公，常欲败之，卒灭惠公之后而更立黔牟之弟昭伯顽之子申为君，是为戴公⑥。

戴公申元年卒⑦。齐桓公以卫数乱⑧，乃率诸侯伐翟，为卫筑楚丘[⑨]，立戴公弟燬为卫君[⑩]，是为文公。文公以乱故奔齐，齐人入之。

【注释】

①"懿公即位"三句：《左传·闵公二年》："卫懿公好鹤，鹤有乘轩者。将战，国人受甲者皆曰：'使鹤，鹤实有禄位，余焉能战？'"《正义》曰："《括地志》云：'故鹤城，在滑州匡城县西南十五里，俗传懿公养鹤于此城，因名也。'"

②九年：前660年。刘操南曰："《年表》是年为卫戴公元年，次年为卫文公元年，盖懿公卒，戴公立，戴公又卒，皆在此一年耳。"

③翟：同"狄"，古部族名。当时活动于今河北与山西交界的太行山一带。

④畔：通"叛"。

⑤大臣言曰：前引《左传》"使鹤"云云，此"大臣"当指国人接受军命者。

⑥卒灭惠公之后而更立黔牟之弟昭伯顽之子申为君，是为戴公：《左传·闵公二年》："及败，宋桓公逆诸河，宵济。卫之遗民男女七百有三十人，益之以共、滕之民为五千人，立戴公以庐于曹。"

⑦戴公申元年卒：按前注刘操南说法，是年仍是鲁闵公二年，即前660年。

⑧齐桓公：名小白，齐襄公之弟，前685—前643年在位。春秋第一个霸主。数（shuò）：多次，屡次。

⑨为卫筑楚丘：《左传·闵公二年》："齐侯使公子无亏帅车三百乘、甲士三千人以戍曹。"又《左传·僖公二年》："二年春，诸侯城楚丘而封卫焉。"则是年齐戍曹，二年后方封卫，司马迁此处记载有误。楚丘，在今河南滑县东。

⑩戴公弟燬（huǐ）：《索隐》引贾谊书曰："卫侯朝于周，周行人问其

名，答曰‘卫侯辟彊’，周行人还之曰：‘启彊、辟彊，天子之号，诸侯弗得用。’卫侯更其名曰‘燬’，然后受之。”

【译文】

懿公即位，喜欢鹤，淫乐奢侈。九年，翟伐卫，卫懿公想发兵，军中有人反叛。大臣们说：“您喜欢鹤，可以让鹤来迎击翟人。”翟人于是攻进卫都，杀了懿公。懿公继位，百姓大臣都不服。自从懿公的父亲惠公朔进谗言杀害太子伋继位，一直传位到懿公，人们常想推翻他们，最终灭掉惠公的后代另立黔牟的弟弟昭伯顽的儿子申为国君，这就是戴公。

戴公申元年就去世了。齐桓公因为卫国多次发生动乱，就率领诸侯伐翟，为卫修筑楚丘城，扶立戴公的弟弟燬为卫君，这就是文公。文公因为国内变乱而逃到齐国，齐人送他回卫国为君。

初，翟杀懿公也，卫人怜之，思复立宣公前死太子伋之后[①]，伋子又死，而代伋死者子寿又无子。太子伋同母弟二人：其一曰黔牟，黔牟尝代惠公为君，八年复去；其二曰昭伯。昭伯、黔牟皆已前死，故立昭伯子申为戴公。戴公卒，复立其弟燬为文公[②]。

文公初立，轻赋平罪，身自劳，与百姓同苦，以收卫民[③]。

十六年，晋公子重耳过，无礼[④]。

十七年，齐桓公卒[⑤]。

二十五年[⑥]，文公卒，子成公郑立。

【注释】

①“翟杀懿公也”三句：按，《左传·闵公二年》：“（懿）公与石祁子玦，与甯庄子矢，使守，曰：‘以此赞国，择利而为之。’与夫人绣衣，曰：‘听于二子！’”然后与狄战。则懿公似有愧改之意，故其

战死后“卫人怜之”。前文曰“卒灭惠公之后”,则懿公死后无子,卫无君,故欲立伋之后。

②复立其弟燬为文公:凌稚隆曰:“既叙立文公矣,复以‘初’字唤起,复说所以不得立宣公、太子伋与寿之后而立其同母弟以及于文公之故,最是关键处。”

③“文公初立”五句:《左传·闵公二年》云:“卫文公大布之衣,大帛之冠,务材训农,通商惠工,敬教劝学,授方任能,元年革车三十乘,季年乃三百乘。”黄震曰:“卫君多乱,文公处国家覆亡之后,独能轻赋平罪,身劳与百姓同苦,以平治称,一国以一人兴,信矣。”收,笼络,团结。

④“十六年”三句:晋公子重耳逃亡路过卫国,卫文公没有以礼相待事。十六年,当鲁僖公十六年、晋惠公七年,前644年。晋公子重耳,即后来的晋文公,名重耳。晋献公之子,前636—前628年在位。春秋五霸之一。无礼,不加礼遇。

⑤十七年,齐桓公卒:齐桓公之死,其事详见《左传·僖公十七年》与《齐太公世家》。十七年,当鲁僖公十七年、齐桓公四十三年,前643年。

⑥二十五年:前635年。

【译文】

当初,翟杀了懿公,卫人可怜他,想重新拥立宣公前太子伋的后代为君,伋的儿子又死了,代替伋去死的子寿又没有儿子。太子伋有同母兄弟二人:一个叫黔牟,黔牟曾取代惠公为君,做了八年逃走了;第二个叫昭伯。昭伯、黔牟都在这之前死了,所以拥立昭伯的儿子申为戴公。戴公去世,又立他的弟弟燬为文公。

文公初继位,就减轻赋税,公平决狱,亲自操劳,与百姓一起受苦,来收聚民心。

文公十六年,晋公子重耳逃亡路过卫国,文公没有以礼相待。

文公十七年，齐桓公去世。

文公二十五年，去世，他的儿子成公郑继位。

成公三年，晋欲假道于卫救宋[①]，成公不许。晋更从南河度[②]，救宋。征师于卫，卫大夫欲许，成公不肯。大夫元咺攻成公，成公出奔[③]。晋文公重耳伐卫[④]，分其地予宋，讨前过无礼及不救宋患也[⑤]。卫成公遂出奔陈[⑥]。

二岁，如周求入，与晋文公会[⑦]。晋使人鸩卫成公，成公私于周主鸩，令薄，得不死[⑧]。已而周为请晋文公[⑨]，卒入之卫，而诛元咺，卫君瑕出奔[⑩]。

七年，晋文公卒[⑪]。

十二年[⑫]，成公朝晋襄公[⑬]。

十四年[⑭]，秦穆公卒[⑮]。

二十六年，齐邴歜弑其君懿公[⑯]。

三十五年，成公卒，子穆公遬立[⑰]。

【注释】

①成公三年，晋欲假道于卫救宋：其事详见《左传·僖公二十七年》。成公三年，当晋文公五年、宋成公五年，前632年。

②南河：古代晋人称今山西、陕西交界处的黄河为“西河”，称河曲以东由西流向东北方向的黄河为“南河”。此指当时在卫国南部的一段黄河。

③大夫元咺（xuān）攻成公，成公出奔：据《左传·僖公二十八年》：“晋侯、齐侯盟于敛盂，卫侯请盟，晋人弗许；卫侯欲与楚联合，国人不欲，故出其君以说于晋。”城濮之战前，卫成公欲与楚国结盟，国人不许，将他驱逐，他逃之，居住于襄牛。楚败后，他出奔

楚，复奔陈。杨伯峻曰："征之《传》下文'卫侯使元咺奉叔武以受盟'云云，则元咺恐不致有攻成公之举。"且以为此时卫成公只是出居襄牛，未出国境，不可称"出奔"。《索隐》曰："奔楚。"

④晋文公重耳伐卫：据《左传·僖公二十八年》，晋伐曹，卫人出成公，晋未再伐卫。

⑤讨前过无礼及不救宋患也：梁玉绳曰："《传》乃是讨其前过无礼及不肯假道，非为不救宋也。"

⑥卫成公遂出奔陈：杨伯峻曰："自襄牛出奔。"卫成公是先出居襄牛，再奔楚，最后至陈，《史记》未记出居襄牛一节。

⑦"二岁"三句：据《左传·僖公二十八年》，卫成公出奔后，元咺与叔武守国。六月，晋人复入卫成公，卫成公入而杀叔武，元咺奔晋。继而元咺与卫成公为叔武事讼于晋，卫成公败，晋拘捕卫成公，把他送到京师，元咺归立公子瑕。梁玉绳曰："前二年为与元咺讼杀叔武事，晋执卫侯归于京师，非如周求入也，非与晋会也。《史》不言叔武、元咺事，亦疏。"二岁，此后二年，当周襄王二十三年、晋文公七年，前630年。

⑧"晋使人鸩(zhèn)卫成公"四句：据《左传》，晋侯让医衍毒死卫侯，甯俞贿赂医衍，让他在酒中少放毒药，卫侯得以不死。私，私下贿赂。鸩，毒酒。凌稚隆曰："一本'周主'作'晋主'。"泷川认为当作"晋"，与《左传》合。

⑨已而周为请晋文公：《史记》前以为卫赂周，故此以为是周为卫求情。为卫求情的是鲁，非周。

⑩卫君瑕出奔：据《左传》，卫成公与元咺讼，成公败，被晋所持，元咺归立公子瑕。僖公三十年，卫成公赂周歂、冶廑，二人杀元咺及子適(公子瑕)、子仪，卫成公遂入。如此，则卫君瑕是被杀，而不是出奔。卫君瑕，即公子瑕。杨伯峻曰："公子瑕立于二十八年冬，至此近二载，卫成出而复入，或卫人不以国君视之欤?"

⑪七年，晋文公卒：事在前628年。

⑫十二年：当晋襄公五年，前623年。

⑬晋襄公：名欢，或作“驩”，晋文公之子，前627—前621年在位。

⑭十四年：当秦穆公三十九年，前621年。

⑮秦穆公：也作“秦缪公”，名任好，前659—前621年在位。是春秋时期秦国最有作为的国君。

⑯二十六年，齐邴歜（bǐng chù）弑其君懿公：邴歜之父生前与齐懿公打猎争夺猎物，齐懿公不胜，即位后掘尸而刖之，邴歜怀恨在心。后邴歜为齐懿公赶车，与齐懿公之骖乘阎职合谋，乘齐懿公出游之际将其杀死车中，然后归告祖庙，从容亡去。二十六年，当齐懿公四年，前609年。邴歜，《索隐》曰：“‘邴歜’与《左氏》同，而《齐世家》作‘邴戎’者，盖邴歜掌御戎车，故号邴戎。”懿公，名商人，齐桓公之子，前612—前609年在位。

⑰“三十五年”三句：其事详见《春秋·经》《传》僖公三十一年。三十五年，前600年。穆公遬（sù），“遬”又作“速”。梁玉绳曰：“《表》作‘速’。此作‘遬’，从《公羊》也。《左》《穀》俱作‘速’。”

【译文】

成公三年，晋国想向卫国借路援救宋国，成公不允许。晋国改道从南河渡过黄河，援救宋国。晋国又向卫国征集军队，卫国大夫想答应，成公不肯。大夫元咺攻击成公，成公逃亡国外。晋文公重耳讨伐卫国，分割卫国的土地给了宋国，这是惩罚卫国在他以前经过时不以礼相待以及不肯借道援救宋国。成公于是逃奔陈国。

两年后，成公到成周请求送他回国，会见晋文公。晋文公让人毒死卫成公，成公私下里贿赂周王室主管下毒的人，使毒性较小，得以不死。不久周王为他向晋文公说情，最终让他回了卫国，成公回国后诛杀了元咺，卫君瑕逃往国外。

成公七年，晋文公去世。

成公十二年，成公朝见晋襄公。

成公十四年，秦穆公去世。

成公二十六年，齐邴歜弑杀国君懿公。

成公三十五年，去世，他的儿子穆公遬继位。

穆公二年，楚庄王伐陈，杀夏徵舒[①]。

三年，楚庄王围郑，郑降，复释之[②]。

十一年[③]，孙良夫救鲁伐齐，复得侵地[④]。穆公卒，子定公臧立。

定公十二年卒[⑤]，子献公衎立。

【注释】

①“穆公二年”三句：上年，陈灵公与大夫孔宁、仪行父与夏徵舒之母私通，并污辱夏徵舒，夏徵舒盛怒之下，伏兵射杀陈灵公，自立为陈侯。孔宁、仪行父奔楚求救。是年楚庄王率军入陈，杀夏徵舒。穆公二年，当楚庄王十六年、陈成公元年，前598年。楚庄王，名侣，又作“吕”“旅”，楚穆王之子，前613—前591年在位。夏徵舒，妫姓，夏氏，名徵舒，陈国大夫。按，夏徵舒杀陈灵公与楚庄王讨杀夏徵舒事，详见《左传·宣公十一年》与《陈杞世家》《楚世家》。

②“三年”四句：楚、晋之争中，郑首鼠两端，故楚庄王围郑，郑卑辞请盟，楚与盟而去。其事见《左传·宣公十二年》与《郑世家》《楚世家》。三年，当楚庄王十七年、郑襄公八年，前597年。

③十一年：当鲁成公二年、齐顷公十年、晋景公十一年，前589年。

④孙良夫救鲁伐齐，复得侵地：其事详见《左传·成公二年》与《齐太公世家》《晋世家》。梁玉绳曰：“卫为齐所败，如晋乞师伐齐，非为救鲁也。”按，《晋世家》曰：“齐伐鲁取隆，鲁告急卫。卫与鲁

皆因郤克告急于晋。”则孙良父伐齐与救鲁有关，司马迁盖另有所本。孙良夫，又称“孙桓子”，卫国大夫。

⑤定公十二年：前577年。

【译文】

穆公二年，楚庄王伐陈，杀死夏徵舒。

穆公三年，楚庄王围攻郑国，郑国投降，又放弃了占领。

穆公十一年，孙良夫援救鲁国伐齐，收复了被侵夺的土地。穆公去世，他的儿子定公臧继位。

定公十二年去世，他的儿子献公衎继位。

献公十三年①，公令师曹教宫妾鼓琴②，妾不善，曹笞之③。妾以幸恶曹于公，公亦笞曹三百④。

十八年⑤，献公戒孙文子、甯惠子食，皆往。日旰不召，而去射鸿于囿⑥。二子从之，公不释射服与之言⑦。二子怒，如宿⑧。孙文子子数侍公饮⑨，使师曹歌《巧言》之卒章⑩。师曹又怒公之尝笞三百，乃歌之，欲以怒孙文子，报卫献公⑪。文子语蘧伯玉，伯玉曰：“臣不知也。”⑫遂攻，出献公⑬。献公奔齐，齐置卫献公于聚邑⑭。孙文子、甯惠子共立定公弟秋为卫君，是为殇公⑮。

【注释】

①献公十三年：当鲁襄公九年，前564年。

②师曹：卫国的宫廷乐师。

③笞（chī）：鞭打。

④妾以幸恶曹于公，公亦笞曹三百：宫中的侍妾仗着受宠幸向卫献公中伤师曹，卫献公也打了师曹三百鞭子。刘操南曰：“《左

传·襄公十四年》,当卫献公十八年出亡之岁。追忆公有嬖妾,使师曹诲之琴,师曹鞭之。公怒鞭师曹三百。其年未详也。此记于十三年,不知何据。"恶,诋毁,中伤。

⑤十八年:当鲁襄公十四年,前559年。

⑥"献公戒孙文子、甯惠子食"四句:《集解》引服虔曰:"敕戒二子,欲共晏食,皆服朝衣待命。旰,晏也。"戒,告。孙文子,即孙林父,孙良夫之子。甯惠子,即甯殖。旰(gàn),晚,时已过午。

⑦公不释射服与之言:不释射服,《左传·襄公十四年》曰:"不释皮冠。"杨伯峻曰:"君见臣,臣若朝服,依当时仪节,应脱去皮冠。……孙林父、甯殖着朝服,卫献见之不脱皮冠,盖故意辱之。"释,脱下。

⑧二子怒,如宿:《左传》作"二子怒,孙文子如戚"。中井积德曰:"如宿,孙文子,非甯子亦往也,此似谬。"宿,卫邑名。在今山东东平东。当时为孙文子的采邑。《左传》作"戚",梁玉绳曰:"宿、戚,古字通用。"按,今河南濮阳南戚城村北有孔悝城遗址,实即戚城,是春秋时卫国的重要城邑,各诸侯曾七次会盟于此。因卫灵公时又为孔悝封邑,故又称"孔悝城"。

⑨孙文子子数侍公饮:《左传·襄公十四年》曰:"孙蒯入使,公饮之酒。"孙文子子,即孙蒯。数,多次。

⑩使师曹歌《巧言》之卒章:据《左传·襄公十四年》,卫献公使大师歌《巧言》之卒章,大师辞,师曹请为之,欲以怒孙子,并非直接让师曹歌之,而是师曹主动要求的。卒章,末章,最后一章。《诗·小雅》中《巧言》篇之末章云:"彼何人斯?居河之麋。无拳无勇,职为乱阶。"卫献公让唱这首诗,意在说孙文子将作乱,故意让陪饮的孙蒯知道,以作警告。

⑪报卫献公:对卫献公进行报复。泷川曰:"'卫献'二字,《左传》无,宜削。"

⑫“文子语蘧（qú）伯玉”三句：据《左传·襄公十四年》，孙文子与蘧伯玉商议攻卫献公之事，蘧伯玉不赞成，但也未阻拦，而是自行出城避开了，大概也有不满卫献公之处。蘧伯玉，姬姓，蘧氏，名瑗，字伯玉，谥成子，卫国大夫。孔子很敬重他。

⑬遂攻，出献公：据《左传·襄公十四年》，卫献公先使子蟜、子伯、子皮与孙林父盟，孙子皆杀之，公如鄄；又使子行请和，孙子又杀之。公出奔齐，孙氏追之，败公徒于河泽。

⑭齐置卫献公于聚邑：杭世骏曰：“《左传》‘以郲寄卫公’，此讹为聚。”郲，在今山东龙口。按，聚邑在今山西绛县东南，乃晋邑。齐不可能置卫献公于晋邑，当是郲。

⑮孙文子、甯惠子共立定公弟秋为卫君，是为殇公：《左传·襄公十四年》：“卫人立公孙剽。”杜预注：“剽，穆公孙。”梁玉绳曰：“剽乃穆公子黑背之子，于定公为从子，于献公为从父昆弟，《年表》与《世家》俱云定公弟，谬甚。”按，以上献公因自己无道而导致被逐事，详见《左传·襄公十四年》，又见《吕览·慎小》。

【译文】

献公十三年，献公令师曹教宫中的侍妾弹琴，侍妾弹得不好，师曹鞭打了她。侍妾倚仗着受宠幸向献公诋毁中伤师曹，献公也打了师曹三百鞭子。

献公十八年，献公约了孙文子、甯惠子一起进餐，孙文子、甯惠子都去了。时间很晚了献公还不召唤他们，却到囿中射雁去了。二人跟随他，献公不脱下射猎的衣服就和他们说话。二人恼怒，去了宿邑。孙文子的儿子多次随侍献公饮酒，献公让师曹唱《巧言》的末章。师曹记恨献公曾打了他三百鞭子，就唱了，想以此激怒孙文子，报复卫献公。孙文子向蘧伯玉请教，蘧伯玉说：“我不知道。”于是孙文子攻击献公，驱赶献公。献公逃到齐国，齐国把他安置在聚邑。孙文子、甯惠子一起立定公的弟弟秋为卫君，这就是殇公。

殇公秋立，封孙文子林父于宿[①]。十二年[②]，甯喜与孙林父争宠相恶[③]，殇公使甯喜攻孙林父[④]。林父奔晋，复求入故卫献公[⑤]。献公在齐，齐景公闻之，与卫献公如晋求入。晋为伐卫，诱与盟。卫殇公会晋平公，平公执殇公与甯喜而复入卫献公[⑥]。献公亡在外十二年而入。

献公后元年，诛甯喜[⑦]。

三年[⑧]，吴延陵季子使过卫，见蘧伯玉、史鳅[⑨]，曰："卫多君子，其国无故。"过宿，孙林父为击磬[⑩]，曰："不乐，音大悲，使卫乱乃此矣[⑪]。"是年，献公卒，子襄公恶立[⑫]。

【注释】

①封孙文子林父于宿：梁玉绳曰："宿为孙氏邑旧矣，奚待殇公始封之，妄也。"

②十二年：当鲁襄公二十六年、晋平公十一年、齐景公元年，前547年。

③相恶：相互仇视，相互憎恨。

④殇公使甯喜攻孙林父：据《左传·襄公二十六年》，卫献公使人与甯喜联系归国，甯喜答允，遂伐孙氏，非两家争宠。

⑤林父奔晋，复求入故卫献公：按，据《左传·襄公二十六年》，孙林父从无求入卫献公之事。刘操南曰："《左》襄二十六年《传》云：'孙林父以戚如晋。书曰：入于戚以叛，罪孙氏也。'"则孙林父在奔晋同时还向晋献上了戚（即宿）邑。

⑥平公执殇公与甯喜而复入卫献公：按，此处记卫献公回国之事与《春秋·经》《传》大异。梁玉绳曰："献公初奔齐居郲，后晋纳于夷仪，缘甯喜等纳之，从夷仪入国。而献公之入与殇公之弑皆在二月，献公既入侵戚，晋为林父戍戚，献公杀晋戍三百人，故六月晋会诸侯讨卫，执献公及喜，齐景公如晋请之。此误以景公如晋

为求入献公，又误以献公被执为殇公事，是时殇公已弑五月矣，尚安得与平公会而执之乎？此与《表》言齐、晋杀殇公复入同误，而《世家》之误尤甚。”平公，晋平公，名彪，晋悼公之子，前557—前535年在位。

⑦献公后元年，诛甯喜：据《左传》，献公归国后，甯喜把持朝政，献公与公孙免余、公孙无地、公孙臣密谋攻杀甯喜，第一次失败；当年夏天，公孙免余复甯氏，杀死了甯喜。献公后元年，前546年。杨伯峻以上年为后元年，今年为后二年。黄震曰：“卫献公亡在外十二年而入，称后元年，汉文之称后元年，殆昉于此与？出公亡在外四年复入，亦称元年。”

⑧三年：当吴王馀祭四年，前544年。

⑨史鰌（qiū）：字子鱼，也称“史鱼”，以正直著称。鰌，“鳅”的异体字。

⑩磬（qìng）：用玉或石制成的敲击乐器。

⑪使卫乱乃此矣：据《左传·襄公二十九年》，季札路过戚，“闻钟声焉，曰：‘异哉！吾闻之也，辩而不德，必加于戮。夫子获罪于君以在此，惧犹不足，而又何乐？夫子之在此也，犹燕之巢于幕上；君又在殡，而可以乐乎？’遂去之”。梁玉绳曰：“《吴世家》季札过卫事，依《左传》，此所载矛盾，不只一以为钟、一以为磬之异也。故《滹南集辨惑》云：‘如前说是文子自作乐，而季子适闻之；如后说是文子为札而作也。前说则罪其不自愧惧而安于娱乐，后说则以音声之悲而知其为乱之征，是何乖异邪？前说本于《左氏》，当以为是。’”

⑫襄公恶立：卫襄公，名恶，前543—前535年在位。

【译文】

殇公秋继位，将宿邑封给孙文子林父。十二年，甯喜与孙林父争宠彼此仇视，殇公让甯喜攻打孙林父。孙林父逃到晋国，请求将原来的献公送回国。献公在齐国，齐景公听说了此事，就与献公到晋国请求送他回国。晋国为献公讨伐卫国,诱使殇公前来会盟。殇公会见晋平公,晋平公拘捕了殇公与甯喜,又护送献公回国为君。献公逃亡在外十二年才回国。

献公后元年,诛杀了甯喜。

献公后元三年,吴国延陵季子出使,路过卫国见到蘧伯玉、史鳝,说:“卫国有这么多君子,国家不会有什么事。”经过宿邑,孙林父为他击磬,他说:“不欢乐,乐声非常悲哀,使卫国发生变乱的就是这个。”这一年,献公去世,他的儿子襄公恶继位。

襄公六年,楚灵王会诸侯[①],襄公称病不往[②]。

九年[③],襄公卒。初,襄公有贱妾,幸之,有身,梦有人谓曰:“我康叔也,令若子必有卫[④],名而子曰‘元’[⑤]。”妾怪之,问孔成子。成子曰:“康叔者,卫祖也。”及生子,男也,以告襄公。襄公曰:“天所置也。”名之曰元。襄公夫人无子,于是乃立元为嗣,是为灵公[⑥]。

【注释】

①襄公六年,楚灵王会诸侯:即申之会。襄公六年,当楚灵王三年,前538年。楚灵王,名围,后改名虔,楚共王次子,楚康王之弟。杀其侄郏敖,自立为王,前541—前529年在位。

②襄公称病不往:据《左传·昭公四年》,楚灵王会前曾问子产诸侯会不会来,子产认为卫因“逼于齐而亲于晋”,所以不会与会。卫侯果称疾不往。

③九年:前535年。

④若:你的。

⑤而:你的。

⑥乃立元为嗣，是为灵公：据《左传·昭公七年》，孔成子、史朝皆梦康叔嘱其立元，后卫襄公嬖人婤姶生子名元，孔成子与史朝又经过占卜，决定立元，是为灵公。如此则非妾梦康叔，卫襄公亦不知，元亦非卫襄公所立。梁玉绳引《邵氏疑问》云："昭七年《传》，孔成子、史朝梦康叔，今云妾梦，与《传》违。且闺中梦兆先及外庭，宜男告语始呈公听，夫岂卫襄嬖幸之宠姬，不若郑文燕姞之征兰哉？"嗣，继承人。

【译文】

襄公六年，楚灵王会盟诸侯，襄公借口生病没去。

襄公九年，去世。当初，襄公有个地位低贱的使女，襄公临幸她，她有了身孕，梦见有人对她说："我是康叔，一定让你的儿子享有卫国，给你的儿子取名叫'元'。"使女很奇怪，询问孔成子。孔成子说："康叔，是卫国的先祖。"等到生了孩子，是个男孩，就将此梦告诉了襄公。襄公说："这是上天的安排。"就给他起名叫"元"。襄公的夫人没有儿子，于是就立元为继承人，这就是灵公。

灵公五年，朝晋昭公①。

六年，楚公子弃疾弑灵王自立，为平王②。

十一年，火③。

三十八年，孔子来，禄之如鲁④。后有隙，孔子去。后复来⑤。

三十九年⑥，太子蒯聩与灵公夫人南子有恶⑦，欲杀南子。蒯聩与其徒戏阳遬谋⑧，朝，使杀夫人。戏阳后悔，不果⑨。蒯聩数目之⑩，夫人觉之，惧，呼曰："太子欲杀我！"灵公怒，太子蒯聩奔宋，已而之晋赵氏⑪。

四十二年春，灵公游于郊⑫，令子郢仆⑬。郢，灵公少子也，字子南。灵公怨太子出奔，谓郢曰：“我将立若为后[14]。”郢对曰：“郢不足以辱社稷[15]，君更图之[16]。”夏，灵公卒，夫人命子郢为太子，曰：“此灵公命也[17]。”郢曰：“亡人太子蒯聩之子辄在也，不敢当[18]。”于是卫乃以辄为君，是为出公[19]。六月乙酉[20]，赵简子欲入蒯聩[21]，乃令阳虎诈命卫十余人衰绖归[22]，简子送蒯聩。卫人闻之，发兵击蒯聩。蒯聩不得入，入宿而保，卫人亦罢兵[23]。

【注释】

①灵公五年，朝晋昭公：灵公五年，当晋昭公二年，前530年。晋昭公，名夷，晋平公之子，前531—前526年在位。

②“六年”三句：弃疾与公子比、公子晳作乱，杀楚灵王太子，楚灵王自杀。公子比立为王，弃疾又阴谋逼子比、子晳自杀，自立为王。此曰“弃疾弑灵王”，以其为主谋故也。其事见《楚世家》。六年，当楚灵王十二年，前529年。弃疾，楚灵王之弟，楚共王幼子，前529—前516年在位。

③十一年，火：事当鲁昭公十八年，前524年。是年宋、卫、陈、郑都发生了火灾。

④“三十八年”三句：据《孔子世家》，孔子在鲁为司寇，齐惧，送女乐八十与文马三十驷与鲁，季桓子因而怠于政事，孔子遂适卫。卫灵公按照孔子在鲁国的俸禄标准也给他六万石粟的俸禄。崔述曰：“《春秋传》，秦鍼、楚比之属，皆以班爵各受应得之禄，《世家》所云，颇似战国养士之风，殊欠雅驯。”三十八年，当鲁定公十三年，前497年。

⑤“后有隙”三句：据《孔子世家》，有人对卫灵公进谗言，诋毁孔子，“灵公使公孙余假一出一入，孔子恐获罪焉，居十月，去卫”。

孔子离开卫都后，到过卫国的匡、蒲等地，月余后返回卫，不久又回到卫都。此年已是鲁定公十五年，即前495年。后受卫灵公及南子戏弄又去卫，过曹、宋、郑、陈等国，又回卫。

⑥三十九年：前496年。

⑦太子蒯（kuǎi）聩与灵公夫人南子有恶：据《左传·定公十四年》，南子与子朝私通，蒯聩因此受到宋人嘲笑，于是怨恨南子。南子，卫灵公夫人，宋国贵族之女。

⑧戏阳遬：太子家臣。

⑨戏阳后悔，不果：据《左传·定公十四年》，戏阳说："大子则祸余。大子无道，使余杀其母。余不许，将戕于余；若杀夫人，将以余说。余是故许而弗为，以纾余死。谚曰'民保于信'，吾以信义也。"戏阳是不愿杀南子，为太子做替罪羊，并非先已答应，后又反悔。

⑩蒯聩数目之：蒯聩几次使眼色示意。数，多次。目，使眼色。

⑪已而之晋赵氏：蒯聩奔宋在鲁定公十四年，即前496年；之晋赵氏在鲁哀公二年，即前493年。赵氏，指赵简子，晋国的权臣。其事见《赵世家》。

⑫四十二年春，灵公游于郊：当鲁哀公二年，前493年。梁玉绳曰："游郊非当年事，《左传》是'初'字，宜改'春'为'初'。"

⑬令子郢仆：让子郢驾车。仆，御，驾车。

⑭若：你。后：帝。

⑮郢不足以辱社稷：我不能主持政务，恐怕会辱没国家。辱，谦词，意即辱没。

⑯更图之：另做打算，另外考虑。图，考虑。

⑰此灵公命也：梁玉绳曰："灵公甫卒，安得便有谥，当衍'灵'字。《左传》，夫人曰：'君命也。'"按，"灵"字恐未必衍，可能司马迁一时疏忽。

⑱亡人太子蒯聩之子辄在也，不敢当：邵宝曰："郢有命于灵公，何为

不立也？君薨于寝而嗣定焉，礼也。游非其时也，郊非其地也，虽有命，犹无命也。郢其敢从诸？如其时其地，郢亦从之矣。是故郢之辞，礼也。然则无愧季札矣，而不见称于君子，何哉？札之贤非郢之所敢望也，虽然，仲尼论卫政而先正名，君子以为必立郢也，其何称如之。”按，子郢让国，是认为自己能力不足为君，且灵公令其为君的命令也不是按正式程序宣布的，于礼不合；再加上论继位顺序轮不到他，所以辞不受命。蒯聩，“蒯聩”为其名，一作“蒯聩”，卫灵公之子，即后来的卫庄公。为太子时，曾想杀害卫灵公宠姬南子，未遂，惧罪逃亡。辄，出逃的太子蒯聩之子，卫灵公之孙。

⑲是为出公：梁玉绳曰：“朱子注《孟子》，疑卫孝公即出公辄。考辄在位前后凡二十年，不应无谥，孝公当是出公。”

⑳六月乙酉：六月十七。

㉑赵简子：即赵鞅，晋国正卿。

㉒乃令阳虎诈命卫十余人衰绖（cuī dié）归：于是命阳虎假派十多个卫国人穿着丧服来接太子回去。阳虎，一作“阳货”。本为鲁国人，初为季孙氏家臣，季平子死后，专鲁国之政，后逃到晋为赵简子家臣。衰绖，指丧服。《集解》引服虔曰：“衰绖，为若从卫来迎太子也。”

㉓卫人亦罢兵：《左传·哀公二年》：“晋赵鞅纳卫大子于戚，宵迷。阳虎曰：‘右河而南，必至焉。’使大子绕，八人衰绖，伪自卫逆者。告于门，哭而入，遂居之。”若此，赵鞅只欲送蒯聩至戚，卫未发兵击太子，亦非阻蒯聩于宿而罢兵。杨伯峻曰：“此辄与亲生父争君位，后人于此议论分歧。《汉书·隽不疑传》云：‘不疑曰，昔蒯聩违命出奔，辄距而不纳，《春秋》是之。’此乃《公羊传》义。以当时情势言之，卫、齐诸国俱反赵鞅，赵鞅之纳蒯聩，实欲卫顺己，卫人拒赵鞅，自不得不拒蒯聩。”

【译文】

灵公五年，朝见晋昭公。

灵公六年，楚国公子弃疾弑杀楚灵王而自立为君，就是楚平王。

灵公十一年，卫国发生了火灾。

灵公三十八年，孔子来到卫国，卫灵公给他和在鲁国一样的俸禄。后来出现矛盾，孔子离开了卫国。后来孔子又回到卫国。

灵公三十九年，太子蒯聩与灵公的夫人南子生嫌隙，想杀南子。蒯聩和他的党徒戏阳遬合谋，朝见时，让戏阳遬杀死南子。戏阳遬后悔，没按计划动手。蒯聩几次向他使眼色示意，南子察觉了，非常害怕，大喊道："太子想杀我！"灵公愤怒，太子蒯聩逃到宋国，随后逃到晋国依附赵氏。

灵公四十二年春，灵公在郊外游玩，让子郢驾车。子郢是灵公的小儿子，字子南。灵公怨恨太子逃走，对子郢说："我要立你为继承人。"子郢回答说："我不足以主持国政，恐怕辱没了国家，您另做考虑吧。"夏天，灵公去世，夫人让子郢做太子，说："这是灵公的命令。"子郢说："逃亡的太子蒯聩的儿子辄还在，我不敢受命。"于是卫人就拥立辄为国君，这就是出公。六月乙酉日，赵简子想护送蒯聩回国，就命阳虎假派十多个卫人穿着丧服来接太子回去，赵简子陪同护送。卫人听说后，出兵攻击蒯聩。蒯聩不能入城，就进入宿邑自保，卫人也收了兵。

出公辄四年，齐田乞弑其君孺子①。

八年，齐鲍子弑其君悼公②。孔子自陈入卫③。

九年④，孔文子问兵于仲尼，仲尼不对⑤。其后鲁迎仲尼，仲尼反鲁⑥。

【注释】

①出公辄四年，齐田乞弑其君孺子：齐景公宠幸鬻姒而逐群公子，立其子荼。荼即位，用高昭子、国惠子为相，田乞攻杀高、国，迎立

公子阳生(悼公),杀孺子荼,自立为相,专国政。其事详见《左传·哀公六年》与《齐太公世家》《田敬仲完世家》。出公辄四年,当齐晏孺子荼元年,前489年。田乞,妫姓,田氏,也作“陈氏”。田桓子无宇之子,卒谥釐子,齐国权臣。孺子,名荼,齐景公少子,前490—前489年在位。

②八年,齐鲍子弑其君悼公:梁玉绳曰:“悼公之弑,《左传》但云‘齐人’,史公于《秦纪》依《左传》‘齐人弑悼公’。齐人者,陈恒也。《晏子春秋·篇谏上》明云‘田氏杀阳生’,乃《表》与吴、齐、卫世家、《伍子胥传》或云鲍子,或云鲍氏,而《田完世家》直曰鲍牧。夫弑君大逆,何可轻诬,况牧已于前二年为悼公所杀,安得起九京而加以弑逆之恶名乎?”弑悼公者非鲍子,是陈恒,也称“田常”。八年,当齐悼公四年,前485年。鲍子,此指鲍牧,齐国正卿。于鲁哀公八年(齐悼公二年)为齐悼公所杀。悼公,齐悼公,名阳生,齐景公之子,前488—前485年在位。

③孔子自陈入卫:梁玉绳曰:“时孔子自楚入卫已五年矣,言自陈入卫,亦误。”按,孔子返卫未必在这一年,然梁言自楚入卫是依《孔子世家》,自是有据。

④九年:前484年。

⑤孔文子问兵于仲尼,仲尼不对:《左传·哀公十一年》云:“孔文子之将攻大叔也,访于仲尼。仲尼曰:‘胡簋之事,则尝学之矣;甲兵之事,未之闻也。’”孔文子,名圉。《论语》作“仲叔圉”,《礼记》作“文叔”,卫国大夫。孔子称他“敏而好学,不耻下问”。

⑥鲁迎仲尼,仲尼反鲁:《孔子世家》:“季康子使公华、公宾、公林,以币迎孔子,孔子归鲁。”按,此时为鲁哀公十一年,前484年,孔子年六十八。反,同“返”。

【译文】

出公辄四年,齐国的田乞弑杀了国君晏孺子。

出公八年，齐国的鲍子弑杀了国君齐悼公。孔子从陈国来到卫国。

出公九年，孔文子向孔子请教有关军事的问题，孔子没回答。此后鲁国接孔子回国，孔子回到了鲁国。

十二年[①]。初，孔圉文子取太子蒯聩之姊，生悝。孔氏之竖浑良夫美好[②]，孔文子卒，良夫通于悝母。太子在宿，悝母使良夫于太子。太子与良夫言曰："苟能入我国，报子以乘轩，免子三死，毋所与[③]。"与之盟，许以悝母为妻。闰月[④]，良夫与太子入，舍孔氏之外圃[⑤]。昏，二人蒙衣而乘[⑥]，宦者罗御[⑦]，如孔氏[⑧]。孔氏之老栾宁问之[⑨]，称姻妾以告[⑩]。遂入，适伯姬氏[⑪]。既食[⑫]，悝母杖戈而先[⑬]，太子与五人介，舆猳从之[⑭]。伯姬劫悝于厕[⑮]，强盟之，遂劫以登台[⑯]。栾宁将饮酒，炙未熟[⑰]，闻乱，使告仲由[⑱]。召护驾乘车[⑲]，行爵食炙，奉出公辄奔鲁[⑳]。

【注释】

①十二年：梁玉绳以为应作"十三年"，当鲁哀公十五年，前480年。

②竖：竖子，家奴，奴仆。浑良夫：人名。

③"报子以乘轩"三句：《左传》作"服冕乘轩，三死无与"。泷川曰："言虽三次有死罪皆宥之。"《集解》引杜预曰："轩，大夫车也。三死，死罪三。"

④闰月：闰十二月。

⑤舍孔氏之外圃：住在孔氏府外的园子里。舍，居住。

⑥二人蒙衣而乘：《集解》引服虔曰："二人，谓良夫、太子。蒙衣，为妇人之服，以巾蒙其头而共乘也。"

⑦罗：为宦者名。

⑧如：去，前往。

⑨老：家臣，大管家。《集解》引服虔曰："家臣称老。"栾宁：人名。

⑩姻亲：亲戚家的女人。《集解》引贾逵曰："婚姻家妾也。"

⑪适伯姬氏：到了伯姬氏的住处。伯姬氏，即孔悝之母。

⑫既食：吃过饭。

⑬悝母杖戈而先：孔悝的母亲拿着戈先行。《集解》引服虔曰："先至孔悝所。"

⑭太子与五人介，舆豭（jiā）从之：《集解》引贾逵曰："介，被甲也。舆豭豚，欲以盟故也。"孔颖达曰："盟当用牛，……于时迫促，难得牲耳。"龟井昱曰："舆牛掣牛，非谋也，此岂得以诸侯平常之盟论乎？"按，龟井所言是。孔氏之说太拘。介，披甲。豭，猪。

⑮伯姬劫悝于厕：伯姬将孔悝逼到房屋的一角。竹添光鸿曰："孔悝见众至，必走避之，故迫之至边侧之处，使无可走避，乃得与之盟也。"厕，边，边侧。《汉书·张释之传》："上居外临厕，……使慎夫人鼓瑟。"颜师古曰："厕，岸之边侧也。"

⑯遂劫以登台：劫持孔悝随蒯聩登孔氏家之高台。《仲尼弟子列传》云："子路在外，闻之而驰往。……造蒉（蒯）聩，蒉（蒯）聩与孔悝登台。"

⑰炙（zhì）：烤肉。

⑱使告仲由：《集解》引服虔曰："季路为孔氏邑宰，故告之。"仲由，字子路，又字季路，孔子弟子。时为卫国大夫孔悝之邑宰。

⑲召护驾乘车：《集解》引服虔曰："召护，卫大夫。驾乘车，不驾兵车也，言无距父之意。"召护，《左传》作"召获"。乘车，平时乘用之车，以与"兵车"相对而言。

⑳行爵食炙，奉出公辄奔鲁：言出公辄与栾宁坐在车上一边出逃一边吃，极言其仓皇之状。爵，泷川以为应读作"嚼"。

【译文】

出公十二年。当初，孔圉文子娶了太子蒯聩的姐姐，生下了孔悝。孔氏的家仆浑良夫长得英俊，孔文子去世后，浑良夫与孔悝的母亲私通。太子在宿邑，孔悝的母亲派良夫到太子那里。太子对浑良夫说："假若你能让我回国，我要报答你，让你乘大夫车，并免掉你三次死罪。"太子与他订立盟誓，答应把孔悝的母亲给他做妻子。闰月，浑良夫与太子进了城，住在孔氏府外的园子里。黄昏时分，二人用头巾蒙着头，穿着妇女的衣服坐上车，宦官罗驾车，前往孔家。孔家的大管家栾宁盘问他们，他们自称是姻亲家的姬妾。于是就进了孔家，到了伯姬的住处。吃过饭，孔悝的母亲拿着戈走在前面，太子与五个人身披铠甲，抬着猪跟着。伯姬将孔悝逼到房屋的一角，强迫他与他们结盟，于是就劫持他登上高台。栾宁将要饮酒，肉还没烤熟，听说变乱发生，就派人告诉仲由。召护驾着乘车，一边逃一边吃着烤肉，保护着出公辄逃奔鲁国。

仲由将入，遇子羔将出[①]，曰："门已闭矣。"子路曰："吾姑至矣[②]。"子羔曰："不及，莫践其难[③]。"子路曰："食焉不辟其难[④]。"子羔遂出。子路入，及门，公孙敢阖门[⑤]，曰："毋入为也[⑥]！"子路曰："是公孙也[⑦]？求利而逃其难[⑧]。由不然，利其禄，必救其患。"有使者出，子路乃得入[⑨]。曰："太子焉用孔悝？虽杀之，必或继之[⑩]。"且曰："太子无勇。若燔台，必舍孔叔[⑪]。"太子闻之，惧，下石乞、盂黡敌子路[⑫]，以戈击之，割缨[⑬]。子路曰："君子死，冠不免。"结缨而死[⑭]。孔子闻卫乱，曰："嗟乎！柴也其来乎？由也其死矣[⑮]。"孔悝竟立太子蒯聩，是为庄公[⑯]。

【注释】

①子羔:高柴,字子羔,卫国大夫。孔子弟子。出:出奔,出逃。

②姑:权且,暂且。

③不及,莫践其难:郑众曰:"是时辄已出,不及事,不当践其难。子羔言不及,以为季路欲死国也。"泷川曰:"不及,郑说是。言事势不可及也。"意谓事情来不及了,不要去遭受灾难。

④食焉不辟(bì)其难:享用了孔氏的俸禄,就不该逃避危难。龟井昱曰:"子羔仕卫侯辄,辄既出,则可以去矣,蒯聩非所可御;子路仕孔悝,悝将见杀,义可以死矣。"中井积德曰:"子路,孔悝之臣也,非卫侯之臣,孔悝见劫,故往救之耳,专为孔悝也,非为出公。曰'其难',曰'其患',曰'食焉',曰'利其禄',皆就孔悝而言,不在卫侯矣,则与卫大夫高柴地位已异,非特气象不同也。"食焉,食其俸禄。辟,躲避,逃避。

⑤公孙敢:服虔曰"卫大夫",然以下文子路言"求利而逃其难",似有谴责,当似为孔悝家臣。阖(hé)门:关门。阖,合。

⑥毋入为也:《集解》引服虔曰:"言辄已出,无为复入。"服注以为子路是为出公辄而来。龟井昱曰:"子路欲救孔悝而至,然悝已见劫,孤身为敌所夺,入无益也,故止之。注以辄已出说之,似不与下文紧接。"

⑦是公孙也:泷川曰:"是公孙之声也?我将告吾意。"

⑧求利而逃其难:意即你不能平时向人家要好处,到人家有危难时躲开了。逃,避,躲开。

⑨有使者出,子路乃得入:《正义佚文》曰:"公孙敢既闭,因有使者出,子路乃得入。"

⑩虽杀之,必或继之:《集解》引王肃曰:"必有继续其后攻太子。"龟井昱曰:"此子路明救孔悝之死也。"按,此是子路对蒯聩所言。

⑪若燔(fán)台,必舍孔叔:龟井昱曰:"子路之意,欲得孔悝以救其

死耳。言于太子，则称孔悝；言于众，则称孔叔，礼也。”燔，焚烧。舍，释放。

⑫下石乞、盂黡（yǎn）敌子路：《集解》引服虔曰：“二子，蒯聩之臣。敌，当也。”龟井昱曰：“盖介者五人之二也。”敌，抵挡。

⑬缨：系在颔下的帽带。

⑭“君子死，冠不免。”结缨而死：此事又见于《仲尼弟子列传》。冠不免，《集解》引服虔曰：“不使冠在地。”

⑮柴也其来乎？由也其死矣：高柴会回来的，他为出公做事，必然不肯改颜去事奉蒯聩；仲由可能要死了，他食孔悝俸禄，必然为之战死。

⑯孔悝竟立太子蒯聩，是为庄公：梁玉绳曰：“蒯聩之谥，《史》与《左传》同，而《人表》作‘简公’，岂有二谥欤？”竟，最后。

【译文】

仲由准备进孔家，碰到子羔正要出门，子羔说：“府门已经关上了。”子路说：“我权且赶进去。”子羔说：“来不及了，不要去涉入这场灾难。”子路说：“接受了人家的俸禄，不能躲避人家的危难。”子羔就出了门。子路进入，到了门口，公孙敢关上门，说：“不要进去做傻事了！”子路说：“这是公孙敢吗？贪求利禄而逃避灾难。我不能这样，接受人家的俸禄，一定要挽救人家的祸难。”有使者出门，子路才得以进去。说：“太子劫持孔悝有什么用？即使杀掉他，也一定会有人接替他攻击天子。”又说：“太子没有勇气。如果焚烧高台，他一定会放了孔叔。”太子听说了，害怕，让石乞、盂黡下台来抵挡子路，用戈攻击他，把子路的帽缨割断了。子路说：“君子即使是死了，帽子也不能掉落在地上。”他系好帽缨后被杀。孔子听说卫国发生内乱，就说：“唉！子羔会回来吗？子路一定会死的。”孔悝最终立太子蒯聩为国君，这就是庄公。

庄公蒯聩者，出公父也，居外，怨大夫莫迎立。元年即位，欲尽诛大臣，曰："寡人居外久矣，子亦尝闻之乎？"群臣欲作乱，乃止①。

二年，鲁孔丘卒②。

三年③，庄公上城，见戎州④。曰："戎虏何为是⑤？"戎州病之⑥。十月，戎州告赵简子，简子围卫⑦。十一月，庄公出奔，卫人立公子斑师为卫君⑧。齐伐卫，虏斑师，更立公子起为卫君⑨。

【注释】

①群臣欲作乱，乃止：《左传·哀公十五年》："庄公害故政，欲尽去之，先谓司徒瞒成曰：'寡人离病于外久矣，子请亦尝之。'归告褚师比，欲与之伐公，不果。"故梁玉绳曰："明年，二子出奔宋。则非尽欲诛之也，非尽欲作乱。居外之言'告司徒'，非告诸臣也。'尝之'者，尝此居外之苦，不得云'尝闻之'。伐公不果而出奔，亦不得云'乃止'。"

②二年，鲁孔丘卒：二年，鲁国的孔子去世。二年，梁玉绳以为应作"元年"，当鲁哀公十六年，前479年。

③三年：梁玉绳曰："'三年'当作'二年'，庄公无三年也。"当鲁哀公十七年，前478年。

④戎州：古邑名。在今山东曹县东南。《集解》引贾逵曰："戎州，戎人之邑。"清人江永、沈钦韩等认为"戎州"系州、党之名，古代的基层编制单位，二百五十家为一州。

⑤戎虏何为是：戎虏为什么住到这个地方。《左传·哀公十七年》云："（庄）公登城以望，见戎州，问之，以告。公曰：'我姬姓也，何戎之有焉？翦之。'"《吕氏春秋·慎小》云："（庄公）登台以望，见戎州而问之曰：'是何为者也？'侍者曰：'戎州也。'庄公曰：'我

姬姓也，戎人安敢居国？’使夺之宅，残其州。”

⑥戎州病之：戎州人很厌恶这种称呼。病，厌恶，憎恨。

⑦戎州告赵简子，简子围卫：《索隐》曰：“按《左传》，庄公本由晋赵氏纳之，立而背晋，晋伐卫。”与戎州事无关。

⑧“十一月”三句：《索隐》曰：“卫人出庄公，立公子般师。晋师退，庄公复入，般师出奔。初，公登城见戎州己氏之妻发美，髡之以为夫人髢，又欲翦戎州兼逐石圃，故石圃攻庄公。庄公惧，逾北墙，折股，入己氏，己氏杀之。今《系家》不言庄公复入及死己氏，直云出奔，亦其疏也。”梁玉绳曰：“公出奔在十月，若十一月则晋师已还，为庄公复入被杀之月矣。俱误，亦说在《表》。”公子斑师，《左传》作“公孙般师”，卫襄公之孙。

⑨“齐伐卫”三句：据《左传·哀公十七年》，卫庄公死后，卫人复立公孙斑师。十二月，齐伐卫，卫人请求讲和，于是更立公子起。起，卫灵公子。

【译文】

庄公蒯聩，是出公的父亲，住在国外，怨恨大夫不迎立他。元年即位，想杀尽大臣，说：“我在外住了很久了，你们也曾听说过么？”群臣要作乱，庄公才停止诛杀。

庄公二年，鲁国的孔子去世。

庄公三年，登上城楼，见到戎州。说：“戎虏怎么能住到这里？”戎州人厌恶这句话。十月，戎州人告诉赵简子，赵简子围攻卫都。十一月，庄公出逃，卫人拥立公子斑师为卫君。齐国攻打卫国，俘虏了斑师，另立公子起为卫君。

卫君起元年，卫石曼尃逐其君起，起奔齐[①]。卫出公辄自齐复归立。初，出公立十二年亡，亡在外四年复入。出公后元年[②]，赏从亡者。立二十一年卒[③]，出公季父黔攻出公子而自立，是为悼公④。

悼公五年卒⑤，子敬公弗立⑥。

敬公十九年卒，子昭公纠立⑦。是时三晋强⑧，卫如小侯，属之⑨。

【注释】

①"卫君起元年"三句：先是卫庄公虐用工匠，长久不令其休息；卫庄公又想赶走石曼尃，石曼尃便依靠工匠攻打卫庄公，卫庄公出逃。其事见《左传·哀公二十五年》。卫君起元年，当齐平公四年，前477年。石曼尃（fū），《左传》作"石圃"，卫国大夫。

②出公后元年：当鲁哀公十九年，前476年。

③立二十一年卒：《左传·哀公二十五年》"褚师比、公孙弥牟、公文要、司寇亥、司徒期因三匠与拳弥以作乱"，乃出公奔宋，后适越"。梁玉绳曰："出公以鲁哀三年立，至哀十五年亡，在位十三年；亡三年复入，为哀十九年。在位七年复亡，为哀二十五年；明年悼公立，当周元王七年，即《表》八年，出公复卒于越，《左氏》甚明。出公前后在位二十年。悼公之立，出公未卒，其卒不知何岁。乃《卫世家》云，'出公立十二年亡，四年复入，立二十一年卒'，其误正与《表》同。"

④出公季父黔攻出公子而自立，是为悼公：其事见《左传·哀公二十六年》。梁玉绳曰："哀二十六年《传》，悼公乃卫人立之，无攻出公子之事。"时当鲁哀公二十六年，前469年。

⑤悼公五年卒：《索隐》曰："《纪年》云，四年卒于越。《系本》名虔。"事在前465年。

⑥子敬公弗立：弗，《世本》作"费"，李笠曰："弗、费字通。"

⑦敬公十九年卒，子昭公纠立：《索隐》曰："《系本》云敬公生梲

公舟，非也。”卫敬公十九年，前446年。卫昭公在位之年为前445—前440年。

⑧三晋：春秋末年，晋国强族韩、赵、魏三家瓜分晋国，成为战国时的韩、赵、魏三国，史称“三晋”。

⑨卫如小侯，属之：《正义》曰：“属赵也。”

【译文】

卫君起元年，卫国石曼尃驱逐了国君起，起逃奔到齐国。卫出公辄从齐国又回来为君。当初，出公即位十二年出去逃亡，出亡在外四年又回国。出公后元年，赏赐跟随出亡的人。他在位二十一年去世，出公的小叔父黚攻击出公的儿子而自己继位，这就是悼公。

悼公五年去世，他的儿子敬公弗继位。

敬公十九年去世，他的儿子昭公纠继位。这时赵、魏、韩三晋强大，卫国如同一个小诸侯，从属于赵氏。

昭公六年，公子亹弑之代立，是为怀公①。

怀公十一年②，公子颓弑怀公而代立，是为慎公。慎公父，公子適③；適父，敬公也。

慎公四十二年卒，子声公训立④。

声公十一年卒，子成侯遬立⑤。

成侯十一年，公孙鞅入秦⑥。

十六年，卫更贬号曰侯⑦。

二十九年，成侯卒，子平侯立⑧。

平侯八年卒，子嗣君立⑨。

嗣君五年⑩，更贬号曰君，独有濮阳⑪。

四十二年卒⑫，子怀君立。

【注释】

①“昭公六年”三句：昭公六年，前440年。怀公，卫怀公，名亹(wěi)，前425—前415年在位。梁玉绳曰：“《表》作‘悼公’。亹前三世为悼公，后六世为怀君，不应重谥，此必有误。”

②怀公十一年：前429年。

③慎公父，公子適：《索隐》曰：“《系本》‘適’作‘虔’，虔，悼公也。”梁玉绳曰：“適，乃敬公庶子，《索隐》谓即悼公，非。”

④慎公四十二年卒，子声公训立：慎公四十二年，前387年。声公训，《世本》作“圣公驰”。卫声公，名训，一作“驯”。

⑤声公十一年卒，子成侯遬(sù)立：声公十一年，当周安王二十六年、秦献公九年，前376年。遬，《索隐》曰：“音速。《系本》作‘不逝’。按，上穆公已名遬，不可成侯更名，则《系本》是。”

⑥成侯十一年，公孙鞅入秦：凌稚隆曰：“公孙鞅入秦，特书，以卫之亡在鞅也。”卫成侯十一年，当周显王四年、秦献公二十年，前365年。若按《秦本纪》，秦孝公元年商鞅入秦，则秦孝公元年是周显王八年、卫成侯十五年，前361年。梁玉绳曰：“秦孝公元年，当卫成侯十五年，《年表》于卫出公以下，其年皆错，《索隐》不察，遂仍其误耳。”《左传》鲁哀公二十六年悼公立，是年当周元王八年，前469年；依《世家》所记年数推算，梁说是。《六国年表》悼公立在周定王十四年，前455年，往后错了十四年。

⑦十六年，卫更贬号曰侯：程一枝曰：“《卫世家》前叙封康叔为君，命顷侯为侯，命武公为公；后叙卫贬号曰侯，嗣君更贬号曰君，即此五句，而盛衰大概尽之矣。”十六年，当秦孝公二年，前360年。卫更贬号曰侯，卫祖上曾由“侯”而“公”，故如此说。

⑧“二十九年”三句：当秦孝公十五年，前347年。

⑨平侯八年卒，子嗣君立：《索隐》曰：“乐资据《纪年》以嗣君即孝襄侯。”平侯八年，当周显王三十年、秦孝公二十三年，前339年。

⑩嗣君五年：当周显王三十五年、秦惠文王四年，前334年。

⑪濮阳：在今河南濮阳西南。

⑫四十二年：当周赧王十八年、秦昭襄王十年，前297年。

【译文】

昭公六年，公子亹弑杀了昭公代他为君，这就是怀公。

怀公十一年，公子颓弑杀怀公而代他为君，这就是慎公。慎公的父亲是公子适，适的父亲是敬公。

慎公四十二年去世，他的儿子声公训继位。

声公十一年去世，他的儿子成侯遬继位。

成侯十一年，公孙鞅到了秦国。

成侯十六年，卫国进一步贬爵号为侯。

成侯二十九年，去世，他的儿子平侯继位。

平侯八年，去世，他的儿子嗣君继位。

嗣君五年，再贬爵号称为君，只剩下了濮阳。

嗣君四十二年，去世，他的儿子怀君继位。

怀君三十一年[①]，朝魏，魏囚杀怀君。魏更立嗣君弟，是为元君。

元君为魏婿[②]，故魏立之。元君十四年[③]，秦拔魏东地，秦初置东郡[④]，更徙卫野王县[⑤]，而并濮阳为东郡。

二十五年[⑥]，元君卒，子君角立。

君角九年，秦并天下，立为始皇帝[⑦]。

二十一年，二世废君角为庶人[⑧]，卫绝祀[⑨]。

【注释】

①怀君三十一年：当周赧王四十九年、魏安釐王十一年，前266年。

②魏婿：魏国君主的女婿。

③元君十四年：当秦昭襄王五十五年、魏安釐王二十五年，前252年。

④秦拔魏东地，秦初置东郡：《索隐》曰："魏都大梁，濮阳、黎阳，并是魏之东地，故立郡名东郡也。"按，秦国东郡的郡治即卫国的都城濮阳。

⑤更徙卫野王县：《索隐》曰："按《年表》，元君十一年秦置东郡，十三年卫徙野王，与此不同也。"按，《秦始皇本纪》，秦王政五年"初置东郡"，在前242年；据《六国年表》，卫徙野王在秦王政六年，前241年；这是卫元君二十四、二十五年的事，《魏世家》《刺客列传》均言及此事，都与《秦始皇本纪》相同。《卫康叔世家》因卫出公以下年数均错，故误记在元君十四年。《索隐》不知《六国年表》也有误，故仅注意到《世家》比《六国年表》有误，而未辨《六国年表》之误。野王，秦邑名。即今河南沁阳。

⑥二十五年：当秦王政六年，前241年。

⑦"君角九年"三句：君角九年，当秦王政十五年，前232年。此年秦尚未并六国，统一天下。

⑧二十一年，二世废君角为庶人：按，卫君角之二十一年，当秦王政称始皇帝之第二年，前220年；卫君角被废为庶人在秦二世元年，前209年，当卫君角之三十二年。梁玉绳曰："君角立于始皇七年，至秦并天下凡二十年，废于二世元年，在位三十二年。此书角立于始皇十八年，则所云'九年''二十一年'，皆史公故缩其年以合之。"《世家》自卫出公后，记年俱错，当依梁说。

⑨卫绝祀：俞樾曰："秦灭六国，以天下为郡县，而古之建国犹有存者，卫是也。抑非独此也，庄襄王使吕不韦灭周，尽入其国，不绝其祀，以阳人地赐周君，奉其祭祀，至始皇时，未闻见夺，则周君犹在也。秦始皇十八年灭韩；二十二年灭魏。而韩、魏灭亡之后，尚有安陵君。见于《战国策》，则安陵君犹在也。陈、项之乱，扫地

尽矣。”按，卫自前1045年受封，自此共历837年。

【译文】

怀君三十一年，朝见魏，魏人囚禁杀害了怀君。魏另将他的弟弟立为嗣君，这就是元君。

元君是魏的女婿，所以魏立他为君。元君十四年，秦攻下魏国东地，秦开始设置东郡，把卫另外迁移到野王邑，而把濮阳并入东郡。

元君二十五年，去世，子君角继位。

君角九年，秦吞并了天下，登基称为始皇帝。

君角二十一年，二世废君角为平民，卫国断绝了奉祀。

太史公曰：余读世家言[①]，至于宣公之太子以妇见诛，弟寿争死以相让，此与晋太子申生不敢明骊姬之过同[②]，俱恶伤父之志。然卒死亡，何其悲也！或父子相杀，兄弟相灭，亦独何哉？

【注释】

①余读世家言：赵生群曰：“《卫康叔世家》赞这段议论正是针对《卫康叔世家》所载史实而发，显而易见，司马迁所称的‘世家言’，正是指《卫康叔世家》。俞正燮云：‘《卫世家》赞云：太史公曰余读世家言，则《史记》世家谈所造，迁特作赞，自称太史公也。’俞氏的断语，至为精确。既然是‘读世家言’，那么，司马迁作赞语之前，就应当有‘世家言’存在。正因为《卫康叔世家》正文是‘谈所造’，司马迁才能说‘读’；如果这里所称‘世家言’是司马迁自己所作，那‘读’字就无法讲通了。讨论至此，我们可以断言，《卫康叔世家》原文为司马谈所作，而赞语则出自司马迁之手。”

②晋太子申生不敢明骊姬之过：晋献公宠姬骊姬诬太子申生，申生

不做申辩自杀事，详见《国语·晋语》《左传·僖公四年》与《晋世家》。

【译文】

太史公说：我读世家，读到宣公的太子因为女人的事被杀，弟弟寿和他争着赴死，这与晋太子申生不敢挑明骊姬的罪过相同，都是怕伤了父亲的心。但他们最终都死去了，多么可悲啊！至于父子互相残杀，兄弟互相毁灭，又是为了什么呢？

【卫国诸侯世系表】

卫康叔——康伯——考伯——嗣伯——伯——靖伯——贞伯——顷侯——釐侯（前856—前813）——武公（前812—前758）——庄公（前757—前735）——桓公（前734—前719）——宣公（前718—前700）——惠公（前699—前697）——黔牟（前696—前687）——惠公复辟（前686—前669）——懿公（前668—前661）——戴公（前660）——文公（前659—前635）——成公（前634—前630）——穆公（前599—前589）——定公（前588—前577）——献公（前576—前559）——殇公（前558—前547）——献公复辟（前546—前544）——襄公（前543—前535）——灵公（前534—前493）——出公（前492—前481）——庄公（前480—前478）——公子斑师——卫君起（前477）——出公复辟（前476—前470）——悼公（前469—前465）——敬公（前464—前446）——昭公（前445—前440）——怀公（前439—前429）——慎公（前428—前387）——声公（前386—前376）——成侯（前375—前347）——平侯（前346—前339）——嗣君（前338—前297）——怀君（前296—前266）——元君（前265—前241）——君角（前240—前209）被秦所灭

【集评】

牛运震曰："武公，卫贤侯也，其德行学问之盛见于《毛诗》《左传》，弑兄自立，必无之事。《史记》据杂史而并载之，枉武公甚矣。又不能详著其德行学问之美，此史迁之有愧于信史也。杨慎以为太史公作史日《毛诗》《左传》未出，故附会若此，殆亦曲为之解，夫太史公岂不见《毛诗》《左传》者邪！"（《读史纠谬》）

苏辙曰："卫之大乱者再，皆起于父子夫妇之际。宣公、灵公专欲以兴祸，固无足言者；伋子、寿子争相为死，而庄公、出公父子相攻，出入二十余年，不以为耻，贤愚之不同至此哉！然伋、寿勇于义，惜其不为吴大伯而蹈申生之祸，以重父之过，可以为廉矣，未得为仁也。昔者，孔子之门人季路、高柴皆事出公，孔子自陈反于卫，子路问曰：'卫君待子而为政，子将奚先？'子曰：'必也正名乎。名不正则言不顺，言不顺则事不成，事不成则礼乐不兴，礼乐不兴则刑罚不中，刑罚不中则民无所措手足。'……呜呼，卫之名于是可谓不正矣。灵公黜其子而子其孙，出公不父其父而祢其祖，人道绝矣。孔子于是焉而欲正之，何为而可？灵公之死也，卫人立公子郢，郢不可则卫人立辄。使辄而知礼必辞，辞而不获必逃。辄逃而郢立，则名正矣，虽以拒蒯聩可也。虽然，孔子为政，岂将废辄而立郢耶？其亦将教辄避位而纳蒯聩耶？蒯聩得罪于父，生不养，死不丧，然于其入也，《春秋》书曰："晋赵鞅帅师纳卫世子蒯聩于戚"，非世子而以世子名之，以其子得立于卫，成其为世子也。若辄避位而纳其父，是世子为君，而名有不正乎？名正而卫定矣。"（《古史》）

李景星曰："《卫世家》于卫国诸君忽伯忽侯，忽公忽君，其称谓不同，亦无确解，在诸世家中实为罕见。而宣姜之祸乱者数世，在列国中亦为最甚。至其国祚则独后亡，又为各国之所不及。太史公于此等处，皆特别注意，故下笔时低徊不已。开端叙周公申告康叔三诰大旨，质实古雅，可参《尚书小序》。以后曰'武公即位，修康叔之政，百姓和集'；曰'我康叔也，令若子必有卫'；曰'康叔者，卫祖也'，皆与篇首照应，回环有法。中间叙公子伋、寿事，声情俱激，笔有余痛。叙伋、寿以来世系事，详密如画，悱恻入情。叙献公令师曹教宫妾鼓琴事，安闲之中寄慨独深。惟‘武公弑兄’一节不见于经传，而史公率意书之，遂不免后人攻击。然当时必有所据，遂附诸传疑之列。谓其未免好奇则可，谓其故为诬蔑则过矣。赞语再提伋、寿之死，字字凄婉。‘或父子相杀’三句，以宕作收，尤有远神。”(《史记评议》)

洪迈云：“宣公以鲁隐四年十二月立，至桓公十二年十二月卒，凡十有九年。姑以即位之始，便成烝乱，而伋即以次年生，势须十五年然后娶，既娶而夺之，又生寿、朔，朔已能同母谗兄，寿又能代为使者越境，非十岁以下儿所能办也。然则十九年之间，如何消破，此最难晓。”(《容斋五笔》)

【评论】

《卫康叔世家》是一篇让人读起来深感痛心的作品，这种痛心是由期望与事实的巨大反差造成的。

卫国在康叔受封时，是与鲁、齐一样的大国。清华简《系年》中记载：“周成王、周公既迁殷民于洛邑，乃追念夏商之亡由，旁设出宗子，以作周厚屏，乃先建卫叔封于康丘，以侯殷之余民，卫人自康丘迁于淇卫。”可见“侯殷之余民”的卫国版图广大，人口众多，被赋予了“作周厚屏”的厚望。西周时期，卫国也确实一直堪称大国。康叔任天子司寇，另据《尚书·顾命》“惟四月哉生魄，王不怿。……乃同召太保奭、芮伯、彤伯、毕公、卫侯、毛公”云云，说明周成王末期卫侯不仅是司寇，而且是王室六卿之一，是周成王临终托孤的重臣。文献显示，康叔之子康伯似乎承袭了这一职位。康伯，又被写作“王孙牟”“王孙髦”等，是成康时期叱咤风云的人物，曾以“殷八师”(即成周八师)的身份率军南征北战，为周王室立下大功。现今成康时期的铜器铭文《召尊》《小臣宅簋》《吕行壶》《师旂鼎》《康伯簋盖》《康伯壶盖》等都提及康伯，记录了他的武功。《左传·昭公十二年》楚灵王云:"昔我先王熊绎与吕伋、王孙牟、燮父、禽父并事康王,四国皆有分(指所赐周之宝器),我独无有。"《史记》也有类似说法。可见康伯是与姜太公之子吕伋、晋唐叔虞之子燮父、周公之子鲁公伯禽同时活动在周康王时期的四大诸侯。此后的情况不清楚,但根据西周宗法制,选卿时"亲亲""尚贤"二者兼顾,卿职一定要在上层贵族中选拔,与天子血缘亲近而又对王室忠贞不二、屡建功勋的卫侯,在天子选卿时无疑会是优先考虑的对象。所以后来的卫侯仍有较多机会入驻王室为天子卿佐。到了周厉王末期,卫武公和又是一位可与康叔、康伯比肩的杰出人物。《史记》仅记武公"修康叔之政,百姓和集","犬戎杀周幽王,武公将兵往佐周平戎,甚有功",但《国语》《左传》《诗经》等文献都对卫武公大为颂扬,甚至称他为"睿圣武公"。而就历史资料及后来陆续出现的一些研究成果看,西周后期的大事"共和行政",当与卫武公有关,卫武公极有可能就是"共和行政"的主角"共伯和",若果真如此,他在稳定周王朝统治、再造周王朝过程中则起了极大的作用。

但到了春秋之后,卫国的历史几乎就是一部动乱史。接二连三的动乱,几次使卫国差点亡国,一步步沦落为二三流的小国,到了战国时期,更降为附庸,国君称号则由公贬为侯、君,最后被秦二世废为庶人。在前后期的鲜明对比中,我们可以看出作者的意图:批判统治者昏聩荒淫、争国争利的贪婪丑行。

在《史记》所有"世家"中,卫国的国君是最荒淫无道的,卫国的内乱也是最严重的。通观全文,卫国在西周时期除康叔、武公德政之外仅记世系,但武公即是由篡位上的台;入战国后,卫已沦为附庸,亦存世系而已;卫国可记之史事集中在春秋时期,而这一时期的卫国历史几乎就是内乱构成的,而且几乎所有形式的内乱在卫国都可以找到。此间大的内乱有四起,即"州吁之乱""宣惠之乱""孙林父、甯喜逐献公""出公与庄公蒯聩父子争位"。其中"宣惠之乱"在卫国乃至春秋所有国家的所有内乱中最为可耻,它延绵数世,使卫差点亡了国。首先,卫宣公的荒淫无与伦比，既烝庶母，又夺子妇，复听妇言，宠庶子，杀世子，终于引起大乱。其次，公子朔，即后来的卫惠公，阴险狠毒。其三，继卫惠公的卫懿公在民心不附的情况下还“好鹤，淫乐奢侈”，导致被翟所杀，国几亡。其四，大臣左、右公子为各自私利，擅立君主，使内乱雪上加霜。在这里，我们可以通过卫国世系传承，对这场大乱有一更直观的认识：

宣公（前718～前700）——惠公（宣公子，前699～前697）——［黔牟（惠公弟，前696～前687）］——惠公（复辟，前686～前669）——懿公（惠公子，前668～前661）——戴公（宣公孙，前660）——文公（戴公弟，前659～前635）

前后涉及国君六人，持续41年之久。再如卫出公与卫庄公蒯聩争位，是最特殊的内乱，因为卫庄公蒯聩是卫出公的父亲，父亲夺儿子的君位，这是相当荒唐的，最为鲜明地显示了统治者为一己私利而争权夺利的本相。这场内乱起因应该一直追溯到蒯聩与后母灵公夫人南子的矛盾。需要注意的是，篇首周公三诰中，《酒诰》中“妇人是用”一句不见于今存《尚书·酒诰》，司马迁加入这一句，正好与卫国的几次大乱大多起因于国君荒淫好色相对应。卫国作为周初重要诸侯国，康叔作为周武王的同母弟，被寄予了深切希望，周公三诰，不仅针对康叔，也是针对所有的君主，是司马迁理想中一位合格的君主应该具备的素养，而卫国后来的情况可以说完全违背了周公的教诲和康叔的遗范。司马迁在记叙这些“父子相杀、兄弟相灭”的内乱时，内心是十分沉痛的，对卫国后世君主给予了无情的批判。正如苏辙在其《古史》中说：“卫之大乱者再，皆起于父子夫妇之际。宣公、灵公专欲以兴祸，固无足言者；伋子、寿子争相为死，而庄公、出公父子相攻，出入二十余年，不以为耻，贤愚之不同至此哉！”卫国作为周初的重要诸侯国，康叔作为周武王的同母弟，被寄予了深切希望，但卫国昏君辈出，乱臣贼子不断，使其虽国祚未绝而实际上早已丧失独立地位了。

本篇是《史记》先秦诸“世家”中故事性较强的，在写法上，抓住卫国内乱这一中心，有条不紊地安排材料，将每一次内乱的前因后果交代清楚，而写法笔意又各不相同。如宣惠之乱，主要写伋、寿争死，笔笔痛惜，反衬卫宣公的不仁、卫惠公的贪鄙；而卫庄公与卫出公争位，则大写伯姬与浑良夫通奸，卫庄公收买浑良夫以及借赵氏兵力入国等阴谋，充满了愤慨与讥讽。而文章开端周公三诰与康叔德政统罩全篇，后文曰"武公即位，修康叔之政，百姓和集"，曰"我康叔也，令若子必有卫"，曰"康叔者，卫祖也"，皆与篇首照应，回环有法，无形中使卫国前后情形形成了鲜明对比，使康叔的形象更加高大，也使后世君主更显鄙劣，更增添了一种低徊感慨的情绪。

对于卫宣公夺太子伋之妻又将其杀害之事，本篇与《左传》记载大体相同，只是在太子伋之母夷姜的身份上，《左传》记载得更为明确。《左传·桓公十六年》："初，卫宣公烝于夷姜，生急子，属诸右公子。为之娶于齐而美，公取之，生寿及朔。属寿于左公子。夷姜缢。""烝"，指与母辈通奸，则夷姜是卫宣公庶母，而本篇说是卫宣公夫人；夷姜自缢而死，本篇未交代死因，好像是正常死亡。按《左传》，卫宣公上烝庶母、下夺子妇，无耻乱伦到了极点，《史记》不写，是不敢相信《左传》所说？还是为了维护康叔的面子，笔下留情了呢？

对于太子伋的行为，无论是《左传》还是《史记》都把他树为孝子的典型，与他相似的还有晋献公的太子申生，都是明知父亲要杀自己而甘心赴死。而太子伋比申生更甚，他明知父亲设下毒局，且弟弟公子寿已为自己而死，还是向强盗表明身份，自求一死以合父亲心意。太子伋后来就成了践行"君要臣死，臣不能不死；父要子亡，子不能不亡"这一封建礼教的榜样，贻害无穷，这种愚孝我们必须坚决反对。

史记卷三十八

宋微子世家第八

【释名】

《宋微子世家》主要依据《诗经》《尚书》《左传》等典籍编排而成，全文内容由两部分构成。第一部分是写殷之“三仁”即箕子、比干、微子三位殷末贤臣的事迹。比干谏而死，不得封；箕子佯狂为奴，周武王封之朝鲜而不臣；二人皆无专传，附于微子事下，本篇第一部分实际上是“三仁”的合传。后一部分谱写了自宋微子受封建国，历三十一世共七百多年，至宋君偃被齐湣王所灭的宋国历史。其中主要叙述的史实有：宋穆公不负宋宣公，立宋宣公之子与夷；华督攻杀孔父，弑杀宋殇公；南宫万杀宋湣公于蒙泽；宋人醢南宫万；宋襄公为鹿上之盟；宋襄公与楚成王战于泓；楚庄王围宋；宋景公与司星子韦论“荧惑守心”；宋君偃荒淫亡国等。在篇末的“太史公曰”中，司马迁引孔子语表现了对“三仁”与宋襄公的赞赏。

微子开者[①]，殷帝乙之首子而帝纣之庶兄也[②]。纣既立，不明，淫乱于政，微子数谏，纣不听。及祖伊以周西伯昌之修德[③]，灭阮国[④]，惧祸至，以告纣。纣曰：“我生不有命在天乎？是何能为！”

于是微子度纣终不可谏[5]，欲死之及去[6]，未能自决，乃问于太师、少师曰[7]："殷不有治政，不治四方[8]。我祖遂陈于上[9]，纣沉湎于酒，妇人是用，乱败汤德于下[10]。殷既小大好草窃奸宄[11]；卿士师师非度[12]，皆有罪辜[13]，乃无维获[14]；小民乃并兴[15]，相为敌仇。今殷其典丧[16]！若涉水无津涯[17]。殷遂丧[18]，越至于今[19]。"

曰："太师，少师，我其发出往？吾家保于丧[20]？今女无故告予[21]，颠跻，如之何其[22]？"太师若曰[23]："王子，天笃下灾亡殷国[24]，乃毋畏畏，不用老长[25]。今殷民乃陋淫神祇之祀[26]。今诚得治国，国治身死不恨。为死终不得治，不如去[27]。"遂亡。

【注释】

①微子开：姓子，名启，因避汉景帝刘启之讳，汉人改称之曰"开"；封于微而位列子爵，故称"微子"。微，殷封国名。在今山西潞城东北。《集解》引孔安国云："微，畿内国名。子，爵也，为纣卿士。"

②帝乙：商朝帝王，盘庚迁殷后第十一代王，太丁之子，前1101—前1076年在位。其事详见《殷本纪》。帝纣：帝乙之子，名辛，商朝亡国之君，前1075—前1046年在位。庶兄：其父姬妾所生之兄。《索隐》曰："《尚书》亦以为殷王元子而是纣之兄。按，《吕氏春秋》云：'生微子时母犹为妾，及为妃而生纣，故微子为纣同母庶兄。"

③祖伊：殷纣王的大臣。周西伯昌：即日后之周文王，姬姓，名昌，商纣时为西伯，故又称"西伯昌"。其事见《周本纪》。

④阢（qí）：又作"黎""叽""耆"，殷时方国。《索隐》引孔安国云："黎在上党东北，即今之黎亭是也。"按，在今山西长治西南。

⑤度（duó）：估计。

⑥及：和，或者。

⑦太师、少师：《集解》引孔安国曰："太师，三公，箕子也。少师，孤卿，比干也。"泷川引查基德曰："今《书·微子》篇，'太师'作'父师'。孔说以太师为箕子，少师为比干，此可疑。下文于比干死之后云：'太师、少师乃劝微子去。'则少师非比干，太师非箕子，明甚。《殷本纪》亦云：'微子与太师、少师谋去，而比干剖心，箕子为奴。殷之太师、少师乃持其祭乐器奔周。'《周本纪》又云：'纣昏乱暴虐滋甚，杀王子比干，囚箕子。太师疵、少师彊抱其乐器而奔周。'是则太师、少师为殷之乐官，非箕子、比干也，无待辨矣。"按，以下本《尚书·微子》。

⑧殷不有治政，不治四方：殷朝没有清明的政治，不能治理四方百姓。《尚书·微子》作："殷其弗或乱正四方。"《集解》引孔安国曰："言殷不有治政四方之事，将必亡也。"

⑨我祖遂陈于上：我们的祖先成汤过去成就了许多伟大的事业。《尚书·微子》"遂"前有"底"字。《集解》曰："马融曰：'我祖，汤也。'孔安国曰：'言汤遂其功，陈力于上世也。'"遂，成。陈，列。上，指过去。

⑩汤德：成汤的德政。下：《集解》引马融曰："下世也。"此指当世。

⑪殷既小大好草窃奸宄（guǐ）：殷朝的大小臣民已经成了什么都抢的强盗，犯法作乱。小，指百姓。大，指群臣。草，通"抄"，抢掠。奸宄，乱于内者曰"奸"，乱于外者曰"宄"。

⑫卿士师师非度：王室的卿士、众多官长们不守法度。《集解》引马融曰："非但小人学为奸宄，卿士已下转相师效，为非法度。"卿士，王室的执政官。师师，前一个"师"意为众，后一个"师"指官长。度，法度。

⑬罪、辜（gū）：二词同义，罪咎，过失。

⑭乃无维获:谁都觉得没有得到自己应得的东西。《尚书·微子》作“乃罔恒获”。《集解》引郑玄曰:“获,得也。群臣皆有是罪,其爵禄又无常得之者。言屡相攻杀。”黄式三曰:“所加罪者,无一定获罪之法,言滥刑也。”与前面诸说异。维,恒。

⑮兴:起来反抗。

⑯今殷其典丧:殷朝丧失了国家的典章制度。典,国典。又,钱大昕曰:“‘典’读如‘殄’,典丧者,殄丧也。《考工记》注“辀欲颀典”,郑司农读‘典’为‘殄。’”其说亦通。

⑰若涉水无津涯:《尚书·微子》作“若涉大水,其无津涯”。《集解》引徐广曰:“一作‘陟水无舟航’,言危也。”津,渡口。涯,岸。

⑱遂:竟然。

⑲越至于今:意即弄成了今天这种样子,或谓到了今天这个地步。越,句首发语词。

⑳我其发出往,吾家保于丧:我是出走逃亡呢,还是留在家里以死殉国?《集解》引郑玄曰:“发,起也。纣祸败如此,我其起作出往也。”家,又引马融曰:“卿大夫称‘家’。”当时诸侯的领地、封爵与人众称“国”,大夫领地、封爵与人众称“室”或“家”。

㉑今女无故告予:现在你们无意指点我。《集解》引王肃曰:“无意告我,是微子求教诲也。”女,通“汝”。无故,无意。予,我。《尚书·微子》作:“今尔无指告予。”

㉒颠跻,如之何其:《集解》引马融曰:“‘跻’犹‘坠’也。恐颠坠于非义,当如之何也。”颠跻,坠落。指陷入不义。其,语助词。

㉓若:语助词。《尚书》常在“曰”字前加用“若”字,有解作“如此”“这样”者,似未必然。

㉔王子,天笃下灾亡殷国:《尚书·微子》作“天毒降灾荒殷邦”。《集解》引孔安国曰:“微子,帝乙子,故曰‘王子’。天生纣为乱,是下灾也。”笃,厚,严重。

㉕乃毋畏畏，不用老长：意谓商纣王竟然既不畏惧天威，又不听从年长者的劝告。畏畏，畏惧天威。第二个“畏”字通“威”。老长，老年人。《尚书·微子》作“乃罔畏畏，咈其耇长旧有位人”。《集解》引孔安国曰：“上不畏天灾，下不畏贤人，违戾耇老之长，不用其教。”

㉖今殷民乃陋淫神祇（qí）之祀：今殷朝百姓竟敢亵渎神祇的祭祀。陋淫，《索隐》曰：“《尚书》作‘攘窃’。刘氏云：‘陋淫，犹轻秽也。’”即今所谓“亵渎”。神祇，天神与地神。

㉗为死终不得治，不如去：王念孙曰：“‘为’犹‘如’也，言如身死而国终不治，不如去也。”中井积德曰：“‘今诚’以下数句，与上文不相肖，盖太史公择取《书》意而自言之也。”按，以上微子与太师、少师问答事，本《尚书·微子》。

【译文】

微子开，是殷帝乙的长子，帝纣的庶兄。帝纣即位之后，昏昧不明，朝政非常混乱，微子多次劝谏，帝纣不听。等到祖伊因为周西伯昌修明德政，灭了阢国，害怕灾祸降临，就将这件事告诉帝纣。帝纣说：“我降生在世，不是有天命吗？西伯昌能把我怎么样呢？”

这时微子估计帝纣终究不能被谏止，打算以死殉国，又打算逃离国家，自己不能做出决断，就去询问太师与少师，说：“殷朝没有清明的政治，不能治理四方。我们的祖先成汤过去成就了许多伟大的事业，但纣王却沉溺于酒，听信妇人的话，在当世扰乱败坏了成汤的德业。殷朝的大小臣民已经成了什么都抢的强盗，犯法作乱；王室的卿士、众多官长们不守法度，人人都有罪过，谁都觉得没有得到自己应得的东西；百姓也群起效仿，互为仇敌。如今殷朝的法则常道丧失殆尽！这就好像渡河看不到岸。殷朝竟然要灭亡了，到了今天这个地步。”

微子又问：“太师，少师，我是出走逃亡呢，还是留下来以死殉国呢？现在你们无意指点我，如果我陷入不义，那该怎么办呢？”太师说：“王子，上天重重地降下灾难，要灭亡殷朝，纣王竟然既不畏惧天威，又不听从年长者的劝告。而今殷朝百姓竟敢亵渎天地神祇的祭祀。如今如果留下来确实能够把国家治理好，即使死了也没有什么遗憾。假如自己死了，国家却仍旧得不到治理，那就不如远远离开。”于是微子就逃亡了。

箕子者，纣亲戚也[①]。纣始为象箸[②]，箕子叹曰：“彼为象箸，必为玉杯；为杯，则必思远方珍怪之物而御之矣[③]。舆马宫室之渐自此始，不可振也[④]。”纣为淫泆[⑤]，箕子谏，不听。人或曰：“可以去矣。”箕子曰：“为人臣谏不听而去，是彰君之恶而自说于民[⑥]，吾不忍为也[⑦]。”乃被发详狂而为奴[⑧]。遂隐而鼓琴以自悲，故传之曰《箕子操》[⑨]。

【注释】

①箕（jī）子者，纣亲戚也：《索隐》曰：“箕，国；子，爵也。司马彪曰：‘箕子名胥馀。’马融、王肃以箕子为纣之诸父。服虔、杜预以为纣之庶兄。”按，所谓“箕子”，当是此人在商时受封于箕。至于箕邑的具体位置，陈梦家以为即古冀国之“冀”，在今山西河津；李学勤曾认为在今山西榆社南的箕城镇；曹定云曾认为在今山西蒲县东北的箕城；常征《古燕国史探微》，以为即今山西祁县之箕城镇。丁山认为在今河北的容城、赞皇一带；近年来辽宁博物根据喀左县出土铜器认为古箕国应在周初的燕地，曹定云、彭邦炯等都赞成在周初燕地的说法，甚至有人认为就在今北京的沙河附近。张京华曰：“箕子胥馀之箕国与微子启之微国威望相齐，……箕子胥馀在周武王时改封朝鲜，依照古代因其土以封其民的惯例，新封的朝鲜与原来的箕国应相距不远。”

②象箸（zhù）：象牙筷子。

③御：使用。

④舆马宫室之渐自此始，不可振也：梁玉绳曰："《龟策传》虽非史公本书，而有纣为'象郎'及'围之象郎'语，象牙饰廊，视象箸更侈矣。附着之。"史珥曰："至诚前知，理自如是，持身涉世者即此可以隅反。"舆，车。渐，指逐渐形成奢侈风气。振，挽救。按，"纣始为象箸"以下，本《韩非子》之《喻老》《说林》。

⑤淫泆：亦作"淫佚"，纵欲放荡。嗜欲过度为"淫"，放纵无度称"泆"。

⑥彰：彰显，彰扬。

⑦吾不忍为也：泷川引中井积德曰："此非箕子之言，以后人之臆度相传为是语也。"

⑧乃被（pī）发详狂而为奴：于是便披散头发，假装疯魔，混迹于奴隶之中。被，同"披"。详，通"佯"，假装。中井积德曰："奴者，纣囚箕子奴之也。故《书》曰'囚奴正士'，非箕子自为奴。"其说有理，但与本文不合。

⑨《箕子操》：琴曲名。操，犹言"曲"。《集解》引《风俗演义》曰："其道闭塞忧愁而作者，命其曲曰操。操者，言遇灾遭害，困厄穷迫，虽怨恨失意，犹守礼义，不惧不慑，乐道而不改其操也。"泷川引中井积德曰："操是操弦作曲之谓。"

【译文】

箕子，是帝纣的亲戚。帝纣开始使用象牙筷子时，箕子叹息道："他使用了象牙筷子，就一定会使用玉质杯盘；用了玉质杯盘，就一定想得到远方珍贵奇异的物品供自己享用。从此就会逐渐追求车马宫室的奢华，国家将不可振兴了。"帝纣纵欲放荡，箕子劝谏不听。有人劝箕子说："可以离开了。"箕子说："做臣子的劝谏君主，君主却不听，就因此离开，这就是彰扬君王的过失，让自己取悦于百姓，我不忍心这么做。"于是便披散头发装疯，混迹于奴隶之中。从此隐居不出，弹琴抒发自己内心的忧伤，所以后世就把他流传下的这支曲子称作《箕子操》。

王子比干者，亦纣之亲戚也。见箕子谏不听而为奴，则曰："君有过而不以死争①，则百姓何辜②！"乃直言谏纣。纣怒曰："吾闻圣人之心有七窍③，信有诸乎④？"乃遂杀王子比干，刳视其心⑤。

【注释】

①争：通"诤"，直言规劝。

②百姓：原意为百官，这里似指黎民、众民。辜：罪。

③窍：孔穴。

④信：确实，的确。诸：之于。

⑤刳（kū）视其心：剖开胸腔，验看他的心。刳，剖开。按，今河南卫辉顿坊店乡比干庙村有比干墓及创建于北魏太和年间的比干庙，历经唐、元、明、清，有各代祭祀碑碣八十六通。

【译文】

王子比干也是帝纣的亲戚。他见箕子劝谏而帝纣不听，去做了奴隶，就说："君主有过失我们却不拼死规劝，那百姓有什么罪呢！"于是就去直言劝谏帝纣。帝纣恼怒地说："我听说圣人的心有七个洞窍，果真有吗？"于是就杀了王子比干，剖开胸腔，验看他的心脏。

微子曰："父子有骨肉①，而臣主以义属②。故父有过，子三谏不听，则随而号之③；人臣三谏不听，则其义可以去矣。"于是太师、少师乃劝微子去，遂行④。

周武王伐纣克殷⑤，微子乃持其祭器造于军门⑥，肉袒面缚⑦，左牵羊，右把茅⑧，膝行而前以告⑨。于是武王乃释微子，复其位如故[10]。

武王封纣子武庚禄父以续殷祀[11]，使管叔、蔡叔傅相之[12]。

【注释】

①有骨肉：有骨肉之情。

②臣主以义属（zhǔ）：君臣之间以义相连。属，连接，结合。

③号：号哭。

④于是太师、少师乃劝微子去，遂行：张文虎曰："'微子曰'至'遂行'五十二字，疑当在上文'不如去'下。'遂行'二字，即'遂亡'之衍。《殷本纪》云：'微子数谏不听，乃与太师、少师谋，遂去。'事在比干剖心之前，其文正相应，错简于此。梁玉绳以为追叙，殆非也。"按，今河南商丘路河乡清岗寺村西有微子墓。现墓冢被平，墓前尚存明万历四十一年（1613）十月，归德府知府郑三俊立碑一通，上刻"殷微子之墓"，墓上原建祭祀庙宇已不存。

⑤周武王：名发，周文王之次子，西周王朝的建立者，前1046—前1043年在位。其事详见《周本纪》。伐纣克殷：事在前1046年，详见《周本纪》。

⑥祭器：祭祀天地与宗庙的礼器。造：往，到。

⑦肉袒面缚：袒衣露体，缚手于背。《索隐》曰："肉袒者，袒而露肉也。面缚者，缚手于背而面向前也。刘氏云'面即背也'，义亦稍迂。"

⑧茅：通"旄"，竿顶用旄牛尾装饰的旗。

⑨膝行而前以告：梁玉绳曰："《殷纪》言'太师、少师持其乐器奔周'，即《周纪》所云太师疵、少师彊，非箕子、比干也，乃是二乐官，亦犹夏太史终古执图法奔殷，殷内史向挚载图法奔周，见《竹书》及《吕览·先识》《淮南·氾论》，非微子也。而此以为微子持器造军门，岂不谬哉？至肉袒面缚之事，更为诬戾，亦犹《易

林》《遯》之'既济'云:'贞良得愿,微子解囚。'微子何尝被囚乎?其时微子已行矣,则伐商之际,必不自归以取辱。又《吕氏春秋·诚廉》篇载武王使召公盟微子于共头之下,曰:'世为长侯,守殷常祀,相奉桑林,宜私孟诸。'益可验无军门之辱也。盖共头之下,即微子去位行遁处。古者同姓虽危不去国,共在河内,近朝歌纣都,此最确,故周就而盟之。其所以知微子遁共头者,必物色得之耳。《史》本于《左传·僖六年》逢伯对楚成王语,而不知此乃《左氏》之妄记。"又曰:"邵宝《学史》独以微子面缚衔璧为信,盖本于《路史》发挥,不免一孔之见。《尚书》《左传》疏驳之曰:'面缚,缚手于后,故口衔其璧,又安得左牵羊,右把茅?'此驳可以解颐。或谓依《史》所述,须再得两手持其祭器也。"

⑩于是武王乃释微子,复其位如故:梁玉绳曰:"《前编》据王柏之说,云'面缚衔璧,必武庚也,后世失其传也',斯论真不可易。……然则《传》云'使复其所',《史》云'复其位如故',是仍其太子之故,将封为殷后也。使以为微子,则所复者为何位?将复其卿士之位欤?而君亡国破,何忍立人之朝。将复其微国之位欤?而登即封宋,不得言如故。"

⑪武庚禄父:名武庚,字禄父,殷纣王之子。周武王灭商后,封他为诸侯,管理殷朝遗民。后来武庚勾结管叔、蔡叔及淮夷一带小国叛周,失败遭诛杀。

⑫管叔、蔡叔:分别为周文王第三子及第五子。周武王灭商后,被封于管(在今河南郑州)及蔡(今河南上蔡西南)。后二人与武庚联合淮夷叛周,失败后,管叔被诛,蔡叔被放逐。其事见《管蔡世家》。傅相:辅佐。这里有监视的意思。

【译文】

微子说:"父与子有骨肉之情,君与臣以义结合。所以父亲有过失,儿子再三劝谏不听,就以号哭继之;身为臣子再三劝谏君主不听,臣子就可以离开他了。”这时太师、少师劝微子离去，微子就走了。

周武王伐纣，攻克殷朝，微子就拿着殷朝的祭器前往周武王的军门前，袒露上身，双手反绑，让人在左边牵着羊，在右边拿着用旄牛尾装饰竿顶的旗子，跪行到周武王面前，求告周武王。周武王就给微子解开了绳索，恢复了他原来的爵位。

周武王封帝纣的儿子武庚禄父，让他接续殷朝的祭祀，派管叔、蔡叔辅佐他。

武王既克殷，访问箕子[①]。武王曰：“於乎[②]！维天阴定下民[③]，相和其居[④]，我不知其常伦所序[⑤]。”

箕子对曰：“在昔鲧堙鸿水，汩陈其五行[⑥]，帝乃震怒，不从鸿范九等，常伦所斁[⑦]。鲧则殛死，禹乃嗣兴[⑧]。天乃锡禹鸿范九等，常伦所序[⑨]。

【注释】

①武王既克殷，访问箕子：梁玉绳曰：“《周纪》言克殷后二年访《洪范》，因武王克殷在十一年，而《洪范》称十三祀故耳。与《大传》称武王封箕子朝鲜于十三祀来朝而问《洪范》正合。此谓克殷之后即访《洪范》，既访《洪范》，乃封朝鲜，殊不然。孔《疏》反以《宋世家》为得其实，非也。又有说《洪范》箕子归镐京而作者，亦非。盖《书序》云：‘武王胜殷杀受，立武庚，以箕子归作《洪范》。’《序》自相顾为文，非当年事。”泷川曰：“史公不为箕子立传，故载之《宋世家》。”

②於乎：同“呜呼”，感叹词。

③维：句首语气词。阴定：荫庇安定。《尚书》作“阴骘”。阴，通“荫”。

④相和其居：使大家和睦地住在一起。《集解》引孔安国曰："天不言而默定下民，助合其居，使有常生之资也。"

⑤我不知其常伦所序：《集解》引孔安国曰："言我不知天所以定民之常道理次序，问何由。"常伦，即伦常，常理。序，秩序。

⑥鲧（gǔn）堙（yīn）鸿水，汩陈其五行：《集解》引孔安国曰："治水失道，是乱陈五行。"鲧，相传是禹的父亲。堙，堵塞。鸿，大。汩，乱。陈，列。五行，此处指五行的规律。

⑦"帝乃震怒"三句：《集解》引郑玄曰："天以鲧如是，乃震动其威怒，不与天道大法九类，言王所问所由败也。"意谓天帝于是大怒，不给他治国安民的九类大法，常理法度被败坏。帝，上帝。洪范九等，大法九类，即下文所述。常伦所斁（dù），常法遭到败坏。斁，败坏。

⑧鲧则殛（jí）死，禹乃嗣兴：《集解》引郑玄曰："《春秋传》曰：'舜之诛也殛鲧，其举也兴禹。'"殛，诛杀。嗣，继承。兴，振兴，兴起。

⑨天乃锡禹鸿范九等，常伦所序：《集解》引孔安国曰："天与禹，洛出书也。神龟负文而出，列于背，有数至于九，禹遂因而第之，以成九类。"泷川曰："《易·系辞传》云：'河出图，洛出书，圣人则之。'《书·顾命》云：'天球《河图》在东序。'《论语·子罕》篇云：'子曰：'凤鸟不至，河不出图，吾已矣夫。'则河出图，必有其事矣，必有其物矣。洛出书，亦必有其事矣，必有其物矣，而今不可臆定也。而后儒或以《洪范·九畴》为洛书，愚谓《易传》但云'洛出书'，不云'锡禹'；《洪范》但云'锡禹'，不云'河出《九畴》'，彼此无些交涉。林之奇云：'洛出书'之说，不可深信。'帝乃震怒，不畀洪范九畴，彝伦攸斁'，犹言天夺之鉴也。'天乃锡禹洪范九畴，彝伦攸序'，犹言天诱其衷也。又云：'《洪范》之书，大抵发明彝伦之叙，本非由数而起。'是说极是。"锡，赐予，给予。鸿范九等，《尚书》作"洪范九畴"，义同。

【译文】

周武王攻克殷朝之后，就去寻访箕子。周武王说："哎呀！上天庇护着天下百姓，使大家和睦地居住在一起，我不知道那些管理百姓的常道是如何有序制定出来的。"

箕子回答说："从前鲧堵塞洪水，扰乱了五行的次序，天帝于是震怒，不给他治国安民的九类大法，常理法度由此被败坏。鲧被处死，禹于是继承他的事业而兴起。上天就赐给他九类治国大法，常理法度得以有序制定出来。

"初一曰五行①；二曰五事②；三曰八政③；四曰五纪④；五曰皇极⑤；六曰三德⑥；七曰稽疑⑦；八曰庶征⑧；九曰向用五福⑨，畏用六极⑩。

【注释】

①初一曰五行：第一是"五行"。初一，犹言"第一"。下同。五行，指金、木、水、火、土五种能够为人们所利用的物质。行，用。

②二曰五事：《尚书》作"次二曰敬用五事"。五事，五件要严肃对待的事。

③三曰八政：《尚书》作"次三曰农用八政"。八政，八项政务。

④四曰五纪：《尚书》作"次四曰协用五纪"。五纪，五种记时方法。

⑤五曰皇极：《尚书》作"次五曰建用皇极"。皇极，大中至正之道。孔颖达疏："皇，大也；极，中也。"即君王的法则。

⑥六曰三德：《尚书》作"次六曰义用三德"。三德，三种帝王的德性，亦即三种治理百姓的办法。

⑦七曰稽疑：《尚书》作"次七曰明用稽疑"。稽疑，指考察疑难的方法。稽，考察。

⑧八曰庶征：《尚书》作"次八曰念用庶征"。庶征，各种征兆。庶，

多。征,征兆。

⑨向用五福:使人享受五种幸福。向,通“享”,享受。

⑩畏用六极:运用六种惩罚以示威严。畏,《尚书》作“威”。六极,六种惩罚。极,通“殛(jí)”,诛罚。按,以上概述《洪范九畴》的纲目,《尚书》共六十五字。

【译文】

“第一是五行;第二是五事;第三是八政;第四是五纪;第五是皇极;第六是三德;第七是稽疑;第八是庶征;第九是要运用五种幸福的事以赐福,运用六种极坏的事以布威。

“五行:一曰水,二曰火,三曰木,四曰金,五曰土[①]。水曰润下,火曰炎上[②],木曰曲直[③],金曰从革[④],土曰稼穑[⑤]。润下作咸[⑥],炎上作苦[⑦],曲直作酸[⑧],从革作辛[⑨],稼穑作甘[⑩]。

“五事:一曰貌,二曰言,三曰视,四曰听,五曰思。貌曰恭,言曰从[⑪],视曰明[⑫],听曰聪[⑬],思曰睿[⑭]。恭作肃[⑮],从作治[⑯],明作智[⑰],聪作谋[⑱],睿作圣[⑲]。

【注释】

①五行:一曰水,二曰火,三曰木,四曰金,五曰土:《集解》引郑玄曰:“此数本诸阴阳所生之次也。”泷川曰:“‘五行’见于《书·甘誓》,而不言其目。说者谓四时盛德所行之政也。以水、火、木、金、土为‘五行’,始于《洪范》,盖以为万有之原,犹天竺以地、水、火、风为‘四大’也。而未言其相生相克,又未言其相始终。至周末汉初,附益穿凿益甚,于是乎伏胜、董仲舒、刘向、刘歆、班固诸人,各有述作,愈出愈怪。”

②水曰润下,火曰炎上:《集解》引孔安国曰:“言其自然之常性也。”润

下，向下面润湿。为水之常性。炎上，向上面燃烧。为火之常性。

③木曰曲直：《集解》引孔安国曰："木可揉使曲直也。"

④金曰从革：《集解》引马融曰："金之性从人而更，可销铄。"意指金属的特性可以按照人的意愿熔化成不同形状。从，顺。革，改变。王先谦曰："'从'与'革'亦当分训。言金可从顺，又可变革。"意思亦可。

⑤土曰稼穑（sè）：《集解》引王肃曰："种之曰'稼'，敛之曰'穑'。"意即种植和收获庄稼。

⑥润下作咸：向下润湿的水产生咸的味道。《集解》引孔安国曰："水卤所生。"作，形成。

⑦炎上作苦：向上燃烧的火产生苦的味道。《集解》引孔安国曰："焦气之味。"

⑧曲直作酸：可曲可直的木头产生酸的味道。《集解》引孔安国曰："木实之性。"

⑨从革作辛：可改变形状的金属产生辣的味道。《集解》引孔安国曰："金气之味。"

⑩稼穑作甘：种植收获的庄稼产生甜的味道。《集解》引孔安国曰："甘味生于百谷。"

⑪言曰从：言语要合乎道理。从，顺。泷川曰："蔡沈曰：'从者，顺也。'方苞曰：'得其次序也。'"

⑫明：清楚明晰。

⑬聪：聪敏。

⑭睿：《集解》引马融曰："通也。"意即要通达于事理。

⑮恭作肃：态度恭敬就能严肃。作，形成。下同。

⑯从作治：言语合乎道理，天下就能大治。《集解》引马融曰："出令而从，所以为治也。"治，《尚书》作"乂"。

⑰明作智：观察问题清醒明晰就能辨别善恶。智，《尚书》作"哲"，

有智慧。此处意指不受蒙蔽，能辨别善恶。

⑱聪作谋：听取意见聪敏，就能善于谋断。

⑲睿作圣：思考问题通达就能成为事无不通的圣人。《集解》引孔安国曰："于事无不通，谓之圣。"泷川曰："言貌恭则心肃，言顺则事治，视明则裁断不误，听聪则谋成，思睿则于事无不通。诸解以'恭''从''明''聪''睿'属君，以'肃''治''智''谋''圣'属臣，恐非。"

【译文】

"五行：一是水，二是火，三是木，四是金，五是土。水的特性是向下润湿，火的特性是向上燃烧，木的特性是可曲可直，金属的特性是可顺从人意改变形状，土的特性可以耕种和收获庄稼。向下润湿的水产生咸味，向上燃烧的火产生苦味，可曲可直的木产生酸味，可改变形状的金属产生辣味，耕种收获的庄稼产生甜味。

"五件事：一是容貌，二是语言，三是视觉，四是听觉，五是思想。容貌要恭敬，语言要合乎道理，视觉要清楚明晰，听觉要聪敏，思考问题要通达于事理。容貌恭敬就能严肃；语言合乎道理，国家就能得到治理；视觉清楚明晰，就能辨别善恶；听觉聪敏，就能善于谋断；思考问题通达，就能成为事无不通的圣人。

"八政：一曰食[①]，二曰货[②]，三曰祀[③]，四曰司空[④]，五曰司徒[⑤]，六曰司寇[⑥]，七曰宾[⑦]，八曰师[⑧]。

"五纪：一曰岁，二曰月，三曰日，四曰星辰[⑨]，五曰历数[⑩]。

【注释】

①食：郑玄曰："食，谓掌民食之官，若后稷者也。"指农业。

②货：郑玄曰："货，掌金帛之官，若周礼司货贿是也。"指手工业、商业贸易。

③祀：郑玄曰："祀，掌祭祀之官，若宗伯者也。"指祭祀。

④司空：马融曰："司空，掌营城郭，主空土以居民。"掌水土工程。

⑤司徒：孔安国曰："主徒众，教以礼义。"掌土地、教化及治民。

⑥司寇：马融曰："主诛寇害。"主管刑狱。

⑦宾：郑玄曰："掌诸侯朝觐之官。"掌礼宾、外务。

⑧师：郑玄曰："掌军旅之官。"掌军事。

⑨星辰：马融曰："星，二十八宿。辰，日月之所会也。"郑玄曰："星，五星也。"

⑩历数：指历法。孔安国曰："历数，节气之度。以为历数，敬授民时。"

【译文】

"八政：第一是农业生产，第二是手工业和商业贸易，第三是祭祀，第四是内务民政，第五是教化，第六是公安司法，第七是礼宾外务，第八是军事活动。

"五种记时方法：一是年，二是月，三是日，四是星辰，五是历法。

"皇极：皇建其有极[①]，敛时五福，用傅锡其庶民[②]，维时其庶民于女极，锡女保极[③]。凡厥庶民，毋有淫朋，人毋有比德，维皇作极[④]。凡厥庶民，有猷有为有守，女则念之[⑤]，不协于极，不离于咎，皇则受之[⑥]。而安而色，曰'予所好德'。女则锡之福[⑦]。时人斯其维皇之极[⑧]，毋侮鳏寡而畏高明[⑨]。人之有能有为，使羞其行，而国其昌[⑩]。凡厥正人，既富方穀[⑪]。女不能使有好于而家，时人斯其辜[⑫]。于其毋好，女虽锡之福，其作女用咎[⑬]。毋偏毋颇，遵王之义[⑭]。毋有作好[⑮]，遵王之道。毋有作恶，遵王之路。毋偏毋党[⑯]，王道荡荡[⑰]。毋党毋偏，王道平平[⑱]。毋反毋侧[⑲]，王道正直。

会其有极[20]，归其有极[21]。曰王极之傅言[22]，是夷是训[23]，于帝其顺[24]。凡厥庶民，极之傅言，是顺是行，以近天子之光。曰天子作民父母，以为天下王。

【注释】

①皇建其有极：帝王要建立至高无上的法则。《集解》引孔安国曰："大中之道，大立其有中，谓行九畴之义。"

②敛时五福，用傅锡其庶民：《集解》引马融曰："当敛是五福之道，用布与众民。"意谓聚集这五种幸福的事情，用来普遍地赐予其民众。敛，聚集，集中。时，通"是"，这。傅，《尚书》作"敷"，布。锡，赐，施予。

③维时其庶民于女极，锡女保极：马融曰："以其能敛是五福，故众民于汝取中正以归心也。"郑玄曰："赐女以守中之道。"意谓民众对于君主所建立起来的法则，就会表示拥护。女，通"汝"。保，遵守。

④"凡厥庶民"四句：《集解》引孔安国曰："民有善则无淫过朋党之恶、比周之德，维天下皆大为中正也。"意谓凡是臣民不许结党营私，不许私相比附，朋比为奸，要遵守君主建立的准则。厥，其。指君主。淫朋，邪党。比德，朋比为奸，私相勾结。维皇作极，一心遵守帝王建立的准则。

⑤"凡厥庶民"三句：《集解》引马融曰："凡其众民有谋有为，有所执守，当思念其行有所趣舍也。"猷（yóu），谋略。为，作为。守，操守。念，经常想着。

⑥"不协于极"三句：意为凡吏民之行为虽不合于中正，但也尚未陷于罪恶，那么做帝王的就要宽容他们。协，合，符合。离，《尚书》作"罹"，遭受。咎，罪。受，容纳。此处意为容忍。

⑦"而安而色"三句：《集解》引孔安国曰："女当安汝颜色，以谦下

人。人曰我所好者德也，女则与之爵禄。”意即假如有人和颜悦色，说：‘我爱好美德。’你就应该赐给他爵禄。两个“而”字，前一个为表假设的连词，假如；后一个为人称代词，你。安，和悦。《尚书》作“康”。色，指脸色、态度。所，《尚书》作“攸”。女，通“汝”，你，指君主。

⑧时人斯其维皇之极：意即这些人就只知道遵守君主的准则。时，通“是”，此，这。斯，就。

⑨毋侮鳏（guān）寡：不欺负年老而孤苦无依的人。侮，欺压。鳏寡，指年老而孤苦无依靠的人。畏高明：《集解》引马融曰：“高明显宠者，不枉法畏之。”高明，此指贵族。

⑩“人之有能有为”三句：意谓有才能、有作为的人，让他们施展才能，国家就能昌盛。羞，进，贡献。

⑪凡厥正人，既富方穀（gǔ）：《集解》引孔安国曰：“正直之人，既当爵禄富之，又当以善道接之。”正人，正直之人。也有说指官员。方，并。穀，善。也有说指禄位。

⑫女不能使有好于而家，时人斯其辜：意谓如果你不能使臣民为你的王室做出贡献，这些人就会责怪你。而，你。家，此处指王室。时，通“是”。辜，罪。

⑬“于其毋好”三句：意谓对于那些没有好德行的人，你即使赐给他们爵禄，他们也会使你施行恶政。作，使。女，通“汝”。用，施行。咎，恶。

⑭毋偏毋颇，遵王之义：《集解》引孔安国曰：“偏，不平；颇，不正。言当循先王正义以治民。”

⑮毋有作好（hào）：不要有私心偏好。好，爱好。下文“毋有作恶（wù）”，不要讨厌什么。恶，讨厌，厌恶。

⑯党：意即不是出以公心的拉帮结派。

⑰王道：帝王之道。这里即指国家政事。下同。荡荡：宽广的样子。

⑱王道平平:《集解》引孔安国曰:“言辨治也。”平平,形容辨治不绝之貌。

⑲毋反毋侧:《集解》引马融曰:“反,反道也。侧,倾侧也。”

⑳会其有极:《集解》引郑玄曰:“谓臣也当会聚有中之人以为臣也。”会,聚集,会合。

㉑归其有极:整个国家的事情也就能归于法则化了。

㉒傅:《尚书》作“敷”,布,发布。

㉓夷:《尚书》作“彝”,常,常法。

㉔帝:上帝。顺:顺从,符合。

【译文】

“大中至正之道:君王要建立至高无上的法则,聚集五种福泽,用来普遍地赐予臣民,民众对于君王所建立起来的法则就会表示拥护,君王也可以要求臣民遵守法则。凡是臣民,不许结党营私,不许私相比附,朋比为奸,要遵守君主建立的准则。凡你的臣民,那些有计谋有作为有操守的人,你要想到他们,加以录用;那些行为不合法则,但却没有达到犯罪地步的人,你就要宽容他们。假如有人和颜悦色,说:‘我喜好美德。’你就要赐给他福泽。这样人们就会只知遵守君主的准则,不欺侮鳏寡孤独、无依无靠的人,敬畏明智显贵的人。有才能有作为的人,让他们竭尽才能,国家就能昌盛。凡是正直的人,就要使他富有,拥有爵禄。如果你不能让他们为你的王室做出贡献,这些人就会责怪你。对于那些不好德行的人,你即使赐给他们福泽,他们也会使你施行恶政。不要有偏颇,要严守君王的法规。不要有任何的私心偏好,要严守君王的政道。不要祸乱作恶,要严守君王的正路。不要有偏私,不要结朋党,君王的道路就非常宽广。不要结朋党,不要有偏私,君王的道路就非常平坦。不要逆行,也不要走偏,君王的道路就非常正直。大家要会合在君王的准则之下,以君王的准则为行为的规范。这就叫做君主统治准则的宣言,要以君主的统治准则为常法,这就顺从天帝的意旨了。凡是臣民,都要遵守君主宣布的准则，大家要顺从、奉行准则，来接近天子的光辉。所以说，天子作为臣民的父母，也是天下的君王。

“三德：一曰正直[①]，二曰刚克[②]，三曰柔克[③]。平康正直[④]，强不友刚克[⑤]，内友柔克[⑥]，沉渐刚克[⑦]，高明柔克[⑧]。维辟作福，维辟作威，维辟玉食[⑨]。臣无有作福作威玉食。臣有作福作威玉食，其害于而家，凶于而国[⑩]，人用侧颇辟[⑪]，民用僭忒[⑫]。

【注释】

①正直：用正直的方式进行治理。

②刚克：以刚强的办法去压服。克，胜。

③柔克：以柔和的方式取得效果。

④平康正直：《集解》引孔安国曰：“世平安，用正直治之。”

⑤强不友刚克：《集解》引孔安国曰：“友，顺也。世强御不顺，以刚能治之。”

⑥内友柔克：《集解》引孔安国曰：“世和顺，以柔能治之。”内，《尚书》作“燮”，和。

⑦沉渐刚克：《集解》引马融曰：“沉，阴也。潜，伏也。阴伏之谋，谓乱臣贼子非一朝一夕之渐，君亲无将，将而诛。”沉渐，《尚书》作“沉潜”。

⑧高明柔克：《集解》引马融曰：“高明君子，亦以德怀也。”

⑨“维辟作福”三句：《集解》引郑玄曰：“作福，专爵赏也。作威，专刑罚也。玉食，备美珍也。”维，通“唯”，只有。辟，指君主。玉食，指美食。

⑩凶于而国：给你的国家造成危害。而，你的，指帝王。

⑪用：因。侧、颇、辟：三者同义，都是偏颇、不正的意思。

⑫民用僭忒(jiàn tè):《集解》引孔安国曰:“在位不端平,则下民僭差。”僭,越轨。忒,作恶。

【译文】

“治理百姓的三种方式:第一是用正直的方式进行治理,第二是以刚强压服,第三是以柔和取得效果。对平正康和的人要以正直的方式来对待,对倔强不亲附的人要以刚克的方式来对待,对和顺可亲的人要用柔克的方式来对待,对深沉隐伏的人要用刚克的方式来对待,对资质高明的人要用柔克的方式来对待。只有君王才能给人以福泽,只有君王才能给人以惩罚,只有君王才能享用美食。臣下不能给人以福泽和惩罚,也无权享用美食。臣下如果给人以福泽和惩罚,享用美食,就会危害你的家族,给你的国家造成危害,人们会因此背离王道,百姓会因此而犯上作乱。

“稽疑:择建立卜筮人[①]。乃命卜筮,曰雨,曰济,曰涕,曰雾,曰克,曰贞,曰悔[②],凡七。卜五,占之用二,衍贰[③]。立时人为卜筮[④],三人占则从二人之言[⑤]。女则有大疑,谋及女心,谋及卿士,谋及庶人,谋及卜筮[⑥]。女则从,龟从,筮从,卿士从,庶民从,是之谓大同[⑦],而身其康强,而子孙其逢[⑧],吉。女则从,龟从,筮从,卿士逆,庶民逆,吉[⑨]。卿士从,龟从,筮从,女则逆,庶民逆,吉。庶民从,龟从,筮从,女则逆,卿士逆,吉[⑩]。女则从,龟从,筮逆,卿士逆,庶民逆,作内吉,作外凶[⑪]。龟筮共违于人,用静吉,用作凶[⑫]。

【注释】

①择建立卜筮(shì)人:选择任用懂得卜筮的人。古人预测吉凶,用龟甲占称“卜”,以蓍草占称“筮”。《集解》引孔安国曰:“龟曰

卜,蓍曰筮。考正疑事,当选择知卜筮人而建立之。”

②曰雨,曰济,曰涕,曰雾,曰克,曰贞,曰悔:指卜筮的七种征兆。济,《尚书》作“霁”,指兆形像雨止初晴时的云气。涕,《尚书》作“圛”,《说文》曰:“圛,升云半有半无,读若驿。”《索隐》曰:“孔安国云‘气骆驿亦连续’。今此文作‘涕’,是涕泣亦相连之状也。”克,指兆形像阴阳之气相侵犯。贞,内卦。悔,外卦。

③卜五,占之用二,衍贷(tè):《集解》引郑玄曰:“卜五占之用,谓雨、济、圛、雾、克也。二衍贷,谓贞、悔也。将立卜筮人,乃先命名兆卦而分别之。兆卦之名凡七,龟用五,《易》用二。审此道者,乃立之也。雨者,兆之体,气如雨然也。济者,如雨止之云气在上者也。圛者,色泽而光明也。雾者,气不释,郁冥冥也。克者,如祲气之色相犯也。内卦曰贞,贞,正也。外卦曰悔,悔之言晦也,晦犹终也。卦象多变,故言‘衍贷’也。”五,指雨、济、涕、雾、克。二,指贞、悔。衍贷,《尚书》作“衍忒”。衍,推演,演变。贷,变化。

④立时人为卜筮:《集解》引郑玄曰:“立是能分别兆卦之名者,以为卜筮人。”立,任命。时,通“是”。

⑤三人占则从二人之言:《集解》引郑玄曰:“从其多者。蓍龟之道幽微难明,慎之深。”

⑥“女则有大疑”五句:《集解》引孔安国曰:“先尽谋虑,然后卜筮以决之。”则,如果,倘若。谋,考虑。卿士,王室执政官。

⑦大同:完全一致。

⑧而身其康强,而子孙其逢吉:《集解》引孔安国曰:“动不违众,故后世遇吉也。”逢,大。

⑨卿士逆,庶民逆,吉:按,卿士、庶民反对而仍曰“吉”者,因前面三者一致,仍占多数。逆,反对。

⑩“庶民从”六句:《集解》引郑玄曰:“此三者皆从,多故为吉。”

⑪作内吉，作外凶：《集解》引郑玄曰："此逆者多，以故举事于境内则吉，境外则凶。"作，举事。内、外，指国内、国外。

⑫"龟筮共违于人"三句：《集解》引郑玄曰："龟、筮皆与人谋相违，人虽三从，犹不可以举事。"静，安静不动。

【译文】

"考察疑难的方法：选择任用精通卜筮的人。令他们卜筮，兆形有的像雨，有的像雨后的云气，有的像云气连绵不绝，有的像雾，有的像阴阳之气相侵犯，有的是内卦，有的是外卦，龟兆和卦象总共有七种。其中用龟甲卜卦五项，用蓍草占卦两项，对兆卦的变化，都要加以推演研究。任用这些人进行卜筮，三个人占卜，要信从其中两个人的卜筮结果。你倘若遇到重大疑难问题，先要自己考虑，再与大臣商量，再与民众商量，最后才看卜筮的结果。你赞成，龟卜赞成，蓍筮赞成，大臣赞成，民众赞成，这种情况就叫大同，你自身一定会安康强健，你的子孙后代也一定会遇到好运，这是吉利。你赞成，龟卜赞成，蓍筮赞成，大臣反对，民众反对，这是吉利。大臣赞成，龟卜赞成，蓍筮赞成，你反对，民众反对，这是吉利。民众赞成，龟卜赞成，蓍筮赞成，你反对，大臣反对，这是吉利。你赞成，龟卜赞成，蓍筮反对，大臣反对，民众反对，做国内的事吉利，做国外的事则有凶险。如果龟卜和蓍筮都反对，你自己、大臣及庶民却都赞同，那就要安静下来，不可有所举动，这才会吉利，有所举动就有凶险。

"庶征：曰雨，曰阳，曰奥，曰寒，曰风[①]。曰时五者来备，各以其序，庶草繁庑[②]。一极备，凶[③]；一极亡，凶[④]。

"曰休征[⑤]：曰肃，时雨若[⑥]；曰治，时旸若[⑦]；曰知，时奥若[⑧]；曰谋，时寒若[⑨]；曰圣，时风若[⑩]。

"曰咎征[⑪]：曰狂，常雨若[⑫]；曰僭，常旸若[⑬]；曰舒，常奥若[⑭]；曰急，常寒若[⑮]；曰雾，常风若[⑯]。王眚维岁[⑰]，卿士维月，师尹维日[18]。岁、月、日时毋易[19]，百谷用成，治用明，畯民用章[20]，家用平康。日、月、岁时既易，百谷用不成，治用昏不明，畯民用微[21]，家用不宁。庶民维星[22]，星有好风，星有好雨[23]。日月之行，有冬有夏[24]。月之从星，则以风雨[25]。

【注释】

①曰雨、曰阳、曰奥、曰寒、曰风：《集解》引孔安国曰："雨以润物，阳以干物，暖以长物，寒以成物，风以动物，五者各以时，所以为众验。"阳，《尚书》作"旸"，日出。此处指晴天。奥，《尚书》作"燠(yù)"，温暖，炎热。

②"曰时五者来备"三句：《集解》引孔安国曰："言五者备至，各以次序，则众草木繁庑滋丰也。"时，通"是"，此。指上述五种现象。庶，众，多。繁庑，草木生长茂盛。庑，通"芜"，茂盛。

③一极备，凶：一，指上述五种现象中之一。极备，过多。凶，年景不好。

④一极亡，凶：《集解》引孔安国曰："一者备极过甚则凶，一者极无不至亦凶，谓其不时失叙之谓也。"极亡，过少。亡(wú)，无。

⑤休征：美好的征兆。休，美好。

⑥曰肃，时雨若：《集解》引孔安国曰："君行敬，则时雨顺之。"若，黄式三曰："顺也，应也，谓顺其气以应之也。"

⑦曰治，时旸若：《集解》引孔安国曰："君政治，则时旸顺之。"治，《尚书》作"乂"，治理。

⑧曰知，时奥若：《集解》引孔安国曰："君昭哲，则时暖顺之。"知，《尚书》作"晢"，明。奥，《尚书》作"燠"，温暖。

⑨曰谋，时寒若：《集解》引孔安国曰："君能谋，则时寒顺之。"

⑩曰圣，时风若：《集解》引孔安国曰："君能通理，则时风顺之。"圣，英明至极。

⑪咎征：坏的征兆，凶恶的征兆。咎，坏，凶。

⑫曰狂，常雨若：《集解》引孔安国曰："君行狂妄，则常雨顺之。"

⑬曰僭，常旸若：《集解》引孔安国曰："君行僭差，则常旸顺之。"僭，差错，差失。

⑭曰舒，常奥若：《集解》引孔安国曰："君臣逸豫，则常暖顺之。"舒，《尚书》作"豫"，安逸。奥，《尚书》作"燠"，暖气过盛。

⑮曰急，常寒若：《集解》引孔安国曰："君行急，则常寒顺之。"急，严峻，急切。

⑯曰雾，常风若：《集解》引孔安国曰："君行雾暗，则常风顺之。"雾，《尚书》作"蒙"，昏暗，愚昧。

⑰王眚（shěng）维岁：帝王有过失，要影响五者的变化一年。眚，过失。下文，卿士有过失会影响一月；卿士下的官吏有过失会影响一天。

⑱师尹：指卿士下面的官吏。

⑲毋易：按照正常不变。易，变化。

⑳畯（jùn）民用章：畯民，即"俊民"，有才能的人。畯，通"俊"。用，因。章，显。此处指被提拔重用。

㉑微：隐，不显。与上文"章"相对为文，指被压抑，没被提拔任用。

㉒庶民维星：《集解》引孔安国曰："星，民象，故众民惟若星也。"把众民比作众星。

㉓星有好风，星有好雨：《集解》引马融曰："箕星好风，毕星好雨。"泷川曰："是言庶民之心各异，马说拘于'好风''好雨'四字。"好，喜欢。

㉔日月之行，有冬有夏：《集解》引孔安国曰："日月之行，冬夏各有常度。"郭嵩焘说："冬夏者，天之所以成岁功也，而日、月之行循乎黄、赤二道以佐成岁功，以喻臣奉行君令而布之民。"

㉕月之从星，则以风雨：《集解》引孔安国曰："月经于箕则多风，离

于毕则多雨。政教失常，以从民欲，亦所以乱。”范文澜曰：“箕子讲《洪范》，第八条叫‘庶征’。‘庶征’是雨、阳、奥、寒、风五种气候，五种合时，众草丰茂。草在畜牧业部门中占有重要地位，所以草茂盛自是好现象。‘庶征’以外又讲到‘岁、月、日、时无易，百谷用成’。卜辞中关于农政、关于祈年之类的记载甚多，足见农业的重要性超过畜牧业。”

【译文】

“各种征兆：它们是下雨、天晴、暖和、寒冷、刮风。这五种气象齐备，各自遵循其次序出现，各种草木就会繁茂丰盛。其中的一种气象过多，就会年成不好；一种气象过少，年成也会不好。

“好的征象是：君王行为肃敬，雨水就会应时降下；君王能治理好政事，太阳就能应时普照大地；君王办事明智，气候就会应时温暖；君王能深谋远虑，天气就会应时转寒；君王能明识通达，风就会应时而至。

“坏的征象是：君王行为狂妄，就会下雨不停；君王犯错误，就会久晴不雨；君王安于逸乐，就会久暖不寒；君王办事急躁，就会久寒不暖；君王昏昧不明，就会刮风不止。君王决策有过失，就会影响一年；执政大臣管理有过失，就会影响一月；官吏办事有过失，就会影响一日。岁、月、日的时令都不颠倒错乱，百谷会因此丰收，政治会因此修明，有才能的人会因此被重用，国家也就会因此太平安康。日、月、岁的时令颠倒错乱，百谷就会因此没有收成，政治就会因此昏暗不明，有才能的人就会因此被埋没，国家就会因此动荡不安。百姓好比星星，有的星喜爱风，有的星喜爱雨。日月运行，有冬天有夏天。月亮如果追随星星运行，就会刮风下雨。

“五福：一曰寿，二曰富，三曰康宁，四曰攸好德①，五曰考终命②。六极③：一曰凶短折④，二曰疾，三曰忧，四曰贫，五曰恶⑤，六曰弱⑥。”

【注释】

①攸(yōu)好德:遵行美德。《集解》引孔安国曰:"所好者德,福之道。"攸,所。

②考终命:长寿善终。考,老,长寿。终命,善终。

③六极:六种惩罚。极,通"殛",诛罚。

④凶短折:"凶""短""折"三者皆指早死。《集解》引郑玄曰:"未龀曰凶,未冠曰短,未婚曰折。"意谓没到换牙的时候就死了叫"凶",没到二十岁就死了叫"短",没有结婚就死了叫"折"。

⑤恶:相貌丑陋。《集解》引孔安国曰:"恶,丑陋也。"

⑥弱:体弱,不健康。自此以上录《尚书·洪范》,文字稍有改易。

【译文】

"运用五种幸福的事以赐福:一是长寿,二是富裕,三是健康安宁,四是遵行美德,五是长寿善终。运用六种极坏的事以立威:一是早死,二是疾病,三是忧愁,四是贫穷,五是邪恶,六是懦弱。"

于是武王乃封箕子于朝鲜而不臣也①。

其后箕子朝周②,过故殷虚③,感宫室毁坏,生禾黍④。箕子伤之,欲哭则不可,欲泣为其近妇人,乃作《麦秀》之诗以歌咏之⑤。其诗曰:"麦秀渐渐兮,禾黍油油⑥。彼狡僮兮⑦,不与我好兮!"所谓狡童者,纣也。殷民闻之,皆为流涕。

【注释】

①武王乃封箕子于朝鲜:《尚书大传》云:"武王胜殷,……释箕子囚。箕子不忍周之释,走之朝鲜。武王闻之,因以朝鲜封之。"《汉书·地理志》曰:"殷道衰,箕子去之朝鲜,教其民以礼义,田蚕织作。乐浪、朝鲜民犯禁八条:相杀以当时偿杀,相伤以谷偿,

相盗者男没入为其家奴，女子为婢，欲自赎者人五十万。虽免为民，俗犹羞之。嫁娶无所雠，是以其民终不相盗，无门户之闭，妇人贞信不淫辟。其田民饮食以笾豆，都邑颇放效吏及内郡贾人，往往以杯器食。可贵哉，仁贤之化也。”朝鲜，古国名。其都城王险，即今朝鲜平壤。

②朝周：到镐京朝见周王。《尚书大传》曰：“箕子既受周之封，不得无臣礼，故于十三祀来朝。”

③殷虚：殷朝都城旧墟，即指被周武王所灭的殷都朝歌，即今河南淇县。虚，同“墟”。

④禾黍：泛指黍、稷、麦、稻等粮食作物。

⑤乃作《麦秀》之诗以歌咏之：梁玉绳曰：“《学斋佔毕》云：‘《尚书大传》以为微子，不知司马何所据而与《书传》牴牾耶？’考《淮南王传》作‘微子’，与《大传》同，似此误称‘箕子’。然《汉书·伍被传》及张晏注、《水经》淇水注并作‘箕子’，盖所传异辞，未知孰是。”麦秀，指麦子秀穗而尚未结实。秀，谷物吐穗开花。

⑥麦秀渐渐兮，禾黍油油：渐渐，麦子吐穗貌。油油，庄稼茂盛而有润泽的样子。

⑦狡僮：美貌的少年。狡，通“姣”。箕子用以指称殷纣。

【译文】

于是周武王就将箕子封在朝鲜，不把他视为周室的臣子。

以后箕子朝见周王，经过殷朝的废墟，感慨于宫室毁坏，禾黍丛生。箕子为之伤心，想放声大哭又觉得不可以，想低声哭泣又觉得像个妇人，于是创作了《麦秀》一诗来咏唱抒发内心的伤感。这首诗说：“麦子吐穗啊，禾黍繁茂。那个娇美的少年啊，不跟我好啊！”所说的娇美少年，指的是帝纣。殷朝的遗民听了，都为之伤心流泪。

武王崩，成王少[①]，周公旦代行政当国[②]。管、蔡疑之，乃与武庚作乱，欲袭成王、周公[3]。周公既承成王命诛武庚[4]，杀管叔，放蔡叔，乃命微子开代殷后，奉其先祀，作《微子之命》以申之，国于宋[5]。微子故能仁贤，乃代武庚，故殷之余民甚戴爱之[6]。

【注释】

①成王：周成王，名诵，周武王之子，前1042—前1021年在位。其事见《周本纪》。

②周公旦：名旦，又称“叔旦”，周文王第四子，因食邑于周（今陕西岐山东北），故称“周公”。其事详见《鲁周公世家》。代行政当国：代替周成王行使政权，主持国政。

③欲袭成王、周公：《集解》引徐广曰：“一云：‘欲袭成周。’”梁玉绳曰：“徐广作‘欲袭成周’，非也。《史诠》删‘成’字，亦非。”

④既：已经，之后。

⑤作《微子之命》以申之，国于宋：《微子之命》，古文《尚书》篇名。是周成王分封微子的敕令，文中申告微子必须遵从旧典，管束臣民，拥戴周王室。中井积德曰：“微子仍称微者，犹周、召、康叔之类云。”宋，古国名。国都商丘，即今河南商丘。据有今河南东部、山东西南部、江苏西北部、安徽北部等邻近地区。《集解》引《世本》曰：“宋更曰睢阳。”梁玉绳曰：“成王以旧宋命微子为殷后，非武庚既诛，微子始国于宋也。”

⑥“微子故能仁贤”三句：徐孚远曰：“周移殷遗民于洛邑三世，其风始革；国于宋者，安然无虞，非微子之德，盖新故异也。”陈子龙曰：“殷之顽民，率在纣故都；宋之遗民，非顽民也。”前“故”字通“固”，原本，本来。

【译文】

周武王去世后，周成王年幼，周公旦代周成王行使政权，主持国事。

管叔和蔡叔怀疑他想自己做周王，就与武庚一起发动叛乱，想袭击周成王、周公。周公奉了周成王的命令诛杀武庚之后，杀了管叔，流放了蔡叔，于是命微子开代替武庚，作为殷朝的后裔，奉事殷朝祖先的祭祀，并写下了《微子之命》加以申述，让他立国于宋。微子原本就仁义贤能，就代替了武庚，所以殷朝遗民非常爱戴他。

微子开卒，立其弟衍，是为微仲①。微仲卒，子宋公稽立②。宋公稽卒，子丁公申立。丁公申卒，子湣公共立。湣公共卒，弟炀公熙立。炀公即位，湣公子鲋祀弑炀公而自立③，曰“我当立”，是为厉公。厉公卒，子釐公举立。

【注释】

①立其弟衍，是为微仲：《集解》曰：“《礼记》曰：‘微子舍其孙腯而立衍也。’郑玄曰：‘微子適子死，立其弟衍，殷礼也。’”《索隐》曰：“按《家语》，微子弟仲思名衍，一名泄，嗣微子为宋公。虽迁爵易位，而班级不过其故，故以旧官为称。故二微虽为宋公，犹称‘微’，至于稽乃称‘宋公’也。”梁玉绳曰：“仲乃微子之子，非弟也。伪《家语·本姓》《解》谓‘微子弟仲思名衍，或名泄号微仲，恐不可信。”方苞曰：“微子微仲，虽受周封，犹称殷号，周家之忠厚也。《洪范》‘王曰呜呼箕子’，编书者又以‘微子之命’名篇，则知武王、周公不忍革其故号，故微仲之子，始称宋公。”泷川曰：“《集解》所引《礼记》为《檀弓》篇，《索隐》所引《家语·本姓解》。”

②宋公稽：《集解》引谯周云：“未谥，故名之。”

③鲋祀：《索隐》曰：“徐（广）云一本作‘鲂’，谯周亦作‘鲂祀’，据《左氏》，即湣公庶子也。弑炀公，欲立太子弗父何，何让不受。”

【译文】

微子开去世，他的弟弟衍继位为宋君，这就是微仲。微仲去世，他的儿子宋公稽继位。宋公稽去世，他的儿子丁公申继位。丁公申去世，他的儿子湣公共继位。湣公共去世，他的弟弟炀公熙继位。炀公即位后，湣公的儿子鲋祀弑杀炀公而自立，说“我应当继位为君”，这就是厉公。厉公去世，他的儿子釐公举继位。

釐公十七年[①]，周厉王出奔彘[②]。

二十八年[③]，釐公卒，子惠公𫖮立[④]。

惠公四年，周宣王即位[⑤]。

三十年[⑥]，惠公卒，子哀公立。

哀公元年卒[⑦]，子戴公立。

戴公二十九年[⑧]，周幽王为犬戎所杀[⑨]，秦始列为诸侯[⑩]。

三十四年[⑪]，戴公卒，子武公司空立。武公生女为鲁惠公夫人[⑫]，生鲁桓公[⑬]。

十八年[⑭]，武公卒，子宣公力立。宣公有太子与夷。

十九年[⑮]，宣公病，让其弟和，曰：“父死子继，兄死弟及，天下通义也[⑯]。我其立和。”和亦三让而受之。宣公卒，弟和立，是为穆公。

【注释】

①釐公十七年：前842年。

②周厉王出奔彘（zhì）：周厉王，名胡，周夷王之子，前862—前842年在位。他残暴无道，国人不堪其暴政将其驱逐，而逃奔于彘。其事详见《周本纪》。彘，即今山西霍州东北。

③二十八年：前831年。

④惠公覸(qiān):宋惠公,名覸,前831—前801年在位。

⑤惠公四年,周宣王即位:惠公四年,当周宣王元年,前827年。周宣王,名静,一作"靖",周厉王之子,前827—前782年在位。其事见《周本纪》。

⑥三十年:当周宣王二十七年,前801年。

⑦哀公元年:当周宣王二十八年,前800年。

⑧戴公二十九年:当周幽王十一年、秦襄公七年,前771年。

⑨周幽王为犬戎所杀:周幽王宠爱褒姒,废申后及太子宜臼,申后之父申侯联合犬戎攻杀周幽王。周幽王,名宫湦,又名宫湟,或作"涅",周宣王之子,前781—前771年在位。其事详见《周本纪》。犬戎,古部族名。古戎人的一支,殷周时活动于今陕西彬州、岐山一带。

⑩秦始列为诸侯:秦襄公于周幽王被杀时曾率兵援周,又护送周平王东迁,周平王因功封他为诸侯,赐以西周之故地,至此,秦国开始列为诸侯。

⑪三十四年:当周平王五年,前766年。

⑫鲁惠公:名弗湦(一作"弗湟"),鲁孝公之子,前768—前723年在位。

⑬鲁桓公:名允,鲁惠公之子,前711—前694年在位。

⑭十八年:当周平王二十三年,前748年。

⑮十九年:当周平王四十二年,前729年。

⑯通义:普遍适用的道理与法则。

【译文】

釐公十七年,周厉王出逃到彘。

釐公二十八年,去世,他的儿子惠公覸继位。

惠公四年,周宣王即位。

惠公三十年,去世,他的儿子哀公继位。

哀公元年去世,他的儿子戴公继位。

戴公二十九年,周幽王被犬戎杀死,秦国在这年开始列为诸侯。

戴公三十四年,去世,他的儿子武公司空继位。武公生的一个女儿嫁给鲁惠公做夫人,生下了鲁桓公。

武公十八年,去世,他的儿子宣公力继位。宣公有太子名叫与夷。

宣公十九年,病重,让位给他的弟弟和,说:“父亲死了儿子继位,哥哥死了弟弟接续,这是天下通行的道义。我要立和为国君。”和多次推辞才接受。宣公去世,弟弟和继位,这就是穆公。

穆公九年①,病,召大司马孔父谓曰②:“先君宣公舍太子与夷而立我③,我不敢忘。我死,必立与夷也。”孔父曰:“群臣皆愿立公子冯④。”穆公曰:“毋立冯,吾不可以负宣公。”于是穆公使冯出居于郑。八月庚辰⑤,穆公卒,兄宣公子与夷立,是为殇公。君子闻之,曰:“宋宣公可谓知人矣,立其弟以成义,然卒其子复享之⑥。”

【注释】

①穆公九年:当周平王五十一年,前720年。

②大司马孔父:孔父,名嘉,字孔父,孔子六世祖,宋国公室贵族。宋穆公时任大司马。大司马,官名。掌全国军事。

③太子与夷:即后来的宋殇(shāng)公,名与夷,宋宣公之子。宋宣公病卒,让位于其弟穆公和。宋穆公病,命其子冯出居郑,复让位于宋宣公之子与夷。

④公子冯:即后来的宋庄公,名冯。

⑤八月庚辰:八月十五日。

⑥卒其子复享之:最终他的儿子又享有了君位。卒,最终,最后。

以上所记宋穆公召孔父而嘱立宋殇公一事，本于《左传·隐公三年》。

【译文】

穆公九年，病重，召见大司马孔父，对他说："先君宣公舍弃太子与夷，立我为君，我不敢忘怀。我死后，一定要扶立与夷为君。"孔父说："群臣都希望拥立公子冯为君。"穆公说："不能立冯，我不可以辜负宣公。"于是穆公让公子冯离开宋国，到郑国居住。八月庚辰日，穆公去世，哥哥宣公的儿子与夷继位，这就是殇公。君子听说这件事，说："宋宣公可称得上是知人呀，立他的弟弟以成全了道义，然而最终他的儿子重新享有了君位。"

殇公元年①，卫公子州吁弑其君完自立②，欲得诸侯，使告于宋曰："冯在郑，必为乱，可与我伐之。"宋许之，与伐郑，至东门而还③。

二年④，郑伐宋，以报东门之役。其后诸侯数来侵伐。

【注释】

①殇公元年：当周桓王元年、卫桓公十六年、郑庄公二十五年，前719年。

②卫公子州吁弑其君完自立：州吁，卫庄公之子，卫桓公之弟，后袭杀卫桓公，自立为君。不久被卫上卿石碏派人杀死于濮地。完，即卫桓公，名完，前734—前719年在位。

③至东门而还：其事见《左传·隐公四年》。东门，指郑之国都东门。

④二年：当周桓王二年、郑庄公二十六年，前718年。

【译文】

殇公元年，卫公子州吁弑杀国君卫桓公完而自立，想取得诸侯的支持，派人告诉宋君说："公子冯现在住在郑国，一定会作乱，可与我国一同去讨伐他。”宋君答应了，与卫国一起攻打郑国，到了郑国都城的东门就退兵了。

殇公二年，郑国攻打宋国，来报复东门之役之仇。此后诸侯多次前来侵伐宋国。

九年[①]，大司马孔父嘉妻好[②]，出，道遇太宰华督[③]，督说[④]，目而观之[⑤]。督利孔父妻[⑥]，乃使人宣言国中曰[⑦]：“殇公即位十年耳[⑧]，而十一战[⑨]，民苦不堪，皆孔父为之，我且杀孔父以宁民。”是岁，鲁弑其君隐公[⑩]。

十年，华督攻杀孔父，取其妻。殇公怒，遂弑殇公，而迎穆公子冯于郑而立之，是为庄公。

【注释】

①九年：当周桓王九年，前711年。

②好：漂亮，貌美。

③太宰：官名。总管国家事务。华督：名督，字华父，宋戴公之孙，宋国公族。中井积德曰：“‘华父督’不宜言‘华督’。盖‘华父’其字也，是时未以为氏族也，是太史公之粗处。”

④说：同“悦”。

⑤目而观之：《左传》作“目逆而送之”。《集解》引服虔曰：“目者，极视精不转也。”王若虚曰：“《左氏》‘目逆而送之’，其言甚文；《史》乃云‘目而观之’，不成语矣。”中井积德曰：“目，目送之也。”

⑥利：贪恋。

⑦使人宣言国中：就派人在都城扬言说。按，华督宣言当在次年，即宋殇公十年。刘操南引沈家本《史记琐言》曰：“督见孔父妻《左传》载于桓（鲁桓公）元年，宣言国中载于桓二年，本非一年事，

《史》撮叙一处，故有牴牾耳。”

⑧殇公即位十年耳：董份曰：“‘殇’字当是死而谥者，今臣不宜称，恐误。”梁玉绳曰：“‘殇’字误，当省。”

⑨十一战：《集解》引贾逵曰：“一战，伐郑，围其东门；二战，取其禾；三战，取邾田；四战，邾郑伐宋，入其郛；五战，伐郑，围长葛；六战，郑以王命伐宋；七战，鲁败宋师于菅；八战，宋、卫入郑；九战，伐戴；十战，郑入宋；十一战，郑伯以虢师大败宋。”

⑩是岁，鲁弑其君隐公：杭世骏曰：“隐公弑于宋殇公八年，此叙在九年误。”隐公，鲁隐公，名息，一作“息姑”，前722—前712年在位。

【译文】

殇公九年，大司马孔父嘉的妻子相貌美丽，外出时，路上遇见了太宰华督，华督喜欢上她，目不转睛地盯着她看。华督想要霸占孔父嘉的妻子，就派人在国都中散布言论说：“我们的国君即位不过十年罢了，却发动了十一次战争，百姓苦不堪言，这都是孔父造成的，我要杀了孔父，让大家得到安宁。”这年，鲁人弑杀了他们的国君鲁隐公。

殇公十年，华督攻杀孔父嘉，夺取了他的妻子。殇公大怒，华督就把殇公也杀了，从郑国迎回穆公的儿子公子冯，立他为君，这就是庄公。

庄公元年[①]，华督为相。

九年，执郑之祭仲[②]，要以立突为郑君[③]。祭仲许，竟立突[④]。

十九年[⑤]，庄公卒，子湣公捷立。

【注释】

①庄公元年：当周桓王十年，前710年。

②九年，执郑之祭（zhài）仲：九年，当周桓王十八年、郑庄公四十三年，前702年。据《左传·桓公十一年》，宋执祭仲在宋庄公十

年,即前701年,《十二诸侯年表》与《左传》合。执,逮住,抓住。祭仲,郑国大夫。

③要(yāo):要挟,胁迫。突:指公子突,郑庄公之子,即日后的郑厉公,前700—前697年在位。

④竟:最后,终于。

⑤十九年:当周庄王五年,前692年。

【译文】

庄公元年,华督为相。

庄公九年,捉住了郑国的祭仲,要挟他扶立公子突做郑国的国君。祭仲答应,最后立公子突做了国君。

庄公十九年,去世,他的儿子湣公捷继位。

湣公七年①,齐桓公即位②。

九年③,宋水④,鲁使臧文仲往吊水⑤。湣公自罪曰:"寡人以不能事鬼神,政不修,故水⑥。"臧文仲善此言⑦。此言乃公子子鱼教湣公也⑧。

【注释】

①湣公七年:当周庄王十二年、齐桓公元年,前685年。

②齐桓公:名小白,前685—前643年在位。他在位期间,任贤举能,"九合诸侯,一匡天下",成为春秋霸主之首。其事详见《齐太公世家》。

③九年:当周庄王十四年,前683年。

④水:发大水,发水灾。

⑤臧文仲:鲁国大夫。吊:慰问。《集解》引贾逵曰:"问凶曰吊。"此指慰问遭水灾之民。

⑥"寡人以不能事鬼神"三句:《左传·庄公十一年》作:"(湣公)对

曰:‘孤实不敬,天降之灾,又以为君忧,拜命之辱。’”杨伯峻说:“是司马迁以‘不能事鬼神’与‘政不修’释‘不敬’,盖古《左氏》义。”

⑦臧文仲善此言:《左传·庄公十一年》记臧文仲曰:“宋其兴乎!禹、汤罪己,其兴也悖焉;桀、纣罪人,其亡也忽焉。且列国有凶,称孤,礼也。言惧而名礼,其庶乎!”

⑧乃公子子鱼教湣公也:按,《左传》“子鱼”作“御说”。御说乃湣公之弟,后继位为宋桓公。杨伯峻曰:“子鱼即目夷,至僖八年始见《左传》,距此尚三十余年,《史记》之说于理未安。”

【译文】

湣公七年,齐桓公即位。

湣公九年,宋国发生水灾,鲁国派臧文仲前往宋国慰问灾民。湣公自责道:“我不能奉事鬼神,政治不修明,所以发生了水灾。”臧文仲认为他的这些话说得好。这些话是公子子鱼教湣公说的。

十年夏,宋伐鲁,战于乘丘,鲁生虏宋南宫万[①]。宋人请万,万归宋。

十一年秋[②],湣公与南宫万猎,因博争行[③],湣公怒,辱之,曰:“始吾敬若[④];今若,鲁虏也。”万有力,病此言[⑤],遂以局杀湣公于蒙泽[⑥]。大夫仇牧闻之[⑦],以兵造公门[⑧]。万搏牧[⑨],牧齿着门阖[⑩],死。因杀太宰华督,乃更立公子游为君。诸公子奔萧[⑪],公子御说奔亳[⑫]。万弟南宫牛将兵围亳。冬,萧及宋之诸公子共击杀南宫牛,弑宋新君游而立湣公弟御说,是为桓公。宋万奔陈[⑬]。宋人请以赂陈[⑭]。陈人使妇人饮之醇酒[⑮],以革裹之[⑯],归宋。宋人醢万也[⑰]。

【注释】

①“十年夏”四句：据《左传·庄公十一年》，宋、鲁“乘丘之战”在宋湣公九年，当周庄王十四年，前683年。《十二诸侯年表》与《左传》合。杭世骏曰：“《左传》宋湣公九年，为鲁庄公之十一年夏，宋为乘丘之役。秋，宋大水，公使吊焉。此叙战乘丘于大水之后，又书曰十年。”此书于十年，盖因《左传》于庄十一年追叙获南宫万而误差。十年，当周庄王十五年、鲁庄公十二年，前682年。乘丘，鲁邑名。在今山东巨野西南。生虏，活捉。南宫万，《集解》引贾逵曰：“南宫，氏；万，名。宋卿。”

②十一年：据《春秋》，南宫万弑宋湣公在湣公十年，即前682年。杭世骏曰：“湣公立十年而被弑，此云‘十一年秋’，‘一’字盖衍文。”梁玉绳曰：“‘十一年’三字衍，湣公立十年而被弑，上文已书曰‘十年’也。又《史》本《公羊》，以弑公因博起衅，然不闻猎也，岂别有据乎？”

③因博争行：因下棋该谁走发生争执。博，古代的一种棋戏。

④若：你。

⑤病此言：讨厌听这种话。病，厌恶。

⑥遂以局杀湣公于蒙泽：梁玉绳曰：“《公羊传》云‘万搏闵公绝其脰’，此言以局杀公亦异。魏徐幹《中论·法象》篇：‘宋敏碎首于棋局。’”局，棋盘。蒙泽，宋邑名。在今河南商丘东北。

⑦仇牧：宋国大夫。

⑧以兵造公门：拿着兵器来到宋湣公的宫门。以兵，拿着兵器。造，往，到。公门，宋国诸侯的宫门。

⑨搏：抽，以掌击人之脸。

⑩阖：《集解》引何休曰：“门扇。”

⑪诸公子：诸侯太子以外的其他儿子。萧：宋国的附庸国名。子姓。在今安徽萧县西北。

⑫公子御说：即日后的宋桓公，名御说。亳：宋邑名。又作“薄”，在今山东曹县东南。

⑬宋万奔陈：按，据《春秋》，宋万奔陈一事亦当系于宋湣公十年。

⑭宋人请以赂陈：泷川曰：“枫山、三条本无‘陈’字，义长。”中井积德曰：“‘请’字当在‘赂’下，是传写之误。亦通。”按，“以赂请”更为明畅，即花钱求其引渡南宫万回宋。

⑮陈人使妇人饮之醇酒：《集解》引服虔曰：“宋万多力，勇不可执，故先使妇人诱而饮之酒，醉而缚之。”醇酒，浓酒。

⑯以革裹之：《集解》引《左传》曰：“以犀革裹之。”泷川曰：“《左传》云‘以犀革裹之，比及宋，手足皆见’，能状万多力，千岁如生。史公节略数字，索然无味。”革，此指犀牛皮。

⑰醢（hǎi）：把人剁成肉酱。《集解》引服虔曰：“醢，肉酱。”

【译文】

湣公十年夏，宋国攻打鲁国，在乘丘交战，鲁国生擒了宋国的南宫万。宋人请求释放南宫万，南宫万回到宋国。

湣公十一年秋，湣公与南宫万一起狩猎，因为下棋争路，湣公发怒，侮辱南宫万说：“当初我敬重你，现如今你不过是鲁国人的俘虏。”南宫万有力气，忌恨这些话，就在蒙泽用棋盘砸死湣公。大夫仇牧听说此事，就带着兵器来到湣公的宫门前。南宫万猛击仇牧，仇牧的牙齿撞在门板上，死去了。南宫万趁机杀死太宰华督，改立公子游为国君。诸公子都逃奔萧邑，公子御说逃奔亳邑。南宫万的弟弟南宫牛率兵包围亳邑。冬天，萧邑的大夫和宋国的诸公子共同击杀了南宫牛，弑杀了宋国的新君游，改立湣公的弟弟御说，这就是桓公。南宫万逃奔陈国。宋人以财物贿赂陈国。陈国人让妇人用醇酒灌醉南宫万，以皮革把他包裹起来，送回宋国。宋人把南宫万剁成了肉酱。

桓公二年[①]，诸侯伐宋，至郊而去。

三年[②]，齐桓公始霸[③]。

二十三年[④]，迎卫公子燬于齐[⑤]，立之，是为卫文公。文公女弟为桓公夫人[⑥]。秦穆公即位[⑦]。

三十年[⑧]，桓公病，太子兹甫让其庶兄目夷为嗣[⑨]。桓公义太子意，竟不听。

三十一年春[⑩]，桓公卒，太子兹甫立，是为襄公。以其庶兄目夷为相。未葬，而齐桓公会诸侯于葵丘[⑪]，襄公往会。

【注释】

①桓公二年：当周釐王二年，前680年。

②三年：当周釐王三年、齐桓公七年，前679年。

③齐桓公始霸：齐桓公七年（前679）会诸侯于鄄，始称霸主，见《齐太公世家》。

④二十三年：当周惠王十八年、卫文公元年、秦穆公元年，前659年。

⑤卫公子燬（huǐ）：名燬，卫戴公之弟，即日后之卫文公，前659—前635年在位。

⑥女弟：即妹妹。为桓公夫人：为齐桓公之夫人。当时诸侯之正妻称“夫人”。

⑦秦穆公：姓嬴，名任好，秦德公第三子，前659—前621年在位。在当时称霸西戎。

⑧三十年：当周襄王元年，前652年。

⑨太子兹甫：名兹甫，也作“兹父”，即日后之宋襄公，前650—前637在位。目夷：字子鱼，宋桓公之子，姬妾所生，故称太子之“庶兄”。嗣：继承人。

⑩三十一年：当周襄王二年、齐桓公三十五年，前651年。

⑪齐桓公会诸侯于葵丘：即为“葵丘之会”。此次盟会，周天子派使

者在会上策命齐桓公为方伯，其事详见《齐太公世家》。葵丘，宋邑名。在今河南兰考东。

【译文】

桓公二年，诸侯讨伐宋国，攻到宋国的郊外而退兵离去。

桓公三年，齐桓公开始称霸。

桓公二十三年，宋桓公从齐国迎回卫公子燬，立他为卫君，这就是卫文公。卫文公的妹妹是桓公的夫人。本年秦穆公即位。

桓公三十年，桓公病重，太子兹甫把嗣君之位让给他的庶兄目夷。桓公认为太子的想法符合道义，但最终未听从。

桓公三十一年春，去世，太子兹甫继位，这就是襄公。他任用庶兄目夷为相。桓公还没下葬，齐桓公在葵丘会盟诸侯，襄公前往赴会。

襄公七年[①]，宋地霣星如雨，与雨偕下[②]；六鹢退蜚[③]，风疾也[④]。

襄公八年，齐桓公卒[⑤]，宋欲为盟会[⑥]。

十二年春[⑦]，宋襄公为鹿上之盟[⑧]，以求诸侯于楚[⑨]，楚人许之。公子目夷谏曰："小国争盟，祸也。"不听。秋，诸侯会宋公盟于盂[⑩]。目夷曰："祸其在此乎？君欲已甚[⑪]，何以堪之！"于是楚执宋襄公以伐宋。冬，会于亳，以释宋公[⑫]。子鱼曰[⑬]："祸犹未也。"

十三年夏[⑭]，宋伐郑。子鱼曰："祸在此矣。"秋，楚伐宋以救郑。襄公将战，子鱼谏曰："天之弃商久矣[⑮]，不可。"冬，十一月，襄公与楚成王战于泓[⑯]。楚人未济[⑰]，目夷曰："彼众我寡，及其未济击之。"公不听。已济未陈[⑱]，又曰："可击。"公曰："待其已陈。"陈成，宋人击之。宋师大败，襄公伤股[⑲]。国人皆怨公。公曰："君子不困人于厄[⑳]，不鼓不成列[21]。"子鱼曰:"兵以胜为功,何常言与[22]! 必如公言,即奴事之耳[23],又何战为?"

【注释】

①襄公七年:当周襄王九年,前644年。

②宋地贾(yǔn)星如雨,与雨偕下:《集解》引《左传》曰:"陨石于宋五,陨星也。"李笠曰:"'与雨偕下'四字,疑后人旁注溷入。"贾,坠落。

③六鹢(yì)退蜚:《集解》引《公羊传》曰:"视之则六,查之则鹢,徐察之则退飞。"鹢,鸟名。一种像鹭鸶的能高飞的水鸟。蜚,通"飞"。

④风疾也:《集解》引贾逵曰:"风起于远,至宋都高而疾,故鹢逢风却退。"《索隐》曰:"僖十六年《左传》'贾石于宋五,贾星也。六鹢退蜚,过宋都。'是当宋襄公之时,访内史叔兴曰:'吉凶焉在'? 对曰'君将得诸侯而不终也'。然庄七年《传》又云'恒星不见,夜中星贾如雨,与雨偕也'。且与雨偕下,自在别年,不与贾石、退鹢之事同。此史以贾石为星,遂连恒星不见之时与雨偕为文,故与《左传》小不同也。"王若虚曰:"'星陨如雨'初不指其在宋;且庄七年,与僖十六年相去远矣,安得并为宋地同时之事乎? 盖见《左氏》释陨石为陨星,故误志焉。而陨石之事,反遗而不书,疏甚。"

⑤八年,齐桓公卒:当周襄王十年、齐桓公四十三年,前643年。齐桓公卒之事,详见《齐太公世家》。

⑥宋欲为盟会:其意盖谓宋襄公欲为盟主。泷川曰:"先是齐桓公立公子昭为太子,属诸宋襄公。桓公卒,易牙等立公子无亏,公子昭走宋,襄公以诸侯伐齐,杀无亏,立昭,是为孝公。是宋襄公起事之始。"龟井昱曰:"宋襄一战而杀无亏,再战而立孝公,此其所以志

气炎上也。至此霸心遂决，故有明年之事。”又曰：“僖十六年《左传》，周内史叔兴曰：‘君将得诸侯而不终。’盖宋襄求霸既久矣。”

⑦十二年：当周襄王十四年、楚成王三十三年，前639年。

⑧为鹿上之盟：在鹿上召集诸侯会盟。鹿上，宋邑名。在今安徽阜阳南。一说在今山东巨野西南。

⑨求诸侯于楚：请求楚国说服诸侯承认他的盟主地位。

⑩盂：宋邑名。在今河南睢县西北。

⑪已甚：太甚。已，太。

⑫释：放。

⑬子鱼：公子目夷的字，时为大司马。

⑭十三年：当周襄王十五年、楚成王三十四年、郑文公三十五年，前638年。

⑮天之弃商久矣：按，宋为殷商后裔，故云。

⑯襄公与楚成王战于泓：即“泓之战”。楚成王，芈姓，名恽，楚文王之子，前671—前626年在位。泓，水名。故道约在今河南柘城西北。

⑰济：渡河。

⑱陈：同“阵”，列阵。

⑲股：大腿。

⑳不困人于厄：不在险隘之地使人困窘。厄，险难之地。

㉑不鼓不成列：不能向未摆好阵势的敌军发动攻击。不鼓，不擂鼓进兵，即不攻击。

㉒何常言与：哪能讲这种迂腐的话。常言，常谈，迂腐、庸俗之言。

㉓奴事：像奴隶一样侍奉对方。

【译文】

襄公七年，宋国的上空流星如雨，与雨一同坠落；六只鹢鸟倒退飞行，这是因为风刮得太急的缘故。

襄公八年，齐桓公去世，宋国想主持诸侯盟会。

襄公十二年春，宋襄公在鹿上召集盟会，请求楚国说服诸侯承认他是盟主，楚国人答应了。公子目夷劝谏道："小国争当盟主，这是祸患呀。"襄公不听。秋天，诸侯在盂地与宋襄公会盟。目夷说："大祸恐怕会在这件事情上发生吧？国君的欲望太大，国家怎么能承受得了呢！"在这次盟会上，楚国扣押宋襄公，兴兵攻打宋国。冬天，诸侯在亳地会盟，楚国释放了宋襄公。子鱼说："大祸还没结束。"

襄公十三年夏，宋国攻打郑国。子鱼说："大祸就在这里。"秋天，楚国攻打宋国来援救郑国。宋襄公要和楚国交战，子鱼劝谏道："上天遗弃殷商已经很久了，不可开战。"冬天，十一月，襄公与楚成王在泓地交战。楚人还没完全渡过泓水，目夷说："敌众我寡，趁他们还没登岸，赶紧发动攻击。"襄公不听。楚军已经渡完河，还没有摆好阵势，目夷又说："现在可以出击。"襄公说："等他们摆好阵势再打。"楚军摆好阵势，宋人攻击他们。宋军大败，襄公伤了大腿。宋国人都埋怨襄公。襄公说："君子不在人处于险隘之地时困窘他们，不能向未摆好阵势的敌军发动攻击。"子鱼说："打仗以取胜为功绩，怎能讲这种迂腐的话呢！一定按你说的做，就去做奴仆奉事他们算了，又何必交战呢？"

楚成王已救郑，郑享之①；去而取郑二姬以归②。叔瞻曰③："成王无礼④，其不没乎⑤？为礼卒于无别⑥，有以知其不遂霸也⑦。"

是年，晋公子重耳过⑧，宋襄公以伤于楚，欲得晋援，厚礼重耳以马二十乘⑨。

【注释】

①享：通"飨"，用酒食款待。

②郑二姬：即郑文公夫人芈氏和姜氏所生的两个女儿。《索隐》曰："谓郑夫人芈氏、姜氏之女。既是郑女，故云'二姬。'"泷川引中井积德曰："据《左传》，芈氏、姜氏并郑伯之夫人劳楚子者。楚子所取二姬，是芈氏所生之女。"

③叔瞻：郑国大夫。

④成王无礼：梁玉绳曰："当曰'楚王无礼'。"

⑤没：同"殁"，死。

⑥为礼卒于无别：两国诸侯相见而最后以无礼收场。无别，男女无别。指楚成王败宋于泓后，接受郑国的女人前来，还让她们观看战俘。其事详见《左传·僖公二十二年》。

⑦有以知其不遂霸也：从这件事情上可以知道楚王是成不了霸业的。遂，成功，完成。

⑧是年，晋公子重耳过宋：重耳，晋献公之子，即日后之晋文公。重耳因其国内政治动荡而外逃周游诸国事，详见《左传》与《晋世家》。梁玉绳曰："《左传》重耳历游诸国，惟自郑至楚及楚送诸秦，当在鲁僖二十三年，过卫在僖十八年，余皆追叙，莫定在何岁。此及《晋世家》书过宋于宋襄公十三年伤泓之后，当鲁僖二十二，谓因败礼重耳，未确也。《左通》曰：'晋文公在外十九年，不知于何年过宋，《史》特因上年伤泓而为此说，安知过宋不竟在泓战之前？'"

⑨二十乘（shèng）：《正义》引服虔曰："八十匹。"乘，一车四马为一乘。

【译文】

楚成王已经救援了郑国，郑国设酒宴款待他；他离开时，娶了郑君的两个女儿，将她们带回楚国。叔瞻说："楚成王如此无礼，恐怕没什么好下场吧？本来以礼相待，最终却不讲男女之别，以无礼收场，从这件事上就可以知道他最终不能完成霸业。"

这年，晋公子重耳经过宋国，襄公因为与楚军交战受了伤，想得到晋国的援助，所以送给重耳八十匹马的厚礼。

十四年夏[①]，襄公病伤于泓而竟卒，子成公王臣立[②]。

成公元年[③]，晋文公即位。

三年[④]，倍楚盟[⑤]，亲晋，以有德于文公也[⑥]。

四年[⑦]，楚成王伐宋，宋告急于晋。

五年[⑧]，晋文公救宋，楚兵去[⑨]。

九年[⑩]，晋文公卒[⑪]。

十一年[⑫]，楚太子商臣弑其父成王代立[⑬]。

十六年[⑭]，秦穆公卒。

十七年，成公卒[⑮]。成公弟御杀太子及大司马公孙固而自立为君[⑯]。宋人共杀君御而立成公少子杵臼，是为昭公[⑰]。

【注释】

①十四年：当周襄王十六年，前637年。

②成公王臣：宋成公，名王臣，一作“壬臣”，前636—前620年在位。

③成公元年：当周襄王十七年、晋文公元年，前636年。

④三年：当周襄王十九年、晋文公三年、楚成王三十八年，前634年。

⑤倍：通“背”，违背。

⑥有德于文公：指宋襄公礼待晋文公且馈马之事。

⑦四年：当周襄王二十年、晋文公四年、楚成王三十九年，前633年。

⑧五年：当周襄王二十一年、晋文公五年、楚成王四十年，前632年。

⑨晋文公救宋，楚兵去：此即“城濮之战”，这场战争，晋国大败楚国，重耳成为霸主。其事详见《左传·僖公二十八年》与《晋世家》。

⑩九年：当周襄王二十五年、晋文公九年，前628年。

⑪晋文公卒：秦国乘晋文公卒，派兵偷袭郑国，不成，回师途中，被晋国伏击于崤山，致使秦军覆没。其事详见《左传·僖公三十三年》与《晋世家》。

⑫十一年：当周襄王二十七年、楚成王四十六年，前626年。

⑬太子商臣：名商臣，楚成王之太子，即日后之楚穆王，前625—前614年在位。其事详见《楚世家》。

⑭十六年：当周襄王三十二年、秦穆公三十九年，前621年。

⑮十七年，成公卒：事在前620年，当周襄王三十三年。《正义》曰："《年表》云'公孙固杀成公'。"

⑯杀太子：沈家本曰："《左传》无杀太子事。"公孙固：《正义》引《世本》云："宋庄公孙名固，为大司马。"

⑰宋人共杀君御而立成公少子杵臼，是为昭公：梁玉绳曰："《经》《传》无御作乱事。……是时乐豫代公孙固为司马，固已不为司马，故文七年《传》但云'杀公孙固、公孙郑于公宫'。"杵臼，《正义》曰："襄公之子。徐广曰：'一云成公少子。'"即宋昭公，前619—前611年在位。

【译文】

襄公十四年夏，襄公由于在泓之战中受伤，最终发病去世，他的儿子成公王臣继位。

成公元年，晋文公即位。

成公三年，宋国违背与楚国订下的盟约，与晋国亲善，是因为宋襄公曾对晋文公有过恩惠。

成公四年，楚成王讨伐宋国，宋国向晋国告急。

成公五年，晋文公援救宋国，楚军退兵。

成公九年，晋文公去世。

成公十一年，楚太子商臣弑杀他的父亲楚成王，取而代之而自立为王。

成公十六年，秦穆公去世。

成公十七年，去世。他的弟弟御杀死太子和大司马公孙固，而自立为君。宋人共同杀死君御，立成公的少子杵臼为君，这就是昭公。

昭公四年[①]，宋败长翟缘斯于长丘[②]。

七年[③]，楚庄王即位[④]。

九年[⑤]，昭公无道，国人不附。昭公弟鲍革贤而下士[⑥]。先，襄公夫人欲通于公子鲍，不可[⑦]，乃助之施于国[⑧]，因大夫华元为右师[⑨]。昭公出猎，夫人王姬使卫伯攻杀昭公杵臼[⑩]。弟鲍革立，是为文公。

【注释】

①昭公四年：当周顷王三年，前616年。

②宋败长翟缘斯于长丘：《集解》曰："《鲁世家》云'宋武公之世，获缘斯于长丘'。今云此时，未详。"余有丁曰："《左传》载武公获缘斯在《春秋》前，《鲁世家》语是。此云昭公误也。"长翟，又作"长狄"，古部族名。春秋时狄族的一支，活动于西起今山西临汾、长治，东至山东边境的山谷间。传说他们身材较高，故称。缘斯，长翟的首领。长丘，宋邑名。在今河南封丘西南。

③七年：当周顷王六年、楚庄王元年，前613年。

④楚庄王：名侣，又作"吕""旅"，前613—前591年在位。其事详见《楚世家》。

⑤九年：当周匡王二年，前611年。

⑥鲍革：即宋文公。梁玉绳曰："《春秋·经》《传》及《年表》，宋文公名鲍，不名鲍革，徐广云：'一无"革"字'是也。下文一称'公子鲍'，一称'鲍革'，衍'革'字。"

⑦襄公夫人欲通于公子鲍，不可：《集解》引服虔曰："襄公夫人，周襄王之姊王姬也。不可，鲍不肯也。"泷川曰："宋襄卒已二十七年，夫人年盖近六十矣。"通，私通。

⑧乃助之施于国：《正义》曰："襄夫人助公子鲍布施恩惠于国人也。"

⑨因大夫华元为右师：《正义》曰："华元，戴公五代孙，华督之曾孙也。"凌稚隆曰："《左传》云'昭公无道，国人奉公子鲍，以因夫人，于是华元为右师'云云，此云'因大夫华元为右师'，文义不顺。"右师，官名。负责教导国君。

⑩昭公出猎，夫人王姬使卫伯攻杀昭公杵臼：按，《左传·文公十六年》作："夫人王姬使帅甸攻而杀之。"梁玉绳曰："卫伯岂帅甸之名乎？抑帅甸亦号卫伯乎？未知所出。"张照曰："《左传》：'昭公将田孟诸，未至，夫人王姬使帅甸攻而杀之。'此云'卫伯'，不知何据。"中井积德曰："卫伯，或是宫卫之长。"

【译文】

昭公四年，宋国在长丘打败长翟缘斯。

昭公七年，楚庄王即位。

昭公九年，昭公暴虐无道，国人不依附他。昭公的弟弟鲍革贤明，又能善待士人。起先，襄公夫人想与公子鲍私通，公子鲍不肯，襄公夫人就帮助他在国内布施恩惠，凭借大夫华元担任了右师一职。昭公外出打猎，夫人王姬派卫伯击杀昭公杵臼。他的弟弟鲍革继位，这就是文公。

文公元年①，晋率诸侯伐宋，责以弑君。闻文公定立，乃去。

二年②，昭公子因文公母弟须与武、缪、戴、庄、桓之族为乱，文公尽诛之，出武、缪之族③。

【注释】

①文公元年：当周匡王三年、晋灵公十一年，前610年。

②二年：当周匡王四年，前609年。

③“昭公子因文公母弟”二句：梁玉绳曰：“文十八年《传》：‘武氏之族道昭公子将奉司城须作乱，宋公杀须及昭公子，使戴、庄、桓之族攻武氏，遂出武、穆之族。’然则始乱者武族，非昭公子因须为乱也。党于武者为穆族，而戴、庄、桓三族乃攻武族者。此谓戴、庄、桓亦偕乱被诛，误矣。”出，逐出，驱逐。

【译文】

文公元年，晋国率领诸侯讨伐宋国，谴责弑杀国君一事。听说文公已经稳定政局，即位为君，就退兵了。

文公二年，昭公的儿子借助文公的同母弟弟须，联合武公、缪公、戴公、庄公、桓公的后代一起作乱，文公将他们全部诛杀，放逐了武公、缪公的后代。

四年春[①]，郑命楚伐宋[②]。宋使华元将，郑败宋，囚华元。华元之将战，杀羊以食士[③]，其御羊羹不及[④]，故怨，驰入郑军，故宋师败，得囚华元。宋以兵车百乘、文马四百匹赎华元[⑤]。未尽入，华元亡归宋。

【注释】

①四年：当周匡王六年、楚庄王七年、郑穆公二十一年，前607年。

②郑命楚伐宋：郑大夫公子归生受命于楚以伐宋。

③食（sì）士：犒劳士兵。食，拿东西给人吃。

④其御羊羹不及：华元的车夫羊羹竟然没有吃上。御，仆，车夫。羊羹，《左传》作“羊斟”，车夫的名字。按，此处之“羊羹”若解作羊

肉汤亦可。

⑤文马四百匹:《集解》曰:"贾逵曰:'文,貍文也。'王肃曰:'文马,画马也。'"《正义》曰:"文马者,装饰其马。四百匹,用牵车百乘,遗郑赎华元也。又云'文马赤鬣缟身,目如黄金'。"文马,骏马名。

【译文】

文公四年春,郑国受楚国之命讨伐宋国。宋国派华元领兵,郑国打败宋国,囚禁了华元。华元将要出战时,杀羊犒劳士兵,给他驾车的车夫羊羹没有吃上,所以心里怨恨他,交战时驾车直接驰入郑国军阵中,宋军因此战败,郑军才得以俘虏华元。宋国用一百乘兵车、四百匹良马去赎华元。兵车、良马还没有全部交给郑人,华元就逃回了宋国。

十四年①,楚庄王围郑。郑伯降楚②,楚复释之。

十六年③,楚使过宋④,宋有前仇⑤,执楚使⑥。九月,楚庄王围宋。

十七年⑦,楚以围宋五月,不解⑧,宋城中急,无食,华元乃夜私见楚将子反⑨。子反告庄王。王问:"城中何如?"曰:"析骨而炊,易子而食⑩。"庄王曰:"诚哉言!我军亦有二日粮⑪。"以信故,遂罢兵去⑫。

【注释】

①十四年:当周定王十年、楚庄王十七年、郑襄公八年,前597年。

②郑伯降楚:郑伯,指郑襄公,名坚,郑灵公之庶弟,前604—前586年在位。《左传》写楚庄王攻入郑都后,"郑伯肉袒牵羊以逆"。从此"肉袒牵羊""系颈以组"云云,遂成了国家君主向人投降时的一种仪式。

③十六年：当周定王十二年、楚庄王十九年，前595年。

④楚使过宋：楚派大夫申舟出使齐国，中间要经过宋国。

⑤宋有前仇：据《左传·文公十年》，楚大夫申舟之前曾侮辱宋昭公，笞打过宋昭公的御者，并将其在全军示众。

⑥执楚使：据《左传·宣公十四年》，当作"杀楚使"，即杀了申舟。杨伯峻曰："不言'杀楚使'，而言'执楚使'，不但与《传》异，亦与《楚世家》及《年表》言'杀楚使者'自相违异，盖司马迁有意存异。"按，杨氏似强为之辞。

⑦十七年：当周定王十三年、楚庄王二十年，前594年。

⑧楚以围宋五月，不解：张照曰："杜预注《左传》云'在宋积九月'，此云'五月不解'，承《公羊传》'夏五月宋人与及楚人平'之文。《年表》遂云'围宋五月'，其误正与此同。"梁玉绳曰："'五月'乃'九月'之误。"以，通"已"。

⑨夜私见楚将子反：夜里暗自出城入楚营来见子反。子反时为楚令尹，统领楚军。《左传》作"使华元夜入楚师，登子反之床，起之"，更为传奇。

⑩析骨而炊，易子而食：把尸骨拆开来，用作燃料烧饭；交换孩子杀了吃掉。析，分，劈开。

⑪诚哉言！我军亦有二日粮：梁玉绳曰："二日，《公羊传》作'七日'，又《公羊》作子反告华元，此谓庄公喜华元之诚，而自发此言，亦异。盖史公述楚围宋事，合采《公羊》《左氏》而变易之，不尽依原文耳。"

⑫遂罢兵去：按，以上楚围宋事，见《左传·宣公十五年》《公羊传·宣公十五年》，《左传》叙事较此生动真切，气势感人。

【译文】

文公十四年，楚庄王围攻郑国。郑伯投降了楚国，后来楚人又释放了他。

文公十六年，楚国使者经过宋国，宋国因为与楚国之前结下仇怨，就扣押了楚国的使者。九月，楚庄王围攻宋国。

文公十七年，楚人包围宋国已有五个月仍不撤兵，宋国都城中形势危急，没有粮食，华元就在夜里私下会见楚国将领子反。子反报告了楚庄王。楚庄王问："城中形势怎么样？"华元回答："把尸骨拆开来，用作燃料烧饭；交换孩子杀了吃掉。"庄王说："这是实话啊！我军也只有两天的粮食了。"因为讲求信义的缘故，楚国于是撤兵离去。

二十二年①，文公卒，子共公瑕立。始厚葬。君子讥华元不臣矣②。

共公十年③，华元善楚将子重④，又善晋将栾书⑤，两盟晋楚⑥。

十三年⑦，共公卒。华元为右师，鱼石为左师⑧。司马唐山攻杀太子肥⑨，欲杀华元，华元奔晋⑩，鱼石止之⑪，至河乃还，诛唐山。乃立共公少子成，是为平公⑫。

【注释】

①二十二年：当周定王十八年，前589年。

②君子讥华元不臣矣：按，《左传·成公二年》作："君子谓华元、乐举，于是乎不臣。臣，治烦去惑者也，是以伏死而争。今二子者，君生则纵其惑，死又益其侈，是弃君于恶也，何臣之为？"不臣，失为臣之道。

③共公十年：底本作"共公元年"，据《左传》，此事在共公十年，今据改。当周简王七年、楚共王十二年、晋厉公二年，前579年。

④子重：名婴齐，字子重，楚庄王之弟。时为楚令尹。

⑤栾书：晋国之卿。时掌晋政。

⑥两盟晋楚：意即说合晋、楚两国结盟罢兵。据《左传·成公十二年》，在华元撮合下，晋、楚盟于宋西门之外。其后，“郑伯如晋听成，会于琐泽”。泷川曰：“自华元合晋、楚之成三十六年，向戌又以善于二国执政，亦会于宋以盟，世称曰‘弭兵之会’。墨翟非攻之说，宋钘偃兵之义，盖渊源于此矣，而皆宋人也。宋襄公云‘君子不重伤，不禽二毛，不以阻隘，不鼓不成列’，虽曰未知战，亦不嗜杀者。华、向之事，亦有所渊源也。”

⑦十三年：当周简王十年，前576年。

⑧鱼石：公子目夷的曾孙。左师：春秋、战国时官名。负责教导国君。

⑨司马唐山攻杀太子肥：《左传》作“荡泽弱公室，杀公子肥。”杨伯峻说：“似肥为宋共公太子，应嗣位而尚未即位。”唐山，又称“荡泽”，宋国公族，公孙寿之孙。

⑩欲杀华元，华元奔晋：据《左传·成公十五年》，华元奔晋是由于他感到未能尽职。

⑪鱼石止之：《左传》作“鱼石奔楚”。

⑫乃立共公少子成，是为平公：梁玉绳曰：“《史》误以公子肥为共公太子，故以成为少子。《公羊》注云‘宋公卒，子幼’，当是也。”

【译文】

文公二十二年，去世，他的儿子共公瑕继位。宋国开始厚葬。君子评价华元做事不合大臣的规矩。

共公十年，华元与楚将子重的关系很好，与晋将栾书的关系也很好，因此说合晋、楚两国结盟。

共公十三年，去世。华元担任右师一职，鱼石担任左师一职。司马唐山攻杀太子肥，想杀掉华元，华元逃奔到晋国，鱼石阻止了他，他到了黄河边上就又返回宋国，杀了唐山。于是扶立共公的少子成，这就是平公。

平公三年[①]，楚共王拔宋之彭城[②]，以封宋左师鱼石[③]。四年[④]，诸侯共诛鱼石，而归彭城于宋[⑤]。三十五年[⑥]，楚公子围弑其君自立，为灵王[⑦]。四十四年[⑧]，平公卒，子元公佐立。

【注释】

①平公三年：当周简王十三年、楚共王十八年，前573年。

②楚共王拔宋之彭城：据《春秋·经》《传》，参加此役者还有郑国。楚共王，名审，楚庄王之子，前590—前560年在位。彭城，宋邑名。即今江苏徐州。

③以封宋左师鱼石：泷川曰："成十八年《春秋》云：'楚子、郑伯伐宋，宋鱼石复入于彭城。'《左传》亦云：'楚子辛、郑皇辰同伐彭城，纳宋鱼石、向为人、鳞朱、向带、鱼府焉，以三百乘戍之而还。'不云封鱼石。"

④四年：当周简王十四年，前572年。

⑤诸侯共诛鱼石，而归彭城于宋：《左传》作"彭城降晋，晋人以宋五大夫在彭城者归，置诸瓠丘"。梁玉绳曰："晋未尝诛鱼石。……又平公三十年，向戌善于晋、楚，因为宋之盟，以弭兵为名，而《史》皆略之。陈氏《测议》曰：'向戌之盟，南北分霸之始，宋大事也，《史》失书。'"

⑥三十五年：当周景王四年、楚郏敖四年，前541年。

⑦楚公子围弑其君自立，为灵王：楚公子围，楚共王次子，继位后改名虔，前540—前529年在位。其弑君篡立事，见《左传·昭公元年》和《楚世家》。

⑧四十四年：当周景王十三年，前532年。

【译文】

平公三年，楚共王攻占了宋国的彭城，将它封给宋国的左师鱼石。

平公四年，诸侯合力诛杀了鱼石，将彭城归还给宋国。

平公三十五年，楚公子围弑杀了他的国君而自立，这就是楚灵王。

平公四十四年，去世，他的儿子元公佐继位。

元公三年①，楚公子弃疾弑灵王自立，为平王②。

八年，宋火③。

十年④，元公毋信，诈杀诸公子，大夫华、向氏作乱⑤。楚平王太子建来奔⑥，见诸华氏相攻乱，建去如郑⑦。

十五年⑧，元公为鲁昭公避季氏居外⑨，为之求入鲁⑩，行道卒⑪，子景公头曼立⑫。

【注释】

①元公三年：当周景王十六年、楚灵王十二年，前529年。

②楚公子弃疾弑灵王自立，为平王：公子弃疾为楚共王幼子，其利用公子干、公子比作乱之机，阴谋逼死公子干、公子比而登上楚王王位事，详见《左传·昭公十三年》与《楚世家》。公子弃疾继位后改名居，前528—前516年在位。

③八年，宋火：八年，当周景王二十一年，前524年。这一年宋、卫、陈、郑四国同日发生火灾。

④十年：当周景王二十三年、楚平王七年，前522年。

⑤“元公毋信”三句：梁玉绳云：“华、向诈杀诸公子，非元公杀之。”据《左传·昭公二十年》：“宋元公无信多私，而恶华、向。华定、华亥与向宁谋曰：‘亡愈于死，先诸？’华亥伪有疾，以诱群公子。公子问之，则执之。夏六月丙申，杀公子寅、公子御戎、公子朱、公子固、公孙援、公孙丁，拘向胜、向宁于其廪。”“宋华、向之乱，公子城、公孙忌、乐舍、司马彊、向宜、向郑、楚建、郳甲出奔郑。”

⑥楚平王太子建来奔：楚平王太子建，遭费无极挑唆，致楚平王欲杀自己，而外逃至宋事，详见《楚世家》《伍子胥列传》。

⑦见诸华氏相攻乱，建去如郑：梁玉绳曰："楚建党于元公，故偕公子城等七人奔郑，非见乱之故也。"

⑧十五年：当周敬王三年、鲁昭公二十五年，前517年。

⑨鲁昭公：名裯，鲁襄公庶子，前541—前510年在位。避季氏居外：鲁昭公被鲁国权臣季氏驱逐在外，其事见《鲁周公世家》。

⑩求入鲁：求大国诸侯援助鲁昭公归位于鲁。

⑪行道卒：谓宋元公为了能让鲁昭公回到鲁国而四处奔走，死在半路。

⑫景公头曼：宋景公，名头曼。梁玉绳曰："《人表》作'兜栾'，《左传》作'太子栾'，与《史》异。"

【译文】

元公三年，楚公子弃疾弑杀了楚灵王，自立为君，这就是平王。

元公八年，宋国发生火灾。

元公十年，不守信用，用欺诈的手段杀害诸公子，大夫华氏、向氏谋反作乱。楚平王的太子建前来投奔，看到华氏族人之间相互攻杀，就离开宋国去了郑国。

元公十五年，因为鲁昭公躲避季氏之难出居在外，所以元公为了能让鲁昭公回到鲁国而四处奔走，死在半路，他的儿子景公头曼继位。

景公十六年①，鲁阳虎来奔②，已复去③。

二十五年④，孔子过宋，宋司马桓魋恶之⑤，欲杀孔子，孔子微服去⑥。

三十年⑦，曹倍宋⑧，又倍晋，宋伐曹，晋不救，遂灭曹有之⑨。

三十六年[10]，齐田常弑简公[11]。

三十七年，楚惠王灭陈[12]。荧惑守心[13]。心，宋之分野也[14]。景公忧之。司星子韦曰[15]："可移于相[16]。"景公曰："相，吾之股肱[17]。"曰："可移于民。"景公曰："君者待民[18]。"曰："可移于岁[19]。"景公曰："岁饥民困，吾谁为君！"子韦曰："天高听卑[20]。君有君人之言三[21]，荧惑宜有动。"于是候之[22]，果徙三度[23]。

【注释】

①景公十六年：当周敬王十九年、鲁定公九年，前501年。

②阳虎来奔：阳虎，又名"阳货"。本是鲁国权臣季平子的家臣，先是在鲁国掌权、作乱，失败后奔齐，又由齐奔宋。

③已复去：阳虎又离宋国去了晋国，做了晋卿赵鞅的家臣。

④二十五年：当周敬王二十八年，前492年。

⑤桓魋（tuí）：宋国的权臣，宋景公时任司马。恶：憎恶，嫌弃。

⑥孔子微服去：《孟子·万章》云："孔子不悦于鲁、卫，遭宋桓司马将要而杀之，微服而过宋。"梁玉绳曰："此为鲁哀三年，孔子在陈，《左传》及《世家》可证。微服过宋，乃景公二十二年，鲁定十五年也。"微服，为避人耳目而改换服装。

⑦三十年：当周敬王三十三年、曹伯阳十五年、晋定公二十五年，前487年。

⑧倍：通"背"。

⑨遂灭曹有之：据《左传》，宋自上年伐曹，今春将还师，曹人诟之，宋景公怒，遂灭曹，执曹伯杀之。见《左传·哀公八年》与《管蔡世家》。曹，古国名。姬姓。周初封国，建都陶丘（今山东定陶西北）。

⑩三十六年：当周敬王三十九年、齐简公四年，前481年。

⑪齐田常弑简公：田常也称“陈常”“陈恒”，齐国权臣。田常弑齐简公，进一步把持齐政，其事详见《左传·哀公十四年》与《齐太公世家》《田敬仲完世家》。

⑫三十七年，楚惠王灭陈：梁玉绳曰：“陈灭于鲁哀十七年，为宋景三十九年，此误。”按，宋景公三十九年，当楚惠王十一年、陈湣公二十四年，即前478年。楚惠王，名章，楚昭王之子，前488—前432年在位。楚惠王派其将公孙朝率师灭陈事，详见《左传·哀公十七年》与《陈杞世家》。

⑬荧惑守心：荧惑星侵犯了心宿的正常位置。高诱注《吕氏春秋·制乐》曰：“荧惑，五星之一，火之精也。”陈奇猷辩曰：“此荧惑当非五星之一的火星。火星之公转周期约为一年三百六十二日，其与心宿相遇有一定的周期，则荧惑在心不足为奇。此荧惑乃妖星。”守，一星侵犯另一星的正常位置。心，又名“商星”，二十八宿之一。

⑭心，宋之分野：古代星占学将地面上的各国、各州郡与星空的二十八宿相互比对，称作“分野”。与宋国对应的即心宿。

⑮司星：掌管占测天文星象的官员。

⑯可移于相：可以把灾祸转嫁给国相。

⑰股肱（gōng）：大腿与胳膊。古代常用以比喻帝王的左右重臣。

⑱君者待民：国君要依靠的就是百姓。待，依靠。

⑲可移于岁：可以把灾祸转嫁到年成上。岁，年成，收成。

⑳天高听卑：上天虽然高远，但能周知人世间的事情。卑，低。

㉑君有君人之言三：国君您说了三句身为国君当说的话，即“相，吾之股肱”“君者待民”“岁饥民困，吾谁为君”。按，楚昭王也有类似的事迹，详见《楚世家》。

㉒候：观察，观测。

㉓果徙三度：荧惑移动了三度，不到心宿的位置去了。按，《左传》没有荧惑移动的记载。梁玉绳曰："此事《左传》不载，出于诸子，如《吕氏春秋·制乐》篇、《淮南子·道应训》《新序·杂事四》，皆称之，然不定在是年。若依延年二十一岁之说，亦当在二十七年，而又诞不足据也。"

【译文】

景公十六年，鲁国的阳虎前来投奔，不久又离去。

景公二十五年，孔子经过宋国，宋国司马桓魋憎恶他，想杀了他，孔子变易服装离去。

景公三十年，曹国背叛宋国，又背叛晋国，宋国讨伐曹国，晋国不来救援，宋国于是灭掉曹国，占有了曹国的土地。

景公三十六年，齐国田常弑杀齐简公。

景公三十七年，楚惠王灭了陈国。妖星侵犯了心宿。心宿，对应宋国的分野。景公担忧此事。掌管观测星象的子韦说："可把灾祸转嫁给国相。"景公说："国相是我的大腿和胳膊。"子韦说："可把灾祸转嫁给百姓。"景公说："国君要依靠的就是百姓。"子韦说："可把灾祸转嫁到年成上。"景公说："年岁饥荒，百姓贫困，我给谁当国君！"子韦说："上天虽然高远，能察知人间之事。国君您说了三句身为国君当说的话，妖星当有所移动。"这时再去观测，妖星果然移动了三度。

六十四年，景公卒[①]。宋公子特攻杀太子而自立，是为昭公[②]。昭公者，元公之曾庶孙也。昭公父公孙纠[③]，纠父公子褍秦[④]，褍秦即元公少子也。景公杀昭公父纠，故昭公怨，杀太子而自立。

【注释】

①六十四年，景公卒：梁玉绳云："景公在位四十八年，无六十四也。"

景公四十八年,前467年。

②宋公子特攻杀太子而自立,是为昭公:《索隐》曰:"按《左传》,景公无子,取元公庶曾孙公孙周之子德及启畜于公宫。及景公卒,先立启,后立德,是为昭公。与此全乖,未知太史公据何而为此说。"梁玉绳曰:"'特'乃'得'之误,《左》哀二十六《疏》引《世家》作'得',可证。"

③公孙纠:《索隐》曰:"《左传》名'周'。"梁玉绳曰:"《左传》'纠'作'周',盖音近相借,如《左》成十七年'晋孙周'亦作'纠'也。"

④褍(duān)秦:《集解》引徐广曰:"褍,音端。"

【译文】

景公六十四年,去世。宋公子特攻杀太子,自立为君,这就是昭公。昭公是元公的曾庶孙。昭公的父亲是公孙纠,公孙纠的父亲是公子褍秦,褍秦就是元公的少子。景公杀了昭公的父亲公孙纠,所以昭公心中怨恨,杀死太子,篡夺了君位。

昭公四十七年卒①,子悼公购由立。悼公八年卒②,子休公田立。休公田二十三年卒③,子辟公辟兵立④。辟公三年卒⑤,子剔成立⑥。剔成四十一年⑦,剔成弟偃攻袭剔成⑧,剔成败,奔齐,偃自立为宋君。

【注释】

①昭公四十七年卒:四十七年,前404年。梁玉绳曰:"《韩诗外传》六、《贾子·先醒》篇言:'昔者宋昭公出亡,叹曰:吾内外不闻吾过,是以至此。革心易行。二年,宋人迎而复之。'宋有两昭公,所言必是昭公得,《史》失书,盖宋之贤君也。"

②悼公八年卒:悼公八年,前396年。《索隐》曰:"按《纪年》为十八年。"

③休公田二十三年：前373年。

④辟公辟兵：宋辟公，名辟兵。《集解》曰："徐广曰：一云'辟公兵'。"《索隐》曰："按，《纪年》作'桓侯璧兵'，则'璧兵'谥'桓'也。"

⑤辟公三年：前370年。

⑥子剔成立：剔成，即戴喜，字子罕，历史所称之"剔成君"。《索隐》引王劭曰："《纪年》云'宋易城盱废其君辟而自立也'。"梁玉绳曰："'剔成'者'易城'之误，'盱'其名，盱封于易城之地，因以为号，失其谥。""又据《索隐》引王劭按《纪年》云'宋易城盱废其君辟而自立'，则剔成非辟兵之子明矣。"陈奇猷认为子罕所弑之君曰宋桓侯，名辟兵。自此商后子姓之宋灭，而戴氏之宋起。

⑦剔成四十一年：前329年。

⑧偃：《索隐》曰："《战国策》《吕氏春秋》皆以偃谥曰'康王'也。"梁玉绳曰："谥法无'休'而称'休公'；辟兵谥'桓'，而称'辟公'；'剔成'是'易城'之讹，因封地以为号，而并其谥、名失之；偃亦失谥。均史之疏也。"

【译文】

昭公在位四十七年去世，他的儿子悼公购由继位。悼公在位八年去世，他的儿子休公田继位。休公田在位二十三年去世，他的儿子辟公辟兵继位。辟公在位三年去世，他的儿子剔成继位。剔成在位四十一年，他的弟弟偃乘其不备攻击剔成，剔成战败，逃奔齐国，偃自立为宋君。

君偃十一年，自立为王①。东败齐，取五城；南败楚，取地三百里；西败魏军，乃与齐、魏为敌国②。盛血以韦囊，县而射之，命曰"射天"③。淫于酒、妇人。群臣谏者辄射之④。于是诸侯皆曰"桀宋"⑤。"宋其复为纣所为⑥，不可不诛。"

告齐伐宋[7]。王偃立四十七年[8],齐湣王与魏、楚伐宋,杀王偃[9],遂灭宋而三分其地[10]。

【注释】

①君偃十一年,自立为王:时各国诸侯皆已先后称王,故宋虽弱,亦自称王。君偃十一年,当齐宣王二年、楚怀王十一年、魏襄王元年,前318年。

②"东败齐"六句:梁玉绳曰:"《年表》《世家》皆无宋取齐、楚地及败魏军之事,惟《田完世家》湣王七年(其实是齐宣王二十六年)有'与宋攻魏,败之观泽'语,然考《年表》、魏赵《世家》并言'齐败魏、赵于观津',非止败魏,并不言与宋攻之。且宋方与齐为敌国,无缘共宋出兵,则《田完世家》固非,而此亦虚说也。又《宋策》有齐伐宋一章,云:'齐伐宋,索救于荆。齐拔宋五城,而荆王不至。'虽未知事在何年,而注家谓齐为宣王,荆为威王,其时甚合,则此误以齐取宋城为宋取齐也。又《宋策》云:'康王灭滕伐薛,取淮北之地。'《汉·地理志》、杜《世族谱》称滕为齐灭,《竹书》曰'於越灭滕',《通志》谓秦灭之,《策》言宋灭滕,恐与《竹书》《通志》俱难信。而取淮北一语,得毋即此取楚地乎?然云'三百里'似诞。"

③"盛血以韦囊"三句:郭嵩焘曰:"案《殷本纪》,武乙亦有射天事,此当为传闻附会之误。"崔适曰:"此事亦见《吕氏春秋》。然《殷本纪》:'帝武乙为偶人,谓之天神。与之博,令人为行。天神不胜,乃僇辱之。为革囊盛血,仰而射之,命曰射天。'与此言相似,疑是一事,传者误分为二事尔。"韦囊,皮口袋。韦,经过加工的熟牛皮。县,同"悬"。

④群臣谏者辄(zhé)射之:梁玉绳曰:"《宋策》:'康王射天笞地,斩社稷而焚灭之,骂国老谏臣,为无颜之冠以示勇,剖伛之背,锲朝

涉之胫。'《燕策》苏子谓齐王曰:'宋王射天笞地,铸诸侯之象使侍屏匽,展其臂,弹其鼻。'又《苏秦传》苏代约燕,述秦告齐之词曰:'宋王无道,为木人以写寡人射其面。'《燕策》亦有。此略不具。'射天事'又见《吕氏春秋·过理》篇。"辄,就。

⑤桀宋:《索隐》引《晋太康地记》曰:"言其似桀也。"桀,夏朝末代之君,以残暴出名。其事详见《夏本纪》《殷本纪》。

⑥宋其复为纣所为:宋君重新犯下其先祖殷纣王的罪行。泷川曰:"桀、纣同恶,宋,殷后,故曰'复为纣所为'也。"

⑦告齐伐宋:梁玉绳曰:"《国策》《田完世家》,齐湣王因苏代之谋以伐宋,非诸侯告齐伐之也。"

⑧王偃立四十七年:《集解》曰:"《年表》云偃立四十三年。"王偃立四十三年,当齐湣王十五年、魏昭王十年、楚顷襄王十三年,前286年。

⑨杀王偃:王偃死于魏国的温邑,在今河南温县。

⑩遂灭宋而三分其地:梁玉绳曰:"湣王灭宋,未尝与楚、魏共伐而三分其地。《六国表》及各《世家》皆不书,惟此有之。"

【译文】

君偃在位十一年,自立为王。往东打败齐国,夺取了五座城邑;往南打败楚国,夺取了三百里土地;往西打败魏军,于是与齐、魏两国成了敌对国家。君偃用皮袋装血,高高悬挂起来,去射它,称之为"射天"。他还沉溺于醇酒、美色之中。群臣当中有谁劝谏他,他就用箭射他。于是诸侯都叫他"桀宋"。"宋君重新犯下其先祖殷纣王的罪行,不可不诛杀他。"诸侯告知齐国,一起讨伐宋国。君偃在位四十七年,齐湣王与魏国、楚国讨伐宋国,杀死君偃,于是灭亡了宋国,并三分了宋国的土地。

太史公曰:孔子称"微子去之,箕子为之奴,比干谏而死,殷有三仁焉[①]"。《春秋》讥宋之乱自宣公废太子而立弟，国以不宁者十世[②]。襄公之时，修行仁义，欲为盟主。其大夫正考父美之，故追道契、汤、高宗，殷所以兴，作《商颂》[③]。襄公既败于泓，而君子或以为多[④]，伤中国阙礼义，褒之也，宋襄之有礼让也[⑤]。

【注释】

①“微子去之”四句：语见《论语·微子》。《集解》曰：“何晏曰：‘仁者爱人。三人行异而同称仁者，何也？以其俱在忧乱宁民也。’夏侯玄曰：‘微子，仁之穷也；箕子、比干，智之穷也。故或尽材而止，或尽心而留，皆其极也。致极，斯君子之事矣。是以三仁不同，而其归一揆也。’”焦循曰：“非指去、奴、死为仁也。商纣时天下不安甚矣，而微、箕、比干能忧乱安民，故孔子叹之。谓商之末，有忧乱安民者三人，而纣莫能用，而令其去，令其奴，令其死。”

②《春秋》讥宋之乱自宣公废太子而立弟，国以不宁者十世：此《春秋》语见《公羊传·隐公三年》，其叙宋之乱后，曰：“君子大居正，宋之祸宣公为之也。”《春秋》，原指据说是孔子所写的有关春秋时代的大事纲要，但《史记》中常用《春秋》以指《公羊传》，如《太史公自序》称《春秋》中有“弑君三十六，亡国五十二”，此亦《公羊传》中事。

③“其大夫正考父美之”四句：《集解》曰：“《韩诗·商颂章句》亦美襄公。”《索隐》曰：“今按，《毛诗·商颂序》云：‘正考父于周之太师得《商颂》十二篇，以《那》为首。’《国语》亦同此说。今五篇存，皆是商家祭祀乐章，非考父追作也。又考父佐戴、武、宣，则在襄公前且百许岁，安得述而美之？斯谬说耳。”正考父，孔子的祖先，西周末年、东周初期时人，宋戴公、武公、宣公时大臣，以行为恭谨著称，详见《孔子世家》。

④君子或以为多:《公羊传·僖公二十二年》曰:“君子大其不鼓不成列,临大事而不忘大礼,有君而无臣,以为虽文王之战亦不过此也。”多,赞美,称道。

⑤“伤中国阙(quē)礼义”三句:梁玉绳曰:“此本《公羊》说,即上文所云‘襄公修行仁义’也。泓之役以迂致败,得死为幸,又多乎哉?执滕子、戕鄫子,行仁义不忘大礼者如是耶?何褒乎耳?史公采摭极博,于《尚书》兼今古文,于《诗》兼齐、鲁、韩,于《春秋》兼三《传》,然未免择而不精之诮。”凌约言曰:“言君子多宋襄于泓之败,乃伤中国阙礼义,故多而褒之也,且以其能让庶兄目夷为嗣也。”泷川引中井积德曰:“《公羊》说谬,太史公委曲斡旋焉。非以宋襄为是也,言宋襄一败涂地,无足取也已;然君子或多之者,非实以为善也,盖伤礼义废缺之甚,故于宋襄多之而不讥,其意可悲也云尔。”阙,缺失。

【译文】

太史公说:孔子说“微子离去,箕子当了奴隶,比干因劝谏而死,殷朝有三位仁人”。《春秋》议论宋国的混乱是从宣公废掉太子而立他弟弟开始的,国家因此不得安宁长达十代。襄公的时候,修行仁义,想当盟主。他的大夫正考父赞美他,所以追述契、汤、高宗的功绩以及殷朝兴盛的原因,创作了《商颂》。襄公在泓之战失败后,仍有君子认为他值得称赞,这是因为他们伤感于中原地区礼义沦丧,所以才褒奖他,表扬宋襄公的礼让之举。

【宋国诸侯世系表】

宋微子——微仲(微子弟)——宋公(微仲子)——丁公(宋公子)——湣公(丁公子)——炀公(湣公弟)——厉公(湣公子)——釐公(厉公子,前858—前831)——惠公(釐公子,前830—前801)——哀公(惠公子,前800)——戴公(哀公子,前799—前766)——武公(戴公子，前765—前748）——宣公（武公子，前747—前729）——穆公（宣公弟，前728—前720）——殇公（穆公侄，前719—前711）——庄公（穆公子，前710—前692）——湣公（庄公子，前691—前681）——公子游（庄公子）—桓公（湣公弟，前680—前651）——襄公（桓公子，前650—前637）——成公（襄公子，前636—前620）——昭公（成公子，前619—前611）——文公（昭公弟，前610—前589）——共公（文公子，前588—前576）——平公（共公子，前575—前532）——元公（平公子，前531—前517）——景公（元公子，前516—前451）——昭公（景公子，前450—前404）——悼公（昭公子，前403—前396）——休公（悼公子，前395—前373）——辟公（休公子，前372—前370）——剔成（辟公子，前369—前329）——宋君偃（剔成弟，前328—前286）被齐国所灭

【集评】

黄震曰："《世家》之首并叙三仁，明微子归周之本心者，善矣。宣公舍子与夷而立弟穆公，穆公不敢忘德，将死，复立与夷为殇公。殇公立，十年，十一战，而宋始乱，是穆贤而殇不肖甚明。宣之让贤也甚公，乱不始于宣之让也。史讥'宣公废太子而立弟，国以不宁者十世'，春秋之世无宁国，岂皆让使之然欤？其后，襄公让弟目夷，不果，襄公卒以不用目夷之言而败。向使目夷为之君，宋未可量也，让岂阶乱之举哉？当是时，人君溺私爱，废嫡立庶，或以弟弑兄而攘其国，子孙干戈相寻者总总也，史不之讥，而讥宋宣之谋，何也？且襄公初欲让国目夷，不果，则相之，知其贤于己也而卒不用。知贤而不能用，襄盖妄人耳；史反多其礼让，又何欤？"（《黄氏日钞》）

高士奇曰："宋襄公以亡国之余，起而图伯，盖迹齐桓而为之者也。首用兵于齐，假置君之义，其意以为伯国既款，而宇下诸侯亦不待痛而服矣。夫齐桓之所以成伯，非定襄王之位与葵丘之申五禁乎？孝公虽桓之所属，而无亏长，卫姬之所出也，兄弟之序甚明；乃遽伐齐丧，奉少夺长，

致无亏不得其死。乱上下之分，长篡弑之阶，其何以为天下盟主哉？至兵威所及，尚不能服一曹，而欲与楚争伯。星陨、鹢飞，天变见于上；目夷深忧远虑，人事著于下。鹿上执辱，可为明戒；而又伐郑以挑楚怒，兵败身伤，逾年竟卒，甚矣哉，宋襄之愚也！至泓之败，或以其不从司马之言，不扼楚于险，不忍重伤与二毛；而宋襄亦至死无悔，谓其能行仁义之师，不幸而败。吁！宋襄其谁欺乎？夫祸莫憯于残人之骨肉，而以国君为刍狗。无亏之杀，鄫子之用，以视重伤与二毛，孰大？逆天害理之事，宋襄敢行之，而故饰虚名以取实祸，此所谓妇人之仁也。以是图伯，不亦难乎？若夫欲速见小，亟于合诸侯，而昧长驾远驭之大略，先儒于曹南传已畅言之，而不知其失算尤在伐齐置孝公之始也”。(《左传纪事本末》)

顾栋高曰："余尝适卞梁，取道凤阳，由归德以西，历春秋吴、楚战争地及杞、宋、卫之郊，慨然思曰：周室棋布列侯，各有分地，岂无意哉！盖自三监作孽，武庚反叛，周公诛武庚而封微子于宋，岂非惩创当日武庚国于纣都，有孟门、太行之险，其民易煽，其地易震；而商丘为四望平坦之地，又近东都，日后虽子孙自作不靖，无能据险为患哉。故殷之遗民属之懿亲康叔，而杞、宋接壤，俱在开、归，匪特制御，亦善全先代之后宜尔也。"(《春秋大事表》)

李景星曰："太史公以上下千古眼光而作《史记》，其叙事往往有寄托深远，为后人以为不必为，实则不敢为、不能为处。如世家中之《宋微子世家》，入后人手中，必上及武庚反诛而后已。是篇开端叙三仁事，几占全篇之半；而于三仁中，叙箕子事，又几占三仁之过半。譬如白头父老谈故家世系，至其所以零落，与其重器之沉沦草莽及流落他家者，则必缕缕述之；甚或伤心之极，泪随语下，而有不能自知者。《微子世家》之详叙三仁等事，亦犹是也。注意既在前幅，其下叙事乃纯以简净胜，而绝无枝蔓之处，亦再不粘连前事，只中间记子鱼之言曰：'天之弃商久矣！'于有意无意之间著此一句，遂觉凄婉入神，牵一发而全神俱动。末后又云：'诸侯皆曰'桀宋''宋其复为纣所为，不可不诛'。与篇首数'纣'字遥遥相应，章法绝佳。赞语仍从三仁起，见出作本篇主意，而于襄公之事独低徊不置，盖又深叹春秋世变，而于此三致意焉。”（《史记评议》）

【评论】

殷末的箕子、微子、比干均为殷纣王的亲戚，都是有才干而又忠心耿耿的国之良臣。他们见到殷纣王荒淫残暴，殷朝将亡，都苦口婆心地对殷纣王提出劝告，殷纣王不仅不听，反而对他们进行了残酷的迫害。泷川曰：“《论语·微子》篇焦循曰：‘商纣时天下不安甚矣，而微、箕、比干能忧乱安民，故孔子叹之，谓商之末，有忧乱安民者三人，而纣莫能用，令其去，令其奴，令其死也。”其中尤以比干最为惨烈，被剖心而死。司马迁对此感慨万分，引《箕子操》曰：“麦秀渐渐兮，禾黍油油。彼狡僮兮，不与我好兮！”真可谓兴寄遥深。

本篇第一部分叙述微子事迹，篇幅占了“三仁”大半。司马迁全文录入了箕子对周武王所讲的治国方略，即《尚书》中的《洪范》。郭沫若、冯友兰、徐中舒、钱穆、顾颉刚等人都主张《洪范》成书于战国；在孔子时代，《洪范》尚未成篇。刘起钎则以为“《洪范》原稿由商代传至周，经过了加工，到春秋前期已基本写定成为今日所见的本子。”又说：“很可能原篇没有周武王访问一节，就只有所谓箕子讲的‘九畴’全文；后来在早期‘五行说’出现以后，加编了一套宣扬五行的周武王访箕子的故事，成了今天所见的《洪范》”。还说：“《尚书》中的《洪范》是我国古代哲学思想中一篇非常重要的文件，它自己有它一套体系，成为三千多年来各王朝统治者所不断重视和奉行的‘统治大法’。文件的开头首先编造了一个神话，说《洪范》这篇大法是上帝传授给禹的，现在由箕子传授给周武王（《汉书·五行志》编造说：箕子任商王朝父师之职，保管着由禹传下来的这一法典，所以由他传授）。通过这样的编造来给奴隶主专政的‘大法’蒙上神圣的灵光，因而把它推崇到为至高无上的神意所启示的宇宙常理（‘彝伦’）的地位。”（《古史续辨》）李行之说：“我认为,《洪范》是周朝天子颁布的一部相当于现代宪法的法典,也就是说,通过立法的形式定天下于一尊:'皇极其有极。''皇极之敷言,是彝是训。''凡厥庶民,极之敷言,是训是行,以天子之光。曰天子作民父母,以为天下王。'当然,谈到《洪范》是一部法典,并不是什么新鲜见解。汉人孔安国就认为:'洪、大,范、法也,言天地之大法。'宋人朱熹说:'一部《周礼》,只是谈个'八政'而已。'这'八政'正是《洪范》中最重要的内容之一。《洪范》一书的编排,井井有条,与今日所编《宪法》纲目和条文几无二致。开始是《序言》,从'惟十有三祀'开始,至'天乃锡禹洪范九畴,彝伦攸叙。'主要在说明制作这部大法的根据是受命于天。天锡禹,由夏到商,商亡以后,又由箕子提供给武王,一脉相承,流传有序。当时自然是神权时代,周王的统治权是'天帝授予'的,《洪范》又出自'天帝',这就具有绝对权威,任何人都须恪守无违,否则就会遭到天帝的严厉惩罚。后世之君权神授,此为滥觞。序言之后,就是这部大法九条的目录。目录以下,便是大法九条的正文:第一条:'五行'。金、木、水、火、土,是解决'人生作托,民用所需'的五种基本物质。第二条:'五事'。工作认真、言论合理、观察清楚、听闻聪敏、思考通达,是治理天下的五个必要条件。第三条:'八政'。农业、财贸、祭祀、民政、教育、司法、礼宾、军事,是国家机关八方面的政务。第四条:'五纪'。年岁记载、每年月数、每月日数、星辰观察、历法推算,是观天象、记时令的五种方法。第五条:'皇极'。崇奉周天子为天下至高无上的统治者。第六条:'三德'。端正曲直、对敌刚强、对友柔和,是保证国家安康的三大方针。第七条:'稽疑'。'谋及卿士,谋及庶人、谋及卜筮',为解除疑难、决定大事的必要方法。第八条:'庶征'。雨、晴、暖、寒、风,是否按照一定的规律发生,以致影响年成的丰歉,即是检验统治阶级政治得失的征兆。第九条:'五福''六极'。长寿、富裕、康宁、美德、善终,是五种幸福;夭折、多病、忧愁、贫穷、丑恶、懦弱,是六种惩罚。从上面所举九畴的全部内容来看,确实概括了当时整个国家的政治制度。而且组织严密,条理清楚，首尾完整。其为当时统治阶级所制定的一部根本大法昭然在目。”（《〈尚书·洪范〉是中国历史上第一部宪法》，载《求索》1985年第4期）司马迁在本篇不惜篇幅转录《洪范》全文，表现了他对此文所述治国方略的赞同与重视。

司马迁在本篇后一部分叙述宋襄公在泓之战坚守古代的礼法，即所谓“君子不困人于厄，不鼓不成列”云云，而不知灵活变通，结果被楚人打败，因伤股而不久死去。宋襄公因此被后人嘲笑，但司马迁却并不这样看，他在篇末称道宋襄公“修行仁义”，说：“襄公既败于泓，而君子或以为多，伤中国阙礼义，褒之也，宋襄之有礼让也。”他认为宋襄公虽然兵败于泓，且致身死，但是知书达礼的君子们是称赞他、敬佩他的。这是由于现今社会颓风日盛，古风古礼已经荡然无存，所以宋襄公才成了被人嘲笑的对象。司马迁对此是很伤心、很感慨的。与此类似的情节，又见于《伯夷列传》：周武王是被儒家称颂的大圣人，他推翻殷纣是被世人称为“吊民伐罪”的；但伯夷、叔齐却说他是“以暴易暴兮莫知其非矣”，于是发狠心不食周粟，宁可饿死在首阳山。再如《刺客列传》中的豫让，他为了报答智伯而往刺赵襄子，他宁肯漆身吞炭，也决不采用假投靠的手段。这种行为被世人视之为愚蠢透顶，但豫让说：“吾所为者极难耳，然所以为此者，将以愧天下后世之为人臣怀二心以事其君者也。”这简直就是向整个社会、整个人类进行挑战！司马迁说：豫让“死之日，赵国志士闻之，皆为流涕”。司马迁在这些地方都是对那种已经远去的世风、世德深致悲哀，而对现代世道的真理、正义的流失而深深慨叹。